근대 유럽의 형성 : 16-18세기

근대 유럽의 형성 : 16-18세기

근대 유럽의 형성 : 16-18세기

이영림, 주경철, 최갑수

까치

이영림

이화여자대학교 영문과를 졸업하고 고려대학교 사학과에서 박사학위를 받았다. 현재 수원대학교 사학과 교수로 재직 중이다. 번역서로『앙시앵 레짐』,『사생활의 역사 3』,『루이 14세와 베르사유 궁전』 등이 있고, 저서로『루이 14세는 없다』,『서양사』(공저),『프랑스 구체제의 권력구조와 사회』(공저) 등이 있으며 그외 다수의 논문이 있다.

주경철

서울대학교 사회과학대학 경제학과를 졸업하고, 동대학원 서양사학과를 졸업한 후, 파리 사회과학고등연구원(EHESS)에서 역사학 박사학위를 받았다. 현재 서울대학교 자유전공학부 및 서양사학과 교수로 재직 중이다. 주요 저서로『역사의 기억, 역사의 상상』,『테이레시아스의 역사』,『대항해시대』,『문명과 바다』 등이 있으며, 번역서로는『물질문명과 자본주의』,『역사와 영화』,『경제강대국 흥망사 1500-1990』 외에 다수가 있다.

최갑수

서울대학교 인문대학 서양사학과를 졸업하고, 동대학원 서양사학과에서 석사 및 박사학위를 받았다. 현재 서울대학교 서양사학과 교수로 재직 중이다. 한국서양사학회장, 한국프랑스사학회장 등의 학술활동 이외에, '민주화를 위한 전국교수협의회'의 상임의장 등을 역임했다. 저서로『서양사강의』,『유라시아 천년을 가다』,『프랑스 구체제의 권력구조와 사회』(이상 공저) 등이, 번역서로『프랑스 대혁명사』(2권),『왕정의 몰락과 프랑스 혁명』,『프랑스의 역사』,『1789년의 대공포』 등이, 편서로『굿모닝 밀레니엄』,『황우석 사태와 한국사회』 등이 있다.

© 2011 이영림, 주경철, 최갑수

근대 유럽의 형성 : 16-18세기

저자 / 이영림, 주경철, 최갑수
발행처 / 까치글방
발행인 / 박후영
주소 / 서울시 용산구 서빙고로 67, 파크타워 103동 1003호
전화 / 02 · 735 · 8998, 736 · 7768
팩시밀리 / 02 · 723 · 4591
홈페이지 / www.kachibooks.co.kr
전자우편 / kachibooks@gmail.com
등록번호 / 1-528
등록일 / 1977. 8. 5
초판 1쇄 발행일 / 2011. 8. 30
　　 7쇄 발행일 / 2024. 3. 20

값 / 뒤표지에 쓰여 있음

ISBN　978-89-7291-508-9　93920

차례

일러두기

1. 본문에 나오는 인물들 중에서 황제와 교황에 대해서는 생몰연도가 아닌 재위 기간을 괄호 안에 넣어 표기했다.
2. 본문에서 1707년에 "통합법"에 의해서 잉글랜드와 스코틀랜드가 통합된 이후에도 잉글랜드에만 관련되었을 때에는 잉글랜드를, 브리튼 섬 전체를 가리킬 때는 영국이라고 구분했다.

서문

하나의 문명으로서 유럽은 지중해의 다른 문명들과 비교하여 늦둥이 였을 뿐만 아니라, 역량의 면에서 적어도 중세 말까지는 상대적으로 미약했다. 이런 유럽이 19세기의 마지막 3분기에 이르러 세계적인 차원에서 패권을 장악하고 제국주의의 시대를 열었다. '서구의 대두'가 너무도 극적이어서 혹자는 이를 '유럽의 기적'이라고도 부르며, 실제로 그것은 지난 1천년기의 최대의 사건이라고 할 만하다. 어떻게 유럽은 출발은 미미했으나 창대한 역사의 흐름을 만들 수 있었을까? 바꿔 말하면, 유럽은 어떻게 파천황(破天荒)의 근대 세계를 이룩할 수 있었을까?

이런 물음은 유럽에서 역사학이 근대 학문으로 재출발하고 사회과학이 하나의 분과학문체제로서 탄생하는 19세기에 가졌던 가장 중요한 문제의식이었다. 유럽인들의 일부는 이미 18세기 후반에 이르면 자신들의 문명이 중국의 그것보다도 앞서기 시작했음을 강하게 느꼈다. 더욱이 18세기 말에서 19세기 초에 걸쳐 프랑스 혁명과 영국의 산업혁명을 통해서 '변화가 정상상태가 되는' 근대 사회가 등장하면서 유럽의 지배층에게 이 변화는 어떤 식으로든지 통제해야 하는 절실한 시대적 과제가 되었다. '서구의 흥기'를 이해하는 일은 학문적으로 흥미로울 뿐만 아니라 현실적으로도 화급한 사안이었다.

유럽에서 근대 학문의 건설자들은 유럽만이 근대 세계를, 곧 '근대성(modernity)'을 이룩했다고 확신했다. 유럽만이 전통사회를 뛰어넘는 '진정한 변화'를 경험했다. 흥미롭게도 사회과학의 아버지들은 이구동성으로 그 변화의 핵심을 자본주의의 창출로 파악했다. 자본주의의 요체에 대해서는 견해가 달라 예컨대 애덤 스미스는 시장관계로, 카를 마르크스는 소유의 사회적 관계로, 막스 베버는 삶을 조직하는 능력으로 보았지만, 이들 모두는 16세기에 변화의 계기가 일어났음을 발견했다. 그것은 스미스에게 유럽의 해외 진출로 말미암은 분업과 전문화의 확대 및 심화였고, 마르크스에게 16세기 영국의 농촌에서 일어난 '자본의 시원적 축적'이자 이로 말미암은 산업자본 및 임금노동자층의 형성이었고, 베버에게 종교개혁의 와중에서 개신교, 특히 장 칼뱅의 가르침 속에서 탄생한 합리적인 '자본주의 정신'이었다. 이 세 가지 고전적인 설명방식은 이후 엄청난 학문적 축적 속에서 온갖 변이를 겪게 되지만, 오늘날까지도 근대 유럽의 형성을 이해하려는 모든 학문적 노력의 메타 이론의 구실을 해왔다고 해도 지나친 말은 아니다.

물론 역사학의 구실은 사회과학의 그것과는 다르다. 사회과학이 데이터의 수집과 이론 구성을 통해서 현실과 그 변화를 통제하려는 것이라면, 근대 역사학은 사료편찬을 통해 국민(민족)적 정체성을 보듬고 그것의 역사적 계보를 설정하기 위한 것이다. 전통시대의 역사서술이 도덕적 교훈을 이끌어내거나 성인들의 행적을 통해서 신의 역사(役事)를 확인하기 위한 것이라면, 근대 대학에 분과학문의 하나로 자리를 잡은 근대 역사학은 새롭게 대두하는 근대 국가의 새로운 호교론(護敎論)이 되었다. 그러므로 유럽 19세기의 역사서술은 정치사에 그치기 십상이었고, 그것도 무엇보다도 군주와 지배층의 권력의지를 통해서 국가라는 새로운 신의 발자취를 발견했기 때문에 매우 제한된 의미의 정치, 곧 외교와 군사에 국한되곤 했다.

그러나 근대 역사학 역시 사회과학과 마찬가지로 유럽만이 근대 사회를 이룩했다고 보고 그 계기를 유럽 내부에서 찾았다. 근대 역사학의 아버지라는 레오폴트 폰 랑케의 출세작이 유럽의 두 주체인 '튜턴' 민족들과 '라틴' 민족들이 중세 초의 대이동 이래 서로 교직(交織)하여 15세기 말-16세기 초에 근대 문명을 탄생시켜가는 과정을 그려낸 것이었음은 의미심장하다. 따라서 그것은 하나의 역사이며, 유럽 중심의 보편사이다. 더욱이 강단의 사학자들은 선배인 박학자(博學者)들의 시대구분법을 그대로 받아들여 국민(민족)사 서술에는 잘 들어맞지 않은 고대-중세-근대의 틀을 그대로 유지했다. 유럽은 독자적으로 근대를 이룩했을 뿐만 아니라 고대고전 문명의 적통(嫡統)이 되었다. 모든 고대 문명이 지중해를 통해서 로마로 귀일(歸一)했듯이, 이제 모든 문명은 유럽을 통해서 근대 문명으로 새롭게 태어났다는 것이다.

이 땅에 서양사학이 하나의 분과학문으로 탄생할 즈음인 1950-1960년대에 우리 사회에서 '서구의 대두'를 이해하는 일은 마치 탄생기의 유럽 사회과학과 같이 학문적인 호기심을 넘어 절실한 현실적 과제였다. '조국근대화'가 국시(國是)인 양 모든 것을 호령했기 때문만은 아니다. 근대 한국의 형성이야말로 유럽과 그 아류가 설정해 놓은 현대 세계에서 살아남을 수 있는 유일한 방책이었기 때문이다. 따라서 분단된 현대의 조선에서 서양사는 근대 유럽 형성의 비결을 엿볼 수 있는 몇 안 되는 유력한 접근로의 하나로 널리 간주되었다. '서양문화사'가 당시 대학의 교양필수 과목이었고, 16-19세기를 아우르고 특히 그 앞부분인 16-18세기를 다루는 '서양근대사'는 대학 전공 과목에서 반드시 이수해야 하는 인기 과목이었다.

문제의식도 남달랐다. 당시에 이 땅에서 서양사학도가 된다는 것은 사회과학의 문제제기의 틀과 구미 특정 국가의 역사서술을, 곧 우리의 문제의식과 서양사에 대한 자신의 관심을 결합시키는 일이었다. 서양고대사를 한다면 의당 노예제나 아테네 민주주의 또는 로마 공화정을, 서양

중세사를 한다면 봉건제나 장원제 또는 중세의 위기를 연구해야 했다. 근대 초 하면 르네상스나 종교개혁을, 17세기 하면 영국혁명을, 18세기 하면 계몽사상이나 미국 혁명 또는 프랑스 혁명을, 19세기 하면 독일사를 전공했다. 왜냐하면 관심이 서양사 전체에서 유럽의 '근대성'이 약여(躍如)했거나 그것의 전조(前兆)였던 시공간에 온통 쏠렸기 때문이다. 그렇기 때문에 당시의 글들은 의도와 관계없이 역사적 사회과학의 냄새를 풍겼다.

대학에서 사학과 강의의 가장 중요한 근간이 시대사(時代史) 강좌임은 주지의 사실이다. 당시에 모든 서양사 연구가 근대 유럽의 형성에 초점을 맞추었을 뿐만 아니라 시대사 강의 역시 그러했다. 시대사 강의편제가 요즘은 서양고대사-서양중세사-서양근대사 1(르네상스에서 프랑스 혁명까지)-서양근대사 2(19세기)-서양현대사 1(제2차 세계대전 이전)-서양현대사 2인 반면에, 당시에는 서양고대사-서양중세사-중세에서 근대로의 이행(14-16세기)-서양근대사 1(17-18세기)-서양근대사 2(19세기)-서양현대사였다. 특히 위의 편제에서 눈에 띄는 것은 '중세에서 근대로의 이행' 과목이다. 이름 자체가 '봉건제에서 자본주의로의 이행'이라는 마르크스의 문제제기의 틀을 반영하거니와, 16세기가 근대의 태동기임을 전제한다. 이렇듯 지난 30년간 강의의 무게 중심이 서양근대사에서 서양현대사로 이동했다. 이는 우리 사회가 일정 수준에서 근대화를 이룩하여 서양 내지 유럽의 역사를 보는 준거가 '근대성' 자체에서 벗어나서 그 이후의 문제로 확산되었음을 반영한다. 그 결과 유럽이 이룩한 '근대성'을 거의 맹목적으로 추수(追隨)했던 관행에서 벗어나서 비판적으로 성찰하는 여러 차원의 탈(脫)근대주의가 어느덧 우리의 인식 지평을 채우게 되었다.

이 책은 유서 깊은 강의인 '서양근대사 1 : 르네상스부터 프랑스 혁명까지'의 개설서로 쓰였다. 이 시기를 흔히 영어나 독일어로는 '근대 초기 (Early Modern, frühe Neuzeit)'라고, 프랑스어로는 '구체제(Ancien Régime)'나 그냥 '근대사(histoire moderne)'라고 부른다. 기본적으로 16-18세기를 다루나, 앞으로는 중세 말의 위기와 르네상스로 소급하며 뒤로는 나폴레옹의 존재를 통해서 19세기를 넘본다. 그러니까 근대의 태동으로부터 '진정한 근대'의 탄생에 이르는 시기이다. 여기저기에 이론적 문제의식이 배어 있으나, 기본적으로 근대 유럽 형성의 역사적 계보를 추적한다. 일종의 교재이기 때문에 주요한 쟁점을 논구하거나 핵심적인 사안을 천착하기보다는, 많은 사실 속에서 전반적인 흐름을 제시하고 다양한 견해들 가운데서 균형을 취하려고 노력했다. 이 책은 '서양근대사 1'에 관한 국내 최초의 본격적인 개설서로서 탈근대주의적 견해들을 전혀 도외시하지는 않으나 기본적으로 근대주의의 시각을 견지한다. 유럽인들이 이룩해낸 '근대성'의 성취를 겸허하게 인정할 때에야 그것을 제대로 이해할 수 있다고 보기 때문이다. 그렇기 때문에 부분적으로는 유럽을 세계 속에 위치시키면서도 전체적으로는 유럽의 내적 동력을 그리는 데에 주력했다.

이 책은 전체적으로 공동 작업이지만, 각자가 맡은 분야는 홀로 집필했다. 이영림이 제3, 4, 5, 6장을, 주경철이 제1, 2, 7, 8장을, 최갑수가 제9, 10, 11, 12, 13장을 썼다. 독자들이 책 속에서 어떤 유기적 일관성을 찾을 수 있기를 기대해본다.

책을 출판하기까지 여러분의 도움을 받았다. 늦어진 집필을 오래 기다리고 빠르게 출판을 해주신 까치글방의 박종만 사장, 편집의 궂은 일을 도맡은 편집부 직원들, 초고 전체를 읽고 유익한 충고해준 조준배 박사, 연표와 참고문헌의 작성을 도와준 김민철 군, 지도 작성에 힘을 보탠 김일년, 배율립 조교에게 깊은 감사를 드린다.

책이란 태어나면 이미 독자적인 생명체이다. 근대 유럽의 형성과 '근대성'의 역사적 이해에 도움이 되었으면 한다.

2011년 8월 11일
필자들을 대신하여 최갑수 씀

제**1**장

15세기 말의 세계와 유럽

우리는 이 책에서 근대 유럽의 역사를 살펴보고자 한다. 본격적으로 역사 공부를 시작하기 전에 유럽의 의미는 무엇인가, 근대란 어떤 뜻으로 사용되는 말인가, 그리고 근대 유럽의 역사를 공부하는 이유는 무엇인가와 같은 기본적인 문제들에 대해서 생각해볼 필요가 있다. 중세에만 해도 유럽은 광활한 유라시아 대륙의 서쪽 변방에 위치한 비교적 미미한 세력에 불과했다. 그런데 근대를 거치면서 유럽은 거침없는 발전과 성장을 하며 결국 세계의 패권을 차지하는 강대한 세력이 되었다. 어떻게 그와 같은 발전이 일어났을까? 이런 중요한 물음에 대한 답을 구하기 전에 우선 문제 자체를 잘 정리해보는 것이 중요하다. 근대 유럽 문명은 중세 이후 내부적으로 어떤 과정을 거쳐 성장했는가, 또 유럽은 전 세계의 역사 흐름에서 어떤 위치를 점하고 있는가? 이런 식으로 근대 유럽의 역사를 시공간적으로 규정해보고, 그 과정에서 우리가 앞으로 본격적으로 다루게 될 주요 이슈들이 무엇인지 점검해보도록 하자.

1. 유럽 그리고 근대

'근대 유럽의 역사'에 대해서 공부하고자 할 때 우리는 우선 '유럽'이란 무엇이고 '근대'란 무엇인가를 물어야 한다.

1-1. 유럽이란 무엇인가?

유럽(Europe)이 무엇이냐는 질문은 어리석어 보이고 답은 자명해 보인다. 그러나 과연 그런가?

지리적 명칭은 단순히 물리적 공간만을 가리키는 것이 아니라 그 물리적 공간 속에서 벌어지는 인간 활동을 담아내는 개념이다. 아시아, 유럽, 아메리카와 같은 지리적 단위는 원래부터 자연스럽게 존재한 것이 아니라 인간이 만든 개념이라는 점을 기억할 필요가 있다.

유럽이라는 단어의 의미는 고대 이래 점진적으로 변해왔다. 고대 그리스인들은 사람들이 거주하는 세계가 유럽, 아시아, 아프리카 3개의 대륙으로 구성되어 있으며, 이 세 대륙을 구분하는 경계는 대개 나일 강과 돈 강이라고 생각했다. 중세 기독교는 이 개념을 그대로 받아들이되 일종의 신화적 내용을 덧씌워 노아의 홍수 이후 그의 세 아들인 셈, 함, 야벳이 각각 아시아, 아프리카, 유럽의 선조가 되었다고 보았다. 나아가서 유럽은 비잔티움과 이슬람과 대조적인 문화적 단위인 라틴 기독교권으로 성격이 굳어져갔다. 이처럼 유럽이라는 말은 원래 명확한 지리적 경계를 설정한 것이라기보다는 이 지역에서 사는 사람들을 다른 문명권 사람들과 대비하여 규정하는 문화적, 역사적 개념이었다. 이러한 중세적 개념은 콜럼버스 이후 사람들이 거주하는 또다른 대륙의 존재가 확인되면서 크게 흔들렸다. 그후 유럽의 범위를 명확히 가르는 지리적 규정이 필요해졌다. 18세기 스웨덴의 지리학자 폰 슈트랄렌베르크가 우랄 산맥을 유럽의 동쪽 경계로 설정하자는 제안을 했다. 현재는 우랄 산맥, 카스피 해, 코카서스 산맥, 흑해, 지중해, 대서양, 북해로 둘러싸인 지리 공간을 유럽이라고 보는 것이 일반적이다. 이렇게 규정된 유럽은 유라시아 대륙의 서쪽 부분이지만 아시아와 구분하여 별개의 대륙으로 치는 것이 관례이다.

유럽은 지리적 공간이자 동시에 그 안에서 유구한 역사를 거치면서 형성되어온 문명이라고 볼 수도 있다. 오랜 기간 어떤 지리적 공간에서 사람들이 살아오면서 축적한 성과물을 '문명'이라고 부를 수 있다. 근대 유럽에 대해서도 '문명'의 개념을 적용할 수 있을 것이다. 이때 주의할 점은 문명은 장구한 세월 동안 변함없이 같은 특징을 유지하며 이어온 것이 아니라 계속해서 여러 다른 문명들의 영향을 받으며 형성되었다는 점이다. 인도의 불교가 중국에 들어오고 다시 한반도를 거쳐 일본에 전해진 것처럼 문명권 사이에는 전쟁, 교역, 전도 등 다양한 방식을 통해서 문명의 요소들이 전해진다. 사실 모든 문명은 결코 홀로 고립되어 존재하는 것이 아니라 이웃 지역과 영향을 주고받으며 성장한 것이다. 그 이웃 지역의 문명 역시 다른 문명들로부터 여러 요소들을 받아들여 혼합된 결과물이다. 즉 모든 문명은 '혼합의 혼합(mixture of mixtures)'이 아닐 수 없다. 우리가 살펴보려는 '근대 유럽 문명' 역시 그렇게 형성된 결과물이다. 근대 유럽은 오랜 기간을 두고 역사적으로 형성된 것이며, 아시아, 아메리카, 아프리카 등 이웃 문명권과 부단히 소통하며 형성된 것임을 잊지 말아야 한다.

그렇다면 '근대'란 무슨 뜻인가? 근대(近代)라는 말은 서양어의 modern이라는 단어의 번역어이다. 사전에서 이 말의 원래 뜻을 보면 "오래되지 않은" 혹은 "말하는 사람과 동시대의"라고 설명되어 있다. 이것이 의미하는 바는 "오늘날 우리 시대"이다. 근대란 원래 '현대'를 가리키는 말이었다. 그렇다면 근대사를 탐구한다는 것은 곧 우리가 살아가는 오늘의 시대가 어떻게 형성되어왔는가를 알고자 함을 뜻한다.

사람들이 자기 시대의 기원에 대해서 알고자 하는 것은 일견 너무나 당연한 일이라고 생각할지 모르지만, '과연 우리가 살아가는 이 시대가 먼 과거와 어떻게 다른가'를 강하게 의식한다는 사실 자체가 어떻게 보면 바로 근대의 산물이라고 할 수 있다. 이런 의식이 유달리 강하게 나타나기 시작한 것은 대략 르네상스 시대이다. 이 무렵 유럽인들은 오랫동안 유럽 전체가 문화적 정체 상태에 빠져 있다가 그들 시대에 이르러 비로소 새로운 각성이 일어나고 있다고 보았다. 이런 사실들을 정리하면 원래 '근대'란 대체로 15-16세기의 유럽인들의 기준에서 생각한 '오늘의 시대'를 가리켰다.

그런데 시간이 흐르면서 문제가 발생하게 되었다. 몇백 년이 지나면서 원래의 '우리 시대'가 너무 긴 시간이 된 것이다. 21세기인 오늘의 시점에서 보면, 르네상스 시대인 15세기는 이미 먼 과거이지 오늘 우리의 시대라고 하기에는 어색하다. 그래서 정말로 현재의 우리 시대를 가리키는 말로는 '현대(contemporary age)'라는 말을 따로 쓰는 한편, '근대'라고 하면 그 이전 시대, 교과서적으로는 대략 15-16세기 이후의 시대를 가리키게 되었다. 그중에서도 이 책이 다루는 15-18세기는 그런 의미의 근대 중에서도 앞 시기라는 뜻에서 '근대 초기(early modern times)'라고 부르기도 하지만, 일반적으로는 이 시기만을 따로 떼어내서 '근대사'라고 부르는 것이 널리 퍼진 관행이다. 이 시대는 현대의 직접적인 뿌리가 되는 시대로서 중요한 의미를 띤다.

1-2. 시대구분

여기에서 조금 더 일반적으로 시대구분의 문제를 살펴볼 필요가 있다. 인류의 역사 몇천 년을 하나의 단위로 한번에 이해하는 것이 힘들기 때문에 몇 개의 단위로 시대를 나누어 이해하려는 것이 시대구분의 이유이다. 전통적으로 가장 널리 사용되는 것은 '고대-중세-근대'라는 3분법이다.

이에 대해서는 많은 질문이 제기될 수 있다. 역사 시대를 꼭 세 시대로 나누어야 하는가? 3분법은 언제부터 보편화되었는가? 고대, 중세, 근대라는 이 각각의 말들은 무슨 뜻인가? 또 '근세', '현대'라는 말과는 어떤 관련이 있는가?

우선 지적해야 할 사실은 시대구분이 단순히 편의를 위해서 긴 시간을 몇 토막으로 나누는 데에 그치는 것이 아니라 역사를 바라보는 기본 시각이 반영된다는 점이다.

3분법은 앞에서 언급했듯이 르네상스인들의 자기 시대 인식에서 비롯되었다. 그들은 바로 자신들 때에 이르러 새로운 시대가 시작되었다는 의식을 강하게 가지고 있었다. 그런데 이때의 새로운 시대란 정말로 처음 맞이하는 때라기보다는 이전에 있었던 영광의 시대가 다시 찾아왔다는 의미에 가까웠다. 이에 따르면 과거 그리스, 로마 시대에 이미 찬란한 문화의 꽃이 만개했으므로 그때야말로 황금기였다. 그런데 로마 제국의 몰락 이후 '야만의 시대'가 되어서 문화의 빛이 완전히 죽어버린 암흑기로 변했다. 르네상스란 고대 문화의 빛이 다시 살아났다는 것을 의미한다. 르네상스(Renaissance)라는 말은 재생(再生)을 가리킨다. 다시 말해서 과거 먼 시대에 존재했던 황금시대인 고대, 오늘날 그것을 되살린 근대, 그리고 그 중간에 낀 야만의 시대인 중세가 3분법의 원래 내용이다. 르네상스 시대 사람들의 생각으로는 이제 새로운 빛이 다시 켜졌으니 이 빛의 인도를 받으며 인류의 역사는 진보해간다. 이런 사고는 계몽주의 시대에도 그대로 전달되어서, 예컨대 빙켈만 같은 미술사가는 고대 그리스-로마 문화가 인류 역사상 최고의 모범이며 서양 근대 예술이 이를 받아들인 것이라고 정리했다. 이와 같은 3분법적인 시대 의식은 19세기 중엽 이후 역사학의 전통으로 굳어졌다.

따라서 고대-중세-근대의 3분법은 이 자체가 근대 초에 시작되어 근대의 절정기에 완전히 확립된 역사 인식방식이라고 할 수 있다. 그러나 시대구분에 꼭 3분법만 쓰인 것은 아니어서 한때는 4분법과 2분법도 함께 존재했었다. 4분법의 예로는 4왕국설을 들 수 있다. 이 방식은 종교사에서 먼저 쓰이다가 세속사에도 응용된 것으로서, 예수 이전을 바빌로니아 시대-페르시아 시대-그리스 시대-로마 제국 시대로 파악하고, 예수 이후도 이에 준하는 시기 구분을 하는 것이다. 2분법의 대표적인 사례는 로마 시대까지의 역사-로마 이후의 근대사로 나누는 랑케의 시대구분 방식이 대표적이다.

다른 시대구분보다도 3분법이 가지는 특징의 하나는 근대를 진보의 시대로 파악하는 경향이 강하다는 점이다. 중세에는 "하루가 천년 같고 천년이 하루 같은" 회귀의 시간관이 지배적이었다. 이런 생각에서는 문명과 역사는 일직선상으로 진보하는 것이 아니다. 사회가 발전하며 새로운 시대를 만들어간다기보다는 차라리 여러 시대가 번갈아가며 우리에게 찾아오는 것에 가깝다. 그 모든 것은 이미 정해져 있으며, 역사는 어떤 특정한 목적을 이루기 위해서 정해진 수순을 밟아가는 중이다. 이에 비해서 세계의 변화, 역사의 발전 등을 이야기하는 데에는 진보의 시대로서의 근대라는 새로운 개념이 필요했던 것이다.

1-3. 보편법칙과 단계설

3분법이 단순히 유럽사만이 아니라 세계사 전체의 보편법칙으로 자리잡는 데에 기여한 것은 마르크스주의 역사학 단계설이다. 여기에서 고대는 노예제 사회, 중세는 봉건제 사회, 근대는 자본제 사회라는 특정한 의미를 담고 있다. 또한 시대구분이 그야말로 단순히 셋으로 나누는 것 이상의 아주 강한 의미를 띠게 된다. 우선 각 시대에 대한 단절적인 파악의 경향이 더욱 두드러진다. 노예제와 봉건제, 그리고 자본제는 질적으로 완전히 다른 사회구성체이다. 한 시대에서 다음 시대로 이행하는 것은 완만한 변화가 아니고 도약을 통해서 새로운 시대로 들어간다는 것을 뜻하며, 흔히 혁명을 거쳐 다음 단계로 진입한다고 본다.

이보다 더 중요한 것은 이런 시대구분이 유럽이라는 한 지역에 대해서만 타당한 것이 아니라 전 세계에 공통적으로 적용된다는 믿음이다. 예컨대 중국과 인도의 고대 문명도 노예제 사회라는 점에서는 로마 제국과 똑같다. 전 세계 역사를 하나의 법칙으로 설명할 수 있고, 그에 따라서 현재에 대한 인식과 미래에 대한 전망 역시 이끌어낼 수 있다고 주장하는 것이다. 그런데 이렇게 전 세계를 동일한 법칙으로 설명한다는 보편성이 결코 전 세계에 대한 불편부당(不偏不黨)한 설명을 뜻하지는 않는다. 오히려 정반대의 결과를 가져오기 십상이다. 마르크스주의 역사학이 되었던 혹은 그 영향을 받은 다른 유럽 역사학이 되었던 이러한 세계사 해석은 자문화 중심주의, 곧 유럽 중심주의로 귀결되었다. 유럽은 중세의 암흑기를 벗어나서 찬란한 근대 문화가 만개하고 있으나 다른 지역은 아직 중세적 혹은 고대적 단계에 있다는 식의 의미를 함축하고 있기 때문이다. 결국 3분법은 흔히 유럽인들이 자신의 기준을 가지고 타자(他者)를 재단하는 잣대로 쓰이는 경향이 있었다.

물론 전통적인 3분법에서 벗어나려는 역사가들도 없지 않았다. 예컨대 르네상스의 개념에 대해서 많은 이견(異見)들이 있었다. 전통적인 교과서적 설명에 의하면 르네상스는 근대의 기점으로 이야기되지만, 찰스 해스킨스는 12세기에 이미 새로운 문화가 발흥했다는 수정 의견을 제시했고, 요한 하위징아는 르네상스란 중세를 극복한 문화가 아니라 오히려 중세 문화가 변형된 채 마지막으로 꽃피어난 시대의 문화라고 재해석했다. 최근의 역사가들 역시 기존의 시대 개념에 얽매이지 않는 새로운 해석들을 제시한다. 예컨대 자크 르 고프는 대략 5세기부터 19세기까지가 기본적으로 동질적인 구조를 가지고 있다는 점에서 이 시기 전체를 '장기적 중세'로 보는 파격적인 주장을 펴기도 했다.

이처럼 기본적으로는 3분법을 쓴다고 해도 이것의 변형이라고 할 만한 다양한 변형태(變形態)들이 많이 생겨났다. 앞에서 언급한 대로 근대와 현대를 나누어 현대사가 하나의 새로운 시대 개념이 되든지, 혹은 근대와는 성격이 다른 시대로서 '근세'를 따로 설정하는 식으로 일종의 4분법이 되는 경향도 생겼다. 사실 지구상의 모든 사회가 각기 상이한 경험을 하며 살아왔을진대 이들 모두를 3개의 시대로 나눈다는 것은 무리일 수밖에 없다.

그럼에도 불구하고 근대라는 말은 여전히 강력한 힘을 발휘하는 용어이다. 이미 이야기한 것처럼 근대란 단지 특정 시기를 말하는 것이 아니라 그 시공간 내에서 일어난 특징적인 역사 발전을 가리키며, 특히 유럽에서의 역사 경험을 지칭하는 데에 많이 쓰인다. 예컨대 19세기 말엽 아시아가 제국주의 침략을 받아서 국가와 민족의 독립을 제대로 지키지 못할 위기에 처해 있던 때, 혹은 1960년대에 우리나라가 하루바삐 경제 성장을 이루려는 열망이 강하던 때에, 해당 지역의 지식인들은 서구 문명을 따라 배워야 하느냐 말아야 하느냐를 놓고 심각한 '근대화' 논의를 벌였다. 이때의 근대라는 뜻은 단순한 시대 개념을 넘어 서구 문명이라는 특정한 개념을 가리킨 것이다. 15-16세기 이후 유럽 세력이 정치, 군사만이 아니라 경제와 과학기술을 비롯한 모든 면에서 강력한 힘으로 다른 문명들을 압박하고 급기야는 제국주의 지배자로 군림하게 된 것이 기본 배경임은 말할 나위도 없다. 압도적인 힘을 가진 유럽 근대 문명이 다른 모든 문명에 자기 자신을 보편적 기준으로 강요하게 된 것이다.

그러나 사실 다른 문명이 꼭 유럽 문명과 같은 길을 좇아야 할 이유는 없다. 세계의 여러 문명들은 각기 독자적인 발전을 해왔다. 그럼에도 불구하고 근대 유럽의 특징이 보편성이라는 이름으로 다른 문명에 대한 기준으로 작용하고, 유럽과의 차이를 후진성으로 매도하는 경향이 생겨났다. 여기에서 '유럽 중심주의'의 문제가 제기된다.

유럽 세력이 전 세계에 제국주의 지배를 확대해나가던 19세기 상황만을 고려하여 유럽을 세계 역사 발전의 기준으로 삼을 수는 없는 일이다. 최근의 많은 경제사 연구들은 근대 초에는 유럽이 다른 대륙에 비해서 정치, 경제적으로 월등히 앞서 있지는 않았다고 보고 있다.

이상의 사실은 이렇게 정리할 수 있을 것이다.

첫째, 15-16세기 이후 유럽 세력 ―그리고 20세기에는 그 아류인 미국―이 외부로 팽창하여 식민화를 시도했고, 19세기 이후 제국주의 시대에는 세계의 많은 곳을 정치, 경제적으로 지배했으며, 그 결과 오늘날 우리 시대, 우리의 삶은 서구 문화의 영향을 강하게 받게 되었다.

둘째, 그러나 19세기 제국주의 시대 이전에는 정치, 경제, 사회와 문화 등 모든 면에서 유럽이 다른 문명권에 비해서 결코 앞서 있지 않았다. 그런데도 전 역사적으로 유럽이 세계사의 기준이 되어야 한다는 것은 실제적인 근거가 없는 이데올로기에 불과하다.

이처럼 유럽이 19세기 이전 시대에는 세계 최강의 지배세력이 아니었다는 점을 확인하는 것은 물론 중요한 일이다. 그러나 그것만으로 모든 문제가 해결되지는 않는다. 여전히 남는 문제는 타 대륙, 타 문명에 비해서 뒤떨어져 있던 유럽 문명이 근대를 거치는 동안 어떻게 해서 세계 최고의 강대한 세력으로 성장했는가이다. 이에 대해서는 명확한 답을 구하기 이전에 우선 문제를 잘 제기하는 것이 매우 중요하다. 자칫 잘못하면 유럽의 성장 요인을 유럽 내에서만 찾음으로써 우리도 모르게 유럽 중심주의의 문제에 함몰될 가능성이 있기 때문이다. 앞에서 언급한 것처럼 세계의 모든 문명은 서로 영향을 주고받으며 성장해왔다. 무엇보다도 근대 유럽이 그 가운데 가장 특출한 사례이다. 유럽 근대사는 세계의 각 지역과 접촉하며 다른 문명의 정신적, 물질적 요소들을 흡수하거나 그 영향을 받았고, 동시에 세계의 다른 문명들 역시 그런 움직임에 합류하도록 하는 방아쇠 역할을 했다. 유럽사를 고찰하더라도 이와 같은 문제의식을 가지고 늘 세계사적인 조망을 잃지 말아야 한다.

본격적으로 유럽의 근대사를 살펴보기 전에 몇 가지 예비적인 작업을 할 필요가 있다. 우선 유럽 내부적으로 근대가 본격적으로 전개되기 전에 어떤 시대적 상황들을 거쳤는가를 보기 위해서 그 앞 시대를 간략하게나마 살펴보아야 한다. 그와 동시에 15-16세기 무렵 세계를 전체적으로 조망할 때 유럽 문명이 어떤 위치에 있었는지를 개관하는 것도 중요하다. 이렇게 유럽 근대의 기점을 시공간상에서 확인해봄으로써 앞으로 전개될 유럽 근대사가 어떤 특징들을 띠며 발전하게 될지를 정리하도록 하자.

2. 중세 말의 위기

2-1. 중세 말의 위기와 그 원인

14-15세기에 일어난 소위 '중세 말의 위기'는 흔히 역사상 유럽이 겪은 가장 심각한 위기 중 하나로 거론된다. 물론 많은 역사가들은 지역과 시기에 따라서 위기의 양상에 차이가 크다는 점을 이야기하고 있고, 또 위기가 발생하게 된 원인에 대해서도 상이한 의견들을 제시한다. 그렇지만 대부분의 역사가들은 이 시대 위기의 가장 뚜렷한 양상으로 급격한 인구 감소를 들고 있다. 당대의 연대기 작가들에 따르면, 14세기 중엽에 흑사병이 발병했을 때 지역에 따라서는 1-2년 사이에 인구의 3분의 1이 줄었다고 한다. 노르망디 지역에 대한 실증적 연구 결과에 의하면 위기가 지속된 150년 동안 인구가 70퍼센트나 감소한 것으로 밝혀졌다. 이렇게 감소한 인구 수준이 완전히 회복되는 데에는 매우 오랜 시간이 걸려서 17세기 말까지도 1300년경의 인구 수준을 회복하지 못한 곳도 많았다. 위기 상황이 유럽 전체에 걸쳐서 똑같았는지는 불명확하지만 적어도 중세 말에 인구 감소의 충격이 엄청났다는 것은 분명해 보인다.

대규모 위기의 양상은 기근, 질병, 전쟁으로 나타났다. 이 세 가지 요소들은 사실 서로 긴밀히 연결되어 있었다. 예컨대 무수히 많은 사람들의 목숨을 앗아간 흑사병은 어느 날 아무런 이유 없이 갑자기 발생한 것이 아니라 대기근의 결과 사람들의 몸이 약해지고 면역력이 떨어졌기 때문에 더 큰 파괴력을 띠게 되었고, 또 백년전쟁 중 군대의 이동과 파괴 활동으로 인해서 더 넓은 지역에 이 전염병이 퍼지게 되었다. 즉 기근과 전쟁이 질병을 악화시킨 것이다. 마찬가지로 질병과 전쟁이 기근을 부르고, 또 기근과 질병이 전쟁의 피해를 더 크게 키웠다. 이처럼 세 요소는 서로가 서로를 강화시키며 위기를 심화시켰다. 물론 이 위기로 인하여 유럽 사회가 완전히 무너져버린 것은 아니다. 초기의 충격이 지난 후에 사람들은 점차 위기 상황에 적응했고, 차차 이를 극복할 수 있었다. 심지어 이 위기를 이겨내고 살아남은 사람들은 비록 단기간에 그치기는 했지만 인구에 비해서 자원이 풍부한 상황을 맞아 오히려 예외적으로 풍족한 생활을 했다.

여기에서 우리가 던져야 할 핵심 문제는 이 위기가 유럽의 역사 발전에 어떤 의미 있는 구조적 변화를 가져왔는가 하는 점이다. 이에 답하기 위해서는 위기의 원인을 살펴볼 필요가 있다. 도대체 번영을 구가하던 사회가 어떻게 해서 그토록 심각한 위기에 빠졌는가? 그런데 사실 위기의 원인은 다른 데에 있는 것이 아니라 번영하는 중세 사회 자체 내에서 찾을 수 있다.

14-15세기의 위기를 이해하기 위해서는 다시 그 이전 시대인 11-13세기의 역사를 간략히 살펴볼 필요가 있다. 이 시기를 흔히 중세사의 전성기라고 한다. 그 앞 시대에 있었던 혼란(게르만족, 바이킹, 마자르족 등의 이동과 침략)이 진정되고 봉건제라는 질서가 구축되었다. 흔히 잘못 이해되고 있지만 봉건제는 무질서가 아니라 그 나름대로의 특이한 질서였다. 기사계급에 의한 지배체제가 만들어지고 봉건 왕정이 자리를 잡아갔다. 여기에는 또 기독교 문화도 중요한 기여를 했다. 교회 역시 질서 구축의 한 축으로서 사람들의 정신적 측면만이 아니라 사회적 삶의 네트워크를 만들어주었다. 이 속에서 고딕 문화가 꽃피어났다. 그런 가운데 약 3세기에 걸친 안정과 번영의 시대가 지속된 것이다.

　이런 것들을 가능하게 한 물질적 기반은 무엇보다도 농업상의 발전이었다. 그러나 이 시기의 농업 발전은 큰 문제점을 안고 있었다. 그것은 생산성의 향상이 동반되지 않은 단순한 팽창이라는 데에 있었다. 그 구체적인 과정은 다음과 같다. 사회가 안정되자 인구가 증가하고 그로 인하여 노동력도 증가했다. 늘어난 노동력으로 황무지와 산지를 개간해 농지를 확대할 수 있었을 뿐만 아니라, 같은 땅에 더 많은 노동력을 투입할 수 있었다. 그 덕분에 생산이 늘어나면 이것으로 더 많은 인구를 먹여 살리고 또 그로 인해서 다시 노동력이 증가했다. 적어도 초기에는 이와 같은 선순환(善循環)이 이루어질 수 있었다. 문제는 이런 방식의 팽창이 계속되기 힘들다는 점이다. 토지 개간이 무한정 계속될 수 없고, 또 같은 땅에 더 많은 노동력을 투입할 경우 처음에는 일인당 생산이 늘지만 일정한 수준 이상부터는 소위 한계수확 체감의 법칙이 작용하여 일인당 생산이 줄기 때문이다. 따라서 점점 더 많은 노동력을 투입하면 '생산'은 늘어난다고 하더라도, 이 과정에서 '생산성'은 하락한다. 이 말은 곧 어느 시기가 되면 전체 생산의 증가 자체가 한계에 부딪힌다는 것을 뜻한다. 인구 과잉 지역에서는 머지않아 산중턱까지 농지 개간이 이루어져서 경지 면적 확대가 한계에 이르렀다. 경지 면적에 비해서 주민 수가 과도했으므로 토지 분할이 계속되어 소토지가 늘어난 점 역시 생산성 하락을 부추겼다.

　결국 인구는 대폭 증가했지만 이들을 지탱할 농업 기반은 극히 취약한 상태였다. 많은 지역에서 13세기 말이 되면 3분의 2 정도의 토지는 그 소유주들의 생계유지가 힘들 정도가 되었고, 그 다음 세기에는 농업 생산성이 완전히 바닥까지 떨어졌다. 1301년에는 에스파냐, 1315-1316년에는 북유럽에 기근이 들었고, 많은 사람들이 영양결핍 상태에 빠졌다. 이제 약간의 위험 요소가 작동하면 사회 전체가 위기에 빠질 가능성이 커졌다.

이런 상황에서 흑사병이 발발하자 인구의 극적인 감소 현상이 벌어졌다. 점진적으로 인구 과잉 상태가 해소되는 방식이 아니라 한번에 인구가 대폭 감소하는 사태는 사회경제체제를 붕괴시키는 요인으로 작용했다. 기존 체제에 인력이 충원되지 않아서 사회 전체가 고장 상태에 빠진 것이다. 가장 단적인 예는 마을의 황폐화 현상(lost village)이다. 이는 이전에 마을이 있었던 곳에서 인구가 감소하자 더 이상 독자적인 생존 단위가 되지 못하여 마을 자체가 사라지는 현상을 말한다. 이 현상은 영국에서 20퍼센트, 독일에서 25퍼센트 정도의 비중으로 일어났다.

이제 유럽 사회에 본격적인 위기 상황이 벌어졌다. 심각한 농업 불황은 무엇보다 식량의 절대적 부족을 초래했다. 곡물 가격이 급등하자 즉각 도시의 가난한 서민층과 농촌의 빈농계급이 생계를 유지하기가 힘들어졌다. 서민층의 경제적 쇠락은 곧바로 공산품에 대한 수요를 급격히 하락시켜서 수공업 부문의 활동을 크게 위축시켰고, 도시에도 치명적인 불황을 가져왔다. 이처럼 거의 모든 경제 부문이 경색되자 계층, 계급 간의 긴장이 커졌고 갈등이 분출되었다. 농촌과 도시 할 것 없이 반란이 빈발했다. 이탈리아에서는 치옴피의 난, 프랑스에서는 자크리의 난 등이 일어났고, 1381년의 영국 농민 봉기는 혁명 상황에 근접한 수준이었다. 경제가 추락하고 정치가 혼란에 빠지자 사람들의 심성도 크게 변화했다. 사회 전반에 죽음이 일반화되자 이것이 많은 비합리적 반응들을 초래했다. 흑사병 환자를 보호한다는 로슈 성인 숭배가 크게 확대되는 것처럼 자기 자신부터 보호하려는 태도가 널리 퍼지는가 하면, 자기 몸에 채찍질을 하면서 회개하며 돌아다니는 채찍질 고행(flagellation) 같은 극단적인 형태의 신앙도 유행했고, 참혹한 유대인 학살(1348년 알자스에서 일어난 것이 대표적이다)과 같은 집단 히스테리 현상이 벌어졌다.

중세 말의 위기는 크게 생존의 위기와 체제의 위기라는 두 가지 성격으로 나누어 생각해볼 수 있다. 첫째는 인구와 농업 생산 사이의 괴리로서, 유럽 사회가 스스로를 경제적으로 지탱하지 못하게 된 상황을 말한다. 농업 생산의 실패로 인해서 많은 주민들이 죽음으로 내몰리는 극단적인 사태가 벌어진 것이다. 이것은 자연스럽게 두 번째 위기인 체제의 붕괴를 초래했다. 봉건귀족이 지배하는 질서체제가 작동하지 않는 상태에 빠졌고, 가톨릭 교회가 주도하는 정신문화 역시 크게 흔들렸다. 그 결과 중세 유럽 문명의 기본 틀이 무너졌다. 이것이 아래에서 설명하는 변화들을 초래했다.

2-2. 위기의 결과

사회 전체가 거의 붕괴 직전에 이른 이 위기는 무려 150년간 지속되었다. 이 끔찍한 위기를 거치고 난 후에 유럽은 비로소 회복기로 접어들었다. 인구가 이전 상태로 회복되었고, 농업과 상공업이 살아나기 시작했으며, 정치체제와 사회구조, 문화 등이 다시 틀을 잡아갔다. 이러한 회복과 발전의 과정에서 근대 유럽의 기본 요소들이 만들어져 나왔다. 이 점이 우리가 자세히 살펴볼 중요한 내용이다.

회복이 곧 지난날로 되돌아가는 것을 뜻하지는 않는다. 위기에서 서서히 회복되면서 새로운 질서가 만들어졌다. 위기란 곧 구조적인 변화의 계기이다. 중세 말의 대위기를 겪고 난 이후 과연 무엇이 어떻게 변화했는가?

심대한 위기를 겪고 난 후에 그로부터 형성된 새로운 구조가 우리가 말하는 근대사의 구체적인 내용이 될 것이다. 우리는 이것을 몇 가지로 나누어볼 수 있다.

경제 : 인구의 극적 감소와 그로 인한 농업 생산의 붕괴가 극단에 이른 이후 장기적 추세가 다시 역전되어 자원 대 인구의 비율이 유리하게 변모했고, 농업은 서서히 회복세를 찾아갔다. 그렇지만 농업 생산이 회복되었다고 해도 농업 체제가 다시 13세기 상태로 돌아가지는 않았다. 무

엇보다도 농민들의 지위와 토지 관계가 위기를 거치면서 완전히 바뀌었기 때문이다. 예컨대 영국의 등본소유제(copyhold)의 사례에서 뚜렷하게 알 수 있듯이 대부분의 농민들의 지위는 더 이상 예전처럼 영주들에게 인신적(人身的)으로 예속된 농노와는 거리가 멀었다. 농업 생산성도 높아져서 농업 잉여가 도시 분야의 발전을 가능하게 하여 전반적인 경제 발전으로 이어졌다. 이런 움직임은 장기적으로 자본주의의 발전으로 이어졌다.

정치 : 체제의 위기 과정에서 이전의 지배층인 기사계급, 곧 영주들이 정치적 측면에서 몰락했다. 영주들이 과거와 같이 지방 차원에서 전권을 휘두르는 체제는 깨졌다. 그 대신 국왕이 중심이 되어 전국적인 단위로 통치구조를 공고히 하는 절대주의 국가가 강화되었다.

종교 : 종교는 위기 상황에서 사람을 구원하기는커녕 오히려 사회의 혼란을 가중시킨 측면이 있다. 가톨릭 교회는 중세 내내 이단에 시달리던 끝에 급기야 유럽 대륙 전체를 종교적으로 총괄하던 통합성을 잃고 말았다. 종교개혁을 거치면서 유럽에서는 신교와 구교의 대립이 격화되었다.

문화 : 종교에 매몰되어 있던 다른 요소들이 독자적으로 발전하기 시작했다. 그것은 르네상스라는 말로 표현할 수 있듯이 새로운 문화와 예술의 발전, 그리고 서유럽의 힘의 중요한 한 원인이자 결과인 과학의 발전으로 귀결되었다.

해외 팽창 : 이러한 역동성은 물질적으로나 정신적으로나 유럽의 힘을 키워서 곧 유럽인들이 해외로 진출하도록 만들었다. 흔히 '지리상의 발견'이라고 칭했던 이 현상은 길게 보면 식민주의의 시작이라고 할 수 있다.

이런 것들이 근대 서구의 중요한 요소들이다. 이 책에서 다루는 시기인 1500-1800년 사이에 이런 요소들이 모습을 드러내고 점차 제자리를 찾아가게 된다. 이 현상들이 다음 시기에 더욱 진척되면 산업 자본주의, 민족국가의 형성, 탈기독교화와 근대적 세속문화 발전이 이루어지고 급기야는 제국주의의 시대로 돌입하게 된다. 이런 관점에서 본다면, 이 책이 다루는 시기는 '근대 1기'라고 할 수 있고 19세기 이후가 '근대 2기'라고 생각할 수 있을 것이다. 1기와 2기를 나누는 커다란 사건으로서 흔히 프랑스 혁명과 산업혁명이라는 두 개의 거대한 분출을 이야기한다. 이것이 아마도 교과서적으로 그리는 유럽의 근대에 대한 이미지일 것이다.

그러나 우리는 이 모든 것에 대해서 늘 의문을 품고 질문을 제기하는 자세로 공부해야 한다. 근대 초기는 본격적인 근대로 가는 준비기간에 불과한 것일까? 15-18세기는 물론 19세기에 대해서 시간적으로 선행하지만 그렇다고 앞 시기의 모든 현상을 단지 뒤 시기와 관련해서만 보아야 할까? 반드시 그렇다고만 할 수는 없을 것이다. 300년에 이르는 이 시기를 그 자체로서 중요한 의미가 있는 독립적인 시대로 파악하는 것이 타당하다. 그러기 위해서 이 시대의 세계를 폭넓게 살펴보고 이 시대 유럽의 역사를 더 큰 틀 속에서 상대화시켜서 이해할 필요가 있다.

3. 세계사 속의 유럽 : 15세기 말경의 세계

앞에서 언급한 것처럼 유럽은 홀로 성장한 것이 아니라 세계사의 큰 흐름 속에서 다른 여러 문명들과 서로 영향을 주고받으며 함께 발전해갔다. 따라서 우리가 다루는 시기의 출발점에서 최소한 주변 지역에 대한 간략한 개관을 통해서 유럽사의 위치를 파악해보도록 하자.

오스만투르크 제국

1453년 메흐메드 2세 치하의 오스만 제국이 콘스탄티노플을 점령하고 비잔틴 제국을 무너뜨린 것은 유라시아 대륙 전체의 역사에서 가장 중요한 전환점 중 하나였다. 동쪽에 강력한 이슬람 제국이 등장하자, 서유럽은 전반적인 팽창의 방향을 서쪽 대서양 방면으로 전환하지 않을 수 없었다. 메흐메드 2세(재위)는 1481년에 사망하기까지 기독교도 노예병사 군대인 강력한 예니체리(yeniçeri, 영어 janissary)를 동원하여 여러 방면으로 제국의 영토를 극적으로 확대시켰다. 남부 모레아(1460)와 트레비종드(1461) 같은 그리스 공국들을 빼앗았고, 세르비아(1459)와 보스니아(1463) 같은 발칸 지역의 국가들을 격파했으며, 왈라키아(1462), 몰도바(1462), 크리미아(1475) 등지를 봉토로 만들었다. 그리고 제노바를 흑해로부터 축출하고 크림한국(汗國)을 속국으로 삼는 한편, 레스보스(1462), 카파(1475) 같은 이탈리아의 상관(商館)들을 점령해갔다. 이제 유럽으로서는 지중해 동부 지역을 통해서 아시아와 접촉하던 이전 방식이 아예 불가능하지는 않더라도 매우 힘들어졌다. 강력해진 오스만 제국은 동유럽 지역에 큰 위협이 되었다. 헝가리 평원이 오스만 제국과 직접 맞닿게 되었는데, 이는 후일 합스부르크 세력과 오스만 제국 간의 군사적 충돌로 이어지게 된다.

모스크바 공국

근대사 후반에 유럽의 국제정치 무대에 본격적으로 등장한 후로 20세기에 초강대국 지위를 차지하게 될 러시아는 15세기 후반의 시점에서는 아직 채 완전한 모습을 갖추지 못한 상태였다. 모스크바 공국은 이반 3세(1462-1505)의 치세 중에 영토를 조금씩 확대해갔다. 그는 주변의 여러 공국들을 정복하고 당시까지 리투아니아의 봉신이었던 여러 영주들에게 종주권을 강제하는 한편, 폴란드 국왕에게 자신이 '러시아의 군주'임을 인정하도록 만들었다. 또 1480년에는 오랫동안 남러시아를 무겁게 짓누르던 킵차크한국(金帳汗國)의 멍에를 벗어던졌다. 1472년에 비잔틴 제국 마지막 황제의 질녀와 결혼한 이후 이반 3세는 비잔틴 황제의 계승자이자 동방정교회 기독교 세계의 수호자를 자처하게 되었다. 그러나 모스크바 공국은 아직 흑해나 발트 해로 창을 열지 못한 상태였다. 다시 말해서 아직 대륙 내에 갇혀 있는 국가로서 팽창의 한계를 안고 있었다. 후일 러시아는 해양 진출을 통해서 국가 발전을 기한다는 방향성을 정한 후에 흑해와 발트 해 두 방면으로 항구 도시를 얻고자 투쟁했다.

아프리카

모로코에서부터 이집트에 이르는 사하라 사막 이북의 지중해 연안 지역은 백아프리카(White Africa)로 불린다. 이 지역은 이슬람권이지만 기독교권 유럽과 오랫동안 교역 관계를 유지해왔다. 특히 마라케시, 튀니스, 알렉산드리아 등지에 유럽 상인들이 직접 거주하며 상업 활동을 했다. 모로코와 알제리의 교역 도시에서는 수단의 캐러반이 남쪽의 기니 지방에서 가지고 온 금을 유럽 상품과 교환했고, 알렉산드리아에서는 아랍 상인이 아시아에서 가지고 온 비단과 향신료들을 유럽 상품과 교환했다. 그러나 1415년에 포르투갈인들이 북아프리카의 주요 교역 중심지였던 세우타를 정복한 이후 이곳을 전진 기지로 삼아 영토 정복을 꾀하면서 이 지역에서 포르투갈과 이슬람 현지 주민들 간에 직접적인 무력충돌이 빚어졌다.

사하라 사막 이남의 소위 흑아프리카(Black Africa)는 일부 해안 지역을 제외한 내륙 지역은 외부인들에게 거의 알려지지 않았다. 다만 15세기부터 포르투갈 탐험가들이 점차 아프리카 서부 해안 지역에 찾아와 무력충돌을 일으키기도 하고 교역과 전도 가능성을 타진하기도 했다. 내륙 지역에는 인도, 이집트, 마그레브 등 기존 이슬람권으로부터 이슬람화가 진행되어 곧 차드와 니제르 지역까지 이슬람권이 되었다. 이 지역의 정치체는 대개 소규모 부족 단위로 잘게 나뉘어 있었지만, 팀북투 지역에는 여러 제국이 생겼다가 사라지는 현상이 계속되어서, 14세기에 말

리 제국, 15세기에 가오 제국이 형성된 바 있다. 그보다 더 남쪽으로는
콩고 제국이, 동아프리카에는 모노모타파 제국이 자리잡고 있었다. 아프
리카 내부에까지 서유럽의 제국주의 세력이 마수를 뻗치는 것은 19세기
의 일이지만, 해안 지역에는 조만간 포르투갈을 위시한 유럽 여러 나라
들의 배들이 찾아오게 된다.

아메리카

아메리카 대륙에는 일찍이 바이킹들이 찾아와 일시 거주한 적이 있었
지만, 그 영향은 거의 전무하다시피 하여 오랫동안 이 대륙은 존재 자체
가 알려지지 않았다. 15세기 말에 아메리카 대륙 전체적으로 수백만 명
의 주민들이 살고 있었던 것으로 추산되지만, 그 가운데 80퍼센트 정도
는 멕시코에서 페루에 이르는 고원지대에 모여 사는 반면 그 나머지 사
람들은 광대한 지역에 흩어져 살고 있었다. 즉 북아메리카 평원 지역,
카리브 해의 섬들, 남아메리카 내륙 등지에는 문명 발전 정도가 저급한
단계의 주민들이 사는 반면, 마야, 아스텍, 잉카 제국은 고도의 문명 단
계에 이르러서 큰 대조를 이루었다. 이런 상태에서 15세기 말 콜럼버스
의 항해 이후 유럽인들이 도래하여 아메리카 전체가 극적인 변화와 파괴
를 겪게 되었다.

12-13세기에 마야인들은 톨텍 치치메카인들과 협력하여 유카탄 반도
에 강력한 제국을 건설했다. 팔렝케와 치첸이트사 유적이 그 흔적이다.
그러나 15세기에 여러 차례 반란들을 겪은 이후 마야 제국은 몇 개의
소국으로 분할되어 전반적으로 힘을 잃었는데, 이 상태에서 유럽인들의
침략을 받은 결과 손쉽게 정복을 허락하고 말았다.

멕시코 고원의 아스텍 제국은 15세기에 형성되었다. 북쪽에서 내려온
아스텍인들이 점차 지배를 확대하다가 멕시코 중부 지역에 테노치티틀
란이라는 대도시를 건설했다. 1500년경에 이 도시는 인구가 50만 명에

달했을 것으로 추산된다. 이 문명은 옥수수, 마니옥, 카카오, 면, 담배 등 다양한 작물을 재배하고 있었으며, 금은과 구리의 채광이 이루어지고 있었다. 사회 전체는 철저히 계서화되어서 사제와 전사 계급은 지배 민족인 아스텍인들이었던 반면 그 이하의 피지배 민족들은 노예 상태에 있었다. 이곳에서는 옥수수처럼 생산성이 대단히 높은 작물 때문에 생겨난 잉여 노동력을 동원하여 신전과 피라미드 같은 거대 석조 건조물들을 지었다. 이들의 종교는 마야 문명에서 큰 영향을 받았는데, 케찰코아틀을 비롯한 많은 신들이 존재하여, 이 신들에게 인신희생을 바치는 것이 큰 특징이었다. 희생자는 주변 부족과 전쟁을 하여 얻은 포로들을 사용했다. 이처럼 제국 내외적으로 원한을 품은 많은 사람들이 반란을 일으키려고 하는 상태였기 때문에 소수의 유럽인 정복자들이 쉽게 동맹세력을 찾을 수 있었고, 이것이 제국의 붕괴의 중요한 원인이 되었다. 이들이 유럽인의 침략에 방비가 제대로 되어 있지 않았던 것은 분명해 보인다.

한편 이 당시 페루의 고원지대에서는 잉카 제국이 전성기를 맞고 있었다. 잉카 제국은 수도인 쿠스코로부터 안데스 산지와 연안 지역 전체에 걸쳐 있었다. 제국의 지배자는 황제에 해당하는 '태양의 아들' 잉카 자신과 그가 속한 카스트로서, 제국 전체 영토의 3분의 2가량이 이들의 소유이며 일반 평민들의 노역으로 이 땅을 경작했다. 종교는 태양 숭배의 내용이었다. 잉카가 임명한 관료들이 체계적으로 행정을 맡아서 운영했으며, 특히 광대한 도로망이 발달되어 있어서 효율적인 통치가 가능했다. 이 문명은 철과 문자, 바퀴처럼 다른 문명이 소유한 요소들을 갖추지 못한 특이한 약점들을 안고 있었다. 그러나 종교적 신앙체계, 정치조직, 천문술, 건축, 비철금속의 야금, 직조, 도자기 등은 아주 발달되었다. 그렇지만 군사적인 허약성으로 말미암아 유럽인들과 조우했을 때 허망할 정도로 쉽게 무너졌다.

아시아와의 관계

대체로 중세 유럽인들에게 아시아는 막대한 부(富)와 괴물성이 혼재하는 꿈과 신화의 세계로 남아 있었지만, 마르코 폴로와 같은 사례에서 보듯이 제한적인 정도로나마 여행도 가능했다. 특히 몽골 시대에 비교적 많은 소통이 이루어졌으나, 몽골이 구축한 유라시아를 포괄하는 광대한 제국체제가 무너진 후에는 아시아와의 직접적인 교류가 더욱 힘들어졌다. 아시아 내륙 지역을 관통하는 상업 네트워크의 서쪽 끝이 이탈리아 상관(商館, factory, 상업 거래를 하는 사무소)들과 연결되어 있어서 아시아의 사치품들이 유럽으로 들어왔다. 이것이 아시아에 대한 유럽인들의 동경을 더욱 자극했다. 그렇지만 유럽 상인들이 후추나 비단의 원산지를 직접 찾아갈 수는 없는 형편이었으므로 주로 아랍 상인들의 중개에 의존하지 않을 수 없었다. 이런 여건에서 바다를 통해서 아시아로 직접 찾아가고자 하는 소망이 유럽의 해상 팽창의 동력을 제공했다.

인도양 세계는 일찍부터 해상무역 네트워크가 발달해 있었다. 아랍 상인들은 중국 남부 지역에까지 대규모 거류지를 형성해 가지고 있었다. 인구 1억 명으로 추산되는 인도를 비롯하여 동남 아시아, 아랍 지역, 동아프리카가 모두 이 해양 세계에서 소통할 수 있었다. 계절별로 정확한 풍향을 특징으로 하는 인도양의 몬순 체제가 항해를 원활하게 만들었다. 근대 초에 유럽인들이 희망봉 항로를 이용해 아시아로 들어옴으로써 두 문명권의 교류와 소통은 극적인 전기를 맞게 되었다. 아시아에는 탄탄한 정치 질서가 잡힌 제국들이 버티고 있었고, 기존의 상업 네트워크도 잘 발달되어 있어서 유럽인들은 아메리카나 아프리카에서 그랬던 것처럼 손쉽게 지배력을 행사할 수는 없었고 단지 일부 지역에 거점들을 세우고 기존 아시아 상업에 편입해 들어가고자 했다. 그러나 근대를 경과하면서 해안의 거점들로부터 점차 내륙으로 지배권을 확대하여 결국 19세기에 제국주의 시대를 맞게 된다.

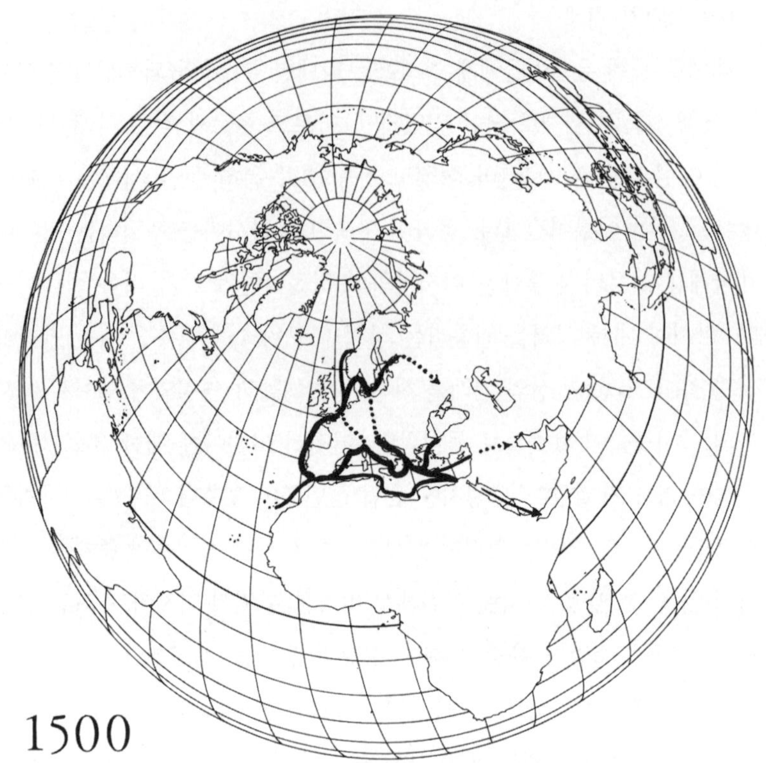

1500

프랑스의 역사학자 페르낭 브로델이 제시한 유럽의 해상 네트워크의 팽창을 보여주는 지도. 1500년경에는 지중해와 북해, 발트 해 연안만 소통하고 있었고, 대서양 방면으로는 아프리카 해안의 일부 제도(諸島)까지만 항해가 가능했다. 그러나 이 시기 이후 유럽은 전 세계의 바다로 팽창해갔다. 그리하여 18세기 후반에 이르면 거의 전 세계의 바다를 아우르는 거대한 해상 네트워크를 구축했다.

　15세기의 시점에서 세계의 각 대륙은 여전히 비교적 고립되어 발전하고 있었다. 아시아와 유럽, 유럽과 아프리카 간에는 어느 정도 교역이 이루어지고 있었고, 일부 여행자들이 이웃 문명권 깊숙이 들어가 그곳 사정을 본국에 알리는 일이 간헐적으로 일어나고는 있었으나, 각 문명권 간의 대규모 소통은 아직 불가능했다. 그러나 이제부터 세계는 이전과는 비교할 수 없을 정도로 긴밀한 소통을 시작하게 된다. 때로는 경제적 교역과 문화적 교류가 평화적으로 진행되기도 하고, 때로는 전쟁과 정복이라는 폭력적인 사태가 벌어지기도 할 것이다.

　이 시기에 세계의 상호 교류의 확대와 갈등 정복이라는 세계사의 큰 흐름에서 유럽이 선두를 차지할 가능성은 그리 커 보이지 않았다. 유럽은 역사상 초유의 위기에서 이제 막 헤어나온 상태로서, 비록 역동적인 면모를 보이기는 했지만 향후 500년의 역사를 좌우할 헤게모니의 담지자가 될 정도로 강력하지는 않았다. 차라리 중국과 같은 대제국이나 동남 아시아의 활기찬 해상 세력이 근대 세계사의 선두주자가 될 가능성이 더 커 보였다. 그러나 결과적으로는 유럽이 세계 각 문명권으로 활발하게 팽창하여, 점차 확고한 해상 네트워크를 구축한 다음, 최종적으로 제국주의 지배자로 군림했다. 근대 세계사를 유럽이 전부 만들어낸 것은 아니며 세계의 여러 문명권의 노력이 어우러져서 형성된 것은 분명하지만, 그러한 폭발적인 성장과 발전의 뇌관을 터뜨리고, 또 그 흐름을 가장 유리하게 탄 것이 서구인 것은 부인할 수 없는 사실이다. 지도에서 보듯이 유럽은 세계의 다른 지역들과 대단히 활기찬 교역의 및 교류 네트워크를 발전시켰다.

　아래에서는 이런 세계사적인 구조 변화라는 큰 틀 속에서 유럽이 어떻게 그러한 역동적인 세력으로 성장했는지 살펴볼 것이다. 그것은 유럽 내부의 질적 변화와 동시에 유럽과 세계 간의 관계 속에서 찾아야 할 것이다.

제2장
근대 유럽의 물질적 조건

중세 말의 위기를 넘긴 유럽은 이후 다른 어느 문명권보다도 물질적 측면에서 빠른 발전을 이루었다. 가장 눈에 띄는 현상은 바로 인구 변동 상황이다. 유럽 인구는 다산다사(多産多死)의 전통적인 인구체제로부터 서서히 변화하여 소위 근대적 인구체제로 옮겨갔고, 그런 가운데 장기적으로 인구 규모가 크게 증가했다. 당시 90퍼센트 가까운 사람들은 농민이었으며, 근대 유럽은 대부분 농촌 사회였다. 따라서 역사 발전의 가장 큰 동력은 농촌 세계 내의 변화에서 나왔다. 서유럽에서는 영주에 대한 농노의 인신적(人身的) 예속관계가 사라진 지 오래였고, 그런 가운데 지역마다 상이하지만 전반적으로 농업 생산성이 향상되었다. 그러나 동유럽에서는 영주의 지배력이 한층 강화된 재판농노제(再版農奴制)가 진행되었다. 도시의 상업 부분 역시 서유럽에서는 크게 발전하여 최상층부에서는 자본주의라고 이름 부칠 만한 현상들이 뚜렷하게 나타났지만, 동유럽에서는 그렇지 못했다. 전반적으로 유럽의 사회와 경제 구조는 발전을 거듭했지만, 그렇다고 해서 전반적인 복지 수준이 크게 개선되지는 않았으며, 구조적인 불안정성과 위기의 가능성 역시 안고 있었다.

이 장에서는 인구와 농업, 상공업 등 물질적 조건의 변화를 다룰 것이다. 그중 일부는 이 책이 다루는 시기 전반에 관련된 내용도 있고, 일부는

주로 16-17세기에 해당하는 내용도 있다. 제10장에서 18세기 이후 물질
적 조건의 가속적인 변화를 분석할 때에 이것과 연결되는 내용을 보게
될 것이다.

1. 인구학적 요소의 분석

1-1. 인구 상황

근대 유럽을 이해하고자 할 때 가장 기본적으로 알아야 할 사항의 하
나는 인구이다. 인구는 한 사회의 개략적인 규모와 구성, 그리고 그런
것들의 변동 추이를 파악하는 데에 가장 중요한 자료임에 틀림없다.

문제는 이것이 대단히 연구하기 어렵다는 것이다. 현대 사회에서도 인
구 센서스는 국가적인 대사업으로서 많은 인력과 재원, 최첨단 컴퓨터를
동원해도 오차를 배제할 수 없는 힘든 일이다. 하물며 과거 사회의 인구
를 파악한다는 것은 극히 어려운 과제임에 틀림없다. 어떤 자료를 가지
고 어떤 방법론을 사용하여 이 문제를 해결할 것인가? 역사인구학자들
은 과거 교회에서 작성된 교구 기록을 이용하여 돌파구를 마련했다. 예
컨대 프랑스에서는 15-16세기부터 신부들이 세례, 매장, 결혼 등의 기록
을 보존하기 시작했다. 이런 기록은 국가의 통치에도 매우 유용했으므로
점차 왕권도 이를 지지했다. 특히 1539년의 빌레르-코트레 칙령과 1579
년의 블루아 칙령으로 문서들이 라틴어가 아니라 세속어(프랑스어)로 기
록되기 시작했다. 그 덕분에 16세기 이후부터는 많은 지역에서 역사인구
학 연구가 가능할 정도로 충분한 자료들이 보존되었다. 연구자들은 한
교구를 선정하여 끈기 있게 자료를 읽고 분석함으로써 장기간에 걸친
인구 변동을 추적했다. 이를 근거로 더 광범위한 지역, 더 나아가서 국가
나 유럽 전체 수준의 인구 변동 추이도 재구성했다. 물론 이런 수치들이
절대적인 정확성을 가지는 것은 결코 아니며, 또 같은 시기라고 하더라

도 지방마다 큰 차이를 보이는 것이 사실이다. 이런 점을 충분히 고려하더라도 최소한 인구 상황의 큰 흐름은 개략적으로나마 파악할 수 있게 되었다.

16-18세기 유럽의 인구 상황을 흔히 '인구학적 앙시앵 레짐'이라고 부른다. 이것은 '전통적인 인구체제'로부터 '새로운 인구체제'로 이행해가는 시기의 인구체제이다.

'전통적인 인구체제'는 과거에 아주 많은 사회에서 발견되었고 20세기에도 일부 지역에 여전히 남아 있는 인구체제이다. 이 인구체제에서는 출생률과 사망률이 대단히 높고(多産多死), 장기적으로 인구가 증가하지만 중간에 여러 차례의 급격한 인구 변동 현상들이 보이며, 여성의 미혼 비중이 극히 낮고(1퍼센트 미만), 또 여성의 결혼연령이 아주 낮다는 (많은 여성들이 사춘기 혹은 그 이전에 결혼한다) 특징들을 보인다. 이에 비해서 '새로운 인구체제'는 19-20세기에 비로소 나타나며, 출생률과 사망률이 낮은 수준에 머무는 인구체제이다. 프랑스, 영국, 네덜란드, 이탈리아 등 서유럽에서는 16세기에서 18세기 초 사이에 이 두 가지 인구모델 사이의 전환이 서서히 일어났다.

소위 중세 말의 위기 당시 페스트와 전쟁, 기근으로 인하여 인구가 크게 줄었지만 이 현상은 16세기에 들어서 점차 진정되었고, 더 나아가 자원에 비해서 인구가 많아져서 서서히 인구 압박이 다시 강화되기 시작했다. 이 점을 잘 보여주는 현상 중 하나가 결혼연령의 상승이다. 서유럽 중심부에서는 1550-1570년경, 그리고 주변 지역에서는 1650-1670년경부터 결혼연령이 높아지기 시작했다. 이것은 자연히 출산을 줄이는 효과를 가져왔다. 동시에 사망률도 이전에 비해서 크게 낮아져서 이전 시기의 다산다사(多産多死)라는 특징이 점차 완화되었다. 물론 이런 흐름을 지나치게 과장해서는 안 된다. 사망률이 많이 낮아졌다고는 해도 오늘날에 비하면 여전히 매우 높은 수준이었으며, 전염병이나 기근으로 인해서 단기간에 많은 사망자가 발생하는 인구 위기도 주기적으로 찾아왔다. 그렇지만 어쨌든 장기적으로 인구가 조금씩 늘어난 것은 분명하다. 구체적으로 어떤 과정을 통해서 장기적으로 완만한 인구 증가가 일어났는지는 아직도 명확하게 밝혀지지 않았다. 분명한 것은 미미한 정도로나마 인구 증가가 계속되다 보니 19세기에 이르면 유럽은 분명 이전 시대에 비해 훨씬 많은 사람들이 모여 사는 사회가 되어 결국 인구 증가를 통제할 필요성이 생겨났다는 점이다. 출산 통제, 즉 피임은 18세기 말에 프랑스에서 시작되었다. 이것은 인구사에서 획기적인 변화를 의미한다. 이런 점에서 보면 '인구학적 앙시앵 레짐'은 단적으로 표현해서 '출산 통제(피임)가 이루어지기 이전의 유럽 인구체제'라고 이야기할 수 있다.

1-2. 인구학적 요소들의 분석

이제 중요한 인구학적 요소들을 차례로 검토해보자.

결혼과 출산

16세기 초만 해도 유럽에는 전반적으로 조혼(早婚)의 경향이 강해서 평균 결혼연령은 여자 19-20세, 남자 24-25세였다. 그러다가 17세기부터 결혼연령이 높아지기 시작하더니 루이 14세(1643-1715) 시대에는 여자 24-25세, 남자 26-27세가 되었다. 다만 도농(都農) 간에 차이가 있어서 대체로 도시의 결혼연령이 높았다.

또 한 가지 주목할 점은 미혼 비율이다. 이 비율은 1660-1724년 동안 상당히 높아져서 평균 7-9퍼센트였으며, 특히 일부 도시에서는 20퍼센트에 이르기도 했다. 그 중요한 이유 중 하나는 미혼 상태의 하인들과 사제들이 많았기 때문이다. 또 고위 귀족들도 미혼 비중이 높은 편이었다. 18세기에는 미혼 비율이 더욱 높아졌다.

결혼연령의 변화 그리고 결혼/미혼 여부는 인구 변동에 아주 중요한

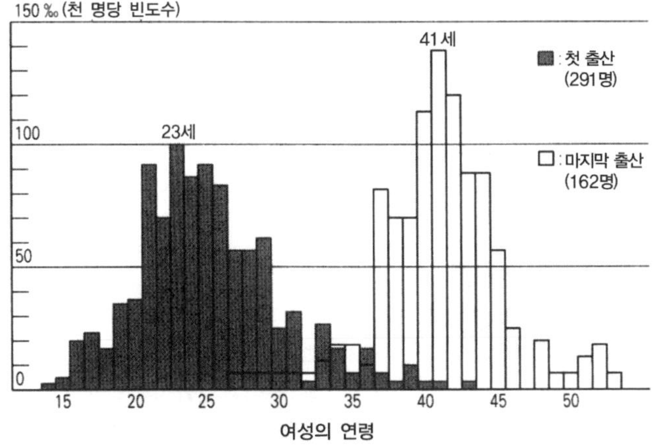

요인이었다. 피임이 발달하지 못한 상황에서 인구 조절은 거의 전적으로 결혼과 결혼연령에 달려 있었기 때문이다. 인구 압력이 높은 시기에는 강제적인 미혼이나 만혼이 인구 조절 메커니즘으로 작동했다. 예컨대 하인들은 아주 오랫동안 미혼 상태로 남아 있었고, 상공업에 종사하는 장인들과 하급 상인들도 도제기간 동안에는 미혼이었다가 사업 기반이 갖추어진 다음에야 결혼하는 것이 당시의 관례였다.

16-17세기에 여성의 평균적인 출산 과정을 재구성해보자.

〈그래프 1〉은 첫 출산과 마지막 출산 연령을 보여준다. 아주 일찍 14세에 혹은 아주 늦은 나이인 40대에 첫 아이를 낳는 예외적인 사례가 없지 않지만 대부분의 여성들은 20대에 첫 아이를 출산했다. 가장 빈도가 높은 것은 23세이지만 그보다 늦은 나이에 첫 출산을 하는 여성들이 많으므로 평균 연령은 25세 무렵이다. 피임이 없었던 당시 사정에서 결혼 후에는 대개 1년 이내에 임신하고 첫 아이를 낳았다. 이는 결혼과 첫 출산 사이의 간격을 나타내는 〈그래프 2〉에서 확인할 수 있다. 거의 대부분의 부부는 결혼 10개월 후부터 2년 이내에 첫 아이를 낳은 것으로 나타난다.1) 한편 〈그래프 1〉에서 뒷부분의 흰 막대는 마지막 아이를

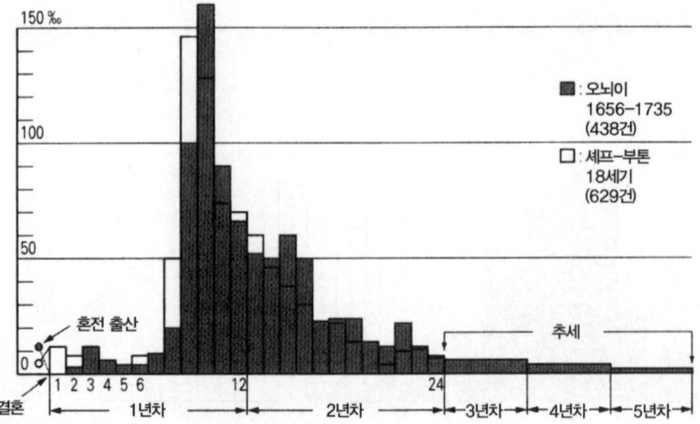

〈그래프 2〉 결혼과 첫 출산 사이의 간격

낮은 연령을 가리킨다. 27세 혹은 54세에 막내아이를 낳은 극단적인 경우들도 있지만 대개는 40대 초반-중반에 마지막 아이를 낳은 것이 일반적이다(최빈값은 41세, 평균은 42세이다). 이 사실을 종합해보면 당시 여성들은 25세부터 42세까지 7명의 아이를 낳은 것이 평균적인 양태였다.

그러나 지금까지 살펴본 것은 적어도 가임기간 내에 부부 두 사람 모두 살아 있는 소위 인구학적으로 '완전 가정'의 경우이다. 그러나 사망률이 오늘날보다 현저히 높았던 이 시대에는 가임기간 중에 부부 중 적어도 한 쪽이 사망하는 일이 매우 빈번했다. 이런 '불완전 가정'까지 포함한다면 가구당 평균 출산 명수는 7명이 아니라 4-5명 정도로 떨어진다(전체 출생률은 40퍼밀[per mil=1/1,000, ‰, 천분율]이다).

이렇게 태어난 아이들의 운명은 어땠을까?

---

1) 흥미로운 사실 중 하나는 결혼 후 만 9개월 이전에 아이를 낳은 비율이다. 이는 결혼 전에 성관계를 가진 것을 의미한다. 그래프를 보면 심지어 결혼식 전에 아이를 낳은 사례도 없지 않지만, 이런 혼전 성관계의 비율은 오늘날의 기준으로 보면 대단히 낮은 편이다. 이는 근대 초 서구 사회가 성적인 측면에서 사회의 감시와 압박이 매우 강했다는 것을 짐작케 한다. 이런 성적인 억압은 당시 사람들의 심성과 문화에도 큰 영향을 미쳤을 것이다. 예컨대 다음 장에서 보듯, 일상의 엄격한 규제가 일시적으로 풀어지는 축제 기간에 과격한 분위기가 연출되는 것이 이와 같은 성적 억압과 관련이 있다는 분석을 제시하는 연구자들도 있다.

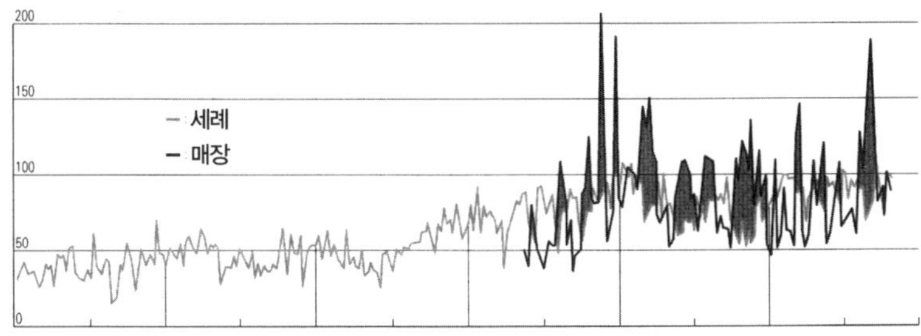

　무엇보다도 높은 유아 사망률이 이 시대의 중요한 특징 중 하나였다. 생후 1년 내에 죽는 아이의 비율은 전체 신생아 중 4분의 1이 넘었는데, 가장 흔한 사망원인은 내장 질병이었다. 첫돌을 넘기면 다소 나아졌으나 그래도 사망률은 여전히 높은 수준이었으며, 15-16세가 되어서야 비교적 안정 단계에 들어서게 된다. 결국 사회 전체적으로 한 가구당 평균 5명의 아이들이 태어났다고 해도 이들 중에서 결혼 연령에 도달해서 다시 결혼과 출산을 하는― 즉 인구학적인 재생산 과정에 들어가는―자손의 수는 평균 2.2명 정도에 불과했다. 이 수치에 주목해보자. 남녀가 만나서 결혼하고 아이를 낳아 다음 세대에 넘겨주는 수는 2명이고 다만 여기에 약간의 우수리(0.2 정도)가 덧붙여졌을 뿐이다. 만일 전쟁이 없고 농업 생산이 순조롭다면 이 근소한 우수리가 누적되는 것만으로도 몇십 년이 지나면 약간의 인구 증가가 이루어지게 된다. 그러나 과연 그럴까?

　〈그래프 3〉을 보자. 이 그래프에서 실선은 사망, 점선은 세례를 나타내는데('세례'는 출산과 개략적으로 일치한다고 가정할 수 있다), 많은 해에 '세례'가 '사망'보다 높다. 그러나 주기적으로 사망이 세례보다 높은 시기가 나타난다. 그런 현상이 여러 지역에서 동시에 나타나는 것을 보면 전염병이 그 원인이라고 추정된다. 그러므로 평시에 약간의 인구 증가가 이루어지지만 10년 안팎의 주기로 일어나는 전염병의 발생과 같은 요인들이 그동안의 미미한 인구 증가를 원점으로 돌려버리는 것이다.

이처럼 근소한 출생의 누적을 무화(無化)시키는 현상으로 인해서 인구 동향은 일정한 수준에서 약간의 증가와 감소 사이에 진동하는 양태를 보였다. 이처럼 단기적으로 아주 근소한 인구 증가가 이루어졌다가는 다시 원점으로 돌아가는 일이 계속된다면 장기적으로도 인구는 같은 수준에서 머물 뿐, 아무런 변화가 없는 것일까? 그렇지는 않다.

현재까지 인구학자들이 거둔 일반적인 결론은 실제 인구 변동은 매우 큰 폭으로 변동하면서 초장기적으로는 상승 곡선을 보인다는 것이다. 대체로 1300년경에 유럽 인구는 8,000만 명으로 추산된다. 앞에서 언급했듯이 14세기에 사상 유례없는 큰 위기를 맞아 유럽 인구는 엄청난 감소를 겪었다. 지역에 따라서는 100년이 경과하는 동안 무려 70퍼센트의 인구가 감소하기도 했다. 15세기 후반부터 다시 인구가 회복되어 16세기에는 유럽 인구가 1억에 도달했을 것으로 인구사학자들은 추산한다. 이후 1750년경에 인구 변동이 증가세로 바뀌어 오늘날에 이르기까지 지속적으로 늘었다. 따라서 출발점과 종착점을 어느 시점으로 잡느냐에 따라서 인구 증가세가 다르게 잡히지만, 일반적으로 1300-1800년의 500년 동안 유럽 인구는 최소 140퍼센트, 최대 400퍼센트 증가한 것으로 이야기된다. 500년 동안 이 정도의 인구 증가가 일어났다면 연평균으로는 2퍼밀(‰)이 안 되는데, 이 정도의 비율은 그 시대 사람들은 실생활에서 거의 느낄 수 없을 정도의 미미한 변화이다. 전체 흐름을 정리하면, 일상에서 경험하는 단기적 차원에서는 인구 증가가 거의 매번 무화되어 인구가 정체하는 듯이 보이지만, 100년 단위의 차원에서는 극심한 상승과 하락을 보이고, 다시 그보다 더 긴 차원, 즉 근대사 전체를 포괄하는 단위에서는 매우 큰 인구 증가를 이룬 결과가 된다. 이와 같은 장기적 인구 증가는 뚜렷하게 인식되지는 않지만 사실 근대사의 핵심 사항 중의 하나이다. 같은 땅에 사는 사람들 수가 2배, 심지어 4배가 되었다면 사회의 다른 모든 요소들이 이에 맞추어 근본적인 변화를 겪을 수밖에 없기 때문이다.

인구학적 요인과 다른 요인의 결합

인구 요소는 그 자체로서 중요할 뿐만 아니라 경제, 심성, 관습 등 다른 요소들과 관련하여 또다른 중요한 결과들을 가져온다.

인구 증가는 곧바로 토지 부족을 의미한다. 따라서 경지를 빌리는 대가로 지불하는 지대(地代)가 오르게 된다. 영국의 경우를 보면 1510년부터 1640년의 기간 중 지대가 9배가 올랐다. 그러나 곡물 가격은 4배 오르는 데에 그쳤고, 도시 임금은 그보다 훨씬 더 느린 속도로 상승했다. 이와 같은 여러 경제지표들 간의 상이한 증가 비율은 경제 전반에 지대한 영향을 미치지 않을 수 없다. 지주 귀족들이 가장 큰 수익을 올린 반면 도시 노동자들의 처지는 더욱 열악해졌다.

인구 요인은 실생활의 여러 측면과 연결되어 있다. 근대 초의 결혼 기록을 검토해보면 결혼을 많이 하는 달이 있고 결혼을 거의 하지 않는 달이 있다. 12월과 3-4월에 결혼을 많이 하지 않는 이유는 교회에서 크리스마스와 부활절 전 사순절(3/22-4/25) 기간에 결혼을 금하기 때문이다. 또 8월, 때로는 9월까지도 결혼을 피하는데 이때가 농사일이 가장 바쁜 때이기 때문이다. 그리고 지역에 따라서는 5월이 불길한 때라고 보기 때문에 — 여성의 기운이 너무 강해서 이 달에 결혼하면 남성의 기운이 쇠진한다는 속설이 있었다 — 이 달도 피했다. 따라서 이런 시기를 제외한 1-2월과 11월에 결혼이 많이 이루어졌다.

결혼은 곧 임신과 출산으로 이어졌다. 이것은 세례 기록을 통해서 확인할 수 있다. 이를 근거로 조사한 바에 의하면 임신이 많이 이루어지는 달은 시골에서는 5-6월, 11-1월 순으로 많았고, 대신 9-10월과 3월은 적었다. 9-10월은 농번기라는 점, 그리고 3월에는 결혼이 적고 게다가 교회에서 정한 금식기간인데다가 성관계를 금지했기 때문일 것으로 보인다.

사람들이 많이 죽는 기간 역시 따로 있었다. 대개 9-11월, '늦겨울부터 초봄' 순으로 사망률이 높은 대신 '늦봄부터 초여름'에는 사망률이 떨어졌다. 이 점은 아이들과 노인들로 나누어서 살펴보아야 한다. 0-9세의 아이들은 9월에 많이 사망했는데, 그 이유는 이때 장염과 열병이 극성을 부리고 게다가 농번기인 이 시기에 어머니가 바빠서 아이들을 잘 보살피지 못했기 때문이다. 이에 비해서 노인들은 겨울에 많이 사망했는데, 추위 때문에 폐병으로 희생되는 경우가 많았다.

인구 요인들은 심성에도 큰 영향을 미쳤음에 틀림없다. 예컨대 인구가 증가하는 시기에는 청년층이 증가하게 되어 가부장적 개념의 약화를 가져오고, 결혼에 대해서도 가문보다는 독립적인 젊은이들 간의 가족 결성이라는 의미가 상대적으로 강해졌다. 이때는 또한 성에 대한 관념도 변화되어 부부간의 사랑과 성적 쾌락에 대한 감성이 비교적 우호적으로 받아들여졌고 종교계 역시 이런 점을 인정하는 방향으로 변화해갔다.

2. 농민과 농촌 세계

농촌의 구성과 농업

이 당시에는 유럽 전체 인구의 90퍼센트 정도가 농민이었다. 따라서 근대 유럽은 대부분 농촌 세계였다고 해도 과언이 아니다.

이 시기에 농촌 가정은 핵가족인가, 확대가족인가?

흔히 과거로 올라갈수록 확대가족이 높은 비중을 차지했다가 현대에 가까이 올수록 핵가족화가 크게 진행된 것으로 생각하기 쉽다. 이것은 현재의 경험에서 나온 자연스러운 추론일 것이다. 그러나 실제로는 먼 과거에도 핵가족이 훨씬 더 보편적이었다. 특히 북서 유럽에서 이러한 경향이 강했고, 확대가족은 남부 프랑스와 이탈리아, 오스트리아 일부에서 상대적으로 많이 발견되었다. 그러나 무엇보다도 강조해야 할 점은 어느 지역에서는 어떤 형태의 가족구조가 일반적이었다고 말하기 어려울 정도로 두 가지 가족구조가 섞여 있었다는 점이다. 사실 핵가족이라고 하더라도 조카와 손자 등이 같이 살 수 있고, 확대가족이라고 하더라도 삶의 일정 시기에는 핵가족 단계를 거치는 수가 많다. 즉 젊었을 때에는 부부와 아이들만 살다가 이 아이들이 결혼을 하고 함께 거주하면서 자연스럽게 확대가족이 되는 사례들이 많이 발견되는 것이다.

농민의 생활은 어떤 의미에서는 가족보다도 마을 공동체가 더 중요한 실체일 수 있었다. 대부분 사람들의 삶은 마을 공동체 단위로 영위되는 집단적인 생산과 소비, 종교와 의례 등의 틀 속에서 이루어졌다. 먼 지역으로의 여행이 종교 순례와 같이 아주 예외적일 수밖에 없었던 당시 사람들에게 마을 공동체는 삶의 모든 것을 포괄하는 소우주(小宇宙)였다. 이속에서 사람들의 생활은 자급자족적 생존경제(subsistence economy)의 차원에서 이루어져서, 물질적 기반의 대부분이 시장을 통해서 이루어지는 오늘날 우리 일상의 삶과는 근본적으로 달랐다.

이 시기에 가장 중요한 경제 활동은 당연히 농업이었다. 유럽의 농업은 빵을 만들 수 있는 곡물인 밀과 호밀 위주였고, 여기에 보리, 귀리, 메밀 같은 작물과 채소류가 더해졌다. 그리고 신대륙 발견 이후 옥수수와 감자라는 아주 중요한 보충 작물이 추가되었다.

밀과 호밀 농사의 가장 큰 단점은 지력 고갈이 심하다는 점이다. 아시아의 벼나 아메리카 대륙의 옥수수와 가장 크게 차이가 나는 점이 이것이다. 아시아의 벼농사의 경우 몇십 년 동안 같은 땅에서 계속 농사를 짓고, 더구나 2모작이나 3모작까지 가능하다는 사실은 16세기 이후 아시아에 찾아온 유럽 여행자들을 크게 놀라게 했다. 왜냐하면 유럽에서는 같은 땅에 연이어 농사를 짓는 것이 거의 불가능했기 때문이다. 만일 무리해서 3-4년 동안 계속 농사를 지으면 생산이 크게 줄어든다. 당시로서는 이를 해결하는 거의 유일한 방법은 휴경(休耕)으로 지력이 회복되게 만드는 것이었다. 이 가차 없는 법칙을 근본적으로 깬 것은 19세기에 화학비료가 대량생산된 이후의 일이며, 그 전에는 생산성의 제고를 위해서 불가피하게 휴경제를 지켜야 했다.

곡물 생산에 삶의 거의 모든 것이 걸려 있던 이 사회의 사람들에게 농업 생산성은 그 어느 것보다도 중요한 요소였다. 그런데 오늘날의 수준과 비교하면 이 시대의 농업 생산성은 가소롭다고 할 정도로 낮은 형편이었다. 수확량 대 파종량의 비율(즉 봄에 곡물 한 알을 파종했을 때 가을에 몇 알을 거두는가 하는 비율)을 보면 대부분의 지역에서 4：1에서 6：1 수준이었다. 낱알 4알을 거둘 경우 다음번 농사에 쓸 종자를 따로 보관해야 하므로 실제 빵을 만들 수 있는 낱알은 3알에 불과하다. 만일 흉년이 들어서 이 비율이 3：1 이하로 떨어지면 기근이 시작된다. 또 만일 2：1 정도의 비율이 2-3년 연속되면 아사자가 나오게 된다. 반대로 18세기에 일부 선진 지역에서 이 비율이 10：1 이상으로 상승한 것은 ‘농업혁명’에 해당했다. 모든 것이 바로 이 수확량 대 파종량의 비율에 달려 있었다고 해도 과언이 아니다. 사람들의 생존이 이 빈약한 농업 생산성에 근거하고 있고 걸핏하면 흉작과 기근에 시달리는 상황에서 사람들이 가장 높이 평가하는 가치가 ‘안정’이었다는 것은 충분히 짐작할 수 있는 일이다. 예컨대 이 시대에 이상적인 배우자란 땅과 재산을 가지고 오는데다가 일을 열심히 할 수 있는 남성/여성이었다는 점 역시 충분히 공감할 수 있다. 이 시대에는 오늘날과 달리 낭만적 사랑이 큰 비중을 차지하지 못했다는 점을 흔히 지적하는데, 말하자면 낭만적인 사랑은 아직 그 물질적 기반이 취약했다고 할 수 있을 것이다.

양적으로 곡물이 부족하다 보니 음식의 질이 좋을 수가 없었다. 특히 농민들의 음식은 단조롭기 그지없었다. 에일(ale)과 같은 약한 도수의 알코올 음료도 즐기기 위한 것이라기보다는 에너지원으로서의 의미가 더 강했다. 일반 농민들의 음식은 거의 변화가 없는데다가 기본 곡물 외의 부식이 많지 않았기 때문에 거의 매일 빵과 죽을 소비하며 살아갔다.

<표 1> 유럽의 곡물 수확

A. 1200-1249년 이전. 곡물 수확 비율 3 : 1에서 3.7 : 1		
I 영국 1200-1249년		3.7
II 프랑스 1200년 이전		3
B. 1200-1820년. 곡물 수확 비율 4.1 : 1에서 4.7 : 1		
I 영국 1250-1499년		4.7
II 프랑스 1300-1499년		4.3
III 독일, 스칸디나비아 국가들 1500-1699년		4.2
IV 동부 유럽 1550-1820년		4.1
C. 1500-1820년. 곡물 수확 비율 6.3 : 1에서 7 : 1		
I 영국, 네덜란드 1500-1700년		7
II 프랑스, 에스파냐, 이탈리아 1500-1820년		6.3
III 독일, 스칸디나비아 국가들 1700-1820년		6.4
D. 1750-1820년. 곡물 수확 비율 10 : 1 이상		
I 영국, 아일랜드, 네덜란드 1750-1820년		10.6

수확량 대 파종량 비율의 변화./베르나르트 슬리허 반 바트.

따라서 동물성 단백질과 지방의 보충원으로서, 또 입맛을 돋우는 부식으로서 우유와 유제품(버터와 치즈 등)이 대단히 중요했다. 여기에 더해서 돼지고기와 그 가공품 그리고 청어가 중요한 역할을 했다. 돼지는 축력(畜力)을 제공하거나 양처럼 털을 얻는 것이 아니라 순전히 고기를 얻기 위한 용도로 키우는 거의 유일한 가축이었다. 돼지의 결정적인 단점은 사람이 먹는 곡물을 소비하면서 키워야 한다는 것이었는데, 이는 봄부터 여름 동안 숲에서 도토리와 같은 자연 산물을 가지고 키우는 방식으로 극복했다. 그러다가 가을이 되면 종자 돼지만 남기고 모두 잡아서 베이컨과 같은 보관용 식품을 만들었다. 한편, 신선한 생선은 해안 지역 이외에서는 아주 귀한 사치품이거나 아예 구하기 힘든 물품이었다. 다만 북해와 발트 해에서 많이 잡히는 청어는 염장 처리한 후에 원거리까지 수송하여 판매할 수 있었기 때문에, 중세 이래 내륙의 사람들도 비교적 쉽게 구할 수 있는 해산물이었다.

농업의 취약한 기반으로 인해서 주기적으로 흉작과 기근이 찾아오는 것은 피할 수 없는 사태였다. 이는 유럽 농업 내의 구조적인 문제로서

이 시대 내내 반복하여 일어났으며, 때로는 상상하기 힘들 정도로 막대한 피해가 발생하기도 했다. 예컨대 1709년에 기상이변으로 혹한이 들이닥쳤을 때 프랑스의 상황을 보면 이 시대의 사회 경제가 얼마나 허약한 바탕 위에 서 있었는지 잘 알 수 있다. 식량 부족으로 이 해에 굶어죽은 사람은 60만 명으로 추산되는데, 현재와 당시의 인구 규모의 차이를 고려하면 그 피해는 제1차 세계대전의 희생자와 맞먹는 수준이었다. 아사자가 대량 발생하는 사태는 극심한 사회 불안정을 초래했다. 1709년 한 해에만 프랑스 전역에서 모두 200번 가까운 식량 폭동이 일어났다.

사실 식량 폭동은 유럽 사회 내에 구조적으로 내재해 있는 문제였다. 예컨대 1585년 나폴리의 상황을 살펴보자. 기근의 시기에 흔히 취하는 방식대로 시 당국은 빵 가격은 그대로 유지하는 대신 빵의 크기를 줄였다. 이런 속임수에 흥분한 군중들이 시 청사를 공격해서, 곡물 투기로 큰돈을 번 것으로 의심받던 관리 한 명을 살해하여 그의 시신을 자르고 또 그의 집을 약탈했다. 흥분한 군중들이 매번 살인 행위를 저지른 것은 아니지만 대개 창고의 곡물이나 밀가루 혹은 빵을 탈취하여 싼 가격으로 나눠주는 일은 빈번하게 일어났다. 무작위로 하나의 사례를 들었지만 이러한 종류의 기록은 수없이 많이 찾을 수 있다.

특기할 점은 당시의 수송 및 상업 체계가 미비했기 때문에 이런 위기 상황의 해소가 더더욱 힘들었다는 점이다. 한 지역에서 심한 흉작이 들고 이웃 지역에서는 반대로 곡물이 남을 정도로 풍작이 들었다고 하더라도 이 잉여의 곡물을 기근 지역으로 가져가서 판매하는 것이 쉽지 않았다. 이런 여러 구조적 요인들로 인해서 이 시대에는 심각한 위기가 매우 빈번하게 일어나서, 그 자체가 일상화되었다고도 할 수 있다.

물론 이 시대의 농업이 아무런 변화 없이 계속해서 저생산성 수준에서 머물고 있었던 것은 아니다. 느리기는 하지만 분명 농업 기술이 발전했고 이것이 이웃 지역으로 전파되었다. 농업상의 선진 지역으로는 우선 네덜란드를 들 수 있다. 이곳에서 농업상의 변화가 일찍 일어날 수 있었던 데에는 이 지역의 특이한 여러 상황들이 함께 작용했다. 근대 초에 들어와서 이곳에서는 환금작물(換金作物: 아마, 대마, 담배 등 시장에 내다팔 수 있는 작물들)을 재배하기도 하고 목초 재배를 통해서 축산업을 비약적으로 발전시키기도 했다. 부족한 곡물은 동유럽 지역으로부터 수입하여 일부는 자체로 소비하고 또 일부는 다른 유럽 지역에까지 팔아서 이윤을 남겼다. 그러나 부족한 식량을 모두 수입에 의존한 것만은 아니어서 생산성을 높이는 여러 혁신적인 농법을 개발했다. 클로버, 순무 등의 사료작물을 휴경지에 재배함으로써 지력을 회복하면서도 가축의 수를 크게 늘릴 수 있는 방법이 대표적인 사례이다. 이 농법이 영국에 전해지고 그것이 더욱 발전하여 영국 농업혁명의 기초가 되는 소위 ‘요크셔 농법’의 기반이 되었다. 이런 농업의 발전이 농촌 세계, 더 나아가서 영국 사회 일반에 큰 변화를 가져왔다. 길게 보면 영국에서 산업혁명이 이루어지기 위해서 반드시 거쳤어야 하는 농업혁명이 이미 오래 전부터 착실하게 준비되고 있었던 것이다.

네덜란드와 영국이 비교적 뚜렷한 농업 발전의 사례에 해당하지만 그 외의 유럽의 다른 지역에서도 농업 혹은 목축업 등이 부단히 변화, 발전하고 있었다. 예컨대 프랑스에서는 파스텔 염료, 포도 재배, 대마 재배 등이 확대되고 있었고 이탈리아에서는 벼 재배가 확산되었으며 헝가리에서는 대규모 목축업이 이루어지고 있었다. 체코 지역에서 잉어치기를 많이 하게 된 것 같은 작은 사례도 해당 지역에서는 결코 사소한 일이 아니었다. 근대 유럽의 농업 생산성 발전은 수확량 대 파종량 비율의 변화를 정리한 표에서 읽을 수 있다.

유럽의 농업은 아직 위기가 주기적으로 찾아드는 취약성을 가지고 있으면서도 그 속에서 변화와 발전의 씨앗을 가지고 있었다고 표현해도 좋을 것이다. 이것은 농민들의 생활 양태에 대해서도 마찬가지로 이야기할 수 있다.

　농민들의 생활에 대해서 이야기할 때 우선 주목하게 되는 것은 이들의 문자해독률이 매우 낮다는 점이다. 이 말은 곧 농민들이 새로운 지식을 얻는 것은 말할 것도 없고 이 사회가 이루어낸 성과를 후세대에게 전하는 방식에서 책을 읽는 방식이 아니라 거의 전적으로 구전문화(oral culture)의 세계에서 산다는 것을 뜻한다. 그만큼 사람들이 공동으로 나누어 가지고 있는 전통문화, 그리고 사회적 결속과 구속이 강했다.

　그 결과 마을 공동체의 힘, 기능, 규제가 대단히 강했다. 앞서 언급한 대로, 어떤 점에서 보면 '가정'이라는 범주보다 마을 공동체라는 범주가 사람들에게 더 강한 영향력을 행사할 수도 있었다. 점차 이런 공동체의 규제로부터 벗어나서 개인의 존재가 더 중요해진다는 것이 근대 사회의 큰 특징이라고 할 수 있다. 그리고 그것은 무엇보다도 '가족을 중심으로 한 개인주의'의 양태로 나타났다. 다시 말해서 내 가족, 내 자식에게 다른 어느 것보다도 큰 중요성을 부여하고 그 안에서 자신의 행복을 추구하는 태도의 등장을 말한다. 이것은 부부간의 애정과 자녀에 대한 사랑이 갈수록 강화되었음을 말한다. 이런 것들이 현재의 우리에게는 너무나 당연한 것으로 보이지만 사실 이것은 사회적으로 상당히 큰 차이를 보이며 또 역사적으로 변화해가는 요소이다. 유럽의 경우 이런 '가족주의'는 19세기에 부르주아를 중심으로 강화되어갔다는 것이 정설이다. 반대로 그 이전 시대에 농촌 사회에서는 상대적으로 가정보다는 마을 공동체가 대단히 큰 영향력을 행사했다.

　농촌 마을은 지역에 따라서 5-6호(戶)의 가구만 모여 사는 산촌(hamlet)부터 60-70가구의 큰 마을에 이르기까지 규모에서 상당히 큰 차이가 났다. 마을 주민들은 물론 대부분이 농민이며 자신들이 경작하는 곡물로 살아갈 뿐만 아니라 자급자족이 원칙이므로 마을 내에—전업이든 부업이든—대장장이, 방앗간지기 등의 여러 장인들이 존재했다. 큰 마을인 경우에는 교구 교회가 따로 존재했다. 마을 재산상의 구성에서 특히 중요한 것은 공유재산이었다. 어느 한 개인의 소유가 아니라 마을 공동의 소유이자 공동 이용권의 대상인 공유지는 경지보다는 숲이나 목초지인 경우에 더 큰 중요성을 가졌다. 이미 언급한 것처럼 유럽 농업의 큰 특징이 곡물 경작과 목축의 결합이었기 때문이다. 농민의 삶에서 핵심적인 중요성을 가지는 가축의 유지에서 공유지는 결정적인 역할을 했다. 그 외에도 숲은 농민들에게 대단히 다양한 산물을 제공했다. 건축자재이자 땔감인 목재가 나고, 사냥 짐승은 가외의 단백질 공급원이었으며, 각종 과일과 버섯 역시 식생활에서 중요한 의미를 가졌다. 이와 같은 공유지는 절대적인 비중 면에서는 개인 소유의 경지보다 적을 테지만, 부족한 자원의 보충이라는 점에서 더더욱 사람들에게 민감한 문제가 될 소지가 있었으며, 실제로 많은 농민 소요가 여기에서 비롯되었다. 프랑스 혁명 전야의 각종 문서에서 농민 봉기의 원인 중 다수를 차지하는 것이 바로 공유지 문제, 특히 공유림 문제인 것은 우연이 아니다. 근대에 들어와서 이 공유지에 대해서 영주들이 자신의 권리를 주장하고 나섬으로써 농촌 공동체와 갈등을 빚는 사례가 빈번했다.

농민들의 문제에서 가장 중요한 사항의 하나는 영주와의 관계였다. 신분적 예속관계가 완전히 해소되지 못한 상황에서 여전히 영주층은 농민들을 수탈하며 살아가고 있었다. 농민의 지위와 부담(charge)은 물론 국가와 지역에 따라서 다를 수밖에 없었다. 그러나 전반적으로 서유럽에서는 농민들이 더 이상 중세적인 농노의 신분으로 남아 있지 않았다. 중세 농노의 경우 지배계급인 영주들에게 인신적(人身的)으로 매여 있었다. 자유로운 이주, 결혼, 상속, 거래 등의 자유가 없었으며, 이러한 예종(隷從)의 결과 1주일에 며칠간 영주의 땅을 경작해주는 노동지대, 혹은 현물이나 현금으로 내는 지대를 납부해야 했다. 이런 봉건적인 예속관계는 중세 말을 지나면서 거의 사라졌다. 예컨대 결혼을 할 때 영주의 뜻에 따라 마음대로 결정되던지 그에 대한 대가로 많은 돈을 지불해야 하는 따위의 인신적 규제가 사라졌다는 점에서 '농노 해방'이 이루어졌다. 원칙적으로는 이제 농민들은 자유의 몸이었다. 다만 영주들이 '지배자'는 아니지만 여전히 '지주'이기 때문에 그에 대한 대가로 지대를 지불하는 것만은 그대로 남아 있었다. 그러나 이것은 원칙상으로만 그렇다는 이야기이지 실제의 상황은 다를 수밖에 없다. 원칙 그대로 지대만 내면 그것으로 영주와의 관계가 사실상 끝나는 것은 영국과 같은 예외적인 곳의 일이었다. 나머지 지역들은 지대 이외에도 상속세, 판매세 등의 각종 부담이 여러 가지 형태로 남아 있었다. 이런 것들은 지난 시대의 봉건제의 흔적이 남아 있다는 의미로 '봉건잔재(封建殘滓)'라고 부른다. 시간이 흐르면서 영주들로서도 그들의 지위와 부(富)가 쇠락하는 경우가 많았으므로, 이런 봉건잔재들을 되살리고 더욱 확대하려는 경향이 강할 수밖에 없었으며 자연히 이에 대한 농민들의 저항도 커졌다.

따라서 농민과 영주들 간의 관계에서 인신적 측면과 경제적 측면을 나누어서 생각해야 한다. 농민들의 신분에 대한 권력관계가 해소되는 것도 중요한 문제이지만 땅에 관한 봉건적인 관계가 풀려났는가의 문제 역시 매우 중요하다. 그런데 이 현상은 때로 역설적인 결과를 가져오기도 했다. 영국에서처럼 농민들이 신분적으로 자유로워지는 동시에 땅 역시 자유로운 소유관계의 대상이 된 경우에는 결과적으로 농민들의 처지가 악화될 수 있다. 몸은 해방되었지만 그와 동시에 전통적으로 누려왔던 토지 경작권을 잃게 됨으로써 '자유로운 빈민'으로 전락하게 되는 것이다. 실제로 영국에서는 대지주-귀족이 농민들을 내쫓고 대토지 경영을 하는 현상이 벌어졌다. 이것이 유명한 인클로저 현상(enclosure, 종획운동이라고도 한다)이었다. 잘 알려진 바와 같이 이 시대에 양모의 수요가 늘어나자 대지주들은 이전의 곡물 경작방식을 포기하고 경작민들을 내쫓고 그 땅에 울타리를 쳐서 대토지를 이룬 다음 이곳에서 양을 치려고 했다. 이 과정에서 수많은 사람들을 먹여 살리는 터전이었던 토지에는 이제 양과 단 몇 명의 양치기만 남게 되었다. 토머스 모어가 당시 사회를 예리하게 비판하는 그의 저서 『유토피아(Utopia)』(1516)에서 "영국에서는 그 순하던 양이 사람을 잡아먹는다"고 표현한 것이 이를 가리키는 말이다. 그러나 사실 토머스 모어 때문에 더욱 유명해지기는 했지만 16세기의 이 인클로저 현상은 알려진 만큼 그렇게 큰 규모는 아니었다. 훨씬 규모가 컸던 것은 18세기의 인클로저였는데, 이 시기에는 의회의 동의를 얻어 이루어졌다고 해서 의회 인클로저라고 불리며 목양(牧羊)보다는 곡물 경작을 목표로 했다. 따라서 근대 초의 인클로저에 대해서 지나치게 큰 중요성을 부여할 수는 없겠으나 영국 농촌 사회가 크게 변화해가는 시발점이 되었던 것은 분명하다. 여기에서 영국 농촌의 변화 방향을 요약한다면, 귀족-지주가 토지를 스스로 경영하는 것이 아니라 이를 전문 경영인이라고 할 수 있는 임대인(farmer)에게 빌려주고, 이 임대인이 토지가 없는 농민들을 고용해서 생산한 다음 그 수확물을 시장에 판매하는 것이었다. 초보적인 형태로나마 농업 자본주의 발전의 방향이 잡혀가고 있었던 것이다.

이를 프랑스의 경우와 비교해보도록 하자. 프랑스에서도 농민들이 인신적으로 해방된 것은 영국과 마찬가지였다. 그러나 중요한 차이는 농민들의 세력이 일반적으로 영국보다 더 커서 그동안 누리던 토지 보유권, 경작권을 상실하지 않았다는 점이다. 여기에는 귀족을 누르고 왕권을 강화하려던 중앙정부의 농민 보호정책도 큰 기여를 했다. 따라서 영국에서처럼 대지주-귀족들이 농민들을 내쫓고 대토지를 형성하여 '자본주의적인' 농업 경영을 하는 것이 불가능했다. 그리하여 농민의 권리가 강한 것이 오히려 농업 발전을 저해하는 역설적인 결과를 가져왔다고 볼 수 있다. 농업 생산성이 떨어지고 농민들에 대한 직접적인 지배권도 점차 국가에 빼앗기게 되자, 오히려 귀족들은 그만큼 더 농민들을 쥐어짜는 권리를 강화시키려고 했다. 즉 봉건잔재는 프랑스 농민들이 약자이기 때문에 당한 것이라기보다는 오히려 그들의 권리가 점차 강화되는 과정에서 발생한 부작용이라고 할 수 있다. 억압과 수탈이 너무 강해서 농민들이 봉기를 일으킨다기보다 성장해가는 농민층이 그들의 성장을 가로막으려는 방해집단에 대해서 봉기를 일으킨 것에 가깝다.

크게 영국과 프랑스를 비교했지만 서유럽 내에서는 그 외에도 여러 다양한 농업 형태들이 존재했다. 남부 프랑스와 이탈리아에서는 반분소작(半分小作, sharecropping)이 존재했다. 이는 지주가 농민에게 토지와 함께 종자, 때로는 농기구까지 빌려주는 대신 수확물의 반을 요구하는 방식이었다. 이 방식은 대개는 다른 지역에 비해서 농민에게 불리한 결과를 가져오는 것으로 알려져 있다. 에스파냐에서는 목양이 대단히 중요해서 목양업자들이 메스타(mesta)라는 조직을 결성하여 그들의 이해를 지켜나갔다. 이곳에서의 문제는 양들이 계절에 따라서 이동을 해야 하는데 이때 곡물 경작을 하는 밭에 큰 피해를 준다는 점이었다. 그러나 세금 수입을 중시한 국가 기구가 목양업자의 편을 들어줌으로써 곡물 경작은 큰 피해를 감내해야 했다.

동유럽의 재판농노제

지금까지 설명한 것은 서부 유럽에 한정된 이야기였다. 동부 유럽에서는 이와는 다른 방향으로 변화가 일어났다. 유럽 전역을 크게 동유럽과 서유럽으로 나누는 데에 명확한 기준은 없지만 전통적으로는 엘베 강을 기준으로 동유럽과 서유럽으로 나누는 것이 관례이다.

농업 문제에서 동과 서의 차이는 아주 기본적인 배경에서부터 달랐다. 서유럽은 전반적으로 인구 압력이 크게 작용하는 곳이었다. 즉 사람 수가 많은 데에 비해서 땅이 부족한 것이 일반 여건이었다. 그런데 동유럽에서는 반대로 토지는 많으나 인력이 부족했다. 개간할 땅은 얼마든지 있으나 인력이 부족한 상황에서는 개념적으로 두 가지 상반된 해결책이 가능하다. 첫째, 영주가 부족한 인력을 확보하기 위해서 농민들에게 유리한 조건을 제시하면서 점차 많은 것을 양보해서 결국 농민의 지위가 상승되는 방향이다. 둘째, 정반대로 영주가 강제력을 동원하여 농민들을 윽박질러서 더 많은 일을 시키는 방향이다. 불행하게도 동유럽에서는 두 번째 방식으로 일이 진행되었다. 왜 그렇게 되었을까? 물론 그것은 한 가지 요인으로는 설명할 수 없고 여러 요인들이 함께 작용한 결과이지만, 결국 농민 공동체와 영주층 가운데 어느 편의 힘이 더 강한가의 문제로 바꾸어 생각해볼 수 있고, 여기에서 영주 측의 힘이 더 강했다고 추론할 수 있다.

그 원인을 역사적인 발전 방향에서 찾을 수 있을 것이다. 원래 동유럽이 서유럽인에게 개방된 것은 12-13세기의 동유럽 식민화(Ostsiedlung, Drang nach Osten)의 결과였다. 이 시기에 서유럽에서 인구 압력이 너무 커지자, 동유럽에 식민 개발을 하여 많은 사람들을 이주시켰다. 우선 서유럽의 기사들이 동유럽에 무력으로 진군해 들어가서 현지인들을 억누르고 강제로 기독교화한 다음 그곳에 이주농들을 불러온 것이다. 즉 이 지역에서 개간이 이루어지고 마을이 들어선 것은 영주층의 주도로 벌어진 일이다. 따라서 처음부터 공동체에 비해 지배층의 힘이 강했다고 할 수 있다. 물론 이 초기의 여건이 수세기 동안 그대로 관철되었다기보다는 이후 계속 이를 강화하는 방향으로 역사가 진행되었다는 설명이 더 타당할 것이다. 이곳은 후진 지역으로서 도시의 발달이 미약하고 그래서 부르주아 층의 발달이 더뎠으며, 왕권도 미약했다. 예컨대 폴란드에서는 귀족들이 왕을 선출하는 제도가 자리를 잡았다. 그래서 프랑스에서처럼 국왕이 귀족의 힘을 제어하고 농민을 보호하는 움직임이 미진했고, 또 부르주아들이 귀족을 견제하는 힘도 약했다.

이 상황에서 결정적인 영향을 미친 다른 요인들 중 하나는 서유럽의 곡물 수요가 동유럽의 재판농노제와 연결되었다는 점이다. 동유럽의 영주들로서는 농민들을 압박하여 곡물을 많이 확보한 다음 잉여 생산물을 서유럽에 판매할 가능성이 열린 것이다. 이런 인센티브가 주어지자 영주들의 압박은 더욱 강화되었다. 폴란드, 리투아니아, 동프로이센 등지에 설립된 대장원에서는 영주가 농민들을 더욱 강제하여 더 많은 생산을 했고 이렇게 생산되어 집적된 곡물들은 해안가의 상업 도시로 송출되었다. 이곳에는 많은 서유럽 상인들이 찾아와서 각종 임산물 등의 원재료와 함께 이런 곡물을 구매하고, 그에 대한 대가로 서유럽 및 식민지 산물, 그리고 은화를 제공했다. 그단스크나 쾨니히스베르크 같은 동유럽 해안의 대도시는 이와 같은 서유럽에 종속적인 성격의 상업 활동을 하는 중심지가 되었다.

이런 체제가 만들어지고 강화되어간 결과 동유럽 농민들의 처지는 갈수록 악화되었다. 이미 서유럽 농민들의 신분이 많이 개선되었다는 점은 앞에서 언급한 바 있는데 그 핵심 사항은 무엇보다도 농민들이 강제로 영주의 땅을 경작하는 부역(노동지대)이 거의 사라졌다는 점이었다. 서유럽에서 농노의 부역으로 운영되는 고전 장원은 아주 먼 옛날의 이야기가 되었다. 그런데 동유럽에서는 그것이 없어지기는커녕 오히려 갈수록 더욱 강화되었다. 영주들의 대규모 장원이 갈수록 확대되었고 여기에 발맞추어 이 땅을 경작하는 농민들에 대한 강제 노역이 증가했다. 지역에 따라서 차이는 있지만 가장 심한 경우 농민들은 1주일에 6일 동안 영주의 땅을 경작해야 하고 단 하루만 자기 땅을 경작할 수 있는 지경에 이르렀다.

발트 해 무역은 이런 관점에서 보면 서유럽이 최초로 외부로 팽창하여 '식민화'한 실험 사례의 성격을 띤다고 볼 수 있다. 서유럽의 곡물 위기가 심각할 때 원거리 곡물 무역은 이를 완화하는 역할을 했다. 물론 이를 두고 서유럽의 곡물 수요 대부분을 동유럽의 기아 수출로 해결했다고 단정할 수는 없다. 단지 곡물 위기 상황을 일시적으로 해결해주는 한계적인(marginal) 역할을 했다는 데에 의미가 있다. 그렇다 하더라도 그 의미가 결코 작지 않다. 구조적으로 늘 어느 지역에선가는 식량 부족 사태가 일어날 수밖에 없는 상황에서, 최소한 이 문제를 해결할 정도의 곡물을 비교적 안정적으로 확보할 수 있었다면 사회 전체의 안정을 기하는 데에 대단히 중요한 역할을 했다고 보아야 한다. 반면, 동유럽에서는 마지막 한계 국면에 직면한 다수의 농민들의 식량을 빼앗아 더욱 심각한 상황에 몰아넣는 결과를 가져왔다. 동유럽의 재판농노제와 서유럽의 상업 자본주의는 이런 식으로 결합하게 되었다.

이처럼 유럽의 농업 및 농촌 세계는 아주 다양한 면모를 가지고 있었고 또 상이한 방향으로 변화해갔다. 그러한 사정은 해당 지역의 정치 상황과 연결되어 각국의 독특한 역사 발전의 기반이 되었다.

농민과 국가

농민과 국가의 관계 역시 점차 변화해갔다. 이전 시대에 중앙정부 또는 왕은 대부분의 농민들의 실생활과는 거의 무관했고, 단지 이념적으로 최고의 존재로 여겨지는 정도였다. 그런데 왕권이 점차 강화되면서 이제 중앙정부의 사법권, 행정권이 상당한 정도로 지방 차원에까지 미치게 되었다. 프랑스를 예로 들면 국가가 농민을 세금원으로서 보호하려는 성향을 가지고 있었다. 물론 이때의 '보호'란 그 자체가 목적이 아니라 결국은 국가 운영에 필요한 자원을 수취하려는 의도였던 것은 물론이다. 따라서 농민에게는 영주층 위에 존재하는 국가 역시 실제로는 각종 세금과 군역의 수취자를 의미했다. 대표적인 것이 소금세인데, 사람들의 삶에 필수적인 물품인데다가 비교적 쉽게 통제가 가능한 소금에 대단히 고율의 소비세를 부과해서 사람들의 원성의 대상이 되었다. 이런 조치가 지속되자 농민들은 이제 국가에 대해서 봉기를 일으켰다. 17세기에 들어가면 영주에 대항하는 농민 봉기뿐만이 아니라 국가의 수취에 저항해서 일어나는 봉기가 크게 증가했다.

농민 봉기는 매우 빈번하게 일어났다. 자신들의 생계가 위협받거나 전통적인 생활양식이 위협받는 경우, 즉 영주의 착취, 국가의 세금, 종교적 갈등, 식량 부족 등 여러 정황에서 농민들의 요구 사항이 충족되지 않으면 최종적인 수단으로서 영주, 국가, 교회에 대해서 봉기를 일으키는 것이다. 이 시대에 농민 봉기는 마치 오늘날 자본주의 세계의 파업과 유사할 정도로 자주 일어났다. 그러나 농민 봉기를 통해서 그들의 요구를 성취하는 경우는 많지 않았다. 그 이유는 대부분의 농민 봉기가 조직적이지 않고, 변화의 목표와 지향점, 구체적인 개혁 프로그램을 가지고 있지 않았기 때문이다. 농민 봉기의 목표라고 한다면 차라리 변화에 대한 거부, 즉 이전 방식의 유지를 요구하는 경우가 더 흔했다. 영주층이나 부르주아, 혹은 국가가 변화를 추구하고자 할 때 이것이 미치는 피해에 대해서 농민이 저항하는 성향이 큰 만큼 봉기의 성격이 보수적이라는 역설적인 이야기가 된다. 농민 봉기는 대개 진압당하는 것이 통례였다. 어떤 관점에서 보면 봉기는 근대사의 구조에 대한 변혁의 요인이라기보다는 차라리 그 구조를 구성하는 요소 중 하나라고 볼 수도 있다. 물론 봉기의 결과가 전혀 없다는 것은 아니다. 어쩌면 농민 봉기와 같은 아래로부터의 다이내믹한 힘이 넓은 의미에서 이 사회를 변화시키는 동력을 제공했다고 할 수 있을 것이다. 그러나 그 변화의 힘을 등에 업고 변화의 방향을 지시하는 것은 다른 요소이기 십상이었다. 농민 세력, 농민 봉기 같은 '하층'의 다이내믹한 요인들이 점차 성장해가는 국가와 자본주의 같은 '상층'을 무너뜨릴 힘은 없었다. 오히려 그 상층의 힘이 아래의 힘을 조정하고 이용했다고 보아야 할 것이다.

3. 도시, 상업 그리고 자본주의

마을로부터 도시로: 상층 단위의 발전

근대 초 유럽의 사회 경제적 구조를 지리적인 개념으로 다시 정리해보도록 하자.

농촌 인구가 살아가는 최소 단위는 통상 400-500명이다. 이 수준에 미치지 못하면 독자적으로 살아가는 것이 힘들고 특히 인구학적 재생산이 불가능해진다. 근대 유럽에서는 아주 큰 마을 하나든지 혹은 몇 개의 작은 마을들이 모여서 이 단위를 이루었다. 이것은 경작, 개간, 도로 및 주거의 단위, 다시 말해서 사람들이 살아가는 가장 기본적인 틀이 된다. 이 안에 경지, 목초지, 과수원, 삼밭, 숲 등이 갖추어져 있다.

이 최소의 '생활 단위'들 위로 이것들을 서로 연결해주는 최소 규모의 '경제 단위'가 형성되는데, 이것은 우리의 읍 정도에 해당한다. 여기에는 우리의 전통 '장'에 해당하는 시장이 서고, 그 주변에는 이 시장에 의존하는 몇몇 마을들이 연결되어 있다. 각각의 마을들은 이 읍까지 하루 안에 왕래할 수 있을 정도의 거리만큼 떨어져 있다. 물론 이 단위의 실제 크기는 해당 지역의 교통수단, 인구 밀도, 논밭의 비옥도 등에 따라서 달라질 수 있다. 인구 밀도가 낮고 땅의 비옥도가 떨어질수록 이 단위는 커질 수밖에 없을 것이다. 그러나 대체적인 크기를 계산해보면 약 3,000명의 사람들이 170제곱킬로미터 속에 살아가는 정도이다.

다시 이 위로 더 상층의 단위가 형성된다. 그 면적은 지역에 따라서 조금씩 달라지는데 작은 것은 대략 1,000제곱킬로미터로부터 큰 것은 1,500-1,700제곱킬로미터에 달하기도 한다. 이를 프랑스의 경우로 보면 하나의 '지방(pays)'이라고 부를 수 있다. 이 단위에서는 지방 도시들이 하나 있고, 이곳이 지방 중심지 역할을 한다. 이 단위는 하나의 문화적 실체를 형성한다는 점에서 중요성을 띤다. 민속, 의상, 언어, 속담, 풍습,

가옥의 형태 및 재료, 가구, 요리 관습 등이 '지방'마다 달라진다.

이렇게 피라미드식으로 하층 단위들 몇 개를 조직해서 다시 그 상위의 단위들을 쌓아올라갈 경우, 자연스럽게 사람들의 생활이 조직되는 최종적인 상층 단위는 '주(province)'이다. 이 역시 그곳의 사정에 따라, 또 역사적 진화 과정에 따라 크기가 상이할 테지만, 일반적으로 '주'는 '지방'의 10배 정도가 되며, 개략적으로 수치를 제시한다면 1만5,000-2만5,000제곱킬로미터 정도이다. 이 정도의 크기는 자동차와 고속도로가 발달한 오늘날의 상황이라면 큰 공간이라고 할 수 없을지 몰라도 근대 초의 소통 수준을 고려하면 오늘날 프랑스의 몇 배 크기에 해당한다고 할 수 있을 것이다. 그러므로 생활 단위의 조직화가 자연스럽게 팽창하는 범위로서는 이것이 한계이며, 그 이상의 단위는 불가능했다. 그러므로 대부분의 사람들에게 이 '주'는 최초의 조국과 같은 것이었다.

이 '주'는 중세와 근대 초에는 그대로 하나의 역사 단위였다. 플랑드르, 부르고뉴, 프로방스, 브르타뉴, 작센, 토스카나 등이 이에 해당하는 단위이다. 이 단위는 대개 하나의 지배 가문이 통치하는 하나의 영토가 된다. 즉 브르타뉴 공작령, 플랑드르 백작령, 밀라노 공작령 등이 그런 것들인데, 당시로서는 이 정도가 가장 적절한 정치 단위로 여겨졌다. 물론 중세에도 이 위로 왕령지나 국토 같은 개념이 존재했지만 그것은 대개 이념적인 단위일 뿐이고 실제 정치적 단위는 아니었다.

이 단위 안에는 지배적인 도시가 하나나 둘 정도 존재한다. 한 '주' 안에 하나의 대도시가 존재하는 경우로는 부르고뉴의 디종, 도피네의 그르노블, 아키텐의 보르도, 포르투갈의 리스본, 토스카나의 피렌체 등을 들 수 있다. 한 '주' 안에 두 개의 도시가 존재하는 경우를 들자면, 루앙과 캉이 있는 노르망디, 랭스와 트루아가 있는 샹파뉴, 레겐스부르크와 뮌헨이 있는 바이에른 등이 있다. 심지어 바야돌리드, 톨레도, 마드리드라는 3개의 대도시가 존재하는 카스티야 같은 경우도 없지 않다. 이 대도시들은 경제적으로 이 '주' 전체의 경제 중심지 역할을 했을 뿐만 아니라 정치적인 수도 역할을 했다. 바로 이 '주'가 중세의 '나라'였다.

근대사의 과제라면 이보다 한층 더 상층의 단위로서 영토국가를 발전시키는 일이었다. 예컨대 프랑스라고 하는 단위는 프랑스 왕실의 지배가 미친다는 이념적인 공간으로서는 존재했을지 몰라도 그 단위를 실제로 형성하는 것은 새로 '인공적인' 구조물을 창조하는 것이었다. 그것은 자연스럽게 형성된 최상층 단위를 뛰어넘는 역사의 도약이라고 할 만했다. 그러나 이 도약이 모든 곳에서 다 성공한 것은 아니어서 이탈리아와 독일에서는 '주' 단위— 내지는 몇 개의 '주'들이 모인 것, 혹은 '주'보다 작은 것들—의 정치적 분열 상태가 19세기까지 지속되었다. 또 경제적으로도 '주'의 대도시가 자연스럽게 그 지역 전체의 경제 활동들을 조정하는 것을 뛰어넘어서 '전국시장' 혹은 '국민시장'을 형성하는 것 역시 그 비슷하게 인공적인 구조물을 만들어내는 도약에 해당한다. '전국시장' 혹은 '국민시장' 단위의 경제는 생산자가 소비자를 전혀 의식하지 못한 채 시장에 내다팔고, 소비자 역시 생산자에 대한 의식이 전혀 없이 단지 시장에서 구입하는 '전국적인 분업'이 이루어지는 것을 말한다.

이런 점에서 근대사의 핵심 문제는 어떻게 해서 '주' 단위를 넘어 국왕 통치하의 영토국가를 형성하고 그 단위로서 강력한 힘을 모으는가, 그리고 그와 동시에 어떻게 하면 경제적인 힘을 이 단위에서 형성하는가, 또 그 양자가 어떤 관계를 맺는가가 될 것이다. 마키아벨리가 이탈리아의 상황을 한탄하고 프랑스 국왕의 업적을 칭송한 것 역시 이런 맥락에서 보면 더욱 잘 이해할 수 있다.

상공업과 시장 그리고 도시

농촌 세계의 변화와 맞물려서 일어나는 상층의 변화를 간략히 도식화해보았다. 이러한 변화 과정의 물질적 기초는 무엇보다도 상공업 부문이었고 그 구체적 장소는 시장과 도시였다.

흔히 중세는 각 마을 단위에서의 자급자족이 일반적이었다고 이야기 되지만 사실 아무리 어려운 시대에도 마을 사이를 연결하는, 또는 도시 와 농촌을 연결하는 상업 활동이 전혀 없을 수는 없었다. 가장 단적인 예를 든다면 사람의 생명 유지에 필수불가결한 소금을 파는 상인이 마을 마다 돌아다니는 일은 결코 끊어지지 않았다. 철 기구, 맷돌 등도 마찬가 지이다.

최하 단위에서의 교환은 주로 읍의 시장에서 이루어졌다. 농민들은 자 신이 필요로 하는 물품을 얻거나 돈을 구하기 위해서― 주로 조세 납부 용으로 돈이 필요했다― 읍으로 걸어가서 물건을 팔았다. 읍내에 장이 열리면 농민들 혹은 그 부인들이 닭이나 오리 몇 마리, 곡물 푸대 혹은 그 외의 농산물을 가지고 시오릿길을 걸어가거나 노새를 타고 왕래했다. 읍보다 규모가 큰 도시가 가까이 있는 경우에는 도시가 그런 기능을 했 다. 이 경우에는 단지 간헐적인 물품 교환을 중개하는 정도를 넘어서 도 시 자체가 필요로 하는 곡물이나 채소류 등을 주변 시골 지역에서 조달 하기 때문에 교환의 규모가 더 컸다.

원래 도시의 기능 중에 상업이 매우 중요한 역할을 한 것이 사실이지 만, 도시와 시장이 동일시될 정도로 도시의 핵심 기능이 곧 시장이 된 것은 16세기에 들어가서의 일이다. 그러나 도시에도 여러 등급이 있다. 중소도시는 고작 2,000명 이하의 인구만 가지고 있는데다가 도시 성벽 안에서 농사를 짓고 돼지를 기르는 것이 일반적이었다. 공업 활동도 여 전히 길드제 아래에서 유지되었다. 길드는 원래 종교적 의도와 성원들의 보호를 목표로 하여 결성되었는데, 이런 종교적 성격은 서서히 사라지고 대신 경제적 의미가 중요해졌다. 그러나 그 경제적 의미라는 것도 이익 의 극대화와 같은 우리에게 익숙한 가치를 옹호한다기보다는 생산자와 소비자를 모두 보호한다는 의도가 강했다. 어느 가게 주인이 이익을 독

점하려고 하면 그것을 막아서 구성원 모두 공평하게 이익을 누리도록
조치하고, 또 어느 생산자가 저급한 물건을 만들어서 구매자가 손해를
보게 되면 그것을 막아서 소비자를 보호하는 것이다. 결국 길드의 활동
은 생산에 대한 여러 가지 규제로 나타났다. 이 점을 놓고 후일 자유주의
경제학자들은 길드가 자본주의 발전을 저해하는 요소라며 비판했다. 물
론 자유로운 산업 활동을 막는 요소가 있지만 그렇다고 해서 길드제가
전적으로 경제 성장에 방해가 되는 것이라고 매도해서는 안 된다. 최근
의 연구는 예컨대 조선업 길드 같은 경우 길드를 통해서 조선기술이 개
발되고 전파되기도 했다는 점을 들면서, 산업혁명 이후 자유주의 경제가
보편화되기 이전 시대에는 길드가 경제 발전에 긍정적 역할을 하기도
했다는 점을 제시한다.

또 한 가지 지적해야 할 사항은 이 시기의 상공업 활동이 전적으로
길드제에만 묶여 있었던 것은 아니라는 점이다. 도시 내의 소매 거래의
경우에는 각종 규제를 받았지만 대상인들은 길드의 규제에 얽매이지 않
고 전혀 다른 질서에 따라서 움직였다. 특히 이들의 활동과 관련해서 중
요한 것은 농촌 수공업이었다. 길드 규제를 받으면 임금이 오를 수밖에
없었기 때문에 싼 임금을 이용해 생산 활동을 펼치려면 도시 바깥에 위치
한 농촌의 싼 노동력을 이용할 수밖에 없었다. 농민들의 유휴 노동은 농
업 이외의 가외의 벌이였기 때문에 이들은 대단히 싼 임금으로도 기꺼이
일하려고 했다. 사실 이런 현상은 이미 중세부터 늘 있던 현상이지만 18
세기에 들어서는 지역에 따라 소위 원산업화(proto-industrialization) 방식
으로 크게 발전했다. (제10장에서 자세히 소개할 것이다.)

지금까지 서술한 교역은 일정한 지역 내에서 비교적 근거리 간에 일어
나는 것이지만, 상당히 거리가 떨어진 지역 간에도 교역이 필요했다. 예
컨대 프랑스 중부 지역에서 북부 이탈리아의 모직물을 사려고 하던지,
동부 독일에서 라인 지방의 포도주를 구입하려는 수요가 있었다. 이렇게

지역의 한계를 넘는 교역망이 필요해졌고 또 그런 필요가 점차 커졌던 것은 분명하다. 그렇다고 하더라도 이런 원거리의 교역이 연중 계속 이루어질 정도로 물동량이 많지는 않았다는 문제가 있었다. 이렇게 어느 정도의 교역은 필요했지만 그렇다고 상설 시장 혹은 상설 교역망을 운영할 정도는 되지 않는 경우에 이를 해결하는 방법으로서 발달한 것이 정기시(定期市, fair) 체제였다. 이것은 1년에 1번 혹은 2-3번 정해진 기간에 상인들이 모여들어서 도매 거래를 하는 방식이었다. 우리나라의 5일장, 10일장 하는 '장'과 원리는 비슷하지만, 단 그 규모가 매우 크고 또 이 교역망이 포괄하는 범위가 때로는 전 유럽에 걸칠 정도로 광범위하다는 점에서 차이가 난다. 게다가 상업의 발달로 한 정기시에서 다음 정기시로 계속 옮겨다니며 거래를 하는 전문 상인들이 등장하면서 자연스럽게 거래 규모가 커지고 또 이에 필요한 금융거래도 이루어지게 되어서 정기시는 금융거래 중심지로 성장했다.

정기시는 매우 다양하게 발전해나갔다. 때로는 말[馬] 시장처럼 특별한 상품만 전문적으로 취급하는 곳도 생겨났다. 그리고 무엇보다도 다양한 규모의 정기시들이 존재했다. 시골 장과 유사한 아주 작은 규모의 정기시들로부터 한 지방을 포괄하는 정도의 정기시(예컨대 노르망디의 기브레처럼 그 지방의 가축과 직물의 교환을 중개하는 곳), 더 나아가서 거의 유럽 전역을 포괄하는 국제적인 정기시도 생겨났다. 그런 국제적인 정기시로서 유명한 곳은 메디나 델 캄포, 프랑크푸르트, 리옹, 안트베르펜이 있다. 리옹은 이탈리아 상인과 북유럽 상인이 만나는 아주 중요한 장소였으며, 안트베르펜은 16세기 전반기에 유럽의 최상층부 거래 중심지로 부상했다. 이곳에는 식민지 상품—에스파냐를 통한 것이든 베네치아를 거친 것이든—, 라인란트와 프랑스의 포도주, 직물, 양모, 발트 연안 지역의 곡물이 거래되었고, 여기에 더해서 금융거래까지 이루어졌다. 이 정도가 되면 원래 의미와는 모순되게도 '상설 정기시'가 된 셈이다. 이런 역할은 대도시, 그중에서도 특히 항구 도시가 맡아서 했다.

수송 문제와 원거리 교역 중심지

여기에서 교역의 발달과 관련하여 당시의 수송 문제를 살펴볼 필요가 있다.

이 시기의 수송은 전체적으로 느리고 비용이 많이 드는데다가 위험이 컸다. 특히 육상 수송로가 그랬다. 파리-오를레앙 사이와 같은 일부 주요 구간이 포장되었고 또 간선도로망의 경우 마차가 다닐 정도로 점차 개선되기는 했지만 그것은 아주 일부에 불과했다. 육상 수송로가 본격적으로 확대된 것은 18세기에 들어가서의 일이다. 그 이전까지는 대부분의 도로는 중간에 끊어져 있기 십상이고 비가 오면 진흙탕이 되어서, 대개 행인이나 끌짐승이 오가는 정도에 불과했을 뿐, 물품의 대규모 운송은 불가능했다. 이런 도로 여건하에서는 향신료, 책, 고급 직물 등 고비용을 이겨낼 정도로 가벼우면서도 비싼 상품만 이동할 수 있었다. 근대 초의 이런 사정은 중세 이래 크게 변하지 않았다. 그러므로 앞서 언급한 것처럼 아주 가까운 지역 내에서 생필품을 교환하는 읍내 시장 정도만 활성화될 수 있었다.

이런 제약을 극복하는 방법은 강과 바다의 수로를 이용하는 것이다. 수로를 이용하는 것이 상대적으로 더 확실하고, 저비용인데다가, 신속했다. 물론 수로라고 아무런 문제가 없는 것은 아니어서 예컨대 각 지방마다 영주들이 세관을 설치하고 통행세를 받았다. 그렇다 하더라도 센 강, 뫼즈 강, 라인 강, 비스툴라 강 등 유럽 내의 많은 강들이 교역로로서 활성화되었고, 또 이런 강의 하구에 자리잡은 항구 도시들 간의 해상무역이 발달했다. 해상교역에도 여러 차원이 있어서 연안 항해는 50-60톤급의 선박이 통상적이었고, 원양 항해는 대부분 200-350톤 급의 선박들이 이용되었다. 이런 배로 상품을 운반한다고 하지만 한 배에 수십 명의 선원이 타므로 이들의 식량과 물을 실어야 하는 점을 고려하면 상품 수송량에는 분명 한계가 있었다. 그러나 어쨌든 이런 정도의 배를 이용해서 유럽 연안을 연결했을 뿐만 아니라 결국 아시아, 아프리카, 아메리카 대륙 간의 항해까지 이루어졌다. 머지않아 해양 수송이 폭발적으로 확대되었다.

읍내 시장 수준을 넘어서서 대규모 교역이 발전하는 데에 무엇보다도 수송 문제가 관건이 될 수밖에 없었다는 사실은 이 당시 교역의 근본적인 성격을 생각해보면 명백하게 이해할 수 있다. 사실 원거리 교역을 발생시키는 근본 요인은 결국 지리적 차이라고 할 수 있다. 남유럽에서 생산되는 포도주, 북유럽 바다에서 나는 청어, 동유럽과 러시아에서 생산되는 모피 등은 다른 지역에서 생산이 불가능하므로 먼 거리를 이동해서 팔려나가게 된다. 이 점이 산업혁명 이후의 경제와 근본적으로 다른 점이다. 산업혁명 이후에는 자본, 노동과 기술의 결합이 유효적절하게 이루어져서 상품 가격이 싸지면 어느 지역에서나 팔 수 있을 정도로 충분한 경쟁력을 가지게 된다. 예컨대 독일 지역에서도 면직물 생산을 할 수 있으나 영국산 면직물의 가격이 훨씬 더 싸면 독일 시장을 석권할 수 있다. 그러나 근대 초에는 이보다는 단순하게 자원의 배분 상태에 따라서 교역이 일어나는 측면이 훨씬 더 강했다. 극단적인 예로는 후추를 들 수 있다. 후추는 유럽에서는 수요가 매우 컸지만 전혀 생산되지 않으므로 동양에서 직접 들여오는 수밖에 없었다. 후추는 원거리 이동을 이겨낼 정도로 가볍고도 비싼 물품이었다. 다만 중세에는 이런 사치품 무역만 가능했던 데에 비해 근대 이후에는 점차 부피가 크고 무거운 상품까지 교역 대상이 되었다. 그런 만큼 수송이 결정적인 요소가 되는 것이다.

이런 사정에서 원거리 교역은 주로 수로를 이용하여 이루어졌다. 당시의 교통체계에서 육로 수송은 너무 느리고 수송비가 비쌌다. 목재처럼 부피가 크고 무거우면서도 상품 가치가 상대적으로 낮은 경우에는 수송비가 전체 가격의 95퍼센트 이상을 차지했다. 이런 극단적인 경우가 아니더라도 소금, 포도주, 곡물, 청어 등 중요한 산물들이 모두 바다와 강을 통해서 유통되었다. 근대에 들어와서 항구를 가진 대도시가 유럽 교역의 중심지가 된 것이 그런 이유에서이다.

16세기 이후 경제가 활성화되고 교역의 규모는 더욱 커져갔다. 지방 차원의 교역량이 증대되었을 뿐만 아니라 더욱 눈에 띄는 것은 원거리 교역의 양과 수준이 크게 확대되었다는 점이다. 여기에 발맞추어 국제교역의 네트워크가 점차 고도로 조직화되었다. 더 이상 정기시 체제로는 대규모의 상거래를 충족시키지 못하는 시기가 찾아왔다. 언제나 거래가 이루어지고 늘 수요와 공급이 만나서 가격이 결정되며, 여기에 맞추어서 상품들이 모였다가 여러 지역으로 재배분되는 중심지가 필요하게 되었다. 다시 말해서 대규모 상설 시장들이 필요해진 것이다. 이런 중심지 역할은 당연히 대도시들이 맡게 되었다. 이미 안트베르펜과 리옹이 전 유럽적인 거래 중심지의 전형이 되었다. 이제 유럽 내의 원거리 교역과 새로 크게 성장해가는 식민지 교역의 거점들, 또 그것들을 총괄하는 기능을 하는 초(超)대도시의 망이 요구되었다.

안트베르펜의 뒤를 이어 유럽 경제의 '수도' 역할을 하게 된 도시는 암스테르담이었다. 이곳은 '전 유럽의 창고'라는 별명을 얻을 정도로 많은 상품들이 거래되었다. 네덜란드는 전통적으로 동유럽(곡물, 목재, 모피 등), 남유럽(소금, 포도주, 직물 등), 라인란트(포도주, 목재 등), 영국(양모와 직물, 주석), 북유럽(목재와 해산물, 금속) 물품을 수입하여 재판매하는 무역 중심지 역할을 해왔다. 이제 여기에 식민지 산물들(향신료, 차, 커피, 설탕 등)이 더해지고 또 자체의 산물들(모직물 같은 공산품과 축산물)까지 수출하여 유럽에서 가장 큰 교역 중심지가 되었다. 교환소(Bourse)는 이 모든 거래들이 일어나는 중심지로서 암스테르담 경제의 상징적인 장소였다. 이곳에서 형성되는 거래 가격들은 1주일 단위로 출판되었는데, 이것이 다른 지역 거래의 중요한 기준 가격으로 작용했다.

상품 거래의 중심지가 되면 거의 자연적으로 금융 중심지로 부상하게 마련이다. 일부 대상인들이 그들의 대자본을 이용하여 다른 상인들의 금전 융통을 도와주는 대가로 이윤을 취하는 관례가 점차 제도화하면서 초보적인 금융업이 발전해갔다. 그리하여 암스테르담은 상업과 금융의 중심 도시로서 전 유럽 경제의 중개소 역할을 했다. 이처럼 한 도시가 유럽 경제의 핵심부 역할을 담당한 것은 아마도 암스테르담이 마지막 사례일 것이다. 18세기에 들어 유럽 경제가 다시 한 차원 높이 성장했을 때에는 이제 더 이상 하나의 도시가 유럽 경제 전체를 조율하는 역할을 담당하기가 힘들어졌다. 이때에는 암스테르담의 뒤를 이은 런던이 유럽 경제의 중심지가 된 것은 분명하지만, 다만 런던이라는 한 도시가 그 역할을 했다기보다는 영국 경제 전반이 그런 중심지 역할을 했다고 보아야 할 것이다. 유럽 경제의 규모가 한 도시의 교환소를 거쳐서 중개되기에는 벅찰 정도로 커졌기 때문에 경제 중심지라는 것 자체도 차원이 다르게 성장한 것이다. 다음 시기에 영국 경제는 산업혁명을 거쳐 '세계의 공장'으로 발전하게 될 것이다.

자본주의의 발전과 궁핍화

농업, 중소 상공업, 대규모 국제 교역까지 유럽의 경제 상황을 일별해보았다. 지방 차원에서 분업과 소규모 교역망이 발달하는 동시에 최상층에서 전 유럽적 거래망이 크게 발달했다. 그 중간 차원의 교역, 즉 국내 대도시들을 연결하는 전국적인 상업망이 오히려 결핍되어 있었고, 이것이 갖추어져 가는 것이 다음 시대의 과제라고 할 수 있다.

16세기 전반적으로 인구가 회복 내지 증가하기 시작했고 농업 기술 역시 발전하고 있었다. 상업 분야에서는 이런 경향이 더욱 뚜렷하여, 일부 대도시에서는 고도로 발달한 상업 및 금융 활동이 전개되었다. 한마디로 16세기 이후는 역동의 시기였다. 이것은 길게 보면— 몇 차례의 경제적 위기가 없었던 것은 아니지만— 산업혁명을 거쳐 오늘날의 자본주의 산업사회까지 이어지는 장기적인 경제 발전의 첫 단계라고 할 수 있다.

앞에서 살펴본 것처럼 유럽 전체를 상대로 하는 최상층의 대상업 및 국제 무역의 실체는 자본주의라고 표현해도 전혀 이상하지 않을 정도로 고도로 발전된 면모를 보이고 있었다. 대도시에는 이런 활동을 하는 유력한 상인 가문들이 성장해 있었다. 역사적으로 이름을 남기고 있는 상업, 금융 엘리트 가문들로는 이탈리아의 스트로치(Strozzi), 곤디(Gondi), 본비시(Bonvisi) 등이 있었고, 그 다음 시대를 선도했던 남부 독일의 대가문으로는 푸거(Fugger), 벨저(Welser), 호흐슈테터(Hochstetter), 그리고 이베리아의 루이스(Ruiz), 에스피노사(Espionosa) 가문 등이 있었다. 동유럽의 광산 개발, 이탈리아와의 교역, 식민지 산물 거래 등으로 엄청난 부를 쌓고 금융업에도 손을 댄 푸거 가(家)의 경우에서 알 수 있듯이 상업 대가문들은 이윤을 남길 수 있는 사업이라면 거의 모든 곳에 손을 댔다. 그런데 이들이 이런 정도의 대규모 경제 행위를 하기 위해서는 권력과 결탁하고 국가로부터 특권을 획득해야만 했다. 이 과정에서 대상인들은 정부에 자금을 빌려주는 역할을 맡게 되었다. 그 결과 사업과 정치가 긴밀히 결탁하게 되었다. 심지어 푸거 가문은 황제 선출에까지 깊이 간여하여 카를 5세(1519-1556)의 선거 자금을 제공했다. 이처럼 최상층에 주목하면 근대 유럽의 물질적 발전은 대단히 역동적인 면모를 보이는 것이 사실이다.

근대 초에 국가는 경제 성장을 추동하고 그 성과를 동원하여 국가 간의 경쟁에서 우세를 차지하고자 했다. 국가는 경제 성장을 촉진시키고, 경제 성장이 국가의 힘을 강화시키는 부국강병이 당시 유럽 국가들이 추구하는 정책 방향이었다. 이 시기의 이런 현상을 중상주의(重商主義,

mercantilism)라는 용어로 설명할 수 있다. 산업혁명 이전 시대에는 생산 영역의 규모가 충분히 크지 않아서 대규모 이윤을 얻는 것은 생산보다는 유통 과정이라고 여겨졌다. 각국 정부는 이웃 국가에 우위를 차지하려면 국내 시장은 보호하면서 해외 시장 판매는 확대해야 한다고 생각했다. 즉 수출이 수입보다 많으면 결국 그 차액만큼 부(富)가 늘어난다고 본 것이다. 이는 귀금속이 곧 부라는 것을 전제로 한다(이를 특히 중금주의 [重金主義]라고 한다). 귀금속이 해외로 유출되는 것을 막고 가급적 많은 귀금속이 국내로 유입되면 그만큼 국가가 부유해지는 것이므로, 결국 외국의 완제품 수입 규제, 국내 상품 수출 장려, 국내 원료 수출 금지, 국내 산업 보호 육성 등의 정책을 취하게 된다. 무역 통제를 강화한 프랑스의 장-바티스트 콜베르가 이런 정책을 편 대표적인 인물로 꼽힌다.

자본과 국가의 공동의 노력을 통해서 근대 초에 유럽 경제가 큰 발전을 이룬 것은 분명하다. 그런데 이러한 경제 성장이 유럽인들 모두에게 복리 향상을 가져다주었을까? 그에 대한 답은 간단치 않아 보인다. 일부 사람들에게는 더 많은 기회, 더 큰 부를 가져다주었지만 그것은 많은 사람들의 피해 위에서 이룩된 것이었다. 대표적인 현상이 영국의 인클로저처럼 대토지화가 진행되면서 땅을 잃은 많은 농민들이 고향에서 내몰려 도시의 빈민으로 전락한 점이다. 특히 유랑민은 이 시대의 가장 심각한 문제가 되었다. 이 시대 이후의 경제 발전은 부와 빈곤을 동시에 창출하면서 이루어졌다. 16세기 이후 유럽 사회는 심각한 빈민 문제에 시달리게 되었다. 교회 혹은 지방 공동체에 의한 자선이 일부 도움을 줄 수는 있었을 것이다. 그러나 이런 한정된 방식이 넘쳐나는 빈민, 유랑민 문제에 대한 근본적인 해결책이 되지는 못했다. 결국 각국 사회는 빈민들에 대해서 가차 없는 탄압을 가하게 되었다. 국가와 지방 정치체들이 빈민들을 색출하여 감옥에 가두는 '대감금' 현상이 그 점을 잘 보여주는 특징적인 현상이었다.

부르주아 자본가의 등장과 엄청난 빈민의 증가, 16세기 이후 유럽 사회
에서는 이런 극단적인 두 현상이 동시에 나타났다. 장기적으로 도시 및
산업 부문, 다시 말해서 자본의 영역은 갈수록 힘을 더해갈 것이며, 그와
동시에 귀족은 완고한 힘으로 버티면서 자신의 몫을 지키려고 할 것이다.
그 변화의 와중에서 농민들은 분화되어갔고 그중 일부는 빈민으로 전락
했다.

근대 경제는 역동성을 띠고 있었지만 내부적으로는 위기도 내포하고
있었다.

제3장
사회문화적 변화

16세기는 유럽 근대사의 전환점이다. 인구 증가, 가격혁명, 종교개혁 등 16세기를 설명하는 주요 개념들은 강력한 변화를 시사한다. 그러나 지속적인 안정보다는 역동적인 움직임을 강조하는 이러한 개념들은 오해를 불러일으킬 소지가 많다. 이 시기에 유럽이 물질적 측면에서 성장했을 뿐만 아니라 정치, 사회, 종교, 문화 등 모든 측면에서 커다란 변화를 경험했음은 분명하지만, 적어도 외형상으로 보면 위계적이고 공동체적인 중세의 사회구조가 여전히 유지되었기 때문이다. 그럼에도 불구하고 사회구조의 외피 안에서는 중세 말부터 서서히 진행되어온 사회적 균열과 이동이 계속되었다. 그와 더불어 기존의 사회적 위계가 세분화되거나 혹은 그와는 다른 기준에서 사람들 사이의 계층화가 이루어졌다. 사람들 사이의 관계가 바뀌었고 사고방식도 달라졌다. 이러한 변화는 동유럽보다는 서유럽에서, 농촌보다는 도시에서 두드러졌다. 이탈리아 북부의 도시에서는 이미 14세기부터 이러한 움직임이 진행되었다. 경제적 번영과 사회적 활력을 토대로 꽃핀 르네상스의 지적 호기심과 자유분방함은 유럽 사회에 새로운 바람을 불어넣었다. 이런 의미에서 보면 르네상스는 중세 말 이후 나타난 물질적 조건의 변화, 그리고 그와 더불어 나타난 여러 가지 현상들을 수용하고 표현하기 위한 유럽인들의 노력 가운데 하나로 볼 수 있다.

1. 사회적 위계와 유동성

1-1. 위계와 유대

근대 초 유럽 사회는 서로 다른 계급들 간의 충돌의 시각에서 분석되어야 할까, 아니면 사회적 위계들이 모여 하나의 체계를 이룬 조화로운 유기체로 이해되어야 할까? 계급사회론을 주장하는 역사가들은 근대 초 유럽 사회를 경제적 요인, 즉 생산수단의 통제권을 가진 사람들과 그렇지 못한 사람들 사이의 관계로 설명한다. 자연히 그들은 경제적 갈등에서 비롯된 사회적 갈등과 폭력에 역점을 둔다. 반면 근대 초 유럽 사회를 신분, 위계에 의해서 체계화된 사회로 설명하는 신분사회론자들은 경제적 관계보다는 출생, 사회적 품계, 군주와의 의존관계의 정도, 명예, 군사적 용맹 등의 요소들에 주목한다. 이처럼 서로 다른 주장을 뒷받침하는 역사적 증거와 증언은 무수히 많다. 1960-1970년대 근대사가들은 저마다 자신의 해석을 뒷받침할 만한 자료를 토대로 뜨거운 논쟁을 벌였다. 그러나 최근 역사가들은 두 가지 측면을 복합적으로 설명한다. 근대 유럽인들의 인간관계를 규정 지은 것은 단순히 출생, 경제관계, 권력의 어느 한 측면이 아니라 다양한 요소들이 복합적으로 작용했다고 보기 때문이다. 따라서 근대 유럽인들의 사회적 관계와 삶은 기존의 법적, 사회적 연구와 더불어 사회인류학적 개념과 문화사적 접근방식을 통해서 설명되어야 할 것이다.

근대 초 유럽 사회에는 중세 봉건사회의 유산이 강하게 남아 있었으며 적어도 외형상으로는 전통적인 3신분구도가 유지되었음이 분명하다. 이른바 세 위계론은 11세기 초 프랑스 랭스 대주교 아달베롱에 의해서 제시되었다. 그는 「국왕 로베르 전하께 바치는 시」에서 프랑스 사회의 구성원들을 사회적 기능에 따라서 기도하는 자(oratores), 싸우는 자(bellatores), 노동하는 자(laboratores), 셋으로 분류했다. 성직자들을 사회의 제1신분으로 하고 제2신분 귀족을 기사와 동일시하며 그 두 신분층을 부양하는 농민을 제3신분으로 규정 지은 세 위계론은 기본적으로 기독교 사회를 수호하기 위한 교회의 입장을 대변한 것이다. 이후 세 위계론은 중세의 수많은 문헌에서 인용되었으며 일종의 제도적 틀로 인정받았다. 프랑스의 경우 필리프 4세(1285-1314)는 1304년 세금 징수를 위해서 세 위계를 기준으로 삼부회를 소집했다. 15세기 말 영국에서도 세 위계론이 재차 언급되었다. 인쇄기를 처음 영국에 도입한 외교관이자 문필가 윌리엄 캑스턴은 1480년 "평민이 농민이나 수공업자로서 일해서 성직자와 기사들에게 필요한 것들을 제공하는 사회구조를 형성하고 있다"며 세 위계론을 기반으로 영국 사회를 설명했다. 그러나 이러한 구도는 중세 이래 유럽인들, 특히 지배층의 사고를 지배해온 고정된 사회적 이념형에 불과할 뿐으로 1500년경 대부분의 유럽인들의 삶은 그와는 거리가 멀었다.

1582년 프랑스의 법학자 장 바케는 신분과 계급이 혼합된 좀더 단순한 2분구도로 프랑스 사회를 설명했다. 그에 의하면 "프랑스인들은 두 부류로 구분된다. 하나는 귀족이고 다른 하나는 평민이다. 성직자, 법률가, 군인, 상인, 농민 등 프랑스 왕국에서 사는 모든 사람들은 이 두 부류에 포함된다." 유럽의 귀족들은 토지 보유를 통해서 노동에서 해방되었을 뿐만 아니라 재정적, 법적, 정치적 특권을 누렸다. 교회 역시 영주로서의 지배권을 행사하며 세속적 지배권을 행사했다. 그러나 교회를 구성한 성직자 사회는 결코 단일한 사회집단이 아니었다. 사제이자 교사, 재판관 등 다양한 역할을 한 성직자들은 군사적, 재정적 의무에서 면제되었다는 점에서 세속인들보다 우월한 지위를 누렸다. 그러나 성직자 사회내부에는 엄연히 또다른 형태의 사회적 구분이 존재했다. 고위 성직자들, 특히 주교들은 대부분 귀족 출신으로 높은 성직록(聖職祿)을 부여받고 교회의 재산권 행사에 관여한 반면, 하급 성직자들은 농민들이나 마찬가지로 가난했다.

근대 초 대다수 유럽인들의 삶을 지배한 것은 이러한 2분구도였다. 실제로 폴란드, 헝가리, 남부 이탈리아, 중부 에스파냐의 사회구조는 무척 단순했다. 그 지역에서는 거의 분화되지 않은 다수의 농민층이 대지주인 귀족의 예속하에 소수의 영지 관리인들의 통제를 받으며 살았다. 도시민들은 극소수였다. 결국 1500년경 유럽 사회에서 절대 다수를 차지한 것은 전 유럽인의 85퍼센트에 달하는 농민층이었다. 농민의 경제 수준과 지위는 무척 다양했다. 영국의 농민층은 경멸적인 의미가 담긴 peasant로 불린 반면, 유사한 집단에 해당되는 프랑스의 paysan과 이탈리아의 contadino는 그러한 의미가 상대적으로 덜했다. 게다가 농민은 수많은 유형의 직업과 신분을 포함하는 막연한 단어였다. 농민층에는 자유지 보유농에서 차지농, 소작농, 농업 노동자, 농노, 양치기 등이 망라되었다. 또한 농민은 대장장이, 구두 제조공을 병행하는 경우가 많았다. 이탈리아 역사가 카를로 진즈부르그의 연구로 역사적 인물의 반열에 오른 메노키오는 농민이자 방앗간 주인인 동시에 석공, 목수 그리고 주판 선생 역할을 했다. 남부 이탈리아에서는 촌락 사제도 스스로 경작에 종사한 점에서 농민으로 분류될 수 있다.

1577년에 윌리엄 해리슨이 『잉글랜드 묘사(*Description of England*)』에서 구분한 영국의 사회적 등급은 좀더 세부적이다. 그는 모든 영국인들을 젠트리(gentry), 도시민, 농민, 노동자의 4등급으로 구분했다. 각각의 등급은 신분이나 경제 상황, 직업에 따라 세분되었다. 예를 들면 젠트리층에는 귀족, 기사, 에스콰이어(esquire)가, 도시민에는 도시의 자유를 누리는 도시민과 읍민이 포함된다. 농민층의 범주에는 요먼(yeoman), 자유지 보유농, 차지농이 속한다. 도시와 농촌의 일일노동자에서 숙련 노동자인 구두공, 모직물 제조공, 목수, 벽돌공, 석공, 그리고 하인에 이르기까지 다양한 직업군을 포함한 4등급은 더욱 다양하다. 특이한 점은 동유럽이나 러시아에 존재하던 농노도 이탈리아 일부 지역과 에스파냐 도시에서 상당수에 달하던 노예에 대한 언급도 없이, 영국민 모두가 자유민으로 상정되었다는 사실이다.1) 비단 영국에서만이 아니라 중세 말 이후 유럽에서는 사회적 분화 현상이 완만하게 진행되었다. 이렇듯 근대 초의 유럽 사회는 위계적이었지만 대부분의 지역에서 층위가 다양했으며 그 구분선은 엄격하지도 단순하지도 않았다.

이러한 수직적 위계 속에서 근대 유럽인들은 저마다 다양한 사회적 관계망에 소속되어 공동체를 형성했다. 동일한 사회적 유기체의 일부로서 함께 생활하고 일하는 수평적인 인간관계망인 공동체 역시 중세의 유산이다. 공동체는 농촌의 촌락 공동체, 도시 구역별 공동체와 동업조합 등 지역마다 다양했지만 유럽인들의 90퍼센트가 공동체의 유대 안에서 살았다.

촌락 공동체의 규모는 5-6가구에 불과한 경우부터 60-70가구까지 지역과 환경에 따라서 다양했다. 농촌 수공업자, 대장장이, 방앗간 주인도 그 안에 포함되었다. 소교구 주임 사제는 촌락 공동체의 핵심적인 인물이었다. 촌락민들은 귀족인 영주에게 예속되었고 국가, 군주에 대한 소속감은 상대적으로 약한 편이었다. 남부와 중부 유럽에서는 영주권의 억압이 강하게 유지되었다. 심지어 족내혼(族內婚)의 관습이 강하게 유지되어 외부인과의 결혼이 허용되지 않을 정도였다. 반면 남부 잉글랜드와 네덜란드의 촌락에서는 농민과 수공업자, 전문직업인들 등 여러 부류의 사회적 계층이 다양한 경제활동을 하며 독립적인 공동체를 형성했다. 대부분의 촌락과 작은 도시 공동체는 군주나 이웃 대도시, 봉건 영주로부터 독자적인 권리와 특권을 보장받았다. 서부와 남부 유럽에서도 촌락과 도시는 자체적인 집회와 지방 관리 및 재판관을 두었으며 봉건 영주나

---

1) 노예는 주로 해외교역이 발달한 이탈리아와 에스파냐에 많았다. 예를 들면 세비야에서는 1516년 노예의 수가 6,327명에 달했다.

군주와 협상했다.

반면 남부 이탈리아처럼 수천 명으로 이루어진 거대한 촌락 공동체에서는 사회적 유대가 복잡하게 이루어졌다. 대부분 단일 경작체제가 유지된 이러한 촌락에서는 사회적 분화와 다양성이 더디게 진행되었으며 촌락민들도 공동체적 일체감을 느끼지 못했다. 대신 소교구 공동체가 그 역할을 했다. 소교구의 교회는 단지 종교적 예배장소로 기능한 것이 아니라 공적 집회소인 동시에 사적인 만남의 장소였다. 그곳에서는 위로부터의 명령과 지시사항이 전달되고 각종 정보가 공유되며 교환과 계약이 이루어졌다. 또한 공동체의 안전과 농경, 공유지 사용 등 구체적인 모든 문제가 논의되었으며 친구와 연인의 만남이 이루어지기도 했다. 공동체의 집회는 주로 가장들의 모임이었지만 경제적인 문제의 경우에는 과부도 참여할 수 있었다. 읍이나 도시의 소교구도 유사한 기능과 역할을 했다. 종교개혁 시기에 신구교를 막론하고 소교구 공동체를 강화하려고 했던 것은 이처럼 다기능적인 용도 때문이었다.

세속인들의 종교적 공동체인 신도회 역시 사회적으로 중요한 역할을 했다. 특히 종교개혁 전야에는 다양한 명칭의 신도회들이 적극적으로 운영되었다. 그러한 공동체는 기본적으로 죽은 자를 위한 장례 절차를 책임지는 장례 모임이었다. 일부는 구빈원을 운영하고 순례를 조직하기도 했다. 남유럽에서는 북유럽에서보다 신도회가 더 오랫동안 유지되며 강한 영향력을 발휘했다. 이탈리아와 에스파냐 가정의 3분의 1이 신도회에 소속되었고 프랑스에서는 특히 여성의 역할이 두드러졌다. 종교적 축일에 축제와 연례행사를 주관하는 것 역시 신도회의 주요 기능 중 하나였다. 빈민층도 참여해서 마음껏 먹고 마시는 종교축제는 촌락 공동체의 꽃이었다. 이러한 종교축제의 무질서함과 방종은 고위 성직자들의 눈에 위험하게 비추어졌으며 세속 당국과 교회의 단속 대상이 되었다.

촌락민들의 집회에서는 강압적인 영주와 국가의 요구에 대한 불만이 분출되고 종종 폭동으로 발전하기도 했다. 특히 국가 권력이 미약한 곳에서 폭력은 일상적으로 자행되었다. 1525년 독일 농민들이 농민전쟁에 참여하기로 결정한 것도 바로 촌락 공동체의 집회에서였다. 1511년 북이탈리아의 프리울리, 1514년 헝가리와 독일, 1520년대 스위스의 티롤에서도 농민들의 반란이 일어났다. 종종 도시의 숙련공들이나 지방 사제들, 귀족들이 종교적 불만이나 세금 반대를 구실로 농민들의 반란에 동참하기도 했다. 이러한 사회적 긴장이 분출되면서 기존의 사회적 위계와 공동체의 균열이 가속화되었다.

1-2. 이주와 도시의 성장

16세기 유럽 사회는 지리적으로 사회적으로 유동적인 사회였다. 많은 젊은이들은 농촌을 떠나 도시로 갔다. 야망을 달성하기 위해서 가정을 박차고 떠나는 엘리트 층부터 일자리를 찾아나선 하층민까지 서유럽의 수많은 젊은이들은 저마다 다른 목적에서 길을 떠났다. 북이탈리아의 소녀들은 하녀가 되기 위해서 인근 대도시로 이주했다. 로마와 볼로냐 소교구의 기록에서 그녀들은 매춘부와 같은 부류로 분류되었다. 반면 대도시가 발달하지 못한 남이탈리아 젊은이들은 거의 집을 떠나지 못했고 동유럽과 유럽 중부의 젊은이들은 토지에 결박당했다. 영국, 에스파냐, 브란덴부르크, 이탈리아 중부에서 경작지가 목초지로 전환되고 공유지에 울타리가 쳐지면서 일부 농민들은 런던, 세비야, 로마와 같은 도시로 쫓겨나거나 농촌 강도로 돌변했다. 추수기의 일시적인 이주 노동자들도 많았다. 알프스 산악지대의 젊은이들은 프랑스의 포도밭으로 일자리를 찾아 떠났다. 포르투갈과 에스파냐인들은 아메리카와 아프리카로 갔다. 전쟁도 인구 이동의 원인으로 작용했다. 스위스와 독일 출신의 직업군인들이 유럽 전역에서 활약했고 프랑스와 에스파냐의 귀족들과 보병들은 이탈리아 원정길에 동참했다. 미시사의 걸작으로 손꼽히는 『마르탱 게

르의 귀향(*The Return of Martin Guerre*)』의 기묘한 실화가 가능했던 것
도 16세기 중엽 유럽을 휩쓴 전쟁이라는 상황 때문이었다.[2] 다른 한편
종교적 망명도 빈번했다. 15세기 말 개종을 강요당한 이베리아 반도의
유대인과 이슬람교도들은 북아프리카와 네덜란드, 베네치아, 발칸, 중동
으로 이주했다.[3] 또한 종교개혁의 광풍이 몰아닥친 16세기에 제네바, 폴
란드, 영국은 개신교도들에게 종교적 망명지로 각광을 받았다.

도시의 팽창

지리적 이동으로 인해서 나타난 가장 두드러진 결과는 도시의 팽창이
다. 도시의 성장은 중세 이래 지속적인 현상이었지만 중세 말 이후 농촌
인구의 이주와 더불어 거부할 수 없는 추세가 되었다. 특히 북서 유럽으
로의 인구 이동이 두드러졌다. 그럼에도 불구하고 1500년경 도시 거주자
는 유럽 전체 인구의 10-15퍼센트에 불과했다. 이렇듯 도시는 인구 수에
서는 농촌과 비교가 되지 않았으나 경제력 및 특유의 문화와 활력으로
그 규모와 영향력이 빠르게 증대되었다. 특히 이탈리아와 북서 유럽의
대도시들은 경제적, 문화적 중심지 역할을 하며 계속해서 인구를 빨아들
였다. 물론 1500년경 그러한 도시는 손에 꼽을 정도였다. 피렌체의 인구
가 20만 명, 베네치아 30만 명, 밀라노 25만 명이었으며, 북서 유럽에서

---

2) 저자인 나탈리 제먼 데이비스는 마르탱 게르가 전쟁터를 전전하다가 8년 만에 고향에
돌아오면서 벌어진 가짜 남편 소동과 재판 과정의 실화를 바탕으로 프랑스 사회의 단면
을 다층적으로 분석하는 통찰력을 발휘했다.

3) 유대인에 대한 차별이 공식화된 것은 1215년 라테라노 공의회에서이다. 유대인들의 거
주 구역을 제한하고 특정한 색깔의 의복을 강요한 이 공의회 이후 유대인들에 대한 유럽
인들의 뿌리 깊은 편견이 시작되었고 유대인들의 부를 탐낸 정치 지배세력에 의해서 더
욱 부추겨졌다. 유럽 도처에서 고리대금업이나 보부상 등 위험하지만 수익성 높은 사업
을 전담하고 있던 유대인들에 대한 박해의 물결이 일어나기 시작한 것은 15세기부터였
다. 그 이전까지 유대인들은 유럽인들과 뒤섞여 살았다. 15세기 초 교황청은 모든 유대
인들에게 유대인임을 드러내는 표시의 착용을 강요했다. 15세기 말 반유대주의가 절정
에 달한 이후 베네치아에서는 1516년에 처음으로 게토가 형성되었다.

는 유일하게 파리의 인구가 20만 명에 달했다. 반면 당시 런던의 인구는 겨우 8만 명에 불과했다. 쾰른, 뉘른베르크, 아우크스부르크와 같은 독일 대도시들의 인구는 3만 명 정도였다. 그러나 대부분의 도시 인구는 2,000명에 불과했다.

도시의 겉모습은 오늘날의 시각과는 달리 농촌과 유사한 면이 많았다. 도시의 일부에서는 농경이 이루어졌고 돼지, 닭 등 가축의 모습도 눈에 띄었다. 또한 빈곤과 죽음이 일상생활의 일부였으며 복잡하고 미묘한 신분적 위계와 서열에 지배되었다는 점도 마찬가지였다. 그러나 도시는 여러 면에서 농촌과 달랐다. 우선 농촌에서는 보기 드문 시청, 분수, 곡물창고, 감옥 등의 공동 건축물이 도시의 중심을 차지했다. 사창가, 술집도 도시의 독특한 풍경이었다. 또한 도시에는 농촌에 비해서 독신자 수가 많았다. 물론 완전히 혼자 산다기보다는 동거인이나 도제, 하인과 함께 사는 경우가 많았다. 여성에게 다양한 삶의 방식이 허용되었다는 점 또한 도시가 지닌 특성 중 하나였다.

그러나 무엇보다도 "도시의 공기는 자유롭다"는 점에서 도시는 근본적으로 농촌과 달랐다. 중세 이래 도시를 지배한 과두세력은 군주나 인근 영주에게 기부금을 내고 면세특권을 구입함으로써 독립 혹은 반자율권을 획득했다. 도시의 자유는 정치 지배자의 세력에 반비례하는 경향을 보였지만 지역마다 다양했다. 이탈리아나 독일처럼 정치 지배자의 세력이 상대적으로 취약한 곳에서 도시는 더욱 독립적이었다. 이처럼 봉건적 속박에서 벗어난 도시민들은 기본적으로 영주에게 예속된 농민들과는 달리 인신적으로 자유로운 존재였다. 대신 도시민들 사이의 사회적 관계는 농촌에서보다 더욱 복잡하고 계층화되었다. 도시에서 가장 많은 수를 차지하는 것은 수공업 종사자들이었다. 독립 생산업자인 장인과 숙련공, 도제로 구성된 수공업 종사자들은 디종에서 세금 납부자들 중 3분의 1, 프랑크푸르트에서는 2분의 1을 차지했다. 그들은 경제적 공동체인 동업조합에 의존했다. 동업조합은 생산과 판매, 제품의 질과 검사 기준, 도제의 기간, 장인의 조건, 직업 교육의 문제를 엄격히 통제했다. 배타적이고 경쟁적인 동업조합은 사회경제 조직으로 기능했을 뿐만 아니라 이탈리아, 에스파냐, 네덜란드에서는 종교적 기능을 겸했다. 이탈리아의 밀라노와 페루자, 영국의 런던과 요크에서는 시(市) 행정에서 주요한 역할을 하기도 했다.

빈민에 대한 통제

1527-1534년 연속적인 수확 부진으로 농촌의 이탈자들이 대거 도시로 몰려들었다. 별다른 대책 없이 도시로 밀려온 농민들의 지위는 매우 불안정했다. 그들은 특별한 기술 없이 일일노동자로 일하며 생계를 유지했다. 그러한 기회조차 얻지 못한 거지, 유랑민, 빈민들은 생계 유지가 불가능했다. 그들의 수는 도시마다 10-50퍼센트까지 다양했다.

농촌 인구의 유입은 도시 성장의 기본 요건이었으나 동시에 골칫거리였다. 교회와 세속 지배 당국, 그리고 식자층은 저마다 도시의 빈민 문제를 거론했다. 에스파냐의 후안 루이스 데 비베스는 「빈민 구제에 관하여("De Subventionne Pauperum Sive de Humanis Necessitatibus")」(1526)에서 빈민의 수가 늘어나고 점점 더 위협적인 존재가 되어가는 현상을 우려했다. 나아가 과거부터 유지되어온 자선이 나태를 부추기며 도울 가치가 있는 빈민을 도울 기회를 박탈하고 있다고 개탄했다. 여기서 우리는 빈민에 대한 유럽인들의 인식이 중세와 달라졌음을 알 수 있다. 예수와 동일시되며 자선과 관용의 대상으로 간주되어온 빈민이 잠재적인 위험 세력으로 간주된 것이다. 자연히 그들에 대한 통제가 정당화되었다. 파리에서는 이미 1516년부터 유랑민이 처벌되고 추방되었다. 구걸도 금지되었다. 1520년대 런던에서도 구걸을 하려면 당국의 허가를 받아야 했다. 비텐베르크, 뉘른베르크, 리옹, 이프르, 스트라스부르, 릴의 시 당국은 1520-1540년대에 빈민 구제책을 실시하는 한편 정규적으로 유랑민을 추방했다. 교회와 신도회도 이러한 태도를 공유했다.

16세기에 이러한 인식 변화와 정책은 지역과 종교에 따라서 다양하게 전개되었다. 선행이 아니라 믿음을 통한 구원을 주장한 개신교는 자선의 규모를 대폭 줄였다. 실제로 종교개혁이 단행된 곳에서는 수도원과 신도회 등 전통적인 빈민 구호를 뒷받침해오던 재원이 사라졌다. 반면 가톨릭에서는 다양한 형태의 자선이 늘어났다. 그러나 개신교와 가톨릭의 구분은 불분명했다. 개신교와 가톨릭 모두 사회적 통제의 일환으로 빈민을 위한 구빈원과 병원을 체계화하고 제도화했다. 병원의 설립은 북이탈리아를 선두로 전파되었으며 매독의 전염과 관련이 있었다. 1490년대 아메리카에서 유럽으로 전염된 것으로 추정되는 매독에 관한 기록이 처음 나타난 것은 프랑스가 이탈리아를 공격했을 때였다. 이런 이유로 이탈리아에서 매독은 한동안 프랑스 병으로 불렸다. 그때까지 부유층은 병에 걸리면 의사의 왕진에 의존했으나 치유 불가능한 상태에 빠진 매독 환자를 격리 수용해서 치료하기 위한 병원이 로마, 나폴리, 등지에 생겨나면서 구빈원과는 다른 의미의 병원이 설립되기 시작했다.

16세기를 거치며 유럽의 도시에서는 이처럼 가부장적이며 방어적이고, 도덕적이며 온정주의적인 자선과 억압의 이중정책이 실시되었다. 사회적 규제권을 가진 교회와 권력 당국이 빈민층과 노약자, 소외층의 물질적 삶뿐만 아니라 도덕적 상태를 감독하는 것을 자신의 역할이라고 믿었기 때문이다. 그러나 사회적 규율은 그들의 논리나 의도만큼 효율적이거나 철저하게 작동하지 못했고 거리의 빈민이나 부랑아, 유랑민이 근절되지도 않았다.

도시 엘리트 층의 성장
16세기 경제 성장기를 거치며 도시에서는 사회적 양극화 현상이 극심해졌다. 도시 빈민의 수가 늘어난 반면, 도시 엘리트 층의 경제력은 더욱 확대되었다. 도시 엘리트 층은 상인, 법률가부터 작위귀족에 이르기까지 다양했다. 여기에 부를 축적한 모직물 제조업자, 은행가, 공증인 등이 합류했다. 엘리트 층은 수적으로는 소수에 불과했지만 부를 토대로 사회적 특권과 권력을 독점한 세습 지배층이었다. 그들은 시 행정에서 동업조합까지 모든 분야에서 영향력을 행사하는 동시에 작위가 있건 없건 귀족으로 인정을 받음으로써 사회적 우월권을 누리며 명예에 집착했다. 중세 이래 오랫동안 경쟁관계를 유지해온 도시귀족과 토지귀족의 구별도 점차 모호해졌다. 상업을 통해서 부를 축적한 북이탈리아와 독일 라인 지방, 프랑스, 네덜란드의 일부 귀족은 좀더 안전한 투자와 사회적 지위를 얻기 위해서 토지에 투자했다. 역으로 코르도바 같은 상업 도시에서는 토지귀족이 상업으로 진출하기도 했다. 결혼은 도시귀족과 토지귀족의 혼합 현상을 더욱 확대시켰다. 따라서 전통귀족 가문에서건 신흥귀족 가문에서건 토지는 16세기에도 여전히 가장 강력한 부의 수단이었을 뿐만 아니라 사회적 우월성과 명예, 권력의 상징이었다.

그러나 사회적 측면에서 볼 때 16세기 도시에서 전개된 가장 극적인 변화는 정치 엘리트 층의 형성과 성장이다. 국가와 시 행정의 규모가 커지고 체계화되면서 전문 관리집단이 형성된 것이다. 전통적인 전사귀족이나 성직자가 아닌 새로운 집단에서 동원된 이 새로운 유형의 도시 행정귀족들은 무지와 폭력과는 다른 문화와 교양을 갖춘 정치적 실무자들이었다. 그들의 등장과 성장은 정부의 구조와 작동방식에 의미심장한 변화를 초래하며 미래의 정치 엘리트 집단의 형성을 예비했다.

이러한 관료집단의 형성은 이미 오래 전부터 완만하고 점진적으로 이루어졌지만 궁정의 발달과 더불어 가속화되었다. 수많은 젊은이들은 부와 권위를 갈망하며 궁정이 위치한 도시로 몰려들었다. 도시의 문화 역시 사람들을 빨아들이는 흡입력을 발휘했다. 특히 르네상스 운동이 활발하게 전개된 이탈리아는 동경의 대상이었다. 유럽 도처의 학생들과 종교적 반대파, 예술가, 음악가들이 이탈리아로 몰려들었다. 에스파냐의 펠리페 2세(1556-1598)는 이러한 해외 유학파 학자들과 예술가들을 국내에 머물게 하려고 애썼으나 역부족이었다. 이탈리아, 특히 피렌체와 로마가 자석처럼 그들을 끌어들였던 것이다.

2. 이탈리아의 르네상스

2-1. 르네상스의 개념

1500년경 이미 유럽의 문학, 미술, 철학 분야에는 새로운 조류와 기운이 광범위하게 확산되어 있었다. 유럽의 학자들과 문인, 미술가들은 스스로 고대의 윤리적 감수성과 미적 기준을 회복했다고 믿었다. 그들은 이탈리아의 유행과 감각을 대변했다. 피렌체와 밀라노를 중심으로 한 이탈리아 북부의 도시국가에서는 14세기 이후 고대 문헌들이 재발견되었고 고대의 사상과 건축, 미술이 부활했다. 경제적 번영과 독특한 정치구조를 배경으로 발달한 이러한 새로운 현상과 더불어 이탈리아는 유럽 문화의 중심지 역할을 했다. 이른바 르네상스로 일컬어지는 학문과 예술 활동은 14세기에서 16세기의 서유럽 사회를 풍미하며 문학과 교육, 조각술, 조판술, 건축, 미학 등 다양한 분야에 영향을 미쳤다. 금욕적 고행과 자기 부정적 삶과는 다른 방식의 세속적이고 낙관적인 삶의 태도가 나타난 것도 르네상스의 영향이다.

이런 의미에서 르네상스는 이탈리아 고유의 문화 현상의 차원을 넘어서 오랫동안 근대의 태동을 가리키는 보편적인 시대구분 개념으로 사용되어왔다. 그러나 시대구분 개념으로서의 르네상스는 논란의 여지가 많다. 우선 르네상스를 시대구분 개념으로 받아들이게 되면, 서유럽의 근대를 14세기로 끌어올려야 할 것이다. 다른 한편 르네상스의 개념과 내용에는 다분히 중세적인 속성이 내포되어 있다.

르네상스는 '재생(renaissance)'을 뜻하는 프랑스어이다. 이 단어를 역사 용어로 탄생시킨 인물은 19세기 프랑스 역사가 쥘 미슐레이다. 그러나 이탈리아에서는 이미 14세기부터 그와 유사한 단어들이 사용되었다. 실제로 중세 말과 근대 초 유럽의 문헌에서는 부활, 부흥, 갱생 등 '되살아나다(rinascita)'라는 의미를 함축한 단어들이 빈번하게 등장한다. 무엇이 되살아난 것일까? 르네상스의 정의와 시기 구분 문제는 바로 이 '무엇'에 대한 이해에서 출발한다. 우선 잊혀진 과거인 찬란한 고대 문화가 되살아났다. 그러한 인식은 14세기 식자층의 자기선전에서 비롯되었다. 프란체스코 페트라르카를 위시한 이탈리아 문인들은 자신들이 로마 시대의 고전을 부활시키고 있다고 믿었다. 그들은 이탈리아가 비록 정치적으로는 혼란과 분열을 거듭하고 있지만 하나의 문화를 공유하고 있으며 자신들이 살고 있는 시대가 로마 제국 이래 가장 위대한 시기라고 주장했다.

르네상스인들 스스로가 이전과는 다른 세계에서 살고 있음을 자각하고 있었다는 점은 분명하다. 하지만 미슐레는 『16세기 프랑스사: 르네상스(*Histoire de France au seizième siècle : Renaissance*)』(1855)에서 르네상스를 해방의 차원으로 승화시킴으로써 새로운 시대의 개막으로 간주했다. 그에게 르네상스는 중세 기독교에서 요구되던 순종적인 인간형에서 벗어나 자유로운 인간형을 추구한 새로운 정신적 태도를 의미한다. 그러나 그의 저술은 르네상스 연구에서 절름발이에 불과했다. 그의 책 제목이 말해주듯이, 르네상스를 프랑스 중심으로 파악한 그는 샤를 8세(1483-1498)가 이탈리아를 침입한 1494년에 르네상스가 시작된 것으로 보고 르네상스를 16세기 프랑스사와 동일시했던 것이다.

오랫동안 고정관념처럼 굳어져온 르네상스의 개념을 정립한 인물은 야코프 부르크하르트이다. 그는 미슐레로부터 르네상스라는 용어를 받아들였지만 그와는 달리 이탈리아의 역사와 문화에 초점을 맞추었다. 그가 주목한 르네상스의 의미는 자아와 세계의 발견이다. 자의식에 눈을 뜬 르네상스인들이 모든 것을 인간의 눈으로 새롭게 바라보고 표현하고자 했고 고대에서 그 전범을 발견했다는 것이다. 『이탈리아 르네상스의 문화(*Die Kultur der Renaissance in ltalien*)』(1860)에서 그는 불안정한 정치 상황에서 꽃핀 찬란하고 독창적인 르네상스 문화의 이미지를 완성했다. 문제는 그의 시각에서 보면 고대 문화의 부활은 진정한 르네상스를 위한 예비단계에 불과하며 중세는 인간성이 말살되고 문화가 사장된 암흑기일 수밖에 없다는 점이다. 부르크하르트가 르네상스 연구에서 독보적인 성과를 이룩했음에도 불구하고 역사가들의 호된 비판을 피할 수 없는 것은 바로 이런 맥락에서이다. 그는 이탈리아 르네상스 문화의 독창성을 강조한 나머지 역사를 단절시키는 우를 범했던 것이다.

부르크하르트 이후 20세기 역사가들은 『중세의 가을(*Herfsttij der Middeleeuwen*)』(1919)에서 르네상스를 중세의 마지막 단계로 간주한 하위징아처럼 르네상스 안에서 중세적 요소를 발견하는가 하면, 『12세기의 르네상스(*The Renaissance of the Twelfth Century*)』(1927)를 주장한 해스킨스처럼 중세 안에서 르네상스 현상을 발굴해냈다. 르네상스라는 개념에 내포된 중세적 요소도 새롭게 주목을 받았다. 중세인들의 삶을 지배한 구원의 개념이 내세에서의 삶을 지향한 것인데 비해, '재생'을 뜻하는 르네상스는 현생을 중시하는 개념임에 틀림없다. 하지만 재생이라는 단어에는 본질적으로 예수의 부활, 고해와 보속(補贖)에 의한 개심, 고행을 통한 갱생 등 중세 기독교적인 의미가 담겨 있다. 이처럼 르네상스에 내포된 이중 개념은 르네상스가 중세적 요소와 근대적 요소가 중첩된 과도기적 현상이었음을 말해준다. 다른 한편 최근 '할렘 르네상스'와 같은 용례를 통해서 르네상스 개념의 외연이 확대되면서 르네상스는 전성기, 부흥기를 은유적으로 표현하는 용어로 사용되기도 한다.

2-2. 부, 권력, 예술의 삼각관계

그렇다면 이탈리아가 14세기에 새로운 문화 현상의 진원지가 된 이유는 무엇일까? 부르크하르트의『이탈리아 르네상스의 문화』제1장은 전제군주들의 포악함과 그들이 벌이는 전쟁으로 시작된다. 실제로 르네상스가 시작된 14세기에 이탈리아 반도는 정치적 통합을 이루지 못한 채 극도의 혼란에 빠져 있었다. 유럽의 다른 지역에 비해 봉건적 지배체제가 일찍 붕괴된 이탈리아는 자치 공동체를 기반으로 공화정을 발달시키며 지중해 교역을 통해서 경제 번영을 이룩했다. 그러나 13세기 이후 도시국가들의 각축으로 이탈리아에서는 전쟁과 살육이 끊이지 않았다. 경제적인 면에서도 이탈리아는 14세기 전반기를 분수령으로 성장이 둔화되었다. 주기적인 전쟁과 영국, 플랑드르, 카탈루냐 상인들과의 경쟁, 오스만투르크 상인들의 진출 등으로 이탈리아는 더 이상 부를 독점하지 못했다. 봉건제 위기로 인한 인구 감소와 경제 위기는 이탈리아를 더욱 위축시켰다. 1348년에 발생하여 유럽 전역에 퍼진 흑사병으로 인구가 3분의 1-4분의 1로 줄어들면서 이탈리아는 치명적인 타격을 입었다. 그럼에도 불구하고 북이탈리아는 여전히 다른 지역보다 부유했고 탄력적으로 위기를 헤쳐나갔다. 경제 전망은 예전과 다르게 불투명했지만 지중해에서 가까운 북이탈리아의 도시들은 15세기 초까지도 여전히 국제적인 교역망을 장악하고 금융업을 통해서 유럽 경제에 막강한 영향력을 행사했다.

그러나 경제적 경쟁과 정치적 혼란으로 정치권력의 집중 현상이 강화되면서 도시국가들의 패권 다툼이 한층 극심해졌다. 본래 이탈리아에서는 상업을 통해서 부를 축적한 몇몇 유력 가문이 상업 엘리트 층의 지지를 토대로 행정과 입법기구를 장악한 과두 공화정의 형태가 발달했다. 그러나 13세기 후반부터 1인 혹은 한 가문에 의한 전제지배체제 혹은 참주제가 나타났다. 제조업과 농업적 기반을 동시에 갖추고 있던 밀라노가 가장 먼저 군사 지도자에 의해서 지배되는 1인 독재의 발판이 되었다. 북부와 중부에 밀집해 있던 코뮌들이 이러한 도시 전제정에 굴복하면서 전체적으로 세습 전제정이 우세했지만, 볼로냐, 제노바, 페루자에서는 공화정과 전제정이 반복되었다. 제조업과 은행업의 중심지인 피렌체에서도 메디치 가문의 세습 전제정이 자리잡았다. 비스콘티 가문이 지배하던 밀라노는 1447년 비스콘티 공작의 서출 출신 딸과 결혼한 용병 대장 출신 프란체스코 스포르차에게 넘어갔다. 주변에 농촌 지역이 없었던 제노바와 베네치아만이 공화국의 명맥을 유지했다. 그러나 베네치아의 경우에도 투표권을 행사하는 남자 시민의 비율이 2퍼센트에 불과한 지극히 제한된 과두 공화정이 유지되었다. 그밖에 교황령, 북동부의 교회공국 트렌토, 사부아와 피에몬테, 나폴리 등 북서부와 남부 및 시칠리아 섬의 봉건국가들이 각축을 벌이며 정복과 위협, 동맹이 파노라마처럼 전개되었다.

그중에서도 피렌체, 밀라노, 베네치아, 나폴리, 교황령 국가는 알프스 이북의 군주정 못지않게 호전적이었다. 15세기 초 피렌체와 베네치아는 롬바르디아를 장악하고 있는 밀라노를 위협하기 위해서 동맹을 맺었다. 그 과정에서 베네치아는 알프스에서 포 강 유역에 이르는 지역을 확보했다. 제노바는 밀라노의 간섭에서 벗어나기 위해서 복잡한 외교정책을 폈다. 이탈리아에 대한 지배권을 회복하려는 교황령 국가도 도시국가들과 마찬가지였다. 그러나 군대를 보유하지 못했다는 치명적인 결함을 안고 있던 교황은 끊임없이 다른 세력을 끌어들여 전쟁을 일으키거나 정치적 야망을 품은 정치 지배자들에게 이용되었다. 외국의 간섭과 공격, 그리고 신성 로마 황제와 교황 사이의 알력은 이탈리아 도시들 사이의 경쟁과 분열을 가중시켰다.

이탈리아 반도가 극도의 혼란에 휩싸였던 15세기 중엽에 르네상스 문화는 절정에 달했다. 이 시기는 경제적 쇠퇴기였으며 정치적으로는 공화국의 몰락기였다. 정치와 경제 모두 불안정한 상황에서 도시국가의 정치 지배자들은 강한 우월감을 가진 동시에 불안감에 시달렸고 이러한 이중 감정은 자기 과시로 표출되었다. 그들은 봉건 영주와는 다른 출신 성분과 성장 과정을 거쳤지만 봉건귀족을 동경했다. 전제군주이건 과두 지배자들이건 봉건귀족의 군사적 풍조에 매료되어 군사훈련을 익히고 마상 시합을 즐겼다. 특히 밀라노와 피렌체의 전제군주는 웅장하고 화려한 궁전 건축을 통해서 권위를 과시했다. 이러한 정치 지배자들의 경쟁심과 허영심은 재능 있는 예술가들에게 새로운 기회를 제공함으로써 문화의 발달에 기여했고 제한적이나마 경제적 활력소 역할을 했다. 그러나 여기서 권력과 예술의 관계를 좀더 세밀히 관찰할 필요가 있다. 이탈리아 정치 지배자들이 르네상스 문화, 특히 미술과 건축의 발달에 공헌한 것은 분명하다. 그러나 그들의 행위는 순수하게 예술가들을 후원한 것이라기보다는 정치적 목적에 따라서 그들을 적극적으로 활용하려는 측면이 강했다. 실제로 그들은 주문한 작품의 주제뿐만 아니라 크기와 색깔, 재료 등 세부적인 사항까지 일일이 지시했다. 이런 점에서 보면 그들은 예술의 진흥을 위한 후원자라기보다는 주문자였다.

최초의 근대적 정치사상가로 손꼽히는 니콜로 마키아벨리가 탄생한 곳은 이처럼 온갖 정치 행위가 격돌하고 문화적 과시와 허영심이 난무하던 15세기 후반 피렌체였다. 그는 1469년 법률가 집안에서 태어나 고전 교육을 받으며 성장했다. 그러나 그가 목격한 정치 현실은 암담했다. 끝없는 경쟁과 반목에 휩싸인 도시국가들이 외국 군대를 끌어들였고 그 군대에게 무참하게 짓밟히는 과정이 되풀이되었다. 마침내 1494년 프랑스 왕 샤를 8세의 공격은 이탈리아의 역사에 치명적인 결과를 초래했다. 그와 더불어 마키아벨리의 운명도 전기를 맞이했다. 피렌체를 지배하던 메디치 가문이 전복된 뒤에 부활한 공화정에서 그는 외교관으로 활약했다. 그러나 1512년 교황과 에스파냐의 도움으로 메디치 가문이 권좌를

되찾자 마키아벨리는 관직에서 쫓겨났다. 이때 시골에 칩거하며 쓴 책이
바로『군주론(*Il principe*)』(1513)이다. 이 책에서 그는 이탈리아 반도의
불행한 과거를 되새기며 정치적 안정을 위해서 강력한 지배자의 필요성
을 역설했다. 여기서 그가 제시한 대안은 이탈리아 반도 전체를 망라하
는 군주정의 건설이다. 새로운 군주정의 토대로 그는 법을 꼽았다. 그러
나 현실주의자로 자처한 그는 강제력이 합법성을 창출한다는 점을 강조
하며 군주는 반은 인간이고 반은 짐승인 켄타우로스가 되어 여우와 사자
처럼 행동해야 한다고 주장했다. 이처럼 종교적, 도덕적 정치 이데올로
기에서 벗어난 그의 주장은 최초의 근대적 정치론으로 평가될 만하다.
그러나 국가에 대한 개념을 명확하게 제시하지 못하고 국가를 군주의
재산으로 간주한 점에서 그는 근대적 정치사상가로서 뚜렷한 한계를 가
진다.

　마키아벨리의 충고와 염원에도 불구하고 이탈리아 반도에서는 전쟁과
정치적 혼란이 계속되었다. 피렌체와 밀라노, 나폴리, 교황령에서는 외
국 군대의 약탈, 외세와 야합한 정치가들의 분열, 빈번한 정치적 전복으
로 인한 잔인한 복수와 학살의 소용돌이가 끊이지 않았다. 비교적 정치
적 안정을 유지해온 베네치아에서도 도적과 복수로 인한 사회적 혼란이
극심했다. 그 와중에 과중한 세금과 기아에 시달리던 농민층과 도시 빈
민층은 외국 군대를 환호하기도 했다. 일부 도시나 촌락들이 귀족들에게
통째로 팔리거나 수여되면서 국가의 사법권과 정부 자산의 토대가 위축
되는 사례도 빈번했다. 1530년 북이탈리아가 에스파냐의 지배하에 놓이
게 되면서 이탈리아의 혼란과 분열은 일단락되었다. 그와 더불어 이탈리
아의 르네상스도 사실상 끝이 났다. 무엇보다도 예술가들을 찾는 주문자
들의 발길이 뜸해졌다. 그보다 더 큰 불행은 십자군 정신으로 무장한 에
스파냐의 군주 카를로스 1세(1516-1556) 앞에서 이탈리아의 자유분방한
예술 정신이 빛을 잃었다는 점이다.

2-3. 인식에서 표현으로

인문주의

흔히 르네상스의 3대 거장으로 레오나르도 다 빈치, 라파엘로, 미켈란젤로가 꼽힌다. 그들은 15세기 말에서 16세기 중엽까지 정치 지배자들의 후원을 받으며 불멸의 예술작품들을 남겼다. 그러나 새로운 세계를 향한 이탈리아인들의 항해는 이미 14세기부터 시작되었다. 그들의 움직임은 화려한 예술적 표현이라기보다는 고전 문헌의 연구를 통한 새로운 인식의 추구였으며 정치적 부산물도 아니었다. 상업의 발달로 일찍부터 지식을 독점한 교회와 수도사들의 울타리가 무너진 이탈리아에서는 세속 교양층이 형성되었고 이들을 중심으로 새로운 세계를 향한 지적 탐험이 시작되었던 것이다.

실제로 이탈리아의 도시들은 극심한 정치적 혼란을 겪었지만 그와 동시에 말과 글의 힘이 지배하는 공간이었다. 이탈리아인들은 생업을 위해서 무엇보다 먼저 글을 깨우쳐야 했다. 도시 엘리트 층의 자제들은 가정이나 학교에서 글과 셈하기를 익혔다. 전문 필경사의 점포도 중하층을 대상으로 사적인 교육기관의 역할을 했다. 필경사의 점포에서 글을 배우는 어린이들의 모습은 13세기 이후 도시의 일상적인 풍경 중 하나였다. 편지 쓰기와 연설도 장려되었다. 서기의 아들 페트라르카와 상인 집안에서 태어난 보카치오는 어려서 글을 배우면서 기존의 기독교 교리와는 다른 세속적이고 현세적인 세계를 접할 수 있었다. 이탈리아 도처에 남아 있던 로마 문화의 유산은 조상에 대한 남다른 애착심을 자극하며 그들의 호기심과 상상력을 북돋워주었다.

우리의 고정관념과는 달리 중세의 오랜 기간 동안 고대 세계와 문헌은 결코 사라지거나 잊혀지지 않았다. 문제는 중세인들이 필요에 따라서 고전을 동원했다는 점에 있었다. 중세의 고전 연구는 고대 세계에 대한 인식과는 관계없이 기독교 세계관을 이해하기 위해서 발췌되거나 주석을 통해서 전달되었던 것이다. 반면 르네상스의 선구자들은 중세의 서가에서 잠자고 있던 옛 문헌 자체에 관심을 기울였다. 라틴어를 익히고 법률을 공부한 페트라르카는 베로나 주교좌 성당에서 잠자고 있던 키케로의 글을 접하면서 고전의 세계에 눈을 뜨게 되었다. 시인이자 웅변가이면서 탁월한 정치가였던 키케로는 그에게 혼란스러운 도시국가에서 요구되는 정치적 능력과 지적 교양을 겸비한 참 인간의 모습으로 여겨졌다. 키케로를 통해서 로마 세계에 매혹당한 페트라르카는 1341년 로마의 영웅 스키피오를 칭송한 라틴어 서사시집 『아프리카(*Africa*)』를 발표하며 명성을 얻었다. 하지만 그를 불멸의 시인으로 만든 것은 사랑하던 여인 라우라를 노래한 토스카나어 시집 『칸초니에레(*Canzoniere*)』였다. 1327년 그녀를 처음 만난 순간부터 1348년 그녀가 죽은 뒤까지 그녀에 대한 애모의 감정을 표현한 이 시집에서 그는 지상과 천상의 삶 사이를 방황하는 자신의 내면세계를 묘사했다. 언뜻 보기에 페트라르카의 『칸초니에레』는 단테의 『신곡(*La Divina Commedia*)』을 연상시킨다. 그러나 둘 사이에는 근본적이 차이가 있다. 사랑하던 여인 베아트리체를 이상화시켜 천상에서의 구원과 지상에서의 행복을 양립시킨 단테가 신학이 사상과 문학의 세계를 지배했던 중세 철학의 정수를 보여주었다면, 페트라르카에게서 인간적인 것과 성스러운 것은 끝없는 갈등을 벌인다. 기독교 세계관에 대한 신뢰를 상실한 당대인들의 내면적 위기는 그의 제자이자 절친한 친구였던 보카치오의 『데카메론(*Decameron*)』에서 신랄하게 묘사되었다.

『데카메론』은 흑사병을 피해서 모인 10명의 남녀가 펼치는 이야기 형식의 익살맞고 풍자적인 단편 문학이다. 아직 인쇄술이 보급되지 않았고 종이도 희귀하던 당시에 이 책은 빠른 속도로 유럽에 퍼져나갔고, 거리에서 낭독되거나 재담의 주제가 되었다. 토스카나어로 쓰인 이 책의 인기는 이탈리아어 정착에 크게 기여했다. 이탈리아에서는 지방마다 라틴어와는 상이한 토속어가 사용되었는데 토스카나어는 그중에서도 으뜸어로 꼽혔다. 14세기에 토스카나어로 쓰인 단테와 페트라르카의 작품이 탄생하면서 라틴어와 이탈리아어의 경쟁이 시작되었다. 특히 『데카메론』 이후 토스카나어는 점점 더 많은 이탈리아 교양층에게 전파되고 반도 전체에서 수용되었다. 빈번한 외국 군대의 침략으로 정치적 굴욕을 당하면서 이탈리아어의 중요성과 가치는 더욱 높아졌다. 이렇듯 라틴어 고전에 대한 관심은 역설적이게도 이탈리아어의 발달과 보급에 기여했다.[4]

라틴어 고전 연구와 이탈리아어 문학의 발달은 모두 기존의 대학 교육과는 다른 차원에서 이루어졌다. 특히 고대 문헌 연구는 도시 엘리트 층의 지적 흥미를 자극했다. 피렌체의 콜루초 살루타티와 교황청의 포조 브라촐리니와 같은 관료층은 고전의 우아한 문자를 익히고 수사와 작문의 기술을 연마했다. 학문과 정치에 관심을 가진 그들은 세속적인 영광에 대한 찬미와 애국심이 담긴 고전 문학을 모방하며 현실에 대한 통찰력을 깨우쳤다. 나폴리의 서기관 로렌초 발라는 1440년 꾸준한 문헌 비판과 고증 작업의 결과 교황의 세속권을 뒷받침해온 콘스탄티누스의 기진장(寄進帳, Traditionsbuch)[5]이 후대의 위작임을 밝혀내는 성과를 이루기도 했다. 이탈리아어로 기록된 회고록과 자서전이 나타나기 시작한 것도 바로 이때부터이다. 그러한 종류의 글들은 비록 개인의 내면적인 삶을 기록한 것이 아니라 공적인 삶을 과시하는 수준을 넘지 못했지만 개인의 자의식이 발달하기 시작했음을 보여주는 뚜렷한 증거이다. 또한 도시국가의 역사가 쓰이고 재치와 풍자가 넘치는 연설문과 추도문이 유행하며 정치와 사회생활의 일부가 되었다. 신랄한 문장으로 명성이 자자했던 아레티노는 메디치 가(家)와 베네치아 총독의 후원을 차례로 누리며 온갖 독설을 일삼았다. 1458년 페트라르카 숭배자인 피콜로미니가 비

---

4) 그럼에도 불구하고 1500년경까지 저술의 77퍼센트는 라틴어로 작성되었다.

5) 콘스탄티누스 황제가 기독교로 개종할 때 감사의 표시로 교황 실베스테르 1세에게 종교적 지상권과 세속적 통치권을 주었다는 내용의 문서.

오 2세(1458-1464) 교황이 되면서 이탈리아 인문주의는 절정에 달했다.

한편 더 순수한 원전을 찾으려는 학자들의 노력은 그리스, 히브리, 아랍 원전에 대한 관심을 고조시켰다. 특히 14세기 말 동로마 제국의 학자 크리솔로라스의 이탈리아 방문을 계기로 그리스 문학과 철학에 대한 본격적인 연구가 시작되었다. 1400년경 수많은 그리스 망명자들이 이탈리아에 정착하면서 그리스 문화에 대한 동경은 더욱 확대되어 도시 엘리트 가정에서 그들을 가정교사로 두고 그리스어를 배우는 것이 유행할 정도였다. 1453년 동로마 제국 멸망 이후 다수의 학자들이 이탈리아로 망명하자 그리스 연구는 체계를 갖추기 시작했다. 1462년 메디치 가의 후원으로 플라톤 아카데미가 창설되자 그리스 철학에 관한 공개적인 토론과 교육이 활발해졌다. 그밖에도 이탈리아에서는 수많은 학회가 설립되고 학자들 간의 연구와 논의가 이루어졌다.

고전 문헌 연구에서 새로운 유형의 글쓰기까지 르네상스 학자들과 문인들의 최대의 관심 대상은 바로 인간이었다. 인간을 원죄로 오염된 죄인이 아니라 도덕적 완성체로 간주한 고전은 그들에게 새로운 세계를 밝혀주는 등불 역할을 했다. 그 과정에서 키케로가 중시한 후마니타스(humanitas) 개념이 부활되었다. 인간다움을 추구하는 후마니타스는 중세의 인간관과는 반대되는 개념이다. 중세인들이 신에 대한 순종을 미덕으로 삼았다면, 지혜와 덕성이 결합된 후마니타스는 신성하고 영웅적이며 이성적인 인간의 존재를 제시했다. 15세기 후반 후마니타스 개념에 의해서 새로운 인간관이 정립되었고 고전어와 고전문학을 가르치는 대학교수를 지칭하는 후마니스타(humanista)라는 단어가 사용되기 시작했다. 인문주의자를 뜻하는 이 단어는 대학교수뿐만 아니라 점차 학생들과 연구자들에게도 적용되면서 페트라르카와 보카치오 등 이전의 고전 연구자들에게까지 소급 적용되었을 뿐만 아니라 그 의미가 확대되었다.

인문주의자들에게 학문이란 철학의 범주를 넘어선 것이었다. 인간다움을 가르치고 인간성을 함양시키기 위한 인문주의 운동은 보편적이고 세속적인 교육 운동으로 펼쳐졌다. 따라서 그들은 종교에 대한 논쟁에 골몰하는 중세의 추상적인 논리학, 자연철학, 스콜라 철학을 배척했고, 현실과 관련이 고대의 7개의 교양과목(문법, 수사, 논리, 산수, 기하, 천문, 음악) 외에 시, 윤리, 역사를 선호했다. 르네상스 교육 운동은 의사, 법률가, 신학자의 재생산 역할을 하던 기존의 대학과 달리 인간의 정신과 신체의 조화, 지혜와 수사의 결합, 교양과 덕성의 함양을 추구했던 것이다. 이렇듯 고대를 전범으로 삼아 기독교적 가치체계를 비판하고 인간적이며 현세적인 교육 운동을 통해서 르네상스 인문주의는 근대 문화가 싹틀 수 있는 지적 토양을 제공한 셈이다.

예술

활발한 저술 활동과 교육 운동에도 불구하고 인문주의자들의 영향은 소수의 엘리트 층에게 국한되었다. 그러나 그들이 제시한 새로운 인식과 전망은 도시 엘리트 층과 예술가들을 자극하면서 건축, 조각, 회화에 새 바람을 일으켰다. 특히 15세기 이탈리아 도시들에서는 건축 붐이 일었다. 도시 곳곳을 장식한 웅장하고 화려한 건축과 조각상들을 통해서 르네상스 정신은 가시화되었고 더 많은 사람들에게 영향을 미쳤다. 단테와 페트라르카, 보카치오의 고향인 피렌체는 이 분야에서도 단연 독보적인 위치를 차지했다.

정치 지배자들의 경쟁심은 겉으로 드러나는 건축과 장식에서 유감없이 발휘되었다. 규모가 작은 도시국가의 지배자일수록 예술 후원에 더 많은 비용을 쏟아부었다. 예컨대 만토바의 곤차가(Gonzaga) 가(家)는 비정상적일 정도로 화려한 궁정 생활을 과시했다. 화려한 금박 옷으로 치장한 난쟁이들로 에워싸인 모습은 개인적 능력을 과시하고자 하는 지배자의 전형을 보여준다. 그러나 피렌체의 메디치 가야말로 이탈리아 르네상스 예술에서 결코 빼놓을 수 없는 존재이다. 1434년 이후 60년간 메디치 가가 지배한 피렌체는 명실공히 이탈리아 르네상스의 요람이었다. 성 로렌초 성당에 있는 메디치 가의 무덤을 디자인하고 시청 벽화를 그린 미켈란젤로와 레오나르도 다 빈치 등 저명한 르네상스 예술가들은 대부분 메디치 가와 관련이 있다. 냉혹한 정치적 계산과 놀라운 상업 수완을 겸비한 코시모 데 메디치는 건축과 미술에 엄청난 돈을 퍼부었다. 그의 손자 로렌초는 르네상스 예술과 정치의 관계를 보여주는 일화로 유명하다. 미사 도중 암살자에게 공격을 당했으나 살아남은 그는 용의자 4명을 정부 청사에 매달고는 산드로 보티첼리로 하여금 이 장면을 그리게 했다. 비단 로렌초만이 아니라 이 시기의 정치 지배자들은 자신이 원하는 이미지를 만들어내고 부각시키기 위해서 예술을 적극적으로 활용했다. 15세기 이탈리아에서 초상화가 유행한 것은 이런 이유에서이다. 중세에 초상화의 단골 모델은 예수와 성모 마리아였다. 그런데 이제 정치 지배자들과 귀족이 화가들에게 자신의 모습을 그리게 하면서 초상화는 독자적인 미술 장르를 형성하게 되었다. 이러한 추세는 점차 도시의 부유층에게까지 확산되었다.

이렇듯 예술은 지배자의 권력을 장식하는 피상적인 장식물이 아니라 권력을 지탱하고 강화시키는 보조수단이었다. 더구나 지배자와 예술가는 자신의 개인적인 능력으로 성공했다는 공통점을 지녔다. 지배층은 예술가들을 저택에 초대해서 마음껏 작업에 몰두할 수 있는 기회를 제공했다. 그와 더불어 예술가들의 사회적 지위도 올라갔다. 중세 이래 화가는 일종의 수공업자에 불과했다. 르네상스 초기에도 화가의 지위는 모호했고 화가들은 대부분 인문주의적 소양을 갖추지 못했다. 귀족인 미켈란젤로의 아버지는 조각가가 되려는 아들을 극구 만류했다. 당시에 조각가는 석공과 동일하게 여겨졌기 때문이다. 위대한 화가들은 대부분 사치품을 취급하는 상점 주인이나 장인의 아들이었다. 실제로 화가는 훈련과 작업

과정에서 수공업자와 유사한 점이 많았다. 베네치아에서 화가들은 금세
공업자나 제화업자들과 마찬가지로 5년간의 도제기간과 2년간의 숙련기
간을 거쳐야만 장인이 될 수 있었다. 화가들의 사회적 지위가 높아진 것
은 15세기 말 이후이다. 1480년 레오나르도 다 빈치는 밀라노 스포르차
가의 후원을 받게 된 이후 화가이자 과학자, 건축가, 철학자, 군기술자로
명성을 얻으며 각국의 궁정에 초빙되었다. 티치아노는 카를 5세로부터
기사 작위를 받으며 최고의 권위를 누렸다.

르네상스 예술의 기준은 무엇일까? 흔히 생에 대한 사랑, 이교적인 주
제들, 개인주의, 양감과 색의 조화 등이 르네상스 정신의 표현으로 거론
된다. 그러나 전체적으로 보면 르네상스 예술에서 가장 높은 비중을 차
지한 주제는 종교였다. 고대 신화 속 인물이나 장면이 등장하고 고대의
상징주의가 영향을 미치기도 했지만, 대부분은 종교적인 주제와 혼합되
었다. 교회와 공공건물뿐만 아니라 부유층 가정의 벽을 장식한 것은 여
전히 종교화였다. 성모 마리아가 가장 인기 있는 주제였고 예수가 그 다
음이었다. 피렌체의 수호성인인 세례자 요한도 회화의 단골 주제였다.

최초의 르네상스 화가로 일컬어지는 조토 디 본도네의 작품도 대부분
종교화이다. 다만 그는 그림에 등장하는 인물들을 중세와는 다르게 묘사
했다. 종교를 주제로 하되 인간을 사회적 관계와 위계에 따라서 자리매김
함으로써 살아 있는 현실적 존재로서의 느낌을 부여했던 것이다. 회화의
표현방식에서 진정한 의미의 르네상스 예술을 구현한 인물은 마사초이
다. 1425년에 완성한 「성 삼위일체」는 수학적 원리에 입각한 원근법을
최초로 도입한 혁명적인 작품이다. 이후 예술가들은 원근법을 통해서 사
물과 움직임을 사실적으로 표현했을 뿐만 아니라 이전에는 다루기 어려
웠던 복잡한 주제들을 소화할 수 있었다. 조각가 도나텔로는 원근법을
조각 작품에 적용했다. 그는 부조의 높낮이를 단계적으로 변화시킴으로
써 구체적인 행위를 생동감 있게 표현했다. 원근법을 이용해 현실감을

살린 최대 걸작은 다 빈치의 「최후의 만찬」이다. 예수의 제자들이 식탁을 나란히 에워싸고 있는 이 그림에서는 원근법에 의해서 묘사된 천장과 화면 중앙의 창문 앞에 자리를 잡은 예수의 모습이 관람객의 시선을 확 끌어당긴다. 다 빈치에게 그림은 고도의 과학이었다. 수학, 해부학, 광학에 능통했던 그는 회화의 구성 요소인 명암, 색깔, 몸, 자세, 거리, 동작 등을 엄격한 과학적 원칙에 따라서 분석하고 표현했다.

사실적 묘사에 대한 르네상스 화가들의 집념은 인간의 몸에 대한 표현으로 이어졌다. 고대의 이교도적인 작품의 영향을 받은 보티첼리의 「비너스의 탄생」은 이러한 추세를 대변한 작품이다. 고대를 주제로 한 르네상스 고전주의는 라파엘로에게서 절정을 이루었다. 라파엘로는 미켈란젤로에게서 그림을 배웠지만 강력하고 역동적인 주제를 즐겨 그리던 미켈란젤로와는 대조적으로 부드럽고 내면적인 아름다움을 형상화하려고 애썼다. 다 빈치는 「모나리자」의 신비하고 반쯤 웃는 듯한 모습을 통해서 그녀의 마음속에 감추어진 감정과 열정을 표현하고자 했다.

1494년 프랑스의 침입을 계기로 르네상스 예술은 의미심장한 변화를 겪었다. 정치적 혼란에 빠져 자신감을 상실한 피렌체의 상황을 반영하듯이, 이전과는 사뭇 다른 표현기법이 나타났고 동일한 주제도 전혀 다른 분위기로 표현되었다. 보티첼리의 「예수 탄생의 신비」(1500)에서는 더 이상 이탈리아 르네상스 문화의 특징인 쾌활함과 낙관주의가 드러나지 않는다. 이후 보티첼리의 작품은 대부분 예수 수난과 고통을 주제로 했다. 세속 지배층이 더 이상 문화적 후원자 역할을 하지 못하게 되자, 교회가 그 뒤를 이었다. 메디치 가 출신인 교황 레오 10세(1513-1521)는 면벌부 판매 문제로 실추된 교황의 권위를 회복하기 위해서 거대한 기념물 제작에 주력했다. 그 과정에서 르네상스 예술은 합리주의도 원근법도 무시한 채 비정상적일 정도로 커다란 화면, 부자연스런 자세, 강렬한 색채, 극적 주제를 과장되게 표현하는 방식으로 변질되었다. 1515년 교황

율리오 2세(1503-1513)의 무덤에 세워진 미켈란젤로의 대리석 조각 작품「모세」에서는 그러한 변화가 여실히 드러난다. 거대한 두상과 얼굴 표정은 인간의 한계에 대한 비극적 전망을 표출할 뿐 르네상스 본래의 자연스러움도 생동감을 주지 않는다. 이처럼 지나치게 거대한 규모, 부자연스런 자세, 강렬한 색채 등으로 표현된 1520년대의 과도기적 예술 양식은 일명 마니에리스모(manierismo)라고 불린다. 종교개혁으로 인해서 혼란하고 불안했던 시대 상황을 반영한 마니에리스모는 르네상스 예술 말기 상상력의 왜곡 상태를 드러낸다. 이러한 경향은 미켈란젤로의 말년 작품에서 두드러지게 나타났다. 티치아노 역시「바쿠스와 아드리안」(1522)에서 지나치게 강렬한 색상을 통해서 불안정한 시대에 대한 통찰력을 보여주었다.

3. 북서 유럽의 르네상스

16세기 이후 이탈리아 르네상스 문화는 급격히 쇠퇴했다. 반면 북서 유럽에서는 그때부터 르네상스 문화가 꽃피기 시작했다. 역사가들은 흔히 북서 유럽의 르네상스를 이탈리아 전쟁과 관련지어 설명한다. 1494년 프랑스 왕 샤를 8세의 이탈리아 원정이 이탈리아의 새로운 문화를 북서 유럽에 확산시키는 계기로 작용했다는 것이다. 이러한 설명은 사실을 지나치게 단순화시킬 우려가 있다. 정치, 사회, 경제적 환경이 어우러져 놀라운 예술적 업적을 낳은 르네상스는 비단 이탈리아에 국한된 현상이 아니었기 때문이다. 실제로 북서 유럽에서도 일찍부터 새로운 문화적 시도가 나타났다. 모직물 생산지인 플랑드르, 그리고 이탈리아와 플랑드르의 연결 지점에 위치한 부르고뉴에서도 14세기 말부터 화가들이 각광을 받기 시작했다. 예술 후원 역시 이탈리아 지배층의 전유물이 아니었다. 베리 공작, 부르고뉴 공작, 프랑스의 샤를 5세(1364-1380), 프랑수아 1세

(1515-1547), 영국의 튜더 왕조는 예술가들을 후원하며 화려한 궁정문화를 발달시켰다. 독일의 벨저 가와 푸거 가도 알브레히트 뒤러와 같은 저명한 화가를 초빙했다.

그럼에도 불구하고 북서 유럽에서 르네상스 현상이 본격화된 것은 이탈리아 르네상스 문화가 전해지면서부터이다. 15세기 이후 이탈리아 르네상스의 활력이 북유럽의 여러 나라에 전파되기 시작했다. 이 시기에 중간 매개자 역할을 한 것은 이탈리아 외교관들과 인문주의자들이었다. 키케로의 작품을 읽고 웅변술과 작문을 익힌 이들을 통해서 이탈리아 인문주의적 풍조가 전파되었다. 그러나 15세기 중엽 북서 유럽에서 이탈리아 르네상스는 문학과 미술에 침투한 이국적인 현상으로 간주되었으며 그 영향을 받은 학자들은 소수에 불과했다. 15세기 말 북서 유럽의 대학들이 적극적으로 이탈리아의 인문주의자들을 초빙하면서 이탈리아 르네상스의 영향이 가시화되기 시작했다.

이탈리아를 침략한 알프스 이북의 정치 지배자들은 이탈리아의 모든 것을 약탈해가고 모방했다. 북서 유럽의 절대군주들은 이탈리아 반도를 초토화시킨 반면 그들의 문화와 지적인 삶은 이탈리아 르네상스 문화에 정복되었다. 수많은 이탈리아 인문주의자들과 예술가들이 북서 유럽의 궁정에 초대되거나 고용되었다. 레오나르드 다 빈치는 프랑수아 1세의 궁정에 머물렀고 이탈리아 인문주의자들은 유럽의 궁정을 누비며 비서나 외교관으로 활약했다. 또한 르페브르 데타플과 데시데리우스 에라스뮈스와 같은 학자들이 줄지어 이탈리아를 방문했다. 인간의 형체를 어떻게 표현할 것인가의 문제를 놓고 고민하던 독일의 화가 알브레히트 뒤러도 이탈리아 여행을 감행했다. 1494년과 1505-1506년 두 차례의 여행에서 그는 균형과 비율의 미학에 진한 감동을 받고 수학적 원리에 따라 비율을 정하고 표현하는 문제를 연구했다. 이탈리아 여행 이후 그의 그림에 나타난 변화는 이탈리아 르네상스 예술이 어떻게 알프스 이북으로 확산되고 영향을 미쳤는지를 여실히 보여준다.

북서 유럽의 궁정에서는 화려한 이탈리아 르네상스 예술과 문화뿐만 아니라 이탈리아의 의복과 요리, 말투, 행동방식도 유행했다. 반면 인문주의의 확산은 점진적으로 이루어졌고 그 영향력도 대체로 학자들에게 국한되었다. 북서 유럽의 학자들이 가장 주목한 것은 고전 연구를 통한 비판적 연구 방법이었다. 에라스뮈스도 로렌초 발라에게서 배운 문헌고증학에 몰두했다. 그러나 고전 연구를 세속사회와 결합시킨 이탈리아 인문주의자들과 달리 그는 성경의 해석과 번역에 몰두하며 원시 기독교 정신으로의 복귀를 추구했다. 역사가들은 이러한 차이가 나타난 이유를 북서 유럽의 사회 현실 전반이 이탈리아와 달랐다는 점에서 찾는다. 일찍부터 봉건적 지배체제에서 벗어난 이탈리아와 달리 알프스 이북에서는 봉건적 위계질서가 유지되고 정치적 권위의 정당성을 지탱해주는 기독교의 무게가 강한 힘을 발휘하고 있었다. 에라스뮈스가 성경 연구에 몰두할 수 있었던 것도 가톨릭 수호자를 자처한 신성 로마 황제 카를 5세의 후원 덕분이었다.

그렇다고 해서 이탈리아의 인문주의를 무조건 세속주의적 문화 운동으로, 북서 유럽의 인문주의를 기독교 인문주의로 단정짓는 것은 위험하다. 북서 유럽의 인문주의자들도 초기에는 고전 연구에 매혹되었다. 이탈리아 문화에 매료되어 3차례나 이탈리아를 여행한 프랑스의 르페브르 데타플은 1492년 아리스토텔레스의 원전을 발견하고 라틴어로 번역했다. 영국의 존 콜레트 역시 처음에는 고전 문헌의 연구에 관심을 보였다. 그러나 1500년경 면벌부 문제가 제기되면서 북서 유럽의 식자층을 사로잡은 최대 이슈는 올바른 신앙을 위한 교회개혁 문제였다. 이런 상황에서 이교적인 고전 연구가 신앙심과 도덕을 전복시킬 것을 우려하는 목소리가 커졌다. 자연히 인간 사회의 윤리를 최우선적인 관심사로 삼았던 인문주의자들은 기독교 도덕의 회복에 초점을 맞추었다. 종교개혁의 파장이 거세지면서 키케로 모방과 화려한 수사 연구와 같은 세속적 인문주의의 풍조는 거대한 역사의 물결 속에 휩쓸려 사라지고 북서 유럽의 인문주의는 이탈리아 인문주의와 다른 방향으로 발전해갔다.

교회개혁의 움직임이 고조된 가운데 북서 유럽의 인문주의자들은 초기 기독교 사회를 전범으로 한 기독교 인문주의를 만들어냈다. 그중 가장 광범위한 영향력을 발휘한 인물은 네덜란드의 에라스뮈스였다. 그는 수도원에서 수학한 뒤에 사제 서품을 받았으나 시인이자 교육자, 텍스트 비평가, 풍자문 작가 등 자유로운 저작 활동을 펼치는 동시에 신학 연구에 몰두했다. 자신의 학문을 '기독교 철학'으로 자처한 그는 교리와 전례의 외적인 측면보다는 신에 대한 개인적 믿음을 강조했다. 1503년에 발표된 그의 『기독교 전사를 위한 지침서(*Enchiridion militis Christiani*)』는 기독교인으로서 도덕적 삶을 실천하는 데에 필요한 구체적인 입문서이다. 이 책은 라틴어 판본만 20여 종 출간되었고 10개 국어로 번역되었다. 그 결과 에라스뮈스는 "엉터리 수사와 편협한 신학자들을 제외하고 모든 학자들은 에라스뮈스주의자들"이라는 말이 나올 정도로 개혁의 열망에 가득 찬 유럽의 젊은 학자들로부터 열광적인 지지를 받았다.

에라스뮈스의 개혁 의지는 점차 개인 신앙의 문제에서 교회제도에 대한 비판으로 확대되었다. 1511년 영국 방문 중 토머스 모어의 집에서 집필한 『우신예찬(*Encomium Moriae*)』에서 그는 독실한 신앙심으로 가장한 미신을 비난하고 수도원에서 직접 목격한 교회의 부패를 풍자했다. 그의 영향을 받은 토머스 모어는 1516년 성인들의 병 치유력을 신봉하던 종교관행부터 사회구조적 모순까지 신랄하게 비판한 『유토피아』를 발표했다.

종교개혁이 일어나고 종교와 성경에 관한 논쟁이 본격화되면서 에라스뮈스는 더욱 유명해졌다. 그는 교회의 부패와 모순, 미신에 대한 비난에 그치지 않고 스콜라 철학 자체를 공격했다. 이는 종교개혁가 마르틴 루터의 주장과 일치하는 것이었다. 인문주의자들은 경건한 신앙심을 호소하며 교회를 공격하는 루터에게 공감을 느꼈을 뿐만 아니라 성경을 모든 지혜의 근원으로 삼으려는 그의 성경지상주의를 찬성했다. 이렇게 의기투합한 종교개혁가들과 인문주의자들의 행보는 커다란 반향을 불러 일으켰다. 그러나 이러한 공통점과 유사한 목적에도 불구하고 루터와 인문주의자들 사이에는 결코 극복될 수 없는 근본적인 차이가 있다. 인간성을 낙관적으로 본 인문주의자들과는 정반대로 루터에게 인간은 신의 은총에 의하지 않고는 결코 씻을 수 없는 원죄를 지은 죄인이다.

결국 교회의 분열이 기정사실화된 1524년 에라스뮈스는 「인간 의지의 자유에 관하여("De libero arbitrio diatribe sive collatio")」를 통해서 루터를 공격했다. 이를 계기로 그의 교회개혁 시도는 실패로 돌아가고 그를 지지하던 수많은 젊은 기독교 인문주의자들은 에라스뮈스를 떠나 루터파에 합류했다. 1523년 최초로 『신약성서』를 프랑스어로 번역한 르페브르 데타플도 그와 유사한 길을 걸었다. 그는 사제가 아닌 속세의 개인도 성경을 해석할 수 있다고 주장했다. 성경 해석을 독점해온 가톨릭 신학자들은 이를 루터파에 동조해서 교회의 권위에 대한 도전하는 행위로 받아들였다. 그러나 애초부터 교회의 존재 자체를 문제 삼지 않았고 교황청과의 결별을 상상하지도 못한 그는 아예 교회개혁을 포기했다. 이제 교회 권위와의 싸움은 종교개혁가들의 몫으로 남았다.

기독교 인문주의자들의 개혁 시도는 가톨릭과 개신교 양측과 불화를 초래하며 실패로 끝나고 말았다. 그러나 인간의 자유의지와 신의 섭리, 세속적인 예절과 금욕주의적 이상이 병존한 그들의 주장은 북서 유럽의 교육에 지대한 공헌을 했다. 특히 교육을 통해서 인간의 도덕적 완성을 이룩할 수 있다고 믿었던 에라스뮈스는 기독교 윤리의 실천을 위한 격언집을 꾸준히 발간하고 직접 교육사업을 시도했다. 종교적 교육 이념을 그림과 간단한 구절로 표현한 그의 격언집들은 16-17세기에 끊임없이 재간행되며 인기를 누렸다. 기독교적이며 지적이고 문학적인 교육과 미술, 음악, 체육 훈련이 결합된 이른바 교양교육은 프랑스 르네상스 문학을 대표하는 프랑수아 라블레의 작품에서도 등장한다.『가르강튀아와 팡타그뤼엘(La Vie Inestimable du Grand Gargantua, Père de Pantagruel)』에서 이상적인 교육자 포노크라테스는 어린 가르강튀아에게 매일 성경 읽기, 독서, 토론, 암송을 반복시킨다. 또한 음식과 식물, 농사에 관한 고전의 지혜를 공부하게 하고 군사훈련도 병행한다. 라블레가 장황하게 열거한 이러한 교육 과정은 과장된 것이 분명하지만 엄격하고 금욕적인 과거의 교육과는 다른 새로운 인간관이 반영된 것임에 틀림없다.

한편 고전 교육을 강조한 에라스뮈스는 1518년 루뱅에서 언어학교를 설립했다. 프랑수아 1세는 1530년 이 학교를 모델로 콜레주 드 프랑스(Collège de France)를 세웠다. 그리스어, 히브리어, 고전 라틴어 강좌가 개설된 이 학교는 프랑스 르네상스 운동의 중심지 역할을 했다. 두 학교의 영향으로 고전학과 문헌학이 유행하면서 북서 유럽의 대학들은 인문주의 연구의 중심지가 되었고 점차 국왕의 통제에서 벗어나 독자적인 학문 영역을 구축하는 데에 공헌했다.

4. 인쇄술 도입과 문자문화의 변화

4-1. 인쇄혁명

알프스를 경계로 다양하게 펼쳐진 르네상스 문화를 가능하게 한 힘은 무엇보다도 호기심이었다. 르네상스인들은 라블레의 소설에 등장하는 팡타그뤼엘처럼 "알지 못하는 먼 나라로 여행을 떠나고 항상 보고 배우기를 갈망했다." 인간에 대한 호기심, 미지의 세계에 대한 호기심, 지적 호기심은 눈으로 볼 수 있는 의식보다는 말과 글에 대한 믿음을 증대시켰다. 15세기에 대학이 증가하고 책에 대한 수요가 급증한 것은 이런 이유에서였다. 그와 더불어 필경사들도 바빠졌다. 주문이 쇄도하자 필경사들은 문자의 결합이나 단축, 부호의 사용 등 글쓰기 속도를 빠르게 하기 위한 방안을 강구했다. 오늘날 이탤릭체로 일컬어지는 필체가 개발된 것도 이 무렵이다. 고대 문헌의 로만체에 매혹당한 필경사들은 그것을 압축하고 오른쪽으로 약간 경사지게 기울어 새로운 필체를 고안했던 것이다. 인쇄기는 이러한 시대적 요구에 부응한 발명품이다.

서양에서 인쇄기는 1450년경 독일의 구텐베르크에 의해서 발명되었다. 이는 동양에 비해 한참 뒤늦은 편이다. 중국에서는 11세기경에 이미 활판 인쇄가 발명되었고 우리나라에서는 이 기술을 사용해서 1234년에 세계 최초로『상정고금예문』50권이 인쇄되었다. 더구나 구텐베르크가 동원한 기계류는 전혀 새로운 것이 아니다. 기술적으로도 그는 그다지 어려운 문제를 해결한 것이 아니다. 도안을 주형 위에 놓고 두드린 다음, 금이나 은 등을 녹인 물을 주형 속에 쏟아부어 문자를 복제하는 작업은 동전이나 화폐 제작자에게는 간단한 일이었다. 실제로 구텐베르크는 본래 출판업자나 필경사가 아니라 마인츠의 금은 세공사 집안 출신이다. 인쇄기에 관심을 가지기 전까지 그는 성지 순례자들에게 인기가 높았던 반사경을 만들어 팔았다. 수차례의 시행착오 끝에 그는 이 반사경을 활용해서 손이 아닌 금속 활자로 글을 복제하는 인쇄술을 완성하는 데에 성공했다.

책에 대한 수요와 함께 인쇄술은 마인츠와 라인 강 주변 도시를 중심으로 빠르게 전파되었다. 1459년에 스트라스부르, 1466년 쾰른, 1468년 바젤, 1468년 아우크스부르크, 1473년 파리에 인쇄기가 도입되었다. 글의 사용이 일상화된 이탈리아에서는 워낙 필사업이 번성한 나머지 인쇄술의 도입이 상대적으로 뒤늦었다. 1460년대에 코시모 데 메디치로부터 200권의 책을 주문을 받은 필경사 베스파니아노 다 비스티치는 필경사 45명을 고용해서 제작에 착수했다. 그러나 그는 결국 1478년에 파산했다. 1500년경이 되면 이탈리아에서도 상황이 역전되어 베네치아에서만 150명의 인쇄업자들이 활약했다. 화려한 장정의 책들이 인쇄되고 식자공, 서적상, 사서, 출판업자, 서적 행상인 등 인쇄업에 관련된 다양한 직업이 생겨났다.

인쇄업은 유례없는 속도로 성장했다. 그러나 새로운 기계와 값비싼 종이의 구입, 게다가 아직은 판매를 예측할 수 없는 위험성으로 말미암아 인쇄업자들은 새로운 책을 출판하기보다는 고정 독자층이 유지되는 분야의 책 생산에 주력했다. 가장 위험부담이 적은 책은 성경이었다. 구텐베르크도 자신이 발명한 인쇄기로 가장 먼저 성경을 인쇄했다. 이렇게 해서 1452-1454년 2년간 6명의 식자공의 작업 끝에『42행 성서』160-180부가 최초로 인쇄되었다. 1457-1517년에도 400쇄 이상의 성경이 출판되었다. 성경 외에 성무 일과서, 신학 이론서, 미사 전례서 등 종교 관련 서적은 1520년 이전 출판된 모든 책들의 4분의 3을 차지했다.

플라톤과 히포크라테스 등 그리스와 로마의 고전과 기사소설, 무훈시, 우화시, 마당극 등이 인쇄되기도 했지만 르네상스와 인쇄술의 결합은 매우 완만하게 소규모로 이루어졌다. 반면 종교개혁과 인쇄술의 상관관계는 매우 의미심장하다. 그러나 종교개혁이 인쇄술의 보급에 공헌했다는 기존의 인식은 재검토될 필요가 있다. 문헌 연구의 추세와 인쇄술에 힘입어 종교개혁 이전에 이미 성경 출판이 유례없이 증가했기 때문이다. 이런 시각에서 보면 인쇄술이 종교개혁에 이바지한 점 역시 심도 있게 논의되어야 할 부분이다. 그 어느 편이건 종교개혁을 통해서 인쇄술의 위력이 발휘된 것은 사실이다. 종교개혁가들의 저작들은 이전과는 비교가 되지 않을 정도의 부수로 인쇄되고 팔렸다. 루터가 번역한 성서는 1522-1546년 동안 430쇄를 돌파했다.

인쇄혁명의 핵심은 정확한 복제술과 무한한 복제량에 있다. 한번 판형이 만들어지면 그것이 닳을 때까지 똑같은 텍스트의 복제가 가능해진 것이다. 정확하게 재생된 고대와 중세의 원본이 보급되면서 문헌 비판과 고증이 더욱 활기를 띠었다. 다른 한편 사상을 널리 전파하는 인쇄물의 위력이 증명되면서 인쇄물의 위험성을 우려하는 목소리가 커졌으며 거부감이 표출되기도 했다. 민감한 반응을 보인 것은 사상의 전달자이자 생산자 역할을 자부하던 성직자들이었다. 오랫동안 교회 권력과 지식의 세계에 갇혀온 문자는 대부분의 사람들에게 일종의 상징적 기호로 간주되었고 무지는 맹신과 경외심을 초래했기 때문이다. 이제 인쇄술을 통해서 지식이 무지한 자들에게 노출되거나 부도덕하고 이단적인 내용이 전파될 위험에 직면하자 성직자들은 긴장했다. 16세기에 인쇄술의 의한 책의 범람을 말세 현상이라고 고발하는 글들이 발표된 것은 이런 맥락에서이다. 또한 거칠고 오류투성이의 싸구려 인쇄물들이 유통됨으로써 원전이 손상될 것을 우려한 일부 식자층은 인쇄기를 매춘부에 비유하기도 했다.

그 과정에서 글에 대한 규제가 강화되고 체계화되었다. 흥미롭게도 인쇄술의 탄생지인 마인츠에서 가장 먼저 인쇄물에 대한 억압이 시도되었다. 1485년 마인츠 대주교가 인쇄물에 대한 규제책을 발표한 뒤에 동일한 조치가 반복되었고, 1515년에는 교황청이 이를 공식화했다. 이처럼 가톨릭은 인쇄술과의 첫 대면에서부터 부정적인 자세를 취했고 인쇄물의 활용에서도 늦었다. 1517년 인쇄물을 활용한 루터의 공격이 파문을 일으키자 종교개혁의 확산을 우려한 교황청은 출판 금지조치를 강행했다. 시간이 흐를수록 교황청의 금서목록은 길어졌다.

4-2. 다양한 독서 방식

성직자들과 식자층의 우려는 근거 없는 것이 아니었다. 대량생산으로 책의 가격이 저렴해지면서 지식의 세계는 더 이상 소수의 독점물이 아니었다. 책을 접하거나 소유한 사람들의 층이 두터워지면서 서서히 책을 읽는 방식도 바뀌었다. 홀로 책을 읽는 새로운 방식의 독서 행위는 지식을 인간의 내면 깊숙이 전달해주었다. 인쇄술은 이미 중세 이래 조금씩 진전되어온 이러한 독서 방식을 광범위하게 확산시키는 데에 결정적인 역할을 했다. 이 점에서 보면 인쇄술은 결코 책의 생산에 관련된 물질적 변화에 국한될 문제가 아니다. 값싼 책이 보급되면서 사상이 전파되고 논의되는 상황도 다양해졌다. 이전에는 수도원과 대학에 국한되었던 문제가 학교와 가정에서, 심지어 거리에서도 다루어질 수 있게 되었던 것이다.

동일한 텍스트를 무한대로 재생산할 수 있게 되자 인쇄업자들은 더 많이 팔릴 수 있는 주제를 찾는 데에 몰두했다. 유럽 각국에서 서민적이고 낭만적인 내용을 주제로 한 작품들이 유행하게 된 것은 작고 얇은 값싼 대중용 인쇄물의 발달과 밀접한 관련이 있음이 확실하다. 프랑스의 라블레, 에스파냐의 세르반테스, 영국의 셰익스피어는 출판업자의 이해관계와 민중층의 독서 욕구에 부응하듯이 르네상스의 새로운 세계관과 그 지역의 토착적인 정서를 교묘하게 결합시킨 문학작품을 발표했다. 이들의 작품은 내용과 형식 모든 측면에서 중세와 맞닿아 있다. 르네상스 문학의 인기 비결은 이처럼 중세의 주제를 도시와 궁정의 환경에 알맞게 각색한 데서 찾을 수 있다. 과거지향적인 민중의 정서에 쉽게 파고든 이러한 오자투성이 책들은 도시를 중심으로 빠르게 전파되었다.

르네상스의 움직임을 감지하지도 이해하지도 못하던 서민층이 새로운 문화를 접할 수 있었던 것은 이러한 값싼 대중용 인쇄물 덕분이었다. 그렇다고 해서 인쇄술의 발달로 인한 변화를 과장해서는 안 된다. 유산목록을 토대로 책의 소유 비율을 분석한 역사가들의 연구에 의하면 16세기에 책을 소유한 사람은 여전히 소수에 불과하다. 공증문서나 결혼 계약서 등에 남겨진 서명자 비율에 의한 문자해독률도 매우 낮은 편이다. 사료의 한계로 인해서 전체적인 통계를 추산하기는 어렵지만 문자해독률은 지역과 사회적 지위, 직업, 성별에 따라 커다란 차이를 보였다. 상인과 수공업자들은 대부분 글을 읽고 쓸 줄 알았으며 특히 피렌체와 같은 부유한 도시에서는 그 비율이 높았다. 또한 여자보다는 남자의 문자해독률이 높았다. 그럼에도 불구하고 종교개혁 전야까지 유럽에서 글을 읽을 수 있는 사람은 전체의 5-10퍼센트를 넘지 않았다.

그렇다면 글과 문자의 세계는 어떻게 해서 글을 읽지 못하는 민중층에게 전달되고 영향을 끼쳤을까? 이 시기에 읽기란 누군가 읽는 것을 듣기를 포함했다. 이는 대부분의 사람들이 문맹의 상태에 머물러 있던 구두문화 시대의 유산이다. 중세 민중문화에서 이야기꾼의 존재는 일종의 청량제 역할을 했다. 특히 저녁 마실에서는 이야기꾼이 빠지는 법이 없었다. 보카치오의 『데카메론』은 바로 이러한 이야기꾼의 존재를 전제로 쓰였다. 책이 보급되면서 이야기꾼의 존재는 서서히 큰 소리로 글을 읽어주는 낭독자로 대체되었다. 글을 읽을 줄 아는 마을의 유지나 떠버리, 참견꾼들은 항상 사람들로 둘러싸였다. 그들은 벽보나 짧은 글을 읽어주는 거리의 교사들이었다. 사람이 많이 모이는 길목의 벽이나 교회 정문에 그림과 함께 짧은 설명이 곁들여진 벽보는 가장 많이 통용된 대중 독서수단이었다. 세르반테스의 『돈키호테』처럼 상당수의 문학 작품들 역시 낭독될 것을 고려해서 쓰였다. 이렇듯 읽기-듣기는 문자문화와 구두문화가 공존하던 이 시기에 일터나 가정, 거리에서 정보를 전파하고 이해하는 주요한 방식이었다.

고전 문헌에 대한 숭배와 모방에서 출발한 르네상스는 특유의 활력과 낙관주의로 다방면에서 새로운 시도를 했다. 그러나 르네상스는 독자적인 세계관을 구축하는 단계에는 이르지 못했으며 오늘날 르네상스의 유산으로 남아 있는 문헌 고증, 고대에의 이해, 교육법 등은 르네상스의 명성에 비하면 초라하기 짝이 없다. 그렇다면 근대 유럽사에서 르네상스가 가지는 의미는 무엇일까? 르네상스의 화두는 끝없는 호기심이다. 이는 사회문화적 변화와 더불어 스스로를 새롭게 인식하게 된 유럽인들이 이 세상과 학문을 다른 시각에서 바라보고 인식하기 시작했음을 의미한다. 인문주의는 르네상스인들의 호기심이 학문적으로 승화된 것이다. 종교적 색채가 강하게 남아 있던 북서 유럽에서 이러한 인문주의는 기독교 인문주의로 발전하여 마침내 모든 측면에서 유럽인들을 지배하고 있던 가톨릭에 대한 새로운 인식과 도전으로 이어졌다. 그 과정에서 인쇄술의 역할은 자못 의미심장하다. 지식을 전달하는 새로운 매체인 인쇄술은 근대 초에 나타난 다양한 현상들과 문제들을 증폭시키고 그 의미를 확대시키며 새로운 사회를 만드는 데에 기여했다. 이런 점에서 인쇄술의 발달은 사회문화적 측면에서 중세와 근대를 구분 지을 수 있는 분수령이다.

제4장
종교와 정치

1517년 루터의 종교개혁으로 중세 1,000년간을 지탱해온 단일한 기독교 왕국이 분열되었고 봉건사회의 기반인 가톨릭 교회의 지배체제가 무너졌다. 이후 1세기 이상 유럽에서는 종교분쟁과 전쟁이 계속되었고 사회경제적 갈등이 표출되었다. 이런 측면에서 역사가들은 오랫동안 종교개혁의 정치적 결과와 사회적 긴장관계, 다시 말해서 종교 이외의 측면에 관심을 기울여왔다. 그러나 종교개혁은 무엇보다도 기독교 내부에서 제기된 문제로 촉발되었다. 그렇다고 해서 루터가 처음부터 기존 교회와 결별하고 새로운 교회를 세우려고 결심했던 것은 결코 아니다. 그는 다만 교회를 개혁하고 기독교 본래의 모습으로 되돌아가자고 역설했을 뿐이다. 문제는 기존 교회의 입장에서는 루터의 개혁을 받아들일 수 없었다는 데에 있다. 이런 점에서 종교사가 장 들뤼모가 제기한 '유럽인들은 과연 기독교도였는가'라는 문제의식은 무척 의미심장하다. 그는 종교개혁 이전 유럽의 기독교는 개인적인 종교이기 이전에 지배 문명과 제도로서 역할을 했다고 보았다. 이런 맥락에서 보면 종교개혁에 대한 이해는 기존의 종교문화를 비판하고 개혁하려는 종교개혁가들의 주장에 대한 섬세한 설명에서 출발해야 한다. 그런 다음에 종교개혁가들의 움직임이 어떻게 다양한 정치세력, 그리고 사회경제적 입장과 결합하면서 근대사에 큰 획을 긋는 중요한 계기로 발전하게 되었는가를 살펴보아야 할 것이다.

1. 종교적 관행과 감수성

종교개혁 전야에도 유럽인들은 종교생활에 충실했다. 이는 무수한 증거에 의해서 입증된다. 교회가 남긴 기록에 의하면 종교의례는 하루도 빠짐없이 성대하게 거행되었다. 대부분의 사람들은 정규적으로 교회에 가고 종교의례에 참여했으며 성지 순례를 꿈꾸며 살았다. 연미사 수요도 꾸준히 증가했다. 끊임없이 재건축된 고딕 양식의 주교좌 성당과 교구 교회들, 그리고 화려한 제단 장식과 성화들은 종교에 대한 당시인들의 열의를 증명해준다. 12세기에 번창했던 이교도 조직과 반대파의 존재도 눈에 띄게 줄어들었다. 가톨릭 교회가 분열되고 종교관행이 전복되리라고는 아무도 예상하지 못했다. 물론 교회 내부에서, 그리고 속인 교양층에서 사제들의 부도덕과 태만을 비판하는 목소리가 끊이지 않았음은 사실이다. 일부 성직자들 역시 개선의 필요성을 인식하고 대책 마련에 부심했지만 그 역시 오래 전부터 계속되어온 종교문화의 일부였다.

종교개혁 이전의 유럽 세계는 북해에서 지중해까지, 대서양 연안에서 신성 로마 제국의 동쪽 경계선까지 가톨릭으로 통합되어 있었다. '보편적'이라는 의미의 그리스어인 katholikos에서 유래한 가톨릭(Catholic)이 교회를 가리키는 용어로 사용되기 시작한 것은 2세기부터이다. 이후 가톨릭 교회는 사도들을 계승한 교회만이 신의 구원을 얻는 길이라는 입장을 고수했다.[1] 이러한 원칙이 공식적으로 채택된 것은 1215년 제4차 라테라노 공의회에서이다. 중세 가톨릭의 입장을 대변한 이 공의회가 채택한 헌장 제1조에 의하면, '교회 밖에서는 어느 누구도 구원받을 수 없다.' 교회가 철저하게 천국의 입장권을 독점한 셈이다. 모든 신자들에게 이 원칙을 시행하기 위한 구체적인 교리와 종교관행도 마련되었다. 그중 가

---

[1] 가톨릭 교회는 본래 그리스 정교회까지 포함하기 때문에 엄밀한 의미에서 보면 유럽의 가톨릭 교회는 로마 가톨릭 교회로 표현되어야 한다.

장 중요한 것은 모든 신자가 적어도 1년에 1번 사제에게 개별 고해를 하고 사제가 부과한 보속(補贖)을 행해야 한다는 종교적 의무사항이다. 이후 고해와 보속은 중세인들의 종교생활의 핵심을 이루었다. 나아가 라테라노 공의회는 교회를 중심으로 한 사회적 위계질서를 확고히 함으로써 신자들에 대한 교회의 지배체제를 체계화했다.

그러나 이 모든 것은 겉모습에 불과했다. 라테라노 공의회에서 명시된 종교관행은 1500년경까지 견고하게 유지되었다. 그러나 구원을 위한 성사는 더 이상 신성하게 여겨지지 않았고 생동감을 불러일으키지도 못했다. 유럽인들은 가톨릭이라는 하나의 제도적 틀 안에서 살았지만 그들의 일상생활은 주문과 마술이 혼재하는 미신과 이교적인 종교문화에 지배되었다. 중세 가톨릭 세계는 단지 외형상으로만 통합되어 있었을 뿐이며 기독교는 개인적 종교이기 이전에 문명의 형태로 존재했던 것이다.

이러한 불일치는 불안정한 삶의 조건과 관련이 있다. 주기적으로 닥치는 전염병은 도시와 촌락 전체를 순식간에 폐허로 만들었고 불확실한 수확률과 기근은 높은 유아 사망률을 초래했다. 전쟁과 군인의 약탈은 순식간에 가족과 공동체를 파괴했다. 이런 상황에서 교회도 사제도 아무런 위안이 되지 못했다. 부패에 찌들고 권력 다툼을 일삼는 고위 성직자들은 정신적, 도덕적 권위를 상실한 지 오래였다. 소교구의 주임 사제들도 제구실을 하지 못하기는 마찬가지였다. 주로 영주의 식솔들 가운데서 임명된 그들은 그 하수인 노릇을 하는 데에 급급했다. 게다가 그들 대부분이 체계적인 교육을 받지 못했기 때문에 무지했을 뿐만 아니라 도덕적으로도 타락했다. 트렌토 교구의 경우 성직자의 5분의 1이 정부(情婦)를 둘 정도였으며, 성직을 무기로 성폭력을 행사하던 일부 성직자들은 당시인들에게 기피의 대상이었다.

삶과 죽음의 경계가 불분명하고 불안정할수록 사람들은 현실보다는 내세에 집착하고 희망을 걸었다. 그러나 교회가 불어넣은 최후의 심판에 대한 공포가 사람들을 짓눌렀다. 사람들은 죽음에 대한 공포를 씻어주고 추상과 같은 신의 심판을 누그러뜨려줄 수 있는 누군가에게 의지하기를 원했다. 흑사병을 막아주는 성 로슈, 비명횡사로부터 보호해주는 성 크리스토프 등 수많은 성인의 성지가 순례객들로 들끓은 것은 그 때문이었다. 기적의 발현에 대한 소문도 무성했다. 특히 15세기에는 인간의 원죄에서 자유로운 유일한 존재이며 부드럽고 자비로운 성모 숭배가 크게 유행했다. 교회 당국은 지나친 성인 숭배를 미신으로 단정 짓고 수차례 금지령을 내렸다. 실제로 성인 숭배는 종종 초자연적인 마술이나 미신의 세계와 결부되었다. 사람들은 성인의 그림을 몸에 지니면 불행을 막을 수 있다고 믿었다. 늑대와 사슴, 곰을 만나면 행운이 온다고 생각했으며 아픈 사람의 집에서 까마귀 우는 소리가 들리면 환자가 죽을 것이며 까치가 보이면 병이 나을 것이라고 믿었다. 사소한 재해나 사건도 불길한 징조로 인식되었으며, 이 세상의 종말을 예언하는 천년왕국설이 사람들을 현혹시켰다.

그렇다고 해서 사람들이 교회를 거부한 것은 아니었다. 교회는 여전히 유럽인 대부분의 삶에서 중심축을 이루었다. 구원의 문제를 전담한 교회는 유럽인들의 믿음과 가치체계를 지배했다. 또한 교회가 인간의 탄생과 결혼, 죽음 등의 통과의례를 주관했던 만큼 인생의 가장 중요한 사건과 순간은 교회를 통해서 세상에 알려지고 사회적 의미를 획득했다.

따라서 종교행사는 유럽인들의 일상생활에서 중심을 이루었다. 유아세례, 혼배성사, 종부성사와 같은 특별한 순간 외에도 그들은 매주 미사에 참여했다. 미사 참여는 구원을 얻는 가장 쉽고도 확실한 방법이었으며 성체성사의 참여는 모든 신자들의 권리이자 의무였다. 사제가 빵과 포도주를 축성한 다음 높이 쳐들고 그것이 예수의 몸과 피임을 선언한 뒤에 신자들에게 나누어주는 성체성사는 십자가에서 고통 받은 예수를 받아들이는 엄숙한 순간이었다. 또한 불안정한 상황에서 아무런 준비 없이 갑작스럽게 죽을지도 모른다는 두려움이 가중되면서 연옥의 존재가 중시되었고 그에 따른 종교의식이 발전되었다. 갑작스럽게 죽은 사람은 임종의 순간에 최후 고해를 했을지라도 이 지상에서 보속을 행할 시간이 없었으므로 연옥에서 죄를 씻어야 하기 때문이다. 이에 대비하기 위해서 부유층은 사전에 유언장을 작성하고 기부금을 냄으로써 연미사를 예약했다. 면벌부를 구입하는 것도 좋은 대비책이었다.

2. 교회의 부패와 개혁의 시도

흔히 종교개혁의 촉발 요인으로 거론되는 면벌부 판매는 우리의 상식과는 달리 가톨릭 교리의 일부이자 중세 이래 이어져온 오랜 종교관행이었다. 가톨릭에서는 초대 교회시대부터 대사제도(大赦制度)를 채택했다. 대사란 사제에게 고해를 한 신자가 죄를 사면 받은 후에 그 죄로 인해서 현생에서나 연옥에서 받아야 할 벌을 면제받는 것을 뜻한다. 교황이나 주교에 의해서 베풀어지던 이 제도가 십자군전쟁 당시 참전자에게 베풀어지면서 점차 보편화되었다. 십자군전쟁 이후 대사는 점차 기부 행위로 발전했다. 중세 말 교회는 대사권을 확대하면서 면벌부로 일컬어지는 증서를 남발했다. 면벌부 구입은 점차 연옥에서의 고통을 줄여주고 천국으로 가는 지름길로 여겨졌다. 자연히 부유층에서 면벌부 구입이 크게 유행했다. 1476년 교황 식스토 4세(1471-1484)가 이미 사망하여 연옥에서 형벌을 받고 있는 가족이나 친지들에게도 면벌부의 효력을 적용시키면서 면벌부 판매가 급증했다. 손쉬운 돈벌이에 빠져든 교회는 점점 더 연옥에 대한 교리를 강조하며 면벌부를 강매했다. 1500년 북이탈리아에서는 전염병으로 죽어가는 순례자들 사이에서 가짜 면벌부가 유통되기도 했다. 이렇듯 천국의 입장권 판매를 둘러싼 강요와 사기가 판을 치자 이에 대한 비판도 거세졌다.

실제로 교회 내부에서는 루터 이전부터 면벌부에 대한 비판이 끊이지 않았다. 특히 청빈과 절제 등 금욕주의적 전통을 이상으로 한 젊은 신학자들은 세속적인 종교관행을 신랄하게 공격했다. 그들은 교회가 내세우는 권위와 전통 대신 영혼과 신에 대한 지식의 보고인 성서에 의존하고자 했으며, 개인적인 신앙심이 종교생활의 초석이 되어야 한다고 주장했다. 영국의 위클리프는 이미 1380년에 화체설(化體說), 다시 말해서 성체성사의 신비를 부정하며 성서 읽기를 종교생활의 핵심으로 간주했다. 위클리프의 영향을 받은 보헤미아의 영적 이상주의자 얀 후스는 거리에서 교황청의 면벌부 판매를 거부하는 설교를 했다. 열정적인 거리 연설을 통해서 그의 주장이 널리 파급되고 모라비아의 귀족과 부르주아가 그를 지지하자 교회는 긴장했다. 마침 개회 중이던 콘스탄츠 공의회(1414-1418)에 후스에 대한 문제가 상정되었고 그는 이단 판결을 받은 뒤 화형에 처해졌다. 이로써 교회 내부의 자발적인 개혁 가능성은 실패했다.

교회 밖에서 구원의 길을 찾으려는 시도가 나타난 것은 그러한 맥락에서였다. 15세기 라인 지방과 에스파냐에서 신과의 영적 합일을 추구하는 신비주의 사조가 형성되었고 이에 고무된 새로운 신앙 운동(Devotio Moderna)이 유럽 전역으로 파급되었다. 카르멜 수녀회(1452)에 이어 청빈과 고행을 실천하는 수많은 종교 공동체들이 설립된 것도 같은 맥락에서였다. 그러한 움직임은 평신도에게까지 확산되어 독일과 네덜란드에서는 동일한 목표를 추구하는 '공동생활 형제단'이 형성되었다. 에라스뮈스와 함께 이 공동체 출신인 토머스 아 켐피스가 발표한『그리스도를 본받아(Imitatio Christi)』는 1500년 이전에 이미 60쇄가 인쇄될 정도로 인기를 누렸다.

일부 개혁가들과 신자들 사이에서 신앙심의 불꽃이 타올랐던 것과는 정반대로, 교황청을 중심으로 한 교회 지배층은 개혁의 목소리를 외면한 채 세속적인 이해관계에만 골몰했다. 성직록이 부여된 고위 성직은 부패

의 고리 역할을 했다. 한 사람이 여러 개의 성직을 겸직하며 엄청난 성직
록을 착복하는 현상도 만연해 있었다. 율리오 2세는 1503년 교황이 되기
전에 아비뇽, 볼로냐의 대주교인 동시에 5개의 주교직 외에도 대수도원
장 등 수십 개의 고위 성직을 겸하고 있었다. 프랑스와 에스파냐의 침입
과 도시국가들의 각축으로 정치적 혼란에 휩싸여 있던 상황에서 세속적
이고 전투적인 군주를 자처한 이 르네상스 교황은 신앙심의 부족을 감추
기 위해서 화려한 건축과 미술에 치중했다. 1513년 메디치 가(家) 출신
레오 10세가 교황이 되자 교황청의 사치는 극에 달했고 재정은 바닥을
드러냈다.

북유럽의 기독교 인문주의자들은 이러한 교회의 부패와 무능을 신랄
하게 비판했다. 왕권 강화에 성공한 몇몇 군주들이 국내의 종교 문제에
대한 권한을 요구하며 교회 당국과 맞서기도 했다. 그러나 교회 밖의 두
세력은 근본적으로 교황권 자체를 부정하거나 도전하지는 않았다. 교황
의 독단을 억제하려는 공의회주의자들도 그 점에서는 마찬가지였다.[2]
교황권에 가장 위협적인 것은 늘 교회 내부의 개혁세력이었다. 개인의
구원과 영적 완성을 목표로 은둔과 고행을 하며 강압적인 교회제도에
저항하는 일부 성직자들의 개혁 운동이 끊이지 않았던 것이다. 따라서
초대 교회 이래 가톨릭의 역사는 제도로서의 교회와 개인적 신앙, 양 측
면 사이의 긴장과 갈등으로 얼룩져왔다. 개인적 신앙심이 초래할지도 모
를 영적 모험주의와 계시주의는 종종 교회의 권위 자체를 문제삼기도
했다. 1517년 교황청이 면벌부 판매를 비판한 루터의 「95개조 논제」를
위험하게 여긴 것도 바로 이런 이유에서였다.

면벌부 판매는 앞서 언급했듯이 십자군전쟁 이래 가톨릭의 종교관행
으로 굳어졌다. 문제는 율리오 2세가 산피에트로 대성당 재건축 사업을

---

2) 공의회가 교황보다 우월하다는 공의회주의가 본격적으로 제기된 것은 1414-1418에 개
   최된 콘스탄츠 공의회에서이다.

벌이면서 면벌부 판매가 왜곡되고 강매가 극심해졌다는 데에 있었다. 마인츠 대교구의 면벌부 판매를 총괄하던 도미니코회 수사 요한 테첼의 활약으로 면벌부 판매를 둘러싼 악소문은 이미 널리 퍼졌다. 그는 능란한 언변으로 연옥에서의 고통과 시련을 묘사하며 면벌부 판매를 독려해서 교황청의 금고를 채워주었다. 세속적 취향을 가진 레오 10세가 교황이 되면서 사태는 더욱 악화되었다. 그는 엄청난 돈을 빌리는 대가로 푸거 가(家)에게 면벌부 판매권을 넘겨주었다. 이때부터 면벌부 강매는 독일 전역으로 확대되었다.

물론 면벌부 강매 이전부터 독일에서는 교황에 대한 불만이 심각한 수준에 도달해 있었다. 이탈리아 출신 교황들은 재정 탕진 외에도 성직 매매를 통해서 독일의 고위 성직을 가로챈 뒤에 측근들에게 넘겨주었다. 성직자로서의 자격을 갖추지 못한 이탈리아 고위 성직자들은 교황 주변에서 사치와 향락을 즐기며 성직록을 챙기고 부를 축적했다. 때마침 개최 중이던 라테라노 공의회(1512-1517)에서 일부 성직자들은 교황청의 부패와 낭비를 거세게 비판하고 성직자들의 올바른 성직 수행과 성직자 교육 강화 문제를 제기하며 격렬한 논쟁을 벌였다.

3. 교회의 분열

3-1. 마르틴 루터와 종교개혁의 출발

종교개혁의 포문을 연 것은 루터였다. 1517년 10월 31일 성서학을 강의하던 무명의 신학자 루터는 「95개조 논제 또는 면벌부의 위력과 효험에 대한 논박」을 비텐베르크 교회 문 앞에 붙였다. 「95개조 논제」는 이전과는 비교할 수 없을 정도로 엄청난 파장을 일으켰다. 그럼에도 불구하고 당시 루터 자신은 물론이고 그 누구도 루터의 행위가 서유럽 역사에서 종교개혁이라는 일대 변혁으로 발전하리라고는 꿈에도 상상하지 못했다. 그렇다면 이전의 수많은 시도와는 달리 루터의 개혁이 성공한 이유는 무엇일까? 우선 타협을 모르는 완고한 성격을 가진 루터 개인의 역할을 살펴보자.

루터가 추구한 궁극적인 문제는 기독교의 핵심인 구원이었다. 그에 관련된 일화로 흔히 22세의 청년 루터가 경험한 친구의 죽음이 거론된다. 1505년 7월 2일 에르푸르트 대학에서 법학 석사를 마치고 집에서 지내다가 친구와 함께 학교로 돌아가던 도중 루터는 벼락을 만났다. 친구는 그 자리에서 사망하고 그는 살아남았다. 예기치 못한 사건에 충격을 받은 루터는 부모의 만류를 뿌리치고 수사가 되기로 결심한 뒤에 근처에 있는 아우크스부르크 수도원에 들어갔다. 우연한 사건을 계기로 성직의 길에 들어서게 된 루터는 그후에도 계속 번민에 시달렸다. '자신이 구원받은 이유는 무엇일까? 육신을 구원해주신 신이 과연 최후의 심판에서도 구원해주실까?' 비텐베르크 신학원 교수가 된 후에도 루터는 구원의 의미와 방법에 매달렸다. 그는 자신의 죄 목록을 작성하여 빠짐없이 고해성사를 하고 자선을 행했지만 죄에 대한 양심의 가책에서 해방되지 못했다. 수도원 다락방에서 외롭게 신학 연구에 몰두하던 그는 윌리엄 오컴을 통해서 아우구스티누스를 만나면서 인간은 오직 신의 은총을 통한 믿음으로 구원받을 수 있다는 결론에 도달했다. 그러나 주지하다시피 면벌부가 강매되던 당시 현실은 그와는 정반대였다.

「95개조 논제」는 그러한 현실을 타개하려는 목적에서 작성된 구체적인 종교적 지침서이다. 그러나 루터는 면벌부 판매방식의 문제를 지적하는 차원에 머물지 않았다. 그는 신학적 근거를 통해서 면벌부 판매가 근본적으로 부당한 것임을 논증함으로써 교황의 사죄권 자체를 문제삼았다. 한마디로 '교황과 사제에게는 인간의 죄에 대한 사면권이 없다'는 것이다. 1518년에 교황 레오 10세는 특사를 파견하여 루터에게 「95개조 논제」의 철회를 요구했다. 그러나 루터는 이를 단호히 뿌리쳤다. 교황청과의 대립은 루터의 신학적 입장을 더욱 확고하게 만들어주었다. 1519년 교회의 입장을 대변하는 가톨릭 신학자 에크와 벌인 라이프치히 논쟁으로 그는 전국적인 인물로 부상했다. 수많은 군중이 모인 이 공개 논쟁에서 그는 노골적으로 가톨릭 교회와 교황의 오류를 지적했다. 교황도 오류를 범할 수 있는 인간에 불과하며 오직 성서만이 진리일 뿐이라는 그의 열띤 주장은 사람들에게 충격을 주었고 도처에서 논란이 끊이지 않았다. 이렇듯 가톨릭 교회라는 거대한 집단을 공격하는 과정에서 루터의 주장은 점차 과격해지는 한편 체계화되었다.

교회 내부의 신학 논쟁으로 시작된 루터 문제는 교회 밖으로 확산되면서 걷잡을 수없이 증폭되었다. 「95개조 논제」는 곧 한 장짜리 포스터로 인쇄되어 시내 곳곳에 붙여졌다. 사실 루터의 글은 라틴어로 쓰였을 뿐만 아니라 전문적이기 때문에 일반인들은 그 내용을 파악할 수 없었다. 문제는 한 용감한 사제가 우매한 신자들의 돈을 갈취하는 로마 교황청에 맞섰다는 사실 자체였다. 거리마다 붙여진 포스터는 그러한 저항의 증거이자 상징으로 여겨졌다. 거리를 오가는 행인들은 라틴어를 전혀 모르면서도 그 포스터에 공감했으며 소문은 빠르게 전파되었다. 자신을 얻은 루터는 1520년 「독일 기독교 귀족에게 고함」이라는 제목의 독일어 팸플릿을 출판했다. 교황청의 횡포로부터 독일을 해방시킬 것을 촉구하는 선동적인 내용을 담은 이 작고 값싼 팸플릿은 곧 엄청나게 대량생산되었다. 며칠 만에 4,000부가 팔렸고 같은 해에 87쇄, 1523년에 390쇄가 인쇄되었다. 일반 신자들을 대상으로 쓴 알기 쉬운 팸플릿들은 인쇄술의 힘을 빌려 널리 보급되었고 루터는 면벌부와 성직 매매의 문제를 넘어서 종교개혁의 신학적 정당성을 정립해갔다.

가톨릭이건 루터 신학이건 간에 기독교는 인간의 구원을 궁극적인 목적으로 한다. 그러나 둘은 구원방식에서 근본적으로 다르다. 가톨릭은 예수와 인간 사이에 존재하는 교회를 통해서 인류를 구원한다. 자연히 가톨릭에서는 모든 신자가 교회에 소속되어야 하며 교회 바깥에서는 구원이 이루어질 수 없다. 반면 루터는 예수에 대한 개인의 믿음만으로 구원에 이를 수 있다고 주장했다. 이것이 루터의 믿음지상주의이다. 인간은 대리자나 중개자 없이 누구나 신의 말씀을 전하는 성서를 읽고 예수에 대한 믿음을 통해서 직접 예수를 만나게 된다. 이러한 믿음지상주의는 자연스럽게 만인사제주의로 연결된다. 사제의 도움 없이 신에 대한 개별적인 믿음만으로 충분히 구원받을 수 있기 때문에 만인은 스스로 자신의 사제이다. 만인사제주의는 성직자와 신자의 전통적인 구분을 불식시키고 나아가 모든 기독교인은 영적으로 평등하다는 새로운 이념을 부각시켰다. 영적으로 평등해진 모든 신자를 신 앞으로 인도할 유일한 진리이자, 권위의 준거는 성서이다. 성서에 명시되지 않거나 부합하지 않는 모든 규범을 거부하는 성서지상주의는 믿음지상주의, 만인사제주의와 더불어 루터 신학의 핵심을 이루는 3대 원칙이다.

루터의 신학 이론은 종교적인 면에서 보면 가히 혁명적이다. 신과 인간을 중재할 교회의 부정은 성직자는 말할 것도 없고 미사의 핵심인 성체성사, 성인 숭배, 연미사, 전례 등 가톨릭 종교의식과 전통의 거부를 의미했다. 실제로 루터는 가톨릭 교리의 핵심을 이루는 7성사 중 유아세례와 성찬식 2개만을 인정했다. 루터의 신학 이론이 확산되고 수용된 지역에서는 점차 미사를 포함한 수많은 가톨릭 종교의식이 폐지되었다. 가톨릭 교회의 개혁을 시도했던 루터의 움직임은 시간이 흐를수록 가톨릭 교회와의 단절을 향해 치달았다.

1521년 1월 3일 교황청은 마침내 루터를 파문했다. 루터는 수많은 사람들이 지켜보는 가운데 교황의 칙서를 불태워버렸다. 루터의 그런 모습은 지지자들로부터 열렬한 환호를 받았다. 작센 선제후는 신변의 위협을 느낀 루터를 안전한 곳으로 피신시켰다. 일부 성직자들이 루터를 옹호하며 나섰고 그때까지 별 관심을 보이지 않던 신학자들도 그의 논제를 세

밀히 검토하기 시작했다. 설교사들은 공개적으로 신자들의 견해를 묻고
그들의 토론을 유도했다.

3-2. 종교개혁의 확산과 사회적 파장

사상은 혼자 힘으로 성장하지 못한다. 사상은 지지자들에 의해서 전파
된다. 그 과정에서 사상은 지지자들의 특성과 조건에 따라서 구체화되고
또 변질된다. 루터의 경우도 마찬가지이다.

루터 이전에도 교회를 비난하며 개혁을 요구한 설교사들이 적지 않았
고 그 가운데에는 격정적이고 대담한 설교로 신자들을 매료시키고 공감
을 불러일으킨 경우도 많았다. 루터 현상 역시 얼핏 보기에는 그와 유사
한 것처럼 보였다. 그렇다면 이전의 개혁가들과 달리 루터의 주장과 행
보가 엄청난 파문을 일으키며 확산된 이유는 무엇일까? 우선 면벌부에
대한 맹신과 순례자들의 돈을 긁어내기 위한 가짜 성물, 기적으로 꾸며
진 순례지를 비판하며 성서 읽기를 호소한 루터의 글과 연설이 수많은
젊은 신학자들과 세속 식자층의 공감을 얻으며 널리 퍼져나갔음을 언급
해야 할 것이다. 여기에는 분명 인쇄술이 크게 공헌했다. 타협에 굴하지
않는 루터의 공격적인 태도 역시 사태 발전에 중요한 역할을 했음에 틀
림없다. 그러나 종교개혁의 성공에서 가장 결정적인 역할을 한 것은 독
일의 정치 지배자들이다. 영방정부를 억압하거나 간섭하는 신성 로마 제
국이나 대주교, 수도원장에게 분개한 그들은 비록 정치적 이해관계에서
출발했지만 교회에 맞서 루터를 적극 지지하고 보호함으로써 루터 신학
이 뿌리내리는 데에 기여했다.

루터에 의해서 새로운 신앙을 위한 핵심적 원리가 제시되고 전파되자,
그에 따라 구체적인 개혁 운동이 일사천리로 진행되었다. 무엇보다 먼저
중세 이래 유지되어온 가톨릭 특유의 수많은 종교의례가 제거되거나 축
소되었다. 유럽인들의 삶을 규정지었던 고해성사와 대사, 보속의 순환구

조가 사라지고 연옥의 존재도 불필요해졌다. 수도원 제도도 더 이상 존재할 이유가 없어졌다. 오랫동안 정교하게 가다듬어져온 가톨릭 종교문화가 일거에 무너지면서 신자들의 종교생활과 일상생활에도 근본적인 변화가 나타났다. 영적 중개자로서의 위치를 상실한 성직자들은 이제 일반 신자들처럼 결혼하여 가정을 이룰 수 있게 되었다. 교회의 역할도 달라졌다. 교회는 구원의 중개자가 아니라 신의 말씀을 가르치는 배움의 집이 되었다. 자연히 개신교 교회에서는 복잡한 전례 대신 성서 교육과 설교가 예배의 주를 이루었다.

종교개혁은 사회적 측면과 결합하면서 윤곽이 잡히고 정착해갔다. 대체로 농촌보다는 도시에서 성공적이었다. 그것은 지방분권화된 신성 로마 제국의 정치구조상 독일의 도시들이 다른 나라에 비해서 자유를 누렸을 뿐만 아니라 도시민들의 시 행정 참여도가 높았기 때문이다. 부패한 고위 성직자들과 무지하고 안일한 하위 성직자에 대한 불만을 품어온 도시 엘리트 층의 적극적인 호응도 종교개혁의 성공 요인 중 하나이다. 도시에서는 이들의 주도하에 종교개혁에 대한 주민들의 합의가 이루어지고 시 당국은 이를 수용하는 방식으로 전개되었다. 그렇다고 해서 모든 도시가 종교개혁으로 기울어졌던 것은 아니다. 남부 독일의 일부 도시들은 굳건하게 가톨릭을 고수했다.

대주교와 주교들은 대체로 루터의 반대편에 선 반면, 하위 성직자, 특히 고위 성직자의 횡포와 빈곤에 시달리던 주임 사제들의 상당수가 종교개혁에 동참했다. 신자들을 직접 대면하는 주임 사제들의 역할은 종교개혁에서 절대적이었다. 주민들은 검고 긴 사제복 대신 간편한 옷을 입고 성서를 토대로 라틴어가 아닌 알아듣기 쉬운 독일어로 예배를 진행하는 사제들을 열렬히 환호했다. 종교개혁을 확산시키고 정착시킨 것은 이러한 진보적인 일선의 주임 사제들과 신자들이었다. 그러나 일부 과격한 신자들의 종교적 열정은 광신적 태도나 폭력으로 이어지기도 했다. 종교개혁기에 유럽에서는 종종 예배 후에 교회 안의 화려한 기물이나 성인의 조각이나 그림, 유물 등을 파괴하는 사태가 빚어졌다.

루터는 군중의 거친 행동에 당황했다. 그의 주장은 신학 이론에 국한되었을 뿐, 현실적인 문제에서 그는 보수적이었다. 그는 군중의 열광을 못마땅해했으며 성직자들의 결혼에도 찬성하지 않았다. 루터 신학을 받아들인 사제들이 세속인들처럼 결혼하기 시작하자 루터는 더욱 놀랐다. 교회가 11세기에 공식화한 성직자 독신제는 이렇듯 루터 신학이 사회적으로 정착하는 과정에서 무너졌다. 이는 신자들 위에 군림하는 사제의 지위가 무너진 상징적인 사건이었다. 그와 더불어 종교개혁의 메시지는 점차 사회적, 정치적 개혁으로 변질되었다.

독일 농민전쟁

앞서 언급했듯이 루터의 주장은 교리와 교회의 위계질서의 변혁에 국한되었을 뿐이다. 그러나 신 앞에서의 평등을 외친 루터의 주장은 영주의 착취에 시달리던 농민들을 동요시키기에 충분했다. 사회적 불평등과 억압, 경제적 변화, 영주의 착취에 불만을 가진 하층민들은 루터를 하늘이 내린 선물로 여기며 그의 주장을 실천에 옮겼다. 이들의 움직임은 때로는 폭력 사태로 발전했다. 1524년 6월 슈바르츠발트 지방의 작은 촌락 공동체에서 농민들이 폭동을 일으켰다. 영주의 성과 수도원을 불태우는 폭력의 물결은 빠른 속도로 오스트리아와 튀링겐, 작센 등 독일 중부와 남부로 번졌다. 도시 빈민층도 가세했다. 상당한 수준의 조직과 무기를 갖춘 농민군은 독일의 많은 지역에서 지배권을 장악하는 데에 성공했다. 이런 점에서 역사가들은 그들의 움직임을 반란이 아니라 전쟁으로 규정한다.

물론 독일 농민전쟁 이전에도 사회적 불안과 종교적 갈증이 결합된 민중 봉기는 끊이지 않았다. 그러나 1520년대의 상황은 그 이전과 달랐다. 루터가 제시한 구체적인 교회 개혁안의 내용이 무엇이건 교회의 권위에 맞서 싸우는 루터라는 상징적 존재 자체가 농민들에서 엄청난 흡입력을 발휘했던 것이다. 특히 루터의 종교개혁이 가장 성공한 튀링겐에서는 이 지역 출신의 젊은 신학자 토마스 뮌처의 영향으로 농민전쟁이 절정에 달했다. 신과의 영적 합일을 추구하는 신비주의에 물든 그는 초기에 루터의 영향을 받았으나 극단적 종말론에 빠지면서 1520년 루터와 결별했다. 독일 중부 지역에서 곧 그는 루터 못지않게 유명해졌다. 1524년 그는 영주의 착취가 극심했던 튀링겐의 뮐하우젠 농민들과 광부들을 선동하며 한때 시 정부를 장악하기도 했다. 그에 대한 당시인들의 평가는 '신의 아들'에서 '악마의 화신'까지 극명하게 엇갈린다. 이 지상에서 신의 뜻을 실천하려고 한 뮌처의 신학이론은 전통적인 천년왕국사상의 맥을 잇고 있다. 그러나 신의 선택을 받은 자들의 역할을 강조한 그의 신정정치론은 무력을 통한 정치사회적 개혁을 시도한 점에서 이전의 신비주의적이고 수동적인 천년왕국설과 차별성을 보인다.

복음서에 나오는 영적 평등주의를 실현하고자 했던 농민들의 요구에는 분명 새로운 사회에 대한 열망이 담겨 있다. 독일 농민전쟁에서 제시된 12개조를 살펴보면 공동체의 성직자 선출권, 수도원 철폐, 농노제 폐지, 귀족의 사냥권과 삼림지 전용 금지 등 영주의 지배에 대한 불만과 교회 위계질서에 대한 반감이 뒤엉켜 있다. 이는 교회가 실질적으로 영주와 같은 사회경제적 착취자였음을 말해준다. 그러나 루터는 농민들이 주교뿐만 아니라 영주들까지 공격하자 곧 농민들을 비난했다. 그는 모든 신자들이 신 앞에서 평등하다고 주장한 자신의 신학적 논지가 가지고 있는 잠재적 위험성을 인식하지 못했던 것이다. 뒤늦게 사태의 급박성을 깨달은 그는 자신의 주장은 영혼의 구원에 관련된 문제일 뿐이라며 사회변혁을 추구하는 농민들의 봉기를 아무런 근거가 없는 부당한 것으로 몰아붙였다. 이 점에서 루터는 위클리프나 후스와 다를 바가 없다. 그들이 요구했던 것은 어디까지나 교리와 교회 위계질서의 변혁이었지, 민중의 물리적 힘에 의존한 사회구조의 전복이 아니었던 것이다.

루터는 지배자들에게 농민 봉기를 철저하게 진압할 것을 촉구했다. 1525년 영주들의 연합군에 의해서 반란이 진압되었다. 10만 명 이상의 농민들이 처형되었고 뮌처 역시 혹독한 고문을 당한 뒤에 참수되었다. 그러나 독일 농민전쟁의 경험은 값진 교훈을 남겼다. 농민 봉기의 잠재적인 전파력과 위험성을 목격한 루터파 지역의 정치 지배자들은 그로 인한 사회적 충격을 진정시키고 흡수하기 위해서 목사들을 중심으로 한 사목 활동을 조직화하고 통제하며 내부 단속을 강화했다. 이후 독일의 종교개혁은 정치 지배자들의 주도하에 위로부터의 개혁이 주를 이루거나 정치적 목적에 이용되었다. 그 결과 독일 사회는 더 이상 아래로부터의 위협에 직면하지는 않았으나 대신 종교와 결합한 정치세력들 간의 격돌이 치열하게 전개되었다.

스위스의 종교개혁

독일에 이어 종교개혁이 가장 먼저 성공한 곳은 스위스였다. 취리히의 설교사 울리히 츠빙글리 역시 루터의 글을 읽고 깊은 감명을 받았다. 인문주의 교육을 받은 그는 루터보다 더 성서의 중요성을 역설했다. 1522년 2월 사순절 기간에 벌어진 작은 사건을 계기로 그는 일약 종교개혁의 선구자로 급부상했다. 츠빙글리의 추종자들이 사순절 기간에 단식을 하는 금기를 깨고 육식을 하자 시 당국과 교회가 그들을 체포했다. 이때 성서지상주의자인 츠빙글리가 이 기간 동안의 단식은 성서에 근거한 것이 아니므로 이를 지킬 의무가 없다고 주장하며 그들을 옹호하고 나선 것이다. 1523년 시 의회에서 개최된 토론회에서 도시 지배층과 원로들은 종교개혁의 필요성과 종교적 사명감을 호소한 츠빙글리의 설교를 받아들였다. 세속 지배층의 지원을 받은 츠빙글리의 종교개혁은 순조롭게 진행되었다. 이렇듯 루터가 제기한 성서지상주의가 정작 실천된 곳은 취리히였다.

츠빙글리는 루터의 영향을 받았지만 성찬에 대한 해석에서는 루터와 견해를 달리했다. 루터는 성찬 시에 사제가 축성한 빵과 포도주가 인간의 몸에 들어가 예수의 몸으로 변화한다는 화체설에 대해서 모호한 입장을 취한 반면, 츠빙글리는 성찬은 상징에 불과하다며 화체설을 전면 부정했다. 츠빙글리의 설교에 따라 취리히의 개혁은 더욱 구체적이고 개혁적으로 진행되었다. 무엇보다 먼저 성찬식이 폐지되었고 기도와 예배가 더욱 간략해졌다. 나아가 화려한 교회 장식과 성상(聖像)을 제거하는 성상 파괴 운동이 대대적으로 벌어졌다. 결국 1529년 '성체성사 논쟁'을 계기로 루터파와 츠빙글리파는 결별했다.

1525년 이후 스위스의 독일어권 지역과 독일 남부 지방으로 확산된 츠빙글리의 종교개혁은 스위스의 13개 주 중 6개 주에서 수용되었다. 이에 위협을 느낀 가톨릭 주들의 공세로 스위스는 전쟁에 휩싸였다. 츠빙글리는 신의 전사를 자처하며 직접 군대를 이끌고 싸우다가 1531년 카펠 전투에서 사망했다. 이후 가톨릭과 츠빙글리파 양측은 종교적 자유를 보장하는 평화조약을 체결함으로써 스위스의 종교개혁은 순조롭게 진행되었다.

그러나 츠빙글리의 종교개혁은 더욱 급진적인 일부 세력의 반발에 부딪쳤다. 츠빙글리파에 속했던 그레벨이 주도한 재세례파(anabaptist)는 츠빙글리가 실천한 성서지상주의에 대한 철저한 해석에서 출발했다. 무엇보다 먼저 그레벨은 성서에 근거하지 않았다는 이유로 유아세례를 거부했다. 그는 오직 신앙 고백을 한 성인만이 진정한 믿음을 지킬 수 있으므로 갓 태어난 아기에게 세례를 베푸는 관행은 모순이라고 주장하며 1524년 취리히에서 성인세례를 시도했다. 신약성서를 근거로 유아세례를 부정하고 성인세례를 주장한 개신교 종파는 여럿이었으나 그중 재세례파가 가장 급진적이었다. 그들의 주장은 가톨릭뿐만 아니라 유아세례의 전통을 인정한 루터파와 츠빙글리파도 부정하는 것이었다. 재세례파는 그밖에도 여러 면에서 독특한 면모를 보였다. 1532년 새로운 예루살렘을 건설하려던 재세례파의 일부 세력이 선거를 통해서 뮌스터 시의 정부를 장악한 뒤에 시도했던 일련의 개혁들은 재세례파의 면모를 구체적으로 드러내준다. 삼위일체 개념을 거부하고 자유의지와 자발적 신앙을 주장한 그들은 세속사회와 유리된 그들만의 공동체 생활을 추구했다. 나아가 가톨릭 교회 재산을 모두 몰수하고 사유재산제를 폐지했을 뿐만 아니라 화폐의 사용을 금지하고 재산공유제를 실시했다. 그밖에도 뮌스터에서는 성서 이외의 모든 책을 불태우고 가톨릭과 루터파 신자들을 살해하는 이른바 '뮌스터 사건'이 벌어지기도 했다.

지배층과의 결속을 통해서 종교개혁의 성공을 보장받았던 루터파나 츠빙글리파와 달리 제도권을 거부한 재세례파의 앞날은 불투명했다. 실제로 독일 농민전쟁의 비극이 재세례파에게도 그대로 재현되었다. 취리히 시 당국은 재세례파를 철저하게 탄압하기 시작했고, 신성 로마 제국에서도 1529년 재세례파를 사형에 처하는 법이 공포되었다. 이처럼 무자비하게 진압된 재세례파의 일부는 네덜란드와 모라비아로 피신했다. 그러나 일부다처제와 공동재산제에 기반을 둔 신의 왕국을 설립하겠다고 주장한 재세례파는 네덜란드에서도 1534-1535년 철저한 박해로 해체되었다. 16세기 말까지 계속된 가톨릭과 개신교 당국 양측의 잔혹한 탄압에 의해서 희생당한 재세례파 순교자는 1만 명이 넘었다. 그럼에도 불구하고 침례의 교리를 고수하는 개신교도들은 사라지지 않았다. 그중에서도 칼뱅교 내에서 평화적인 방식으로 침례의 전통을 고수하던 개신교도들은 1609년 영국에서 칼뱅교로부터 독립해서 침례교를 창시했다.

칼뱅의 종교개혁

프랑스의 장 칼뱅은 여러 가지 점에서 츠빙글리를 계승했다. 신학과 법학 공부를 통해서 인문주의적 소양과 논리적 사고를 갖춘 그는 루터와는 달리 현실 사회에서의 기독교의 역할을 체계화했다. 1536년 3월 출판된 『기독교 강요(Institutio christianae religionis)』는 인간성과 사회에 대한 비관적 견해에서 출발한 칼뱅 신학이 집대성된 저작이다. 이 저술로 국제적 명성과 동시에 종교적 박해를 받게 된 그는 같은 해 8월 제네바에 정착했다. 베른 주에 속한 인구 1만3,000명의 도시 제네바는 츠빙글리의 영향으로 일찍부터 종교개혁을 채택했다. 그곳에서 칼뱅은 1555년 엄격한 도덕생활과 신앙생활을 토대로 한 모범적인 종교공화국의 전형을 완성시켰다. 스코틀랜드의 종교개혁가 존 녹스는 제네바의 종교개혁이야말로 가장 완벽한 형태이며 이는 칼뱅의 작품이라고 극구 찬양했다. 그의 종교개혁은 17세기 아메리카에서 청교도 정신으로 발현되었다. 칼뱅이 추구한 것은 신에 대한 절대복종을 현실적 목표로 한 일종의 신정정치였다. 실제로 제네바에서 칼뱅은 엄청난 권위를 누렸다. 반면 칼뱅은 공포의 대상이기도 했다. 엄격한 종교규범을 강요한 그는 자신의 교리에 반대하는 자를 철저하게 응징했다. 술집을 모두 없애고 설교 도중에 웃는 사람에게 벌금을 물리자 제네바에서는 점차 지나치게 철저한 금욕주의와 장로회를 중심으로 한 감시체제에 대한 원성이 잦아지기 시작했다.

칼뱅 신학의 핵심은 운명예정설과 선민의식이다. 인간은 평등하게 태어나는 것이 아니라 태어날 때부터 운명이 예정되어 있다. 따라서 현세에서 주어진 직분에 최선을 다하는 것은 신의 선택에 부응하는 것이다. 근검하고 성실하게 자신의 생업에 종사하여 부를 축적하는 것 역시 신의 은총에 보답하는 길이다. 여기에서 나아가 루터가 이자 수입을 죄악시했던 중세 신학을 답습한 것과는 달리 칼뱅은 자본을 증대시켜 공동체의 부의 건설에 이바지하는 생산적인 대부를 고리대금과 차별화하고 인정해주었다. 최후의 심판에 대한 불안감을 떨치지 못하고 있던 금융업자와 상인층에게 칼뱅 교리는 구원의 등불처럼 여겨졌다. 구원에의 희망을 통해서 비참한 생활을 이겨내고자 했던 하층민들도 칼뱅 교리에 쉽게 빠져들었다. 이렇듯 칼뱅 신학은 구원이 예정되어 있다는 운명예정설을 통해서 다른 개신교들보다 훨씬 더 빠른 속도로 다양한 사회집단에 침투할 수 있었다.

19세기 말 독일 사회학자 막스 베버의『자본주의의 정신과 개신교의 윤리(*Die Protestantische Ethik und der Geist des Kapitalismus*)』는 바로 칼뱅 신학의 직업관에서 착안한 것이다. 그는 이 책에서 자본주의가 발달한 북서부 유럽과 그렇지 못한 남동부 유럽의 경제적 차이를 개신교와 가톨릭의 종교적 차이와 연계시킨 가설을 제시했다. 이 가설을 토대로 그는 근면, 검소, 절제에 기반을 둔 칼뱅 신학의 사회 윤리야말로 근대 자본주의를 발달시킨 정신적 에너지라고 설명했다. 특히 영국과 네덜란드에서 칼뱅의 사회 윤리는 부르주아 이데올로기로 발전했다고 주장했다. 베버의 가설은 이후 역사가들에게 혹독한 비판을 받았다. 오늘날에도 베버의 가설은 마치 비판받기 위해서 존재하는 것처럼 보인다. 우선 자본주의는 종교개혁 이전에 태동했고 종교 이외의 수많은 다른 동기들이 작용하면서 발전했기 때문이다. 더구나 근대 초기에 자본주의의 핵심 지역 가운데 한 곳인 플랑드르는 가톨릭 지역이었으며, 경제적 도덕성을 강조한 칼뱅의 규율은 자본주의 성장의 걸림돌이 되기도 했다. 그럼에도 불구하고 루터파나 츠빙글리파에 비해서 뒤늦게 출발한 칼뱅파가 빠른 속도로 성장해서 1566년 츠빙글리파를 흡수하고 네덜란드와 스코틀랜드, 잉글랜드 등 유럽 여러 지역에 확산된 데에는 칼뱅 신학의 근대적 요소가 기여했음이 분명하다.

3-3. 가톨릭 개혁

루터 문제를 계기로 가톨릭 교회 내부에서도 교리와 종교관행을 재정

비하자는 목소리가 드높았다. 그러나 급박한 사태에 직면한 교황청은 실질적인 대응을 하지 못한 채 우왕좌왕했다. 종교개혁가들이 제기한 교리상의 문제를 논박하기 위해서는 가톨릭의 신학적 입장이 체계화되어야 했다. 그러기 위해서 공의회가 소집되어야 한다는 의견이 팽배했으나 매번 교황의 반대로 무산되었다. 공의회가 번번이 교황권에 도전한 전력을 잘 아는 교황으로서는 공의회 소집이 오히려 사태를 악화시키지나 않을까 두려웠던 것이다.

이러한 상황에서 개신교에 맞서 가장 능동적이며 현실적으로 대처한 것은 예수회였다. 예수회를 설립한 이그나티우스 데 로욜라는 1540년 예수회가 교황의 공식 승인을 받기 이전부터 가톨릭 세계에서 유명한 인물이었다. 바스크 귀족 출신인 그는 전쟁터에서 중상을 입은 이후 예수와 성자에 관한 책을 읽고 깊은 감화를 받았다. 그는 가톨릭 갱생에 온 생애를 바칠 것을 다짐한 뒤 유럽 전역을 떠돌며 고행과 선행을 쌓았다. 에스파냐와 이탈리아에서 점차 많은 지지자를 확보한 그는 자신의 종교적 체험을 주입시키기 위해서 새로운 교단을 창설했다. 로마에서 창설된 예수회는 철저하게 군사적인 방식의 조직과 통제 덕분에 곧 유럽 전역에서 널리 알려졌고 회원 수도 매우 빠른 속도로 늘어났다. 1556년 로욜라가 사망한 당시 약 1,000명에 달한 예수회 회원들은 엄격한 종교 훈련과 교황에 대한 충성 맹세로 무장한 십자군 전사들이었다. 그들은 오스트리아와 바이에른에서 교회개혁을 주도했을 뿐만 아니라 폴란드를 가톨릭 국가로 재개종시키는 데에도 기여했다.

가톨릭 수호를 위해서 예수회가 가장 역점을 기울인 사업은 엘리트 교육이었다. 예수회는 귀족과 부르주아의 자제를 교육시키기 위해서 중등교육과정에 준하는 콜레주(collège)를 설립했다. 또한 예수회 소속 사제들을 왕이나 제후의 고해신부나 자문관, 궁정 사제장 또는 대귀족 자제의 개인교사로 침투시키는 데에 성공했다. 이처럼 탁월한 조직력과 추진력을 통해서 교황을 정점으로 하는 국제적 조직망을 구축한 예수회는 유럽 각국에서 막강한 정치적 영향력을 행사했다. 이러한 예수회의 움직임은 가톨릭 내부의 비난과 논란을 야기했다. 특히 예수회에 앞서 설립되어 기도와 고행을 통해서 순수한 기독교적 이상의 실천을 추구하던 카르멜 수도회는 지나치게 정치적이고 현실적인 예수회를 경계했다. 가난한 사람들과 병자들을 돌보는 자선사업과 교육사업에 주력한 오라토리오회는 예수회를 비판하는 한편 경쟁을 벌였다.

예수회는 개신교와의 경쟁과 싸움에서는 놀라운 성과를 발휘했지만 신학적 입장에서는 불분명했다. 대부분의 가톨릭 신학자들과 성직자들은 미사와 교황의 권위에 대한 루터의 견해가 옳지 않다는 점에 동의했다. 그러나 동요하는 신자들을 납득시키기 위해서는 루터 신학 이론의 핵심인 구원론이 어떻게 잘못되었는지를 증명해주어야 했다. 이러한 과제를 해결하기 위해서 1545년 12월 13일 트렌토 공의회가 소집되었다. 교황의 주저로 계속해서 연기되던 공의회 소집을 강요한 것은 카를 5세였다. 교황과 신성 로마 황제의 영향권으로부터 등거리에 위치한 알프스 기슭의 주교도시 트렌토로 개최지가 결정되었다는 점만 보아도 카를 5세의 정치적 입김이 얼마나 작용했는지 짐작할 만하다. 그러나 1545-1563년까지 18년간 공의회가 총 25차례 소집되는 동안 카를 5세가 사망하고 수차례 교황이 바뀌는 가운데 공의회는 정치적 고려에서 벗어나 독자적인 노선을 견지했다.

트렌토 공의회는 개신교와 마찬가지로 신자들의 신앙심 갱신을 가장 근본적인 목표로 삼았다. 그러나 개신교와의 차별성을 부각시키기 위해서는 동일한 목표를 추구하면서도 전통에 의존하는 정교한 전략을 써야 했다. 이를테면 사제를 제거한 개신교와는 정반대로 사제를 지상에서의 예수, 성서의 역할을 해줄 육신적 존재로 이론화하며 사제중심주의의 전통을 더욱 강화했다. 중세 이래 가톨릭 교회의 재산권 유지에는 공헌했으나 도덕적인 면에서는 오히려 악영향을 초래해온 사제 독신의 원칙도 재정립되었다. 선행이 구원에 필수적이라는 교리가 재확인되고 7성사 및 연옥과 성인 숭배의 전통이 유지된 것도 같은 맥락에서이다.

개혁 운동은 1565년 종교재판소 심사관 출신으로 근면하고 청렴한 비오 5세(1566-1572)가 교황으로 즉위하면서 본 궤도에 올랐다. 그는 성직 매매 및 사치와의 전쟁을 선포하고 교회의 권위와 위계질서를 재정립하는 데에 주력했다. 그러나 트렌토 공의회 이후 가톨릭 세계에서 가장 커다란 변화를 보인 것은 주임 사제들이다. 사제의 위상이 강화되면서 그 자질과 소명의식을 키우기 위한 전문 신학교가 건립되기 시작했다. 특히 볼로냐 대학 법학 교수 출신인 그레고리오 13세(1572-1585)는 신학교 설립에 앞장섰다. 사제와 신자 사이의 관계에도 의미심장한 변화가 나타났다. 중세 이래 주임 사제는 영주의 피고용인이나 심술궂은 이웃사촌 정도로 여겨지는 경우가 많았다. 그러나 철저한 재교육을 받은 사제들은 이교도 퇴치와 민중 교화에 앞장섰다.

트렌토 공의회 이후 가톨릭 교회가 취한 일련의 움직임을 반동-종교개혁으로 부를 것인가, 아니면 가톨릭 개혁으로 부를 것인가? 이 문제를 놓고 역사가들 사이에서는 아직도 의견이 분분하다. 최근 역사가들은 가톨릭 개혁에 더 무게를 실어주는 편이다. 그러나 이 단어는 아무래도 루터의 종교개혁이 초래한 엄청난 역사적 파장의 의미를 폄하시킬 뿐만 아니라 가톨릭 교회가 추구한 본질적인 측면, 즉 전통적인 교리의 강화로 이교도를 퇴치하려는 의도를 퇴색시키는 듯하다. 반면 독일 역사가 랑케가 처음 사용한 반동종교개혁(Gegenreformation)이라는 용어에는 종교개혁 이전부터 가톨릭 교회 내부에서 시도되어온 쇄신 운동이 끼어들 틈이 없다. 또한 트렌토 공의회 이후 가톨릭 교회의 움직임을 결코 개신교와의 경쟁과 과거로의 복귀라는 일차원적인 반응으로 단정 지을 수는 없다. 실제로 공의회의 결정 이후 가톨릭 세계의 노력은 엄청난 변화를 수반했다. 공의회는 중세적 전통을 유지하는 가운데 교리 문제와 교회 조직을 재정비함으로써 교황의 종교적 중앙집권주의를 재확립했다. 그러한 원칙은 1962-1965년 바티칸 공의회까지 가톨릭 교회의 근본적인 원리로 작용했다. 이런 측면에서 트렌토 공의회는 가톨릭 교회사에서 중세와 근대를 구분 짓는 이정표 역할을 한다.

4. 정치적 변수로서의 종교

중세 초기 프랑크 왕국의 왕 클로비스(481-511)는 기독교로 개종했다. 지배자의 정치적 선택으로 일컬어지는 이 사건은 중세의 정치와 종교의 결합을 상징한다. 로마 제국에서 평등주의적인 복음 원리로 피지배층과 하층민에게 침투해온 기독교는 이때부터 지배 이데올로기로 탈바꿈되었다. 종교와 정치의 결합은 이론적으로는 기독교 왕국의 통합을 추구하는 것이었지만 협력보다는 분쟁을 초래했다. 유일하게 중앙집권적인 권위 체계를 유지해온 교황청은 중세 내내 각국의 지배자들과 미묘한 경쟁 혹은 갈등을 벌였다. 중세 말 이후 왕권이 강화되면서 무게 중심이 이동했다. 교회 재산을 탐낸 정치 지배자들은 교황과의 종교협약이나 신민들에 대한 강요를 통해서 자국 내의 고위 성직 임명권을 잠식해갔다. 프랑스, 영국, 에스파냐 군주정의 팽창은 교황지상주의를 퇴색시키고 국가교회주의를 부추겼다. 실제로 종교개혁 당시 세 강대국의 교회는 각각 교황청으로부터 상당한 자유를 부여받았다.

반면 제후나 도시의 과두 지배자, 혹은 주교에 의해서 지배되던 독일, 이탈리아, 스위스의 소규모 국가에서는 종교와 정치의 문제가 훨씬 더 복잡했다. 교황권의 횡포가 극심했을 뿐만 아니라 교황과 경쟁관계에 있는 신성 로마 황제의 모호한 위상으로 말미암아 상황이 이중으로 꼬여 있었기 때문이다. 자연히 교황의 권위에 도전한 루터의 움직임은 종교적 강요와 정치적 억압에서 벗어날 수 있는 돌파구로 여겨졌다. 특히 후스의 전통이 남아 있던 보헤미아와 모라비아, 발도파[3]의 근거지였던 알프스 남서부, 발트 해 연안 국가와 스칸디나비아 반도에서 종교개혁은 비교적 쉽게 정착되었다.

종교개혁은 지역에 따라서 다양한 방식으로 이루어졌다. 정부가 강압적으로 추진한 극단적인 형태가 있는가 하면 중부 유럽의 대도시에서는 명사층이 종교개혁의 대의를 지지하고 나섰다. 스위스 일부 지역에서는 주민들의 투표로 종교개혁이 채택되었다. 아래로부터의 종교개혁은 대체로 신학자들이나 성직자들이 종교 문제에 이의를 제기하면서 시작되었다. 그러나 1525년 독일의 농민전쟁 이후 종교개혁은 대체로 정치 지배자가 자신을 따르는 귀족들과 농민들을 이끌거나 아니면 강요하는 방식으로 추진되었다. 이러한 위로부터의 종교개혁에서는 종교적인 측면보다는 정치적인 고려가 우선시되었다.

1525년 종교개혁을 단행한 작센, 브란덴부르크, 비텐베르크 등 독일의 영방군주들의 궁극적인 목표는 정치권력의 강화였다. 1527년 루터주의가 공식적으로 선포되자 스웨덴과 덴마크에서도 국왕이 앞장서서 루터주의를 국가적으로 공인했다. 개신교가 승리한 곳에서는 교회의 토지가 세속화[4]되었다. 특히 작센, 프로이센, 스웨덴에서는 차례로 교회 재산이 국가의 재산으로 바뀌었다. 호헨촐레른 가의 알브레히트는 독일 기사단의 영토를 자신의 세습 공작령으로 만들었고, 스웨덴의 구스타브 바사(1523-1560)와 덴마크의 크리스티안 3세(1534-1559), 독일 12명의 제후들도 교

---

3) 12세기 말 프랑스 남부 지방을 중심으로 순수한 복음주의를 실천한 발도(Waldo)의 지지 세력을 일컫는다. 리옹의 부유한 상인 출신인 그는 가난한 사람들에게 재산을 모두 나누어준 뒤에 독자적인 조직을 만들어 엄격한 청빈생활을 하며 교회의 부패를 비판하고 복음을 전파했다. '리옹의 빈자들'이라고 불린 이들의 세력이 이탈리아, 에스파냐, 독일로 확산되자, 교황청은 이들을 종교재판에 회부하고 박해를 가했다.

4) 이 시기에 세속화(secularisiren)는 '교회 재산의 국가에의 귀속'을 의미했다.

회 재산을 몰수하거나 주교나 수도원의 부속 영지를 합병했다. 그 과정에서 종교재판소가 국가 사법부 조직 내에 통합되었을 뿐만 아니라 교회가 주관하던 자선사업과 교육도 국가의 업무로 이관되었다. 종교개혁의 물결은 이처럼 교리와 종교관행의 변화 차원을 넘어 정치와 긴밀하게 관련되며 사회 전반에 엄청난 파장을 초래했다.

반면 에스파냐, 프랑스, 오스트리아 등 군주권이 강력한 나라들은 가톨릭을 고수했다. 일찍부터 교황권이 약화된 에스파냐와 프랑스의 군주들은 교황으로부터 더 많은 것을 양보 받음으로써 지배권을 강화할 수 있었다. 교황은 이슬람 세력을 상대로 한 십자군전쟁이 계속 진행 중이던 에스파냐의 군주에게 주교 임명권, 교회 성직록 처분권 등 교회에 대한 모든 권한을 넘겨주었다. 이는 교단의 수입이 국왕 재정으로 들어간다는 것을 의미한다. 가톨릭 전통이 강한 프랑스 왕실은 교황과의 협약을 통해서 성직 임명권을 이양 받음으로써 군주권을 강화했다. 14세기 이래 주교 임명권을 행사해온 영국 군주정도 교황과 비교적 원만한 관계를 유지했다. 그런데 1534년 영국 왕 헨리 8세(1509-1547)는 돌연 교황청과 결별하고 스스로 교회의 수장임을 선언했다.

4-1. 영국의 국교화

대륙에서와 마찬가지로 영국에서도 오래 전부터 교회에 대한 불만이 팽배해 있었다. 일부 신학자들과 하위 성직자들 사이에서는 위클리프를 추종하는 롤라드파(lollards)5)의 전통이 유지되고 있었다. 그럼에도 불구하고 교회의 부패와 권력 남용은 계속되었고, 헨리 8세의 총애를 독점한 토머스 울지는 교회와 정치를 농단했다. 헨리 8세는 전쟁과 사치를 탐하

---

5) 위클리프의 주장을 전파하던 '가난한 설교자들'을 가리키는 단어로 중세 네덜란드어 '중 얼거리는 사람들(lollaerts)'에서 유래했다. 온갖 박해에도 불구하고 15세기에 이들의 수는 약 10만 명에 달했다.

던 전형적인 르네상스 군주였다. 라틴어, 프랑스어, 에스파냐어를 유창하게 구사하던 그는 종교에 무관심한 편이었으며 굳이 분류하자면 종교적으로 보수적인 인물이었다. 루터의 팸플릿과 함께 종교개혁의 소식이 영국에 전해지자 그는 적극적으로 가톨릭을 옹호했다. 실제로 헨리 8세의 종교개혁은 종교 외적인 측면에서 비롯되었으며 그 발단은 이혼 문제였다.

헨리 8세는 1509년 즉위 이후 왕권 강화에 주력했다. 그가 가장 민감한 반응을 보인 문제는 왕위 계승이었다. 1527년 당시 그는 결혼한 지 18년이 되었지만 11세의 병약한 딸 메리를 두었을 뿐이었다. 아들을 얻기 위해서 왕비의 시녀 앤 불린과 결혼하기로 결심한 그는 교황 클레멘스 7세(1523-1534)에게 왕비 캐서린과의 결혼이 무효임을 승인해줄 것을 요청했다. 결혼 무효 승인은 결혼의 성립 자체를 무산시키는 것으로 16세기에 그다지 드문 일이 아니었다. 그러나 교황은 이를 승인할 수 없었다. 당시 로마는 캐서린의 조카인 카를 5세의 군대에게 점령당한 상태였다. 메디치 가문 출신인 교황 클레멘스 7세로서는 로마뿐만 아니라 이탈리아 반도의 운명을 손에 쥐고 있는 카를 5세의 심기를 건드릴 수 없었던 것이다.

그러자 헨리 8세는 결혼 무효를 승인할 수 있는 권한은 교황이 아니라 영국 교회 당국에 있다고 주장했다. 이 문제를 처리하기 위해서 그는 1529년 법률가이자 인문주의자인 토머스 모어를 추기경에 임명했다. 그러나 모어는 헨리 8세의 요구를 완강하게 거부했다. 그는 로마 군인들에게 핍박받던 예수의 고통을 체험하기 위해서 매주 금요일 자신을 매질할 정도 독실한 가톨릭 신자였다. 모어의 반대로 결혼 무효 승인이 어려워지자 헨리 8세는 1533년 임신 중인 앤 불린과 비밀 결혼식을 감행했다. 그리고 나서 그는 의회를 소집하여 영국과 로마의 관계를 단절시키는 일련의 법령을 만들었다. 이어 1534년에는 영국 왕이 영국 교회의 수장임을 천명하는 수장령(首長令, Act of Supremacy)을 공포하고 스스로 영국 국교회(Anglican Church)의 수장임을 선포했다. 토머스 모어가 영국 왕에 대한 신앙의 맹세를 거부하자, 헨리 8세는 본보기로 그를 사형에 처했다.

헨리 8세의 수장령은 위로부터의 종교개혁 중에서도 가장 극단적인 예이다. 그러나 고통스런 산고 끝에 탄생한 영국 국교회의 교리는 가톨릭과 개신교 사이를 갈팡질팡했다. 1536년 영국 교회는 개혁교회답게 루터가 제기한 교리의 일부를 채택했다. 예컨대 오직 믿음에 의한 구원이 명시되었으며 연옥의 존재가 부정되었고 성인 숭배의식도 폐지되었다. 그러나 2년 후에 추가된 6개 조항을 통해서 영국 교회는 화체설과 성직자 독신제 유지 등 가톨릭 교리와 전통을 유지했다. 이처럼 가톨릭과 개신교 양측의 요소가 절충된 영국 교회의 성격은 모호하기 짝이 없었다. 이런 상황에서 영국인들은 모두 국교도가 되기는 했지만 저마다 마음속으로 친가톨릭이나 친개신교 성향을 간직했다. 특히 가톨릭 근본주의와 급진 개신교 세력은 영국 국교회의 성격을 바꾸려는 희망을 포기하지 않았다. 이처럼 영국 국교회의 이중성과 모호성은 언제든지 폭발할 수 있는 정치적, 종교적 갈등의 불씨로 작용할 것이었다.

헨리 8세는 교리 문제에서 보수적이었던 것과 달리 교회의 재산 문제에서는 신속하고 과감한 태도를 취했다. 무엇보다 먼저 전국 600여 개에 달하던 수도원이 해체되었고 교회 재산이 몰수되었다. 그 과정에서 성직자들과 교회의 재산권에 연루된 지배층의 일부와 농민층이 합세해서 가톨릭 교회를 수호하는 반란을 일으키기도 했다. 그러나 교회 재산의 몰수는 교회의 부패에 불만을 품었던 사회 각 계층의 지지를 받았을 뿐만 아니라 몰수된 토지의 매각은 영국 사회와 경제를 자극하기에 충분했다. 1530년대 중엽 이후 전 국토의 3분의 1에 달하는 교회 토지의 상당 부분이 한꺼번에 팔렸다. 최대의 수혜자는 왕실이었지만 자본력을 가진 부유층에게도 더없이 좋은 기회였다. 수도원의 토지는 목양지나 경작지로 전환되어 팽창일로에 있던 영국 경제에 더욱 활기를 불어넣었다.

수장령 이후 헨리 8세의 정치적 행보는 그가 종교개혁을 단행한 진정한 이유가 어디에 있었는지를 잘 보여준다. 막대한 수입을 손에 넣게 되자 그는 무엇보다 먼저 요새와 군함을 구축했다. 대륙 진출의 정치적 야심을 버리지 못한 그는 종교전쟁을 치르고 있던 루터파 군주들을 지원하는가 하면 1543년에는 무모하게도 프랑스와 전쟁을 감행하기도 했다. 종교개혁의 계기가 되었던 앤 불린과의 결혼으로 아들을 얻지 못하자 헨리 8세는 그녀를 처형했다. 3번째 부인에게서 아들을 얻고 나서도 6번째 부인을 맞이하기까지 그는 아내를 처형하기를 서슴지 않았다.

헨리 8세 이후 영국 국교회는 가톨릭과 개신교 사이를 오가며 종교적 정체성의 혼란을 겪었다. 개신교 교육을 받은 에드워드 6세(1547-1553)가 성직자 결혼을 인정하고 개신교 교리와 종교의식을 수용했지만, 가톨릭인 메리 여왕(1553-1558)의 즉위로 모두 물거품이 되었다. 종교적 혼란은 종종 대대적인 정치적 숙청으로 이어졌다. 이러한 종교적 혼란과 정치적 갈등의 불씨는 종교 문제에 현실적으로 대처한 엘리자베스 여왕(1558-1603) 시대에 잠복기를 거친 뒤에 스튜어트 왕조와 더불어 되살아났다.

4-2. 독일 종교전쟁과 아우크스부르크 화약

다양한 정치적 집합체였던 신성 로마 제국의 복잡한 현실은 종교개혁에 유리하게 작용했다. 카를 5세는 1521년 보름스에서 개최된 제국회의에서 루터를 범법자로 규정짓고 그를 추방하는 보름스 칙령에 서명했다. 루터를 보호하던 작센 선제후 및 몇몇 지지자들은 루터를 안전한 곳으로 피신시켰다. 이후 교회개혁을 요구한 루터의 순수한 의지는 제후들의 정치적 야심과 결합하면서 예기치 못한 상황으로 발전했다. 독일의 군소국가들은 신성 로마 황제의 억압에서 벗어나기 위해서 개신교를 선택했다. 그러나 당시 카를 5세는 이탈리아 반도에서 프랑스와의 패권 다툼에 골몰해 있었기 때문에 국내 문제에 주력하지 못했다. 더구나 투르크의 침입에 직면한 카를 5세로서는 영방군주들의 군사적 원조를 받아야 했기 때문에 종교개혁에 단호한 입장을 취하기가 어려웠다. 종교개혁은 이 기회를 틈타 1520년대의 10년간 빠른 속도로 확산되었다.

1530년 카를 5세가 이탈리아 패권 장악에 성공하면서 상황이 바뀌었다. 그가 슈파이어 제국회의에서 가톨릭 복원 명령을 내리자, 루터파 군주들은 강력하게 항의했다. 이때부터 루터파 군주들은 프로테스탄트(Protestant, 항의하는 자)라는 경멸적인 명칭으로 불렸다. 그들은 1531년 카를 5세의 위협에 공동대처하기 위해서 슈말칼덴 동맹(Schmalkaldisher Bund)을 체결했다. 가톨릭 제후들도 1533년 할레 동맹을 결성했다. 1546년 가톨릭 측이 일시적인 휴전 상태를 깨고 루터파를 공격하면서 종교전쟁이 본격화되었다. 그러나 이때는 중부 유럽의 많은 지역에 이미 종교개혁이 견고하게 뿌리내린 뒤였다.6) 카를 5세가 제기한 가톨릭으로의 재개종 요구는 종교와 정치의 결합으로 무장한 루터파의 결속력을 더욱 강화시켰을 뿐이다. 일부 가톨릭 제후들조차 강압적인 카를 5세에게 반기를 들었다. 가톨릭 제후들 중 가장 강력한 세력을 구축한 바이에른의 비텔바흐 공은 루터파 귀족들의 저항을 분쇄하는 동시에 다른 가톨릭 제후들과 함께 카를 5세에 맞서 싸웠다. 지루하고 소모적인 전쟁에 지친 카를 5세는 1555년 마침내 가톨릭 제국을 회복시키려는 꿈을 포기하고 아우크스부르크 평화조약으로 종교전쟁을 일단락 지었다.

'정치적 지배자가 종교를 지배한다(cujus regio, ejus religio)'는 원칙을 제시한 아우크스부르크 평화조약은 신성 로마 제국 내에서 종교의 선택

---

6) 처음에는 도시를 중심으로 하던 루터 지지세력이 점차 제후령으로 파급되어 1526년 6개에서 1546년에는 24개로 증가했다.

권을 정치 지배자에게 부여한 종교적 타협안이다. 교회 내부의 싸움에서 비롯된 종교 문제가 정치적으로 해결된 것이다. 이로써 루터파는 국제사회에서 공인되었다. 그러나 정치적인 세력과 연계되지 못한 칼뱅파와 다른 소수 종파는 허용되지 못하고 이단의 범주에서 벗어나지 못한 채 박해와 탄압의 운명을 피할 수 없었다. 종교 문제와 정치 현실이 복잡하게 얽힌 아우크스부르크 조약은 루터의 「95개조 논제」에서 촉발된 종교분쟁을 끝내고 일시적으로 평화를 가져왔지만 언제든 또다른 불화를 불러일으킬 수 있는 불씨를 남긴 셈이다. 이 타협안이 내포한 더 큰 문제점은 강압적이고 배타적인 성격을 띠었다는 데에 있다. 이후 수많은 독일인들이 지배자의 종교를 따라서 개종을 강요당했다. 또한 종교적 자유를 보장받은 루터파 정치 지배자들의 행보가 더욱 독립적이 되면서 독일의 지방 분리주의와 정치적 분열이 심화되었다.

4-3. 프랑스의 위그노 전쟁

종교개혁으로 인한 정치적 분열의 대가를 가장 혹독하게 치른 나라는 프랑스였다. 전통적으로 프랑스 군주정은 로마의 간섭으로부터 자유로웠다. 이러한 입장은 1438년 프랑스 교회의 자유를 지킨다는 국가교회주의(gallicanisme)를 천명한 부르주 칙령으로 공식화되었다. 국가교회주의는 1516년 프랑수아 1세와 레오 10세가 체결한 종교협약에서 재확인되었다. 따라서 프랑스에서는 교황청과 가톨릭에 대한 불만이 상대적으로 낮았고 프랑수아 1세도 카를 5세와의 패권 다툼에 골몰한 나머지 종교 문제에 관심을 돌릴 겨를이 없었다.

그러나 1534년 앙부아즈 성에 기거하던 프랑수아 1세의 침실에 루터를 지지하는 벽보가 붙은 사건을 계기로 프랑스에서도 종교개혁가들에 대한 대대적인 탄압이 시작되었다. 1536년 『기독교 강요』를 발표한 칼뱅도 박해를 피해 제네바로 이주했다. 그러나 칼뱅 신학은 빠른 속도로 사회 모든 계층에게 침투했으며 지리적으로는 국제 교역과 금융업의 중심지인 리옹을 거점으로 해서 주로 남부 지방, 특히 도시를 중심으로 빠르게 확산되었다. 물론 프랑스에서 위그노(Huguenot)로 일컬어지는 칼뱅 교도들은 전체 인구의 10-20퍼센트를 초과한 적이 없었다. 그러나 귀족 층에서는 비정상적일 정도로 위그노가 많았으며 남부 지방의 경우 1560년대에는 귀족의 절반 정도가 위그노였다. 언어와 법, 관습 등 고유한 전통이 유지되어온 남부에서 오랫동안 특권을 누려온 귀족들은 16세기 이후 상비군과 조세 등 군주정의 중앙 집권화 시도에 맞서 지방 분리주의를 정치적 무기로 내세우며 반발했다. 이때 전파된 칼뱅교가 그들에게 보편적인 대의명분을 제공하면서 정치적 위그노는 종교적 위그노로 변신했다.

위그노 귀족들의 분리주의는 1559년 앙리 2세(1547-1559)의 갑작스런 사망을 계기로 노골화되었다. 병약하고 어린 왕들이 차례로 즉위하자 대귀족가문들 사이에서 치열한 패권 다툼이 벌어졌다. 여기에 종교적 문제가 얽히면서 프랑스는 폭발 직전의 상황에 놓였다. 프랑수아 2세(1559-1560)의 외척인 기즈 가문은 북동부 지방에 세력권을 구축한 가톨릭이었고 혈연적으로 왕실에 가장 가까운 부르봉 가문은 남부를 발판으로 한 위그노의 수장 격이었다. 한편 샤를 9세(1560-1574)가 즉위하면서 섭정을 맡은 모후 카트린 드 메디치는 종교적으로 중립이었다. 메디치 가문 출신답게 정치 현실을 꿰뚫고 있던 그녀는 왕권 강화를 위해서 양쪽을 오가며 아슬아슬한 정치적 곡예를 펼쳤다. 그러나 그녀의 시도는 오히려 가톨릭을 격분시켰을 뿐만 아니라 위그노들을 더욱 대담하게 만들었다. 지배층의 경쟁과 갈등은 일반인에게 확산되어 위그노가 다수를 차지한 리옹에서는 심지어 가톨릭 묘지가 파손되거나 교회의 색유리가 깨지고 성상은 진흙으로 뒤덮이는 사태가 벌어지기도 했다. 여기에 대귀족가문의 경쟁이 종교 갈등과 중첩되면서 피비린내 나는 종교전쟁으로 확대되었다.

1562년 기즈 가문이 자신의 영지에 있던 3,000명의 위그노를 학살하면서 시작된 종교전쟁은 모두 8차례나 계속되었다. 암살과 복수, 학살로 얼룩진 내전 동안에 벌어진 가장 참혹한 사건은 생 바르텔르미 축일에 자행된 위그노 대학살이다. 1572년 8월 14일 파리에서는 카트린 드 메디치가 가톨릭과 위그노의 화합을 위해서 성사시킨 샤를 9세의 여동생 마르그리트 드 발루아와 부르봉 가문의 앙리 드 나바르의 결혼식이 거행되었다. 그로부터 10일 뒤인 8월 24일 새벽 파리 성문이 닫히고 결혼 축하객으로 파리에 머물던 위그노 3,000명 이상이 살해되었다. 카트린 드 메디치가 가담한 이 기즈 가문의 음모는 왕의 묵계하에 위그노를 점멸시키려고 했던 것이다. 파리의 대학살은 전국으로 확산되어 1만여 명의 위그노가 학살되었고 수천 명이 프랑스를 떠났다.

신앙심이 깊으면서도 방탕했던 앙리 3세(1574-1589)는 위그노와 가톨릭 모두 싫어했다. 그러나 모후 카트린 드 메디치의 영향을 받은 그는 위그노와 가톨릭 양측 사이를 오락가락하는 이중정책을 폈다. 1584년 발루아 왕조의 후손이 끊기고 부르봉 가의 앙리 드 나바르가 왕위 계승자로 결정되자 기즈 가문이 주도하는 '가톨릭 동맹(la Ligue)'은 가톨릭 왕의 옹립을 주장하며 전쟁을 벌였다. 파리를 비롯한 300여 개가 넘는 북부 도시들이 가톨릭동맹에 가담했다. 지방 총독들은 중앙정부를 무시하고 독립적인 지배권을 행사했다. 합스부르크의 펠리페 2세는 전쟁 보조금을 지급하며 가톨릭 동맹을 부추겼다. 프랑스는 사실상 무정부 상태가 되었다.

1589년 앙리 3세가 광신적인 가톨릭 수사에 의해서 암살당하자 내전은 더욱 극한의 양상으로 전개되었다. 가톨릭 동맹 및 에스파냐의 연합 세력과 전쟁을 벌이던 중 앙리 4세(1589-1610)는 1593년 파리 시민들의 복종을 얻어내기 위해서 자신의 종교를 포기했다. 뛰어난 현실주의적 정치 감각을 지닌 그는 오랜 내전을 종식시키고 프랑스인들을 화합시키기 위한 일련의 정책을 시도했다. 우선 1594년 샤르트르에서 대관식을 거행하고 가까스로 파리에 입성한 뒤 에스파냐와의 전쟁을 공식적으로 선포함으로써 가톨릭 동맹을 분쇄시켰다. 또한 1598년 낭트 칙령(Édit de Nantes)을 통해서 가톨릭을 프랑스의 공식적인 종교로 선포하는 동시에 200만 명에 달하는 위그노를 위해서 남서부의 개신교 도시에서의 종교적 자유를 허용했다.

그렇다고 해서 하루아침에 국가가 재통합된 것은 아니다. 가톨릭은 거칠게 저항했으며 위그노 역시 부분적인 관용정책에 불만을 토로했다. 그러나 낙천적인 성격과 강한 카리스마를 지닌 앙리 4세는 점점 프랑스인들의 마음을 사로잡았으며 강직한 성품의 재무장관 쉴리를 등용하여 군주정의 기반을 다져나갔다.

4-4. 네덜란드의 독립전쟁

1566년에 시작된 네덜란드 독립전쟁에서도 종교 문제가 도화선이 되었다. 중세 이래 모직물업과 중계무역으로 경제의 번영과 정치적 자유를 누려온 네덜란드의 도시들은 일찍이 종교개혁을 받아들였다. 특히 북부의 여러 주에서 칼뱅파가 급증했다. 네덜란드에 대한 지배권을 가진 합스부르크의 카를 5세는 프랑스와의 패권 다툼과 독일 종교전쟁으로 네덜란드에 간섭할 겨를이 없었다. 대신 전쟁비용을 충당하기 위해서 네덜란드에 과중한 세금을 부과했다. 1556년 카를 5세의 뒤를 이은 펠리페 2세는 독일 종교전쟁에서의 패배를 보상받으려는 듯 종교재판소를 강화하며 네덜란드에 종교적 압박을 가하기 시작했다. 여기서 그치지 않고 도시의 자치권을 박탈하고 세금을 강화하는 등 독재권을 행사하자 북부의 주들이 저항했다. 가톨릭이 우세했던 남부의 주들도 합세했다.

1566년 북부의 개신교도들이 무장 폭동을 일으키며 에스파냐 요새를 습격했다. 에스파냐 지배층은 이들을 경멸조로 '거지(gueux)'라고 불렀으나 이들의 세력은 북부 7개 주로 확산되었다. 펠리페 2세는 알바 공의 지휘하에 에스파냐 정예군 1만 명을 보내 철저한 진압을 명령했다. 알바 공의 무자비한 탄압과 과중한 세금, 에스파냐 군대의 행패 등은 반란을 더욱 확대시켰다. 에스파냐는 반란세력을 척결하기 위해서 종교재판소를 동원하여 1567-1573년에 8,000명의 도시 엘리트들을 이단이라는 죄목으로 공개처형했다. 그럴수록 네덜란드인들은 더욱 완강하게 맞섰다. 1572년 홀란드와 제일란트의 지역민들은 영국의 항구에서 활약하던 개신교 해적들이 이끄는 반란군을 환영했다. 에스파냐 군대가 네덜란드의 육지를 장악했다면 네덜란드인들은 해상에서의 지배권을 확보한 셈이다. 에스파냐 군대가 암스테르담 남서쪽에 있는 레이덴을 봉쇄하자, 도시민들은 제방을 열어 도시를 물바다로 만들어 에스파냐 군대를 내쫓기도 했다. 굳건한 요새와 수로로 방비된 네덜란드의 주들은 1576년 에스파냐 군대의 재공격에 맞서 펠리페 2세가 파산할 때까지 버텼다. 파산한 에스파냐의 묵인하에 군대가 안트베르펜(앤트워프)을 약탈하자 네덜란드 전체가 반란에 동참했다.

반란군들은 오라녜 공 빌렘을 지도자로 옹립했다. 이렇게 해서 종교문제와 과세 저항에서 시작된 네덜란드의 반란은 이제 독립전쟁의 성격을 띠게 되었다. 반란군의 극단적인 움직임은 보수적인 가톨릭 측에게 저항감을 불러일으키기도 했다. 특히 남부 가톨릭 귀족들은 겐트, 브뤼헤(브뤼주), 아라스의 과격한 민중들을 에스파냐 군대만큼이나 혐오했다. 실제로 플랑드르 총독 아르스호트 공작과 견해차를 보이던 겐트 주민들이 그를 감금하자, 1579년 남부의 10개 주들은 아라스 동맹을 결성한 뒤 에스파냐 편으로 돌아섰다. 같은 해 북부의 주들은 위트레흐트 동맹을 결성하고 1581년에는 독립을 선포했다. 외국인 군주의 옹립이 여의치 않자 반란 주들은 임시 변통책으로 지방분권적인 연방공화정을 구성하고, 1584년 암살당한 오라녜 공 빌렘의 후손에게 군지휘권을 맡겼다.

에스파냐 군대가 주둔한 남부의 에스파냐령 네덜란드와 플랑드르, 브라반트의 경제적 핵심 지역은 이후 수십 년간 전쟁의 포화를 피할 길이 없었다. 전쟁으로 황폐해진 안트베르펜의 자본과 전문기술이 북부로 이전되고, 종교적 자유를 찾아 혹은 전쟁을 피해 수많은 숙련공들이 플랑드르와 브라반트로부터 북부의 반란 주로 이주하자 북부에서는 전쟁에도 불구하고 경제 붐이 일었다. 7개 주가 막강한 군대와 재정 능력을 겸비한 대제국에 맞서 전쟁을 계속할 수 있었던 비결은 바로 여기에 있었다. 반면 과도한 전쟁으로 재정 파탄 사태를 면치 못한 에스파냐의 군대에서는 임금 지불이 지연되면서 탈영병이 속출했다.

더구나 에스파냐의 패권에 대한 경계를 늦추지 않았던 영국과 프랑스가 끝까지 저항하는 네덜란드를 도왔다. 에스파냐와 오랜 해전 경험을 쌓은 네덜란드 함선이 영국 함선과 함께 에스파냐 함대를 항구에 봉쇄시킨 동안 영국 함대는 영국해협의 통제권을 장악했다. 1588년 영국이 에스파냐의 무적함대를 격파할 수 있었던 것은 이처럼 네덜란드와의 연합전선에 힘입은 바 크다. 다른 한편 합스부르크와의 전쟁을 선포한 앙리 4세와의 전쟁 또한 에스파냐의 군대에 커다란 부담을 주었다. 결과적으로 에스파냐는 전쟁으로 막대한 재정적 손실을 입은 반면 네덜란드의 경제는 더욱 번창하여 17세기 초 네덜란드는 유럽의 강국 가운데 하나로 부상했다.

루터의 종교개혁이 전 유럽에 확산되면서 유럽에서는 오랫동안 누적되어온 다양한 갈등이 폭발하고 교회의 무거운 장막에 억눌려온 온갖 욕구와 변화에 대한 갈망이 분출되었다. 20세기 초 독일의 사회학자 막스 베버는 개신교와 자본주의의 관계에 대한 가설을 통해서 근대 유럽사 해석의 중요한 측면을 밝혀주었다. 그러나 종교개혁이 근대사에 미친 가장 커다란 영향은 무엇보다도 전쟁이었다. 종교개혁의 시발지인 독일뿐만 아니라 유럽 각국에서는 종교개혁의 수용을 놓고 정치적 충돌과 내전이 끊이지 않았다. 1555년 종교전쟁을 종결짓기 위해서 체결된 아우크스부르크 조약은 종교의 선택권을 정치 지배자에게 부여했다. 이로써 종교가 정치에 우선하지 않는다는 사실이 공식적으로 확인되었고 정치 지배층의 세력이 한층 강화되었다. 그러나 아우크스부르크 조약은 종교분쟁에 기름을 부은 격이었다. 이후 한 세기 이상 유럽에서는 종교와 정치 문제가 복잡하게 얽히면서 전쟁이 끊이지 않았다. 가톨릭 측이건 개신교 측이건 간에 종교적 적대감에 불을 붙인 것은 언제나 정치적 야심이었다. 이렇듯 종교의 미명하에 무수한 내전과 전쟁을 치르면서 다양한 정치 단위들의 이합집산이 이루어지고 근대 유럽 지도의 윤곽이 드러나기 시작했다.

제**5**장

국가 만들기

16세기 이후 유럽의 정치 지배자들에게 전쟁은 존재 이유이자 지상 과제였다. 전쟁을 통해서 영토 팽창과 권력 강화를 꾀한 각국의 군주들은 상비군과 조세를 통해서 인적, 물적 자원을 총동원했다. 그와 더불어 유럽 각국에서는 실제적인 면에서나 이론적인 면에서 이전과는 다른 새로운 방식과 원칙이 도입되었다. 강력하고 체계적인 국가체제를 갖추려는 일련의 시도가 전개되었고 행정과 사법, 재정 등 다방면에서 신민에 대한 통제권이 강화되었으며 통치 행위를 정당화할 이론이 체계화되기도 했다. 16세기 말에 이론화된 절대군주정을 하나의 실체로 받아들인 역사가들은 절대군주정의 제도적 효율성을 강조하며 근대성을 옹호했다. 이런 시각에서 근대 초 유럽의 군주정은 오랫동안 근대적 관료제 국가와 동일시되었다. 그러나 16세기 후반부터 17세기 전반까지 유럽 각국에 풍토병처럼 번진 수많은 조세 저항과 사회 각 계층의 반란은 국가가 효율적으로 작동하지 못했을 뿐만 아니라 사회에 대해서 기본적인 역할을 하지 못했음을 반증한다. 1980년대 이후 역사가들이 절대군주정의 실체를 밝히는 연구에 주력한 것은 바로 이러한 맥락에서이다.

1. 영토 통합과 패권 다툼

1-1. 영토 통합

1500년경 유럽 정치사는 한마디로 영토 통합의 과정이다. 물론 그러한 움직임이 이 시기에만 나타난 것은 아니며 또 모든 지역에서 그러한 현상이 전개된 것도 아니다. 영국은 이미 1000년경에 상당한 수준의 정치적 통합을 이룩했다. 반면 독일이나 이탈리아에서는 통합보다는 오히려 분열이 더욱 고착화되는 것처럼 보였다. 그럼에도 불구하고 15세기 후반 이후 정치 단위의 수가 현저히 줄어들기 시작했다. 장기적인 농업 침체와 인구 위기가 극복되고 정치적 권위가 회복되면서 정치체들의 재편이 이루어졌던 것이다.

1500년경 유럽에는 어림잡아 500여 개의 세분화되고 다양한 정치 단위들이 혼재하고 있었다. 베네치아와 제노바와 같은 공화국, 유구한 역사와 전통을 가진 신성 로마 제국, 스위스의 자치 정부들, 이탈리아와 독일, 피레네 산맥 주변에 산재한 무수한 소규모 공국들, 폴란드와 러시아 변경지대에서 부족사회 형태를 유지하고 있던 코사크족들, 보헤미아, 헝가리, 폴란드, 덴마크, 스웨덴과 같은 동부와 북부의 선제후령, 교황령, 그리고 세습 군주정들이 있었다. 그중 가장 주도적인 역할을 하며 다른 정치체의 본보기가 된 것은 세습 군주정들이었다. 세습 군주정의 정통성은 왕위를 계승하는 가문의 지속성에 달려 있었다. 이런 의미에서 세습 군주정은 왕조국가였다.

오랜 전통과 혈연적 뿌리에 기반한 왕조국가에 가장 중요한 것은 왕실의 번창과 왕령지 확대였다. 실제로 전쟁과 정략결혼, 왕실의 출산 사고와 불시의 사망 등으로 유럽의 지도가 바뀌고 정치 판도가 달라졌다. 특히 결혼은 영토 통합을 위한 정치적 포석으로 활용되었다. 1469년 카스티야 왕국의 이사벨 1세(1474-1504)와 아라곤 왕국의 페르난도 2세

(1469-1496)의 결혼으로 에스파냐가 탄생했다. 1477년 오스트리아의 막스밀리안 1세(1486-1519)와 부르고뉴 공작의 외동딸 마리의 결혼을 통해서 합스부르크 왕가는 부유한 북서 유럽에 대한 지배권을 확보하게 되었다.[1] 샤를 8세와 루이 12세(1498-1515)의 결혼정책 덕분에 프랑스 군주정은 중세 봉건귀족들의 영토를 재통합하고 왕령지를 확대할 수 있었다.

15세기 후반 이후 꾸준히 전개되어온 영토 통합 과정에서 선두를 달린 것은 북서 유럽의 몇몇 왕조국가들이었다. 특히 백년전쟁을 거치며 군주정 존립 자체의 시련을 경험한 영국과 프랑스가 앞장섰다. 중세에 이미 제도적 응집력을 구축한 영국은 16세기에 극적인 변화를 경험했다. 헨리 8세는 웨일즈령을 통합하는 데에 성공하고 1540년에 아일랜드와 함께 공동 군주정을 형성했다. 프랑스에서는 노르망디와 가스코뉴, 피카르디, 부르고뉴, 브르타뉴, 프로방스가 군주정에 편입되었다. 그러나 비정상적으로 광대한 제국을 형성한 에스파냐-합스부르크 제국의 독특한 역사는 영국과 프랑스의 약진에 비할 바가 아니었다. 1492년 에스파냐는 이슬람 세력의 마지막 본거지였던 그라나다 왕국을 점령함으로써 이베리아 반도 대부분을 통합했다. 그러나 군사적 팽창주의와 십자군의 열기로 가득 차 있던 에스파냐의 야심은 여기에서 멈추지 않았다. 1496년 이사벨과 페르난도는 합스부르크 가와 서로 아들과 딸을 주고받는 이중결혼을 성사시켰다. 이러한 복잡한 결혼정책의 결과는 엄청난 상속의 행운으로 나타났다. 1506년 이후 두 왕실의 연이은 불행으로 오스트리아, 헝가리, 보헤미아, 플랑드르, 에스파냐, 이탈리아 일부를 포함하는 거대한 복합 군주정이 형성되었다. 에스파냐-오스트리아 왕국은 샤를마뉴 이래 유럽에서 가장 거대한 제국이었다. 이 모든 행운의 주인공은 이사벨과 페르난도의 외손자이자 막스밀리안 1세의 손자 카를이었다. 1506년에 6세의 나

---

1) 마리가 결혼지참금으로 가져간 플랑드르, 네덜란드, 룩셈부르크, 브라반트가 합스부르크 가에 통합되었다.

이로 부르고뉴령 네덜란드를 획득한 그는 1516년에 카를로스 1세로 에스파냐 왕위를 계승하고 1519년에는 오스트리아 왕 카를 5세로 즉위하는 동시에 신성 로마 황제로 선출되었다.[2]

그러나 느슨한 정치적 복합체에 불과한 신성 로마 제국 내에서 카를 5세의 정치적 입지는 미묘했다. 그는 스스로 독일 민족의 영웅으로 자처하며 오스트리아와 제후령들을 결합시키려고 애썼으나 오히려 반발을 초래했을 뿐이다. 에스파냐의 상황은 더 좋지 않았다. 어머니 후아나와 공동 왕으로 통치하게 된 에스파냐는 그에게 낯선 이국땅이나 마찬가지였다. 그가 에스파냐에 머문 기간은 매우 짧았고 그는 생애 거의 대부분을 전쟁터에서 보냈다. 종교적 사명감이 정치적 야심에 가득 찬 그를 부추겼다. 이 합스부르크 황제에게 전쟁의 도화선이 된 것은 늘 종교였으며 전쟁을 확대시키고 가속화시킨 것도 종교였다.

1-2. 합스부르크와 발루아의 전쟁

1515년 즉위한 프랑스 발루아 왕조의 프랑수아 1세 역시 카를 5세 못지않게 영웅심에 사로잡힌 인물이었다. 백년전쟁에서 간신히 영국을 격퇴하는 데에 성공한 이후 프랑스 군주들은 적극적으로 왕권 강화정책을 추진했고 덕분에 프랑스는 유럽에서 단일국가로는 최강국으로 성장했다. 게다가 프랑스 왕들은 신으로부터 기름부음을 받은 기독교 수장이었음에도 불구하고 일찍부터 종교적 사명감에서 자유로웠다. 종교적 사명감이건 정치적 야심이건 힘의 논리에 의해서 지배되는 전쟁은 비합리적인 인간 본성을 부추기며 유럽의 군주들을 전쟁터로 내몰았다. 16세기 전쟁은 크게 보면 초국가적인 정치 형태를 지향한 합스부르크와 그에 도전하는 프랑스의 대결구도로 전개되었다.

---

2) 1438년 최초로 신성 로마 황제직에 선출된 이후 합스부르크의 왕가는 1740년까지 이 자리를 독점했다.

두 나라의 전쟁은 이탈리아 쟁탈전으로 시작되었다. 프랑스 군주들은 왕위에 오르면 마치 통과의례처럼 부와 문화의 중심지인 이탈리아 원정을 시도했다. 1494년 역대 왕들의 화려한 전력에 힘입어 이탈리아로 진격한 샤를 8세는 밀라노와 나폴리의 왕위 계승권을 장악했다. 여기에 합스부르크 왕가가 이탈리아에 대한 에스파냐의 점유권을 내세우며 맞섰다. 합스부르크와 발루아의 패권 다툼이 본격화된 것은 1521년이다. 이후 두 나라는 카를 5세와 프랑수아 1세의 치세를 넘기며 40년간 4차례에 걸쳐 전쟁을 벌였다. 초반부는 카를 5세의 승리로 끝났다. 프랑수아 1세는 1525년 파비아 전투에서 카를 5세의 포로로 잡히는 치욕을 겪기도 했다. 1530년 이탈리아에 대한 프랑스의 야심은 저지되고 시칠리아와 나폴리, 밀라노는 에스파냐의 지배하에 놓이게 되었다.

그러나 루터의 종교개혁이 카를 5세의 발목을 잡았다. 신성 로마 황제의 강압적인 지배에 반발한 독일 영방군주들이 루터를 지지하고 나선 것이다. 1531년 카를 5세의 위협에 공동 대처하기 위해서 루터파 군주들이 슈말칼덴 동맹을 체결했다. 카를 5세는 루터파 가운데 온건파를 회유하는 한편 에스파냐의 자금과 군대, 그리고 교황의 지지를 기반으로 슈말칼덴 동맹을 분쇄시키려고 했다. 그러나 합스부르크의 지나친 팽창 욕구에 불만은 품은 국가들이 프랑스 편에 가담하면서 반(反)합스부르크 공동전선이 구축되었다. 그때부터 카를 5세의 운명은 비극으로 치닫기 시작했다. 가톨릭 제후들도 그에게서 등을 돌렸다. 영국 왕 헨리 8세는 1543년 무모하게 시도한 대(對) 프랑스 전쟁에서 패배한 이후 대륙 문제에 소극적인 자세를 취했다. 자연히 반합스부르크 전쟁에 앞장선 것은 프랑스였다. 프랑스는 때를 맞추어 로렌 지방을 공략했고 네덜란드 국경지대에서 일어난 반란을 지지했다. 이탈리아의 도시국가들이 프랑스의 지원하에 반란을 일으키고 나폴리는 프랑스의 사주를 받은 해적들의 습격을 받았다.

단일 기독교 왕국을 이상으로 한 중세적 정치관의 마지막 실험장이었던 종교전쟁은 결국 카를 5세의 패배로 끝났다. 1555년 그를 대신하여 동생 페르디난트가 아우크스부르크 종교화약에 서명했다. 카를의 퇴위 후에 합스부르크 제국은 에스파냐와 오스트리아로 분열되었다. 페르디난트는 신성 로마 황제 칭호를 물려받았으며 오스트리아와 헝가리, 보헤미아의 지배자가 되었다. 아들 펠리페 2세는 에스파냐 왕국과 아메리카, 이탈리아 남부, 그리고 네덜란드를 상속받았다. 1559년에는 프랑스와 영토 문제를 종결짓는 카토-캉브레지 조약이 체결되었다. 이 조약에서 프랑스는 이탈리아에 대한 지배권을 포기하는 대신 라인 지방의 세 도시 메스, 툴, 베르됭을 획득했다.3)

이렇듯 16세기 전반기 유럽 정치사를 지배한 합스부르크와 발루아의 패권 다툼은 어느 한쪽의 승리로 귀결되지 못한 채 일단락되었다. 그럼에도 불구하고 카토-캉브레지 조약에서 확인된 16세기 중엽의 유럽 지도에서는 오늘날 유럽 여러 나라들의 윤곽이 어렴풋이 드러난다. 초국가적인 합스부르크 제국은 해체되고 프랑스와 에스파냐, 포르투갈,4) 그리고 아직 통합 이전이기는 하지만 잉글랜드와 스코틀랜드의 형체가 뚜렷하다. 북부 유럽에는 덴마크와 스웨덴 왕국이 떠오르는 별처럼 모습을 드러냈다. 반면 오늘날의 네덜란드와 벨기에는 에스파냐의 지배를 받는 17개의 주였으며, 중부의 독일과 이탈리아는 작은 단위로 분열되어 있었다.

16세기에는 아직 state가 정치적 실체를 가리키는 단어로 사용되지 않았다. 결혼과 상속, 정복을 통해서 영토 통합을 이룩하거나 상속이나 지참금, 혈통의 단절, 군사적 패배로 인해서 위축된 정치적 부침의 주역은 각국의 군주였다. 그중에서도 16세기 전반기 유럽 정치사의 주인공은 헨

---

3) 그밖에 이 조약으로 에스파냐에 점령당했던 사부아와 피에몬테가 부활되었다.
4) 1578년 국왕 세바스티안이 북아프리카에서 사망한 뒤 포르투갈은 60년 동안 왕위 계승권을 가진 에스파냐에 지배되었다.

리 8세와 카를 5세, 프랑수아 1세였다. 그들은 성격이나 취향, 그리고
통치방식에서는 달랐지만 자신의 가문과 국익을 동일시하고 그것을 위
해서 수단과 방법을 가리지 않았다는 점에서 유사했다. 국가의 운명과
흥망성쇠는 그들의 손에 달려 있었다. 다양한 집단의 신민들도 군주와의
관계를 통해서 국가에 편입되었다. 에스파냐인들이건 프랑스인들이건
스스로 하나의 공동체에 속해 있다는 소속감을 느끼지 못했다. 일부 군
주들은 국민이나 민족 감정에 호소하는 기민성을 보였으며 영국과 프랑
스 같은 몇몇 왕조국가들은 제한적이나마 근대 국가로서의 성격을 띠기
도 했다. 이러한 왕조국가를 국민국가로 규정하는 역사가들도 있다. 그
러나 왕조국가는 국익과 국민적 정체성보다는 왕조의 이해관계를 추구
했을 뿐이다.

2. 국왕주권론과 정치문화

그렇다면 결혼이나 정복전쟁을 통해서 이룩한 영토 통합을 어떻게 유
지할 것인가? 한 가계, 한 왕조의 권위를 어떻게 지속시켜나갈 것인가?
근대 초 유럽의 군주들은 군주권과 왕국을 일치시키고 국가의 정체성을
확립하기 위해서 새로운 문화적 동력을 창출했다. 화려하고 웅장한 궁전
이 앞다투어 건축되었고 저명한 르네상스 예술가들이 동원되었다. 나라
마다 군주를 고대의 신이나 영웅으로 묘사한 신적 초상화와 알렉산드로
스 대왕이나 샤를마뉴 대제와 같은 역사적 인물과 동일시하는 역사적
초상화가 유행했다. 펠리페 2세는 자신을 태양신 아폴론과 동일시하는
문장을 채택했다. 엘리자베스 1세는 정의의 여신 아스트라이아를 선호
했고 프랑수아 1세는 샤를마뉴와 카이사르로 상징되었다. 카를 5세는 자
신의 가문에 예수의 피가 흐르고 있다고 공언하기도 했다. 이 모두가 군
주를 초인간적인 권위의 존재로 부각시키기 위함이었다.

2-1. 국가의례

이렇듯 근대 초 유럽의 정치 지배자들은 문화적 헤게모니를 장악하고 적극적인 정치 선전정책을 시도했다. 중세 이래 유럽 각국에서 유지되어 온 국가의례가 더욱 성대해진 것도 같은 맥락에서였다. 대관 축성식에서는 모두가 위계질서에 따라 입장하고 좌석이 배치되었다. 서열에 따라 도열한 사람들 자체가 최고 서열인 군주의 권위를 가시화시키는 무대장치 역할을 했다. 왕을 봉건적인 종주권자이자 기독교 왕국의 수장으로 추대하기 위해서 신으로부터 기름부음을 받는 종교의식이 거행되었고 모두가 왕에게 복종의 기도를 바치는 절차가 이어졌다. 이는 왕이 신의 대리자임을 확인시키고 신민의 충성심을 고양시키는 일종의 연극 무대에 다름 아니었다.

국왕 장례식은 군주권의 영속성을 시각적으로 증명하기 위해서 매우 정교하게 준비되었다. "왕은 결코 죽지 않는다. 선왕이 죽은 즉시 그의 아들이 곧 왕국을 이어받기 때문이다." 중세 말 이후 유럽 각국의 국왕 장례식에는 죽은 왕을 상징하는 허수아비가 세워졌다. 허수아비는 신의 아들인 동시에 사람의 아들인 예수처럼 유한한 생명체인 왕의 죽음에도 불구하고 영구불멸의 신비스런 정치체인 왕은 살아 있음을 뜻한다. 중세 말 이후 유럽의 군주정을 지탱해온 정치 신학인 국왕이체론(國王二體論)을 시각적으로 표현하기 위해서 허수아비가 무대소품으로 동원된 것이다. 아직 성문화된 법이 존재하지 않았으며 대다수의 사람들이 문맹의 상태에 머물러 있던 근대 초의 유럽 사회에서 이러한 국가의례들은 매우 효율적인 정치 학습수단으로 활용되었다.

그러나 기독교적이고 중세적 위계질서에 의존하던 국가의례들은 점차 세속적인 의식으로 대체되었고 인격적인 왕의 존재가 선명히 부각되었다. 그 대표적인 예가 프랑스의 친림법정(lit de justice)이다. 왕이 고등법원에 왕림하는 의식절차인 친림법정은 구체적인 목적을 띤 정치 집회이다. 1527년 프랑수아 1세가 파리 고등법원에 임석하면서 시작된 친림법정은 국왕의 주권 행사 의식으로서 점차 그 횟수가 늘어났다. 특히 국왕 사망 이후 개최된 첫 친림법정은 주권의 영속성이 어떻게 국가의례로 표현되었는가를 보여주는 좋은 예이다. 1610년 5월 15일 아침, 선왕인 앙리 4세의 사망 이후 12시간도 채 되지 않은 시각에 8세의 신왕 루이 13세(1610-1643)가 파리 고등법원으로 행차했다. 그는 직접 왕관을 쓰고 옥좌에 앉아 모후인 마리 드 메디치에게 섭정권을 부여하는 왕령을 공포한 뒤에 파리 고등법원에 법으로 등기할 것을 명령했다. 선왕의 승하 40일 후에 치러지는 장례식 이후에야 신왕이 공적으로 모습을 드러내던 관행을 깨고 신왕이 즉각 죽은 왕을 대체한 이 친림법정은 영속적이고 무제한적인 군주권의 이론을 과시하는 정치적 제스처였다. 국왕 암살이라는 급박한 정치 상황을 이용해서 마리 드 메디치는 권력을 장악하기 위해서 이런 극적인 장면을 연출했던 것이다.

그러나 의례를 통한 정치 선전이 얼마나 멀리 전파되고 효과를 발휘했는지를 파악하기는 매우 어렵다. 더구나 영토 통합에 의해서 정치 영역이 확대되면서 시각과 청각에 의존한 전통적인 문화 전달방식의 한계가 노출되었다. 이러한 공간적 공백을 메우기 위한 수단으로 인쇄물이 동원되었다. 종교개혁의 외중에서 사상 전파의 수단으로 그 효용성이 입증된 인쇄물이 국가의 권위와 권력 행사를 전달하고 선전하는 수단으로 도입되었던 것이다. 특히 프랑스에서는 1539년 모든 공문서를 라틴어가 아니라 프랑스어로 기재할 것을 명하는 빌레코트레 칙령이 공포됨에 따라서 새로운 법과 규정, 특히 세금에 관련된 문제와 전쟁포고 등 모든 것이 인쇄되고 널리 보급되었다.

2-2. 절대군주론

실질적인 군주권의 행사를 합리화하고 이론화하는 작업도 이루어졌다. 그러한 작업을 떠맡은 것은 법학자들이었다. 그들에게 부여된 과제는 군주를 봉건 영주보다 우월하고 강력한 존재로 부각시키고 중세 이래 전 유럽에서 통용되던 기존의 관습법 체계를 초월할 수 있는 구체적인 법 개념을 체계화하는 것이었다. 이에 가장 적합한 지적 무기는 로마 법이었다. 장 보댕의 『국가론(*Les Six livres de la République*)』(1576)은 로마 법을 토대로 군주권의 본질을 규정하고 현실적인 정치권력의 근거와 실체를 제시한 16세기의 대표적인 정치사상서이다.

보댕은 마키아벨리와 마찬가지로 정치적 안정과 질서 구축을 위해서 이 책을 썼다. 마키아벨리의 『군주론』이 정치적 분열과 외국의 침입에 직면한 이탈리아 정치 위기의 산물이라면, 『국가론』은 피비린내 나는 종교내전의 산물이다. 16세기 중엽 유럽에서는 종교전쟁이 계속되면서 가톨릭과 개신교 사이의 치열한 종교적, 정치적 공방이 이루어졌다. 독일, 영국, 스코틀랜드, 네덜란드 등 주로 개신교가 우세한 지역에서는 독재군주에 대항하는 저항이론이 체계화되었다. 1572년 생 바르텔르미 대학살이 자행된 프랑스에서도 전제군주의 제거를 신학적으로 합리화한 『반폭군론(*Vindicine contra Tyrannos*)』이 출간되었다. 보댕은 『국가론』에서 그에 대한 반론을 펼쳤다.

파리 고등법원 법관이자 툴루즈 대학 법과 교수였던 보댕은 이 책에서 오랜 전쟁과 내전에 지쳐 평화와 안정을 갈구하던 대다수 가톨릭 프랑스인들의 입장을 대변하며 국왕주권론을 논증했다. 여기서 주권이란 입법권을 의미한다. 그는 권력을 정의의 구현이 아니라 새로운 법을 만들고 그 법에 대한 무조건적인 복종을 강요할 수 있는 통치권자의 능력으로 간주했다. 따라서 주권과 동의어인 국왕권은 신법과 자연법을 제외하고는 어떤 제약도 받지 않는 '한 국가의 절대적이고 영구적인 권력'이다. 이런 점에서 보댕은 유럽 정치사에서 절대군주를 종교적 분파와 정치적 당파 위에 군림하는 왕국의 구심점으로 상정한 절대주의 이론가로 평가

된다. 16세기 후반의 정치적 혼란 속에서 정치적 희망사항이자 목표로 제시된 절대군주론은 17세기를 풍미했다. 영국 내전에서 '만인 대 만인의 투쟁'을 경험한 토머스 홉스가 1651년『리바이어던(*Leviathan*)』에서 근대의 사상적 체계를 완성한 가운데 절대주의론의 철학적 토대를 제시했는가 하면, 프랑스의 자크-베니뉴 보쉬에는『성경말씀에 근거한 정치사상(*Politique tirée des propres paroles de l'Ecriture sainte*)』(1670)에서 왕권신수설을 토대로 군주권의 완벽한 독점을 이론화했다.

그러나 절대주의(absolutism)라는 용어는 프랑스 혁명에 의해서 군주정이 붕괴된 1797년 프랑스에서 탄생한 신조어이다.[5] 그때부터 절대주의는 프랑스 혁명 이전의 체제를 가리키는 앙시앵 레짐의 동의어이자, 16-18세기 유럽의 정치체제를 가리키는 역사적 일반 개념이자 시대구분 개념으로 널리 사용되었다. 혁명의 와중에서 탄생한 이 용어의 의미가 실제보다 과장되었으리라고 짐작하기란 그리 어렵지 않다. 과거의 복잡한 역사 현실을 거칠게 단순화시킨 이 용어에 군주정에 대해서 부정적인 혁명의 열기가 영향을 미쳤을 가능성이 크기 때문이다. 실제로 '군주가 무제한적인 권력을 행사한다'는 의미를 함축하고 있는 이 용어는 종종 전제주의와 비교되지만 여러 가지 점에서 혼란을 초래한다.

3. 전쟁의 영향

전통 해석에 의하면 절대군주정은 지방 봉건세력에게 분산되었던 권력을 재통합하고 제도적 개혁을 통해서 중앙집권화를 달성한 근대적인 정치적 실체이다. 여기에서 권력이란 물리적 강제력, 즉 군사력을 의미

---

5) '절대' 혹은 '절대 권력'이라는 용어는 이미 11-12세기부터 사용되기 시작했다. 교황권을 합리화하기 위해서 로마 법을 연구하고 법체계를 정비한 교회 법학자들의 이론서에 등장한 이 용어들은 점차 중세 법학자들의 법 개론서에서 등장하고 군주를 찬양하는 장엄한 국가의례에서 군주를 찬양하는 수사로 자주 인용되었다.

한다. 결국 절대군주정의 핵심 요소는 폭력의 독점이며 이를 유지하기 위해서 구축된 제도적 기반이 관료제이다. 중세 말 이후 반란과 전쟁의 위기 상황에서 유럽 각국의 군주들이 영토 통합과 왕권 강화를 진척시켰음은 자명하다. 그러나 봉건세력들에 대한 승리는 불완전한 것이었으며 중앙집권화 역시 불확실했다. 실제로 지난 반세기 동안 공문서와 비공식 기록들을 토대로 절대군주정의 사회적 기반과 실제 통치 행위에 대한 꾸준한 연구가 이루어진 결과 절대군주가 실제로는 제한된 권한을 행사했으며 상비군, 조세, 관료제 역시 모호한 성격을 띠었음이 밝혀졌다.

3-1. 상비군과 조세

16-17세기에 유럽은 장기간 평화를 누려본 적이 없다. 16세기에 전쟁이 일어나지 않았던 해는 단 5년, 17세기에는 6년에 불과했다. 유럽의 군주들은 국내에서는 끊임없는 반란에 직면한 동시에 국외전쟁을 계속해야 했다. 어느 시기에는 유럽의 모든 국가들이 전쟁에 휘말렸으며 유럽과 아메리카에서 동시에 전쟁이 전개되기도 했다. 계속되는 전쟁은 상비군의 증강을 요구했다. 1552년 카를 5세는 15만의 상비군을 유지했다. 의심스러운 수치이기는 하지만, 17세기 말 루이 14세의 상비군은 65만에 달했다.

대규모 군사력의 확충과 유지를 감당하기 위해서 각국 정부는 이전과는 비교가 되지 않을 정도로 비대해졌을 뿐만 아니라 군사 행정체계를 갖추게 되었다. 점차 군사 행정이 군주정의 핵심 영역으로 부상했다. 군사혁명론을 주장하는 근대사가들은 군대를 근대 초 유럽 정치체제 변화의 결정적인 요인들 중 하나로 꼽는다. 문제는 군대를 어디에서, 어떻게 충원하는가였다. 각국마다 징병제를 시도하기는 했지만 점차 인구의 대다수를 차지하는 농민을 동원하기보다는 독점 상인과의 계약을 통해서 손쉽게 군대를 조달할 수 있는 용병에 의존하게 되었다. 국민병제가 도입되었던 스웨덴 군대도 전쟁이 거듭될수록 용병의 비율이 늘어나 1632년의 상비군 14만 명 중 국민병은 10분의 1에 지나지 않았다. 하지만 용병은 장점보다 폐단이 훨씬 더 컸다. 손쉬운 미봉책에 의존하게 되면서 군사 행정체계가 왜곡되거나 해체되기도 했다. 극단적인 경우에는 용병 모집만이 아니라 군대의 일부 혹은 전체의 작전과 지휘까지 청부업자에게 위탁되기도 했다. 대제국 에스파냐가 유럽 패권 장악에 실패한 이유도 바로 여기에 있다. 에스파냐는 거대한 군대를 유지했으나 정작 그 군대를 관리할 효율적인 제도적 장치를 구축하지 못했던 것이다.

상비군의 조달과 유지는 군주의 재정 부담 능력에 직결되는 문제였다. 병사를 지칭하는 단어인 soldier(solidarii)가 금속 화폐를 지칭하는 라틴어 soldes에서 유래한 데에서도 드러나듯이 용병은 기본적으로 급료가 비쌌다. 더구나 용병은 충성심이 결여되어 있었기 때문에 급료가 제대로 지급되지 않으면 파업을 일으키거나 주둔 지역을 약탈했다. 급료를 제때 지급하지 못한 중앙정부가 군인들의 약탈 행위를 눈감아주거나 조장했기 때문에 이 시기에 군인들의 약탈 행위는 비공식적 임금으로 간주되었다. 그러나 대부분의 경우 전쟁은 여전히 일상적인 삶과는 유리된 것이었다. 전쟁터로부터의 소식을 접하기는 매우 어려웠으며 또 믿을 만하지도 못했다.

그럼에도 불구하고 대다수 유럽인들은 점점 늘어나는 세금을 통해서 전쟁의 고통과 부담을 피부로 느꼈다. 각국에서 군사비는 총지출의 50퍼센트를 넘었고 대규모 전쟁이 벌어지면 총수입을 초과하는 경우도 빈번했다. 패권 다툼에 앞장선 에스파냐와 프랑스의 경우에는 두말할 것도 없었고 경제적으로 발전한 약소국들도 인접한 강대국의 위협 때문에 재정 규모를 확대하지 않을 수 없었다. 중세 이래 가장 기본적인 재정 수입은 왕령지로부터의 수입이었다. 그밖에 각종 특권과 화폐 주조, 후추나 소금 등의 독점 판매권, 통행세 등이 주요한 수입원이었으며, 관세와 관직 매매, 귀족작위 매매 등 온갖 수단과 편법이 동원되었다. 반면 대규모 전쟁에 시달리지 않은 나라에서는 중세의 재정구조가 비교적 오랫동안 유지되었다. 예컨대 1600년 덴마크의 왕실 순수입 중 2분의 1은 왕령지에서 나온 것이었고 3분의 1은 발트 무역선으로부터 거둬들인 통행세였다.

반면 지속적으로 전쟁을 벌인 대부분의 나라들은 점차 왕령지 수입에 의존하던 중세의 재정구조에서 벗어나 조세에 의존하는 근대적인 재정국가를 향해 나아갔다. 항구적이고 보편적인 조세제도의 정착은 요원한 문제였지만 각국의 지배자들로서는 전쟁비용 충당이라는 급박한 현실을 뚫고나가기 위해서 다양한 명목으로 세금을 신설하거나 올리지 않을 수 없었다. 1560년경 프랑스와 에스파냐, 네덜란드에서 징수된 세금의 총액수는 현금과 현물 모두 합해서 100년 전의 6배에 달했다.

이 과정에서 과세동의권을 보유한 신분제의회(身分制議會)의 역할이 중요했다. 중세 이래 유럽 각국에는 다양한 명칭의 신분제의회가 존재했다.6) 그 구성과 역할은 나라마다 다르고 간혹 왕에게 불만을 제기하기도 했지만 신분제의회는 국가 조세의 동의와 설득, 독려의 역할을 하며 군주정과 함께 성장했다. 그러나 각국의 재정 수요가 폭발적으로 증가하면서 신분제의회의 반발이 거세졌다. 정치 지배자들은 이를 무마하기 위해서 의회를 지배한 특권층과 타협했다. 다시 말해서 의회를 지배한 특권신분층을 과세 대상에서 제외시켜줌으로써 의회의 과세동의권을 박탈하는 교묘한 정책을 썼던 것이다. 유럽의 많은 지역에서 엘리트 층이 완전히 혹은 부분적으로 면세특권을 누린 것은 이런 맥락에서였다. 하지만 그만큼 가난한 농민층의 몫은 늘어났다.

섬나라인 영국은 예외였다. 백년전쟁 이후 영국은 대륙의 문제에 개입을 삼갔고 상비군도 두지 않았다. 자연히 영국은 재정 규모 자체가 크지

---

6) 폴란드의 Sejm, 영국의 Paliament, 프랑스의 Etats-Généraux, 독일의 Reichstag, 카스티야와 포르투갈의 Cortes, 스웨덴의 Riksdag, 덴마크의 Rigsdag 등.

않았고 영구적인 조세도 없었다. 그로 인해서 과세동의권을 보유한 영국 의회는 국왕권을 제한할 수 있는 여지를 확보할 수 있었다. 더구나 신분별 구분 없이 전국에서 소집된 의회는 응집력을 발휘하며 왕실의 요구에 맞섰다. 따라서 엘리자베스 여왕은 재정 부족을 메우기 위해서 아버지처럼 교회 영지를 매각하거나 대부에 의존할 수밖에 없었다.

반면 끊임없이 전쟁에 휘말린 대륙국가인 프랑스의 상황은 정반대였다. 백년전쟁 이후 상비군의 규모가 꾸준히 늘어난 프랑스에서는 직접세인 타이유 세(taille 稅)가 정착되었다. 전체 재정 수입에서 차지하는 조세 부담률의 비중도 꾸준히 늘어났다. 그러나 조세의 할당과 징수는 공평하지도 획일적이지도 않았다. 지배층은 과세동의권과 면세특권을 맞바꾸었고 반왕당파의 정서가 뿌리 깊은 파리 시에도 정치적인 고려 차원에서 면세 혜택이 부여되었다. 면세특권을 확보하는 대신 과세동의권을 포기한 제1신분과 제2신분의 선택으로 말미암아 프랑스의 신분제의회인 삼부회는 점차 유명무실해졌다. 실제로 프랑스에서는 1614년 이후 프랑스 혁명이 일어난 1789년까지 삼부회가 한번도 소집되지 않았다. 카스티야에서는 1665년, 바이에른에서는 1669년 소집된 의회가 마지막이었다. 귀족의 면세특권이 유지된 브란덴부르크에서도 신분제의회의 권한이 현저히 약화되었다.

반면 스웨덴의 신분제의회는 다른 길을 택했다. 1520년 덴마크가 스웨덴을 침략하자 스웨덴의 귀족들과 농민들은 구스타브 바사를 중심으로 뭉쳐 덴마크를 격파했다. 1523년 스웨덴 국왕으로 즉위한 뒤 바사는 과감하고 단호하게 종교개혁을 추진했다. 몰수한 교회 재산을 낭비해버린 영국이나 독일과는 달리 스웨덴은 왕령지의 규모를 5배로 늘렸다. 전쟁에서의 승리와 효율적인 재정정책으로 귀족과 농민의 지지를 확보한 구스타브의 재정 요구에 신분제의회는 적극 동참했다. 스웨덴이 100만여 명의 인구로 레발, 리보니아, 에스토니아를 차례로 정복함으로써 북유럽의 패권을 장악하는 데에 성공한 비결은 바로 여기에 있었다. 전쟁의 경험을 통해서 봉건 사회의 초기 단계에서 돌연 가장 선진적인 근대 국가체제로 탈바꿈한 스웨덴의 경험은 전쟁과 근대 국가의 상관관계에서 가장 성공적인 사례로 인용된다. 이처럼 과세동의권을 둘러싼 정부와 의회의 관계, 그리고 지배계층의 과세 여부는 근대 국가로의 이행 과정에서 중요한 변수로 작용했다.

높은 조세 증가율에도 불구하고 대부분의 나라들은 전비(戰費) 증가율을 감당하지 못했다. 각국의 조세 부담능력은 16세기 중엽에 이미 한계점에 도달했다. 네덜란드는 간접세와 국채에서 돌파구를 찾았다. 일종의 재정혁명으로 일컬어지는 이러한 재정구조는 17세기에 가서야 다른 나라에 도입되었다. 대신 만성적인 재정 부족에 허덕이던 군주들은 대부라는 손쉬운 방법에 빠져들었다. 장기적인 경제 상승국면을 보였던 16세기에 군주들은 미래의 조세 수입을 담보로 비교적 수월하게 대부를 받을 수 있었다. 그 결과 각국마다 빚이 눈덩이처럼 불어났다.

16세기에 유럽 최대의 군대를 보유했던 에스파냐는 부채도 가장 많았다. 16세기 중엽 에스파냐는 총수입의 80퍼센트를 군사비로 지출했다. 황금 알을 낳아주는 거위인 아메리카로부터 엄청난 양의 귀금속을 공급받았지만 역부족이었다. 오히려 정규적으로 유입되는 귀금속 수입을 담보로 엄청난 돈을 빌려쓴 결과 아메리카의 부가 이탈리아나 동방으로 유출됨으로써 에스파냐는 은의 중간 경유지로 전락했다. 1556년에 즉위한 펠리페 2세는 부채와 이자 상환에 실패하고 1557년과 1560년 두 차례 파산했다. 이후에도 그는 점점 더 많은 조세를 저당잡혔고 관직 매매를 통해서 간신히 파산을 모면하기도 했지만, 1596년과 1607년에 에스파냐는 또다시 파산을 선언했다. 주기적으로 파산선고를 하지 않을 수 없었던 에스파냐와는 달리 프랑스는 관직 매매라는 미봉책에 의존함으로써 간신히 재정 파탄을 모면했다.

1618년에 시작된 30년전쟁은 국가 재정의 전환점이 되었다. 재정 규모가 비약적으로 확대되고 조세와 임시 수입이 늘어났다. 급작스러운 재정 수입의 증가는 조세 청부를 통해서 가능했다. 정부와의 담합을 통해서 조세 청부권을 획득한 대금융업자들은 먼저 거액의 선수금을 제공하는 대신 고리의 선취금을 공제함으로써 조세 징수액의 절반 이상을 중간에서 삼켜버렸다. 그럴수록 관리와 금융업자들은 거부가 된 반면 농민들의 부담은 더 커졌다. 관직 매매의 규모도 엄청나게 확대되어 17세기 중엽 유럽에는 거대한 관직시장이 형성되었다.

3-2. 관료제와 중앙집권화의 실상

여러 가지 폐해에도 불구하고 재정의 팽창은 일반적으로 국가 권력의 성장과 행정체제의 발달을 뜻한다. 특히 세금 징수와 출납을 전담하는 재정기구가 확대되면서 전통적인 법관직 외에 재무관직의 수가 급속도로 증가했다. 프랑스의 경우 1515년 4,000개에 불과하던 관직 수가 1665년 4만5,780개로 11배 이상 늘어났다. 양적 증가 못지않게 각국에서는 이전과는 다른 일처리 방식, 즉 서류작업이 일상화되고 행정조직이 체계화되었다. 정치 지배자들의 집무실은 각국에 파견된 대사들의 정규적인 보고서, 지방 관리들로부터의 보고서, 심의회의 문서, 재무 보고서 등 온갖 서류들로 가득 찼다. 산더미처럼 쌓인 서류를 자랑스럽게 여긴 펠리페 2세는 서류작업만으로 세계의 반을 통치할 수 있다고 호언장담했다. 극단적이기는 하지만 그의 예는 점차 관료화되는 16세기 정부의 단면을 보여준다. 16세기에 탄생한 국무비서의 존재는 바로 이러한 시대적 요구의 산물이다.

중세 이래 정치 지배자들은 고위 성직자들과 대귀족들로부터 정치적 조언을 받았을 뿐만 아니라 자문기구를 두었다. 군주의 기록을 담당한 상서청, 재정을 담당한 국고청, 왕실 법정의 재판관들은 국왕 관료로서 관료제의 기원을 이룬다. 국무비서는 그러한 국왕 관료들 중에서 발탁되었다. 그들은 대부분 군주를 최측근에서 보좌하던 공증인 출신들이다. 이는 국무비서의 역할이 군주의 서류작업을 보조하는 데서 출발했음을 의미한다. 15세기 말 이탈리아에서 이러한 서류작업을 분담해서 군주와 함께 국사를 처리할 국무비서들의 존재가 구체화되기 시작했다. 1500년경 밀라노 공작은 4명의 국무비서(정치, 사법, 종교, 재정)를 두었고 사부아에는 3명(외교, 궁내, 전쟁)의 국무비서가 활약했다. 1530년 영국에서는 토머스 크롬웰이 헨리 8세의 국무비서로 주도적인 역할을 했다. 프랑스에서도 대상서청 소속 국왕 공증인들이 국왕비서로, 나아가 국무비서로 발전해서 1547년부터 4개 부서를 담당하며 국사를 관장했다.

그러나 이 시기의 관료조직은 결코 합리적이거나 원칙에 따라서 운영되지는 않았으며 오히려 퇴행적 측면을 보이기도 했다. 국왕이 임명하고 봉급을 주는 관료조직을 통해서 국가의 통치 행위가 이루어지는 근대적 의미의 관료제가 형성된 시기는 사실상 그보다 훨씬 뒤이다. 근대적 관료제 형성의 최대 걸림돌은 전쟁이었다. 긴박한 재정 수요에 직면한 각국의 군주들이 관직 매매라는 편법을 통해서 쉽게 재정을 충당할 수 있게 되었기 때문이다.

관직 매매의 기원은 명확하지 않고 규모와 방식도 나라마다 다양했다. 계속되는 전쟁으로 만성적인 재정 적자에 시달리던 각국에서 귀족작위 매매 및 관직 매매와 같은 임시 수입의 비중이 높아지면서 관직 매매가 점차 공식화되고 보편화되었다. 관직 매매가 가장 성행한 곳은 자본주의가 어느 정도 발달하고 국가기구 증대의 필요성이 시급했던 프랑스였다. 17세기에 경제가 위축되면서 관직 매매는 더욱 진가를 발휘했다. 1620-1624년에는 국왕 수입의 38퍼센트를 차지할 정도였다. 이때부터 프랑스는 유럽 최대의 관직 매매 국가라는 명성을 얻게 되었다. 부르주아들이 무더기로 국가기구에 편입된 것도 이때였다. 관직 매매는 특히 현금 동원력이 있는 부르주아 층에게 매력적이었다. 관직 가격은 엄청났지만 관직 수행은 이자보다 훨씬 더 높은 부수입과 직위에 따른 권위를 보장해주었던 것이다. 부르주아 출신 관료들과 군주정은 서로에게 영향을 미치면서 사회와 군주정의 성격을 규정지어갔다.

공적 권위의 사적 소유방식인 관직 매매는 엄격한 의미에서 본다면 관료제의 취지와는 근본적으로 상반되는 것이었다. 관직 보유자의 최대 관심사는 국왕 권력의 수행보다는 가문의 명예와 지위, 금전적 이익을 추구하는 데에 있었다. 사적 이해관계를 충족시키기 위해서 공적 업무를 수행하던 관리들은 점차 왕의 통제력에서 벗어나게 되었다. 관직의 상속이 법적으로 인정되면서[7] 관직의 가산화는 곧 절대군주정의 봉건화라는 엄청난 대가를 지불해야 했다. 무분별한 군사적, 재정적 팽창주의가 정상적인 재정 운영을 왜곡시키고 이제 막 그럴듯한 외형을 갖추게 된 관료체계의 토대를 훼손했던 것이다. 그럼에도 불구하고 관직 매매는 재정 수입의 증대 외에도 손쉽게 행정기반을 구축하고 관직 상속을 통해서 높은 수준의 전문성을 유지시키는 등 관료제 형성에 적지 않은 공헌을 했다.

재정 압박이 상대적으로 약했던 영국에서는 관료제의 발달이 미약했으며 관직 매매도 뿌리를 내리지 못했다. 교역의 새로운 중심지로 부상한 네덜란드에서 관직 매매는 자본 흡입력을 발휘하지 못했다. 정반대로 동유럽에서 관직 매매가 활성화되지 않은 데에는 자본주의 발달이 미약하고 부르주아 세력이 부재한 탓이 크다. 대신 급박한 전쟁의 위협에 대처하는 가운데 발달한 동유럽의 관료제는 철저하게 군사적 성격을 띠었다. 이 점에서 1631년 스웨덴의 점령을 경험한 브란덴부르크는 놀라운 변화를 보였다. 스웨덴의 팽창주의에 대항하기 위해서 상비군과 조세를 인정

---

7) 1604년 프랑스에서 신설된 관직세는 매년 관직 매입가의 60분의 1 납부를 조건으로 관직의 상속을 공식적으로 인정해주었다.

하고 군복무에 응한 융커(Junker) 계급은 군고위직을 차지했으며 그들이 소속된 군 최고사령부는 재정, 이민정책, 상공업까지 총괄하며 모든 행정 기구를 통제했다.

거대한 관료제가 형성된 에스파냐와 프랑스는 각각 레트라도스(letrados)와 지사(Intendant)를 파견함으로써 기존 관료제의 폐단을 극복하고자 했다. 특히 프랑스의 지사는 매직 관리가 아니라 국왕 임명관이라는 점에서 근대적인 관료제의 효시로 평가된다. 사법, 경찰, 재정의 전권을 위임받은 지사는 '왕의 눈'이라고 불리며 지방화, 가산화한 매직 관리에 대한 통제력을 강화해서 재정 수입을 증대시키는 임무를 부여받았다. 리슐리외에 의해서 공식화된 지사제는 루이 14세 치세에 전국으로 확대되면서 루이 14세의 중앙집권화를 대변했다. 그러나 5-6명의 제한된 인원과 조직을 갖춘 지사들 역시 지방세력에 압도되고 효율적인 통치를 위해서는 지방의 엘리트 층과 타협하지 않을 수 없었다.

이렇듯 절대군주정의 전형으로 일컬어지는 프랑스의 경우에도 관료제의 규모는 오늘날에 비해서 턱없이 제한적이었고 작동방식도 효율적이지 못했다. 더구나 당시에는 아직 수송체계와 도로 여건이 미비한 상태여서 지역 간의 소통 자체가 어려웠다. 특히 하나의 통치권에 통합되기에는 지나치게 광대한 합스부르크 제국은 이질적인 정치적 결합체에 불과했다. 카스티야와 아라곤 두 왕국은 하나의 이름으로 통합되기는 했지만 동일한 조세체계나 사법기구에 의해서 통치되기는커녕 단일 화폐가 통용되지도 못했다. 중앙에 의한 통제는 덴마크, 사부아-피에몬테, 포르투갈처럼 상대적으로 작은 국가들에서나 가능했다. 그렇지 않은 대부분의 나라에서 중앙집권화는 사실상 엉거주춤한 상태에 머물렀고 군주정은 다양한 전통과 개별적인 정치 단위들로 구성된 혼합체에 불과했다. 따라서 영주와 농민의 일상적 삶은 군주정의 변화와는 무관하게 촌락 단위의 사회경제구조에 지배되었다.

4. 국가와 사회

그렇다면 정치체제로서의 절대군주정은 유럽 사회에 어떠한 변화를 초래했을까? 다시 말해서 폭력과 조세를 독점하는 과정에서 국가와 사회의 관계는 어떻게 바뀌었을까? 국가와 사회를 연결 짓는 매개 역할을 한 것은 전쟁이었다. 어느 누구도 전쟁이라는 지상 과제를 무기로 점점 압박해오는 국가의 촉수에서 벗어나지 못했다. 전쟁을 통해서 귀족은 전통적인 전사귀족으로서의 지위를 회복하고 국사에 참여할 수 있었다. 그렇지 못한 평민층 대다수는 무거운 국가 조세에 시달렸다. 페리 앤더슨은 이런 맥락에서 절대군주정을 재편성된 봉건적 지배기구로 간주했다. 절대군주정의 근대성과 봉건성을 둘러싼 역사가들의 논쟁은 이후에도 계속되고 있으며, 여전히 해결될 기미가 보이지 않는다. 그럼에도 불구하고 절대군주정의 귀족적 성격에 대해서는 대체로 의견의 일치가 이루어졌다.

4-1. 귀족의 변신과 혼합

오랫동안 절대군주정의 형성은 곧 귀족의 몰락과 동일시되었다. 중세 말 이후 군주권에 의한 영토 통합 과정에서 영주권이 약화되었음은 분명하다. 16세기 이후 종교전쟁의 소용돌이에서 과거를 동경한 귀족은 반란을 일으키며 독자적인 정치세력을 구축하려고 했으나 실패했다. 자본주의로의 이행 과정에서 귀족이 부르주아에 비해서 상대적으로 불리한 여건에 직면한 것도 사실이다. 그러나 이러한 인식은 19세기 부르주아 역사학에서 비롯된 오해일 뿐이다. 베네치아 귀족들은 올리브유와 목재 사업으로 새로운 경제 활로 개척에 앞장섰는가 하면 오스트리아, 헝가리, 보헤미아의 대지주들은 광산업에 투자했다. 정치적 측면에서도 군주와 귀족 사이의 긴장 상태가 조성되고 귀족들이 다양한 방식으로 저항하기도 했지만 기본적으로 귀족은 군주정의 변화에 일조했다.

'싸우는 자'로서 봉건귀족과 태생적 동질성을 가진 군주들은 무기와 전술상의 변화에도 불구하고 귀족의 군사적 봉사를 필요로 했다. 상비군의 핵심 부대는 하급 귀족층에서 모집되고 상급 귀족이 지휘권을 행사하는 중무장 기병대였다. 대신 귀족은 전통적인 사회적 우월성과 수입을 보장받았다. 군주와 귀족의 결합은 서유럽에서보다 동유럽에서 더 보편적이었으며 견고했다. 모스크바 공국의 이반 4세 시대에 귀족들은 영구적인 군복무를 조건으로 변경지대의 토지에 새롭게 정착했다. 봉건적 계서제가 뿌리내리지도 상업과 도시가 미처 발달하지도 못한 당시 상황에서 스웨덴 귀족들이 선택할 수 있는 유일한 대안은 군복무의 대가로 은대지(恩貸地)를 지급하는 군주였다. 부유한 상인이나 관료층의 성장에 밀려 상대적 박탈감을 느끼고 있던 서유럽의 지방귀족들에게도 군복무는 귀족으로서의 특권을 유지할 수 있는 보루였다.

이처럼 근대 초 유럽에서 군주와 귀족의 관계는 대체로 군주가 정치적, 법적 강제권을 독점하는 대신 귀족의 사회경제적 특권을 강화시켜주는 방향으로 전개되었다. 귀족은 면세권과 영주재판권 등 전통적인 특권 외에도 상석권과 교수형을 면할 권리, 문장과 무기를 착용할 수 있는 권리 등 다양한 사회적 특권을 누렸다. 다양한 사회계층은 이처럼 사회적 지위와 부가 보장되는 귀족을 동경하며 귀족사회에 침투하기 위해서 온갖 수단을 동원했다. 우선 무장 가능한 부르주아들은 군복무에 동참함으로써 귀족으로 변신하는 데에 성공했다. 이탈리아의 용병대장들도 전제 군주들에게 충성을 맹세하고 귀족 신분을 부여받았다. 피렌체와 베네치아의 대상인들은 상업을 통해서 축척한 부로 영지를 사들이고 귀족생활을 즐겼다. 이러한 상인층의 귀족화 현상은 16세기 후반 이후 이탈리아 경제의 취약성을 보여주는 한 징후이자 원인이었다. 그밖에도 부유하거나 재능이 뛰어난 평민층이 관직 매매를 통해서 귀족 신분을 획득했다.

각국마다 남발된 국왕 특허장(lettre patente, Briefadel)도 평민의 때를 씻어주는 비누 역할을 했다. 군주정에 공헌한 자에게 부여된 이 특허장은 중세 이래 귀족 만들기의 가장 쉬운 방편으로 활용되었다. 독일의 영방 군주들은 신성 로마 황제의 승인 없이 귀족의 작위를 부여함으로써 독립권을 과시했다. 엘리자베스 1세는 귀족 작위의 수여에 인색했던 반면, 제임스 1세는 귀족 작위를 통해서 선심 쓰기를 즐겼다. 시간이 흐르면서 국왕 특허장은 점차 군주정의 재정 확보수단으로 변질되었다.

이렇듯 새로운 귀족집단이 전통적인 귀족집단에 합류하면서 귀족 수가 늘어났다. 지역마다 다양하기는 하지만 16세기에 귀족 수는 대체로 전 인구의 2-3퍼센트 정도였으나 주변지역으로 갈수록 늘어나 에스파냐에서는 10퍼센트에 달하기도 했다. 이는 정치사회적 혼란을 이용해서 신분 상승을 꾀한 신흥귀족의 수가 많았기 때문이다. 또한 귀족사회를 동경한 이들이 부와 권력을 무기로 전통귀족과 통혼함으로써 전통귀족과 신흥귀족 사이의 구분은 점차 희미해졌다.

영국 귀족은 16세기를 거치며 수적 증가를 보였을 뿐만 아니라 사회경제적 활력을 띠었다. 소수에 불과한 작위귀족(peerage)보다는 지방 토지귀족인 젠트리의 약진이 두드러졌다. 1543년 프랑스와의 전쟁을 벌인 헨리 8세가 수장령을 통해서 몰수한 교회 재산의 상당 부분을 젠트리에게 매각함으로써 그러한 징후는 더욱 뚜렷해졌다. 1540-1560년대 영국 전체 인구는 2배 증가한 반면 젠트리의 수는 3배나 늘었다. 패전 이후 군사적 무장의 필요성이 없어지자 젠트리는 수익성 높은 양모 생산에 주력하면서 상업에 더욱 깊숙이 침투했다. 의회에 의존하지 않고도 확고한 경제적 기반을 마련할 수 있는 기회를 놓친 군주정은 허약해진 반면 젠트리는 경제적으로 빠르게 성장했다. 법적으로는 작위귀족과 구분되지만 사회적으로는 별다른 차이가 없던 젠트리는 경제적 기반을 토대로 16세기 후반 하원 의석 수의 75퍼센트를 차지하고 지방 행정의 핵심인 치안판사직을 독점하며 지방 사회에서 핵심적인 역할을 했다.

영국에 비하면 대륙의 귀족사회는 사뭇 위계화되었다. 여기서도 전쟁문화가 강한 영향을 미쳤다. 수직적이고 상호의존적인 봉건적 유대관계가 엄격한 명령체계에 의해서 움직이는 군조직의 생리와 결합하면서 서열과 위계가 강화되었던 것이다. 원칙상 봉건적 충성관계의 무게 중심이 국왕에게 옮겨지고 군통수권자인 국왕이 위계질서의 정점에 존재하는 피라미드 구조가 체계화되었다. 그에 따라 새로운 작위체계가 도입되었고 공작, 백작, 후작 순으로 분화되었다. 이렇듯 일반적인 상식과는 달리 유럽에서 귀족의 개념과 서열이 명확하게 제시되기 시작한 것은 중세가 아니라 절대군주정 아래에서였다. 그것은 귀족의 사회적 차별성을 강화시키는 한편 위에서 아래로의 사회 통제를 철저히 하기 위함이었다. 각국에서는 작위의 체계화와 더불어 그에 따른 서열, 위계, 품계 등이 엄격히 구분되었을 뿐만 아니라 주기적으로 사치 금지령이 내려지기도 했다.

17세기에 각국에서 시도된 가장 적극적인 사회 통제정책은 결투 금지령이다. 결투는 중세 이래 유럽에서 정당한 자기 보호수단으로 간주되었으며 사회 전반에서 흔히 목격되는 현상이었다. 특히 귀족들은 결투를 귀족문화의 특권이자 상징으로 여겼다. 그러나 국가의 입장에서 보면 사적 폭력의 형태인 결투와의 전쟁은 국가가 온갖 폭력의 형태를 독점하고 법적인 정당성을 확보하는 과정에서 마땅히 거쳐야 할 관문이었다. 그러나 17세기에 각국에서 반복된 결투 금지령은 결투가 결코 근절되지 않았음을 의미한다. 실제로 17세기 중엽 유럽에서는 수백 명의 귀족이 결투로 목숨을 잃었고 19세기까지도 결투는 완전히 사라지지 않았다.

4-2. 후견조직망

이렇듯 봉건세력들의 복속과 재조직화는 결코 순조롭게 진행되지 않았다. 왕족들이나 대제후들은 국왕으로부터 공작이나 백작, 후작의 작위를 부여받았지만 지방에서 그들의 영향력은 여전히 막강했다. 지방귀족들은 대영주인 그들과의 봉건적 유대관계를 쉽게 저버리지 못했다. 더구나 장래가 불투명한 지방귀족들에게 대귀족과의 관계는 관직 알선이나 경제적 측면 등 여러 면에서 유익했다. 이렇게 해서 대귀족들과 지방의 하급귀족들 사이에는 수직적이고 기생적인 인적 그물망이 구축되었다. 이러한 유대관계는 결혼이나 우정 등을 통해서 더욱 견고하고 광범위해졌다. 이른바 후견제는 근대 초 유럽에서 널리 파급되었던 사적인 관계망을 일컫는 역사적인 개념이다.

후견제는 중세 가신제의 변형일까 아니면 물질적 이득과 권력의 재분배를 통해서 끊임없이 사적 관계를 복제하는 공적 권력 그 자체의 속성일까? 후견제의 전형적인 형태는 특히 프랑스, 영국, 네덜란드 남부에서 나타났지만 그밖의 지역에서도 유사한 형태가 존재했다. 중세 말 이후 유럽 전역에서 나타난 후견제는 기본적으로 귀족사회의 유대관계이며 지배와 복종의 수직적이고 불평등한 결합이다. 이런 점에서 후견제는 중세의 가신제와 흡사한 점이 많다. 그러나 명예와 신뢰, 충절의 어휘가 난무하는 후견제의 본질은 물질적 이해관계에 있었다는 점에서 가신제와 성격을 달리한다. 후견제는 귀족의 전유물도 아니었다. 실제로 이탈리아의 경우 도시 엘리트 층 사이에서는 후견제가 깊숙이 뿌리내리고 있었을 뿐만 아니라 농촌에도 깊숙이 침투했다. 다만 후견제를 증명해주는 사료들의 대다수가 귀족들이 남긴 기록이기 때문에 귀족 고유의 현상처럼 보일 뿐이다.

근대 초에 재충전되고 변질된 이 근대판 가신제는 사법, 재정 관리에게까지 침투했다. 지방귀족이 관직을 매입했건 아니면 역으로 관직에 오른 다음 귀족작위를 획득했건 작위와 관직은 호환적이었기 때문에 국가기구 내에 경쟁적인 후견조직망이 형성되었다. 국가 권력이 아직 충분히 성장하지 못한 단계에서 이러한 사적 유대관계는 지배계층에의 합류를 가능하게 하는 유용한 사회적 관계망 역할을 했다. 더구나 이 피라미드 구조는 권력의 요체인 궁정 파벌에 연계되었다. 그 결과 공적 업무는 관직에 부여된 법적인 권한보다는 사회적 지위와 비공식적인 영향력, 개인과 가문, 당파에 좌우되었다. 17세기 중엽 후견제는 더 이상 귀족들 간의 사적 유대관계에 그치는 것이 아니라 고도의 권력 작동방식이었던 것이다.

각국의 정치 지배자들은 국가와 사회지배층 전체에 걸쳐 복잡하게 얽혀 있던 이러한 인적 그물망을 활용했다. 특히 루이 14세는 이 점에서 탁월한 능력을 발휘했다. 수석대신 리슐리외와 마자랭이 소수의 추종세력에 의존했던 것과는 달리 그는 모든 대귀족들을 궁정에 끌어들임으로써 지방사회의 후견조직망을 자신을 정점으로 하는 다단계 동심원으로 재조직했다. 절대군주의 전형으로 일컬어지는 루이 14세의 지배방식은 콜베르의 업적으로 대변되는 중앙집권화와 관료화라는 제도적 개혁보다는 귀족들과의 위계적이며 조화로운 관계의 형성과 유지였던 것이다. 이런 점에서 보면 근대 초 유럽에서 재구축된 귀족의 지배체제는 국가의 일방적인 강권의 결과도 봉건귀족 세력이 거둔 승리의 결과도 아니다. 그것은 국가와 사회 엘리트 층 사이에서 이루어진 고도의 복합적인 타협의 산물이다.

4-3. 궁정사회와 궁정문화

사회적 우월성과 전통적인 특권에 집착하던 귀족이 지배 엘리트로 변신하는 과정은 나라마다 다양했지만, 절대군주정의 중요한 정치사회적 측면을 이루었다. 그런 점에서 왕과 귀족의 만남의 공간인 궁정을 설명하지 않고는 왕과 귀족, 정치와 사회의 긴장과 타협을 이해할 수 없다.

궁정은 왕이 거주하는 사적 공간이자 정부가 위치한 공적 공간이었다. 왕의 공적인 업무와 사생활이 미분화된 상태였던 근대 초 유럽에서 궁정은 권력의 심장부 역할을 했다. 따라서 16세기 이후 군주권의 성장에 비례해서 궁정의 규모도 확대되었다. 각국의 군주들은 신민들과 다른 나라의 군주들을 압도하기 위해서 경쟁적으로 화려하고 웅장한 궁전을 건설하고 더 많은 인원을 끌어들였다. 군대에서처럼 궁정에서도 귀족에게 맡길 직위가 마련되었다. 높은 사회적 지위와 부가 수반된 궁정 시종직은 귀족의 충성심을 확보하는 데에 효과적이었다. 연금과 하사금도 중요한 미끼였다.

궁정의 팽창이 본격화된 것은 16세기 후반부터이다. 그 이전에 유럽의 군주들은 끊임없이 이동했다. 카를 5세는 치세 내내 거대한 합스부르크 제국을 질주했으며 프랑수아 1세도 1만8,000필의 말들을 대동하며 이동생활을 했다. 엘리자베스 1세도 귀족들의 성을 전전하며 잉글랜드 남부를 훑었다. 그러나 16세기 후반부터 각국의 군주들이 런던, 파리, 마드리드, 스톡홀름에 거주하는 기간이 늘어나면서 수도의 입지가 강화되었고 궁정의 중요성이 부각되었다. 16세기 후반부터 군주들의 지방 순행이 줄어들면서 신민과의 접촉 기회도 드물어졌다. 펠리페 2세는 선왕인 카를 5세와는 달리 자신의 위엄이 손상될 것을 우려하며 공식순행을 삼갔다. 그는 마드리드 외곽에 엘에스코리알 궁전을 건설한 뒤에는 그 안에 틀어박혔다. 앙리 3세도 수많은 도시민들이 운집한 도시 입성식을 꺼렸다. 대신 그는 궁정의례에 더 관심을 기울였다.

궁정에서는 모든 권력이 왕에게 속한 것처럼 보이게 하기 위해서 궁정사회의 모든 행위들을 지배하는 공적인 상징성이 요구되었다. 궁정의 대소사가 일종의 의식으로 조직화되고 사소한 일상생활조차 일정한 절차와 의전을 준수하는 궁정의례로 체계화된 것은 그런 이유에서였다. 이러한 궁정의례의 기원은 12세기 중세 유럽의 궁정으로 거슬러올라간다. 이 시기에 기사들은 싸우는 자로서의 기능이 약화되면서 기사로서의 가치를 이상화한 기사도를 통해서 사회적 우월성을 강변했다. 궁정의 규모가 커지면서 궁정의례는 더욱 엄격한 형태로 발전했다. 궁정에 거주하게 된 귀족에게는 모든 일상생활을 일련의 의식체계로 정형화시킨 궁정예절이 강요되었다. 식사하는 모습은 마치 발레 동작 같았고 수시로 열리는 무도회에서 추는 춤은 품행을 겉으로 드러낼 수 있는 가장 훌륭한 신체적 기술로 인식되었다. 기병의 특권을 보장해주던 말 타기는 육체 길들이기의 방편인 승마로 바뀌었다.

이처럼 궁정예절을 익히는 과정을 거치며 귀족들은 점차 사적인 폭력을 행사하는 습관과 거친 행동, 문맹의 오랜 타성에서 벗어나 교양 있고 세련된 궁정인이나 절도 있는 장교로 바뀌어갔다. 발다사레 카스틸리오네의 『궁정인(*Cortegiano*)』(1528)은 전사귀족에서 세련된 궁정귀족으로 변해가던 당시의 사회상을 반영한 책이다. 이탈리아의 궁정이라는 폐쇄된 공간 안에서 완벽한 형태로 정형화된 궁정예절의 기준과 지침을 구체적으로 묘사한 『궁정인』에 의하면 귀족의 조건은 더 이상 출생이 아니라 문학과 예술의 감상능력과 우아한 매너 등이다. 실제로 나라마다 차이가 있기는 하지만 17세기 말의 귀족은 사회적 역할과 책무, 거주지뿐만 아니라 사고와 행동 방식에서 중세 말의 귀족과 사뭇 달랐다.

각국의 군주들은 경쟁적으로 엄격하면서도 화려한 궁정문화를 도입했다. 이러한 궁정의례를 일상생활의 틀 속에 가장 위엄 있게 정형화한 인물은 루이 14세이다. 1682년 베르사유에 영구 정착한 루이 14세는 지난 몇 세기 동안 계속되어온 마구잡이식의 변화를 정비하여 궁정생활을 유례없이 엄격하게 조직화하고 체계화하는 데에 성공했다. 유럽의 군주들은 이러한 베르사유의 궁정문화를 도입하고 모방했다. 독일의 사회학자 노베르트 엘리아스는 『궁정사회(*Die höfische Gesellschaft*)』(1969)에서 베르사유의 궁정예절을 사회 지배를 위해서 국가 권력이 고안한 정교한 통제방식으로 보았다. 엘리아스의 설명처럼 예절이 궁정의례의 원칙으로 자리잡게 된 데에는 국가 권력의 가공할 힘이 작용했음을 부인할 수 없다. 그것은 결투의 금지, 사치 금지법 등 사생활을 통제하는 일련의 조치와 같은 맥락이다. 하지만 궁정의례라는 외적 행태를 복종의 결과로만 단순화시키는 것은 위험하다. 외적인 복종은 무조건적인 것이 아니라 그 이면에서 이루어진 권력과 부의 분배라는 뒷거래를 담보로 한 것이었기 때문이다.

베르사유라는 폐쇄적인 궁정사회를 중심으로 정교하게 가다듬어진 문화적 모델은 궁정 바깥으로 확산되었다. 궁정에 초대받지 못한 대다수 귀족들이 누구보다 먼저 경쟁적으로 궁정예절을 받아들였다. 귀족사회를 동경한 부르주아의 모방심리 역시 문화적 하향화에 역동적인 힘을 발휘했다. 17세기에 유행한 수많은 예절서가 그 증거이다. 1528년 베네치아에서 처음 출판된 『궁정인』은 이탈리아에서만 62쇄가 출판되었으며 1619년까지 60개 언어로 번역될 정도로 인기를 누렸다. 예절서의 주 고객은 부르주아와 지방귀족들이었다. 그들에게 예절이란 사회적으로 출세하고 인정받기 위해서 필요한 몸가짐 가다듬기 전략에 다름 아니었다. 그와 더불어 궁정의례도 점차 '문명' 혹은 '교양'이라는 이름으로 바뀌었다.

5. 반란과 혁명

귀족은 국가와 더불어 성장하고 강력해졌다. 그렇다고 해서 국가와 귀족이 항상 조화로운 관계를 유지했던 것은 아니다. 심리적인 면에서나 물질적 기반에서나 국가로부터 독립해 있던 대귀족들은 끊임없이 저항의 기회를 찾았다. 그들을 뒷받침하던 후견조직망이 그들의 분리주의를 조장하며 부추겼다. 군주의 세력이 약하거나 미성년인 왕의 치세에는 대귀족들의 존재 자체가 반란의 불씨로 작용했다.

귀족의 저항은 종종 농민 반란과 결합했다. 그와 더불어 중세 말 이래 유럽에서 끊이지 않던 농민들의 소요 혹은 반란의 규모와 성격도 바뀌었다. 과거에 농민들의 불만과 저항의 대상은 영주들이었다. 독일 농민전쟁에서처럼 간혹 급진적인 사회개혁이 요구되기도 했다. 그러나 국가 조세의 부담이 늘어나면서 저항의 대상이 영주에서 국가로 바뀌었다. 16세기 내내 계속된 전쟁과 재정 부족, 증세의 악순환 속에서 농민과 도시민들은 조세에 불만을 터뜨리며 반란을 일으켰다. 1520-1521년 카스티야의 코무네로스 반란, 1536-1537년 영국 은총의 순례단의 반란, 1538-1540년 겐트 도시민들의 반란, 1542-1543년 에스파냐 살라망드의 농민 반란, 1548년 프랑스 기엔의 반란 등은 조금씩 성격이 다르지만 모두 조세 저항의 색채를 띠었다.

그러나 반란은 대부분 오래 지속되지 않았고 쉽게 진압되었다. 카스티야에서 반란이 급진적인 성격을 띠자 귀족들은 오히려 반란군 진압에 앞장섰다. 사회질서의 동요를 우려하여 국왕 편에 선 귀족들의 선택은 에스파냐 절대군주정의 성격에 심대한 영향을 미쳤다. 다른 경우에도 지방 사회의 지배층은 대체로 반란의 진압을 도왔다. 반란을 일으켰던 농민들도 스스로 군주의 적이 아니라 충성스런 신하로 자처했고 군주권의 회유에 쉽게 넘어갔다.

17세기에 기후 불순과 경제 침체, 인구 감소가 계속되자 농민들과 도시민들의 불만은 더욱 과격해졌다. 프랑스, 카탈루냐, 나폴리, 보헤미아, 영국에서 거의 동시에 크고 작은 소요와 반란이 계속되었다. 귀족의 선동과 자극으로 반란은 종종 군주정을 위협하는 사태로 번지기도 했다. 이 시기에 귀족의 반란을 경험하지 않은 나라로는 아마도 스웨덴이 유일할 것이다. 반면 에스파냐의 귀족들은 번번이 민중 반란에 합세했다. 특히 아메리카의 광산 위기로 은의 유입이 감소하고 교역량 자체가 크게 위축되면서 1640년 에스파냐는 최악의 상황에 처했다. 전쟁비용을 떠맡고 있던 카스티야의 재정은 그야말로 마비 상태였다. 에스파냐의 취약한 재정구조와 군주정의 무모함은 카탈루냐와 나폴리 곳곳에서 반란을 초래했다. 독자적인 체제를 유지하던 카스티야와 아라곤을 통합하려는 올리바레스의 개혁 시도는 사태를 악화시켰을 뿐이다.

17세기 유럽의 경기 침체와 각국의 동시다발적인 반란을 설명하기 위해서 1950년대에 이른바 '17세기 위기론'이라는 가설이 제시되었다. 최초로 문제를 제기한 영국의 역사가 에릭 홉스봄은 반란을 유럽 경제가 자본주의로 이행하는 구조조정 과정에서 나타난 현상으로 간주했다. 이후 17세기 위기론은 반란과 전쟁의 정치사회적 위기 연구로 확대되면서 수많은 역사가들의 이목을 집중시켰다. 그러나 장기적인 관점에서 자본주의적 세계체제의 탄생을 분석한 이매뉴얼 월러스틴은 17세기를 위기 개념으로 설명하기를 거부했다. 17세기 반란은 전쟁으로 인한 재정 악화와 농민의 조세 부담률이 부의 원천인 토지의 부양능력을 초과한 상태에서 폭발한 농민들의 조세 저항이라는 것이다.

조세 저항은 각국의 정치적 특성 및 지역 분리주의와 같은 불안 요소들과 중첩되면서 종종 정치사회적인 위기로 확대되었다. 그러나 16세기의 위그노 전쟁이나 네덜란드 반란과는 달리 17세기 반란에서는 종교가 커다란 역할을 하지 못했다. 반란자들은 정치적 대안을 제시하거나 군주정 타도를 목표로 삼지도 않았다. 강압적인 정부에 저항했을 뿐만 새로운 정치 질서를 시도하지 않은 카탈루냐와 포르투갈의 분리주의자들의 경우처럼 반란자들은 대부분 절대군주의 정통성을 인정했으며 기존 정치 구조를 전복시킬 의사가 없었다. 17세기 유럽에서 일어난 반란 대부분 이러한 한계에서 벗어나지 못했다. 프랑스 혁명 이전 프랑스에서 일어난 최대 반란인 프롱드 난도 예외가 아니었다.

5-1. 프롱드 난

1630년대 이후 프랑스 군주정은 밖에서는 합스부르크와의 패권 다툼을 벌이고 안에서는 무수한 반란에 맞서는 힘겨운 싸움을 계속했다. 프롱드 난은 그 마지막 시험대였다. 반란의 계기를 제공한 것은 리슐리외의 뒤를 이어 수석대신이 된 마자랭이었다. 30년전쟁이 막바지에 달한 1646년 그는 전통적으로 면세특권을 인정받아온 파리 시민들에게 세금을 부과했다. 1648년 파리 시민들이 바리케이드를 치며 저항을 시작했다. 중세 왕실법정에서 유래한 최고법원인 파리 고등법원(Parlement de Paris)도 관습법 준수와 지사제 폐지를 요구하며 반발했다. 파리 고등법원의 저항에 전국의 고등법원들이 동참하고 마자랭에 대한 불만에 가득 찬 대귀족들이 합세하면서 반란은 5년 동안 전국으로 확대되었고 모든 사회계층이 반란에 동참했다.

그러나 엘리트 층의 정치사회적 저항과 민중세력의 폭력이 결합했음에도 불구하고 프롱드의 난은 현실적인 면에서나 이데올로기의 측면에서 위그노 전쟁보다 덜 위협적이었다. 프롱드파는 마자랭을 표적으로 삼았을 뿐, 국왕권 자체를 문제삼지 않았다. 귀족과 고등법원, 민중의 결합도 취약한 것이어서 한때 정국을 무정부 상태에 빠뜨리기도 했던 프롱드의 난은 1653년 어이없을 정도로 쉽게 진압되었다. 이후 프롱드파는 앞다투어 왕에게 충성을 맹세했다. 프랑스 역사가 필로르제가 '복종의 전염병'이라고 표현한 이러한 현상의 실체는 무엇일까? 무엇보다 먼저 파리 고등법원을 위시한 고위 관리들은 반란에 선두에 섰으나 관직 매매를 통해서 국가기구에 합류한 그들의 심성과 이해관계는 근본적으로 국왕주권과 맥을 함께 했다. 반란을 일삼던 귀족들도 마찬가지였다. 국왕권의 붕괴가 오히려 자멸을 초래하리라는 점을 잘 알고 있었던 그들은 이제 왕실과 타협하고 외형적이나마 절대군주의 우위를 인정했다. 부르주아 역시 민중층의 폭력에 직면하여 재산권을 보호하고 사회적 안정과 질서 유지를 위해서 국왕 편에 섰다. 기존 체제와 질서의 변화를 두려워하던 농민층 역시 타성의 힘에 젖어 곧 복종의 자세로 되돌아갔다.

프롱드 난을 진압한 이후 프랑스 군주정은 더욱 강해졌다. 흔히 1661년 친정을 선포한 루이 14세의 강력하고도 단호한 조치와 체계적인 국가체제가 그 이유로 거론된다. 실제로 루이 14세는 1673년 국왕 입법에 의견을 제시해온 파리 고등법원의 간주권(諫註權, le droit de remontrance)을 금지했다. 전통적으로 조세 할당액의 결정권을 누려온 지방 삼부회의 권한도 제한되었다. 전국은 총 32개의 징세구로 나뉘었으며 지사가 파견되었다. 대귀족이 독점했던 지방 총독직도 3년으로 제한되었을 뿐만 아니라 궁정 거주를 강요당함으로써 총독은 실질적인 권한을 상실했다. 이런 맥락에서 루이 14세는 절대군주의 전형으로 일컬어진다. 그러나 이러한 정치적 단호함은 제스처에 지나지 않았다. 루이 14세는 귀족들과 고등법원 법관들에게 이전보다 훨씬 더 많은 경제적 특권과 사회적 우월권 등을 통해서 안정된 지위를 보장해주었다. 절대군주정의 승리는 제도적 개혁과 효율성보다는 지배층에게 많은 것을 양보함으로써 힘겹게 얻어낸 타협의 산물이었던 것이다. 그 과정에서 관료제와 조세 등 새로운 측면은 전통적인 가치와 위계, 그리고 지방의 이해관계와 결합하는 가운데 본래의 성격이 퇴색되거나 아예 변질되었다.

5-2. 영국 혁명

오랫동안 귀족들의 시대착오적인 권력 다툼으로 폄하되어온 프롱드난과는 달리, 비슷한 시기에 일어난 영국 내전은 영국 혁명으로 승격되어 입헌군주정으로의 정치적 발전을 위한 필연적인 과정인 것처럼 설명되어왔다. 그러나 17세기 초 영국의 정치적 상황은 충돌이 불가피한 상태가 아니었다. 다만 영국의 정치적 전통은 여러 측면에서 대륙과 달랐다. 특히 의회의 존재가 예외적이었다. 지방과 도시의 자치세력이 미약했던 영국에서는 전국적인 구도를 기반으로 한 의회가 입법권을 행사했을 뿐만 아니라 지방 공동체의 의견을 정책 결정에 반영하며 정치적 구심체 역할을 했다. 엘리자베스 여왕은 과세권을 무기로 왕권에 맞서는 의회와 종종 불화를 빚기도 했지만 충돌을 피하고 의회를 존중하는 태도를 취했다. 1603년 엘리자베스 1세의 사망 이후 프랑스식의 절대군주정을 이상으로 하던 스코틀랜드 출신의 새 왕 제임스 1세가 즉위하며 이러한 정치 전통이 무시되었다.

15-16세기 동안 스코틀랜드는 영국과의 끊임없는 국경분쟁으로 쇠약해질 대로 쇠약해졌다. 영국의 압력을 견제하기 위해서 스코틀랜드는 프랑스와 동맹을 체결했지만 프랑스의 노골적인 내정 간섭은 오히려 스코틀랜드인들에게 외국인 혐오증을 불러일으켰다. 도시 세력과 귀족은 프랑스인의 통치에 맞서 반란을 일으켰고 이때 스코틀랜드에 뿌리내린 칼뱅 교파인 장로교(presbyterianism)가 중요한 역할을 했다. 이후 귀족들의 권력 다툼으로 혼란을 거듭하던 스코틀랜드는 1587년 제임스 6세가 정권을 장악한 이후 안정을 되찾았다. 그러나 1603년 헨리 7세의 후손인 그가 영국 왕으로 즉위하면서 인구 75만 명의 스코틀랜드는 영국에 통합되었다.

이렇게 해서 전혀 다른 두 정치체가 동일한 가문의 지배 아래에서 결합됨으로써 새로운 스튜어트 왕조가 출현하면서 정치 상황이 갑자기 바뀌었다. 더구나 영국의 정치 문화에 낯선 새 국왕은 영국 사회를 이해하지도 이해하고 싶어하지도 않았다. 그는 절대군주정을 추구했지만 영국에서는 절대군주정의 수행 자체가 어려운 상황이었다. 전통적으로 상비군을 두지 않았던 영국의 조세 수입은 17세기 초 프랑스의 3분의 1 혹은 4분의 1에 지나지 않았다. 재정 규모가 작았던 만큼 관료제의 발달 역시 뒤늦었다. 재정과 관료제의 한계를 극복하기가 쉽지 않자 왕은 국가 이데올로기로서 왕권신수설을 공언하고 국교회 예배의식에 가톨릭의 요소들을 강화시켰다. 그러자 의회 내에 상당한 지지 기반을 갖춘 청교도 세력이 반발하면서 정치적, 종교적 대립구도가 형성되었다.

그럼에도 불구하고 스코틀랜드에서 정치적 경험을 쌓은 제임스 1세는 타협적인 편이었다. 반면 정치적 경험이 없는데다가 내성적인 성격의 찰스 1세(1625-1649)는 1625년 즉위 후 완고한 국교주의자 로드 대주교 및 스트랫퍼드 백작과 같은 소수의 귀족에게 의존했다. 뿐만 아니라 부왕보다 더욱 왕권신수설을 신봉한 그는 의회를 무시했다. 에스파냐 및 프랑스와의 전쟁에 휘말리면서 찰스 1세와 의회의 관계는 더욱 악화되었다. 재정 확보를 위해서 왕은 온갖 수단을 동원했다. 관세를 부과하고 기사 서임에 대한 부과금을 징수했으며 독점권과 작위를 남발했다. 또한 대상인들에게 대부를 강요하고 이를 거부하는 자들을 투옥시켰다. 찰스 1세의 전제정치는 젠트리 층의 반발을 가중시켰고 의회는 왕의 과세권을 비판했다. 1628년 의회는 왕의 과세권의 제한 등이 포함된 '권리청원(Petition of Rights)'을 강요했다. 그러나 찰스 1세는 재정지출을 줄이는 한편 자의적으로 과세권을 행사하며 의회를 무시하는 태도를 취했다.

1638년 찰스 1세의 무모함은 도를 지나쳐 스코틀랜드에서 가톨릭 교회의 토지 반환과 십일조의 부활을 명령했고 영국 국교회의 종교의식을 강요했다. 스코틀랜드 장로교가 저항하자 찰스 1세는 반란의 진압에 나섰으나 실패했다. 영국의 절대군주정은 군대를 갖추지 못한 대가를 톡톡히 치렀던 것이다. 1640년 그는 전비 마련을 위해서 영국으로 되돌아와 의회를 소집했다. 그러나 의회는 그의 요구를 거절했다. 그렇다고 해서 1640년의 정치적 충돌이 곧바로 내전으로 발전한 것은 아니다. 상원과 하원에는 여전히 왕당파가 다수였고 의회파도 왕과의 전쟁을 상상하지 못했다. 1641년에 일어난 아일랜드 반란으로 사태가 악화되면서 1642년 마침내 내전이 터졌다. 1643년 전세는 여전히 왕당파에 유리했다. 그러나 젠트리 출신인 올리버 크롬웰이 등장하면서 전세가 역전되었다. 1645년 독실한 청교도인 그는 철기군을 조직해서 네스비에서 결정적인 승리를 거두었다. 의회파는 1649년 1월 30일 찰스 1세를 처형하고 공화국을 선포했다. 이렇게 해서 영국의 절대주의는 미처 성숙하기도 전에 꺾여버렸다.

아일랜드(1649-1652), 스코틀랜드(1650-1652)를 차례로 정복한 크롬웰은 1653년 스스로 호국경의 자리에 올랐다. 그의 치세 동안 영국은 상대적으로 안정되었다. 그러나 군대를 배경으로 헌법과 제도적 전통을 무시한 그의 독재정치는 종종 의회와 마찰을 빚었다. 1655년 지방 권력을 비엘리트 층에게 이전시키려는 소장제(少將制)와 풍기단속법 등의 지나친 청교도적 금욕정책은 사회를 경직시키고 불만을 누적시켰다. 1658년 그의 뒤를 이어 호국경이 된 리처드 크롬웰의 정치적 무능력과 독재가 되풀이되자 의회는 프랑스에 망명 중이던 찰스 2세(1660-1685)를 복귀시켰다. 이로써 약 20년간 계속된 정치 위기는 일단락되었다.

왕정복고 초기에 찰스 2세는 신중한 자세를 취했다. 그러나 시간이 흐를수록 그가 가톨릭에 우호적인 태도를 보이자 의회는 1673년 비국교도의 공직 취임을 금지하는 심사령(Test Act)을 제정했다. 이때부터 의회 내에서는 왕을 지지하는 토리파와 그 반대파인 휘그파가 형성되었다. 1685년 찰스 2세의 동생 제임스 2세(1685-1688)의 즉위 이후 노골적으로 친가톨릭 정책이 실시되면서 상황은 악화되었다. 그는 심사령을 폐기하고 런던 인근에 상비군을 주둔시키는 등 전제정치를 시도했다. 그러나 아들을 두지 못한 제임스 2세의 왕위가 네덜란드 총독 오라녜 공과 결혼한 개신교도 메리에게 돌아갈 것이었기 때문에 의회는 왕과의 직접적인 대결을 피했다. 1687년 제임스 2세의 아들이 탄생하면서 사태는 역전되었다. 가톨릭 왕의 즉위 가능성을 우려한 의회는 오라녜 공과 메리를 영국 왕으로 추대했다. 1689년 제임스 2세가 프랑스로 망명을 떠남으로써 영국은 무혈혁명, 이른바 '명예혁명(The Glorious Revolution)'을 이룩할 수 있었다.

17세기 유럽에서는 수많은 반란이 일어났지만 영국을 제외한 어느 나라에서도 사회 각계층의 광범위한 지지를 받는 근본적인 저항이 되지는 못했다. 역사가들은 이 점을 강조하며 종종 17세기 영국사를 유럽 대륙의 역사와 분리시켜 설명한다. 그러나 영국 내전도 초기에는 국왕의 독재와 강압에 대한 저항에서 출발했으며 내전으로의 발전 과정에서 모습을 드러낸 종교적, 정치적 급진주의 역시 과거지향적 성향을 띠거나 잠재적 취약성을 드러냈다. 그럼에도 불구하고 명예혁명은 단순히 왕의 교체에 그치지 않고 왕보다 의회의 우위를 인정한 '권리장전(Bill of Rights)'[8]을 통해서 유럽에서 가장 먼저 입헌군주제로의 길을 마련하는 데에 성공했다.

16세기 이후 종교 분쟁과 패권 다툼이 뒤엉키면서 유럽 대부분의 나라들은 전쟁에 휘말렸다. 근대 초 유럽의 국가체제와 운영은 전쟁에 의해서 지배되었다고 해도 과언이 아니다. 전쟁은 거대한 상비군 유지와 천문학적인 액수의 전비를 요구하며 엄청난 희생과 고통을 초래했지만 그와 동시에 국가 지배체제가 형성되고 정치 엘리트 층이 형성되는 기회를 제공했기 때문이다. 각국마다 차이가 있기는 하지만 재정 충당과 운영을 위해서 조세제도가 정착되고 관료제의 규모와 인원이 비약적으로 확대되고 세분화되었다. 국가와 사회의 관계 역시 전쟁을 통해서 재편되었다. 중세 말 이래 반란에 앞장섰던 봉건귀족은 왕의 명령에 복종하는 국왕군에 편입되었고 부르주아 층은 국왕 관리의 주요 축을 이루었으며, 영주의 지배 아래에 살던 농민층은 국가 조세의 납세자가 되었다. 그러나 이 모든 제도와 변화는 전쟁 수행이라는 비상체제를 유지하고 재정을 충당하기 위해서 시도된 미봉책에서 비롯된 것일 뿐, 일정한 계획에 따라서 체계화된 것이 아니었다. 따라서 근대 초 유럽의 국가체제는 일관되지도 합리적이지도 않았으며 그 안에는 새로운 요소와 중세 봉건적 요소가 뒤섞여 있다. 그러한 국가체제는 프랑스 혁명기까지 유지되었다.

---

8) '권리청원'을 확대한 '권리장전'의 공식적 명칭은 '신민의 권리와 자유 및 왕위 계승에 관한 법'이다. 제임스 2세의 권력 남용을 열거하며 의회의 동의 없는 과세, 평화시의 상비군 유지 등을 불법으로 선언하고 의회의 소집과 자유토론 등 의회의 권리를 명시한 '권리장전'은 영국 입헌주의 역사상 가장 중요한 문서이다.

제6장
계시와 이성의 세계

　16세기 말에 엄청난 인기를 누린 윌리엄 셰익스피어의 문학작품에서는 인간이 유령과 대화를 나누고 점쟁이의 예언대로 불행이 닥치고 죽은 사람이 연금술사의 약을 먹고 되살아나기도 한다. 이처럼 마술과 신비에 지배된 세계에서 자신과 자연에 대한 인간의 통제력은 지극히 제한적이다. 셰익스피어가 묘사한 세계가 어디까지 사실인지는 알 수 없다. 그러나 중요한 점은 당시인들 대부분이 셰익스피어가 묘사한 세계에 공감하고 그와 유사한 세계관을 가지고 있었다는 사실이다.

　그러나 17세기 말이 되면서 유럽 사회는 달라졌다. 과학자 아이작 뉴턴의 명성은 영국에서만이 아니라 유럽 대륙에서도 자자했다. 뿐만 아니라 천문학, 역학, 생리학 등 과학의 발전에 기반한 새로운 우주관과 과학적 사고가 유럽인들의 삶에 영향을 미치기 시작했다. 이런 점에서 17세기는 흔히 과학혁명의 시대로 일컬어진다. 그러나 과학혁명에 공헌한 인물들은 대부분 독실한 신자였고 그들이 연구와 발명에 매진하게 된 것은 신의 세계와 진리를 밝히기 위함이었다. 전체적으로 보면 17세기 유럽인들은 여전히 신앙의 문제에 지배되었던 것이다. 실제로 유럽에서는 가톨릭이건 개신교건 종파들 간의 신학 논쟁이 끊이지 않았고 과학적 발견이 제기한 문제보다 더 사람들의 관심을 끌었다.

1. 교리, 믿음, 사회

1-1. 교리 논쟁과 국교주의

종교개혁 이후 개신교 지역에서는 루터와 칼뱅의 신학 이론이 채택되었고 가톨릭 지역에서도 개혁의 원칙이 공포되었지만 신학자들의 논쟁은 끊이지 않았다. 종교적 관용이 허용된 네덜란드와 프랑스는 이러한 교리 논쟁의 온상이 되었다. 특히 칼뱅파의 주도로 에스파냐로부터 독립함으로써 정치적, 종교적 자유를 쟁취한 네덜란드는 논쟁의 본거지 역할을 했다. 종교전쟁 과정에서 가톨릭과 개신교의 지배권이 엎치락뒤치락하는 가운데 노출된 엄청난 양의 교회 문서도 신학자들의 교리 논쟁을 부추겼다.

17세기 신학 논쟁에서는 가톨릭과 개신교 사이의 공방도 계속되었지만 같은 종파 내에서의 교리 시비가 더욱 치열했다. 최대의 쟁점은 개인의 구원 문제였다. 4세기에 아우구스티누스와 펠라기우스가 벌인 논쟁 이후 구원론은 교회가 해결해야 할 영원한 숙제였다. 구원에는 신의 은총이 절대적이라는 아우구스티누스와, 구원에서 인간의 자유의지의 역할을 역설한 펠라기우스의 입장이 신학자들에 의해서 되풀이되면서 해묵은 논쟁이 계속되었다. 종교개혁과 더불어 이 문제가 다시 수면 위로 떠오르고 본격화되었다. 가톨릭과 개신교 신학자들 모두 아우구스티누스의 구원론을 받아들였다. 그의 구원론의 핵심은 인간의 본성은 악하다는 비관론과 구원을 받으려면 신의 은총을 받아야 한다는 은총론이다. 이러한 구원론은 교회를 통한 집단 구원의 관행을 제거하고 선행을 통한 구원마저 부정한 개신교 측에서 더 절박하게 요구되었다. 실제로 루터 자신이 아우구스티누스주의자였고 칼뱅의 예정론도 은총론과 유사했다.

칼뱅 정통주의를 채택한 네덜란드의 종교 지도자들은 예정론을 절대화하는 종교적 엄격주의에 기초하여 교리와 신앙의 문제를 체계화했다.

하지만 칼뱅 신학의 지나친 선민의식과 배타주의적 성격은 개신교가 사회 저변에 확대되는 것을 방해했다. 1603년 네덜란드의 신학자 야코뷔스 아르미니우스가 칼뱅 정통주의를 공격하면서 레이텐 대학 교수 프랜시스퀴스 고마루스와 아르미니우스 사이에 치열한 논쟁이 벌어졌다. 아르미니우스가 구원의 길에서 인간의 자유의지에 의한 선행을 인정하자 칼뱅 정통파는 그의 주장을 가톨릭의 부활로 몰아붙였다. 도시의 하층민들과 대다수의 농민들은 칼뱅의 구원론을 지지한 반면, 완화된 구원의 길을 제시한 아르미니우스주의는, 특히 네덜란드와 영국의 상류층에게 호소력을 발휘했다. 구원론과 예정론을 둘러싼 교리 논쟁은 자연히 계급 간의 이해관계의 대립으로 확대되었다. 1617-1618년 도르트에서 개최된 주교들의 대의원회에는 네덜란드만이 아니라 영국과 대륙의 칼뱅파 지도자들이 참여하여 대대적인 논쟁을 벌였고 여기에서 정통주의가 재확인되었다. 그러나 교리 시비가 자칫 사회계층 간의 불화로 확대될 것을 우려한 종교 지도자들은 아르미니우스와 타협하고 이데올로기적 소모전을 자제했다. 이렇듯 네덜란드에서는 칼뱅 정통주의가 채택되었지만 사회계층 간의 화합을 위해서 타협이 이루어지면서 종교적 관용이 베풀어졌다. 이후 네덜란드는 다양한 종파의 개신교는 물론 유대교와 가톨릭까지 온갖 종파와 사상가들의 망명지가 되면서 유럽 사상의 중심지로 부상했다.

가톨릭 내부에서도 개인 구원의 문제에 관한 신학 논쟁이 벌어졌다. 종교전쟁으로 인한 혼란과 신자들의 느슨한 종교관행을 고려한 예수회는 신자 확보를 위해서 고해성사의 완화를 주장하며 은총과 인간의 자유의지의 조화를 이론화한 상황윤리론을 주장했다. 인간은 지적 능력과 의지를 통해서 악을 파악하고 선을 행할 수 있는 능력을 지녔다고 믿는 이러한 주체적인 인간 개념은 다분히 르네상스 정신의 영향을 받은 것이다. 반면 네덜란드 신학자 코르넬리스 얀센은 예수회 신학자들의 도덕적

해이함을 공격하며 아우구스티누스 은총론의 완벽한 실천을 주장했다. 철저한 고해성사와 경건하고 엄격한 신앙생활을 강조한 얀센의 주장은 가톨릭 성직자들과 식자층에게 파급되어 지지를 받았다. 특히 얀센과 개인적 친분을 나누던 프랑스의 고위 성직자 생시랑을 통해서 얀센 신학은 프랑스의 지배층에게 소개되고 빠른 속도로 전파되었다.

얀센과 예수회의 싸움은 칼뱅 정통파와 아르미니우스의 논쟁과 본질적으로 동일하다. 둘 사이에는 치열한 공방이 계속되었지만 교황은 결정적인 의사 표현을 회피했다. 얀센의 신학 이론은 교회개혁과 종교적 열정의 부활을 추구하는 가톨릭 개혁과 맥락은 동일했지만 칼뱅파와 유사점이 많았기 때문이다. 예수회도 얀센을 개신교도라고 비난했다. 교황은 논쟁자들에게 침묵을 강요하면서 타협책을 모색하기 위한 시간을 끌었다. 1640년 교황은 갑자기 종전의 태도를 바꾸어 얀센의 주장을 이단으로 선포하고 그와 추종자들을 파문했다. 누구보다도 강력하게 얀센의 단죄를 요구한 것은 프랑스의 리슐리외였다. 1635년 얀센이 개신교 국가들을 지원하며 가톨릭 종주국인 에스파냐에 선전포고를 한 리슐리외를 로마 교회의 배반자라고 비난했기 때문이다. 종교적 절대주의를 신봉한 얀센의 이론은 힘의 논리에 기반한 절대군주정과는 근본적으로 양립 불가능한 것이었다. 1661년 루이 14세의 친정 이후 얀센주의자들은 명확한 증거가 없었음에도 불구하고 프롱드 난에 연루되었다는 의심을 받고 종교적 박해와 정치적 탄압의 표적이 되었다. 얀센주의 문제는 위그노 박해와 강제 개종으로 이어졌고 마침내 1685년 낭트 칙령의 폐지로 귀결되어 프랑스의 종교적 관용을 물거품으로 만들어버렸다. 프랑스 왕국의 통일에 대한 루이 14세의 집념은 프랑스인들의 지지를 받았고 성직자들은 그러한 추세에 합류했다. 종교적 관용이 자양분이 되어 싹튼 프랑스에서의 신학 논쟁은 정치적 이해관계에 연루되면서 정반대 방향으로 마무리되었던 것이다.

이처럼 종교개혁으로 단일 기독교 왕국의 전통이 깨지고 유럽 사회는 종교적 관용을 향해 나아가는 듯했으나 역설적이게도 국교주의가 강화되었다. 아우크스부르크 조약에서 채택되고 베스트팔렌 조약에서 재확인된 종교 선택의 기준은 정치 지배자의 종교였다. 그때부터 '하나의 신앙, 하나의 왕'의 원칙에 따라서 정치 지배자의 종교가 신민에게 강요되었고 국교주의가 지배적인 추세로 정착되었다. 정치적인 이해관계에 따라 종교가 선택되고 물질적 가치에 의해서 종교적 가치가 좌우되면서 국교주의는 더욱 강화되었다. 낭트 칙령의 폐지는 그러한 국교주의의 결정판인 셈이다.

영국은 프랑스와는 다른 경로를 통해서 국교주의를 재확인했다. 역사가들은 저마다 영국 내전의 다양한 원인을 제시하지만, 종교적 측면을 배제하고 영국 내전을 설명하기란 불가능하다. 찰스 1세와 완고한 국교주의자 로드 대주교의 가혹한 국교화 정책은 청교도뿐만 아니라 민중 신앙 속에 잠복해 있던 종교적 활력을 분출시키며 다양한 종교적 반대파를 형성시켰다. 특히 신성과의 일체를 추구하며 신비주의적 감수성에 호소하는 소수 종파는 국가와 교회의 눈에 위험스러운 존재로 비추어졌다. 실제로 에덴 동산을 꿈꾸던 디거파(Diggers)[1]는 모든 지배체제의 전복을 요구했으며 수평파(Levellers)[2]를 통해서 독일 농민전쟁에서 모습을 드러냈던 평등주의의 망령이 되살아나기도 했다.

왕정복고 이후 의회는 심사령을 통해서 종교적 반대파를 분쇄하기 위

---

1) 디거파는 1649-1650년 영국 내전 당시 나타난 여러 종교 분파들 중에서도 가장 급진적이었다. 교회의 위계는 물론 사회의 계급구조를 부정하며 토지의 소유제 폐지와 균등 분배를 주장한 이들은 실제로 공유지를 경작하며 공동체 건설을 시도했으나 정부의 탄압으로 해체되었다.

2) 수평파는 평등파라고도 불린 종교 분파로 1645년 릴번의 주도하에 의회주의와 인권 보장을 담은 인민협정을 발표했다. 소상인, 장인, 도제 등 도시의 소 부르주아 층으로 구성된 이들은 사회경제적 평등을 지향한 디거파와는 달리 정치적 평등을 추구했으나 1649년 크롬웰의 정책을 반대하는 반란을 일으켰다가 탄압당한 후에 해체되었다.

한 일련의 조치를 취했다. 그러나 가톨릭 교도인 제임스 2세의 즉위로 국교 문제는 마지막 시험대에 올랐다. 영국 의회와 국교회는 제임스 2세의 왕위를 박탈함으로써 국가 통합 이데올로기로서의 국교의 건재함을 과시했다. 그럼에도 불구하고 영국 의회는 1698년 비국교도를 인정하는 관용법(Act of Toleration)을 통과시켰다. 종교적 관용과 국교주의가 서로 모순되는 개념이었음에도 불구하고 양립 가능했던 것은 현실적 이해관계 때문이었다. 영국 국교회는 종교적 통합에 기초한 신국(神國) 건설이라는 무모한 이상을 포기한 대가로 오히려 종교적 헤게모니를 장악할 수 있었던 것이다.

이처럼 비국교도가 법적으로 허용된 영국에서조차 국교의 필요성이 인정되었듯이 17세기 유럽사에서 국교는 필수불가결한 존재였다. 국교는 한 사회의 다수에게 정체성을 확인시킬 수 있는 일종의 제도적 장치로 여겨졌기 때문이다. 정치사상가들과 신학자들도 교회와 국가의 결합을 인정하고 지지했다. 그러나 그것은 두 세력 사이의 동등한 결합이 아니었으며 세속적인 국가 권력의 무게가 압도적이었다. 1660년 왕정복고 당시 영국 목사들은 자율적인 과세권을 포기하지 않을 수 없었다. 전통적으로 강력한 권한을 유지했던 스웨덴의 루터파 목사들과 제네바의 칼뱅파 장로들조차도 점차 지방 사법 당국의 지배를 받게 되었다. 특히 독일의 루터파 목사들은 세속적인 지배자들에게 맹목적인 복종의 자세를 취했다.

1-2. 이단 재판과 마녀 사냥

국교는 다수의 종교라는 미명하에 순응주의와 획일화를 요구했다. 동질적인 사회의 구축은 종교개혁 이후 도래한 종교적 재정복 시대의 이상이자 과제였다. 그러려면 비정상적인 행위를 하거나 이질적인 사람들과 이방인 등 내부의 적들을 소탕해야 했다. 권위를 손상시킨 사람, 도덕적으로 문란한 사람, 신기한 마술이나 새로운 사상을 유포한 사람, 개혁을 요구한 사람, 기존의 질서에 위배되거나 견해를 달리하는 사람 등 이질적인 집단은 언제, 어디서나 존재했다. 다만 누군가 희생양을 필요로 한 이 시기의 배타적인 종교 분위기를 빌미로 교회와 사법 당국은 그들에게 이단자, 마녀, 무신론자라는 이름을 붙였을 뿐이다.

이단 재판

종교개혁 이전부터 온갖 부류의 사람들이 이단이라는 미명하에 죽어 갔다. 이단 재판과 처형의 역사는 중세 이래 유럽사의 일부였다. 종교재판소(inquisition)는 여러 나라에 존재했으나 이단과의 싸움을 위한 의미의 종교재판소는 1252년 인노첸시오 4세(1243-1254)가 교황청 소속 종교재판소에 이단에 대한 심사와 고문을 허용하면서 공식화되었다. 이단 재판이 가장 성행했던 나라는 단연 에스파냐였다. 15세기 중엽 이베리아 반도에서 이슬람 세력을 몰아낸 이후 에스파냐의 건국사는 문자 그대로 이단 퇴치의 역사였다. 사회 깊숙이 뿌리내린 이슬람 세력을 근절해야 했던 에스파냐는 1478년 교황으로부터 종교재판소의 설립과 운영에 관한 전권을 인정받았다. 이단 시비의 최우선적인 희생양은 기독교로 개종한 이슬람교도 모리스코스(Moriscos)와 유대인 콘베르소(Converso)였다. 그들은 단지 고해성사를 하지 않거나 이슬람식 복장을 하거나 심지어 가톨릭교도인 주인에게 불손하다는 이유로 재판에 회부되었다. 도처에서 모리스코스와 콘베르소에 대한 즉결재판이 공개적으로 이루어졌고 잔인한 고문 끝에 그들을 화형에 처하는 절차가 순식간에 진행되었다. 일부는 강제로 동원되고, 일부는 호기심으로 모인 인근 주민들에게 이단 재판과 처형의 공포 분위기는 그 어떤 강제보다도 효과적이었다.

1483-1498년 에스파냐의 종교재판소는 2,000명에 이르는 이단자를 화형에 처형했다. 그들 중 상당수는 정치적 반대세력이었다. 실제로 세

속 법관들과 국왕 관리로 구성된 종교재판소는, 특히 에스파냐에 병합된 네덜란드, 나폴리, 시칠리아에서 정치적 불순세력을 근절시키는 정치적 무기로 이용되었다. 1567년부터 1573년까지 8,000명의 네덜란드 도시 엘리트 층을 이단이라는 죄목으로 공개 처형한 에스파냐 종교재판소의 악랄함은 네덜란드인들의 분노를 폭발시키는 기폭제 역할을 했다. 1536년 포르투갈에 설립된 종교재판소 역시 이단 심문이라는 미명하에 정치적 반대파를 제거하는 역할에 충실했다.

로마 교황청 내에 이단 재판을 위한 종교재판소가 설립된 것은 1542년이다. 신앙의 통일성을 유지하고 교리상의 오류를 바로잡기 위해서 추기경들과 교황청 관리들로 구성된 이 종교재판소는 여러 지방의 종교재판소의 상급 재판소 역할을 했다. 16세기 말 북이탈리아의 방앗간 주인 메노키오에 대한 최종판결이 내려진 곳도 이 로마 종교재판소이다. 라틴어 이외의 성경 자체가 금기시되던 당시에 이탈리아어 성경을 읽었다는 점에서 그는 반교회적이었으며, 발효되는 치즈처럼 지구가 발생하고 천사와 인간은 치즈에 생기는 구더기와 같다고 말한 점에서 그는 물질적 우주관을 신봉하는 반기독교도였던 것이다. 주변 사람들보다 약간 부유해서 불신과 시기를 받았으며 그들이 모르는 이상한 책을 읽을 수 있었던 메노키오는 그가 속한 농촌 사회에서는 특이한 인물이었지만 사실상 평범한 촌부에 불과했다. 따라서 그의 비극은 이탈리아 역사가 진즈부르그에 의해서 복원되기 이전까지 오랫동안 역사 속에 묻혀 있었다. 반면 1632년 같은 곳에서 이단으로 사형선고를 받은 갈릴레오의 재판은 당시부터 유럽 사회를 떠들썩하게 했을 뿐만 아니라 오늘날까지도 교황청이 행한 오류의 대명사처럼 거론된다.

마녀 사냥

이단자에 대한 잔혹한 처형의 뒤를 이어 유럽에서는 대대적인 마녀 사냥이 이루어졌다. 마녀 사냥은 15-18세기에 걸쳐 나타났지만 지속적인 현상이 아니라 때로는 완만하고 때로는 급격한 수적 변화를 보였다. 특히 1570-1630년에는 마녀 사냥이 전염병처럼 전 유럽을 할퀴고 지나갔다. 매년 300회 이상의 마녀 재판이 이루어졌고 6만 명 이상이 처형되었다. 그중 5분의 4가 여성이었다. 유럽 사회가 종교전쟁과 내란의 상처가 채 아물기도 전에 마녀 사냥이라는 명분하에 수많은 사람을 처형한 이유는 무엇일까? 게다가 처형당한 사람들은 왜 대부분 여자였을까? 마녀는 실제로 공중을 날아다니며 동물로 변신하고 농작물에 피해를 주거나 이웃을 해쳤을까?

근대 초 유럽인들은 마녀의 존재를 믿었지만 오늘날까지도 마녀들의 잔치인 사바트(sabbath)의 현장이 발각된 적은 없다. 대부분은 혹독한 고문을 당한 용의자들의 자백에 의존한 재판기록이 전부이다. 마녀는 유럽 기독교의 역사만큼이나 오랜 역사를 가지고 있다. 민중 신앙의 미신적인 측면을 상징하는 존재인 마녀는 중세에 비교적 관대한 대접을 받았다. 그러나 십자군 전쟁의 실패 이후 마녀는 정신적, 사회적 위기의 희생양이 되기 시작했다. 교회와 지배층은 마녀 사냥을 정당화하기 위해서 마녀에게 악마적인 요소를 덧씌웠다. 마녀 사냥의 성격과 강도는 시대와 지역에 따라서 달라졌다. 낙관주의적인 인문주의 시대인 16세기 초반에 공백기를 거친 후에 마녀 사냥은 16세기 후반 극적으로 부활했다. 종교 분쟁의 광신적 분위기에서 지배층이 민중층의 불안과 군중심리를 교묘하게 이용하면서 마녀 사냥은 절정에 달했다. 의심과 밀고에 의해서 도처에서 전개된 즉석 여론재판은 군중을 흥분시키며 분위기를 고조시키고 심문, 고문, 자백 등 왜곡되고 비뚤어진 사법 행위로 군중의 판단력을 마비시켰다.

마녀 사냥의 원인으로 흔히 종교적 측면이 거론된다. 그러나 마녀 사냥을 자세히 들여다보면 종교적인 측면보다 훨씬 더 뿌리 깊고 끈질긴 지적, 법적 요인이 작용했음을 파악할 수 있다. 최근의 문화사 연구는 마녀 사냥을 교회와 사법 당국의 문화적 헤게모니와 민중문화에 대한 억압의 차원에서 설명한다. 마녀로 지목된 여자들은 대부분 훌륭한 이야기꾼이거나 정규교육을 받은 적이 없으면서도 박식하고 또 가벼운 질병을 치료해주거나 해산에 놀라운 솜씨를 보이는 인물들이었다. 촌락의 감초이자 전통의 파수꾼들인 그녀들은 민중문화에 대한 집단기억의 전달자들이었다. 그러나 이제 정의 구현자로서 권위를 높이고 권력을 강화해 나가야 할 사법 당국과 믿음의 체계를 재정립해야 할 교회에게 그녀들은 눈엣가시처럼 불편한 존재였으며 사회 정화를 위해서 제거되어야 할 대상이었던 것이다.

교회가 주도하던 마녀 사냥은 점차 세속 법정으로 넘겨졌고 그 처형 비율도 급격히 증가했다. 지리적으로는 도시보다 농촌에서, 변경 지역에서 더 성행했다. 정치적으로 취약한 국가, 이를테면 중앙 권력이 미약하여 지방 법원이나 사적 폭력체계가 법적 주도권을 행사하던 지역에서 마녀 사냥이 더욱 극심했다. 따라서 프랑스와 영국에서는 상대적으로 마녀의 처형 비율이 낮았고 독일 남서부에서는 높았다. 마녀 사냥이 절정에 달하면서 점차 재판의 과실과 처형의 혹독함에 대한 문제가 거론되기 시작했다. 특히 식자층 사이에서 마녀 사냥에 대한 회의론이 제시되었고 그에 따르는 동조자가 점점 늘어났다. 마녀 재판에 회부되었으나 죄가 없음이 밝혀져 풀려나는 사례가 속출한 것은 법관 개인의 판단이라기보다는 이러한 시대적 변화와 관련이 있다. 의학의 발달도 마녀에 대한 믿음을 약화시키는 데에 기여했다. 의사들은 마녀의 존재를 완전히 부정하지는 않았지만 마녀의 행동이나 자백이 악마의 존재 때문이 아니라 히스테리나 정신착란 상태일 뿐이라고 진술했다. 17세기 후반을 고비로 마녀 사냥은 사그라졌다. 18세기에 유럽인들의 생활조건이 나아지면서 마녀 사냥은 소멸했다. 이단 재판이 혼란한 정치 상황을 반영한 것이라면 마녀 사냥은 거칠고 불확실한 근대 초 유럽 사회의 자화상이다. 종교적 변화와 과도기적인 사회윤리적 긴장 상태를 극복하기 위해서 유럽은 지독한 몸살을 앓았던 것이다.

여성에 대한 인식의 변화

마녀 사냥을 이해하기 위해서는 단순히 교회와 지배층의 지배권 구축으로만 설명될 수 없는 복잡하고 미묘한 문제를 고려해야 한다. 무엇보다 먼저 처형된 사람들 거의 대부분이 여성이었다는 점이 의미심장하다. 더구나 마녀로 낙인찍힌 여성들은 농촌에 사는 미망인들이 대부분이었다. 가난하고 소외된 여성들에게 가해진 집단 테러에는 근대 초 더욱 완강해진 남성들의 가부장적 인식과 비뚤어진 여성관이 작용했음에 틀림없다. 마녀 사냥이 한때 여성사의 주제로 각광받았던 것은 바로 이러한 시각에서였다.

전통적인 가톨릭 사고방식에 의하면 여성은 죄의 근원이다. 교회는 이브의 딸인 여성은 성적인 간교함을 지닌 열등하고 위험한 존재이기 때문에 남자의 지배를 받아야 한다고 역설했다. 사회적인 측면에서도 크건 작건 결혼 지참금을 주어야 하는 딸은 부모에게 부담스러운 존재였다. 도시에서의 몇몇 경우를 제외하고는 여성이 독립적인 경제 행위를 하는 경우는 드물었다. 예를 들면 네덜란드와 북이탈리아의 도시에서는 여성이 직물업 혹은 여관업 종사자나 약제사로 활약하거나 문자해독력을 갖추고 식자공, 교정공이 되기도 했다. 그러나 대체로 여성의 사회적 역할과 자유는 제약을 받았다. 결혼과 지참금 문제로 인해서 여성의 정치적, 법적 지위도 남성들보다 낮았으며 여성은 공적 집회에 참석하지도 공적인 역할을 하지도 못했다. 다만 왕실의 여성들은 예외였다.

인간성을 재발견하고 인간의 존엄성을 인식한 르네상스에서도 여성은 제외되었다. 르네상스 문학에서는 사랑과 여성이 이상화되었으나 여성의 역할은 남성에게 자비와 복종을 바치는 존재로 그려졌다. 가정이나 사회에서 여성의 역할과 지위는 오히려 중세보다 더 낮아졌다. 종교개혁을 거치며 여성에 대한 시각은 더욱 왜곡되었다. 개신교는 성경에 나타난 여성의 원죄를 더욱 강조했고 루터와 그의 지지자들은 여성 혐오적인 글을 발표했다. 문학작품에서는 수다스럽고 남성의 역할을 독점하려는 여성에 대한 우려가 표출되기도 했다. 더구나 마녀 사냥과 더불어 난교 파티를 벌이는 마녀의 이미지가 전파되면서 여성에 대한 혐오감은 극에 달했다.

종교적 재정복의 시대에 기독교 윤리를 바탕으로 한 사회규범이 강요되면서 가톨릭과 개신교 모두 여성의 역할에 주목했다. 이러한 경향은 성직자의 독신 원칙을 철폐함으로써 결혼의 가치를 재확인하고 가정을 기독교 진리를 전파하는 등불로 간주한 개신교에서 더욱 두드러졌다. 가정 예배와 기도를 가정생활의 중심으로 한 개신교 가정에서는 여성의 위상과 역할이 사뭇 중요해졌다. 이때부터 사회문화적으로 어둠의 세계에 갇혀 있던 여성의 존재가 새롭게 부각되기 시작했다. 애정에 기초한 결혼관이 제시되고 성차별이 완화되기도 했다. 그러나 그것은 여성의 독자적인 역할이나 주체성을 제거하고 예속화를 강화시킴으로써 얻어낸 부산물에 불과하다. 새로운 가정의 모델로 가족중심주의가 강조되면서 가부장적 권위가 이전보다 훨씬 더 강화된 동시에 정숙, 순종, 절제 등 여성을 억압하는 전통적인 가치관도 더욱 철저하게 요구되었다. 신 앞에서 만인의 평등이라는 개신교 이론은 교묘한 미끼에 불과했던 것이다. 가정을 침해하는 행위 역시 철저한 규제의 대상이 되었다. 사생아는 유기되었고 임신한 하녀는 내쫓겼으며 매춘은 금지되었고 동성애, 수간 등 비정상적인 성생활은 범죄시되었다. 반면 매춘을 포악한 남성으로부터 정숙한 여성을 보호하는 사회의 필요악으로 간주한 가톨릭은 매춘에 대해서 비교적 관용적인 태도를 유지했다.

가톨릭에서도 전통적인 촌락 공동체 대신 국가와 교회의 하부조직을 중심으로 하는 위계질서가 수립되었고 가정은 그 세포 단위로서의 책무를 맡게 되었다. 가부장권은 일상생활에서 왕의 절대권력을 대표했다. 가톨릭 개혁 이후 귀족이나 부르주아 층의 딸들을 대상으로 활성화된 수녀원 교육에서는 그녀들에게 수녀가 되는 길보다는 가장에게 복종하는 현모양처가 되기를 가르쳤다. 이는 완고한 가부장사회의 단면을 보여준다. 그러나 가톨릭 지역에서 여성은 적어도 종교활동의 범주에서는 독자적인 영역을 확보할 수 있었다. 성모 마리아 공경과 수많은 여성 수도회를 통해서 여성은 가정의 울타리를 넘어선 만남과 자선활동을 하면서 사회적 영역을 경험했다. 중세 말 이후에 나타난 여성 수도원의 급증 및 결혼 기피 현상과 같은 종교적인 측면에서의 여성의 도전은 이처럼 남성 지배구조에 맞설 수 있는 이론적, 현실적 토대를 근거로 서서히 제 모습을 드러내기 시작했다.

그러나 전체적으로 보면 모든 교파를 초월해서 나타난 엄격한 결혼의 가치와 성규범의 강화는 여성의 사회적 지위에 불리한 결과를 초래했다. 자본주의와 사유재산제의 발달 역시 여성의 예속화를 가속화시키는 요인으로 작용했다. 자연히 이 시기 여성의 신앙심은 훨씬 더 순응주의적이고 신비주의적이며 자기 비하적인 추세를 보였다.

1-3. 기독교화

도덕적 재정복과 문화적 균열

전 유럽에서 전개된 마녀 사냥은 일벌백계의 효과를 보이며 교회세력이 사회 구석구석에 침투하는 데에 기여했다. 그러나 대다수 민중층의 일상생활은 여전히 중세부터 유지되던 물신 숭배적인 미신풍조에 지배되었다. 마치 루터가 존재하지도 않았던 것처럼 민중층은 종교와 마술의 세계가 뒤엉킨 상태에서 성모 마리아와 성자들의 기적을 위해서 기도하

고 점쟁이와 마녀의 집을 찾았다. 십계명을 외우는 사람들도 극소수였
다. 사람들은 이교적인 내용의 노래를 즐겨 불렀고 모든 유럽인들이 꿈
꾸던 순례는 미신적인 종교관행들로 가득 차 있었다. 종교축일에는 고행
자들이 머리에 두건을 쓰고 채찍질하며 거리를 누비는 행렬이 이어졌고
성 요한 축일 전날에는 화톳불 행사가 벌어졌다. 축제 기간에 교회 당국
및 공권력은 민중층과 팽팽한 줄다리기를 벌였다. 축제는 번번이 싸움판
으로 돌변했고 민중 반란은 폭력이 일상화된 민중문화에서 비롯된 경우
가 많았다. 종교개혁과 종교전쟁의 와중에서 손발을 맞춘 교회와 국가는
이처럼 이교적이고 폭력적인 민중층을 길들이기 위해서 집요하고도 지
속적으로 힘을 합했다.

　중세 이래 가톨릭 교회는 민중문화에 비교적 관대한 입장을 보였다.
1년을 주기로 되풀이되는 축제는 유럽인들의 시간관념을 지배했고 사육
제는 축제의 절정이었다. 특히 2월에 상대적으로 날씨가 따뜻한 지중해
지역에서 사육제는 촌락민 대다수가 참여하는 민중축제였다. 교회는 이
교적인 풍습을 억제하고 축제를 엄숙하고 교훈적인 내용으로 유지하기
위해서 감시와 통제를 가했으나 민중층은 이를 어기기 일쑤였다. 사육제
는 일상으로부터의 일탈과 휴식을 맛볼 수 있는 긴장 완화의 순간인 동
시에 기존의 질서에 도전할 수 있는 기회였다. 16세기 말 라블레는『가
르강튀아와 팡타그뤼엘』에서 무절제한 언어와 구토, 거인 등 비정상적
인 존재를 통해서 사육제 문화의 비판적 시각을 노골적으로 드러냈다.
이러한 민중문화는 위에서 아래로 주입된 것일까, 아니면 민중층의 자발
적인 것일까? 진즈부르그는『치즈와 구더기(*Il Formaggio E I Vermi*)』에
서 엘리트 문화를 받아들여 자기 것으로 만든 메노키오의 전유의 방식을
생생하게 재구성했다. 그의 예는 농촌 사회가 엘리트 문화나 지식의 세
계와 단절되었다는 기존의 고정관념에 대한 수정을 요구한다. 민중문화
는 교조적이고 권위적인 지배문화를 희화화하고 풍자했지만 그 둘은 서

로 교류했던 것이다.

그러나 종교적 재정복 과정에서 민중문화는 부도덕하고 문란한 것으로 간주되었다. 특히 개신교 지역에서는 축제 자체가 금지되었고 이교적이며 미신적인 종교관행들이 소탕되었다. 교회와 공공 당국은 미신적 종교관행들뿐만 아니라 왜곡된 결혼관행을 꼬집으며 민중층의 독자적 사회 통제방식으로 기능하던 샤리바리(charivaries)와 같은 관행도 엄격하게 규제했다. 가톨릭 지역에서는 사육제가 유지되었지만 촌락 공동체 구성원을 통제하던 신자들의 모임은 점차 종교적인 목적의 신도회로 재조직되었다. 1666년 프랑스에서는 남부 지방의 전통적인 춤인 파랑돌(farandole)마저 금지되었다. 라블레의 책이 파리 고등법원의 금서목록에 오르고 그가 오랫동안 떠돌이 생활을 해야 했던 것 역시 같은 맥락에서였다. 의사 출신의 엘리트 층이었음에도 불구하고 민중문화를 통해서 기존의 위계질서에 도전한 라블레를 지배층은 거부하고 소외시켰던 것이다. 궁정과 도시를 중심으로 귀족과 부르주아에게 예절과 교양이라는 이름의 세속적인 윤리가 강요되고 확산되던 그 시점에 농촌과 도시의 민중층에게는 전통적인 민중문화를 통제하고 기독교를 강요하는 대대적인 도덕적 재정복이 전개되었다.

신앙의 내면화

종교사가들과 문화사가들은 17세기의 종교문화를 서로 다르게 정의한다. 문화사가들에 의하면 유럽 사회는 이 시기를 거치며 점차 미신적인 종교관행에서 해방되었다. 반면 종교사가들은 외형적인 의식 거행에 역점을 두었던 종교가 이 시기를 거치며 좀더 윤리적이며 내면적인 근대적 의미의 종교로 변화했다고 주장한다.

기독교화란 본질적으로 종교적 진리의 내면화를 의미한다. 그러나 중세 이래 지배구조의 한 축을 형성해온 가톨릭은 사실상 제도로서의 기능에 주력했다. 종교개혁 초기 신자들에게 직접 호소하던 개신교 역시 곧 새로운 형태의 강압적인 성직자주의로 변모했다. 가톨릭이건 개신교건 완고한 교리와 엄격한 도덕주의 자체로는 신자들의 보편적 지지를 획득하기에는 지나치게 어렵고 까다로웠다. 새로운 교리와 제도적 개혁을 신자들의 신앙생활 속에 뿌리내리게 하는 역할은 일선 성직자들의 몫이었다. 문제는 성직자들의 수가 절대 부족하고 수준도 낮았다는 점이다. 당시 성직자 교육은 전통적인 도제식 교육을 통한 직업적 재생산 방식에 의존해왔기 때문이다. 종교개혁 이후 개신교가 교육사업에 주력한 이유는 바로 여기에 있으며 실제로 눈부신 성과를 거두었다. 16세기 후반 개신교 지역에서 아카데미(academy)라는 명칭의 전문 신학교가 설립되기 시작했고 16세기 말경에는 목사의 80-90퍼센트가 신학교 출신이었다. 이에 자극을 받은 가톨릭 지역에서도 17세기 후반 이후 전문 신학교인 세미네르(séminaire)가 꾸준히 세워졌다. 전문 교육기관에서 체계적으로 교육을 받은 목사와 사제들이 배출되면서 전국의 교회조직이 세분화되고 도시에만 국한되었던 사목활동이 농촌에까지 침투했다. 새 세대의 성직자들이야말로 기독교화의 첨병이었으며 그들과 더불어 도덕적 재정복의 시대가 펼쳐졌다.

성직자들은 신자들의 모든 종교행위를 감독했다. 무엇보다도 모든 신자들의 의무사항인 예배 참석 여부가 철저히 감시되었다. 1600년경 영국에서는 일요 예배에 참석하지 않았을 경우 1실링의 벌금이 부과되었다. 성찬식 대신 설교가 강화된 개신교에서는 설교를 통해서 신앙생활 및 일상생활에 관한 도덕적 훈계를 했다. 칼뱅교 지역에서는 여기에 철저한 도덕적 훈육체계가 첨가되었다. 가톨릭 교회에서는 주임 사제가 부활절 고해성사를 행하지 않은 사람들의 명단을 교회 문 앞 벽보에 붙인 뒤에 그들을 파문하고 장례를 거절했다. 이러한 반강제적 협박의 결과 개신교 지역에서는 목사를 중심으로 한 구역단위의 종교생활이 일상생활에 접목되었다. 가톨릭 지역에서도 이때부터 1215년 라테르노 공의회에서 결의된 바 있는 일요일 미사 참여와 1년에 한 번, 부활절의 고해성사와 성체성사가 사실상 정규적인 종교관행으로 보편화되었다. 주임 사제가 유아세례와 혼인성사, 종부성사를 통해서 신자들의 일상생활을 지배하게 된 것도 이때부터였다.[3] 실제로 프랑스에서는 17세기 동안 일요일 미사 참석자 수와 부활절 참석자 수, 그리고 유언장에 나타난 연미사 대수가 가파른 상승세를 보였다. 이른바 '바로크적 경건성'이라고 불리는 이러한 현상은 1700-1730년에 절정을 이루었다. 이러한 추세가 반드시 가톨릭 신자들의 신앙심과 일치한다고 단언할 수는 없지만 유럽 사회의 거시적 변화를 짐작하게 한다.

종교적 관행이 보편화되고 정규화되면서 사람들은 신의 계율과 양심에의 복종을 통해서 점차 온순하고 순종적으로 길들여졌다. 고질병처럼 유럽 전역에 출몰하던 농민 반란이 17세기 후반 이후 서서히 수그러든 것은 결코 우연이 아니었던 것이다. 이러한 도덕적 쇄신 운동을 순수한 영성운동으로 보아야 할까 아니면 사회 통제 시도로 보아야 할까? 종교 지도자들의 경우, 순수한 영성운동에서 출발했음은 분명하다. 그러나 종교분쟁으로 혼란한 사회 현실에서 그들에게 가장 절박한 과제는 평화와 질서의 구축이었다. 실제로 종교 지도자들의 기록에서 두 측면은 자연스럽게 조화를 이루었고 종교적 권위와 양심에 대한 복종이 정치적 복종과 동일시되었다. 질서와 복종의 강요는 사회적 지배층, 나아가 국가의 바람이자 과제였다. 개인과 집단에 대한 통제를 위해서 교회와 국가가 결합하고 권위에 대한 획일적인 복종체계가 확립되었다. 유럽 각국에서 시도된 중앙집권화는 성직자들과 중앙에서 파견된 왕의 관리의 합작품이었던 것이다.

---

[3] 그때까지 다양한 방식으로 이루어져온 결혼계약이 주임 사제의 통제하에 놓이면서 주임 사제에 의해서 작성된 기록은 역사가들의 귀중한 사료로 활용되고 있다.

문자 교육 역시 국가와 교회의 결합을 통해서 빠른 속도로 전파되었다. 성경 읽기가 종교적 의무사항 가운데 하나인 개신교는 주일 예배 이후 성인과 어린이를 대상으로 한 문자 교육에 앞장섰다. 여기에 국가가 합세했다. 그것은 국민 통합, 좀더 구체적으로는 세금 징수와 군 징집을 위한 것이었다. 유럽에서 가장 먼저 절대군주체제를 갖춘 스웨덴이 1686년부터 국가 주도로 적극적인 읽기 교육 운동을 추진했다.4) 반면 가톨릭은 전통적으로 문자 교육과 성경의 보급 자체를 꺼렸다. 거기에는 분명한 이유가 있었다. 오랫동안 기독교 진리의 보고인 성경에 대한 독점은 사제의 권위, 다수에 대한 소수의 지배를 담보해주는 종교적 위계질서의 안정장치로 기능했던 것이다. 하지만 대세를 거스를 수 없었던 가톨릭 교회 역시 17세기 말 이후 뒤늦게 성경 읽기와 문자 교육의 필요성을 인정했다.

공증 문서와 결혼 문서의 서명자 수를 계량화한 연구에 의하면 서유럽 사회에서는 문자해독률이 꾸준히 증가했다.5) 스웨덴, 영국, 네덜란드 등 북서 유럽의 문자해독률이 높았던 반면, 에스파냐, 이탈리아, 프랑스 남부 등 유럽 남동부는 상대적으로 낮았다. 이러한 지리적 편차는 개신교와 가톨릭의 종교적 경계선과 거의 일치한다. 아메리카 식민지가 매우 높은 서명률을 보인 것도 같은 맥락에서이다. 반면 프랑스는 같은 나라 같은 종교 지역임에도 불구하고 북동부와 남서부의 편차가 극심했다. 도시와 농촌, 남자와 여자도 서명률의 차이를 보였다. 물론 문자해독률의 증가가 반드시 종교개혁의 결과만은 아니다. 그러나 16세기 목사의 사택

---

4) 그 결과 18세기 중엽 스웨덴에서는 남자와 여자의 80퍼센트가 읽기 능력을 보유했다. 그러나 그들은 거의 대부분 글을 쓰는 수준에는 도달하지 못했다.

5) 역사가들은 서명을 기준으로 문자해독률을 추산했다. 문자해독률을 측정하기에 충분할 정도로 많은 양의 서명자 수가 발견되는 것은 16세기 말 이후이다. 하지만 중세와 16세기에도 상업이 발달한 도시, 예컨대 이탈리아와 플랑드르에서는 서명이 상당수 발견되며 벽보, 교회의 벽화에 나타난 글 등은 이미 글이 민중층에 이르기까지 광범위하게 사용되었음을 시사한다.

이나 도서관에서 발견되던 책의 존재, 특히 성경이 17세기 말에 이르면 각 가정의 상비품목으로 자리잡게 되면서 유럽인들이 일상적으로 글을 접하게 되었음은 분명하다. 이러한 변화를 통해서 외적이고 집단적이었던 종교생활은 점차 개인적인 것으로 바뀌어갔다. 그와 더불어 종교는 사람들의 마음 깊숙이 침투해 들어갔다. 17세기에 유행한 신앙일기, 편지, 종교문학 등은 신앙의 내면화 현상을 입증하는 훌륭한 증거이다. 이러한 경향은 특히 개신교 지역에서 두드러지게 나타났다.

반면 가톨릭 개혁은 건축과 미술에서 뚜렷한 흔적을 남겼다. 신과 인간을 중재하는 교회의 역할을 강조하는 가톨릭 교회는 예술의 오랜 주고객 역할을 하며 중세 이래 건축과 미술의 발달에 기여했다. 종교개혁 이후 개신교, 특히 칼뱅교가 외적인 표현 자체를 거부함에 따라 개신교 지역에서는 종교예술이 쇠퇴한 반면 가톨릭 교회의 수요는 계속되었다. 더구나 수많은 수도회가 설립되면서 유럽 각국의 도시 한복판에 경쟁적으로 수도회 건물이 세워졌다. 가톨릭 개혁의 종교적 열정에서 탄생해서 17세기 유럽 전역에 파급된 바로크 양식과 더불어 종교 건축과 미술은 절정기를 맞이했다. 물론 고전 건축양식과 고대 신화를 소재로 한 미술이 여전히 사람들을 매혹시켰지만, 바로크 예술에서는 르네상스 특유의 인간에 대한 자기 확신이 사라졌다. 인간 몸의 아름다움에 대한 찬사도 찾아보기 어려워졌다. 대신 강한 명암의 대비와 굵은 선, 짙은 색채를 통해서 초월적인 신의 존재와 강렬한 종교적 환희 등이 표현되었다. 강한 표현주의를 지향한 바로크 양식은 귀족의 영웅주의와 결합하면서 건축과 미술, 문학에서 화려하고 자유분방한 예술 세계를 선보이기도 했다.

그러나 바로크 예술에서 가장 중요한 모티브는 여전히 종교였다. 그 대상은 성모 마리아와 아기 예수였다. 에스파냐 화가 바르톨로메 에스테반 무리요의 상냥하고 아름다운 모습의 성모 마리아에서 로렌 지방의 화가 조르주 드 라 투르의 「예수의 탄생」에 묘사된 숭고한 마리아까지 온갖 양식과 장르로 표현된 성모 마리아와 예수의 모습은 17세기 회화와 조각에서 거의 특권적인 지위를 누렸다. 가톨릭 개혁의 의도가 더 확실하게 반영된 것은 교회 개조공사에서였다. 트렌토 공의회가 천명한 원칙에 따라 신자들을 교화시키기 위한 노력의 일환으로 교회의 기둥 뒤 후미진 곳에 숨겨져 있던 신자들을 가운데로 끌어내기 위한 공사가 대대적으로 이루어졌다. 17세기 후반 수천 개의 본당에서 진행된 이 공사의 수요는 실로 엄청났다.

신에 대한 복종과 질서의 이데올로기는 종교와 교육, 예술과 문화뿐만 아니라, 결혼생활, 경제생활, 과세, 국제관계 등 모든 측면에 적용되었다. 이렇듯 17세기 유럽 사회의 변화를 주도한 것은 종교였다. 다른 분야에서의 지적 변화는 그처럼 확실하게 자신의 실체를 드러내지 않았고 급진적인 대립 양상으로 발전하지도 않았다. 절대군주정이 과거의 전통과 타협하고 조화를 이루었듯이 17세기 유럽인들은 과거의 것에 익숙했으며 새롭고 이질적인 것을 받아들이기를 주저했다. 그러나 인쇄술의 발달과 독서의 보급은 서서히 유럽인들의 사고를 변화시켰다. 그런 가운데 새로운 인식이 과거의 인식에, 세속적 가치가 종교적 가치에 도전하는 역설적인 상황이 진행되었다. 그러한 현상은 오랫동안 신학의 품속에 안주해온 과학에서부터 시작되었다.

2. 새로운 우주관과 이성

종교개혁으로 가톨릭 세계가 해체되고 여러 유형의 개신교가 출현하면서 유럽인들을 지배해온 획일적인 세계관은 여지없이 무너졌다. 특히 가톨릭 교회에 의해서 독점되어온 진리에 접근하는 통로가 개방된 개신교 지역에서는 성경에 대한 접근과 해석이 가능해졌고 새로운 이론과

학문에 대한 태도가 긍정적으로 받아들여졌다. 개신교 국가에는 교황청에 의해서 공포되는 금서목록도 무시무시한 종교재판소도 존재하지 않았던 것이다. 종교적 관용이 허용된 네덜란드와 영국이 근대 철학과 과학혁명의 요람이 될 수 있었던 것은 이런 맥락에서였다. 과학과 종교개혁의 연관성을 최초로 인식한 사람은 프랜시스 베이컨이다. 그는 과학적 발견이 더 나은 세상을 만들 것이며 자연의 신비를 밝히는 일은 신에게 영광을 돌리기 위한 것임을 의심하지 않았다. 17세기에 종교와 과학은 서로 명확히 구분되는 별개의 영역이 아니었을 뿐만 아니라 자연 세계에 대한 지식은 곧 신의 섭리에 대한 지식이었다. 그러나 그에 앞서 과학에 대한 탐구정신을 싹트게 하고 유럽인들을 새로운 과학의 세계로 인도한 것은 르네상스였다.

2-1. 르네상스와 자연철학의 발달

르네상스를 가능하게 한 힘은 지적 호기심이었다. 자아에 대한 인식과 더불어 새로운 세계와 미지의 세계에 대한 탐험심에 가득 찬 르네상스인들은 자연 세계를 새로운 눈으로 바라보고 관찰하기 시작했다. 고대의 문헌은 자연에 대한 르네상스인들의 지적 갈증을 충족시켜주었다. 원자론자인 루크레티우스의 저술이 소개되고 갈레노스의 의학서와 프톨레마이오스의 『알마게스트(*Almagest*)』가 번역되고 인쇄되면서 초기 기독교 시대 이래로 잊혀졌던 고대의 사상이 소개되었다. 또한 이슬람 세계에서 전래된 마술과 연금술, 점성술에 관한 서적들을 통해서 르네상스인들은 관찰과 경험에 의한 새로운 지식의 세계를 접할 수 있었다. 자연에 변형을 가하고 어떤 현상을 일으키는 마술이나 연금술은 당시인들에게 종교적 기적과 동일시되었으며, 특히 궁정과 식자층에게 인기를 끌었다. 지적 호기심이 강한 신학자들은 별자리의 위치에 따라서 앞날을 예언하는 점성술에 심취했다.

이처럼 고대 자연철학과 점성술의 유행으로 천체 관측이 시도되고 수학이 발달하면서 15세기에 비로소 프톨레마이오스의 수리천문학 이론이 이해되었다. 2세기에 지구를 중심축으로 하는 천체 운행 궤도를 상세히 설명한 알렉산드리아의 천문학자 프톨레마이오스의 이론은 중세 유럽의 천문학을 지탱해왔다. 천문학에 아무런 관심이 없었던 중세인들의 관찰 능력으로는 복잡한 그의 이론을 이해할 수 없었지만 그의 이론은 지구를 우주의 중심이자 창조의 터전으로 보는 중세의 우주관에 부합하는 것이었기 때문에 오랫동안 천체에 관한 지배적인 학설로 통용되었다. 그러나 완벽하게 이해된 순간, 그의 이론은 공격의 대상이 되었다.

르네상스 자연철학자들의 업적은 프톨레마이오스의 천동설의 오류를 발견하고 극복한 데에 있다. 그러한 성과는 고대 수학과 신플라톤주의에 기초한 것이다. 메디치 가의 후원으로 플라톤 아카데미를 운영하던 마르실리오 피치노는 1473년 사제 서품을 받고 초월적 절대자와 유한한 존재인 인간의 신비적 합일을 이론화한 신플라톤주의적 종교에 심취했다. 추기경 쿠사누스 역시 이데아계와 현상계를 하나의 논리로 파악하고 숫자 속에 신에 이르는 방법이 있다고 보았다. 기독교를 자연 종교와 거의 유사한 상태로 파악한 그는 추론과 실험을 토대로 코페르니쿠스에 앞서 지구중심설을 부정하는 세계관을 제시했다.

신부 수업을 받기 위해서 1491년 크라쿠프 대학에 간 코페르니쿠스의 지적 여정도 신플라톤주의자들과 유사하다. 그곳에서 우선 그리스어를 익힌 그는 고전철학을 접했다. 플라톤의 이론은 그를 천문학으로 인도했고 피타고라스의 수학은 우주의 운행 원리를 설명할 수 있는 무기가 되었다. 그러나 수학적 원리에 의해서 설명된 우주가 『알마게스트』의 세계와 모순된다는 것을 발견하게 된 그는 천문학적 관찰을 시작했다. 그 결과 그때까지 『알마게스트』에 따라 고정되어 있다고 믿었던 별자리들이 천천히 움직인다는 사실이 처음으로 발견되었다. 1510년 이후 태양을 중심으로 움직이는 행성의 운행에 관한 수학적 모델을 세우기 시작한 그는 1520년 『천체의 회전에 관하여(*De revolutionibus orbium coelestium*)』를 완성했다. 그러나 죽을 때까지 성직자 신분을 유지한 그는 자신의 이론을 가설이라고 언급하며 1543년까지 이 책의 출판을 미루었다.

코페르니쿠스는 자신의 저술이 지닌 잠재력을 확인해볼 기회도 없이 죽었지만 지구가 우주의 중심이 아니며 지구가 돈다는 그의 이론은 새로운 천문학의 길을 열었다. 무엇보다도 천구의 존재가 부정되고 천상계와 지상계의 구분이 사라진 우주는 한 가지 방식으로 설명될 수 있게 되었다. 인간이 우주의 신비를 설명할 수 있다는 믿음은 기존의 학문 세계 전체에 엄청난 충격과 자극을 가했다. 천문학자들의 연구가 가장 의미심장한 영향력을 발휘한 것은 의학 분야에서였다. 그때까지 의학계는 갈레노스의 해부학적 지식에 의존해왔다. 천문학자들이 자연과 우주의 구조와 움직임에 관심을 기울인 것과 동일한 맥락에서 인간의 몸을 해부하고 분석한 플랑드르 지방의 의사 안드레아스 베살리우스는 갈레노스의 해부학이 인간의 몸이 아니라 돼지나 개의 해부를 토대로 유추한 것임을 발견했다. 이 점에서 인간의 골격, 근육, 혈관, 신경, 내장 등 직접 해부하고 관찰한 뒤에 사실적으로 묘사한 베살리우스의 『인체해부에 대하여(*De humani corporis fabrica libri septem*)』(1543)는 최초의 근대적 해부학서로 평가될 만하다. 목판 기술의 발전 덕분에 상세한 도표와 그림이 첨부된 이 책은 같은 해에 요약본이 출간되고 각국에서 번역본이 간행될 정도로 광범위한 독자층을 형성했다.

이 모든 성과에도 불구하고 르네상스에서 근대 과학의 뿌리를 찾기는 매우 어렵다. 르네상스는 자연과 우주에 관한 무수한 문제를 제기했지만 그 모든 문제에 답을 제공하지는 못했다. 우주의 신비를 집요하게 추적하며 그에 대한 명확한 답을 얻어내기 위한 시도를 부추긴 것은 종교적 물음이었다.

2-2. 천체의 운행과 역학 이론

코페르니쿠스의 책 한권으로 유럽인들의 우주관이 바뀐 것은 아니다. 게다가 그는 태양과 지구의 위치를 바꾸었을 뿐, 아리스토텔레스 이래로 2,000년간 불변의 진리로 여겨지던 천체 원운동의 이론을 극복하지 못했다. 오늘날 우리가 알고 있는 행성운행 이론이 완성되고 인식되기 위해서는 더 오랜 노력과 희생이 필요했다. 새로운 우주관의 완성에 결정적인 역할을 한 인물은 독일의 점성술가이자 천문학자 요하네스 케플러였다. 그는 스승인 덴마크 천문학자 티코 브라헤로부터 물려받은 탁월한 관측 자료를 토대로 가설의 차원에 머물러 있던 코페르니쿠스의 지동설을 천체의 운동으로 이론화하는 데에 성공했다. 그가 제시한 첫 번째 이론은 태양계가 원이 아니라 타원임을 입증한 '타원궤도의 법칙'이다. 두 번째 이론은 태양으로부터의 거리와 궤도 주기를 계산하여 밝혀낸 행성들의 속도에 관한 '면적 속도 일정의 법칙'이다. 1609년『신천문학(*Astronomia nova*)』으로 발표된 이 두 법칙에 의해서 천문학과 역학이 운동하는 물체에 관한 단일 이론으로 통합됨으로써 태양중심설이 완성되었다. 이렇게 해서 천체운동은 더 이상 절대자 신의 손을 필요로 하지 않게 되었다. 당시 사람들에게 케플러의 이론이 코페르니쿠스의 가설보다 더 도전적으로 비추어진 것은 바로 이 때문이다. 모든 행성의 운동에 적용될 수 있는 이 법칙은 뉴턴이 만유인력의 법칙을 발견하는 길잡이 역할을 함으로써 근대 과학혁명의 밑거름이 되었다.

코페르니쿠스의 가설은 케플러를 통해서 이론화되었지만 정작 태양중심설이 세상에 널리 알려지게 된 것은 갈릴레오의 위대한 실험과 관찰, 전투적인 자세, 과감한 수사를 통해서였다. 코페르니쿠스의 지동설을 확신한 그는 목성을 중심으로 도는 위성의 존재를 발견하고 태양의 흑점을 관찰함으로써 태양 역시 돌고 있음을 밝혀냈다. 이로써 코페르니쿠스의 천체가 가설이 아니라 실체임이 증명되었다. 이러한 관측 결과를 발표한

『별세계의 보고(*Siderius Nuncius*)』(1610)로 그의 이름은 유럽 전역에 널리 퍼졌다. 그는 전문적인 연구를 발표하는 데에 그치지 않고 지동설에 대한 신념에 기반한 포괄적인 철학적, 신학적 결론을 설파하기를 서슴지 않았다. 그러나 당시 코페르니쿠스의 지동설은 여전히 이단과 동일시되었다. 불과 10년 전인 1600년에 지동설을 신봉한 도미니코회 수사 브루노는 '우주는 무한하다'는 자신의 신념을 설파하고 다닌 죄로 화형을 당했다. 과학 분야에서 유럽 최고의 수준임을 자랑하던 파도바 대학에서는 갈릴레오를 위시한 자연철학자들이 과학적 발견과 업적을 놓고 논란을 벌였지만 대학의 교과 과정에서는 여전히 프톨레마이오스의 이론을 가르쳤다.

갈릴레오는 자연철학자들의 업적을 계승했으나 코페르니쿠스나 케플러와는 달랐다. 그는 코페르니쿠스처럼 자신의 이론을 가설 수준이라고 변명하지 않았고, 케플러처럼 자신이 발견한 천체 운동의 법칙을 신의 창조와 섭리의 조화를 증명하기 위한 것으로 합리화하지도 않았다. 신념과 허세로 뒤엉킨 그는 신학자를 조롱하거나 신학자들과 논쟁을 벌였다. 그의 태도에 세상의 이목이 집중되면서 교회와의 마찰이 불가피해졌다. 수 차례 교황청과 갈등을 벌인 후에 1632년 발표한『프톨레마이오스와 코페르니쿠스의 두 천체 체계에 대한 대화(*Dialogo sopra i due massimi sistemi del mondo, tolemaico e copernicaon*)』로 그는 다시 종교재판에 회부되었다. 이 책에서 천동설을 고집하는 교회를 우스꽝스럽게 풍자하고 교황을 공개적으로 모욕한 그는 사형 선고를 받았다. 다행히 교황과의 개인적인 친분 덕분에 그는 오류를 인정한 뒤에 침묵하는 조건으로 목숨만은 건지고 가택 연금되었다.

갈릴레오의 돌출적인 언행과 종교재판으로 코페르니쿠스의 지동설은 유럽 전역으로 떠들썩하게 전파되었다. 학자들 사이에 이견이 있기도 했지만 1660년경이 되면 새로운 과학 이론은 이미 광범위하게 수용되었다.

불과 20년 전 이탈리아에서 갈릴레오가 처한 운명과는 달리 케플러의 이론은 북서 유럽에서 유행처럼 번져나갔다. 여기에는 20년의 시차보다는 종교적 차이가 더 큰 작용을 했음이 틀림없다. 과학적 발견에 대한 개신교 지역의 반응은 가톨릭 세계와는 사뭇 달랐다. 자연과학자들이 추구하는 새로운 과학적 원리는 가톨릭의 권위를 부정하고 새로운 학문체계를 수립했다는 점에서 개신교의 입장과 기본적으로 일맥상통하는 점이 있었다. 더구나 새로운 과학이 제시한 합리적이고 세속적인 설명방식은 개신교와 양립 가능했다. 우주를 신에 의해서 설치된 거대한 기계로 간주한 새로운 자연관에는 초자연적인 요소가 개입할 여지가 없었지만, 신은 여전히 전지전능한 창조주로 존재할 수 있었다. 특히 이성과 계시, 자연과 초자연의 분리를 수용한 영국과 네덜란드의 칼뱅주의는 새로운 자연관과 조화를 이루었다. 1687년 뉴턴이 『프린키피아(*Principia*)』를 발표했을 때 영국 사회는 이미 그를 지지하고 새로운 과학적 발견에 환호를 보낼 분위기가 무르익은 상태였다.

뉴턴하면 흔히 사과나무 밑에서 사색하던 뉴턴이 떨어지는 사과를 보고 만유인력의 법칙을 착안했다는 일화를 떠올린다. 물체를 지구 위로 떨어뜨리는 힘이 행성 운동과 관련이 있다는 사실을 순간적으로 깨달았음을 시사하는 이 일화는 뉴턴의 천재성을 강조한다. 그러나 사실상 뉴턴의 공헌은 천재성보다는 폭넓은 사고력과 예리한 통찰력으로 전임자들의 사상을 종합한 데에 있다. 그는 태양과 행성, 행성과 행성 사이의 거리를 유지시켜주는 중력이 모든 입자들 사이에도 작용하는 원리를 이론화했다. 이는 케플러가 발견한 행성 운동의 법칙을 물체 사이에 작용하는 당기는 힘과 밀치는 힘의 존재에 관한 중력 이론으로 체계화한 것이다. 이렇게 해서 지구와 천체가 동일한 법칙에 따라 움직이며 이 법칙이 수학적 공식으로 설명될 수 있음이 증명되었다. 그밖에 빛과 색깔, 무지개 등에 대한 그의 연구는 오늘날까지도 탁월한 수준으로 인정받는

다. 그러나 뉴턴은 결코 자만하지 않았다. 그는 신의 개입 가능성을 인정했을 뿐만 아니라 여러 점에서 불확실성의 여지를 남겨놓는 겸손한 태도를 보였다.

2-3. 새로운 인식체계의 확립

코페르니쿠스 혁명이라는 용어를 처음 사용한 사람은 임마누엘 칸트이다.『순수이성 비판(*Kritik der reinen Vernunft*)』서문에서 그는 자신의 사유방식을 코페르니쿠스적 혁명이라고 언급했다. 중세 사회를 지탱해온 기존의 모든 가치관을 동요시킨 코페르니쿠스의 새로운 우주관을 일컫는 이 용어는 오늘날 코페르니쿠스에서 뉴턴에 이르는 근대 자연과학의 업적뿐만 아니라 발상의 일대 전환을 가리키는 인식론적 차원의 용어로 사용된다. 칸트가 이 용어를 사용한 진의도 바로 여기에 있다.

코페르니쿠스가 시도한 실험과 관찰, 수학적 논리를 통해서 불가사의하게 인식되었던 우주에 대한 수수께끼가 조금씩 풀리기 시작하면서 유럽인들은 자연 세계를 통제하고 예측할 수 있다는 자신감을 가지게 되었다. 이러한 태도는 자연스럽게 새로운 사회에 대한 구상으로 발전했다. 그러기 위해서는 중세 이래 유럽 사회를 지배해온 스콜라 철학과의 대결이 불가피했다. 영국의 철학자 베이컨은 새로운 인식을 가로막는 편견에 가득한 기존의 사고를 우상이라고 부르며 고대와 중세의 철학과 과학에 대한 공격에 앞장섰다. 우주의 진리는 신의 계시가 아니라 실험과 관찰의 절차를 거친 추론에 기반을 둔 과학에 의해서 밝혀질 수 있다고 주장한 그는 귀납법이라는 독자적인 철학적 사고체계를 정립했다.

그러나 유럽 사회를 지탱하고 있던 기존의 모든 사고체계를 밑바닥에서부터 뒤흔든 인물은 프랑스의 철학자 르네 데카르트이다. 그는 갈릴레오의 우주관과 베이컨의 과학적 사고체계를 인정했지만 그들과는 다른 방식으로 우주를 이해하고 설명했다. 그는 과학적 관찰이 아니라 연역적 추론, 즉 일련의 전제로부터 결론을 추론해내는 방식을 택했다. 실험이 추론에 종속된 것이다. 1637년에 발표된 『방법서설(*Discours de la méhode*)』에서 그는 자신이 기존의 과학적 연구방식을 왜 그리고 어떻게 거부했는가를 설명했다. 데카르트에 의하면 지식의 많은 부분은 무비판적으로 전통에 의존한다. 따라서 다른 어떤 학문보다도 자아에 대한 지식이 선행되어야 한다. 물론 베이컨도 우상 타파를 주장하며 편견을 제거해야 한다는 주장을 제기한 바 있다. 그러나 데카르트는 일반적인 법칙을 탐구하기 위해서는 경험에 의한 사실을 가지고 시작하기 전에 지식의 전체적인 체계를 스스로 만들어야 한다고 주장했다. 그리고 연역적인 추리를 통해서 세계를 이해하기 위해서는 무(無)의 상태에서 출발해야 한다. 데카르트 철학의 출발점인 "나는 생각한다. 그러므로 나는 존재한다"라는 명제는 자명한 진리에 대한 가설과 사고 능력이 인간 존재의 근본임을 의미한다. 수학적 공식의 증명 과정과 똑같이 모든 문제는 가장 간단한 개념에서 가장 복잡한 것으로 전개되어야 한다. 이렇듯 데카르트는 자아의 존재라는 자명한 개념을 제외한 모든 불확실한 편견을 축출한 다음 엄격한 연역의 방식으로 사고하는 철학체계를 수립했다.

이러한 원리에 따라서 체계화된 데카르트주의에 의하면 세계는 마음과 물질의 두 실체로 정리된다. 사상은 우주에 내재하는 것이 아니다. 그것은 인간 지성의 산물이다. 공간을 가득 채우고 있는 무수한 입자로 규정되는 물질은 수학적으로 발견되고 설명될 수 있다. 요컨대 물질 세계는 감정이나 조화, 또는 스콜라주의자들의 생각처럼 고유의 특성에 의해서가 아니라 수학적 법칙에 의해서 지배된다. 운동도 마찬가지이다. 물질적 우주의 존재를 연역적으로 추론할 수 있는 것처럼 신도 추론할 수 있다. 케플러처럼 데카르트에게도 여전히 신은 우주의 창조자이다. 그러나 신은 더 이상 피조물의 운동에 개입하지 않는다. 인간은 추론을 통해서 그 법칙을 발견할 수 있다. 우주처럼 이 세상의 모든 현상의 법칙도 발견될 수 있다. 인간의 몸도 추론될 수 있다. 이렇듯 데카르트는 인간을 포함한 모든 움직이는 물체를 기계구조로 설명함으로써 기계론적 우주관과 유물론의 발전에 기여했다.

데카르트가 당대에 던진 자극과 충격은 그 무엇과도 비교할 수 없었다. 인간의 정신과 육체의 분리를 전제로 한 그의 기계론적 우주관은 전통적인 신학 이론과 정면으로 충돌하는 것이었다. 특히 신의 존재를 존재론적으로 증명하려는 시도는 신학자들을 분개시키기에 충분했으며 물질주의적 설명은 화체설에 일격을 가했다. 다른 한편 그의 기계론적인 세계관은 종교에 대한 회의를 확산시켰다. 그와 더불어 일상생활에 영향을 미칠 수 있는 악마의 역할도 점차 희미해졌다. 마녀 사냥의 쇠퇴는 이러한 새로운 사고체계의 전파와 무관하지 않다.

당국의 규제와 탄압을 피해 네덜란드에서 학문활동을 한 그의 사상은 프랑스에서보다는 국외에서 더 큰 영향을 미쳤다. 특히 스피노자에게 데카르트의 영향력은 결정적이었다. 암스테르담 출신 유대인으로 히브리어와 성경 연구에 몰두했던 그는 데카르트를 만나면서 유대교를 거부했다. 유대교 공동체로부터 축출당한 그는 렌즈를 갈면서 생계를 유지하고 대부분의 저술도 출판되지 못하는 등 비참하고 고독한 생활을 했다. 그러나 그는 '모든 것이 신이다'라는 범신론적 주장을 토대로 완벽한 의미의 종교적 자유를 통한 인간 해방을 호소했다. 독일의 철학자이자 수학자 고트프리트 라이프니츠는 여러 면에서 데카르트를 계승했다. 그는 인간과 동물의 몸도 우주와 마찬가지로 신이 창조하고 작동시킨 시계처럼 움직인다고 보았다. 단자론(單子論, Monadologia)에 기초한 그의 기계적인 우주관은 우주의 운행에서 신성의 개입을 주장한 뉴턴의 이론과 정면 대립되는 것이었다. 이후 뉴턴이 발견한 만유인력의 법칙에서 신의 개입 가능성을 몰아낸 그의 단자론은 근대 철학의 토대가 되었다.

자연과 우주를 과학적 방식으로 이해하고 탐구하는 태도는 인간에 대한 기존의 인식을 근원적으로 바꾸어놓았다. 그와 더불어 사회와 국가에 대한 인식도 그와 유사한 방식으로 비판적 검토의 대상이 되었다. 영국의 정치사상가 홉스는 새로운 과학에서 도출된 사상을 현실 세계에 적용했다. 17세기 중엽 영국 내전을 경험한 그는 자연 상태를 '만인 대 만인의 투쟁'으로 간주하며 현실적인 진리와 확고한 권위를 추구했다. 1651년 그가 발표한 『리바이어던』은 인간과 자연 세계에 대한 새로운 인식을 토대로 왕권신수설을 부정하고 최초로 주권 개념을 철학적으로 인식한 근대적 정치이론서이다. 이 책에서 그는 중세 봉건귀족들이 정치적 무기로 사용했던 계약의 개념을 토대로 한 절대군주론을 제시했다. 반면 존 로크는 1690년 『통치론(*Two Treatises on Government*)』에서 자연의 질서로부터 자연권의 개념을 도출하여 자발적인 동의에 입각한 사회계약 개념을 제시하고 이를 토대로 국가가 개인의 자연권을 보장해주어야 한다는 새로운 국가관을 이론화했다. 나아가 자연권을 침해하는 정부에 맞서 인민에게 저항할 권리를 인정한 그의 이론은 절대왕정체제를 종식시킨 1688년 명예혁명을 정당화하는 데에 기여했다. 이처럼 자연과학의 성과를 과감하게 수용해서 현실 사회에 대한 이론을 체계화시킨 로크의 이론은 대륙의 철학자들과 사상가들에게 전파되면서 다음 세기를 예비하는 새로운 사상적 조류를 형성해갔다.

2-4. 과학 문화의 형성과 과학의 응용

뉴턴의 『프린키피아』는 대단한 반향을 불러일으켰다. 이 책은 곧 짧고 읽기 쉬운 축약본으로 출간되어 식자층 사이에서 상당한 인기를 누렸다. 덕분에 뉴턴은 시대적 편견에 희생당하고 불운한 삶을 살았던 이전의 과학자들과는 달리 왕으로부터 작위를 받고 영웅 대접을 받았다. 뉴턴의 이름 자체가 과학적 사고와 방법을 상징하며 과학에 대한 관심을 부추겼다. 17세기 말이 되면 비록 소수이기는 하지만 이미 높은 지적 소양을 갖춘 일반 교양층이 형성되었고 이들을 중심으로 과학 문화가 탄생했다. 특히 영국에서는 과학 문화가 공적인 삶의 일부가 되었다. 과학을 주제로 한 토론과 의견 교환, 공개적인 실험과 논쟁 등이 자연스럽게 전개되었고 과학에 관련된 팸플릿과 책이 유례없이 쏟아져 나왔다. 런던의 카페에서는 역학과 기체학, 광학에 대한 강연이 열렸다.

제도적 차원에서 자연과학의 발전을 뒷받침하고 홍보하게 된 것은 이러한 추세가 확산된 뒤였다. 경제적인 면에서 앞선 영국과 네덜란드, 프랑스가 이 점에서도 가장 주도적인 움직임을 보였다. 특히 1660년대에 창설된 영국의 왕립협회(Royal Society)와 프랑스의 과학 아카데미(Academie des sciences)의 역할은 매우 의미심장하다. 1660년에 탄생한 영국 왕립협회는 1640년대 상인들과 학자들의 자연스런 모임에서 출발했다. 점차 상인, 해군 군관, 장인으로 확대된 이 협회의 다양한 인적 구성은 과학에 대한 사회 각층의 폭넓은 관심을 반영한다. 1682년 핼리 혜성을 발견한 에드먼드 핼리와 로크도 이 협회의 회원이었다. 협회 의장이었던 뉴턴은『프린키피아』를 협회에 헌정했다. 왕립협회를 방문한 대륙의 학자들은 체계가 잡혀 있으면서도 자유로운 협회의 분위기에 놀라움을 금치 못했다. 그럼에도 불구하고 모든 회합과 대학에서 여자는 철저하게 배제되었다.

1666년 설립된 프랑스의 왕립 과학 아카데미의 설립 과정과 취지는 영국의 왕립협회와 사뭇 달랐다. 루이 14세의 재무총감 콜베르의 주도로 설립된 이 아카데미는 훨씬 더 군주정에 밀착되었다. 더구나 콜베르는 과학 자체보다는 상공업의 육성에 더 관심이 많았기 때문에 협회에 시시콜콜한 요구를 하며 간섭했다. 콜베르의 간섭과 개입은 이 아카데미뿐만 아니라 몇몇 지방 도시에 설립된 아카데미 지부의 성격에 영향을 미쳤다. 여기에 학문적 토론보다는 사교에 치중하는 프랑스 엘리트 층의 성향과 여전히 사회 전체를 무겁게 짓누르던 정통 교리의 압력으로 인해서 프랑스는 새로운 과학 문화의 발전에서 영국이나 네덜란드보다 점점 뒤처졌다. 이처럼 경직되고 폐쇄적인 분위기로 인해 뉴턴의 학문적 성과는 『프린키피아』가 발표된 지 40년이 지난 1720년대에야 비로소 프랑스 학계에서 공식적으로 인정되었다.

굳이 국가나 협회의 범주가 아니더라도 유럽의 귀족들은 점차 새로운 과학 세계에 매료되었다. 우아한 여가 문화를 추구하는 풍조와 더불어 책과 정기간행물 외에 신기한 과학 기구에 대한 수요가 늘어났다. 망원경과 현미경 등은 귀족의 값비싼 장난감 역할을 했다. 책과 편지, 신문, 잡지 등을 통해서, 그리고 귀족들의 인적 그물망을 통해서 서유럽의 과학 문화는 점차 동쪽으로 전파되었다. 하지만 동쪽으로 갈수록 새로운 과학의 영향은 희미해졌다. 동유럽의 학자들과 일부 귀족들은 서유럽의 새로운 과학적 발견과 방법론에 관한 책을 접하고 네덜란드 대학을 방문하기도 했다. 그러나 전통과 권위를 강조하고 재확인하려는 가톨릭 개혁의 엄격함은 새로운 학문 연구와 자유로운 사상의 발달을 방해했다. 유산 목록에 의하면 일부 귀족들의 개인 서가에서 천문학 서적이 발견되기도 했지만 대학과 수도원의 서가는 여전히 종교서적들로 가득 채워져 있었다. 실제로 가톨릭 지역에서 17세기에 출판된 서적의 70퍼센트 이상이 종교서적이었다.

새로운 과학의 발달과 도입 과정에서 나타난 학문적 성향의 차이로 말미암아 가톨릭과 개신교 지역의 구분선이 더욱 선명해졌다. 가톨릭 지역의 대학들은 스콜라 철학의 전통을 고수했다. 특히 학생 수가 3만 명으로 대륙에서 가장 큰 대학인 파리 대학은 보수의 아성이었다. 예컨대 1650년 데카르트가 사망했을 때 파리 대학은 추도사를 금지했다. 교회에 지배된 파리 대학은 1730년까지도 새로운 철학에 문을 열지 않았고 교과 과정에서 식물학과 화학뿐만 아니라 실험 물리학마저 배제했다. 이처럼 새로운 지식의 수용을 거부한 대학들은 결국 17세기에 침체를 면치 못했다.

17세기 말 서구화와 더불어 새로운 과학 문화가 적극적으로 도입된 러시아는 매우 예외적인 경우이다. 지리적, 종교적으로 서유럽의 사상 및 문화와 단절된 상태였던 러시아가 서양의 문물을 적극적으로 받아들이게 된 데에는 표트르 대제(1682-1725) 개인의 역할이 크게 작용했다. 새로운 과학 문화에 경외심을 느낀 그는 라이프니츠와 편지를 주고받을 정도로 서유럽의 과학적 발전에 우호적이었다. 그는 서유럽 사절단의 일원으로 변장하고 직접 서유럽 세계를 여행하며 서유럽의 문물을 익혔다. 물론 궁극적으로 그가 관심을 기울인 것은 화학, 기계, 조선 등 부국강병에 필요한 지식이었다. 이후 강력하게 추진된 그의 서구화 정책은 러시아를 강대국으로 급부상시켰다.

과학적 지식의 유용성을 인식한 정치 지배자에 의해서 일부 응용과학은 비약적 발전을 이룩했다. 새로운 과학적 성과 중 가장 광범위하게 활용된 분야는 수학과 통계학이었다. 영국의 통계학자 윌리엄 페티 경과 존 그랜트가 그 선구자들이다. 페티의 통계학은 군사, 경제, 의학 그 밖의 다른 여러 분야에 적용되면서 경제학의 토대를 구축했고, 런던의 사망률을 통계화한 그랜트의 연구는 인구통계학을 체계화시켰다. 과학과 부국강병책의 결합은 대륙에서 더욱 긴밀하게 이루어졌다. 프랑스의 콜베르 역시 국가 재정, 상업, 산업에 대한 통계 자료의 수집을 위해서 통계학을 도입하고 군사적, 상업적 목적을 위해서 지도와 해도 제작에 지원을 아끼지 않았다.

자연과학자들의 발명과 발견은 다양한 분야의 전문직 종사자들에게도 의미심장한 영향을 미쳤다. 그중에서도 인간 몸의 원리와 몸의 움직임에 대한 분석을 추구한 의학 분야에서의 성과가 가장 두드러졌다. 혈액 순환 이론을 정립한 윌리엄 하비가 대표적인 예이다. 물리학의 연구방식의 영향을 받은 그는 1628년 실험과 관찰을 통해서 피가 동맥과 정맥을 통해서 순환하며 심장의 박동이 이 순환 운동의 동력을 제공한다는 이론을 체계화한『동물의 심장과 혈액의 운동에 관한 해부학적 연구(*Exercitatio Anatomica de Motu Cordis et Sanguinis in Animalibus*)』를 발표했다. 생물학은 현미경의 발명으로 획기적인 발전을 이룩했다. 왕립협회의 회원인 안톤 판 레이우엔훅은 1590년 얀센 형제에 의해서 발명된 현미경을 개선하여 생물체를 관찰한 결과를 1695년『현미경 관찰』으로 발표했다. 그가 직접 제작한 복합현미경은 식물의 세포조직과 미생물에 대한 새로운 연구의 지평을 열어주었다. 물론 이러한 의학과 생물학에서의 학문적 성과가 직접 의료 행위에 활용되거나 실질적인 효과를 가져온 것은 아니다. 일반 시술에서는 여전히 사혈(瀉血)과 같은 전통적인 치료법이 유지되었다. 그러나 전체적으로 보면 새로운 과학 이론과 연구방식은 다양한 일상적인 업무에 응용되거나 기존의 기구를 개량시킴으로써 크고 작은 발명과 발견을 축적시키며 인간의 생활 여건을 향상시키는 데에 기여했다.

17세기 과학혁명의 역사는 흔히 위대한 천재들의 발견과 발명의 연속으로 설명된다. 그러나 그러한 인식은 수세기가 지난 뒤에 뭉뚱그려진 회고적인 전망일 뿐이다. 우주와 인간을 설명하는 다양한 관점들은 끝없는 논쟁을 초래했다. 특히 뉴턴의 지지자들과 데카르트의 지지자들이 충돌했다. 둘 사이의 충돌의 핵심은 본질적으로 과학의 문제가 아니라 종교 해석상의 문제였다. 데카르트가 신의 존재를 인정했음에도 불구하고 뉴턴의 지지자들은 데카르트의 물질주의는 궁극적으로 신의 존재를 부정한다고 비난했다. 데카르트가 신의 개입을 인정하지 않은 반면, 뉴턴은 우주의 거대한 시계의 태엽이 풀리지 않도록 이따금 신이 개입해야 한다고 믿었기 때문이다. 그러나 이러한 긴장관계는 기본적으로 과학적 탐구의 우월성을 인정한 데에서 기인하는 창조적인 과정에 다름 아니었다. 유럽의 자연철학자들은 이렇게 해서 우주를 신의 섭리와 질서에서 벗어나 서서히 기계적인 법칙에 따라서 움직이는 기계적인 체계로 파악하는 설명과 이론에 도달했다. 그러나 여기서 우리가 간과하지 말아야 할 점은 그러한 설명과 이론을 이해하고 새로운 시대의 개벽으로 받아들인 사람들은 극소수였다는 사실이다. 17세기 당시 대부분의 유럽인들은 난해하고 추상적인 사고 틀의 변화를 감지하지 못한 채 여전히 이전의 종교적 이념과 사상에 지배되었다. 과학에서의 새로운 성과를 세속적 가치관과 접목시키고 사회 전반에 전파시키는 역할은 다음 세기의 몫이었다.

제**7**장
세계 속의 유럽

15-16세기 이후 세계의 많은 지역 주민들이 외부로 활발하게 팽창을 시도했으며, 그 결과 세계 각 지역은 세계의 나머지 다른 지역과 어떤 방식으로든 서로 영향을 주고받으며 살아가게 되었다. 그 가운데에서도 가장 활발하게 해외 팽창을 시도한 곳이 유럽이었다는 점은 부인할 수 없는 사실이다. 대서양을 넘어 인도양과 태평양, 더 나아가서 남극권과 북극권까지 항해를 시도하여 전 세계 문명을 서로 연결하는 해상 연결망을 만든 것은 분명 유럽인들의 공헌이었다. 이들이 '대항해 시대'를 활짝 열어젖힌 뇌관을 건드린 것이다. 16세기에 유럽인은 인도양 세계와 카리브 해 섬들, 아프리카 해안 지역 등에 처음 도달했다. 특히 아메리카에는 제국들을 무너뜨리고 인구 궤멸을 초래할 정도로 엄청난 충격을 가하기도 했다. 이에 비해서 아시아에는 기존의 탄탄한 정치체제가 버티고 있어서 쉽게 접근하지 못했다. 17세기에 들어서면 유럽의 해상 팽창은 일단 휴지기에 들어간다. '발견'이라는 면에서는 일단 진정 단계에 들어선 것인데, 이는 아마도 유럽 내부적으로 갈등이 격화되어 각국이 더 이상 해외 진출 사업을 확대할 여력이 없었던 점도 작용했을 것이고, 기존에 도달했던 지역의 지배에 힘을 집중시키는 측면도 있었을 것이다. 그러나 이 과정을 거치며 유럽의 '식민 지배'가 확대되었다. 그후 18세기 중엽부터 다시 '발견' 여행

이 재개된다. 이때는 태평양과 남극해, 혹은 오스트레일리아 근처 등 그때까지 미지의 바다로 남아 있던 곳을 탐사했는데, 이때에는 과학적 목적과 국가의 이해가 연결되는 특징을 보인다. 대체로 3세기 동안 이런 과정을 거치며 유럽은 우선 세계의 해상 연결망을 장악했고, 일부 지역에는 식민 지배를 성립시켰다. 이를 바탕으로 다음 시기인 19세기에는 본격적인 식민제국 건설 단계로 들어서게 된다.

1. 유럽의 해양 팽창

15세기에는 유럽만이 아니라 지구상의 여러 지역에서 해외 팽창을 시도하고 있었다. 중국 명나라의 환관 정화(鄭和)는 황제의 명령을 받아 인도양 각지를 탐사하는 남해원정(南海遠征)을 시도하여 동남 아시아와 인도, 아랍 지역, 더 나아가서 동아프리카 해안 지역까지 두루 항해했다. 아마도 이 시점에서 세계 최고의 해상력을 보유한 문명권은 단연코 중국이었을 것이다. 동남 아시아의 각 지역도 활발한 해상 팽창을 하고 있어서 자바는 인도양의 해상 중심세력으로 성장할 가능성도 있었다. 아메리카에서도 잉카 문명권은 태평양 방면으로 탐험을 하고 있었던 것으로 보인다. 이런 사실에서 보듯이 우선 근대 초에 유럽만이 해외 팽창을 했던 것은 결코 아니었다. 이 시점에서 보면 유럽이 장차 세계화의 최선두로 나서고 종래 세계의 광대한 지역을 식민화하고 지배하는 세력으로 성장할 가능성은 그리 커 보이지 않았다. 사실 포르투갈인들이 겨우 아프리카 서해안의 보자도르 곶에 도착할 무렵 명나라의 정화는 아프리카 동해안을 탐사하고 있었던 것이다.

그렇지만 15세기 이후 유럽의 해상세력은 다이내믹한 팽창을 시작했다. 결국 중국이나 자바, 혹은 잉카가 유럽으로 항해해온 것이 아니라 유럽이 세계의 바다로 팽창해나갔다. 원양항해를 통해서 세계의 바다와 대륙을 연결한 것은 유럽이 성취한 일이었다. 그와 같은 유럽의 역동성을 어떻게 설명할 수 있을까? 근대 초에 유럽이 다른 문명권에 비해서 압도적인 힘을 가지지는 않았음에도 불구하고 유럽이 결국 대항해 시대의 주인공이 된 이유는 무엇이었을까?

1-1. 해외 팽창의 준비 과정과 동기

유럽이 해외로 팽창하려면 우선 그런 항해가 가능할 정도의 기술적 준비가 필요하고, 동시에 해외로 적극적으로 나가도록 하는 동기가 있어야 한다.

유럽의 항해기술은 중세 이래 상당한 발전을 이루어왔다. 무엇보다도 조선 관련 기술이 많이 개선되었다. 흔히 지적하는 기술적 발전 요인으로는 배의 방향을 잘 조정할 수 있는 중앙타(中央陀)의 발명, 배의 외피를 탄탄히 만드는 겹쳐잇기 기술, 그리고 배의 방향을 잡는 데에 유용한 삼각범과 풍력을 최대한 이용할 수 있는 사각범을 한 배에 함께 사용하는 범포 사용의 개선을 든다. 이와 함께 항해 지도의 발전과 나침반 사용의 확대, 또 아스트롤라베(astrolabe)와 같은 관측기구의 개발도 중요한 공헌을 했다. 여기에서 주목할 사실은 이런 것들이 대개 아시아에서 들어온 수입 기술이었다는 점이다. 다른 기술 분야와 마찬가지로 항해에 관해서도 유럽은 자신이 먼저 개발하여 다른 지역에 제공하기보다는 다른 문명권의 기술들을 받아들이는 경향이 더 컸다. 자체 개발에는 뒤쳐졌더라도 수입 기술들을 더 개선하여 잘 이용하는 능력이 유럽이 가진 강점이었다.

조선과 항해 기술이 핵심적인 중요성을 가진 것은 분명하지만, 그렇다고 이런 기술적 개선이 꼭 해외 팽창으로 연결되는 것은 아니다. 목숨을 걸고 그 위험한 원양항해를 감행하도록 추동한 어떤 힘이 있어야 한다. 유럽은 어떤 동기로 해외로 나아가려고 한 것일까?

사실 유럽인들은 중세 내내 아시아로 찾아가려는 꿈을 가지고 있었다.

무엇보다도 기독교권 유럽은 오랜 세월 동안 이슬람 문명과 대치했으며, 언젠가는 이슬람 세력을 패퇴시키고 정복하려는 열망을 가지고 있었다. 심지어 이슬람권 배후의 세력과 제휴하여 양쪽에서 이슬람권을 협공한다는 낭만적인 꿈도 품고 있었다. 11-13세기에 전반적으로 유럽의 힘이 증가하자 이슬람권에 계속 압박을 가했는데, 이는 크게 두 방면으로 진행되었다. 하나는 동방의 이슬람권을 공격한 십자군 운동이고, 다른 하나는 8세기 이래 이베리아 반도를 지배하고 있는 이슬람 세력을 축출하려는 소위 국토회복운동(Reconquista)이었다. 이처럼 오랫동안 지속된 이슬람권과의 투쟁은 근대 초에 유럽이 해외로 나가고자 할 때에도 여전히 강박적으로 지속되는 요소였다. 유럽인들의 해외 팽창에 대해서 우리는 주로 경제적인 측면에만 주목하는 경향이 있지만, 사실 유럽인들은 북아프리카나 아시아에서 기독교의 적으로 규정한 무슬림들과 치열한 종교전쟁을 벌이곤 했다.

이웃 문명, 특히 아시아 세계를 알고 싶어하는 욕망 역시 유럽인에게 매우 강한 요인이었다. 성경과 여러 전승에서 아시아는 부가 넘쳐나고 온갖 진기한 일들이 벌어지는 환상적인 세계로 그려져 있었다. 따라서 유럽인은 종교적인 이유로든 세속적인 이유로든 아시아의 심층부를 직접 찾아가고픈 생각을 많이 했으며, 실제로 적지 않은 사람들이 아시아 여행을 시도했다. 마르코 폴로가 육로로 원나라까지 여행한 것, 또 실패에 그치고 말았지만 제노바의 비발디 형제가 아프리카 회항을 시도한 것 등이 그런 사례이다.

유럽인들은 아프리카 방면에도 관심을 두고 있었다. 귀금속이 부족했던 유럽에 귀중한 금을 제공하는 거의 유일한 해외의 금 산지는 사하라 사막 이남의 땅이었다. 아프리카의 금은 낙타 대상을 통해서 사하라 사막을 넘어 베르베르 지역의 항구 도시를 거쳐 지중해를 넘어 유입되었다. 당연히 금 가치는 지극히 높을 수밖에 없었다. 유럽인들은 남쪽 아프리카의 금 산지로 직접 찾아가고픈 욕구를 품게 되었다. 그리하여 14-15세기 중에 포르투갈인, 에스파냐인, 제노바인은 대서양 남쪽을 향해 모험을 감행했고, 그 과정에서 아조레스, 마데이라 혹은 카나리아 제도와 같은 대서양의 여러 섬들을 재발견하고 — 중세 이전 로마인들은 이미 이 섬들을 알고 있었다 — 또 정복했다. 이 섬들은 아프리카의 남쪽 지역이나 아메리카, 그리고 궁극적으로 아시아를 향한 원양항해의 중간 기착지로 중요한 기능을 하게 될 것이다. 그와 동시에 이 섬들은 후일 아메리카에서 재현될 식민화의 시험무대가 되었다. 현지인들의 지배와 학살, 전염병의 창궐과 자연환경의 파괴, 노예 노동력을 사용한 사탕수수 재배 등이 모두 이곳에서 구현되었다.

1453년 오스만투르크의 콘스탄티노플 함락은 유럽의 해외관계에 결정적인 방향 전환의 계기가 되었다. 그동안 서유럽은 줄곧 동방을 향해 있었다. 로마 가톨릭과는 교리가 다르지만 그래도 같은 기독교 세계에 속하는 비잔틴 제국과 언젠가는 재결합할 것이며, 또 이를 토대로 그 너머 아시아로 진출하려는 꿈을 버리지 않고 있었던 것이다. 그러나 이제 동방에 이슬람교를 믿는 강력한 투르크 제국이 들어서자 더 이상 그런 시도가 불가능하게 되었다. 그렇다고 흔히 이야기하는 대로 아시아와의 관계가 완전히 끊어진 것은 아니며, 상당 기간 동방무역은 계속 이루어졌다. 그러나 어쨌든 해외 문명과의 중요한 접촉은 이제 동방이 아니라 서쪽의 대서양 방면을 향하게 되었다.

이런 여러 요인들이 결합되어 근대 초에 해외로 뻗어나가려는 유럽인들의 욕망이 강렬하게 불타올랐다. 이와 달리 중국은 땅이 넓고 모든 물자가 다 갖추어져 있으므로(地大物博) 굳이 중국 바깥으로 찾으러 나갈 필요가 없었으며, 오랑캐는 힘으로 눌러 침범을 막거나 중화 문화를 가르쳐서 교화한다는 태도를 취했다. 정화의 남해원정 이후 중국의 국가

정책의 큰 방향은 오히려 바다를 통해서 해외로 나가는 것을 엄금하는 해금(解禁) 정책을 취하게 되었고, 국가의 전체 성격도 내향적이 되었다. 이에 비해서 유럽은 종교, 군사적으로 이슬람권과의 대결을 열망하는 공격적인 자세를 가지고 있었고, 자체 내에서 모자라는 귀중한 물자― 금이나 후추와 같은 향신료가 대표적이다― 를 바깥에서 조달해야 하는 긴급한 필요가 있었다. 여기에 더해서 지적 혹은 심리적 요소도 무시 못 할 요인이었다. 신비에 싸인 아시아 세계를 직접 가서 보고 오겠다든지, 전설의 기독교 지배자 사제 요한의 왕국을 찾아가겠다는 당시 사람들의 욕구를 지금은 쉽게 이해하지 못하지만 당시로서는 사람들의 집단의식을 강렬하게 사로잡고 있었다.

1-2. 포르투갈과 에스파냐

왜 해외 탐험에서 다른 유럽 국가들보다 포르투갈과 에스파냐가 앞섰느냐 하는 점 역시 이상과 같은 요인을 생각해보면 자연스럽게 이해할 수 있다. 양국은 오랫동안 이슬람 세력의 지배를 받았기 때문에, 기독교의 적인 이슬람 세력에 반격을 가하여 국토를 회복하고 더 나아가서 이슬람권을 공략하겠다는 의식이 매우 강했다. 그러나 이슬람의 지배는 반드시 이런 식으로 공격적인 측면만 강화시킨 것은 아니다. 이슬람 문화가 높은 수준으로 발달해 있었을 때, 이베리아의 주민들은 무슬림으로부터 경제적으로나 문화적으로 많은 요소들을 흡수했다. 예컨대 이베리아 반도에 들어온 무슬림들은 발전된 농업 기술을 전파하고 아시아의 다양한 농작물들을 전해주었으며, 문학과 음악, 철학 등 발전된 문화 요소들도 전해주었다. 적대적인 감정을 부추기는 동시에 선진문물을 전수해줌으로써 이슬람권은 에스파냐와 포르투갈 인들에게 강한 자의식을 가지고 해외로 팽창하려는 욕구를 심어준 셈이다.

이베리아 반도의 일부가 아직 이슬람 세력의 지배하에 남아 있어서 국토회복운동을 지속하던 15세기 초, 포르투갈인들은 다른 한편으로 북아프리카를 공격해 들어갔다. 그들은 사하라 이남 지역과 북아프리카 지역 간의 교역에서 주요 거점 역할을 하던 세우타를 점령하고(1415) 이곳을 중심으로 아프리카 북부에서 이슬람권과 전투를 벌였다. 이후 포르투갈의 해외 팽창은 크게 두 방면으로 진행되었는데, 하나는 북아프리카 내륙 지방에서 군사적으로 이슬람권과 전투를 벌이며 영토 정복을 노리는 것이었고, 다른 하나는 아프리카 해안 지역을 따라 남하하며 교역을 하는 것이었다. 교역의 원래 목표는 사하라 사막 이남에 위치한 금 산지로 직접 가겠다는 것이었다. 그러다가 아프리카 해안을 따라 남쪽으로 멀리 항해하게 되면서 이 계획이 더욱 확대되어 아시아까지 가려는 야망으로 발전했다.

이베리아 반도 이외의 부유한 국가들이 왜 해외 팽창에 소극적이었는가 하는 점 역시 유사한 맥락에서 이해할 수 있다. 경제적으로 가장 앞서 있던 이탈리아는 해외 탐험을 시도할 이유가 전혀 없었다. 당시에는 아직 레반트 지역을 통한 아시아 교역이 열려 있었으므로 그때까지 큰 이윤을 얻을 수 있었던 기존 루트를 버릴 상황이 아니었던 것이다. 다른 대륙까지 항해해가는 것은 지극히 위험한 일이며 사업의 성공 가능성도 결코 크지 않았다. 그럴진대 이윤이 확실한 기존의 사업을 팽개치고 새로운 사업에 뛰어들 이유는 전혀 없었다. 다만 아시아 방면의 정세가 바뀌어 기존 사업에 점차 불안한 기운이 감돌고, 반면 서쪽의 대서양 방면의 사업 가능성이 전혀 없지 않은 상황에서 미래를 위한 투자를 해둘 가치는 있었을 것이다. 그래서 이탈리아의 대상인들은 여유 자본이나 인력, 기술 등을 에스파냐와 포르투갈에 제공했다. 콜럼버스의 사례에서 보듯이 많은 이탈리아인이 이베리아 반도로 건너가 그곳에서 자신의 사업 구상을 실현해보고자 했다. 특히 동방 사업에서 점차 불리한 상황으로 몰리던 제노바의 인력과 자본이 많이 투입된 것도 이런 까닭이다.

점차 권력의 중심으로 떠오르는 북서 유럽 지역이 에스파냐나 포르투갈보다 늦게 해외 사업에 참여한 것 역시 마찬가지 논리로 설명된다. 멀리 아시아나 아메리카까지 항해하는 것은 그 당시 기술 수준으로는 매우 위험한 일이었다. 따라서 우선 경제적으로 변방에 속하는 에스파냐나 포르투갈과 같은 국가들이 그런 위험한 사업을 하도록 방임했다가 그 결과를 보아서 이윤 가능성이 확실히 보이기 시작할 때 뒤늦게 이 사업에 본격적으로 달려든 것이다.

이베리아 반도의 두 국가는 경쟁관계에 있었다. 일찍이 포르투갈은 엔리케 왕자의 노력으로 먼저 아프리카 해안을 따라 남쪽으로 항해했다. 특히 1415년에 세우타를 정복하여 남쪽으로 향하는 거점을 마련한 이후 내륙과 해안 양쪽 방면으로 팽창했다. 이처럼 포르투갈이 선두를 차지하자 해외 사업과 관련하여 에스파냐와 사전정리를 할 필요가 있었다. 이것이 1479년의 알카소바스(Alcàçovas) 조약이다. 이 조약으로 인해서 포르투갈이 먼저 발견한 항로에 에스파냐가 접근하지 못하도록 금지당했다. 따라서 에스파냐는 아시아로 가기 위해서 다른 항로를 이용할 수밖에 없었다. 콜럼버스가 서쪽 항로로 아시아로 가려고 하다가 신대륙을 발견한 것이 이런 연유이다.

1-3. 인도양 세계로 진입

포르투갈이 아프리카 해안을 따라 항해하다가 희망봉을 돌아 인도양으로 들어가게 되기까지는 거의 4분의 3세기의 시간이 걸렸다. 포르투갈은 처음부터 아시아까지 가려는 의도는 없었고, 아프리카 내륙의 금 산지로 가겠다는 것이 원래의 목표였지만, 어느 단계에 이르자, 목표를 상향 조정했다. 사실 15세기까지도 유럽인들은 아프리카 대륙 남쪽 끝이 미지의 남방 대륙과 연결되어 있어서 바다를 통해서 아시아로 가는 것은 불가능하다고 생각하고 있었다. 아프리카 남쪽에 인도양으로 연결되는 바다가 열려 있다는 점을 확인해준 희망봉의 발견은 유럽인들에게 매우 충격적인 사건이었다.

　바스코 다 가마가 희망봉을 넘어 아시아 항해에 처음 성공함으로써 중세 이래 늘 신비의 땅, 환상적인 부(富)의 지역으로 알려진 인도에 직접 가는 길이 드디어 열렸다. 그런데 아시아의 바다에 들어간 유럽인들은 이미 그곳에 아주 잘 짜인 해상 교역망이 존재한다는 사실을 발견했다. 사실 인도양에서는 이미 수백 년 전부터 아랍 상인, 구자라트 상인, 중국 남부 상인을 비롯한 다양한 지역의 상인들이 활발하게 상업을 영위하고 있었다. 중세에 유럽에까지 전해진 후추와 각종 향신료는 이런 아시아 상업 네트워크의 중개를 통해서 대서양을 횡단하고 페르시아 만이나 홍해 루트를 지나 레반트 지역에 전해진 다음 이탈리아 상인들에 의해서 유럽에 들어온 것이었다. 한때 아라비아 반도 남쪽의 아덴에서부터 중국 남부 지역까지 엄청난 장거리 항해로가 열려 있었을 정도로 아시아의 해상 교역은 크게 발달해 있었다. 또한 포르투갈 상인들이 아시아에 들어오기 수십 년 전에 명나라의 환관 정화는 인도양 세계 각지를 탐사한 남해원정을 한 바 있었다. 7차례에 걸친 정화의 원정은 매번 약 3만 명을 통솔하여 모두 18만5,000킬로미터에 달하는 거리를 항해한 사상 초유의 대사건이었다. 이처럼 해상 교역이 매우 활기차게 이루어지고 있던 아시아의 바다에 도착한 포르투갈인으로서는 초기에는 다만 아시아 해상 상업 네트워크에 겨우 끼어들어가 발붙이고 살아남기 위해서 발버둥을 쳐야 하는 수준이었다. 지중해에서 기독교권 상인들과 이슬람 상인들 간에 교역이 매우 어려웠던 것처럼 원래 문화와 언어, 종교가 다른 상인들 간에 교역 활동을 정규화한다는 것은 지극히 어려운 일이었다. 이와 달리 이문화권 사람들 간의 교역과 교류가 비교적 용이했던 것이 인도양 세계의 특징이었는데, 유럽인들이 초기에 치명적인 어려움을 겪지 않고 아시아 세계에 끼어들 수 있었던 것도 아시아 해양 세계의 그런 관용적인 성격 때문이었다.

포르투갈 상인들은 우선 말라바르 해안의 코친에 상관(商館)을 개설했다. 여기에는 곧 유럽인들이 거주하는 구역이 생겨났고, 자신들의 신변 안전과 교역의 안정성을 기하기 위해서 성채를 쌓았다. 포르투갈인들은 동아프리카의 해안 지역으로부터 일본에 이르기까지 광대한 지역에 걸쳐 각지에 이런 식의 상업 거점들을 건설했다. 그 가운데 특히 중요한 지점으로는 인도의 고아와 동남 아시아의 말라카를 들 수 있다. 고아는 포르투갈이 건설한 상업 네트워크에서 일종의 수도 역할을 했으며, 밀라카는 향신료의 최대 산지인 몰루카 제도로 진입할 수 있는 거점일 뿐만 아니라, 중국 방면으로 들어가는 관문이 되는 중요한 곳이었다. 오랫동안 유럽인들은 내륙 지역으로 깊이 들어가지는 못했고, 이처럼 해안의 주요 거점들과 그곳들을 연결하는 해로를 지배했다. 그들이 아시아에서 점차 큰 수익을 얻게 된 것은 우월한 무력과 선박을 이용해 그들이 지배하는 거점들을 확실하게 지배할 수 있었기 때문이다. 그들은 강압적으로 물품을 구매하거나 판매했을 뿐만 아니라 때로 해적질도 자행했다. 이처럼 무력에 근거하여 수익을 올리는 행위를 체계화한 것이 카르타스(cartaz, 안전통행증) 체제였다. 포르투갈인들은 중요한 해로를 무력으로 장악한 다음 그곳을 지나가는 선박들로부터 통행증을 파는 방식으로 통과세를 받아 수익을 올렸다.

포르투갈이 아시아에 구축한 이와 같은 체제를 에스타도(Estado)라고 한다. 원론적으로 포르투갈의 상인들과 선원들은 자신들의 사업을 추진하는 것이 아니라 왕실에 고용된 인력에 불과했고, 모든 거래는 왕실 계정으로 이루어졌다. 이렇게 아시아에서 구매한 후추와 향신료 등의 각종 물품은 유럽에 들어온 이후 처음에는 리스본에서, 그 다음에는 안트베르펜에서 유럽 각국의 상인들에게 도매로 판매되었다. 이 역시 원론적으로는 포르투갈 왕실이 주도하여 그들의 계정으로 거래하는 방식이었다.

이렇게 형성된 이 상업 거점 제국은 1590년대까지 다른 유럽 세력의 방해 없이 유지되었다. 포르투갈로서는 어떻게든 동양 무역을 독점하려고 했기 때문에 다른 나라 배가 아프리카를 돌아 아시아로 진입하는 것을 철저히 막았다. 사실 다른 나라 상인들로서는 포르투갈이 들여온 아시아 상품의 유럽 내 도매 거래에 참여할 수만 있다면, 굳이 포르투갈의 방해를 뚫고 들어가서 아시아 항로를 직접 개척하는 힘들기 짝이 없는 일을 벌일 필요는 없었다.

이런 상황에 변화가 찾아온 계기는 1580년에 정치 상황의 급격한 변화로 포르투갈 왕실이 에스파냐 왕실에 합병당한 사건이다. 이후 1640년까지 60년 동안 포르투갈이 독립국가로서의 기능을 상실한 사이 아시아 상업 네트워크에 큰 변화가 찾아왔다. 에스파냐는 기존의 아시아 상품의 도매 거래방식에 영향을 미쳐서 자국에 적대적인 대상인들에게 도매 거래 참여를 제한하려고 했다. 특히 에스파냐 합스부르크 왕실과 대항하여 독립전쟁을 벌이고 있던 네덜란드 상인들에게는 아예 상품 판매를 거부했다. 이런 이유로 네덜란드를 비롯한 여러 국가들이 직접 아시아로 가는 항해 루트를 개척하고자 했다.

1-4. 합자회사

포르투갈에 이어 네덜란드와 영국이 아시아에 진출했다. 그런데 이 두 나라는 이제 왕실이 직접 사업을 주관하던 이전의 방식 대신 합자회사(joint-stock company)를 만들어서 이 회사가 주체가 되어 해외 팽창을 시도하는 새로운 방식을 택했다. 동인도'회사'가 유럽의 아시아 교역 팽창의 전위가 된다는 것은 매우 특이한 현상으로 보이지만, 사실 비즈니스와 군사력이 밀접하게 결합된 이 방식이 당시 상황에서는 국가가 직접 나서는 것보다 훨씬 더 효율적일 수 있었다. 이윤 수취를 위해서 전문 상인들이 활동하면서도 낯선 지역에서 활동할 때 필요한 무력을 적절하게 사용할 수 있기 때문이다. 역사상 최초의 동인도회사는 1600년에 설립된 영국 동인도회사이지만 1602년에 설립된 네덜란드 동인도회사가 오랫동안 훨씬 더 규모가 크고 더 강력했다. 이 회사가 정부로부터 받은 특허장(Charter)의 내용을 보면 징병, 선전포고와 평화협정 체결, 요새 건설 등 일반적으로 민간회사가 할 수 있는 내용이 아닌 조항들도 눈에 띈다. 사실 군사력을 동원하는 것은 개별 회사의 업무라기보다는 국가의 기능에 속하는 일이다. 다시 말해서 동인도회사는 상업 활동을 하는 동시에 국가 기능을 부분석으로 위임받은 형태로 볼 수 있다.

네덜란드에서는 1590년대에 여러 상인 집단들이 아시아 항해를 목표로 하는 모험적인 회사들을 결집시켜 각기 독자적으로 사업 활동을 벌였다. 그런데 이 회사들 간에 경쟁이 지나치게 심해져서 모두 망할 지경이 되자, 정치권이 이를 해결하기 위해서 하나의 통합된 회사를 만들도록 유도했다. 이것이 '통합 동인도회사'인 네덜란드 동인도회사였다. 중앙 정부가 나서서 이 회사를 만든 데에는 경제적으로 자국 기업이 성공하도록 한다는 경제 논리 외에도 적국인 에스파냐를 곤경에 빠지게 만든다는 정치, 군사적 논리도 작용했다. 이 회사는 곧 아시아에서 포르투갈의 상관들을 차례로 빼앗는 한편, 동시대에 아시아에 함께 진입한 영국 동인도회사를 따돌리고 아시아 교역에서 우위를 차지했다. 그리하여 17세기 중엽에 이 회사는 일본(데지마), 대만, 시암(아유티아), 수마트라, 말라카, 인도(풀리캇, 수라트 등), 아라비아(모카) 등 20여 곳에 상관(商館)을 설치하고 그곳들을 연결하는 해상 네트워크를 구축했다. 이 네트워크를 이용해서 아시아와 유럽 간의 수출입을 수행하는 동시에, 아시아 여러 지역 간 재화와 화폐 및 귀금속을 교환했다. 이처럼 아시아 내의 상품들을 차례로 사고파는 사업 방식을 '현지무역(country trade)'이라고 한다. 동인도회사의 사업이 궤도에 올랐을 때에는 이 회사의 사업은 유럽과 아시아 사이의 무역보다는 현지무역이 오히려 훨씬 더 큰 비중을 차지했다.

상관에서 거주하는 유럽인들은 대개 해당 지역 내에서 전체 인구의 10퍼센트에도 미치지 못했다. 그들은 교역을 주관하는 상인 외에 대부분 선원이나 군인이었다. 네덜란드인들이 주민의 다수를 차지하고 스스로 농사를 지으며 사는 곳은 케이프타운의 식민지가 거의 유일했다. 이곳은 원양항해를 하는 선박들이 들려 보급을 받고 또 지친 선원들이 쉬는 중간 기항지로 발전했는데, 그런 목적을 위해서 주변 지역에서 농사를 지어야 했다. 이곳에 거주하는 사람들은 '보어'(boer, 네덜란드어로 농민이라는 뜻)라고 불렸는데, 후일 이들이 내륙 지역으로 이주해 들어가서 식민지를 확대해갔다.

아시아에서 유럽으로 들여오는 상품으로는 후추를 비롯해서 정향과 육두구, 계피와 같은 향신료가 대종을 이루었다. 중세에는 이 상품들이 모두 엄청난 가격에 거래되었지만, 대양항해의 발전으로 대량 수입되자 가격이 크게 떨어졌고, 따라서 유럽 내 판매 수익성도 떨어졌다. 이제 아시아 교역에서는 직물, 차와 커피, 도자기와 같은 신상품들의 비중이 더 커졌다. 그 결과 교역 지역도 전통적인 향신료 산지보다는 인도나 중국처럼 새로운 교역 상품의 산지로 중심이 이동하게 되었다. 그런 점에서 계속 향신료 무역이 큰 비중을 차지했던 네덜란드 동인도회사보다는 영국 동인도회사가 시간이 갈수록 더 유리해졌다.

네덜란드 동인도회사는 17세기에서 18세기에 걸쳐 시간이 지날수록 점차 힘을 잃고 마침내 1799년에 공식적으로 해체되었다. 그러는 동안 영국 동인도회사는 점점 더 강력한 세력으로 성장해갔다. 17세기 전반기만 해도 영국 동인도회사는 총체적으로 네덜란드 동인도회사에 밀렸으며, 특히 이때까지도 모든 유럽인들이 찾아가고자 했던 후추와 향신료 산지 가운데 가장 중요한 지역이었던 인도네시아에서 밀려난 것이 큰 약점이었다. 이 때문에 영국 상인들은 할 수 없이 인도로 향했는데, 역설적으로 이것이 후일 영국이 다른 유럽 세력을 누르고 아시아 식민지 교역에서 우위를 차지한 시발점이 되었다. 이들은 인도 내의 무역을 유리하게 수행하기 위해서 무굴 제국 황제에게서 특권을 허락받는 황제 칙령(farman)을 요청했으나 오직 소수의 지역에서만 특권을 인정받았다. 따라서 영국인들은 마드라스나 캘커타 같은 일부 지역에 역량을 집중했으며, 이런 곳에서 면직물과 비단, 그 다음 시기에는 차와 아편 거래를 확대했다. 네덜란드 동인도회사와 비교하여 영국 동인도회사의 특징은 회사 계정이 아니라 개별 직원들이 자신들의 계정으로 사적인 거래를 하는 것을 막지 않고 오히려 장려했다는 점이다. 직원들은 혼자서든 혹은 몇 명이 연합체를 구성하여 '현지무역'을 활발하게 수행했다. 이것이 전반적으로 영국 동인도회사의 사업을 확대하는 힘으로 작용했다.

18세기 전반기에 영국 동인도회사의 사업은 극적으로 팽창했다. 이전처럼 해안 지역의 일부 요새들만 장악하고 내륙의 상인들에게 휘둘리는 단계를 벗어나, 이제는 현지 상인들과 생산자들에게 지배력을 행사할 정도로 자본의 힘이 커졌다. 자신들을 보호할 목적으로 군사력을 강화시키는 정도를 넘어 동인도회사 근거지는 인도 사회 내에 일종의 '안전지대'가 되어 부유한 현지 인사들의 피난처가 될 정도였다. 이런 식으로 그들의 영향력이 확대되면서 무굴 제국 및 지방 권력자들을 대신하여 행정적 권리들을 행사하며 점차 인도 내의 실질적 지배세력으로 발돋움했다. 이제 무굴 제국과의 관계도 바뀌어서 예전처럼 황제가 특권 수락 여부를 가지고 동인도회사를 좌우하는 것이 아니라, 반대로 동인도회사가 사업을 모두 철수시키겠다는 식의 협박을 하며 황제를 위협하는 지경이 되었다. 조만간 황제는 제국 전체에 통용되는 특권을 허락해주었으며, 이로 인해서 동인도회사는 인도 내의 정치에 간섭하여 자신의 이익을 확보할 수 있었다. 동인도회사는 점차 힘을 잃어가는 무굴 제국 대신 정치, 군사적으로 강력한 힘을 휘둘러서 부유한 현지 상인들과 제휴하며 사업을 확대해나갔다. 동인도회사는 점차 상업 회사라기보다는 식민지 정부와 같은 양태를 띠게 되었다.

영국 동인도회사가 사업 측면에서 큰 성공을 거둔 첫 계기가 된 상품은 인도 면직물이었다. 최고의 품질을 자랑하면서도 값이 저렴한 인도의 면직물은 원래 아시아 상업 세계에서도 이미 대단히 중요한 상품이었다. 그 때문에 현지의 생산자들과 상인들이 면직물 거래를 장악하고 있어서 동인도회사로서는 아시아 시장에서 그들과 경쟁하여 수익을 얻기가 힘들었다. 영국인들이 생각한 혁신적인 방안은 이 직물을 유럽에 수입해서 판매한다는 것이었다. 순면직물에 익숙하지 않던 유럽 소비자들은 처음에 이 직물을 벽 가리개 같은 용도로 사용했지만 결국 면직물 의류의 장점을 알게 되면서, 곧 수요가 폭발적으로 치솟았다. 유럽 내 다른 직물업을 위기로 몰아넣을 정도로 면직물 수입은 엄청난 충격을 주었다. 장기적으로는 영국에서 인도 면직물 수입을 대체하기 위한 방안을 찾다가 기계혁명이 일어났고 이것이 산업혁명으로 이어진 것은 또다른 역설적 결과이다.

2. 아메리카의 정복

포르투갈이 아시아로 먼저 방향을 잡은 반면 에스파냐는 아메리카 쪽으로 눈을 돌렸다. 콜럼버스가 도착한 이후 카리브 해의 여러 섬들에 에스파냐인들이 도착하여 이곳을 정복했다. 신대륙 항해는 첫 시작이 어려웠을 뿐이지, 일단 길이 열리자 풍향, 조류 등이 유리해서 비교적 쉽게 항해가 가능했다.

2-1. 카리브 해 섬들의 지배

에스파냐의 초기 해외 팽창은 처음에는 군인들의 개별적인 모험을 통해서 이루어졌다. 콜럼버스를 비롯해서 핀손 형제, 코르테스, 피사로 등은 모두 국왕 측과 계약(capitulacion)을 맺었는데, 그 내용은 이들이 모험에 성공하면 그 땅에 대한 합법적 지배권은 그들에게 있으며, 대신 국왕은 해외 영토에 대한 상위 권위를 차지하고 이 사업에서 발생한 수익을 부분적으로 수취한다는 것이었다.

에스파냐의 팽창은 먼저 앤틸리스 제도의 지배와 약탈로 시작해서 다음에 대륙 본토로 진입하는 순서를 밟았다. 장구한 기간 동안 앤틸리스 제도의 주민들이 축적한 사금은 1502-1510년대 사이의 짧은 기간 내에 거의 모두 약탈당했다. 쉽게 금을 얻을 수 있다는 점에 매혹된 에스파냐인들은 현지인(아라와크족)들을 더욱 심하게 착취하여 사금 수집을 강요했다. 그 결과 이곳 주민들이 몰살되기 시작했다. 그들에게 익숙하지 않은 힘든 노역을 강요당하고, 그들에게는 면역이 없는 유럽의 전염병들이 퍼져서 결국 주민들이 거의 사멸되는 사태가 벌어진 것이다.

다음은 테라-피르마(terra firma, 대륙 본토)에 대한 점령이 뒤따랐다. 이 과정은 허망할 정도로 쉽게 이루어졌다. 코르테스는 2,500만 명의 주민이 사는 멕시코를 정복했고, 피사로는 800-1,000만 명의 주민이 사는 잉카 제국을 정복했다. 아메리카 문명들은 나름대로 심오한 정신문명을 발전시켰지만, 유라시아와 아프리카 지역은 모두 기본적으로 갖추고 있던 문명 요소들, 예컨대 철제 무기와 문자를 가지지 못한 허약한 체질이었고, 구대륙의 전염병에 속수무책으로 피해를 입었다. 에스파냐 정복자들은 토지 획득보다는 엔코미엔다(encomienda)라는, 사람에 대한 지배방식을 성립시켰다. 이것은 국왕으로부터 위임을 받은 사람(encomendero)이 일정한 지역의 인디오 주민들을 "보호, 교육, 기독교화"할 책임을 지고 그 대가로 인디오로부터 조공과 노역을 받아낼 권리를 가지는 체제를 가리킨다. 원래 국왕이 이 제도를 시행하고자 했을 때에는 일부 선량한 의도가 없지 않았지만, 실제로는 무력을 쥔 지배자들의 무제한적인 착취로 이어졌다. 바르톨로메 데 라스 카사스와 같은 비판적인 인사들은 인디

오들에 대한 과도한 착취를 목도한 후에 과연 이들에 대한 지배가 정당한
지를 물으며 기독교도들의 각성을 촉구했다. 그러나 이와 같은 부분적인
노력에도 불구하고 실질적으로 에스파냐인들의 가혹한 지배를 막을 수는
없었다.

이처럼 초기 정복자들은 신대륙에 건설한 도시들의 권력체를 중심으
로 자신의 권리를 굳건히 했으나, 이것이 똑같은 방식으로 계속되지는
못했다. 현지인들의 인구 감소로 인해서 그들의 경제력이 무너졌고, 또
국왕이 이들이 반독립 상태에 들어가는 것을 막는 조치를 취했기 때문에
16세기 말부터 이들의 지배체제에 변화가 찾아왔다.

1530-1570년 동안 아메리카에 에스파냐 국왕의 행정력이 점차 자리
를 잡기 시작했다. 국왕이 파견한 지사들이 멕시코시티와 리마에 자리잡
고 국왕을 대리하여 행정권을 확대해갔다. 식민지는 가장 상층에 법정을
통해서 사법권을 행사하는 단위인 아우디엔시아(Audiencia)로 나뉘었고,
그 밑으로는 군사 지배 단위, 다시 그 아래 수준으로는 재정, 행정, 사법,
경찰 업무 단위인 코레지미엔토(corregimientos)로 분할되었다. 그러나
아메리카 현지는 여전히 행정권의 불균등한 분포, 겸임, 부패 등이 만연
하여 무질서한 통치가 이루어졌다.

국왕은 신대륙으로부터 큰 수익을 얻을 수 있었다. 본토에서 은광이
개발되었기 때문이다. 원칙적으로 광산의 생산물 중 5분의 1이 국왕 몫
으로 정해졌는데, 물론 정직하게 그 양을 바치는 대신 부정이 이루어졌지
만 그렇더라도 아메리카의 은 수입은 국왕의 재정에 큰 도움을 주었다.
포토시를 비롯한 각지의 은광 개발로 인해서 아메리카는 당시 세계 1위
의 은 생산 및 수출 지역이 되었다. 16세기 중반에는 광석에서 은을 추출
하는 기법에 혁신적인 개선이 이루어져 아말감 법(amalgamation process)
이 도입되었고, 또 여기에 필요한 수은도 아메리카의 현지 광산에서 채굴
하게 되어 은 생산량이 대폭 늘었다. 에스파냐에 들어온 귀금속은 에스파

냐 왕실의 정치자금, 특히 전쟁비용으로 쓰였지만, 결국은 경제적 기반이 취약한 에스파냐가 외국 상품을 구입하는 결제수단으로 은이 사용되면서 곧 다른 나라로 유출되었다. 은의 대량 공급은 당시의 인플레이션을 유발한 측면도 컸다.

식민 모국(에스파냐)과 해외 식민지 사이의 교역은 일괄적으로 1503년에 세비야에 설립된 무역관(Casa da contratacion)의 통제를 받았다. 매년 세비야와 베라크루스, 놈브레 데 디오스를 연결하는 호송 선단(Carrera da India)이 조직되었다. 이는 군함의 호위 아래에 여러 척의 상선들이 함께 선단을 이루어 항해하는 방식으로서, 대개 상선 10-20척 정도가 움직였지만 많으면 75척까지도 함께 운행했다.

에스파냐인의 지배와 개발 및 착취의 중심지가 대륙 본토로 이동되면서 카리브 해 섬들에는 큰 변화가 찾아왔다. 이 지역의 여러 섬들에는 약 2만 명 정도만의 유럽인들이 거주했을 뿐 거의 버림받았고, 원래 그곳의 주인이었던 원주민들은 사라져갔다. 그러자 이곳이 해적들의 본거지로 변했다. 1520년대에 이곳에 프랑스 해적들이 출몰하더니 16세기 말에는 영국계와 네덜란드계 해적들도 등장했다. 그리고 각종 모험가들, 플랜테이션에서 도망친 백인과 흑인들이 이곳에 근거지를 두기 시작했다. 자메이카 섬이 그중 가장 유명한 해적 중심지가 되었다. 이들은 위험과 이익을 균등하게 나누자는 계약을 맺고 함께 활동하는 기업형 해적들이었다. 이 섬들은 나중에 사탕수수 재배가 확대되면서 다시 새롭게 주목을 받게 될 것이다.

2-2. 플랜테이션

초기의 착취와 광산 개발 다음에는 플랜테이션 경영 단계로 들어섰다. 이는 노예들을 고용하여 상업적으로 판매할 수 있는 작물 한 종류를 재배하는 대규모 농장을 말한다. 커피, 벼, 인디고(Indigo, 보라색 염료 작물), 면화 등이 주요 작물이었지만 그 가운데 가장 큰 비중을 차지한 것은 사탕수수였다. 사탕수수는 동남 아시아가 원산지인데 인도와 아랍 세계를 거쳐 중세에 시칠리아 등 지중해 지역에까지 전해졌고, 유럽의 해외 팽창 시기에는 마데이라 같은 대서양의 섬에서 재배되었다. 그리고는 드디어 아메리카의 여러 지역으로 재배가 확대된 것이다.

단맛을 내는 물질이 부족하던 시대에 사탕수수에서 얻는 설탕은 처음 도입되는 지역마다 환영받았으며 언제나 대규모 수요를 발생시켰다. 그렇지만 이 작물의 재배와 사탕 정제에는 늘 심대한 문제가 따랐다. 무엇보다도 이 작물의 재배에는 엄청나게 많은 노동력이 필요했다. 거기에다가 사탕수수를 으깨 얻은 액을 끓여서 정제하는 작업에는 대규모 노동력과 함께 다량의 연료가 필요했다. 이런 조건을 만족시키기 위해서는 사탕수수 농장과 정제소를 넓은 경지와 삼림 자원이 풍부한 식민지에 설치하고, 예속적인 노동력을 확보해야 했다.

가장 먼저 아메리카에서 사탕수수 재배를 시도한 곳은 브라질이었다. 브라질은 1500년에 페드루 알바르스 카브랄이 처음 도착한 이래 19세기에 독립을 쟁취할 때까지 포르투갈의 식민지였다. 그렇지만 유럽의 여러 나라들이 고급 염료물질을 얻을 수 있는 브라질나무를 얻기 위해서 이 땅에 눈독을 들이고 일부 지역을 차지하려고 했다. 네덜란드는 1630년에 노르데스테 지역을 정복한 후에 이곳에서 사탕수수 재배를 시도했다. 그러나 1654년 다시 포르투갈의 강력한 압박으로 네덜란드인들이 축출되었는데, 이것이 오히려 아메리카에 사탕수수 재배가 확산되는 중요한 계기가 되었다. 네덜란드인들은 수리남과 카리브 해의 몇몇 섬들을 차지했는데, 이곳에서 사탕수수 재배를 본격적으로 시도하여 큰 성공을 거둔 것이다. 이후로 설탕이 대량 생산되어 유럽을 비롯한 전 세계 사람들의 식생활에 큰 변화를 가져왔다.

사탕수수 플랜테이션 확대는 무엇보다 아프리카의 흑인 노예 도입을

추동한 결정적 요인으로 작용했다. 처음에는 플랜테이션 노동자로 유럽
의 하층민들을 '계약제 노예(indentured, 일정 기간 동안 임금을 받으며
강제노역을 하는 백인 노동자)'로 도입했지만, 고용주도 점차 불만이었
고 또 유럽에서 데리고 올 인력도 부족하여 다른 방도를 찾아야 했다.
이에 대한 대안으로 등장한 것이 아프리카 흑인 노예의 도입이었다.

　1580년 이전 아프리카에서 아메리카로 유입된 흑인 노예 수는 7만
5,000명 수준이었던데 비해서 같은 기간 유럽의 백인은 22만5,000명이
유입되었다. 그런데 1580-1700년 기간 중에는 유럽인이 100만 명 정도
유입되었던데 비해 흑인들은 150-220만 명 정도 유입되어 비중이 바뀌
었다. 그 다음 18세기가 되면 이 차이는 더욱 벌어져서 아메리카에 유입
된 아프리카 흑인의 수는 250-500만 명까지 늘어났다. 대체로 15-19세
기 중 아메리카에 들어온 흑인 노예의 총수는 1,000만 명에 육박한다는
것이 정설이다. 19세기가 될 때까지 그토록 많은 흑인이 들어왔지만 아
메리카가 흑인 거주지가 되지 않고 주민의 대다수를 백인이 차지하게
된 원인은 노예로 들어온 흑인들이 안정적으로 정착하지 못했기 때문이
다. 흑인 노예들이 후손을 보지 못하고 죽고 나면 다시 다른 노예를 구매
하여 들여오는 방식이 지속되었으므로 흑인 인구는 증가할 수 없었다.
흑인 노예가 가장 많이 도입되었던 곳은 브라질과 카리브 해 섬들로서,
이 두 곳이 유입된 전체 흑인 노예 중 각각 40퍼센트씩을 차지했고, 그
나머지 지역이 20퍼센트를 차지했다. 대서양 노예무역을 주도한 국가는
처음에는 포르투갈이었으나, 곧 네덜란드와 프랑스, 영국이 주도권을 차
지했다.

2-3. 영국과 프랑스의 아메리카 식민지

　아메리카에 처음 도착하고 식민지 개발의 주도권을 쥔 것은 에스파냐
였지만 점차 영국과 프랑스가 경쟁에 뛰어들었고, 곧 이들이 더 큰 힘을

가지게 되었다.

영국은 엘리자베스 1세 시대부터 본격적으로 해외 팽창을 시도했다. 월터 롤리와 같은 인물이 아메리카 일부 지역을 식민화하려는 시도는 실패했지만 대신 교역을 통해서 이익을 얻거나 이민정책으로 국내의 갈등을 완화시키려는 계획을 발전시켰다. 영국 국내에 경제, 사회, 종교적 긴장이 고조되자, 이런 갈등을 일으키는 사람들을 아메리카로 송출해서 압력을 완화하자는 방안이 제기된 것이다. 하크로이트가 이런 아이디어를 제시한 대표적인 인물이다.

이런 안들이 본격적으로 활성화된 것은 제임스 1세 시대였다. 이때 아메리카에 이주민을 보내서 농업 식민지를 건설하는 활동을 목적으로 하는 상업회사 2개가 특허장을 받았다(1606). 그중 하나가 버지니아의 제임스타운에 식민촌을 건설하는 데에 성공했다(1607). 이들은 초기의 어려운 여건을 이기고 담배 농사로 성공을 거두었다. 그러나 이곳 역시 점차 귀족적인 지배층과 대규모 노예제를 유지하는 체제로 이행해나갔다. 17세기 말 이전에 메릴랜드(이곳은 가톨릭교도들이 건설한 곳이다), 캐롤라이나 등에도 버지니아와 흡사한 식민지들이 건설되었다.

이보다 북쪽 지역에는 성격이 완전히 다른 식민지들이 건설되었다. 이곳에는 종교적인 이유로 본국을 떠난 청교도들(Puritans)이 도착했다. 1620년 메이플라워 호를 타고 필그림 파더스(Pilgrim Fathers)가 플리머스에 도착했다. 이곳이 최초의 뉴잉글랜드 지역이 되었다. 이곳에는 계약에 근거한 사회가 건설되었으나 자신들의 종교적, 정치적 이념을 고수하려는 불관용의 성격이 매우 강했다. 그들은 곡물 농사와 상업을 중심으로 사회를 확대해갔으며, 본국의 간섭과 지배로부터 비교적 독립적인 생활을 영위했다. 영국 왕실은 주로 북아메리카의 중부 지역에 관심을 집중하고 있었다. 그곳에는 네덜란드 및 스웨덴 계와 영국계 주민들 간에 갈등이 빈번하게 일어났다.

프랑스는 세인트로렌스 강 연안 지역에서부터 식민지 건설을 시작했다. 16세기 중엽 카르티에와 로베르발 등의 탐험 결과 이 지역이 알려지기 시작했고, 이로쿼이 인디언의 말로 '거주지'를 의미하는 캐나다라는 이름으로 불리게 되었다. 원래 프랑스인들은 금광을 찾고자 했지만 그런 시도가 실패로 끝난 다음에는 차라리 이 지역을 통과해서 아시아로 가는 통로를 발견하려고 했으나 그마저도 실패로 끝났다. 프랑스는 남쪽의 플로리다와 브라질이 더 가능성이 큰 지역으로 생각했으며, 북쪽의 이 땅은 대부분 쓸모없는 땅이라고 보았다. 경제적으로 중요한 의미가 있는 부분은 뉴펀들랜드와 아카디아[6]의 어업 정도였다. 캐나다를 완전히 포기하지 않은 것은 이 지역의 모피에 눈을 떴기 때문이다. 당시 유럽에서 유행하던 모피를 인디언들에게서 싸게 얻을 수 있는 가능성을 확인한 후 프랑스에서는 북아메리카의 모피 구입을 위한 회사들이 설립되었다. 이 회사를 위해서 캐나다 내륙을 탐험하던 사뮈엘 드 샹플랭이 퀘벡 아비타시옹[7]을 건설해서, 이곳이 누벨-프랑스, 즉 캐나다 발전의 초석이 되었다. 그러나 이 지역으로 많은 이주민을 유입시키는 데에는 실패했다. 게다가 현지 인디언들 간의 복잡한 갈등관계에 휘말려 들어간 것도 식민지 발전에 큰 걸림돌이 되었다. 프랑스 측은 휴런 인디언들과 동맹관계를 맺었지만 이들과 적대관계에 있던 이로쿼이 인디언들의 위협을 받게 된 것이다. 북아메리카의 프랑스 식민지는 뉴펀들랜드로부터 미시시피 델타 지역에 이르기까지 큰 반원을 그리며 영국 식민지를 포위하는 형국으로 대단히 광대한 땅을 소유한 것으로 보이지만, 실제로는 인구가 적다는 점이 결정적인 약점이었다.

---

6) 아카디아 : 오늘날 캐나다의 노바스코샤 주를 말한다. 1600년경 프랑스의 식민지가 되었으나 1713년 위트레흐트 조약의 결과 영국령이 되었다가 1867년 이래 캐나다 영토가 되었다.

7) habitation : 수십 명 정도의 사람들이 안전하게 거주할 수 있도록 무장한 성벽을 치고 그 안에 몇 채의 집이 있는 곳.

영국과 프랑스만이 아니라 유럽의 다른 나라들 역시 식민지 건설 경쟁에 빠지지 않았다. 그 가운데 네덜란드는 북아메리카에 꽤 중요한 흔적을 남겼다. 이들은 오늘날 뉴욕 주의 알바니 근처에 모피 장사꾼으로 처음 모습을 드러냈다가 이 지역에 요새를 건설했다. 특히 1623년에 설립된 서인도회사는 이 지역을 뉴네덜란드로 선포했으며, 1626년에 회사가 뉴암스테르담을 건설했다. 1660년에 북아메리카 지역에 대한 식민 경쟁이 다시 치열해졌을 때에는 영국이 가장 활발하게 움직였다. 그들은 뉴암스테르담을 비롯한 뉴네덜란드 지역을 빼앗고 이곳을 당시 왕위를 되찾은 찰스 2세의 동생인 요크 공의 이름을 따서 뉴욕으로 개명했다. 후일 이곳은 미국 제일의 도시로 성장하게 된다. 그 외에도 영국은 1670년에 사우스캐롤라이나와 조지아를 건설하고, 이 지역에서 인디고, 담배, 벼 등을 재배했다. 이 지역은 남쪽에 위치한 에스파냐 지배하의 플로리다와 북쪽의 영국 식민지가 직접 충돌하는 것을 막는 일종의 완충지대 역할을 했다.

프랑스는 식민지 개발에 큰 성공을 거둔 편은 아니었다. 그리하여 루이 14세는 1663년에 아메리카의 모든 식민지를 국왕 직할로 선언하고 지사를 파견하는 방식을 취했다. 그는 유럽 내에서보다 더 완전한 형태의 절대주의를 식민지에서 실험하고자 했다. 콜베르는 식민지가 번성하도록 만들려면 무엇보다 인구를 확보하는 문제가 중요하다고 판단했다. 지금까지 프랑스 식민지에는 주로 도시 빈민이나 젊은 무직자들을 보냈는데, 이들은 식민지에 잠시 머물다가 그곳에서 죽던지 혹은 곧 프랑스로 귀국했다. 그 때문에 식민지에는 늘 인구 부족 현상이 나타났는데, 이 점이 남녀가 함께 이주하여 인구를 늘릴 수 있었던 영국 식민지에 비해서 뒤처지는 요인이 되었다. 프랑스 역시 인구 문제를 해결하기 위해서는 여성을 식민지에 보내야 한다고 생각하고는 식민지에 파견할 여성을 선발했다. 그러나 식민지 문제를 해결하려다가 오히려 본국의 인구 문제를 악화시킬지 모른다는 비판에 직면하여 이 방식을 포기하고 대신 현지 주민을 기독교로 개종시킨 다음 프랑스인과 결합시키는 정책을 폈다. 그러나 인디언들을 '선량한 기독교도'로 만든다는 이 계획은 큰 성공을 거두지 못했다.

1699년에 프랑스는 미시시피 강 입구에 루이지애나를 건설했다. 이는 에스파냐인이나 영국인이 내륙으로 들어가 거래하는 것을 봉쇄하려는 의도에서였다. 결국 이곳에도 인력을 확보하는 일이 힘들어지자 본국의 죄수들이나 부랑자들을 보냈는데, 이들을 루이지애나 노예(Louisiana Slavery)라고 불렀다. 그리고 여기에 아프리카 흑인 노예들이 더해졌고, 후일 1750년부터는 북쪽의 아카디아 식민지인들을 이곳으로 보내서 합류시켰다. 이때 유입된 아카디아 출신 프랑스인들의 문화양식이 더해져서 오늘날 미국 남부의 독특한 케이준(Cajun, 아카디아에서 유래한 말이다) 문화가 만들어졌다.

18세기에도 프랑스 식민지에는 흑인 노예까지 포함하여 인구가 10만 명 수준이었던데 비해, 북아메리카의 영국 식민지에서는 최대 200만 명으로 추산되는 인구가 존재했다. 그리하여 필라델피아, 뉴욕, 보스턴과 같은 대도시들이 만들어졌다. 영국과 프랑스 식민지 간에는 18세기 중에 갈등이 격화되었다. 양국은 특히 오하이오 강 연안 지역을 놓고 충돌했는데, 이 사태는 곧 7년전쟁의 흐름 속에 휩쓸려갔다.

3. 18세기 식민지 문제와 미국의 탄생

식민지 경쟁에는 유럽의 강대국만이 아니라 덴마크나 발트 해의 작은 공국인 쿠르란트 같은 소국, 심지어 오스텐드와 같은 소도시들도 참여했다. 그렇지만 18세기에 들어서자 다른 국가들이 힘을 잃어가고 영국과 프랑스가 주도권을 쥐게 되었다. 두 나라는 카리브 해, 북부 아메리카,

인도에서 충돌했다. 대체로 카리브 해에서는 양국이 균형을 이루었고, 북아메리카에서는 프랑스는 공간 면에서, 영국은 주민 수 면에서 우위를 차지했다. 한편, 인도에서는 조제프 뒤플렉스 덕분에 프랑스가 1750년경 영국을 눌러 이길 정도로 성장했으나 최종적으로는 영국의 우위로 끝났다. 프랑스는 북아메리카에서 캐나다와 루이지애나를 양도했고, 인도에서는 특권적인 지위를 거의 다 상실할 정도로 쇠퇴했다. 그러나 북아메리카 식민지는 프랑스의 도움으로 약 20년 뒤 독립을 얻어 미합중국이 되었다. 그럼에도 불구하고 18세기 말에는 영국이 최대의 해상 및 식민지 세력으로 성장했다.

3-1. 영국과 프랑스의 갈등 : 1748년까지

18세기에 영국과 프랑스는 북아메리카와 인도를 비롯하여 세계 각지에서 식민지 문제를 놓고 갈등을 벌였다. 이것은 결국 전쟁으로 비화되었으며, 전후 협상을 통해서 식민지를 재조정하곤 했다.

아메리카와 인도에서의 갈등

18세기에 카리브 해에서 식민지를 둘러싼 갈등이 매우 심해서 예컨대 신트마르텐(프랑스어로는 생마르탱) 같은 작은 섬의 경우 프랑스와 네덜란드가 양분하기까지 최소 16번이나 섬 주인이 바뀌기도 했다. 영국과 프랑스 사이에는 큰 판도 변화가 없어서, 프랑스는 마르티니크, 과들루프, 산토도밍고를, 영국은 자메이카, 바베이도스, 바하마를 지배했다. 18세기 동안 이곳에는 경제적으로 큰 변화가 일어났다. 특히 사탕수수 재배가 가장 중요한 산업으로 성장했고, 그 외에 인디고, 커피, 카카오, 면화 재배도 성장했다. 그러나 이곳에서는 노예가 워낙 많았기 때문에 반란의 위험이 상존했고, 본국의 '무역독점 체제(exclusif)' 때문에 농장주들도 불만이 컸다.

북아메리카 대륙에서는 이론상 프랑스가 가장 넓은 영토를 가지고 있었지만, 인구가 적었기 때문에 실질적인 지배는 거의 하지 못했다. 다만 퀘벡과 몬트리올 지역에서만 1만5,000명 정도로 인구가 많은 편이었고, 허드슨 지역, 오대호 주변, 일리노이와 미시시피 지역은 모피 장사꾼(coureur de bois)들이 돌아다니며 인디언들로부터 비버 가죽을 비롯한 모피를 구입했다.

그러나 영국 식민지는 프랑스와는 달랐다. 12개 주(1732년부터는 13개 주)들은 지사가 왕을 대리하고 의회가 인민을 대표하는 식의 제도가 유사하게 발전했고, 인디언과의 갈등, 본국과의 이해 다툼, 프랑스인들과의 적대관계 등 공동의 문제를 안고 있었기 때문에 서로 연대감을 느끼고 있었다. 1713년 위트레흐트 조약으로 영국은 프랑스 식민지에 허드슨 유역, 뉴펀들랜드, 아카디아를 넘겨야 했다. 대신 영국령에는 이민이 계속되었고 출산율도 높아서 인구 면에서는 프랑스 식민지에 비해 매우 유리했다. 영국 식민지와 프랑스 식민지 간 인구를 비교해보면 1713년에는 45만 명 대 1만8,500명이었고, 1740년에는 90만 명 대 4만3,000명으로 비교가 되지 않을 정도로 격차가 벌어졌다.

한편, 인도에서는 18세기 초에 퐁디셰리, 샹데르나고르에 자리잡은 프랑스가 마드라스, 캘커타, 봄베이 등을 차지한 영국에 비해서 좋은 위치를 점했다. 영국보다 뒤늦게 인도에 들어온 프랑스가 어느덧 매우 강력한 세력으로 성장한 것이다. 특히 프랑수아 뒤마가 지대한 역할을 했다. 1707년 아우랑제브 황제가 사망한 이후 무굴 제국의 왕위 계승 문제가 심각한데다가 페르시아의 위협에 지방 귀족들의 봉기와 독립 상태로 혼란의 시대를 맞이했을 때, 뒤마는 오히려 이를 이용하여 세력을 키울 수 있었다. 그는 일부 영주들을 지지하고, 군대를 키워서 빌려주는 대신 상업 특권을 받는 방식을 취했다. 그의 후임이었던 뒤플렉스 역시 인도 내정에 성공적으로 간섭함으로써 영국 측의 불안을 초래했다.

영불전쟁과 아헨 조약(1744-1748)

18세기 초반에는 영국의 로버트 월폴과 프랑스의 플뢰리가 상호 침략 전쟁을 자제하고 평화를 유지하려는 노력을 기울였기 때문에 비교적 안정적인 국제관계가 이어졌다. 그러나 월폴이 퇴각하고 플뢰리가 사망한 이후 국제정세는 급격한 변화를 맞았다. 오스트리아 왕위 계승전쟁(1740-1748)에 휩쓸린 양국의 적대관계가 심화되었고, 이는 유럽 바깥의 식민지로도 확대되었다. 1744년 프랑스가 노바스코샤의 아나폴리스를 정복하면서 양국 간의 식민지 쟁탈전이 격화되었다. 이 시기부터는 영국이 300척 정도의 선박을 동원할 수 있던데 비해서 프랑스는 50척 정도만 동원하는 수준이어서 영국의 우위가 뚜렷하여 그 결과 영국이 우세를 차지했다. 이와 달리 인도에서는 프랑스의 식민지 행정관인 뒤플렉스가 활약하여 1746년 마드라스를 점령한 것을 비롯하여 여러 지역을 지배하기에 이르렀다. 그러나 1748년에 오스트리아 왕위 계승전쟁을 매듭짓는 아헨 조약을 맺으면서 양국의 식민지는 모두 다 이전 상태로 되돌아갔다.

3-2. 18세기 중엽의 갈등과 파리 조약 : 1748-1763

1748년에 맺은 조약은 근본적인 해결은 전혀 되지 못했다. 오하이오 유역은 모피 무역의 가치가 큰 곳이므로 버지니아인들이 접근해와서, 프랑스계와 영국계 간의 갈등이 계속 고조되었다. 이제 양측은 서로 지배받지 않으려면 지배해야 하는 단계에 접어들어 격렬한 투쟁이 불가피하게 되었다. 영국은 인구 면에서 절대 우위를 차지하고 있는데다가, 해군력에서 우위를 점한 본국이 확실한 지지를 보냈으므로 매우 유리한 위치에 있었다.

인도에서는 프랑스가 군사(시파이)를 키워서 빌려주는 방식으로 내정에 간섭하고 그 대신 특권을 얻어내거나 심지어 영토를 획득하는 방식을 지속했다. 그 결과 1751년경 프랑스의 지위가 정점에 이르렀다. 그러나 본국의 이사 및 주주들은 그런 방식의 정치적 영향력보다는 단기적인 주식 배당을 요구했다. 인도 남부에서 뒤플렉스의 군대가 영국의 클라이브에게 작은 패배를 당했는데, 이것을 핑계로 그를 해임하고 고드외를 후임자로 임명했다. 그는 영국과 협상하여 그의 이름을 딴 조약을 맺었다. 이는 양국이 서로 협력하여 인도 내정에 간섭하지 말자는 내용이었지만 실제로는 뒤플렉스가 한 일을 사실상 전부 무로 되돌리는 결과를 초래했다.

머지않아 양국 간의 갈등은 다시 발화되었다.

1755년 평화로운 시기였음에도 불구하고 영국의 보스카웬 제독이 프랑스 상선 200척을 북대서양에서 나포한 소위 보스카웬 테러 사건이 일어나서 양국 관계가 공식적으로 단절되었다. 북아메리카에서도 양측 간의 심각한 침략전쟁들이 발발했다. 특히 1759년에는 영국계 주민 3만 명이 퀘벡을 포위공격했다. 양측의 장군이 모두 사망하는 치열한 전투 끝에 영국이 이 도시를 정복했고, 다음 해에는 몬트리올도 항복했다. 또 카리브 해에서도 과들루프와 마르티니크가 영국 측에 항복하는가 하면, 인도에서도 1757년에 있었던 결정적 전투인 플라시 전투에서 영국이 승리를 거두었다. 1761년에는 프랑스의 마지막 상관인 마에도 항복했다. 18세기 중엽까지 백중세를 보이던 두 나라의 식민지 세력 관계가 갑자기 영국의 압도적인 우위로 바뀌었다.

파리 조약, 1763

프랑스는 1761년부터 영국에 평화조약을 제의했으나 2년 뒤에야 체결되었다. 이 조약은 그동안에 일어난 변화를 다음과 같이 정리했다. 프랑스는 영국에게 캐나다와 그 부속 지역, 미시시피 동쪽의 모든 땅, 즉 루이지애나 동부를 넘기기로 했다. 영국은 프랑스에게 과들루프와 마르티니크를 넘겨주고, 인도에서는 샹데르나고르를 비롯한 5개의 상관을 넘겨주되, 다만 요새화하지 말 것을 규정했다. 한편 1762년에 에스파냐가 같은 부르봉 왕실 간 우애를 지킨다는 명목으로 영국에 도전했다가 패배하여 영국에 플로리다를 넘겨주었고, 이에 대한 대가로 프랑스는 에스파냐에게 루이지애나 서부를 주었는데, 이때 누벨-오를레앙, 곧 뉴올리언스도 함께 넘겨주었다.

영국에서는 너무 성급히 조약을 맺느라고 얻을 것을 제대로 챙기지 못했다는 비판론이 너무 강해서 뷰트 수상은 사임을 해야 했다. 이에 비해서 프랑스는 기대하지 않은 호조건이라고 좋아했는데, 특히 산토도밍고를 그대로 얻은 것을 축복으로 생각했다. 당시로서는 사탕수수 재배가 가장 유망한 부문으로 보였기 때문이다. 이에 비하면 겨우 모피 거래만 하는 '눈 덮인 몇 평의 땅(arpents de neige)'인 캐나다는 아무것도 아닌 것으로 보였을 것이다.

3-3. 미국의 탄생

7년전쟁 이후 북아메리카의 동부 지역 태반이 영국 쪽으로 넘어갔다. 이제 영국은 새롭게 이 식민지와의 관계를 강화하고자 했다. 그리고 제국의 운영비를 해당 지역이 스스로 부담해야 한다고 생각했다. 그러나 이것은 식민지인들의 불만과 분노를 샀고, 결국 식민지의 독립으로 이어졌다.

갈등의 기원, 1763-1773

미합중국의 모체가 되는 13개 주는 2,000킬로미터 길이에 퍼져 있었으며, 인구는 대략 160만 명이었다. 이 땅은 크게 3개 그룹으로 나뉜다.

① 북부 4주(매사추세츠, 코네티컷, 뉴햄프셔, 로드아일랜드) : 뉴잉글랜드라고 불리게 되는 이 지방에는 인구가 50만 명에 이르렀으며, 농업, 임산업, 광업, 어업, 조선, 야금 등 여러 산업이 발전했고, 중심지인 보스

턴은 상업 중심지로 성장했다. 이 지역은 유럽과 거의 유사한 분위기를 자아냈으며, 로크나 몽테스키외 등 유럽 지성의 영향을 강하게 받았다. 종교적으로는 퓨리터니즘(Puritanism)의 불관용이 지배적이었다.

② 남부 5주(버지니아, 메릴랜드, 남북 캐롤라이나, 조지아) : 귀족적이고 교양 있는 국교도 출신의 백인 지배층이 플랜테이션을 운영하며 담배, 면화, 쌀, 인디고 등을 재배했고, 자연히 여기에 고용된 흑인 노예들의 수도 많았다. 이 지방의 전체 인구 70만 명 중 흑인 노예가 30만 명에 이르렀다.

③ 중부 4주(뉴저지, 뉴욕, 델라웨어, 펜실베이니아) : 이곳은 가장 다양성이 큰 지역으로서 인구 40만 명이 스웨덴, 독일, 영국, 프랑스 위그노 등 상이한 기원을 가지고 있었다. 이곳은 밀농사를 많이 지었다.

이들 13개 주는 원칙적으로는 본국의 무역 규제를 받게 되어 있었지만, 사실상 자유롭게 무역을 했다. 특히 에스파냐령 및 프랑스령 앤틸리스 제도와는 거래가 활발해서, 당밀을 수출하고 목재와 생선을 수입했다.

영국 국왕 조지 3세(1760-1820)는 1763년, 7년전쟁에서 승리를 거둔 것을 계기로 식민지를 다잡으려고 했다. 영국 의회는 미국 식민지의 설탕 수입에 관세를 부과하는 설탕조례(1764), 각종 증서뿐만 아니라 심지어 신문과 달력에까지 인지를 붙일 것을 요구하는 인지조례(1765)를 제정하여 식민지를 압박했다. 이에 대해서 버지니아 의회로부터 항의가 시작되었고, 뉴욕에서 식민지 대표들이 전부 모여 "대표 없이 과세도 없다"고 선언하며 항의했다. 1766년에 문제가 된 법안들이 폐지되었지만 1767년에 다시 식민지에 불리한 과세를 강요하는 타운센드 법이 의회에서 통과되었다. 이에 대한 격렬한 항의로 1770년에 이 법안이 다시 폐지되었으나, 다만 차에 대한 과세는 유지되었다. 이로 인해서 1773년 영국으로부터의 차 수입에 항의하기 위해서 보스턴 항에 정박한 동인도회사 선박 두 척에 인디언으로 분장한 사람들이 난입하여 차를 내던진 '보스턴 차 사건'이 발발했다.

단절과 전쟁의 시작

보스턴 차 사건에 대해서 영국은 보복적인 조치를 취했는데, 그중에는 보스턴 항구를 폐쇄하고 무거운 벌금을 물리는 것도 포함되어 있어서 이것이 식민지인들을 분기시켰다. 1774년에 필라델피아에서 식민지 대표 회의가 열렸는데, 이들은 국왕에게 항의한 다음 영국 상품에 대한 보이콧을 선언했으며, 매사추세츠와 버지니아가 주도하여 민병대도 조직했다. 이제 약간의 불똥만으로도 본격적인 충돌이 불가피한 상황에 이른 것이다. 그 불똥을 일으킨 사건이 렉싱턴의 총격이었다(1775). 보스턴 근처 콩코드에 무기와 탄약을 비치했다는 소식을 접한 영국 본국군 사령관이 병사들을 이끌고 출동했다가 전투가 벌어져 민병대원 8명이 사망한 것이다. 이제 영국은 이들을 반란세력으로 규정했고, 이에 맞서 식민지인들은 조지 워싱턴을 사령관으로 임명한 후에 영국군과 싸워 승리를 거두었다.

버지니아가 헌법을 가진 독립공화국을 선포한 것을 모범으로 삼아 필라델피아 대륙회의가 1776년 7월 4일에 독립선언을 했다. 토머스 제퍼슨이 쓴 전문은 로크를 비롯한 계몽사상의 영향을 강하게 받았다. 그러나 선언은 선언에 불과했으며, 이를 싸워서 쟁취해야 하는 것이 중요했다. 외국의 지지를 구하는 것이 필요하다고 판단한 결과, 프랭클린이 프랑스를 방문하여 외교 활동을 벌였다. 그러나 루이 16세(1774-1793)와 외무상 베르젠은 본격적인 지원을 해야 할지 판단을 내리지 못하고 주저했다. 결국 프랑스는 무기와 재정 지원만 하기로 결정했고, 다만 라파예트와 같은 지원자들이 개인 자격으로 참전했다.

전투 초기에는 영국군이 우세를 점했다. 영국군은 뉴욕과 필라델피아를 차지했으나, 1777년 새러토가에서 식민지군이 승리를 거둔 것이 전환점이 되었다. 이를 계기로 프랑스가 참전을 결정했다. 프랑스의 개입이 곧바로 직접적인 영향을 준 것은 아니다. 프랑스는 육군 대신 우선 해군을 지원했으며 여기에 에스파냐도 참여했다. 그 결과 카리브 해의 영국 식민지 섬들이 위태로워졌다. 게다가 러시아도 중립을 표방하는 형식으로 사실상 프랑스를 도왔다. 영국은 발트 해 연안 지역에서 목재와 타르 같은 중요한 군수품을 구입할 수 없게 되었던 것이다. 이런 상황에서 베르젠은 본토에서의 승리만이 결정적이라는 사실을 자각하고 드디어 1779년에 프랑스 육군을 파견했다. 로샹보 백작이 지휘하는 프랑스 군과 워싱턴 군이 요크타운의 영국군을 포위해서 승리를 거두었다. 사실상 이것으로 군사작전이 종식되었다.

파리 강화조약과 미국의 형성

네덜란드마저 1780년 영국에 전쟁을 선포했고, 스웨덴과 러시아 등 나머지 중립국들도 그런 조짐을 보였다. 영국은 식민지 측과 서둘러 예비 회의를 거쳐서 모든 권리를 인정해주기로 했고, 베르사유에서 열린 강화조약으로 이것을 확정했다(1783). 이때 에스파냐는 플로리다와 미노르카를 얻었고, 프랑스는 앤틸리스 제도의 섬 몇 개를 얻었다. 그렇지만 프랑스로서는 엄청난 노력과 재정 지원을 한 것에 비하면 소득이 거의 없었고, 다만 국제적 명성이 높아진 데에 만족해야 했다.

미국은 이제 독립을 이루었으나 실질적으로 하나의 국가를 형성하는 일은 어려운 과제였다. 채무 문제, 애팔래치아 서부의 영토 문제, 헌법 문제 등 수많은 과제들이 남아 있었다. 이런 문제들을 일차적으로 정비한 것이 1787년에 열린 필라델피아 대륙회의였다. 여기에서 서부는 연방의 땅이라는 것을 천명하고, 더 나아가서 1789년 워싱턴, 프랭클린, 해밀턴의 합작으로 연방헌법을 작성했다. 미국 헌법은 연방주의자와 반연방주의자 사이의 타협의 산물이었다. 헌법은 독립적인 주(state)들로 이루어진 미국이라는 국가(nation)를 규정했다. 주권은 연방정부가 가지지만 동시에 연방정부는 각 주의 독립성을 준수해야 하며, 국방과 일반 이익의 보호에 힘써야 한다고 선언했다. 3권 분립의 원칙에 따라서 행정권은 임기 4년의 대통령에게 위임하고, 그는 의회가 아니라 인민에게 책임을 지도록 했으며, 입법은 상원과 하원의 의회가 담당하고, 사법은 대통령이 임명하는 9명의 종신 판사로 구성되는 대법원이 책임지도록 했다. 1년 반 동안 각 주의 비준을 얻어서 헌법이 확정되었고, 워싱턴이 초대 대통령이 되었다.

3-4. 18세기 말 유럽의 팽창

대발견 여행

15세기에 시작된 유럽의 해외 탐험은 줄곧 계속되었지만, 17세기는 '발견'이라는 점에서는 일종의 휴식기였다. 이 시기에는 기껏해야 아벌 얀스존 타스만이 타스마니아, 뉴질랜드, 피지 제도, 오스트레일리아 북부 등을 발견한 정도가 고작이었다. 해상 탐험보다 더 의미가 큰 것은 아메리카 대륙 내부를 탐사하는 활동과 러시아인들이 시베리아를 횡단하여 태평양 연안에까지 이른 내륙 탐험이었다.

미지의 해역을 탐험하는 해상 활동은 18세기에 들어서 항해술의 발달로 다시 활기를 띠었다. 이 시기에는 크로노미터의 개발로 원양항해에서 가장 큰 문제 중 하나였던 경도를 파악하는 것이 가능해졌다. 특히 1763년 이후 평화 시기에 유럽 선박의 해양 탐사가 더욱 활기를 띠었다. 그런데 이 시기의 해상 여행은 과학적 탐구 목적을 강조하는 특징이 강했다. 각국의 해양 탐사선에는 지리학자, 천문학자, 자연사학자, 의사 등이 승선하여 각종 관찰과 실험을 수행했으며, 그 성과가 국가의 위엄을 널리 알리는 수단으로 활용되었다. 이제 과학은 실제적인 의미로나 이데올로기적인 수단으로나 국력과 직결되는 문제로 여겨졌다. 18세기 후반에 영불전쟁이 재개된 것도 이런 현상을 막지는 못했다. 이런 성격을 가진 각국의 해양 탐사는 당시까지 대부분 미지의 바다로 남겨져 있던 태평양에 집중되었다. 특히 남태평양을 탐험하고 여행기를 쓴 루이 앙투안 드 부갱빌은 '선한 야만인(bon sauvage)'의 개념을 확산시키는 데에 크게 기여했다.

18세기 후반의 해양 탐사를 가장 잘 보여주는 사례로는 제임스 쿡의 항해를 들 수 있다.

제1차 항해(1768-1771)에 나선 그의 배에는 영국 왕립협회의 후원하에 과학자가 승선하여 남아메리카로 가서 당시 천문학상의 국제적 이슈였던 '금성의 태양면 통과 현상 관찰'을 수행했다. 그리고 뉴질랜드와 오스트레일리아의 여러 지역을 방문하여 생물학적으로 매우 중요한 관찰과 자료 수집을 했다. 제2차 항해(1772-1775)는 남극 지역을 항해했다. 이때까지도 유럽인들 중에는 남극에 열대기후의 거대 대륙이 존재할 것으로 믿는 사람들이 많았으며, 만일 그럴 경우 이곳에 처음 도착하여 자국 영토로 선언하면 콜럼버스의 아메리카 대륙 발견과 같은 엄청난 경제적 이익을 얻을 수 있다고 생각했다. 쿡은 남극 지방의 바다를 항해하여 이곳에는 그런 대륙이 존재하지 않는다는 점을 명백하게 밝혔다. 제3차 항해(1776-1779)는 태평양 북단의 베링 해협 근처를 항해하며 유럽과 아시아를 잇는 북극 항로의 가능성을 타진해보고는, 그럴 가능성이 없음을 증명했다. 그후 북아메리카 서해안 지역을 탐사하여 지도에 기록했고, 다시 하와이를 방문하여 유럽인으로서는 최초로 이 섬에 대한 기록을 남겼다. 쿡은 이곳에서 원주민들에게 살해되었다. 그의 항해는 유럽 해양 탐험의 정점을 차지하는 사건이었다.

영국의 식민지

1760년대 인도에서 프랑스 세력이 물러간 이후 영국의 인도 지배는 확고해졌다. 클라이브는 무굴 제국의 샤 알렘으로부터 벵골, 비하우, 오리사 지방에서 동인도회사의 조세권을 획득했는데, 이것은 사실상 인도 북부의 주권을 이양 받은 셈이었다. 그는 잔혹한 지배 끝에 갠지스 강 유역의 여러 영주령들을 보호령으로 만들었다. 이에 대한 비판이 커지자 결국 그는 본국에서 독직 혐의로 기소되었고 자살로 생을 마쳤다. 이런 사태의 재발을 막기 위해서 영국은 인도 체제를 약간 변경시켜서 총독과 비토권(veto, 거부권)을 가지는 4명의 위원으로 구성되는 위원회 체제를 구성했다. 그렇지만 실제로는 클라이브의 정책이 큰 변화 없이 지속되었다. 본국에서는 동인도회사를 통제하고자 했더라도 현지에서는 가혹한 지배와 조세 착취가 지속되었으며, 오히려 실론 등지로 이 체제가 더욱 확대되었다. 또 한 가지 특기할 점은 18세기 말에는 지브롤터, 세인트헬레나, 감비아, 희망봉 등 인도로 가는 항로의 중간 기착지들이 더 늘었다는 점이다.

영국은 북아메리카에서 프랑스령을 획득한 이후 이것을 왕령 식민지로 삼았다. 그런데 이곳은 남쪽의 미국과는 사정이 너무나 달라서 식민 모국에 대해서 저항하기는커녕 오히려 영국화가 더디다고 항의할 정도였다. 1774년에 퀘벡 법은 이 지역에서 프랑스어 사용과 가톨릭 신앙을 모두 인정했다. 1791년 이곳은 두 주로 나뉘어 관리되었다. 세인트로렌스 지역은 하부-캐나다(Bas-Canada)라고 불리며, 프랑스계 가톨릭 지역이었고, 나중에 토론토가 되는 요크 지역은 상부-캐나다(Haut-Canada)라고 불리며 영국계 신교도들 혹은 왕당파로서 미국으로부터 도망온 사람들이 주류였다. 결국 영국은 미국의 13개 주를 잃었다고는 해도 북아메리카에 캐나다를 비롯하여 버뮤다, 앤틸리스 일부를 통해서 계속 관계를 유지했다.

프랑스와 기타 식민지 세력

프랑스는 북아메리카 대륙 지역에서 완전히 축출되었으나, 앤틸리스 제도에서는 식민지를 유지했고, 이곳의 인구와 생산은 계속 증가했다. 이곳에서는 사탕수수, 커피, 인디고, 면화 등을 재배했는데, 특히 사탕수수와 커피는 세계무역에서 1위를 차지했다. 그래서 기존의 무역 규제방식을 강화하기보다는 오히려 자유무역을 주장했다. 이 지역의 가장 큰 문제는 흑백 인구 비율이 불균형하게 기운다는 점이었다. 1767년에는 전체 인구 39만2,000명 중 35만 명이 흑인이었고, 1789년에는 73만 명 중 64만 명이 흑인 노예였다. 프랑스 정부는 위험을 느끼고 급히 기엔에 백인 식민지를 건설하려고 했으나 무참히 실패한 적도 있었다. 1763-1764년에도 프랑스는 1만5,000명을 송출했으나 질병과 기근으로 몇 달 만에 다 죽고 살아 돌아온 자가 거의 전무했다. 결국 앤틸리스 제도의 프랑스 식민지에서는 17 : 1이라는 비율로 흑인 인구가 많은 상황에서 1791년에 대규모 노예 반란이 일어났다. 아이티에서 투셍 루베르튀르가 주도하고 1804년에 장 자크 데살린이 독립을 선언함으로써 세계 역사상 최초로 노예 반란이 성공을 거둔 사례가 되었다.

인도네시아에서는 네덜란드가 자바 섬을 거의 장악했다. 네덜란드인들은 이곳의 마타람 술탄국을 무너뜨리고 중국인의 도움을 받아 식민지 경영을 했다.

아메리카에서는 에스파냐 세력이 여전히 강력한 지위를 차지하면서 캘리포니아로부터 혼른 곶까지 지배했다. 다만 과거 토르데시야스 조약의 결과로 브라질만은 예외적으로 포르투갈인의 지배하에 있었다. 에스파냐 식민지의 문제는 영토가 불연속적이라는 점이다. 식민지 전에 인구는 1,600만 명인데, 이들 중 30만 명이 에스파냐 본토 출신으로서 그들은 주로 행정을 맡았으며, 300만 명의 크레올(creole, 유럽인의 자손으로 아메리카 식민지에서 태어난 사람)이 플랜테이션을 운영하거나 상업을 영위했고, 그 아래에 500만 명의 메스티소, 600만 명의 인디오, 그리고 100만 명 이하의 흑인 노예가 섞여 살았다. 크레올은 갈수록 본국의 압력을 싫어했다. 이들은 식민 모국의 압력에도 불구하고 밀수를 감행했고, 1713년부터는 영국과의 교역이 더욱 중요해져서, 다음 19세기에 심각한 정치 문제로 비화되었다.

포르투갈령 브라질도 비슷한 문제를 겪었지만, 다만 다른 점은 노르데스테 지방의 플랜테이션에는 흑인 노예의 비중이 절반 이상을 차지한다는 점과, 또 미나스제라이스에서의 금 생산이 갈수록 중요한 비중을 차지한다는 점이다.

이런 다양한 발전에도 불구하고 18세기 말에는 영국이 명백하게 최고의 식민지 세력으로 부상했다.

18세기 말이 되자 대서양과 인도양만이 아니라 태평양, 남극해와 북극해에 이르기까지 세계 대양의 해안과 섬들에 대한 탐험과 지도 제작이 크게 진척되었다. 이제 유럽은 세계의 모습에 대해서 비교적 자세하고 충실한 그림을 가지게 되었다. 이는 곧 15-18세기 동안 진행된 해양 팽창과 지배가 어느 정도 완수되었음을 말해준다. 다음 세기에 들어가면 유럽인들은 아시아와 아프리카의 내륙 지역으로 향해 들어가게 된다. 해상 지배가 결국 내륙 제국 지배로 연결되는 것이다.

제**8**장
근대 국가체제의 성립

유럽은 하나의 단위로 응집성 있게 통합되어 있기보다는 정치, 경제적으로 독립적인 주권을 주장하는 다수의 강력한 국가들로 분열되어 이들이 서로 팽팽하게 대립하고 있었다. 이처럼 통일보다는 분열과 대립을 특징으로 하는 이 특이한 체제를 소위 '근대 국가체제'라고 한다. 유럽에서도 문명권 전체를 아우르는 제국을 건설하려는 시도가 완전히 사라졌던 것은 아니다. 카를 5세는 중세의 자취인 신성 로마 제국을 명실상부하게 유럽 전체를 포괄하는 제국으로 만들고자 했다. 이 마지막 시도가 실현 불가능한 것으로 판정난 이후 유럽은 국가 단위로 쪼개져서 이 단위들 내에서 사회, 경제적인 발전이 이루어지고 또 그런 단위들이 서로 치열하게 투쟁하는 국제관계가 강화되었다. 이것이 유럽의 역동성의 중요한 요인이었다. 이와 같은 체제의 가장 뚜렷한 특징은 국가들 간에 끊임없이 대규모 전쟁이 벌어졌다는 점이다. 유럽 대륙 전체에서 전쟁이 일어나지 않고 완전한 평화를 이루던 시기는 16세기에 10년 미만, 17세기에 4년, 18세기에 16년에 불과했으며, 따라서 근대 초기는 역사상 가장 호전적인 시기였다. 이 시기에 각국 군주들의 가장 중요한 관심사는 전쟁이었고, 국가 기구의 발전을 비롯한 많은 중요한 요소들이 기실 전쟁에 대비하기 위한 것이었다는 주장이 설득력을 얻고 있다. 국가가 오랜 기간 동안 대규모 자원을 동원할 수 있으려면 탄탄한 경제적 기반이 필요한 법이다. 오스트리아 같은 전통적인 대국보다는 영국, 프랑스, 네덜란드처럼 경제 성장 면에서 앞서는 국가들이 군사적으로도 더 강력해졌다. 정치, 군사적 인 발전과 자본주의의 발전은 갈수록 더 긴밀한 연관성을 띠게 될 것이다.

1. 프랑스와 합스부르크 제국의 갈등 : 30년전쟁

19세기의 역사가들은 17-18세기 유럽의 역사를 '절대주의' 시대로 표 현했다. 시대의 대세는 강력한 국왕이 중심이 되어 국력을 신장시키는 것이었으며, 국왕이 귀족의 힘을 누르는 동시에 그들을 자신의 편으로 끌어들여 정치, 재정, 군사를 비롯한 국정 전반을 지휘하는 체제를 만들 고 또 이를 위해서 왕권신수설 같은 이데올로기를 동원했다는 것이다. 실제로 루이 14세나 표트르 대제처럼 강력한 권력을 행사한 사례가 분명 존재한다. 그렇지만 실상은 이들 역시 완벽하게 권력을 장악하지는 못했 으며, 귀족이나 도시 공동체와 같은 각종 특권집단들의 협력을 구해야 했다. 분명한 것은 이런 발전을 해나가는 국가들이 역사의 전면에서 치 열하게 경쟁했고, 대개는 물리적 충돌을 계속했다는 사실이다.

근대 초기에는 신성 로마 제국과 프랑스와의 갈등이 유럽 국제관계의 중요한 뼈대였다. 이 양대 세력의 충돌이 기본적인 흐름이었고, 여기에 주변 각국들이 때로는 제국과, 때로는 프랑스와 연합하여 이 충돌에 휘 말렸다. 16-17세기에는 이처럼 국제관계의 판도가 비교적 단순했지만 다음 시대인 18세기가 되면 영국과 프로이센의 성장, 그리고 이후에는 러시아의 등장으로 더욱 복잡한 관계가 형성되었다. 이런 변화는 급기야 초기의 기본적인 관계를 완전히 바꿔놓아서, 7년전쟁(1756-1763)에서는 구래의 라이벌이었던 프랑스와 오스트리아가 동맹을 맺고 영국과 프로 이센을 공동의 적으로 삼아 함께 싸우게 되었다. 통상 '외교혁명'이라고 칭하는 이 현상은 유럽 국제관계의 기본 골격이 바뀐 것을 뜻한다. 30년 전쟁은 이러한 근대 유럽의 국제관계의 큰 틀이 형성되는 데에 중요한 계기로 작용했다.

30년전쟁에서 처음 문제가 된 것은 오스트리아의 정치적, 종교적 지배권이었다. 오스트리아는 명분상으로는 여전히 제국이었지만 실제로는 완전히 격이 다른 수많은 정치체들로 나뉘어 있었고 거기에 신교와 구교의 대립이라는, 화해하기 힘든 종교적 문제를 안고 있었다. 이런 상황에서 황제는 정치적으로나 종교적으로 진정한 의미의 통일을 이루어 중동부 유럽에서 강력한 국가를 건설하려고 했으며, 내심으로는 이것을 넘어 유럽 전체를 복속시켜서 대제국을 건설하는 야심을 품고 있었다. 일개 지역 내부의 종교 문제로 시작된 전쟁이 결과적으로 17세기 판 세계대전으로 비화한 이유가 여기에 있다. 전쟁 초기에는 덴마크와 스웨덴이 오스트리아의 신성 로마 제국에 도전했다가 실패하자, 결국은 이 국가들을 뒤에서 후원, 조정하던 프랑스가 직접 참전하여 동쪽의 제국과 서쪽의 에스파냐와 전쟁을 치렀다. 전쟁을 일단락 짓는 1648년의 베스트팔렌 조약은 황제의 원래 목표였던 독일 전역에 대한 종교, 정치적 통일 제국 건설의 꿈을 결정적으로 좌절시켰다. 이 전쟁에서 동쪽의 신성 로마 제국과 서쪽의 에스파냐라는 양대 세력과 전쟁을 벌여 우위를 지킨 프랑스는 국제정치에서 헤게모니를 장악하게 되었고, 다음 시대인 루이 14세 시대에는 절정기를 누리게 되었다.

1-1. 30년전쟁의 원인과 성격

30년전쟁(1618-1648)은 애초에 종교적인 원인으로 보헤미아에서 일어났으나 곧 제국 전역으로 확대되었고 결국은 유럽의 다수의 국가가 휘말려든 영토전쟁으로 비화되었다.

종교개혁 이래 신교와 구교의 갈등은 유럽 전역에서 극히 심각한 양태로 나타났는데, 이는 독일 지역도 마찬가지였다. 종교개혁 초기의 갈등은 1555년 아우크스부르크 화의로 잠정적으로 봉합되었다. 그러나 이것은 당시까지의 갈등을 임시로 진정시켰을 뿐이지 이것으로 이후의 사태를 모두 해결할 수는 없었다. 1555년에는 신교 중에서 단지 루터파만을 인정했으나 그후 독일 지역에 칼뱅주의가 확산되면서 갈등의 요소가 확대되었고, 수도원 재산의 '세속화'(독일 내 신교도 영주들이 가톨릭 수도원 재산을 빼앗은 것을 이렇게 표현했다) 문제가 심화되었다. 한편 독일 남부 지역에서는 가톨릭 종교개혁이 크게 진행되어서 오히려 이전에 신교로 개종했던 많은 사람들이 다시 가톨릭으로 전환했다. 그 결과 신교와 구교 간의 갈등은 더욱 복잡해졌고 양측의 충돌이 언제 일어날지 알수 없는 지경이었다. 이 상황에서 양측 모두 정치, 군사적으로 힘을 모으기 시작했다. 1608년에 루터파와 칼뱅파 영주들이 복음 연방(Evangelical Union)이라는 신교도 동맹을 맺었고, 이에 맞서 가톨릭 측에서는 1609년 가톨릭 동맹(Catholic League)을 결성했다. 이처럼 양측의 충돌 가능성이 고조되는 상태에서 가톨릭 광신에 가까운 인물인 슈타이어마르크의 페르디난트가 가장 유력한 차기 황제 후보가 되었다. 이전의 황제들은 여러 정치적인 고려 끝에 광범위한 종교의 자유를 인정했는데 여건이 이렇게 바뀌자 개신교도들이 불안해하기 시작했다. 이런 상황에서 극적인 사건이 일어났다.

1618년에 제국 정부의 위협에 불안을 느낀 일부 귀족들이 프라하의 왕궁에 몰려가서 항의하는 사태가 벌어졌다. 밖에서는 시위대가 운집한 가운데 몇 명의 사람들이 왕궁 내부로 들어가서 황제가 파견한 두 명의 지사와 한 명의 비서를 창밖으로 집어던졌다. 이 사람들은 10여 미터 아래로 떨어졌으나 목숨을 건져 도망갔다. 가톨릭 측은 천사들의 도움이었다고 주장했고, 신교 측은 이들이 두엄더미에 떨어졌기 때문에 무사했다고 주장했다. 진위가 어떻든 이 사건은 대단히 큰 상징적인 의미가 있는

사건이었으며, 그 결과 곧 이 지역에서 제국 정부에 항의하는 봉기가 발
발했다. 바로 이 시점에서 문제의 인물인 페르디난트가 새 황제로 즉위
했다. 그는 보헤미아 지역의 종교적, 정치적 봉기를 힘으로 진압하는 데
에 주저하지 않았다. 이렇게 해서 갈등의 뇌관이 터졌고, 그 결과 인류
역사상 가장 피해가 큰 전쟁 중 하나인 30년전쟁이 발발했다.

1-2. 전쟁의 경과와 베스트팔렌 조약

전쟁은 크게 황제군에 의한 보헤미아의 초토화, 덴마크의 개입, 스웨
덴의 개입, 그리고 프랑스와 제국의 전면전이라는 4개의 단계로 나누어
정리할 수 있다.

보헤미아의 초토화(1619-1623)

막강한 군사력을 가진 황제군 앞에서 보헤미아 군은 비교가 되지 않을
정도로 열세였다. 독일 내 신교도의 수장 역할을 하던 팔라티나 백작
(1610-1623)이 보헤미아 왕 프리드리히 5세(1619-1620)로 추대되어 군
대를 이끌고 참전했으나, 프라하 근처의 백산(Weisser Berg) 전투(1620)
에서 참패하고 네덜란드로 도주했다. 이후 보헤미아 지역은 철저한 압박
을 받아 '암흑의 시대'를 맞았다. 황제 측은 전쟁 관련자들을 사형에 처
하고 그들의 재산을 몰수했다. 보헤미아의 왕위는 합스부르크 황실로 귀
속되었고, 독일어가 이 지역의 공용어가 되었으며, 칼뱅파와 루터파 모
두 축출되었다. 쉽게 말해서 보헤미아를 강제로 독일계 가톨릭 국가로
만들고자 한 것이다. 이 나라는 19세기에 가서야 강렬한 민족주의 운동
을 통해서 정치적, 문화적 독립을 되찾게 된다.

이 시기에 국제적인 상황에 변화를 초래한 다른 요인들도 발생했다.
합스부르크 가문이 지배하는 또다른 국가인 에스파냐에서 올리바레스가
권좌에 올랐는데(1621), 그는 유럽의 국제 문제에 대해서 더욱 적극적인

정책을 취했다. 이 시점에서 에스파냐와 네덜란드가 맺은 12년 휴전
(1609-1621)이 만료되어 전쟁이 재개되었다. 오스트리아와 에스파냐라
는 두 가톨릭 사촌 국가는 국내의 신교 세력 및 다른 신교 국가들과 전쟁
을 치르면서 더욱 굳게 결속하게 되었다. 반대로 유럽의 양쪽 방향에서
강력한 가톨릭 세력이 성장하는 것은 신교도들에게 큰 불안감을 안겨주
기에 충분했다. 독일 지역 내의 신교도들은 위기감을 느껴 외국에서 지
원세력을 찾으려고 했다.

덴마크의 개입(1624-1630)

프랑스에서는 1624년에 리슐리외가 집권했으나 당장의 긴급한 국내
문제들로 인해서 독일 문제에 개입하지는 못했다. 반면 덴마크 국왕 크
리스티안 4세는 독일 문제에 바로 개입했다. 국왕 자신이 루터파 신자로
서 같은 종교인들을 보호한다는 명분도 작용했지만, 동시에 외레순 해협
(Oresund, 덴마크와 남부 스웨덴을 나누는 해협이며, 따라서 북해와 발
트 해를 연결하는 핵심 해로가 된다)과 엘베 강 입구를 장악하여 북해와
발트 해의 요로를 지배하는 강국으로 성장하고자 하는 의도도 강했다.
동시에 덴마크의 라이벌인 스웨덴이 점차 힘을 더해가고 있었기 때문에
독일 문제에서 기선을 잡고자 했다.

이때 황제 페르디난트는 지금까지 가톨릭 동맹의 군대를 사용했으나
더 이상 여기에 의존하는 것이 불안했으므로 발렌슈타인에게 제국군대
의 모집을 의뢰했다. 세계 역사상 가장 탁월한 장군 중의 한 명으로 알려
져 있는 발렌슈타인은 덴마크 군을 맞아 대승을 거두었다. 1629년 뤼베
크 화의로 덴마크는 다행히 자국 국토는 온전히 보존할 수 있었지만, 독
일 문제에는 더 이상 개입할 수 없게 되었다.

전쟁에서 승리를 거두어 자신감을 얻은 황제는 신교도들이 1522년 이
래 빼앗은 수도원의 재산을 환수하겠다는 포고를 내렸다. 이미 100년 전

부터 진행된 사태를 원점으로 되돌리려는 이 정책은 심지어 가톨릭 내부에서도 반대의견이 나올 정도의 무리수였다. 그럼에도 황제 측은 무력을 동원하여 이 정책을 밀어붙였고 그 결과 약 150개의 수도원 재산이 가톨릭 측으로 환수되었다. 더 나아가서 예전의 종교원칙(cuius regio, eius religio, 한 지방에는 하나의 종교만 있어야 하며 그것은 영주가 결정한다)을 재확립시키려고 했다. 황제의 의도는 명백했다. 그는 독일 내 신교도들의 재산을 빼앗아서 그들을 아예 뿌리 뽑고, 또 그렇게 함으로써 독일 지역을 절대주의 제국으로 만든 다음 자기 가문이 안정적으로 세습하게 하려고 한 것이다. 이렇게 되자 가톨릭 영주들도 반대했으며, 특히 독일 가톨릭의 지도자들 중 한 사람으로서 황제의 중요한 지지세력이자 동시에 정적이었던 바이에른 공도 강력히 반발했다. 1630년에 황제는 라티스본에서 제국의회를 개최하여 자기 아들에게 "로마인의 황제"라는 타이틀을 주어 세습화하려고 했으나, 여기에 모인 가톨릭계 선제후들이 이것을 좌절시켰다.

스웨덴의 간섭(1631-1635)

덴마크의 개입이 실패하자 이번에는 스웨덴 국왕 구스타브 아돌프(1611-1632)가 자국의 이해와 루터파 보호를 위해서 간섭했다. 그는 1630년에 슈체친에 도착하여 이곳을 전진 기지로 삼은 다음 독일 신교도 영주들의 지지를 받으며 1631-1632년에 독일 내 여러 지역에서 전투를 벌여 승리를 거두었다. 특히 라이프치히 근처의 브라이텐펠트, 라인란트, 마인츠 등지에서 큰 전과를 올렸다. 그는 독일 문제에 개입하되 가톨릭 교회를 방해하지는 않겠다는 약속을 하고 그 대가로 프랑스 정부로부터 1년에 100만 리브르를 받고 있었다. 프랑스로서는 유럽 내의 패권을 놓고 제국과 다투는 입장이었으므로 스웨덴을 지원하기는 했지만, 그렇다고 해도 가톨릭 국가인 프랑스가 가톨릭 교회의 파괴를 용인할 수는 없었던 것이다. 그런데 구스타브 아돌프는 약속과 달리 마인츠에서 주교를 내쫓고 성당을 파괴하는 행위를 벌여 프랑스를 불안하게 했다.

1632년 11월 6일, 이 시대 최고의 전쟁 영웅인 발렌슈타인과 구스타브 아돌프가 라이프치히 근처인 뤼첸에서 충돌했다. 이 전쟁에서 스웨덴이 승리했으나, 정작 구스타브 아돌프는 전사했으니, 프랑스로서는 적어도 당장은 최선의 결과를 얻은 셈이다. 그러나 구스타브 아돌프의 사망으로 전황은 곧바로 제국 쪽에 유리하게 변했다. 곧 신교 측의 전열이 무너진 틈을 타서 황제군이 스웨덴 군에 승리를 거두었고[8] 스웨덴과의 전쟁을 마무리 짓는 평화조약이 체결되었다. 만일 이대로 평화가 정착된다면 황제는 독일 지역 전체를 실질적으로 지배하는 강력한 군주가 될 수 있었다.

프랑스로서는 이를 그대로 용인할 수 없었다. 여기에 더해서 에스파냐가 네덜란드를 강하게 압박하고 있었으므로, 만일 이대로 사태가 진전된다면 프랑스는 동쪽, 서쪽, 북쪽에서 협공당할 위험이 컸다. 1635년, 프랑스는 지금까지 합스부르크 세력과 전쟁을 벌이는 세력을 뒤에서 후원만 하던 소극적인 상태로부터 벗어나서 직접 전쟁에 참전했다. 이 해 초에 프랑스는 네덜란드, 스웨덴, 사부아와 동맹을 맺고 에스파냐에 선전포고를 했다.

프랑스의 개입(1635-1648)

참전 초기에는 재정과 군사 모두에서 사정이 좋지 않았던 프랑스가 불리한 상황에 몰렸다. 1636년에는 에스파냐 군이 북쪽의 피카르디로 침공해서 수도를 위협했고, 프랑슈-콩테 지방으로부터 부르고뉴 지방으로 제국 군대도 침공해 들어왔다. 그러나 이 위기를 넘긴 프랑스 군은

---

8) 바로 이 직전에 돌발 상황이 벌어졌다. 발렌슈타인이 자기가 직접 보헤미아 왕이 되려는 야심을 품게 된 것이다. 이를 눈치챈 황제에 의해서 발렌슈타인은 해임되었고 곧 암살당했다.

1637-1642년 동안 여러 전쟁에서 승리를 거두었다. 곧 라인 강을 넘어서 독일 내부로 진격해 들어갔고, 네덜란드에서도 아르투아에 침공해서 아라스를 차지했다. 또한 에스파냐에 저항하던 포르투갈과 카탈루냐를 원조하여 에스파냐를 괴롭혔다.9) 제국 내에서도 스웨덴 군이 슐레지엔과 보헤미아로 진격해 들어와서 승리를 거두었다. 이 시점에서는 프랑스와 동맹의 승리가 확실해 보였다.

그러나 프랑스도 최종적인 승리를 얻지는 못했다. 그런 가운데 1642년 프랑스의 리슐리외가 사망했고, 1643년에 에스파냐의 올리바레스가 실각했다. 이렇게 양국의 지휘자가 사라진데다가 대부분의 국가가 오래 지속된 전쟁에 염증을 느끼고 있었다. 전쟁은 마지막 단계로 접어들었다. 새로 황제가 된 페르디난트 3세(1637-1657)는 리슐리외의 사망을 계기로 1643년에 대규모 공격을 감행했다가 오히려 로크루아 전투에서 대패했다. 프랑스 군이 빈 방면으로 진격해 들어갔고 보헤미아에서도 승리를 거두자 다급해진 제국 측이 드디어 1648년에 화의를 맺는 데에 동의했다(베스트팔렌 조약).

30년 동안 치열한 전투가 계속되다가 최종 국면인 1640년대 막판의 몇 차례 전투에서 프랑스 측이 승리를 거둔 것이다. 이렇게 하여 프랑스는 강대국으로 올라섰고, 합스부르크 제국은 원래 전쟁을 벌였던 목적을 끝내 달성하지 못했다.

베스트팔렌 조약들

사실 1640년대 초반부터 참전국들 모두 전쟁에 지친 나머지 협상의 기운이 감돌았으나 본격적인 논의는 1644년부터 시작되었다. 베스트팔

---

9) 아래에서 설명하듯이 포르투갈은 1580년에 에스파냐에 합병당한 이후 계속해서 독립을 되찾으려고 했다(1640년에 독립을 되찾는다). 카탈루냐 역시 독립 성향이 대단히 강해서 에스파냐 중앙정부로부터 떨어져 나가려고 빈번하게 봉기를 일으키고 있었다.

렌 평화조약은 종합적으로 하나가 있는 것이 아니라 여러 당사국들 간에 개별 조약들이 맺어져서 이를 통해서 유럽의 국제관계가 재정리되었다.

우선 에스파냐와 네덜란드가 가장 먼저 타협해서 네덜란드의 독립을 인정하고, 상업적 특권을 인정했다. 에스파냐의 의도는 우선 네덜란드와의 문제를 정리한 다음, 프랑스와 계속 전쟁을 하려는 것이었다. 그러나 전황이 불리해지자 황제 측이 에스파냐의 바람과는 달리 전쟁을 그만두기 위해서 프랑스 및 스웨덴과 협상을 체결했다.

이 조약들의 승자는 프랑스와 스웨덴이었다. 양국은 힘의 경쟁에서 합스부르크 제국의 야심을 꺾고 정치적 승리를 얻었으며 일부 영토를 확대했다. 특히 스웨덴은 오데르 강, 엘베 강, 베저 강 하구를 모두 통제하는 북유럽의 강자로 부상했다. 중부 및 동부 유럽 지역에 강력한 통일국가를 건설하겠다는 황제의 의도는 여지없이 꺾였다. 종교적으로는 이제 루터파만이 아니라 칼뱅주의까지 인정해야 했으므로, 황제의 입장에서 보면 오히려 아우크스부르크 화의 수준보다도 더 후퇴한 것과 다름없었다. 수도원 재산의 '세속화'를 역전시키는 것도 원점으로 돌아갔다. 무엇보다도 독일 지역의 자유를 지킨다는 명분으로 약 350개의 국가들이 그들 상호간 혹은 외국과 조약을 맺을 수 있게 되었다. 제국은 말하자면 기능장애로 사실상 '입헌 무정부제'가 된 것이다. 주변 강국들이 독일의 이런 분열 상태를 조장하고 유지시키기를 원했으므로 "각국은 이 조약들의 내용을 수행할 의무가 있다"는 내용을 조약에 규정함으로써 각국이 독일 내의 문제에 공식적으로 간섭하는 것도 가능해졌다. 프랑스나 영국 같은 다른 국가들이 일찍이 근대 초에 왕조국가 형태로 통일을 이루고 정치적 발전을 하는 동안에도 독일 지역에서는 이런 '중세적' 분열 상태가 지속되었다. 이 상태는 19세기 후반에 가서 비스마르크에 의해서 강압적인 방식으로 통일을 이룰 때까지 지속될 것이다.

1-3. 프랑스-에스파냐 전쟁 종식과 1659-1661년의 조약들

이처럼 국제관계가 정리되었다고 해도 유럽 전체가 평화를 얻은 것은 아니었다. 30년전쟁의 여진이 당분간 계속되었다. 특히 발트 해 지역에서의 분쟁과 프랑스와 에스파냐 간의 전쟁이 상당 기간 지속되었다.

프랑스-에스파냐 전쟁과 피레네 조약

에스파냐가 프랑스와 전쟁을 지속한 것은 프롱드의 난으로 프랑스가 내분 상태에 빠졌기 때문이다. 그러나 1652년에 이 사태가 진정되어 마자랭이 권력을 잡으면서 프랑스가 전열을 가다듬을 수 있게 되었고, 이후에는 오히려 프랑스가 에스파냐를 압박했다. 내전 상황이 종료되고 크롬웰이 집권한 영국도 여기에 개입했는데, 그는 양국 중 더 유리한 조건을 제시하는 측과 손을 잡으려고 했다. 사태가 프랑스에 유리해진데다가 프랑스가 됭케르크를 주고 여러 상업 특권을 주겠다는 조건을 제시하자, 영국은 프랑스와 우호조약을 맺었으며(1655), 더 나아가서 함대와 6,000명의 군사력을 지원한다는 공격적 조약으로까지 발전시켰다. 영불 연합군이 승리를 거두어 전황이 유리해진 결과 1655년부터 1659년까지의 긴 협상을 통해서 피레네 조약을 체결했다(1659년 11월 7일). 프랑스는 루시옹 지역을 포함한 일부 영토를 얻었다. 그리고 이 조약의 내용을 확실하게 지키기 위해서 결혼이라는 인적 결합을 시도하여, 루이 14세는 펠리페 4세(1621-1665)의 딸인 마리아-테레사와 결혼했다. 대표적인 정략결혼의 당사자가 된 그녀는 프랑스 왕궁에 시집와서 루이 14세가 수많은 여인들과 연애를 하는 것을 묵묵히 인종하며 살아야 했다.

북유럽 전쟁과 평화조약

북유럽 상황 역시 1648년의 베스트팔렌 조약으로 다 정리되지 못하고 여진이 계속되었다. 스웨덴의 카를 10세 구스타브(1654-1660)는 구스타브 아돌프의 야망을 재시도했다. 그러나 그는 정치 감각이나 군사적 재능이 없는 인물이었다. 1655년에 폴란드를 침공했으나 폴란드가 완강하게 저항했을 뿐만 아니라 이 기회를 이용해서 덴마크가 배후에서 스웨덴을 공격했다. 스웨덴이 이 공격을 이겨내고 오히려 덴마크의 코펜하겐까지 쳐들어갔으나, 이번에는 네덜란드가 스웨덴이 지나치게 강해지는 것을 두려워해서 원군을 보내 코펜하겐 정복을 막았다. 네덜란드로서는 어떤 나라든지 너무 강력해져서 외레순 해협을 비롯하여 네덜란드의 국제 통상로가 불안정해지는 일이 없도록 해야 했던 것이다. 그러자 이번에는 브란덴부르크 선제후가 스웨덴이 점령하고 있던 홀슈타인을 공격했다. 이처럼 당시 유럽 각국은 이웃 국가가 너무 강해지는 것을 막기 위해서 배후의 국가들과 합종연횡하며 서로 견제하려는 움직임이 강했다. 이와 같은 일련의 사태를 지켜보는 프랑스로서는 무엇보다도 베스트팔렌 체제가 무너질까봐 우려했다. 국제적인 협력관계를 통해서 합스부르크 세력을 제어하는 체제를 어렵게 성사시켜놓았기 때문에 이 체제를 어떻게든 유지하기를 원했던 것이다. 결국 프랑스의 개입과 중재를 통해서 1660-1661년 사이에 여러 조약들이 체결되었다(북유럽 조약). 이 조약을 통해서 북유럽 국가들 간에 얽혀 있던 영토 문제가 정리되었지만, 그보다 더 중요한 점은 프랑스의 중재를 통해서 스웨덴이 북유럽의 강자로 부상하게 되었다는 점이다. 18세기에 러시아가 유럽 정치무대에 진입하려고 할 때 가장 먼저 부딪친 국가가 바로 스웨덴이었다. 후일 러시아의 부상은 곧 스웨덴의 '위대한 시기'의 종식을 뜻했다.

1660년경의 유럽

베스트팔렌 조약 체제는 곧 유럽 각국이 서로 상대방을 견제함으로써 어느 한 나라가 지배권을 차지하지 못하도록 막는 국제관계의 형성을 의미했다. 그러나 장기간의 전쟁을 치른 결과 모든 나라들의 국내 상황은 참혹했다.

무엇보다도 독일 지역이 황폐화되었다. 인구 감소가 심각해서 도시 지역은 3분의 1, 시골은 40퍼센트의 인구가 감소했고, 지역에 따라서는 절반 이상의 인구를 상실하기도 했다. 30년전쟁은 피해 정도로 보면 20세기의 양차 세계대전보다 더 파괴적이었다. 이렇게 국력이 쇠퇴하게 됨으로써 합스부르크 제국은 1660년에 이르면 더 이상 유럽의 패권을 노리는 후보이기는커녕 평화의 교란자 정도도 되지도 못했다. 오히려 국내 세력들의 독립성이 더 강화되어서 강력한 통일제국의 꿈은 더욱 멀어졌다. 그러나 보헤미아의 입장에서 보면 독일화가 진행되었고 제국의 지배권에 더욱 강하게 예속되었다. 사실 제국으로서는 유럽 중심부를 향한 팽창이 사실상 불가능해지자 방향을 바꿔서 보헤미아를 넘어 다뉴브 강을 축으로 하는 거대 제국을 만들고자 했다. 그것은 오스만 제국을 밀어내고 그 영토를 차지하려는 방향으로 진행되었다.

또다른 패자는 에스파냐였다. 속국이었던 네덜란드가 독립국이 되어 떨어져 나갔고,[10] 아르투아와 루시옹 지역을 프랑스에 상실했으며, 1580년 이후 합병했던 포르투갈이 다시 독립했다. 에스파냐는 이제 명백하게 강대국의 자리에서 밀려나기 시작했다.

강국으로 떠오르는 나라로는 우선 영국이 대표적이다. 중세에는 유럽 변방의 후진국에 불과했던 영국은 16-17세기를 거치면서 탄탄한 경제력을 갖추어갔고 국제적으로도 고립 상태에서 벗어나서 점차 유럽 내의 정치, 군사 문제에서 큰 영향력을 행사했다. 네덜란드 역시 독립 강국으로 부상했으며, 스웨덴은 북유럽의 군사 강국으로 발돋움했다. 그러나 가장 뚜렷한 결과는 프랑스가 유럽 내 최강국으로 부상한 것이다. 루이

---

10) 전통적으로 네덜란드 지방을 이루던 17개 주 가운데 북부 7주가 네덜란드 공화국이 되어 독립했고, 남부 10주는 계속해서 합스부르크 왕실에 충성하여 잔류했다. 완전히 일치하지는 않지만 대체로 이 두 지역이 오늘날의 네덜란드와 벨기에에 해당한다.

14세가 성년이 되어 친정(親政)을 시작할 무렵 프랑스는 영토가 더욱 넓어졌고, 각국에 친프랑스적 세력을 유지했으며, 광범위한 지적, 예술적 영향력을 행사하여 소프트파워 면에서도 강력한 국가가 되었다.

16세기부터 30년전쟁 시기까지 유럽의 국제관계는 합스부르크 황실 대 프랑스 양대 세력의 대립관계가 기본 축을 이루는 가운데에서도 합스부르크가 최강의 위치를 차지하는 형국이었다. 그러나 이제 양강(兩强) 체제가 점차 깨지고 다른 강국들이 성장하는 중이었다. 미래는 이런 강국들이 서로 대립하는 세력 균형체제로 갈 것이다. 그러나 당분간 주도권은 프랑스가 차지했다.

2. 루이 14세 시대의 유럽

1661년 이후 루이 14세는 모든 기회를 이용해서 자신과 프랑스의 명예를 높이려고 했다. 그러나 결과적으로 그의 시도는 성공하지 못했다. 우선 네덜란드의 힘을 억누르려는 첫 시도부터(1672-1679) 원하는 결과를 얻지 못했고, 그후에도 도발적인 전쟁을 계속 시도했으나 결과는 좋지 못했다. 오히려 1679-1688년의 10년 동안 각국이 반프랑스 동맹을 맺고 프랑스에 대항했다. 겨우 평화가 오는 듯했으나 에스파냐 왕위 문제로 다시 치열한 전쟁이 재개되었다. 루이 14세가 치른 여러 전쟁들의 결과는 오히려 프랑스의 지위 하락을 초래했다. 프랑스의 단독 헤게모니 장악 의도가 좌절된 이후 최종적으로는 프랑스가 영국 및 오스트리아와 힘의 균형을 이루게 된다.

2-1. 프랑스의 주도 시대(1661-1684)

1660년대에 프랑스가 유럽의 중심 국가라는 점을 의식한 루이 14세는 이를 이용해서 프랑스 왕권을 더 확대하려고 마음먹고, 이를 위해서 전쟁의 위험을 기꺼이 감수했다. "팽창은 군주가 할 수 있는 가장 위엄 있고 즐거운 일"이라는 것이 루이 14세의 철학이었다. 그가 추구하는 최고의 가치는 '영광'이었고, 이를 위해서 "매일 재정, 선박, 비밀 외교, 그외에 부유하고 강한 국가의 군주가 조심스럽게 해야 할 모든 것을 강화"해나갔다.

프랑스의 병력은 1672년에 12만 명이었다가 1689년에 20만 명이 되었다. 게다가 민병대 방식을 도입한 후에는— 실력은 어떻든— 1702년에 38만 명으로까지 확대되었다. 군제를 개혁하여 보병을 개선하고, 포병 중대를 따로 조직했으며, 세계 최고 수준의 공병대가 만들어졌다. 콩데와 튀렌과 같은 사령관들도 당대 최고 수준이었다. 해군도 많이 개선되어서 1685년에는 250척의 전함을 보유하게 되었다.

이와 같은 자국의 무력을 과신한 루이 14세는 사방으로 침략전쟁을 일으켰으나 이런 구태의연한 방식을 통해서 헤게모니를 잡겠다는 것은 한마디로 시대착오적이었다. 영국과 네덜란드의 실력을 잘못 판단해서 오히려 곤욕을 치른 것이 대표적인 실착이었다.

1661년 마자랭의 사망으로 "태양왕"의 친정이 시작되었다. 그의 첫 번째 목표는 에스파냐였다. 한편으로 영국과 공조해서 에스파냐 고립화 정책을 취하면서 동시에 왕위를 노리고 있었다. 에스파냐 국왕 카를로스 2세(1665-1700)는 정신 건강과 신체 건강 모두가 지극히 나쁜데다가 후손이 없었기 때문에 에스파냐의 왕위는 유럽 각국의 최대 정치 현안 중 하나였다.

그러던 중 루이 14세는 1667년 소위 왕권이양(devolution) 전쟁을 했는데, 이것은 프랑스의 힘을 시험하는 데뷔 무대에 가까웠다. 이상한 논리로 트집을 잡아서 카를로스의 종주권에 도전한 다음 그의 상속 영토의 일부를 달라고 주장했던 것이다.[11] 전쟁이 시작되자 프랑스 군은 플랑

---

11) devolution이란 벨기에 등지의 상속 관행의 하나로서, 상속자 중 최연장자의 상속 재산

드르와 프랑슈-콩테 지역들을 산책하듯이 헤집고 다녔다. 그러나 당시 3국 동맹을 맺고 있던 신교 국가들(영국, 네덜란드, 스웨덴)이 프랑스의 세력 강화를 두려워한 나머지 에스파냐 왕위 계승 문제에 개입하겠다고 결정했다. 루이 14세는 협상을 통해서 프랑슈-콩테는 에스파냐에게 돌려주는 대신 릴을 비롯한 플랑드르의 12개 지역을 획득했다.

이를 계기로 자국 군대의 힘을 확인한 루이는 다음번 목표로 네덜란드를 생각했다. 그의 정책에 시비를 건 네덜란드에 대해서 적대감을 가지고 있던 데다가 이 나라의 경제적 우위를 꺾을 필요가 있었던 것이다. 그는 4년 동안 치밀하게 사전준비를 했다. 영국과는 도버 밀약(1670)을 통해서 협정을 맺고, 또 스웨덴과도 1672년에 동맹을 맺었으며, 독일 영방국가들에게는 중립을 약속받았다.

이런 준비를 마친 후 1672년에 프랑스 군은 리에주와 쾰른을 거쳐서 네덜란드로 공격해 들어갔다. 네덜란드는 스스로 제방을 깨서 국토를 물바다로 만듦으로써 적군의 진격을 막는 전통적인 최후 전략을 구사했다. 그리고는 뫼즈 강 이남 지역을 넘겨주고 평화조약을 맺기를 원했다. 그러나 프랑스 측은 영토 획득을 포기하면서까지 네덜란드 지역에 가톨릭 신앙을 다시 받아들이라는 어처구니없는 요구를 했다. 네덜란드는 전통적으로 종교적 자유와 관용의 지역이었고, 게다가 에스파냐의 가톨릭 신앙 강요에 대항하여 80년전쟁 끝에 독립을 쟁취한 국가라는 점을 고려하면 이는 요구할 사항이 아니었다. 결국 타협이 깨지고 민족감정이 격앙되었다. 이 와중에 민중세력의 지지를 받는 오라녜 공 빌렘이 권력을 장악하고 이전의 정치 지도자였던 온건파 드 비트 형제가 군중들에 의해서

의 일부를 첫 번째 결혼한 여식에게 이양한다는 것이다. 1665년 에스파냐 국왕 펠리페 4세가 사망하자 루이 14세는 부인인 마리아-테레사의 상속권을 주장하며 에스파냐가 자기 것이라고 생떼를 썼다. 그러나 그들이 1660년 결혼했으나 그 이전 1659년에 피레네 조약을 통해서 마리아-테레사가 상속권을 포기한다는 것을 명시했기 때문에 에스파냐의 신왕 카를로스(당시 4세)의 왕위 계승은 하등의 문제가 없었다.

살해되는 정치 격변이 일어났다. 이런 분위기를 타고 네덜란드는 로렌, 에스파냐, 오스트리아 황제 등과 동맹을 맺었다. 그동안 갈등관계에 있었던 영국과 네덜란드는 휴전을 맺었으며, 더 나아가서 양국의 관계가 급격히 가까워졌다. 영국은 이제 자신의 적수가 네덜란드가 아니라 프랑스라는 점을 명백히 인식한 것이다. 이후에는 오히려 프랑스가 고립된 채 여러 전선에서 싸우느라고 고전하게 되었다. 그렇지만 프랑스 군은 대개는 적에게 밀리지 않고 상당히 유리한 국면을 유지했다.

프랑스가 결정적 승리를 거두지 못하는 사이 동맹국인 스웨덴이 브란덴부르크에 패배했다. 그러는 동안 전비가 떨어지자 프랑스는 할 수 없이 니메겐 평화조약(1678-1679)을 체결했다. 이 조약에 따라 네덜란드는 정복당했던 영토를 전부 되찾았을 뿐만 아니라 오히려 프랑스의 관세 인하까지 얻어냈다. 결과적으로 프랑스는 네덜란드에 대해서 원하던 복수를 하지는 못했지만, 대신 동부와 북부에서 국경을 더 탄탄하게 만든 결과를 얻었다.

2-2. 프랑스의 야심의 좌절 1685-1713

루이 14세는 프랑스의 군사력을 과신하고 계속 전쟁을 추구했다. 유럽의 헤게모니를 장악하려는 프랑스의 시도에 대해서 유럽 각국은 동맹을 맺어 대응하려고 했다.

아우크스부르크 동맹의 결성

1680년대에 프랑스는 절제를 모르고 계속 도발을 자행했다. 당시 오스트리아는 오스만투르크와의 갈등이 고조되어 서유럽 방면으로 신경을 쓸 여력이 없었기 때문에, 프랑스는 대륙 내에서 위협적인 적수가 없다고 생각했다. 그리하여 무조건 프랑스의 연고권을 주장하면서 영토를 요구하던지, 예전의 전쟁 때 프랑스의 적국에게 유리한 일을 했다는 등의 트집을 잡아서 공격하기도 했다. 3만 명의 군사를 끌고 스트라스부르를 점령한 것이 대표적인 사례이다. 이 무렵이 루이 14세의 전성기라고 할 수 있다.

1685년의 낭트 칙령 폐기는 루이 14세의 오만한 정책의 대표적 사례라고 할 수 있다. 이는 국내적으로 중대한 결과를 가져왔을 뿐만 아니라 국제적으로도 신교도들 국가들—더 나아가서 다른 모든 유럽 국가들—을 긴장시키기에 충분했다. 1686년에 황제는 몇몇 독일 영주들과 아우크스부르크 동맹을 결성했는데, 이는 니메겐 조약 등을 통해서 이루어진 당시의 국제체제를 엄격히 지킴으로써 프랑스를 견제하려는 목적이었다. 곧 스웨덴과 에스파냐도 여기에 참가했다.

대규모 국제 갈등이 벌어진 계기는 1688년에 쾰른 대주교 겸 선제후의 사망으로 후계자 문제가 발생한 것이었다. 프랑스 측 후보와 황제 측 후보 가운데 교황이 황제 측 후보의 손을 들어주자 루이 14세는 교황령의 일부인 아비뇽을 점령하고, 쾰른에 자기편 후보를 강제로 들이밀었으며, 리에주를 점령하고 팔라티나를 공격해 들어갔다. 자연히 아우크스부르크 동맹국들이 전쟁에 돌입하게 되었다. 게다가 이 시기는 영국 국왕 제임스 2세가 권좌에서 쫓겨나 프랑스로 도주하는 명예혁명 초기의 상황이었다. 네덜란드의 정치 지도자인 빌렘이 영국의 공동 왕으로 추대되었던 이 상황에서 루이가 네덜란드 신교도에 전쟁을 선언했으므로 네덜란드와 영국이라는 양대 해상세력이 아우크스부르크 동맹에 가담했다. 결국 프랑스는 거의 전 유럽을 상대로 전쟁을 하는 무모한 일을 벌이게 된 것이다.

1688년에 아우크스부르크 동맹 전쟁(1688-1697)이 시작되자마자 프랑스 측이 선제공격을 하여 팔라티나를 쑥대밭으로 만들었지만, 이것은 원하는 군사적 결과는 얻지 못하고 독일 군주들의 원한만 사는 결과를 가져왔고, 반프랑스 동맹을 더 굳건히 만들었다. 프랑스는 또 명예혁명 과정에서 도망 온 영국 국왕 제임스 2세를 아일랜드에 상륙시켜서 영국의 후방을 공격시키기도 했고, 에스파냐와 이탈리아의 여러 곳에서 전투를 벌였으며, 또 해상에서도 전투를 벌였다. 그러나 이런 식의 전쟁 수행은 한계에 부딪혀 결국 힘이 밀리는 상황에 몰렸다. 1692년부터 참전국들은 비밀리에 협상을 해왔으며 그 결과 1697년에 레이스빅 평화조약을 체결했다. 프랑스는 스트라스부르를 제외하고는 그동안(1679-1688) 차지했던 영토를 다 반환해야 했다. 이 결과는 거의 니메겐 조약 당시로 후퇴한 것이었다. 또 북아메리카의 식민지 일부도 영국에게 되돌려주었고 빌렘을 영국 왕으로 공식 인정했다.

이것은 프랑스의 헤게모니 상실이며 후퇴의 시작을 의미했다.

에스파냐 왕위 계승과 헤이그 대동맹

가까스로 전쟁이 중단되자마자 다시 에스파냐의 왕위 계승 문제가 유럽의 첨예한 국제 문제로 떠올랐다. 에스파냐 국왕 카를로스의 왕위를 물려받을 후계자가 없었으므로 계승 문제는 유럽 내의 중요한 정치 이슈가 되었다. 법적으로 후계 요구권은 프랑스의 루이 14세와 오스트리아의 황제 레오폴트 1세(1658-1705)가 거의 비슷했다. 문제는 어느 쪽이든 에스파냐 자체와 또 유럽 내 여러 곳에 분산되어 있는 에스파냐령을 모두 차지할 경우 유럽 내에 초대형 강국이 형성되어서 다른 국가들에게 매우 부담스러운 존재가 된다는 것이었다. 그래서 프랑스 측이 먼저 에스파냐의 분할 상속을 주장하며 몇 차례의 분할안을 내놓았다. 그러나 이것은 황제 측이 반대했을 뿐만 아니라 에스파냐의 국민감정을 분기시켰고, 무엇보다도 에스파냐 국왕 카를로스 자신이 여기에 반대했다. 그는 결국 에스파냐 영토를 분할하지 말고 그대로 보존하며 이를 앙주 공(루이 14세의 손자 필립)에게 상속시키라는 유언장을 만들고 사망했다. 다만 여기에는 에스파냐와 프랑스 왕실을 합치지 못한다는 단서가 붙어 있었다.

루이 14세는 여러 정치적 사안들을 고려한 끝에 유언장의 내용을 받아들이기로 했고, 앙주 공은 에스파냐 국왕이 되었다. 피레네 산맥 양쪽 모두에 부르봉 왕실이 들어서게 된 것이다. 이것만으로도 유럽 전체가 긴장할 판인데, 막상 손자를 왕으로 앉히고 나자 루이는 유언장의 내용을 어기고 앙주 공을 프랑스 왕위 계승자로 규정한 다음 이를 고등법원에 등록시켰다. 그리고 군대를 동원해서 강압적으로 남네덜란드의 통치권을 앙주 공에게 맡기는가 하면 에스파냐의 아시엔토12)를 프랑스 상인에게 넘기도록 조치했다. 우려했던 대로 에스파냐가 프랑스의 속국처럼 되었고 앞으로 프랑스-에스파냐 연합 대왕국이 생겨날 판이었다.

그러자 영국과 네덜란드는 동맹을 맺고 오스트리아 황제를 지지했다. 여기에서 루이가 다시 현명하지 못한 정치적 행위를 하고 말았다. 바로 망명 와 있던 제임스 2세가 죽자 그날로 그의 아들을 영국 국왕으로 인정한다고 발표한 것이다. 이로 인해서 영국 및 네덜란드와는 어떤 타협도 불가능해졌다. 대동맹에는 덴마크, 브란덴부르크, 독일 영방들이 가담했고 곧 프랑스에 전쟁을 선포했다. 유럽 대륙에 다시 대규모 전쟁이 시작된 것이다.

1702년에 시작되어 수 년간 지속된 에스파냐 왕위 계승전쟁은 프랑스의 패배로 기울었다. 프랑스로서는 힘겨운 상황에 몰려 있었다. 1709년에는 기후가 좋지 않아 흉년이 들어 프랑스는 최악의 경제 상황을 맞았다. 그 결과 1709-1710년 사이에 평화협상이 시작되었다. 그러나 자신의 승리를 낙관한 아우크스부르크 동맹 측이 프랑스에 너무 심한 요구를 한 것이 화근이었다. 알자스와 스트라스부르를 오스트리아 제국에, 릴과 발랑시엔 등을 네덜란드에 양도하라고 하는가 하면, 심지어는 프랑스가

---

12) asiento : 에스파냐어로 원래 '계약'을 뜻하는 이 말은 에스파냐 정부가 개별 상인 혹은 다른 법적 주체에게 허락하는 독점권을 뜻하게 되었다. 특히 17-18세기에는 에스파냐의 식민지에 노예를 송출하는 독점권을 가리켰다.

군사를 동원해서 에스파냐의 신왕이 된 펠리페 5세(1700-1746, 즉 앙주 공)를 몰아내달라는 요구까지 했다. 격노한 루이는 "내 손자와 싸우느니 적과 전쟁하는 것이 낫다"고 선언하고 협상안을 걷어차고 전쟁을 재개했다. 동맹 측은 곧 후회하게 되었으니, 프랑스가 중요한 전투(비야비시오사)에서 승리를 거둔 것이다. 더군다나 이때 마침 황제가 사망했는데 이 것이 동맹 내에 문제를 야기했다. 황제로 등극한 인물은 에스파냐 왕위를 노리던 카를 3세였다. 그가 황제이자 동시에 에스파냐 왕까지 겸하게 된다는 것은 누구도 바라지 않는 바였다. 동맹국들도 상황을 재고하게 되었다. 영국은 전쟁에 지쳐서 펠리페 5세를 에스파냐 왕으로 인정하고 대신 다른 정치적, 상업적 이권을 얻는 대가로 프랑스와 협상을 했다. 이런 상황에서 기력이 쇠진했던 프랑스가 최후의 힘을 모아 마지막 드냉 전투에서 기적적으로 승리를 거두었다. 그 결과 프랑스로서는 명예로운 평화협정이 가능하게 되었다.

2-3. 1713-1714년의 조약들과 유럽의 새로운 균형

1712년 이후 협상장에 자리한 각국은 모두 지친 상태였다. 황제만이 여전히 에스파냐 왕위에 대한 미련을 버리지 못하고 협상에 미온적이었을 뿐이다. 프랑스도 영국의 마지막 스튜어트 왕이라고 주장하는 말성꾼을 내쫓고 각국과 평화협정을 맺었다. 드디어 프랑스와 제국 사이에 라스타트 조약이 체결되어 10년 넘게 계속된 전쟁이 종식되었다.

이 조약의 내용은 다음과 같다.

펠리페 5세를 에스파냐 왕으로 인정하는 대신 프랑스 왕위는 물려받지 못한다고 못을 박았다. 그 대신 루이 14세는 영국 왕을 정식으로 인정했다. 그외에도 사부아 공작이 왕으로 인정받았고, 브란덴부르크 선제후 역시 프로이센 왕으로 승격되었다. 하노버는 선제후 자격을 취득했고, 바이에른 공작은 그동안 잃었던 자기 영토와 선제후 자격을 되찾았다.

영토 문제에서는 에스파냐 영토를 분리한 것이 가장 중요한 결과였다. 에스파냐 국왕은 에스파냐 본토와 해외 식민지만 소유하고 나폴리, 사르데냐, 네덜란드 등은 분리했다. 또 프랑스는 허드슨 연안, 아카디아, 뉴펀들랜드, 생크리스토프 섬 등을 영국에 양도했다.

상업적으로는 영국이 가장 유리한 조건을 차지했다. 우선 프랑스의 보호관세를 1664년 수준으로 낮추었다. 그리고 펠리페 5세가 프랑스에 준 상업 특권은 취소하고, 오히려 영국이 에스파냐로부터 상업 관련 특권을 얻어냈다.

전반적으로 이 조약들의 내용을 살펴보면 동맹 측이 승리를 거두었다고 할 수 있다. 비록 부르봉 왕조가 마드리드에 들어섰다고는 하지만, 프랑스와 에스파냐 양국은 합쳐지지 못하게 되었고, 에스파냐령이 분리되었기 때문이다. 그러나 이보다 더 중요한 것은 유럽 내에 새로운 균형이 만들어졌다는 것이다. 1600년의 유럽은 프랑스와 오스트리아 양대 강국이 주도권을 놓고 싸우는 형국이었고, 1660년대로부터 1680년대까지는 프랑스가 우위를 누리던 시대였다. 그러나 1714년의 시점에 이르러서는 어느 국가도 헤게모니를 차지하지 못하는 균형 상태에 이르렀다.

프랑스로서는 릴, 스트라스부르, 브장송 같은 일부 영토를 얻고 국경의 취약성 문제를 보강했으며, 무엇보다도 합스부르크의 포위를 결정적으로 깼다는 점이 중요한 성과였다. 문화적으로도 프랑스의 우위가 점차 확고해졌다. 그러나 태양왕이 유럽을 주도한다는 꿈은 깨졌다. 동시에 프랑스의 적들도 약화되었다. 오스트리아는 오스만투르크를 밀어내면서 영토를 확장한 것은 사실이지만 여전히 정치적 통합성은 부족했다.

영국은 일류 강국으로 발전해가고 있었고, 특히 해양과 식민지 분야에서 강세를 이어갔다. 또 포르투갈과의 메수엔 조약, 위트레흐트 조약으로 1660년 이래 상승세를 이어갔다. 네덜란드는 경제적으로 전성기를 지나서 이제 내리막길로 들어섰으며, 오랫동안 국제 분쟁에 끼어들었으나 결국 얻은 것이 없었다. 스웨덴, 폴란드, 오스만투르크, 에스파냐는 완연히 쇠퇴했다. 대신 사부아, 시칠리아, 프로이센, 러시아는 미래의 강국으로서 성장 가도에 들어섰다.

16-18세기 유럽 국제관계의 발전 양상에서 대단히 중요한 요소는 전쟁이었다. 각국은 치열하게 무력 경쟁을 벌였는데, 서로 상대방을 이기기 위해서 군사력을 최대한 키워나갔고, 이 과정에서 이전 시대와는 질적으로 다른 차원의 군사발전을 이루었다. 이를 '군사혁명'으로 표현하기도 한다. 통상 군사혁명은 무기의 발전, 군대 규모의 증가, 대규모 복합전술의 사용, 사회에 대한 군대의 영향 증가 등 네 가지 요소의 발전을 기준으로 삼는다. 이 시기에 유럽의 군사력 발전은 명백하게 이러한 양태를 보였다. 다만 대부분의 나라가 이런 발전을 거듭하고 또 그런 국가들 사이에 합종연횡의 관계가 맺어지자, 어느 한두 국가가 나머지 국가들 모두를 군사적으로 누르고 정복을 완수하는 것이 오히려 불가능해졌다. 군사 경쟁이 매우 치열하면서도 최종적으로 승패가 가려지지 않은 상태가 지속되자 유럽 내부적으로는 세력 균형 상태가 형성되었고, 그렇게 누적된 강력한 군사력이 유럽 외부로 향하게 되어 식민주의를 낳게 되었다.

18세기 초 유럽의 모습을 일별해보면 지적, 예술적 화려함을 자랑하는 프랑스, 아직도 상당한 정도의 강대함을 유지하는 동유럽의 전통 강호 오스트리아, 유럽 내에서 점차 강국으로 성장해갈 뿐만 아니라 전 세계 해상으로 팽창해가는 영국, 미래의 강국으로 부단히 힘을 더해가고 있는 프로이센과 러시아, 갈수록 힘을 잃어가면서 결국 '유럽의 병자'로까지 전락하게 될 오스만 제국 사이에 균형이 잡혀갔다. 그러나 그 균형은 고착된 균형이 아니라 계속 움직이고 변화하는 균형이었다.

3. 각국의 발전

17세기 후반을 기준으로 볼 때 각국의 위세는 크게 변화하고 있었다. 지난 시대의 강대국이 쇠락의 길을 걷는가 하면 신흥 강국이 부상했다.

에스파냐는 사회, 경제적으로 큰 위기에 봉착하여 국력이 쇠진되고 있었고, 남부 네덜란드, 프랑슈-콩테, 밀라노, 나폴리와 시칠리아 등 유럽 내에 분산되어 있는 에스파냐령에도 전체적으로 위기가 확대되었다. 포르투갈은 에스파냐로부터 독립했다. 베스트팔렌 조약으로 독일 지역은 종교, 정치적으로 분열이 고착되었다. 영주들의 권한이 실제적인 대신, 황제는 일종의 명예직과 다를 바 없게 되었다. 그중에서도 특히 브란덴부르크의 지위가 계속 상승했으며, 명분으로도 국왕의 지위를 획득하여 프로이센 왕국으로 승격했다. 오스트리아는 서유럽에 대한 지배권 확대라는 야망을 버리고 방향을 바꾸어서 다뉴브 지역의 대제국 건설을 목표로 삼았다. 동북 유럽에서는 스웨덴과 폴란드가 쇠퇴하고 대신 미래의 거인 러시아가 표트르 대제 시기부터 부상하기 시작했다.

3-1. 에스파냐 왕국

16세기에 유럽 최대 강국 중 하나였던 에스파냐는 17세기를 경과하면서 쇠퇴의 징후가 뚜렷해졌다.

에스파냐 국내의 어려움

1640년대까지 에스파냐의 국제적 정치력은 대단했으나 이제 정치적 쇠락에 사회, 경제적인 위기가 동반되었다. 대표적인 사례는 펠리페 3세(1598-1621) 시대에 있었던 모리스코스 추방이었다. 1609-1611년의 기간 동안 약 27만5,000명의 모리스코스가 추방되었는데, 그 결과 특히 에스파냐 남부 지역의 경제가 피폐해졌다.

펠리페 4세는 16세에 왕위에 등극했다. 그러나 실제 정치는 재상 올리바레스에게 위임한 상태였다. 올리바레스는 안으로는 국왕의 권위를 증대시키고 밖으로는 에스파냐 주도하의 유럽 통합을 꿈꾸었다. 이 계획의 모델이 되었던 것은 적국인 프랑스였다. 아라곤, 카탈루냐, 발렌시아, 그리고 1580년에 병합된 포르투갈 등 에스파냐 내부의 여러 지방들이 여전히 강력한 독립성을 주장하고 있었기 때문에 그는 이 지방들의 특권을 일소해서 중앙집권을 강화하려고 했다. 그러나 이 정책은 자연히 심한 반발을 샀다. 특히 프랑스, 네덜란드와 전쟁을 하는 상황에서 세금을 무겁게 부과할 수밖에 없었기 때문이다. 그리하여 1640년에 포르투갈과 카탈루냐가 봉기를 일으키고는 에스파냐의 적국인 프랑스에 도움을 요청했다. 결국 포르투갈은 1640년에 다시 독립했고, 카탈루냐에서는 특권을 대폭 인정받는 대가로 1652년에야 겨우 사태가 진정되었다. 대외적으로도 네덜란드(1648), 프랑스(1659), 포르투갈(1665)에게 차례로 무릎을 꿇었다. 이 즈음에 에스파냐는 쇠퇴가 뚜렷했다.

더구나 다음 왕인 카를로스 2세는 겨우 4세에 등극했다. 정치는 모후가 섭정으로 대신했으나 그녀는 게으르고 무능력했다. 1675년에 국왕이 성년이 되었지만 병약한 탓에 언제 죽을지 모르는 상황이었다(더구나 이런 상태가 25년이나 지속된 것 자체가 더 큰 문제였다!). 또 이 왕은 아이를 가질 수 없었기 때문에 후계 문제가 발생했다. 이것이 앞에서 설명한 대로 유럽의 국제관계를 오랫동안 혼란에 빠뜨린 에스파냐 왕위 계승 문제였다.

에스파냐의 약화는 단지 왕들의 무능만이 아니라 더 깊은 데에 원인이 있었다. 중세 이래 국가 통합이 불완전해서 각 주들의 독립성이 너무 강했고, 행정의 무능과 부패가 심했다. 그리고 사회경제적 위기도 극심했다. 경제 불황으로 인구가 감소하고 이것이 다시 경제의 발목을 잡는 악순환이 계속되었는데, 여기에다가 모리스코스 추방, 신대륙으로 많은 인구의 유출, 페스트의 유행, 지나치게 높은 독신 비율 등이 더해졌다. 경제 불황은 역설적으로 신대륙으로부터 귀금속이 대량 유입된 것과 깊은 관련이 있었다. 쉽게 들어온 이 '재보(財寶)' 때문에 힘들여 생산 기반을 발전시키지 않게 된 것이다. 그렇게 되자 이 귀금속은 곧바로 외국의 산물을 수입하는 대가로 유출되었다. 목양업자의 결사체인 메스타가 강력한 영향을 미친 것도 농업 발전을 가로막는 결과를 초래했다. 이 나라의 항구에 외국 상인들이 득실거리는 광경이 벌어지게 된 것은 그런 연유이다. 18세기부터 에스파냐는 국제무대에서 큰 영향력을 행사하지 못하는 쇠락한 존재가 되고 말았다.

유럽 내 에스파냐령

유럽 내의 여러 지역에 분산되어 있는 에스파냐의 영토들 역시 대개 불황에 빠져들었다. 프랑슈-콩테 지역은 30년전쟁으로 막심한 피해를 입었다가 회복 단계에 들어갔다. 이 지역은 에스파냐와 프랑스 사이의 정치적 변화에 따라서 운명이 뒤바뀌었다. 한때 루이 14세에게 정복당했다가 다시 에스파냐에 귀속된 다음 다시 프랑스령이 되는 변화를 맞았다(현재는 프랑스 영토이다). 남부 네덜란드 10주는 1609년에 네덜란드 독립전쟁이 휴전에 들어가면서 경제가 회복되어 유럽에서 가장 잘사는 지역의 하나가 되었다. 이곳은 가톨릭 종교개혁의 요새이며 바로크 문화의 중심지가 되었다. 그러나 1621년에 12년간의 휴전이 끝나고 다시 전쟁이 재개됨에 따라 '불행의 세기'가 도래했다. 이곳은 다시 강대국들의 전쟁터 내지 전쟁 목표가 되었다. 1621-1713년 동안 전쟁이 지속된 결과 경제는 극도로 피폐해졌고, 한때 유럽 제일의 교역 중심지였던 안트베르펜은 쇠락한 도시가 되었다. 1714년에 국제 조약의 결과로 이 지역이 오스트리아령이 되었을 때에 이곳 주민들은 이미 포기한 상태에서 담담히 그 사실을 받아들였다. 이탈리아 내에 분산되어 있는 밀라노, 제노바, 토스카나, 베네치아 등 에스파냐령들 역시 대부분 경제 침체를 겪고 있었다. 국제관계의 등락으로 경제가 타격을 받던지 혹은 경제의 중심이 지중해권으로부터 대서양권으로 넘어가는 것이 대세였기 때문에 적어도 상대적으로 세가 기울고 있었다.

포르투갈

1578년, 포르투갈 국왕 세바스티안(1557-1578)이 직접 군대를 이끌고 모로코에 가서 전투를 벌이다가 전사하는 사건이 벌어졌다(알카사르키비르 전투). 그를 계승한 엔리크는 원래 성직자였는데, 왕조를 잇기 위해서 성직을 버리고 결혼해서 후계자를 두려고 했으나 교황청이 이를 인정하지 않았다. 그러는 사이 1580년에 그는 후손을 보지 못하고 사망했고, 에스파냐 왕이 포르투갈 왕위를 겸하는 방식으로 합병이 이루어졌다. 펠리페 2세와 펠리페 3세 모두 포르투갈의 행정 및 법을 존중하려고 했지만 어쨌든 포르투갈이 큰 피해를 입은 것은 사실이다. 특히 그동안 유지해왔던 포르투갈의 해외 식민지를 네덜란드에 많이 빼앗긴 것이 가장 큰 타격이었다. 게다가 에스파냐에서 올리바레스가 집권하자, 그는 포르투갈에까지 중앙집권을 확대하려고 했다. 이런 억압에 대항하여 1640년에 포르투갈에서 봉기가 일어나서 예전 포르투갈 왕실의 후예인 브라강사(Bragança)가 사제와 귀족 다수의 지지를 업고 국왕으로 등극했다(후안 4세). 그는 에스파냐의 적대세력들인 프랑스, 네덜란드, 영국과 동맹을 맺었다. 에스파냐는 이를 인정하지 않고 25년이나 싸우다가 1665년 빌라비코사에서 결정적 패배를 당한 이후 독립을 인정했다(이에 대한 대가로 대신 북아프리카의 세우타를 에스파냐령으로 획득했다). 브라강사의 아들 페드루 2세(1683-1706)는 민족주의적이고 보호주의적인 정책을 펴는 절대군주였다. 그의 시대의 특징은 영국과 긴밀한 관계를 맺은 것이었다. 그 결과가 1703년에 체결된 메수엔 조약이었다. 정치경제학의 고전적인 예시로 유명해진 이 조약으로 영국이 포도주를 수입하는 대신 포르투갈 및 브라질로 영국 제품이 쏟아져 들어오게 되었는데, 양국 모두 최상의 이익을 얻는다는 리카도의 분석과는 달리 장기적으로는 영국에 대한 정치, 경제적 종속이 심화되었다.

3-2. 제국과 오스트리아 왕정

독일과 오스트리아 지역은 30년전쟁 이후 전반적으로 쇠퇴를 겪었다. 정치적으로는 무엇보다도 하나의 영토국가로 통일되지 못하고 갈가리 찢긴 상태가 고착된 것이 이 지역 전체의 힘을 약화시키는 원인이 되었다. 다만 오스트리아는 보헤미아 너머 오스만투르크의 영토를 노리고 있었고, 브란덴부르크-프로이센이 독일 지역의 신흥강국으로 성장하고 있었다.

제국과 독일 영방국가들

베스트팔렌 조약은 독일 지역의 정치적, 종교적 분열을 고착시키고 이 상태를 주변 강대국들이 유지하기로 작정한 것에 다름 아니었다. 황제는 광대한 독일 지역 전체를 실질적으로 지배할 힘이 없었다. 무엇보다도 황제가 여전히 선출제였다는 점이 이를 잘 말해준다. 황제 선출권을 가진 선제후의 수는 1648년에 1명이 늘어서 8명이 되었다가 1692년에 다시 1명이 늘어 9명이 되었다. 제국의회가 존재했으나, 선제후, 영주, 도시의 3개 단위로 나뉘고 그 각각에서 늘 내분이 있게 마련이어서 무능력한 기관으로 굳어졌다. 일부 영주들이 영지를 자손에게 분할하여 상속하면서 독일 지역의 분열은 더욱 심화되었다.

30년전쟁으로 작센과 바이에른을 비롯한 여러 지역들이 피폐해졌다. 물질적인 면뿐만 아니라 지적, 도덕적인 면에도 전쟁의 충격이 크게 미쳐서 예컨대 라이프니츠와 같은 당대의 최고 지성도 독일어 대신 라틴어나 프랑스어로 사유했다. 1648년 직후까지도 프랑스의 영향이 매우 컸으나, 계속되는 프랑스의 침공은 결국 민족감정을 불러일으켜서 이후 독일의 문화적 반성을 야기했다. 이런 가운데 독일 지역 내에 강대국들 간의 관계가 서서히 자리를 잡게 되었다. 남부 독일에서 오스트리아의 영향이 고조되어 북부의 브란덴부르크의 영향력과 균형을 이루게 된 것이 독일권 정세의 큰 밑그림이라고 할 수 있다.

브란덴부르크와 프로이센

호엔촐레른 가(家)가 지배하는 브란덴부르크는 원래 황무지와 늪지가 많은 독일 중부 지방에서 출발했으나, 클레브, 마르크, 라벤스부르크 등을 획득하면서 17세기 전반에 영토가 3배로 늘어났다. 게다가 사촌간인 알베르트 프리드리히의 사망으로 프로이센을 획득했다(1618). 프로이센은 중세에 게르만계 기사령으로 출발한 가난하고 인구가 적은 땅으로서 폴란드 치하에 있는, 독일 바깥에 존재한 지역이었다. 이후에도 브란덴부르크의 영토 확대가 계속되어서 1648년에는 동포메라니아, 마그데부르크, 할버슈타트, 민덴을 획득했다.

브란덴부르크의 프리드리히-빌헬름 1세(1640-1688)는 전쟁으로 피폐된, 상이한 이 쪼가리 땅들을 가지고 근대 국가를 형성한 인물이었다. 그는 지방 자치체들에서 특권을 빼앗고 비밀 국가위원회를 최고 통치기관으로 만들면서 중앙권력을 강화해나갔다. 이에 필요한 자금은 특히 소금세와 맥주세 같은 여러 종류의 소비세를 새로 만들어서 해결했다. 그리고 인구가 부족했으므로 네덜란드를 비롯한 각국으로부터 이민을 장려해서 브란덴부르크, 프로이센, 포메라니아 등지에 해외 이주민들이 많이 유입되었다. 예컨대 프랑스에서 낭트 칙령을 폐지하기 이전에 이미 위그노들의 이민을 유도해서, 약 2만 명이 베를린에 정착했다.

그런데 브란덴부르크-프로이센은 이상과 같은 정책을 추구하는 동시에 예농제(隸農制)를 강화시켰다. 표면적으로는 모순으로 보일지 모르지만 사실 국가 기구의 근대화와 사회적인 '재판농노제' 현상은 동전의 양면처럼 서로 연결되어 있어서 이 시대 독일의 정치경제적 변화의 기본 성격을 이루었다. 그것은 대지주 귀족계급(융커)을 온존시켜 이를 기반으로 국가 기구가 강화되는 후진적인 방식이었다. 이런 모든 변화들 가운데 가장 중요한 것은 군대의 육성이었다. 군대야말로 이 시대의 유럽 정치에서 핵심적인 요소였다. 강력한 힘을 이용하여 브란덴부르크는 1657년에 폴란드로부터 프로이센 공국령에 대한 종주권을 받았고, 1675년에는 스웨덴 군을 격파했다.

프리드리히 3세(1688-1713)는 지성적인 인물은 아니었고, 심리적으로 매우 복잡한 성격의 인물이었다. 그가 가장 크게 관심을 두는 것 중의 하나는 '왕'이라는 직함을 가지고 싶다는 것이었다. 그러나 법제적으로 볼 때 브란덴부르크는 황제령이어서 왕국으로 승격하는 것이 불가능했다. 그러던 중, 1700년에 황제는 에스파냐 왕위 계승전쟁에서 브란덴부르크-프로이센의 힘을 이용하기 위해서 그에게 왕위를 주겠다는 제의를 했다. 이 나라의 중심권은 브란덴부르크였지만 법제적으로 왕국으로 승격하기 위해서는 프로이센을 국명으로 할 수밖에 없었으므로, 이제 이 나라는 "프로이센 왕국"이 되었고 그는 프로이센 국왕 프리드리히 1세로 1701년 쾨니히스베르크에서 즉위식을 가졌다. 물론 이것은 허명에 불과한 것이라고 할 수 있지만, 이 허명이라는 것이 때로 큰 역할을 한다. 이제 독일 내에서 가톨릭계 합스부르크에 대항하는 프로테스탄트계 호엔촐레른 세력은 실력과 명분을 얻게 된 것이다.

오스트리아

중세적 기독교 제국을 건설하겠다는 합스부르크 황실의 야심은 이미 분쇄되었다. 그 대신 오스트리아가 보헤미아와 헝가리를 합쳐서 '다뉴브 제국'을 건설하는 것으로 방향을 바꾸었다. 이것이 근대적인 오스트리아 국가의 모델이 되었다. 그리고 이 모델의 형성에는 레오폴트 1세의 장기 치세가 결정적인 의미를 가졌다.

보헤미아에 대해서는 30년전쟁을 거치면서 정치적으로 무력화시키고 문화적으로 게르만화해서 완전히 장악했지만, 똑같은 일을 헝가리에도 반복해야 한다는 것은 쉽지 않은 과제였다. 이를 위해서는 헝가리 왕실을 무너뜨려야 하고 또 오스만투르크로부터 땅을 빼앗아야 했다. 그러나 헝가리 측은 민족적인 저항이 대단히 컸고, 또 신교도가 많았기 때문에 종교적으로도 오스트리아에 강하게 저항했다. 민중도 헝가리 왕실을 강력하게 지지했다. 그래서 오스트리아가 오스만투르크로부터 영토를 확보한 다음에는(1683) 결정적으로 헝가리 왕실을 억눌러야 할 필요가 있었다. 오스트리아는 특별법원을 두고 가혹한 정치적 탄압을 하면서 헝가리의 국체를 완전히 재구성하려고 했다. 그러나 이에 대한 저항이 그치지 않았다. 헝가리인들은 1703년에 트란실바니아계 라코치 페렌츠 2세를 수령으로 해서 봉기했고 1707년에는 독립 선언을 했지만 1711년에 패배했다. 오스트리아 측은 유화 조치를 취하여 이들을 사면하는 대신 합스부르크의 지배를 확인했다.

오스트리아 역시 군대를 강화하고, 간접세를 비롯한 조세를 확대했으며, 중앙 집중의 행정체계를 건설했다. 이렇게 국가 기구의 틀이 잡히고 빈은 아름다운 수도이자 동유럽 문화의 중심지가 되어간 것이 사실이다. 그러나 여전히 국가적 통합성이 모자란다는 점이 결정적인 약점으로 남아 있었다.

3-3. 북유럽과 동유럽

동유럽과 북유럽은 근대 초에 이르기까지 정치, 경제, 문화적으로 유럽의 변방으로 남아 있었던 것이 사실이다. 그런 가운데 이 지역의 맹주로 유럽 중앙무대에 힘을 미친 것이 스웨덴이었다. 스웨덴은 프랑스의 협력을 얻어 강력한 군대를 동원하여 중부 유럽에 강력한 힘을 행사했다. 그 위세 때문에 폴란드를 비롯한 다른 국가들이 억압을 받았으나, 다음 시대에 러시아가 성장하여 스웨덴을 누르고 유럽 정세를 근본적으로 바꿔놓게 된다.

스웨덴

근대적인 국가로서 스웨덴의 출발은 구스타브 바사의 시대로부터 잡을 수 있을 것이다. 그는 칼마르 조약을 깨고 스웨덴을 독립시켰다.[13] 그는 또 루터파를 받아들이고 신분제의회로 하여금 왕의 세습을 인정하게 만들었다. 그를 뒤이은 후대 왕들은 발트 해의 상업권을 놓고 덴마크, 폴란드, 러시아와 충돌했다. 발트 해를 지배하려는 시도를 한 것은 구스타브 2세 아돌프(1611-1632)의 시대였다. 이미 핀란드와 에스토니아를 소유한데다가 이 시기에 러시아로부터 잉그리아와 카렐리아, 폴란드로부터 리보니아 해안 지역까지 획득했다. 여기에 더해서 30년전쟁에 개입한 결과, 1648년에 서포메라니아와 오데르 강, 베저 강 입구를 장악했다. 카를 10세 구스타브 시기에는 폴란드 및 덴마크와 다시 전쟁을 치러서 리보니아 일부와 스코니아를 획득했다. 이런 방식으로 스웨덴은 발트 해 내의 각지로 영토를 확대하고 강력한 무력으로 지배권을 확보했다. 그러나 다음 시기에는 1675년에 브란덴부르크에 패배하고, 덴마크 및 네덜란드와의 전쟁에서도 영토를 상실했다가, 루이 14세의 중재로 포메라니아와 스코니아를 다시 찾았다. 프랑스는 그들의 유럽 정책상 스웨덴이 강력한 위치를 차지해야 할 필요가 있었던 것이다.

---

13) 1397년에 칼마르(Kalmar)에서 덴마크, 노르웨이, 스웨덴이 연맹을 이루었다. 여기에서 주도적인 역할을 한 것은 덴마크였다. 이 연맹 내에서 종속적인 지위에 머물러 있던 스웨덴은 1523년에 구스타브 바사가 이 조약을 깨고 독립해 나왔다.

전비 문제는 왕이 토지를 귀족에게 양도하는 대가로 돈을 내도록 하여 조달했다. 스웨덴의 신분제의회는 다른 나라와는 달리 귀족, 루터파 목사, 농민, 부르주아 등 4개의 신분으로 구성되어 있었는데, 귀족 외의 다른 신분들은 귀족들이 얻은 왕령지를 도로 왕에게 되돌려주어야 한다고 늘 주장해왔다. 이것이 실제로 이루어진 때는 카를 11세(1660-1697) 때인 1680년이었다. 이제 재산을 빼앗긴 귀족은 정치적 힘을 상실했고 이후 스웨덴은 국왕권이 더욱 강력해진 절대주의 국가로 성장했다.

카를 12세(1697-1718)는 15세라는 어린 나이에 즉위했는데, 이를 계기로 표트르 치하의 러시아, 폴란드, 덴마크가 연합하여 스웨덴을 분할하려고 했다. 그러나 1700-1701년에 이 어린 왕이 벌인 전쟁을 보면 놀랍게도 그가 전쟁의 대가임이 드러난다. 그는 러시아 군을 격파하고, 폴란드로 아주 깊숙이 쳐들어갔다. 이 때문에 폴란드 의회가 국왕을 갈아치우게 만들었다. 더구나 그는 이 시기에 에스파냐 왕위 계승 문제에서 유럽의 중재자 역할까지 했다. 독일 지역을 견제하려는 프랑스는 스웨덴이 독일 문제에 더 깊숙이 간여하고 군사적으로 더욱 휘젓고 다니도록 하고 싶어했다. 그런데 오히려 황제군이 1707년에 그를 격퇴하고, 이에 맞추어 표트르가 스웨덴 영토를 빼앗자 스웨덴은 러시아와의 문제로 눈을 되돌릴 수밖에 없었다. 그는 폴란드를 가로질러 우크라이나로 쳐들어가서 코사크 반란군과 손잡고 러시아 군을 공격하고자 했다. 그러나 너무 담대했던 이 계획은 1709년의 패전으로 실패로 끝났다. 그는 오스만 투르크로 도망가서 러시아를 공격하도록 부추기는 일을 하느라고 5년이나 머물렀지만 오히려 그동안 러시아-덴마크-폴란드 동맹이 맺어지고 여기에 하노버와 프로이센까지 가세하는 바람에 스웨덴은 다시 한번 패전을 겪었다. 그 결과 맺어진 스톡홀름 조약, 그리고 특히 러시아와 맺은 니스타트 조약(1721)으로 스웨덴은 17세기에 획득했던 영토를 거의 다 상실하고 말았다. 브레멘과 베르덴은 하노버로, 동포메라니아와 스테틴은 프로이센으로, 발트 지역(리보니아, 에스토니아, 잉그리아)과 카렐리아는 러시아로 넘어간 후에 스웨덴은 더 이상 강국이 되지 못했다. 이로써 스웨덴의 '위대한 시대'는 지나갔다.

폴란드 문제

야겔론 왕조의 마지막 시기(1506-1572)에 가서 폴란드는 번영을 구가했다. 특히 그단스크(독일어 명으로는 단치히)를 통해서 곡물과 목재를 수출하는 것이 중요한 국가 수입이 되었다. 이곳은 또 문학과 과학의 중심지였으며, 종교적으로 개방적이고 관용적인 곳이었다. 문제는 정치제도에 있었다. 선출왕 제도의 유지는 귀족들의 특권을 계속 유지 내지 강화시켰다. 귀족들은 의회에 모여 논의했지만 만장일치제가 원칙이었으므로 아무런 결정도 내리지 못했다. 이런 사정은 16세기 후반이 경과하면서 더욱 악화되었다.

특히 얀-카지미르 5세 바사(1648-1668) 시기부터는 국가체제가 거의 붕괴 상태에 들어갔다. 스웨덴과 같은 외세가 거침없이 들어와서 나라 안을 헤집고 다녔다. 이 와중에 폴란드는 브란덴부르크의 지지를 얻기 위해서 프로이센에 대한 종주권을 넘겨주었고, 스웨덴에 리보니아의 일부, 러시아에 백러시아와 우크라이나의 상당 부분을 넘겨주었다.

17세기 중반에 얀-카지미르가 개혁 조치를 시도하려고 했지만 귀족들의 반발로 결국 그 자신이 양위하고 말았다. 폴란드는 정치적으로 무력했을 뿐만 아니라 그와 연관하여 귀족의 지위가 너무 강한 결과 예농제가 갈수록 강화되었고 부르주아가 성장하지 못했으며 또 그로 인하여 상업과 도시의 성장이 지체되었다. 동유럽의 대국인 이 나라가 근대 이후 큰 힘을 발휘하지 못하고 오히려 주변 국가들의 압박을 지속적으로 받는 역사가 진행되게 된 것이다.

러시아 : 로마노프 왕가 초기와 표트르 대제

16세기에 바실리 3세(1505-1533), 이반 뇌제(1533-1584, 雷帝, 그가 차르라는 용어를 처음 사용한 인물이다) 등의 지속적인 노력의 결과 러시아는 영토 통합을 이루어나갔다. 카잔(1552), 아스트라한(1556), 아르한겔스크(1584)가 건설되었고, 1581년에는 예르마크 티모페예비치가 지휘하는 코사크들이 우랄 산맥을 넘어 오브 강, 이르치 강까지 러시아 영토를 확대했다. 그러나 이런 팽창이 끝나고, 16세기 말부터 17세기에 이르기까지 러시아는 대단히 심각한 위기에 봉착했다. 이 "고난의 시대"(1584-1613)는 정치적 혼란과 더불어 사상 유례없는 기근과 민중 봉기의 시대였으며, 동시에 스웨덴과 폴란드의 침략을 받던 시대였다.

이 위기를 넘기고 1613년에 즉위한 미하일 로마노프(1613-1645)는 곧 평화 회복에 주력했다. 그가 로마노프 왕조를 개창했는데, 이 왕조는 1917년에 러시아 혁명으로 붕괴될 때까지 지속되었다. 다음의 차르 알렉세이 로마노프(1645-1676)는 중앙 집중적인 행정을 이루어내면서 농민의 이주를 완전히 막아버리는 러시아 특유의 농민 체제를 만들어냈다. 이 시기는 한편으로 백러시아와 우크라이나 일부를 획득하여 영토를 확장한 시기이면서 동시에 스텐카 라진 반란, 돈 강 지역 코사크 반란의 시대(1667-1671)이기도 했다. 또 한 가지 러시아 역사에서 결정적으로 중요한 사건은 1654년에 니콘 대주교의 주도하에 그리스 정교회로부터 영감을 얻어 러시아 교회를 독자적으로 만든 것이었다. 러시아 교회는 1666년에 이 종교개혁을 공식 인정하고 옛 신앙을 탄핵했다. 구 신앙을 유지하려는 자는 이에 강하게 반발했는데, 그 결과 러시아 교회가 분열되는 결과를 가져왔다. 이를 라스콜(raskol)이라고 한다.

러시아의 발전에서 가장 중요한 인물 중 한 명은 표트르 대제였다. 그는 즉위 초반 한때 그의 이복누이인 소피에게 권력을 빼앗겼지만, 1689년에 17세의 나이로 군대를 이끌고 권력을 되찾은 다음 친정을 시작했다. 이때 러시아는 드니에프르 강으로부터 시베리아를 거쳐 태평양까지, 백해로부터 코카서스에까지 이르는 광대한 영토를 가지고 있었지만, 다만 발트 해나 흑해에 이르지 못해서 해상 팽창을 할 수 없었다. 게다가 이 나라는 기본적으로 대단히 후진적인 사회 구성을 가지고 있었다. 지방에서 귀족이 차르의 힘을 등에 업고 강력한 힘을 행사하면서 농민을 강압적으로 지배하고 또 차르는 귀족들의 이런 권리들을 인정하는 대신 그들의 협조를 얻으려고 했다. 표트르는 내부적으로 이런 후진성을 개혁하고, 외부적으로 바다를 통해서 국외로 진출하는 것을 목표로 삼았다. 이에 대한 준비로 그 자신이 직접 독일, 네덜란드, 영국, 오스트리아 등 유럽의 여러 지역을 여행하면서 서유럽 사회를 견학했다. 그가 없는 사이에 무장 호위대(streltsi)가 봉기를 일으키자 그는 급히 귀국하여 이를 잔인하게 진압했다. 그리고 스웨덴과의 오랜 전쟁을 거친 후에 드디어 발트 해 연안 지역을 획득했다. 그는 자신의 정책을 과감하게 집행할 중심지로서 1703년부터 네바 강 연안에 상트페테르부르크라는 신도시를 건설하기 시작했다.

그는 1698년에 서유럽 견학을 마치고 귀국하면서 서구화를 지향하는 칙령을 발표했다. 그 내용은 수염, 장발, 긴 옷 등의 금지, 여성들이 집안에 갇혀 사는 것 금지, 학교 건설, 과학기술 책자 번역 등이었다. 귀족들도 이제는 태생이 아니라 행정 혹은 군사상으로 어떤 직책을 수행하느냐에 따라서 서열을 매기는 제도를 도입했다. 그러나 이것이 곧 전면적인 사회개혁으로 이어진 것은 결코 아니어서 농노제는 유지되던지 혹은 더 강화되었다. 그는 국가조직과 지방조직을 혁신하고 20만 명의 대군을 키웠는데, 이때 비잔틴 제국, 프랑스의 절대주의, 그리고 스웨덴과 프로이센의 실천을 모범으로 삼았다. 이런 개혁을 위해서 지대한 노력을 경주했고, 반대세력도 철저히 응징했다. 그 결과 1725년에 그가 죽었을 때 러시아는 '일종의' 강대국이 되었지만, 단 사회와 경제는 아직 변화를 모르는 상태였다.

    대략 18세기 초반에 이르기까지 유럽의 국제관계와 각국의 발전 양상을 살펴보았다. 16세기의 시점에서는 오스트리아와 에스파냐를 비롯하여 합스부르크 가문이 통치하는 광대한 국가들과 유럽의 중심 국가를 자부하는 프랑스 사이의 대립관계가 유럽 국제정치의 가장 중심적인 축을 이루었다. 이 관계는 기본적으로 다음 세기까지 이어졌다. 유럽 각국은 프랑스든 혹은 합스부르크 국가든 어느 한 편과 동맹관계를 맺고 양편으로 갈라져 서로 대립했다. 이런 갈등관계가 대규모로 충돌한 것이 30년전쟁이었다. 이 전쟁 이후 독일 지역은 피폐해졌고, 루이 14세 치하의 프랑스가 최강국으로 올라섰지만, 이 상태가 오래 유지되지는 못했다. 이제 각국 간의 합종연횡으로 인해서 어느 한 강대국이 헤게모니를 장악하는 것은 거의 불가능해졌다. 그런 가운데 영국이 급성장했고, 독일 지역에서는 프로이센이 지역의 강국으로 올라섰으며, 동쪽의 러시아도 서서히 힘을 배가하고 있었다. 이런 강대국들의 성장으로 국제관계의 갈등은 더욱 증폭되었다. 18세기의 국제관계는 더욱 험난한 상태로 이어질 것이며, 다시 한번 전쟁을 통한 재조정을 맞이할 것이다. 그리고 그 갈등과 투쟁은 단지 유럽 내에만 국한되지 않고 전 세계의 차원으로 확대될 것이다.

제**9**장
신분사회에서 계급사회로

18세기 초에 대부분의 유럽은 기본적으로 '신분적 질서'에 입각한 사회 구조를 가졌다. 명목상으로 으뜸의 자리는 성직자가 차지했고, 귀족이 다음이었다. 계서제(階序制)의 맨 아래에는 나머지 모든 사람들로 구성되는 평민이 있었다. 이론적으로 특권은 중립적인 개념이었는데, 이는 신분에 따라서 적용되는 법이 달라 만인이 법 앞에서 평등하지 않았기 때문이다.

현실은 그러한 신분제와는 거리가 있었다. 성직자는 별도의 집단이 아니었고, 실질적인 제1신분은 귀족이었다. 신분제는 사실상 생산자에 대한 비생산자의 착취를 호도하는 측면을 가졌다. 따라서 귀족과 성직자만이 특권신분이었고, 나머지는 결국 그 부담을 짊어져야 했다. 그렇다고 신분이 카스트는 아니었다. 신분의 장벽을 뛰어넘는 일이 불가능하지만은 않았다. 뿐만 아니라 하층으로 갈수록 신분적 질서란 별 의미가 없었다. 도시와 농촌의 차이도 결국 빈부의 차이가 역사적으로 누적된 결과였다. 18세기 초에는 신분적 질서가 지배적이었지만 계급적 질서가 틈입해 있었다.

전통적인 사회구조는 동유럽에서는 18세기에도 여전히 강력했지만, 서유럽에서는 특히 1750년대 이후 해체의 징후가 뚜렷했다. 계급적 질서의 중요성이 커졌다. 변화의 요인은 크게 인구 증가, 자본주의, 국가 권력의 증대 등이다. 신분적 질서와 계급적 질서가 교차하는 18세기는 대조의 세기였다. 이 시기에 유럽은 인구 증가 및 경제 성장을 경험하는 동시에 새로운 형태의 거대한 빈곤을 발견했다. 하층민들이 매일 빈곤에 맞서 힘든 투쟁을 벌이는 동안, 상층계급은 공공질서의 영역에서 그 결과와 직면해야 했다. 따라서 빈민 구제, 범죄와 사법적 탄압은 구체제의 사회구조를 이해하는 데에 불가결하며, 가난과 빈민의 문제를 다루려는 국가의 노력은 지배계급과 종속계급의 관계에 대해서 많은 것을 말해준다.

1. 18세기 유럽의 사회구조

구체제에서 사람들은 출생에 의해서 특정 신분에 소속되었다. 신분은 집단적 정체성과 특권을 부여했다. 각 신분은 법적으로 규정되었고, 개인적 권리가 아니라 신분에 속한다는 이유로 특정의 기능과 권리가 주어졌다. 성직자는 영혼의 구원을 위해서 기도하고 부조와 교육을 맡아, 반대급부로 면세의 특권을 누렸다. 귀족 역시 '피의 세금'을 대가로 면세를 비롯한 각종의 특권을 받았다. 프랑스에서 '제3신분'으로 불린 나머지는 보호를 대가로 사회의 재생산을 위해서 필요한 물자를 생산하고 교환하는 일을 했다. 평민에는 크게 부르주아지, 장인층, 농민의 세 부류가 있었다. 신분 내에서 그리고 신분 간에 일정한 정도의 사회적 이동이, 특히 서유럽에서 가능했다.

1-1. 성직자

성직자가 처했던 사회적 조건이나 상태를 일반화하기는 어렵다. 이는 종교에 따라서 매우 다양했고, 같은 종교에 몸을 담고 있다고 하더라도 계서제의 고하에 따라 큰 차이를 보였기 때문이다. 가톨릭 국가에서 교회는 독자적인 조직체계를 갖추었고, 성직자는 별도의 신분을 구성했다. 성직자는 재속성직자와 수도성직자로 나뉘는데, 통상 후자가 전자보다 많고 후자에서는 수녀가 수사보다 많았다. 교회는 상당한 규모의 토지 및 건물을 소유하여 막대한 지대 및 임대료 수입을 올리는 동시에 농민으로부터 십일조를 받아들였다. 신교 국가에서는 교회의 독자성이나 경제적 기반이 상대적으로 취약했으며, 수도성직자가 없었기 때문에 성직자의 수도 적었다. 하지만 어디에서나 고위 성직자와 하급 성직자의 사회적 차이는 뚜렷했다. 성직자는 가톨릭 교회에서는 결혼할 수 없었고 신교에서는 목사직이 세습되지 않았기 때문에, 기존의 사회적 위계가 그대로 교회의 계서제에도 반영되었다.

잘 알려진 프랑스의 예를 보자. 프랑스 혁명 직전 성직자의 수는 20여만 명으로 대략 전체 인구의 0.8퍼센트를 차지했다. 이들은 다시 재속성직자와 수도성직자로 나뉘는데, 전자에는 18명의 대주교와 121명의 주교, 약 8,000명의 성당 참사회원, 9만 명 정도의 하급 성직자가, 후자에는 1,000개에 가까운 수도(녀)원에 속해 있는 10만 명을 넘어서는 수사 및 수녀가 있었고, 수녀가 약 3분의 2를 차지했다. 거의 모든 대주교 및 주교, 대부분의 성당 참사회원은 귀족 출신인 반면에, 하급 성직자는 중류 부르주아지, 장인층, 부유한 농민층 출신이었다. 유럽의 차원에서 볼 때, 프랑스는 중상위 수준에 해당했다. 성직자 비율이 가장 높은 지역은 이탈리아와 이베리아 반도인데, 전체 인구의 1.5-2퍼센트에 이르렀으며 포르투갈은 그것을 넘어섰다. 반면에 폴란드는 가톨릭 국가였지만 비율이 이베리아 반도의 10분의 1 수준에 불과했다. 대체적으로 기독교화가 늦은 지역일수록 성직자의 비율이 낮았다. 대부분의 신교 국가들은 폴란드의 수준에 가까웠다.

반면에 프랑스의 교회는 이탈리아를 제외하고는 가장 부유했다. 주요 수입원은 두 가지였다. 하나는 부동산, 특히 토지 소유로부터 나왔는데, 교회는 프랑스 토지의 6-10퍼센트를 소유했다. 다른 하나는 수확량의 13분의 1-15분의 1 정도에 해당하는 십일조였다. 이 둘을 합치면 2억-2억

2,000만리브르[1])에 달했는데, 이는 혁명 직전 프랑스 군주제 재정 수입의 절반에 가까운 엄청난 액수였다. 그러나 수입의 분배는 매우 불균등했다. 10만 리브르에 달하는 연봉을 받는 대주교나 주교가 적지 않았던 반면에 주임 사제의 '생계수당'은 1786년에 700리브르, 부사제의 그것은 350리브르에 불과했다. 하급 성직자들이 주교들의 야망, 탐욕, 거만함에 화가 난 데는 충분한 이유가 있었다.

유럽 어디에서나 교회의 영향력은 18세기에도 여전했다. 교회는 특히 촌락에서 중요한 역할을 했다. 성직자들은 유아세례를 주고, 호적을 관리하고, 혼배성사 및 종부성사를 집전했다. 신부와 목사는 자선활동을 감독하고, 일을 찾아 외지로 떠나는 교구민들에게 품행증명서를 발급했다. 종교는 민중에게 위안이 되었다. 그들은 옹색하지만 누구라도 예배에 참여할 수 있었기 때문이다. 성직자들의 문자해독률은 상당한 차이를 보여 프랑스에서 가장 높고 러시아에서 가장 낮기는 했지만, 전반적으로 교구 성직자들의 자질은 높았으므로 신도들의 신망을 사는 데에는 부족함이 없었다.

1-2. 귀족

귀족은 인구의 2-3퍼센트에 불과하면서도 네덜란드와 스위스를 제외하고 유럽 모든 나라의 정치, 사회 생활을 지배했다. 18세기 말경 그 수는 400만 명 정도로 추산된다. 이 가운데 3분의 2는 폴란드, 에스파냐, 러시아, 헝가리에 분포했다. 네 나라의 귀족의 수와 인구에서 차지하는 비율은 다음과 같다.

중부 및 서부 유럽에서 그 비율은 1퍼센트 내외였다. 합스부르크령을 제외한 독일에서 귀족은 30만 명이었고, 프랑스에서 그 비율은 더 낮아 2만5,000-5만5,000개의 귀족가문에 전체 수는 13만-25만 명 정도였다.

---

[1] 참고로 혁명 직전 파리에서 숙련 장인의 하루 일당이 1리브르 정도였다.

1770년경의 폴란드	75만 명	10-15퍼센트
1768년의 에스파냐	70만 명	7-8퍼센트
1760년의 러시아	55만 명	2퍼센트
1784년의 헝가리	40만 명	4.5퍼센트

잉글랜드에서는 더 적어 200개 가문의 가장들만이 작위귀족에 속했다. 여기에서 작위와 토지는 오직 장남만이 상속했고, 나머지 아들들은 더 이상 귀족으로 간주되지 않았다.

귀족의 사회적 지위와 부의 대부분은 토지로부터 나왔다. 물론 이들은 그것을 소유는 했지만 경작하지는 않았다. 귀족은 나라에 따라서 차이는 있지만 전체 토지의 15-40퍼센트를 소유했고, 비옥한 토지의 경우에 그 비율은 더 높았다. 프로이센에서는 귀족만이 면세 토지를 소유할 수 있었고, 폴란드에서 평민은 아예 토지를 소유할 수 없었다. 러시아에서 귀족이 아닌 자들은 토지 소유권을 상실했고, 농노는 법으로 토지에 묶여 있었다. 오스트리아에서 귀족은 경작지의 절반을 소유했고, 이탈리아에서 귀족의 토지 소유는 가톨릭 교회의 그것을 능가했다.

대륙에서 귀족은 농민층에게 영주권이라고 불리는 특정한 권리를 행사했다. 그들은 사회적 지위와 토지 소유권 덕분에 지대, 부과조로 수입을 올렸다. 일부는 사법권을 행사했다. 농민들은 의무적으로 영주의 독점시설을 이용하고 사용료를 내야 했다. 더욱이 귀족은 여러 특권을 유지했다. 그들은 모든 세금을, 또는 토지에 대한 직접세를 면제받았다. 프랑스에서 일부 귀족은 토지에 대한 직접세(타이유세[taille 税])를 냈으나, 대부분은 내지 않았다. 반대로 잉글랜드의 귀족은 재산세를 납부했다. 그들에게 특권이 있었다면, 그것은 상원에 의석을 가질 권리와 동료 배심원단에 의해서 재판받을 권리 정도였다. 대륙에서 귀족은 형사사건에서 오직 동료에 의해서 재판받을 권리, 가족의 문장(紋章)을 가질 권리,

특정 의복과 보석을 착용할 권리, 교회의 제단 가까이에 특별 가족석을 가질 권리, 그 누구보다도 앞서 영성체를 배령할 권리, 연주회와 대학에서 특별 좌석에 앉을 권리 등을 누렸다. 귀족은 자신이 지나갈 때에 평민들이 고개를 숙이거나 모자를 벗을 것을 기대했는데, 시간이 지날수록 이를 더욱 강조했다. 일부 국가에서 결투와 검을 찰 권리는 귀족만이 가진 명예특권이었다.

그러나 귀족 내에서도 부와 지위에서 상당한 차이가, 심지어 단절이 일어났다. 부유하고 강력한 귀족은 '특권층(aristocrats)'으로 자처했다. 이들은 가문의 오랜 역사를 자랑했고, 많은 경우 궁정귀족의 구성원이었다. '특권층'이란 법률적 범주는 아니었으며, 귀족을 특권층으로 만든 것은 대영지의 소유에 따른 경제적 능력이었다. 프랑스의 '대영주(grands seigneurs)'나 에스파냐의 '최고귀족(grandees)'이 이에 속했다. 하지만 가장 부유한 귀족은 동유럽의 제후들이었다. 폴란드에서는 약 50개의 주요 가문이 이 범주에 들었는데, 최정상의 라치빌(Radziwill) 가문은 1만 명의 하인과 6,000명의 사병을 거느렸다. 헝가리에서는 전 국토의 약 40퍼센트를 150개 가문이 소유했고, 그중에서 가장 부유한 5개 가문이 14퍼센트를 차지했다. 헝가리 최대 귀족인 에스테르하지(Esterházy) 공은 70만 명의 농민들을 부렸다. 재산이 성인 남성 농노의 수로 계산되는 러시아에서는 19세기 중엽에 3퍼센트의 영주가 농노의 44퍼센트를 소유했다. 18세기에도 비슷한 수치였을 것이다. 이탈리아의 나폴리 왕국에서는 84개의 귀족가문이 각기 최소한 1만 명의 소작농민을 거느렸고, 전체적으로 그 수는 200만 명에 달했다.

어디에나 딸에게 유리한 혼처를, 아들에게 생계를 제공할 수 있는 국가, 군대, 교회의 자리를 구하려는 보잘것없는 귀족이 다수 존재했다. 시칠리아, 폴란드, 에스파냐의 귀족 중 대부분은 '빈민귀족'이었다. 폴란드에서 무토지 귀족은 전체의 5분의 1에 육박했고, 이들은 '맨발의 귀족'이라고 불렸다. 프랑스의 '시골귀족(hobereaux)'은 퇴영적이고 빈한했다. 에스파냐의 '하급귀족(hidalgos)'은 변변찮은 국가연금에 의존해야 했고 일부는 너무 가난하여 "족보의 나무 아래에서 검은 빵을 먹는다"는 빈정 거림을 받았다. 에스파냐에서 이들은 면세권, 문장을 착용하고 'Don(경)' 이라고 불릴 권리, 부채로 체포되지 않을 권리 등을 가졌지만, 육체노동 에 종사할 수가 없었으므로 가난에서 빠져나올 길이 보이지 않았다. 1773년에 국왕은 가장 가난한 층의 하급귀족은 육체노동을 할 수 있다 고 명했다. 사실 이런 비정상적인 신분을 유지한다는 것은 귀족 자신에 게도 문젯거리였다. 이리하여 18세기 후반에 빈민귀족이 특히 많았던 에 스파냐와 폴란드에서는 국왕이 개입하여 귀족의 수를 상당히 줄였다.

귀족은 신분과 부에 걸맞게 특유의 생활방식과 가치체계를 가졌다. '귀족처럼 산다'는 표현이 그것이다. 그들은 하인을 거느리고 시골 영지 에서 살았는데, 이는 신분의 징표였다. 그들은 악착같이 축재하는 행위 를 노골적으로 경멸했다. 이로 말미암아 많은 귀족이 빚을 지곤 했고, 이 또한 귀족의 다른 징표처럼 여겨졌다. 그들은 상인과 사업가를 깔보 았다. 에스파냐, 프랑스, 기타 지역에서 이런 태도는 법에 반영되어 귀족 은 소매업이나 장인 수공업과 같은 "천한" 직업에 종사할 수 없었다. 18 세기 중엽에 프랑스와 에스파냐에서 귀족에게 상업 행위를 허용하는 것 이 바람직한가 하는 문제를 둘러싸고 논쟁이 벌어졌는데, 설사 군사귀족 의 전통적인 개념을 받아들이지 않은 귀족들에게도 고결함, 명예, 개인 적 용기는 귀족만이 가진 덕성이었다. 신흥귀족조차도 스스로를 별도의 인종으로 생각했다.

근래의 연구는 귀족의 퇴행성을 부정하거나 약화시켜 부르주아지와의 차별성을 완화시키는 경향을 보인다. 실제로 귀족은 장사를 통한 이윤 획득에 부정적이지 않았다. 토지, 군사직, 국왕의 하사금으로부터의 수 입 이외에 일부는 해상 교역에 투자했고, 토지 소유권의 연장선상에서 채광권을 활용하여 광산업과 같은 생산 활동에 적극적으로 개입했다. 중산층의 상인이 드문 동유럽에서는 귀족들이 종종 농산품을 매매하는 일에 직접 종사하기도 했다. 또한 촌락 공동체가 필요로 하는 많은 제조업이 그들의 감독을 받았다.

그러나 18세기 후반기가 유럽 전체에서 귀족의 몰락기는 아니었지만, 그들은 점차 헤어나기 어려운 퇴각전을 벌였다. 이는 그들이 구사했던 생존전략에서 잘 드러난다. 그들은 특유의 가족체계와 결혼전략을 발전시켰고, 존재의 기반인 특권을 유지하기 위해서 국가와의 새로운 관계 정립을 모색했다.

귀족은 결혼연령이나 자녀의 수라는 면에서 다른 사회집단과 별 차이를 보이지 않았지만, 가족체계와 관련하여 다음의 세 가지 특징을 보였다. 먼저 미혼 자녀의 비율이 높았다. 이는 세습재산을 유지하기 위한 것이지만 계승의 불확실성을 높여, 18세기에 대가 끊긴 가문이 늘어났다. 둘째, 부부 그리고 양친과 자녀 사이에 애정이 결핍되었고, 나이에 따른 엄격한 계서제가 존재했다. 자녀의 운명에 관한 결정권은 배타적으로 아버지에게 속했고, 항의란 있을 수 없었다. 감금의 가능성은 언제나 존재했고, 집에서 쫓겨나는 일은 다반사였다. 셋째, 가족의 자존심 유지와 조상 숭배는 주요한 관심사였다. 모두 조상에 대해서 정확한 지식을 가져야 했다. 동료 귀족이 보증하는 족보가 없다면 진정한 귀족이 아니었다. 이는 신출내기 귀족이나 낮은 신분 출신을 괴롭힌 문제였다.

따라서 결혼전략은 핵심적인 사안이었다. 애정은 아무런 역할을 하지 못했다. 지참금이 중요했지만, 결정적인 것은 사회적 지위의 동등성이었다. 낮은 신분과의 결혼은 일종의 사회적 자살이었다. 귀천상혼(貴賤相婚)은 군주나 최고의 대귀족에게만 국한되었고, 그들조차도 소생이 국외자로 간주되는 것을 막을 수 없었다. 특히 상속자의 결혼은 가문의 핵심적인 고려사항이었다. 신분의 격이 높을수록 선택의 여지가 줄어들어,

대귀족가문은 국제적인 면모를 보였다. 척도의 다른 끝에는 지방귀족이 있었다. 그들은 지역적 연계망을 통해서 결혼하여 적절한 지위를 유지했다. 여기에서는 모든 가문이 상호 연결되어, 경쟁을 배제하고 내적 문제는 합의로 처리했다.

마지막으로 특권이 있다. 특권이란 자연스럽지 못한, 인위적인 것이며, 사회계약론의 표현을 빌리면 자연 상태나 사회계약의 산물이 아니라 국가의 영조물이다. 따라서 특권을 유지하기 위해서는 국가 권력에 참여해야 했다. 프랑스의 경우, 루이 14세에게 정치권력을 박탈당한 대가로 사회적 특권을 보장받은 상층귀족으로 보자면 이는 지극히 불안정한 상황이 아닐 수 없었다. 루이 14세가 사망하자 섭정기에 대귀족들은 절대주의의 성과를 뒤엎으려고 했다. 하지만 루이 15세(1715-1774)가 1723년에 친권을 행사하게 되자 절대주의는 다시 작동했다. 이후 프랑스의 귀족은 끊임없이 권력에의 복귀를 시도했지만 몇 번의 자그마한 승리를 거두었을 뿐 끝내 혁명의 비운을 맞았다. 이렇게 된 데에는 귀족들이 결속력을 발휘하지 못하기도 했지만, 더 근본적으로 대안적인 세력이 있었기 때문이다. 게다가 그 세력인 부르주아지는 유순하고 신뢰할 만했다. 이들이 신분사회의 원리를 부정하거나 특권을 싫어한 것은 결코 아니었다. 하지만 이들의 규모는 신분제로 담기에는 너무 컸고 그들에게 주어지는 것은 이미 특권일 수 없었다. 18세기 프랑스 절대주의의 행보가 어정쩡했던 이유가 여기에 있다.

중동부 유럽에 부르주아지가 소규모이거나 거의 부재했다는 것은 귀족으로서는 큰 행운이었다. 18세기 후반에 오스트리아의 요제프 2세(1780-1790)를 비롯한 일부의 통치자들은 농민에 대한 귀족의 권력, 즉 특권을 제한하는 개혁을 추진했다. 이는 가히 프랑스 혁명기의 입법에 비견할 만한 것이었다. 귀족들은 프랑스에서 혁명이 일어나기 직전에 벨기에와 헝가리에서 반란을 일으켰다. 결국 후계자인 프란츠 2세(1792-

1832)는 그의 정책을 되돌렸다. 귀족의 협조 없이 통치하는 것이 쉽지 않았던 것이다. 사실상 요제프 2세의 치세기는 진정한 전환점이라기보다는 짧은 막간이었다. 시민적 평등을 위한 '위로부터의 혁명'은 절대주의하에서 불가능했다.

중동부 유럽의 다른 나라들에서 귀족은 어렵지 않게 국가의 지지를 확보할 수 있었다. 러시아에는 부르주아지는커녕 제3신분 자체가 부재했고 표트르 대제는 개혁을 위해서 귀족을 국가의 유일한 지지물로 만들었다. 그는 체제를 강화하기 위하여 귀족의 신분은 혈통이나 전통이 아니라 국가에의 봉사에 입각한다는 법령을 제정했으며, 이것은 1722년에 '품계표'로 공식화되었다. 그 대가로 귀족의 영지는 세습화되었고 농노에 대한 통제권이 강화되었다. 이러한 협력관계에 최종적인 봉인을 한 것이 예카테리나 2세(1726-1796)였다. 여제는 정치적 복종과 협력의 대가로 귀족에게 토지와 농노를 배타적으로 소유할 권리, 인신적 세금과 체형으로부터의 면제를 포함하는 사회적 특권을 주었고, 이를 1785년에 '귀족헌장'으로 공식화했다. 이것이야말로 절대주의와 특권계급의 완벽한 거래의 산물이었다.

동일한 거래가 프로이센에서도 나타났다. 그러나 여기에서는 시민층이 일정하게 존재했기 때문에 다소간 양상이 달랐다. 귀족이 상층 관료제의 주축이 되기는 했지만, 결국 군복무가 궁정생활과 더불어 국왕에 대한 봉사의 본령이 되었다. 귀족의 특권은 '프로이센 일반법전'으로 축성을 받았다. 1791년에 완성된 '일반법전'은 프로이센 절대주의를 단순히 자의적인 권력이 아닌 하나의 통치체계로 만들기 위한 것이었다. 프랑스에서는 이미 2년 전에 '인권선언'이 채택되었는데, '일반법전'은 "인간의 권리는 그의 출생과 신분으로부터 온다"고 규정했다. 그러나 러시아의 '헌장'과 달리 '법전'은 프로이센 귀족을 시민층으로부터 엄격하게 분리시켜 귀족이 장사를 하거나 동업조합과 관련을 맺는 것을 금지시켰다.

잉글랜드의 귀족은 예외적인 특수성을 보여준다. 잉글랜드의 지배계급은 유달리 개방적이고 시대적 변화에 잘 적응했다고 이미 당시부터 높은 평가를 받아왔다. 그러나 작위귀족에 국한하면 그렇게 보기 어렵다. 그것은 철저하게 출생에 입각한 세습적 존재였으며, 상원에 의석을 가지고 동료 귀족에 의해서 재판받을 권리 이외에 결정적으로 국가 운영에 대한 발언권을 가졌다. 문제는 작위귀족이 독자적으로 지배층을 형성하기에는 너무 소수였다는 점이다. 단지 200개 가문의 가장만이 작위귀족에 속했다. 따라서 작위귀족 내지 특권계급은 별개의 사회층이지만 사실상 토지 지배계급의 상층부를 이루었던 셈이며, 여기에는 특권의 소지 여부보다는 대토지 소유가 결정적인 기준이 되었다. 잉글랜드의 지배계급은 신분적 질서에 입각한 특권계급이 되지 않고 계급적 원리를 이미 체현한 개방성을 가졌다. 잉글랜드 사회에서 주요한 구분선은 귀족과 평민이 아니라 '신사층(gentlemen)' 여부였다. 이 용어는 법적 범주가 아니라 작위귀족, 준남작(baronet), 기사('경'), 작위 없는 많은 농촌 젠트리, 도시 상인과 자유 전문직업인의 상층부를 아우르는 비공식적 사회신분을 가리켰다. 대부분이 공통적으로 영지를 가지고 있었으며, 지방 엘리트로서 행동했다. 이렇듯 잉글랜드의 신사층은 대륙의 귀족에 비해서 덜 배타적이었다. 은행업, 교역, 또는 제조업에서 돈을 번 사람들은 은퇴하여 영지를 사고 지방 젠트리로 받아들여졌다. 많은 신사들은 스스로가 일종의 사업가였다. 일부는 영지를 경영했고, 다른 일부는 채광권을 활용하여 광산과 제련소를 열었으며, 또다른 일부는 유료 도로와 운하를 세웠다.

영지는 잉글랜드의 상층계급에게 부와 신분의 주된 원천이었기 때문에 작위귀족이든 젠트리든 모두 영지를 다음 세대에게 그대로 넘겨주려고 했다. 이리하여 이곳에서도 대륙귀족 특유의 가족체계와 결혼전략이 그대로 적용되었다. 토지재산을 유지하기 위해서 작위귀족과 젠트리는 모두 장자상속제와 엄격한 상속조건을 준수했다. 엄격한 상속조건이란 최소한 두 세대 동안 채권자나 다른 가족구성원의 요구에 맞서 장남 상속자를 토지재산에 법적으로 묶어두기 위한 것이었다. 통상 이 조건에 따라 다른 자녀들은 연금이나 지참금을 받았지만, 토지재산과 주요 거처 내지 장원저택으로 이루어지는 상속재산은 배타적으로 장남이 차지하여 가문의 위신을 유지할 수 있게 했다. 장남 상속자를 제외한 나머지 아들은 스스로 생계를 꾸려야 했다. 작위와 특권은 그들의 몫이 아니었고, 큰 재산을 상속할 가능성도 거의 없었다. 따라서 신인(新人)의 신분 상승만이 아니라 일종의 하강의 움직임도 있었다. 장남이 아닌 아들들은 여전히 '신사'의 신분으로 교회, 자유 전문직업, 군대, 때때로 심지어 장사나 은행업과 같은 이른바 '중간층'에 진출했다.

프랑스나 프로이센의 귀족과는 달리 잉글랜드의 상층계급은 기꺼이 세금을 냈다. 신사층의 수입의 주된 원천인 지대에 토지세가 부과되었다. 잉글랜드의 토지계급은 유럽에서 가장 무거운 세금을 냈을 것이다. 현상적으로 이것은 대단한 일일 수 있다. 하지만 이들이나 대륙의 귀족들 공히 경제적 잉여의 수취자이고, 대륙에서와는 달리 잉글랜드의 지배층이 18세기에 의회를 장악했음을 고려한다면, 이는 차라리 국가재정을 더 효율적으로 운용하는 방식이었을 것이다. 그들은 지방별로 징수했던 구빈세의 큰 몫을 부담했고, 무급의 치안판사로서 지방행정 기능도 수행했다. 중앙행정이 따로 없었기 때문에 그들은 차지농과 촌락민에 대한 통제권을 쉽게 장악했다.

요컨대 영국의 상층계급은 토지재산에 입각한 상대적으로 개방적인 집단이었다. 나머지 사회와의 연계는 단순한 세습적인 작위나 특권이 아니라 부, 기능, 신분에 입각했다. 그들은 대륙의 동류에 비해서 더 계몽되어 있었는지는 명확하지 않지만, 시대적 변화에는 잘 적응했다. 그들은 동일한 이해관계를 가진 사회집단이 전국적으로 조직되었다는 의미에서 이미 계급을 형성했다.

1-3. 부르주아지

상업과 제조업에 종사하는 대부분의 사람들을 프랑스에서는 '부르주아지', 영국에서는 '중간부류(middling sort)'라고 불렀다. 흔히 이들을 '중산층'이라고 칭하는데, 이는 귀족과 민중의 중간에 위치했기 때문이다. '부르주아'란 '특권적인 도시민'이라는 중세적 의미에서 비롯되었는데, 18세기에 프랑스에서는 주로 도시 과두제의 구성원을 가리켰던 반면에 중부 유럽에서 그 대응물은 도시 공동체의 전 구성원(Bürgerschaft)을 포괄했다. 이처럼 '부르주아'가 구체제에서 나라마다 다르고 경우에 따라서는 매우 상이한 현상을 지칭하기 때문에 일부 연구자들은 그 대신에 '시민(townspeople)'이라는 표현을 쓰곤 하는데, 이것은 광범위한 도시 민중층의 존재를 감안하지 못한데다가 도무지 밋밋해서 구체제의 현실을 설명하는 개념으로서는 매력이 없다. 사실 부르주아지라는 매우 풍성한 내용을 가지는 역사적 개념은 19세기 중엽에 이르면 거대한 시대적 변화의 주인공으로 격상되어 진보의 담당자가 되었다. 이는 이데올로기적 구축물인데, 모든 이데올로기가 그렇듯이 그것은 현실의 일부를 반영한다. 근래에 상당수의 역사가들이 부르주아지의 역동성을 부정하는 연구 성과를 내놓고 있지만, 이 또한 다소 한편으로 치우친 감이 짙다. 부르주아들은 제3신분의 상층에 위치하는 기득권 집단으로서 기존의 신분적 질서를 수용하고 심지어 신분 상승을 통해서 신분사회의 정당성을 입증해주기도 했지만, 생산관계에서 차지하는 독특한 위치로 말미암아 결국 계급적 질서의 추동세력이 되었다.

부르주아지는 부유한 사업가로부터 소상점의 주인과 선술집 주인에 이르는 다양한 범주를 포함했다. 가장 부유한 평민들은 토지와 종종 작위를 매입하여 "귀족처럼 살았다." 프랑스와 스위스에서 이들은 토지의 약 4분의 1을 소유했다. '금리생활자(rentiers)'는 도시의 성장으로 이득을 보아 지대 수입을 늘렸다. 여기에는 또한 중소상인, 의사, 푸주한, 제빵업자, 양초 제조공, 귀금속 세공업자 및 장식장 제조공으로부터 제화공 및 재단사에 이르는 장인층이 포함된다. 영국은 이미 '상점주의 나라'가 되었는데, 30-40명당 점포 하나가 있을 정도였다. 18세기 중엽에 서유럽 에서는 무엇보다도 자유 전문업, 특히 프랑스에서 정치생활과 밀접히 연 관된 법률가의 수가 크게 늘어났다. 법학 훈련을 받은 사람들은 국가 관 료제와 소송에서 주요한 역할을 했다. 영국과 프랑스에서 가장 우수한, 최소한 연줄이 좋은 학생의 일부는 변호사가 되었다. 유명 의과대학들은 의사를 배출했지만, 그것은 아직 그렇게 사회적 존경을 받는 직업은 아 니었다.

부르주아지의 본고장은 도시였지만, 언제나 그들이 도시생활을 지배 했던 것은 아니다. 먼저 유럽의 대소 군주들이 거주하는 수도에는 '궁정 귀족'이 모여 살았다. 이들이 주도하는 엄청난 사치, 고급 문화, 허식의 세계는 수도의 사회문화적 분위기에 심대한 영향을 미쳤다. 하지만 동유 럽에서 도시 문명은 수도 이외에는 부재했으며, 폴란드, 러시아, 스칸디 나비아의 넓은 지역에는 사실상 그 어떤 규모의 도시도, 따라서 부르주 아지라는 사회집단도 존재하지 않았다. 그 반면에 서부 및 중부 유럽에 서 도시사회는 오랜 과거를 가졌다. 특히 이탈리아 북부의 도시국가들로 부터 스위스를 거쳐 네덜란드에 이르는 이른바 '도시대(都市帶, urban belt)'와 북부 독일의 한자동맹(Hanseatic League)의 도시에는 '벌족'으로 알려진 토착적인 지배 특권계급이 있었다. 이들은 폐쇄적인 과두제를 형 성했지만, 생활방식은 토지 특권계급과 달랐다.

에스파냐, 프랑스, 많은 독일 지역, 북부 이탈리아에서는 귀족이 도시 생활의 정상에 있었지만, 대부분의 유럽 도시에서는 관직 보유자들, 상 층 전문직업인, 성공적인 사업가와 상인들, 부유한 금리생활자 등 부르 주아 엘리트 층이 존재했다. 때때로 이들은 고위 관직에 오르거나 값비 싼 관직을 돈을 주고 사서 귀족이 되기도 했다. 대부분의 부르주아들은 명백히 귀족이나 벌족의 지위에 오르지 못했고, 특히 영국, 프랑스, 독일, 북부 이탈리아, 네덜란드에서 도시 문명에 특징적인 흔적을 남겼다. 이들 가운데 가장 부유한 자들은 영주의 '마름', 세리(稅吏), 법원 관리 등 귀족, 교회, 국가의 돈을 걷어 때때로 그대로 축장했던 중간자들이었다. 재력이 풍부한 도시 부르주아들은 기민하게 농촌을 착취했다. 이들의 물적 기반은 낭비적인 귀족이나 소농에 대한 대부, 지대, 연금 등 넓은 의미의 '랑트(rente)'였다.

그러나 이 평민 엘리트들이 단지 구체제의 소유 및 과세 체계에서 기생적인 중간자나 통치 관료제의 구성원에 불과했다고 생각하는 것은 일면적이다. 다른 한편에 서유럽에는 상업적 내지 자본주의적 엘리트 및 더 수가 적은 전문직업인 내지 지적 엘리트가 존재했다. 항구 도시와 상업 중심지에서 상인들은 '회계 사무실의 문화'를 공유했다. 그들은 그들 나름의 견해, 가치, 공동이익에 대한 의식을 가졌다. 그들의 주요 관심사는 가능하다면 자본을 장기간에 걸쳐 묶어두지 않으면서 약삭빠르게 투자하여 이윤을 올리는 것이었다. 그들의 부는 '움직이는 돈'이었고, 토지자산이나 연금으로부터 수입을 축적하는 것과는 달랐다. 생활방식도 귀족의 그것과 달랐다. 그들은 사회적 인정의 추구와 안락함의 외적인 장식을 검약이라는 고전적인 부르주아 가치와 결합시켰다. 이것은 '검약과 동시에 계산된 사치'의 생활방식이었다. 이들 가운데 최부유층은 생업에서 은퇴하고 귀족적인 삶을 영위하여 자녀를 귀족으로 진입시켰지만, 많은 가문들은 생업을 대대로 영위했다. 상업 회의소와 다른 상인조직을 결성했던 상인계층은 도시 문명의 특징적인 구성요소였다.

대부분의 18세기 도시는 더 이상 도시민의 '자유'가 농촌 주민의 예속과 극적인 대조를 보이던 중세의 자치시가 아니었다. 관직 매매제, 절대주의, 과두제의 압력은 시정부와 공민적 자부심의 토대를 무너뜨렸다. 예외 없는 규칙은 없는 법이다. 가장 중요한 것이 유럽 제1의 도시인 런던이었고, 많은 수의 독일 도시들은 절대주의의 공세를 면할 수 있었다. 런던의 시정부는 의회의 구조와 어느 정도 유사했다. 상원에 해당하는 것이 시장(Lord Mayor)이 주재하는 참사회(Court of Aldermen)였다. 이것은 일정한 재산을 가진 자유시민이 선출하는 종신의 25명의 참사회원으로 구성되었다. 18세기 행정의 최고기구가 된 시의회(Court of Common Council)는 25명의 참사회원에다가 같은 시민들이 매년 선출하는 210명의 시의원으로 구성되었다. 마지막으로 동업조합의 자유시민들, 말하자면 자유시민의 3분의 2 정도가 되는 동업조합원들이 시장, 4명의 의회의원, 그리고 치안관을 선출했다. 이러한 선거제를 통해서 런던의 유산자들은 자치권을 향유했다. 독일의 수백 개의 중소 도시들도 자치의 요소를 간직했다. 도시들은 대부분 인구가 5,000명-1만5,000명 정도로 안정적이고 자족적이었다. 신성 로마 제국의 법규와 전통의 보호를 일정 정도 받은 도시들은 외부의 야심 있는 군주나, 내부의 벌족이나 폐쇄적인 과두제의 지배를 받지 않았다. 더욱이 이 도시에는 선거권을 박탈당한 대규모의 노동자들이 없었다. 성인 남성의 다수가 통상 시민이었기 때문이다. 각 도시는 특징적인 제도와 별도의 정체성을 가지고 있어 시민들에게 '고향시(故鄕市)'가 되었다. 대부분의 도시는 일반적으로 선출직인 6-12명의 종신 참사회원으로 구성되는 행정부와, 도시의 규모에 따라 25-100명으로 구성되는 시의회를 가졌다. 독일 '고향시'의 시민단은 유럽 도시 장인층의 최후의 정치적 보루 가운데 하나였다.

1-4. 장인층과 노동의 세계

도시사회의 기본적인 분할선을 정확하게 긋기는 어렵지만, 일반적인 용례에 따라 삼분법을 설정하는 것이 무난하다. 귀족과 함께 부유한 금리생활자, 금융업자, 관리, 상인, 전문직업인 등이 상층을 차지했다. 중간층은 위의 부류의 덜 부유한 이들과 상점주 및 도장인(都匠人, master)

의 소부르주아를 포함했다. 이들 아래에는 그 연장선상에서 민중계급 내지 노동계급이 있었다. 소부르주아와 노동자를 나누는 기준이란 자영농과 일반 농민의 구분과 동일한 상대적 독립성이었다.

우리는 도시 노동계급을 수평적 또는 수직적인 관점에서 접근할 수 있다. 노동자들은 수평적으로 직종별로, 수직적으로는 생산 과정에서의 위치에 따라서 계서화되었다. 도제수업을 거친 숙련 장인들은 구체제의 노동 엘리트를 이루었다. 도제훈련은 그 자체가 사회적인 선택 과정이었다. 유망한 업종은 도제의 가족이 도장인에게 납부하는 수업료의 형태로 상당한 투자를 필요로 했기 때문이다. 2-3년간 도장인은 수업료와 도제의 무임노동을 대가로 그에게 숙식과 훈련을 제공했다. 도제훈련을 통해서 공인된 기술을 습득한 뒤에 그는 숙련 직인의 지위를 얻었다. 이후의 그의 진로는 업종에서 생산이 조직화되는 방식과 도시의 동업조합의 상태에 달려 있었다.

잉글랜드 이외의 지역에서, 심지어 일정 정도는 이곳에서조차 동업조합의 구조는 18세기에도 여전히 존재했으나, 그것이 생산조직에서 얼마나 중요했는지를 정확하게 가늠하기는 어렵다. 그것은 강력한 곳에서 도제훈련, 노동, 생산, 판매의 조건들을 규제하는 독점적인 지위를 누렸다. 하지만 이는 경제적 성장과 개인적 창발성의 희생을 대가로 한 것이었다. 대도시에서 인구와 시장의 규모가 커짐에 따라 동업조합은 불가피하게 침식을 받았다. 18세기 후반에 이르면 진보적인 경제사상가들은 동업조합을 퇴행적인 것이라고 공격했다.

동업조합의 상태는 직종에 따라서 상당히 달랐다. 푸주한, 제빵업자, 사치품 업종에서 동업조합의 구조는 여전히 매우 강했다. 이 업종들에서 직인들은 적절한 대우를 받았으나, 장인권(匠人權)은 매우 비싸서 직인의 능력을 넘어섰고 새 자리는 도장인의 후계자에게 돌아가기 십상이었다. 재단 및 제화와 같은 업종의 경우는 달랐다. 여기서는 직인이 훨씬 많았으나 장인권을 얻는 데에는 비용이 많이 들지 않아 직인이 도장인이 될 수 있는 기회가 더 많았다. 그러나 이는 별 매력이 없었다. 번창하는 업종에서 직인은 귀찮게 장인권을 얻지 않고서도 청부일을 맡는 것이 가능했다. 이런 관행은 공장과 기계가 도입되기 이전에 바늘, 제화, 가구 제조 업종에서 광범위하게 행해졌다. 19세기에 이것은 '고한노동(苦汗 勞動)'으로 알려지며, 경쟁이 심해서 생산의 질만이 아니라 노임 단가도 떨어져 장인층의 처지가 매우 열악했다.

다른 형태의 도시 생산은 양말과 견직업과 같은 산업에서 발견된다. 직인과 도장인은 상인에 대해서 종속적인 위치로 떨어졌다. 도장인은 직기와 작업장을 소유한 덕분에 여전히 직인과는 달랐으나, 양자 모두 상인의 통제 아래에 놓였다. 리옹의 견직물 산업이 보여주듯이, 노동의식은 이런 곳에서 날카롭게 나타났다. 이들은 끊임없이 노임 단가를 낮추려는 상인들에 맞서 줄기찬 투쟁을 벌였다. 이는 숙련 노동을 덜 요구하는 직종에서 장인들이 사실상 단순한 노동자, 곧 '프롤레타리아트'로 전락하는 과정이었다.

미숙련 노동의 세계로 더 내려가면, 광범위하고 다양한 세계와 마주친다. 수가 지나치게 많고 계절적 실업으로 벌이가 어려운 불운한 장인들과 함께 미숙련 노동자들은 도시의 노동빈민을 이루었다. 그들 가운데 운이 있는 자들은 항구나 강변 도시의 부두에서 하역인부들의 조직이나 대규모 시장에서 노동집단에 들어갔다. 수상 수송업자, 짐꾼, 건축업의 일반 노동자, 침모(針母)나 세탁부로 일하는 여성, 식품이나 헌옷을 파는 가두행상인 등은 자력으로 생계를 꾸려나갔다. 하인은 다른 주요한 고용 형태였다.

숙련 직인들은 이익을 집단적으로 지키는 데에 가장 좋은 위치에 있었다. 그들은 동업조합에서 배제되어 대부분의 직종에서 장인권을 획득할 가능성이 거의 없었지만, 때때로 직인조합을 조직했다. 직인조합은 '편력시절(遍歷時節)'에 새 직인이 여러 도시에 들러 몇 달간 묵으면서 경험을 쌓는 것을 도와주었다. 일부 조합은 비상시에 제한적이나마 상호부조를 제공하기도 했으나, 전반적으로 우애적인 사회성을 제공했다. 프랑스에서 직인조합들은 3개의 느슨한 연맹을 결성하여, 비밀의식과 경쟁자들과의 공개적인 난동행위에 입각한 불명료한 경쟁관계를 벌이는 데에 많은 정력을 소비했다. 이렇듯 직인조합은 무해한 행위를 벌였기 때문에 불법 조직임에도 당국의 용인을 받았다.

당국과 고용주는 노동 소요가 공공질서에 잠재적으로 중대한 위협이 된다고 생각하여 예민하게 반응했다. 사회적 통제가 행해졌다. 구체제에서 이는 노동자가 고용주에게 의문의 여지없이 종속되는 것을 뜻했다. 동업조합을 비판했던 진보적인 이론가들과는 달리, 관리들은 그것을 노동에 대한 감독과 기율을 위한 장치로 보아 지지하는 경향이 있었다. 정부는 노동자들에게 직장을 떠나기 전에 고용주로부터 품행증명서를 발급받도록 했다. 궁극적으로 이는 노동자들은 고용주의 직인을 받은 허가증을 소지한다는 규정으로 확대되었다.

노동자들은 근대적인 의미의 계급의식을 결여했지만 그러한 종속을 언제까지나 받아들이지는 않았다. 투쟁의 대상은 크게 두 가지였다. 하나는 임금이었고, 다른 하나는 고용에 대한 통제권이었다. 예컨대 18세기 후반에 파리에서 파업은 금지되었음에도 불구하고 제빵사, 목공, 인쇄공 등이 임금 인상을 요구하는 파업을 벌였다. 대부분은 단명하고 실패했지만, 일부는 잘 조직되어 파업기금을 갖추고 가담하지 않는 노동자들을 효과적으로 배제했다. 고용 문제를 둘러싸고 파업이나 '비밀결사'가 터져나왔다. 직인조합을 직업소개소로 인정하지 않는 도장인들은 배척을 당했다. 소요는 재무총감인 안 로베르 자크 튀르고가 국왕을 설득하여 1775년에 일시적으로 동업조합을 폐지했을 때에 특히 격렬하게 일어났다. 그렇지만 파업과 노동자들의 결사는 예외적이었다. 직종에 관계

없이 남녀 노동자들이 거리로 뛰쳐나왔던 것은 임금이나 노동 조건보다
는 빵 값의 상승 때문이었다.

1-5. 농민층과 촌락 공동체

18세기에 유럽 사회의 정점에 귀족이 있었다면 맨 아래에는 농민이
있었다. 농민은 잉글랜드에서는 대부분이 농업 노동자로 전락했고, 대륙
에서는 인구의 절대다수를, 곧 프랑스와 프로이센에서는 75퍼센트, 러시
아에서는 90퍼센트 이상을 차지했다. 토지가 부의 가장 큰 원천이었기
때문에 농민은 경제적 잉여의 주된 기반이었다.

18세기에 농민의 조건의 차이는 유럽의 서부와 중동부에서 더욱 확연
하게 드러났다. 먼저 농민의 조건이 거의 동일하여 파악하기 쉬운 유럽
중동부를 살펴보자. 이곳에서 "영주 없는 토지는 없었다." 영주만이 토지
를 합법적으로 소유할 수 있었다. 농민의 대부분은 농노여서, 인신적 자
유를 심대하게 제약받았다. 그들은 영주의 허가 없이 결혼, 이사, 직업
선택을 할 수 없었고, 반대급부로 언제나 상당한 액수를 납부해야 했다.
인신적 종속은 영주가 필요로 하는 노동이나 수입을 확실하게 보장해주
었다. 명목상 농민은 그 대가로 토지의 보유, 종자와 같은 기초적인 재원
의 제공, 어려운 시기에는 아사를 피할 수 있는 구제와 자선 등 최소한의
안전을 보장받았다. 동유럽의 대영지는 두 부분으로 나뉘었다. 하나는
직영지이다. 영주는 이 토지를 농민의 부역으로 경작했다. 부역은 동유
럽 농노제의 토대이며 농민 생존의 파괴자였다. 부담은 무거워서 보통
주당 3일이었으며, 수확기에는 더 많았다. 나머지 영지는 농민 가구의
개별 보유지로 나뉘었다. 영주는 임차의 대가로 화폐나 현물을 지대로
받았다. 농민은 관습적인 용익권을 가졌지만, 영주는 얼마든지 그를 내
쫓을 수 있었다.

영주는 농민과 국가 사이에서 완충 내지 매개 역할을 했기 때문에 여

러 통제권을 누렸다. 영주는 농민이 내는 토지세와 교구교회를 위한 기여금의 징수를 책임졌다. 영주는 직영지에 대한 세금을 면제받았고, 차액을 남겨 이익을 볼 수도 있었다. 통제권으로 가장 중요한 것은 그가 국가를 대신하여 농민에게 행사했던 재판권이다. 거의 모든 소송이 관습과 해석의 문제였기 때문에 그의 권한은 막강했고 농민은 영주의 처분에 좌우되었다. 국가가 농민에게 더 직접적인 통제권을 행사하여 영주의 막강한 권한을 제약할 경우에만 농민은 지위의 향상을 바랄 수 있었다. 영주의 권력은 심지어 자유농민에게 통제권을 행사하는 데까지 확대되었다. 많은 농민들이 처음에는 자유민이었다. 그러나 귀족은 점차 국가의 협조를 얻어 관할권을 주장하여 자유민이라고 하더라도 많은 부담을 부과했다. 폴란드, 프로이센, 기타 지역에서 자유농민의 지위는 17-18세기에 귀족 영주의 지배권이 확대되는 과정에서 악화되었다.

동유럽의 농노제에 착취와 종속의 차이가 있었으며, 우리는 두 종류의 농노제를 구별할 수 있다. 러시아, 폴란드, 헝가리, 일부 독일 소국가들에서 농노제는 고전적인 중세적 형태로 부활했으며 일부의 경우는 18세기에 더욱 악화되기도 했다. 여기에서 농노의 지위는, 그가 명목상 '법적 인격'을 가지기는 했지만 노예의 그것과 거의 다르지 않았다. 폴란드와 러시아의 농노는 실질적으로 재산의 한 형태인 가축이었고 토지나 가족적 유대와 관계없이 영주의 뜻대로 사고팔 수 있었다. 프로이센과 합스부르크에서 상황은 일반적으로 그렇게 가혹하지 않았다. 농노는 토지와 함께가 아니라면 팔릴 수 없었고, 모은 재산을 자녀들에게 넘겨줄 수 있었다. 그러나 인신적 자유가 없기는 매한가지였으며, 사실상 영주의 자의적 판단 아래에 놓였다. 다만 18세기에 농민들은 점차 국왕 법정의 관할을 받게 되면서 최악의 상태는 면했다. 하지만 양 지역 어디에서나 18세기에 전반적인 인구 증가로 직영지를 통한 직접 경영의 수익성이 증대했다. 따라서 영주들은 농민들을 내쫓고 부역노동을 늘려 더 많은 토지를 자신이 직접 통제하려고 했다.

반면에 서유럽의 농업 질서는 복잡하고 다양했다. 엘베 강 이서의 대부분의 지역에서 농노제는 16세기에 이르면 정도의 차이가 있지만 사라졌다. 그 대신에 귀족지주, 도시지주, 자유 소유농, 차지농, 무토지 노동자가 공존하는 복합적인 토지 소유체제가 나타났다. 동유럽에서 '귀족격의 토지'2)는 귀족만이 가질 수 있었던 반면에, 그 제한은 서유럽에서는 오래 전에 사라졌다.

서유럽에서 농민은 인신적으로 자유롭고 토지를 소유할 수 있었지만 그렇다고 안전하거나 번영했던 것은 아니다. 촌락에서의 삶은 덜 억압적이었지만, 불안이 여전히 농민 사회를 엄습했다. 영주에 대한 인신적 예속과 부역노동은 일반적으로 사라졌지만, 장원제의 다른 요소들은 살아남았다. 잉글랜드와 네덜란드 이외의 지역에서 대부분의 농민은 여전히 영주의 관할을 받았다. 영주는 통상 귀족이었으나 교회와 부유한 평민인 경우도 있었다. 촌락 전체가 하나의 영주령에 속하는 경우도 있었으나, 일반적으로 영주령은 작았고 분산되어 있었다. 영주 토지의 일부는 언제나 다양한 종류의 계약을 통해서 차지농이나 분익소작농에게 임대되었고, 나머지는 농민 가구가 세습적으로 보유했다. 영주는 이 보유지에 대해서 사법권을 가지고 있었으므로, 일정한 권리와 특권을 행사했다. 농민들은 지대 이외에 각종의 부과조와 사용료를 내야 했다. 부담은 지역에 따라서 크게 달랐다. 부르고뉴와 같은 일부 지역에서는 큰 부담이었으나, 영주제가 약한 프랑스 남부에서는 상징적인 수준에 그쳤다.

구체제 시기의 봉건적 유제(遺制)의 성격은 서독일, 프랑스, 북이탈리아, 벨기에 농민들이 지고 있던 부담, 말하자면 영주들이 여전히 누렸던 특권을 통해서 잘 드러난다. 먼저 정액지대(cens), 또는 면역지대(quitrent)가 있다. 농민의 용익권이란 '하급 소유권(propriété utile)'에 불과하고 '상

---

2) 소유하게 되면 작위를 부여받을 수 있는 토지.

급 소유권(propriété éminente)'은 영주가 가지고 있어서 이에 대한 대가로 '연공(年貢)'을 납부해야 했다. 부담은 크지 않아 정액지대거나 현물로 지급할 때는 수확의 일부에 해당했다. 하지만 프랑스 남부에서 샹파르(champart, 일종의 수확세) 부담은 훨씬 더 커서 전체 수확량의 5-15퍼센트, 심지어 그 이상이 되기도 했다. 다음으로 농민은 땅을 사고팔 때 양도세(lods et ventes)를 내야 했다. 이것 역시 소유권에 대한 기본적인 제약이 되고 부담이 상당하여 일반적으로 토지 가격의 12분의 1-6분의 1에 달했다. 또한 영주가 누렸던 독점권이 있다. 18세기에 이르면 이는 억압적인 것이 되어, 사용료가 턱없이 비쌌다. 다른 독점인 영주의 사냥권은 특권적인 사회신분의 징표였다.

서유럽에서 장원법정은 건재했고, 심지어 잉글랜드에서도 18세기 말까지 존속했다. 프랑스에서는 무려 6,000여 개가 존재했으며, 수수료와 경비는 농민들에게 부담이었다. 일부 영주는 그것을 이용하여 작물의 다양화, 가축 사육, 새로운 토지 경영방식 등의 혁신을 감행했다. 그러나 대부분의 영주들은 전통적인 방식에 만족하여, 기존의 관행으로 가능한 한 많은 수입을 끌어내고자 했다. 영지 경영에 대한 더 공격적인 태도는 18세기 후반에 나타났다. 영주들은 점차 이윤 추구의 성향을 보이면서 납부의 연기를 참지 못하고 담보를 설정하고 지대를 대폭 올렸다. 그들은 옛 장원문서나 계약서를 찾아내어 새로운 권리나 부담을 되살렸다. 이런 행위는 농민들과의 정면충돌을 야기했다.

촌락 공동체는 구체제 농촌에 응집력을 불어넣었고, 농민의 삶과 의식의 구심점 역할을 했다. 그것은 집단노동이나, 경작지의 공유, 또는 수확을 분배해주는 체제는 아니었으며, 무형적인 의미에서 집단적인 존재 형태, 곧 촌락의 개별적인 거주자들을 하나로 묶는 사회경제적 관계이자 의무 및 권리의 체계였다. 농민 공동체의 성격은 경작체제와 관련이 깊다. 18세기 유럽에는 세 가지 경작체제가 있었다. 가장 광범위한 것은 대유럽 평원에 걸쳐 길고 좁은 지조(地條)로 이뤄진 개방경지체제였다. 이것은 잉글랜드의 중부로부터 프랑스, 독일, 폴란드의 북부와 스칸디나비아와 러시아의 일부에까지 펼쳐졌다. 두 번째의 것은 남부 프랑스, 에스파냐, 대부분의 이탈리아를 포함하는 지중해 유럽에서 지배적인 농업체제로서, 역시 개방경지로 이뤄졌으나 불규칙적인 모습을 보였다. 마지막으로 서부 프랑스의 일부, 발트 해 지역, 많은 산악지역에서 개별적으로 울타리로 에워싼 경지의 농업체계가 발전했다.

농민의 공동체주의는 세 지역에 모두 존재했으나 북부의 농업 생태계에서 가장 정교하게 발전했다. 이곳에서 전형적인 촌락은 두 종류의 토지를 보유했다. 하나는 개별적으로 소유하거나 보유하는 경작지이고, 다른 하나는 공동지이다. 경작지는 토질과 지형에 따라서 몇 개의 구역으로 나뉘었다. 농민은 각각의 구역에 하나 또는 그 이상의 땅뙈기를 가졌다. 각 구역에 여러 농민들에 속하는 지조가 뒤섞여 공동으로 경작하는 관행이 불가피했다. 중쟁기에 의한 심경으로 지조가 좁고 길 수밖에 없었고, 이는 울타리를 치는 것을 불가능하게 했다. 농민들은 목초지가 부족하여 '공동 방목권'의 관행을 지녔다. 이를 위해서 긴 자루 낫의 사용이 금지되었다. 촌락민들은 공동지에서 가축을 키우고 장작과 건축자재를 얻었다.

공동체주의는 다른 두 생태계에서도 작동했다. 지중해 유럽에서 딱딱하지 않은 토양과 제한된 강수량은 '경쟁기'의 사용을 가능하게 했다. 심경의 긴박한 필요가 없는 농민들은 재량의 여지가 더 커서 경작지가 불규칙한 형태를 띠게 되었다. 게다가 온화한 기후는 올리브, 포도, 뽕나무와 같은 시장작물에 적합했다. 그렇지만 곡물 재배가 여전히 압도적인 비중을 차지했고, 개방지제, '공동 방목권', 공동 경작, 원시적인 이포제 등이 그대로 유지되었다. 세 번째 지역의 경관은 사뭇 달랐다. 예컨대 서부 프랑스의 보카주(Bocage) 지대에서 농민들은 모여서 살기보다는 개별적으로 울타리를 친 경지의 고립 농가에서 살았다. 그렇지만 토양이 척박하여 공동소유의 황무지가 있었고, 공동체주의가 유지되었다.

이와는 별도로 농민 공동체는 '전통주의'라는 공통의 태도와 관습으로 묶였다. 농민들은 일반적으로 외부의 혁신에 일치하여 반대했다. 작물과 경작법의 선택에서 그들은 관습에 집착했다. 그 결과는 비참할 정도로 낮은 수확률이었다. 그러나 전통주의는 생산성은 낮을지 모르나 모든 농민의 생존과 독립을 보장하는 평등주의를 보여주었다. 소보유지의 유용성을 믿는 농민들은 귀족 영주, 부농, 도시 부르주아에 의한 대농장의 형성을 완강하게 반대했다. 촌락 공동체는 사적 소유권을 선호했지만 전통적인 소규모의 한계 내에서 그러했다. 그것은 반영주적이지만 또한 반자본주의적이거나 반개인주의적이었다.

이런 심성은 종종 일종의 정치 행위로 표출되었다. 촌락 공동체는 보잘것없기는 하지만 하나의 정치적 실체였다. 그것은 징세원을 뽑고, 야경꾼을 고용하고, 촌락과 교구교회의 관리를 의논하기 위해서 총회를 열었다. 촌락은 영주의 부담을 어떻게 질 것이지, 그의 새로운 요구를 어떻게 반대할 것인지를 결정했다. '공동 방목권'이나 공동지 문제에 관한 법적 다툼은 영주와 공동체가 직접 충돌했기 때문에 특히 뜨거웠다. 영주 역시 공동지에 대한 몫을 가지고 있어 때때로 권력을 이용해 분할을 추진했고, 결국 '삼분법'에 따라서 가장 좋은 3분의 1을 가져갔다. 그렇지만 농민들은 촌락 정치를 통해서 때로는 영주에 대항하여 힘을 통일시켰다. 그들은 법률가를 고용하여 '삼분법'을 부과하려는 시도, 영주의 장원 문서의 갱신, 제분 및 포도 압착 독점권의 폐해를 막을 수 있었다.

대부분의 농민들은 많은 것을 바라지 않았다. 그들의 관심은 단순히 가족의 생계를 보장하는 것이었다. 이런 이유로 그들은 혁신을 두려워했고 오랜 세월을 통해서 유효성이 입증된 경작방식과 무엇보다도 곡물 재배에 집착했다. 그들은 의무의 수행에도 성실히 임했다. 게을리 하면

토지의 사용권을 잃을 수도 있었기 때문이다. 프랑스에서 이러한 부담은 전체 수확량의 50퍼센트를 앗아갔는데, 십일조, 국왕에게 내는 여러 종류의 토지세, 소금세와 같은 간접세, 영주 부과조, 빌린 토지에 대한 지대나 분익 소작료, 부채의 이자 등이 그것이다. 게다가 전체 수확량의 대략 4분의 1은 다음 해의 종자로 남겨두어야 했다.

농민층 내에 분화가 있었다. 운이 좋은 소수는 생계를 여유 있게 꾸려 갈 만큼의 충분한 토지를 소유, 경작했다. 그들은 통상 역축과 쟁기를 가지고 있어서 이를 빈농에게 빌려주기도 했다. 그들은 자주 다른 농민의 노동을 필요로 했고, 이자를 받고 다른 농민들에게 돈을 빌려주었다. 충분한 자본을 가진 부농은 대지주나 수도원의 '마름' 일을 하기도 했다. 일부 '농촌 부르주아'는 아예 영주에게 선불금을 주고 징수권을 사기도 했다. 농민의 절대다수는 그런 행운을 가지지 못했다. 그들의 운명은 수확에 달려 있었다. 소농이건, 차지농이건, 분익 소작농이건, 또는 이 모든 것을 겸했던 대부분의 농민들은 충분한 토지를 소유 내지 보유하지 못했다. 세대를 거치면서 작은 소유지는 다시 분할되어 생계 유지를 더욱 힘들게 했다. 농민들은 풍년이 들면 주로 곡물을 통해서 열량과 양분을 섭취했지만, 흉년에는 종종 여러 날을 굶었다. 무거운 부담이 수확의 많은 부분을 앗아갔기 때문에, 농민들은 가족을 먹여 살리기 위해서 생산한 것을 되사야 했고 이를 위해서 종종 부수입을 올리거나 돈을 꾸어야 했다. 이것은 필사적인 투쟁이었다. 공동체는 보호막 구실을 하면서 농민의 전통적인 세계관을 지탱해주었다. 사실상 그들에게 불안에 맞서 전통에 집착하는 것이 최선의 전략인 듯 보였다.

2. 사회 변화와 신분사회의 해체

18세기에 유럽은 경제 성장과 인구 증가로 도시가 확대되고 사회적 유동성이 커지면서 산업 사회로의 이행에 접어들었다. 특히 1750년대 이후 도시의 성장은 인구 증가, 자본주의의 확대, 국가의 역할 증대가 야기한 가장 가시적인 변화 가운데 하나였다. 18세기의 전반적인 성장의 덕을 가장 많이 본 사회세력은 부르주아지였다. 프랑스에서 부르주아지는 1700년에 70-80만 명에서 혁명 직전에 230만 명으로 늘어 전체 인구의 증가를 크게 앞질렀다. 하지만 하층민은 변화의 희생자가 되었으며, 빈민의 수는 오히려 늘어났고 새로운 형태의 빈곤이 나타났다. 18세기는 대조의 세기였다.

2-1. 도시의 성장

18세기에도 농촌 인구가 여전히 압도적이지만 도시의 성장은 전체 인구의 증가를 앞질렀다. 세기 말에 인구 10만 명이 넘는 도시는 10여 개국에서 22개를 헤아렸다. 런던은 100만 명에 가까워 잉글랜드의 10명당 1명이 살았다. 제2의 도시인 파리는 거의 70만 명에 육박했다. 그 다음으로 나폴리, 리스본, 모스크바, 상트페테르부르크, 빈, 암스테르담, 베를린, 로마, 더블린, 마드리드 순이었다. 대도시들은 모두 수도였다. 특히 베를린과 상트페테르부르크는 관료적이고 군사적인 필요에 의해서 성장한 신흥 도시였다. 산업 도시는 18세기 후반에 급속히 성장했지만 이 수준에는 미치지 못했다. 도시 규모의 의미를 제대로 이해하려면 도시의 계서제에 주목할 필요가 있다. 유럽 전체에서 인구 1만 명이 넘는 도시는 약 100개가, 5,000-1만 명의 도시는 200개가 있었다. 대부분 항구, 제조업 중심지, 행정이나 사법 중심지, 대성당 도시 가운데 어느 하나를 특화한 지방 도시였다. 많은 수가 농촌에 기생했고 분위기에서는 촌락과 크게 다르지 않았다.

잉글랜드의 도시 인구3)는 1700년에 전체 인구의 20퍼센트에 조금 못

---

3) 이 시기에 도시란 주거 단위의 규모가 2,500명을 넘어서는 경우를 말한다.

미치는 수준에서 1800년에 30퍼센트를 넘어섰다. 런던은 항구, 은행, 금융, 보험, 제조업, 수출에서 적어도 유럽 최대의 중심지였다. 잉글랜드에서 런던 다음가는 도시는 런던 인구의 10분의 1에도 미치지 못했다. 런던 거주자의 3분의 2가 지방 출신이었다. 새로운 런던의 지리학은 특권 계급과 상업 사회 그리고 빈민의 공존을 보여주었다. 귀족들은 의회가 자리한 웨스트민스터 부근의 서부에 몰려 살았고, 상업 지역은 제국의 확대에 발맞추어 급속하게 팽창했고, 동부 지역(East End)의 북적이는 부둣가 근처에는 빈민들의 숙소가 들어섰다. 영국의 경제적 동력이 공업화와 함께 북쪽으로 옮겨감에 따라서 리버풀과 맨체스터가 급속하게 성장했다. 맨체스터는 1720년대에 섬유공업의 작은 중심지로서 '잉글랜드 최대의 촌락'이었다가 1760년에 인구가 1만7,000명이 되었고, 1800년에 인구가 7만5,000명인 공업의 중심지가 되었다.

프랑스의 도시들도 성장을 계속했지만 1789년에 5,000명 이상의 도시 인구는 전체의 10퍼센트가 조금 넘는 수준이었다. 독일에서 1500년에 인구 1만 명이 넘는 도시의 수는 24개에 불과했는데, 1800년에 이르면 60개로 늘어났다. 세기 중엽 이후 상업의 지역 중심인 소도시들이 가장 큰 성장을 보여주었다. 관리, 궁정인과 수행원, 세금 징수원, 법률가, 군인들이 수도와 지방 수도의 인구를 부풀렸다. 이들과 가족이 1783년에 14만 명의 베를린의 인구 가운데 약 40퍼센트를 차지했다. 이탈리아 남부의 도시 나폴리는 40만 명이 넘는 빈궁한 주민을 겨우 부양했다. 남부 이탈리아에서 1만 명을 넘는 다른 도시는 없었다. 로마에서 성직자는 16만 명의 인구에서 대략 절반을 차지했다. 동유럽과 발칸 반도에는 도시가 거의 없었다. 세기 중엽에 광활한 러시아에서 3만 명이 넘는 도시는 모스크바, 상트페테르부르크, 키예프의 3개에 불과했다.

대도시는 다양한 기회를 제공했다. 대도시에는 극장, 연주회장, 클럽, 과학협회 등이 자리했다. 카페는 제공하는 커피의 이름을 땄고, 커피는 비쌌다. 카바레와 선술집에서는 값싼 주류를 제공했다. 일부 도시는 방문객을 위한 안내서와 상점의 이름을 나열한 명부를 출간하기 시작했다. 벽돌과 돌로 지은 건물들이 새롭게 들어섰다. 거리가 넓어지고 포장이 되고 깨끗해졌다. 부유한 상인과 은행가는 우아한 도시 저택에서 살았다. 상업과 도시의 성장은 소비주의를 불러왔다. 프랑스어가 유럽의 궁정과 상류층에 퍼짐에 따라 파리가 사치품의 수도가 되었다. 프랑스 귀족들은 과시적 소비의 기준을 확립했다. 귀족과 부유한 부르주아는 장식과 음식에서 취향의 개인적 권리를 주장했다. 사람 또는 물건이 '도회풍'을 띤다는 말은 일종의 아첨이 되었다. 18세기의 소비혁명은 도시 빈민층에까지 확대되었다. 가정용품, 심지어 책이나 싸구려 인쇄물을 구입할 수 있는 보통 사람의 수가 크게 늘어났다.

2-2. 사회적 유동성

경제의 확대 및 도시의 성장과 함께 사회적 유동성이 커졌다. 이것이 당장에 신분질서를 위협했던 것은 아니다. 오히려 신인들의 신분 상승은 신분사회의 활력을 보여주는 듯했다. 하지만 프랑스에서 1750년대 이후 부르주아지는 신분질서로 끌어들이기에는 그 수가 너무 많아졌다. 그들 사이에서 독자적인 계급의식이 나타나기 시작했다. 그러나 유럽 전체로 볼 때, 신분사회의 정당성에 대한 근본적인 문제제기는 아직 나타나지 않았다.

부르주아지의 최상층에 있는 은행가와 대상인들은 사회적 우월성과 특권적인 삶을 원했다. 그들은 가능하다면 귀족으로 진입하거나 딸을 귀족과 결혼시켰다. 많은 부유한 평민들이 작위와 관직을 사서 귀족이 되었고 관료제와 군대의 고위직에 접근했다. 프랑스, 오스트리아, 카스티야에서 작위의 구입은 신분제를 유지하며 사회적 상승의 수단을 제공했다. 프랑스 귀족은 1715-1789년에 배로 늘어났고, 뿌리가 두 세대가 넘는 귀족가문은 많지 않았다.

반면에 영국에서는 평민이 귀족으로 올라가는 일이 드물었다. 관직의 판매는 적어도 청교도혁명 이후에는 흔하지 않았고, 작위는 매각의 대상이 아니었다. 국왕이 세습, 비세습의 작위와 상원의원직을 주는 경우는 제법 있었지만, 상업으로 귀족은 고사하고 상층 젠트리에 오른 이는 거의 없었다. 하지만 엘리트의 대열에 들어가는 것은 대륙에 비해서 일반적으로 더 쉬웠다. 사회적 지위와 정치적 영향력은 귀족 여부에 관계없이 토지 소유에 입각했다. 영지를 구입할 수 있을 정도로 부유한 사람은 젠트리의 일원으로 간주되었다. 영국의 어떤 법적, 문화적 장벽도 은행가, 제조업자, 상인, 자유 전문직이 부와 대토지의 매입을 통해서 '신사'가 되는 것을 막지 않았다. 영국의 지주 엘리트들은 명백히 이미 지배계급을 이루고 있었다.

프랑스, 덴마크, 스웨덴에서는 유서 깊은 귀족가문과 신참가문 사이에 긴장이 여전했다. 구 귀족은 신인들을 벼락출세자로 보고 사회적 거리를 유지했다. 프랑스에서 18세기에 귀족이 된 평민의 수는 더 많아졌고, '대검귀족'처럼 몇 세대의 뿌리를 가진 가문은 별로 없었다. 그렇지만 이들은 국왕 관료제, 교회, 군대에서 여전히 높은 자리를 장악했다. 1782년의 세귀르(Ségur) 법은 부계로 최소한 4세대에 걸쳐 귀족임을 입증할 수 없는 자는 군고위직에 임명될 수 없다고 규정했다.

그러나 귀족과 부르주아지의 경계는 무너져갔다. 많은 나라에서 대상인과 제조업자들은 작위를 매입했다. 일부 나라에서는 소수의 귀족이 상업이나 제조업에 종사했다. 교역과 제조업의 확대로 더 많은 수의 대륙 귀족들이 새로운 부의 원천을 추구했다. 프랑스에서 귀족은 주요한 탄광의 주인이 되었다. 에스파냐에서는 귀족이 수가 너무 많아, 장사한다고 하여 오명을 뒤집어쓰는 것은 아니었다. 러시아 귀족들도 광산업을 참여했다. 반면에 프로이센, 폴란드, 헝가리에서 대부분의 귀족들은 여전히 상업 행위(특히 소매업)나 제조업에 참여하는 것을 작위 박탈로 간주했다. 작위 박탈은 이론적으로 프랑스에도 존재했으나 실제로 행해진 적은 거의 없었다.

2-3. 빈곤과 빈민 구제

빈곤은 18세기에 극적으로 증가했다. 인구 증가와 곡물 가격의 상승, 그리고 실질임금의 하락으로 후반기로 갈수록 빈민의 수가 늘어났다. 18세기 말에 영국 인구의 거의 30퍼센트가 각종의 빈민 구호를 받았고, 프랑스에서 빈곤 상태의 인구는 전체의 40퍼센트에 달했다. 유럽인의 절반 정도가 빈민이었을 것이다.

빈곤 자체는 새로운 현상이 아니다. 18세기에 변한 것은 그 성격이었다. 빈곤은 우선 기근, 전염병, 전쟁의 결과가 아니었다. 이런 것들은 부자와 빈자를 가리지 않았다. 반면에 농촌 및 도시 인구의 상당수가 만성적으로 영양실조 상태였다. 이들은 결혼을 함으로써 빈곤을 세습했다. 빈곤의 자기증식은 새로운 현상이었다. 빈민들은 아무리 열심히 일해도 곤궁 상태를 벗어나지 못했다. 전통적으로 빈민이 주로 여성이고 거의 언제나 도시 독신자였다면, 새로운 종류의 빈곤은 이전과는 다른 양상을 보였다. 새 빈민은 주로 농촌에서 발생했고, 한창 나이의 남성이었다.

18세기에는 누구도 새로운 현상을 이해할 수 없었고 원인이 무엇인지도 몰랐다. 다만 그것을 사회질서에 대한 위협으로 간주하여 어떻게 해서든지 대처하려고 했다. 당대인들이 실제로 본 것은 일반적인 빈곤이 아니라 그것이 표출된 '적빈(赤貧)'이었다. 양자의 차이는 재난의 위협과 그것이 실제 일어난 것의 차이다. 당시 전형적인 농민 가족은 기본적으로 빈곤 속에 살았다. 그러나 흉작이나 가장의 중병이나 사망 등 불운이 닥치면 그 가족은 적빈의 상태로 추락하기 십상이었다. 농촌과 도시에서 빈곤과 적빈은 종이 한 장의 차이에 불과했다. 적빈자는 종속 상태로 떨어지거나, '일탈 행위'로 빠져들었다. 자선과 구제는 부적절했고 사실상 처벌을 위한 것이었다. 따라서 적빈 인구의 대부분이 길거리로 나와 부랑자가 되었고 구걸, 좀도둑, 뜨내기일 등 하루살이 인생을 살았다. 최악의 경우, 떠돌이는 사람들을 위협하는 존재가 되었다. 위험한 부랑자를 무해한 부랑자, 예컨대 계절 이주 노동자와 구별하기란 불가능했다. 떠돌이가 나타나면 특히 농촌은 일종의 공황 상태에 빠졌다. 영국과 프랑스에서 적빈자는 18세기말에 전 인구의 10퍼센트로 추산된다. 이들은 자선과 공공구제에 의지하거나 부랑자가 되었을 것이다.

전통적으로 기독교 유럽에서 빈민은 그리스도의 축복을 받은 자녀로 보았고, 그를 돕는 것을 의무로 여겼으며, 부자는 직접 보시를 하거나 아니면 자선기관, 신도회, 수도회에 기증하여 축복의 기회를 잡았다. 이런 태도는 18세기에 바뀌기 시작했다. 빈곤의 신성성은 약해졌고, 세속적 성공이 신의 은총의 증거라는 관념이 가톨릭 세계에도 침투했다. 지식인들은 무차별적인 보시는 빈민의 게으름과 악덕을 고무하는 경향이 있다고 비판했다. 적빈자와 장애인이 농촌에서 보시를 받는 것이 더 힘들어졌다. 한편 전통적인 자선기관은 주로 도시에 있었다. 프랑스의 경우, 종교기관이 세운 구빈원이나 숙박소, 국왕이 만든 '보호원(hôpital général)' 등이 그것이다. 이것들은 모두, '보호원'조차도 주로 기부에 의존하여 재정이 빈약하고 수용능력이 제한적이었다. 가장 환영받은 것은 노인, 장애인, 고아와 같은 '자격이 있는 빈민'이었다. 하지만 적빈이 신의 뜻이 아니라 개인적인 또는 사회경제체제의 결함에 있다는 견해가 확산됨에 따라서 이런 기관들은 부적절하며 심지어 해로운 것으로 인식되었다. 기부는 줄어들었고, 결국 빈민을 국가가 떠맡아야 한다는 견해가 일각에서 나타나기 시작했다. 그리고 실제 일부의 나라에서 국가가 빈곤과 그 결과를 통제하는 책임을 부분적으로나마 떠안기 시작했다. 그러나 이 심각한 사회 문제가 왜 생기는지 몰랐던 당시 각국의 정부는 탄압과 부조 사이에서 머뭇거렸고, 결국에는 어느 것도 하지 못했다.

일차적으로 적빈은 치안 문제였다. 부랑 행각과 구걸은 16세기 후반 이래 대부분의 나라에서 범죄로 규정되었는데, 이제는 본격적인 통제의 대상이 되었다. 구걸을 범죄의 도제 기간으로 보았기 때문이다. 각국의 정부는 부랑자와 걸인을 '자격이 없는 빈민'으로 낙인찍어 차별적인 정책을 실시했다. 프랑스 정부는 1724년에 부랑자를 구빈원에 잡아두기 위해서 일제 소탕령을 내렸다. 하지만 당시의 국가 능력은 부랑자를 다 수용할 수도, 소탕령을 집행할 만한 인력도 없었다. 프랑스는 1760년대에 다시 시도하여 이번에는 '걸인 수용원(dépôt de mendicité)'이라는 새로운 기관을 만들었다. 이것은 사실상 감옥이었다. 노동의 습관을 들인다는 것을 전면에 내세웠지만 진짜 목표는 그들을 시야에서 사라지게 하는 것이었다. 감금되는 것 자체가 형벌이었으며, 경찰은 장려금을 받았기 때문에 마구잡이로 빈민을 잡아들여 사회적으로 물의를 빚었다. 그러나 적빈자의 대부분이 농촌에 있었기 때문에 빈민의 '대감금'은 신화에 불과했다.

'걸인 수용원'은 일종의 대증요법이어서 실패할 수밖에 없었다. 이 과정에서 일부 관리들은 적빈이라는 것이 도덕이나 치안의 문제가 아니라 근원적으로 접근해야 할 사회경제적 문제임을 깨닫기 시작했다. 재무총감이 된 튀르고의 주도 아래 프랑스 정부는 1770년대에 대안적인 정책으로 선회했다. 일자리를 제공하기 위해서 공공 토목계획을 세웠다. 그러나 재원이 빈약하여 혁명 직전의 겨울에 이 계획으로 도움을 받은 적빈자는 3만 명에 불과했다. 다른 나라들도 탄압과 부조 사이에서 갈팡질팡했고, 계획과 집행 사이에 큰 괴리를 보였다. 어디서나 국가가 부조를 떠맡게 되었지만, 빈곤의 뿌리를 공격하기보다는 구빈원을 세운다는 계획으로 귀착되었고 그것조차도 실행에 옮겨지는 경우는 드물었다.

이처럼 18세기에 국가는 빈민을 구제하거나 부랑자의 흐름을 막는 데

사설 및 종교 기관보다 더 효과적이지 못했다. 당대인들은 빈곤을 치안 문제와 사회경제적 문제로 보는 두 견해 사이에서 오락가락했다. 그러나 미래정책의 방향은 점차 명확해졌다. 프랑스의 혁명가들은 '자격이 있는' 빈민에 대한 구제는 자선이 아니라 권리로서 주어져야 한다고 보았다. 이들은 빈민의 자격 여부는 계속 따졌지만, 국가가 장애인과 부양가족에게는 공공부조를, 신체 건강한 실업자에게는 고용의 기회를 제공한다고 선언했다. 혁명기에 국가 재정의 혼란으로 제대로 실현되지는 못했지만, 이제 미래의 방향은 결정되었다. 효과적인 공공구제는 미래의 일이지만, 자선의 시기는 종언을 고했다.

잉글랜드의 포괄적인 빈민대책은 대륙과 달랐다. 18세기의 빈민 구호는 엘리자베스 시대의 구빈법과 1662년의 '정주법'에 입각했다. 전자는 일정 조건하에서 공공부조의 권리를 제공했고, 후자는 빈민의 주거선택권을 축소시켜 빈민을, 책임을 최소화하려는 지방 교구의 볼모가 되게 했다. 이것은 지방의 상황에 맞게 유연했기 때문에 당시의 수준에서는 효과적으로 작동했다. 교구는 '원외'의 구제를, 과부, 고아, 노인에게 작은 액수의 연금을, 음식과 의류와 같은 현물을, 집세 보조금을, 의료 행위를, 공공재원의 일자리를 제공할 수 있었다. 경제적 후퇴기에 교구는 '노동 빈민'의 정규적인 수입에 보조금을 지급할 수도 있었다. 이것은 이런 관행을 1795년에 처음 도입한 교구의 이름을 따서 스피넘랜드 체제(Speenhamland system)로 알려지게 되었다. '원외' 내지 재택 구호 말고, 빈민을 돌보는 두 번째 방식은 '원내' 내지 기관 구호였다. 교구들은 대개 연합하여 '노동원'을 세웠다. '무능자'를 돌보기 위한 것이지만, '자격이 없는' 빈민, 곧 신체 건장한 빈민에게는 처벌수단이었다. 프랑스의 '보호원'과 유사했는데, 차이는 자선기부가 아니라 구빈세의 보조를 받았다는 점이다.

18세기 말에 이르면 구빈법은 두 가지 이유로 비판을 받았다. 첫째,

늘어나는 구제의 부담을 감당하기 위해서 구빈세의 액수가 인상적으로 상승했다. 1790년대에 높은 물가와 실업이 겹쳐졌다. 1802년에 '피구호자(paupers)'가 잉글랜드에서만 100만 명에 달했다. 이 가운데 무능력의 신체 건장한 성인도 20만 명이 되었다. 노동원 및 '원외 구제'의 비용이 급증하면서 구빈세 납부자의 부담은 1776년에 150만 파운드에서 1802년에 400만 파운드를 넘어섰다. 두 번째 비판은 구빈법의 존재 자체가 빈민을 창조한다는 것이었다. 부조는 궁극적으로 영속적인 종속 상태를 낳고 빈민의 도덕을 무너뜨리고 적빈 상태를 영속화시킬 것이라는 논변이다. 결국 1834년에 구빈법은 대부분의 경우에 노동원만 남기고 원외 구호를 폐지하는 방향으로 크게 바뀌었다. 그리고 노동원은 매력 없는 장소가 되었다. 이제 적빈자를 다루는 잉글랜드 특유의 지방적 책임과 온정주의는 종언을 고했다.

'노동 빈민(labouring poor)'이라는 신조어는 영국인들이 18세기 후반에 이르면 경제에 대해서 근대적인 안목을 갖춤과 동시에 새로운 종류의 빈곤을 개념화했음을 보여준다. 그것은 영국식의 경험주의를 반영하듯이 실용적인 개념이었다. 그것은 현상을 지시할 뿐으로, 미래의 전망을 결여했다. 그러나 대륙에서는 달랐다. 이곳에서는 프랑스 혁명의 결과로 동일한 현상을 지칭하는 강한 호소력을 가진 용어가 선택되었다. '프롤레타리아트'는 미래의 행위를 불러일으킬 수 있는 계급적 통일성을 함축했다. 이제 새로운 종류의 빈곤은 혁명적 속성을 획득할 것이었다.

3. 사회적 통제 : 범죄와 형벌

18세기 중엽에는 민중의 항의나 심지어 폭동이 자주 일어났으며, 특히 1770-1780년대에 하층민은 기존질서에 도전적이 되어갔다. 빈민들은 곡물 가격의 급등에 항의하여 공정가격제를 요구했다. 수공업 장인들의 동맹 파업도 더 광범위하게 퍼졌다. 이러한 도전에 직면하여 지배계급은 국가 권력을 동원하여 사회를 통제하는 여러 장치들을 발전시켰다. 18세기의 시대적 변화에 발맞추어 형벌의 성격과 범죄의 양상이 변화했다. 특히 소유권을 보호하기 위한 노골적인 조치들이 취해졌다. 그러나 민중은 지배 이데올로기의 단순한 수용자가 아니었다. 그들은 근대적인 '정치경제'에 맞서 전통적인 '도덕경제'를 내세웠다. 폭동은 지배계급에게는 범죄 행위였지만, 민중에게는 생존권을 지키기 위한 자위수단이었다.

3-1. 사법과 형벌

중부와 동부 유럽의 농노제 지역에서 사회적 통제는 단순했다. 농민 대중의 대부분은 토지에 묶였고 영주의 관할을 받았다. 영주는 판사직을 겸직하거나 대리인을 고용했다. 장원법정은 형사재판권도 행사했다. 그러나 국가가 개입하기 시작했다. 프로이센과 합스부르크 군주제는 18세기 후반기에 중대한 사건과 상고를 다루기 위해서 국왕법원을 세웠다. 세기 말에 이르면 하급심의 장원재판권과 상급심의 국가 사법부가 병존했다.

프랑스, 이탈리아, 잉글랜드에서 양상은 복잡했다. 장원재판권은 여전히 했으나, 사소한 민사사건만을 다루었다. 형사사건에서는 경범죄를 제외하고는 국가가 관할권을 주장하여 중층적인 사법체계를 만들어냈다. 프랑스에서 최하심급에 내장관(prévôt)의 법정이 있었다. 피고는 언제나 농민과 노동자였기 때문에, 이것은 계급재판의 전형이었다. 다음 심급은 바이야주(bailliage)와 세네쇼세(senechaussée)의 국왕법원이다. 도시민과 부유한 농민은 여기서 덜 자의적인 재판을 기대했다. 계서제의 정상에는 중범죄와 상고 사건을 다루는 '고등법원'이 있었다. 파리의 고등법원이 관할지가 가장 넓었고, 나머지 프랑스에 모두 16개의 고등법원이나 최고 법원이 있었다. 절대주의는 이례적으로 파리의 치안을 위해서 수천 명의 군대를 주둔시켰으며, '치안총감'은 수도에서 범죄를 통제하는 수단으로 밀정과 정보 제공자를 활용했다. 또한 절대주의는 '봉인장'이라는 악명 높은 무기를 가졌다. 국왕은 이것으로 재판 없이 사람을 투옥시킬 수 있었는데, 무절제한 자식을 감금하려는 귀족에게 호의로 주기도 했다.

잉글랜드의 사법제도는 배심원에 의한 재판이라는 특유의 관행을 가졌다. 실제 배심원제는 형사재판의 상급심에서만 역할을 했다. 하급심에서 치안판사는 배심원이 없이 사건을 심리했다. 그는 젠트리 출신으로 지배계급의 사회적 권력을 구현했다. 그들은 이외에도 매년 4번 집단적으로 만나 형사사건의 기소와 재판을 다루었다. 중범죄는 전문적인 국왕 판사가 주재하는 순회재판에서 심리했다. 순회재판과 치안판사들의 집단 모임에서 배심원단은 사건의 사실을 확정하고 법에 따라서 피의자가 죄인인지를 결정했고, 판사가 판결을 내렸다. 배심원은 주로 젠트리 아래 계층의 유산자에서 충원되었고, 17세기 말 이후 상당한 독립성을 누렸다. 형사재판의 피의자 가운데 4분의 1에서 2분의 1 정도가 배심원단에 의해서 무죄 방면되었다.

잉글랜드는 사법적 고문을 일찍이 폐지했다. 고문은 원래 '증거의 법칙'이라는 로마 법의 원리에 근거하여 중범죄를 지은 사람에게 사형선고를 내리기 전에 확증을 얻기 위해서 도입한 것이었으며, 이론적으로 재판관의 재량권을 최소화하기 위한 것이었다. 고문을 위한 여러 끔찍한 도구들은 중범죄의 재판에 자백의 형태로 객관성을 부여했다. 18세기 초에 잉글랜드를 제외하고 어디에서나 자행되던 고문은 후반기에 사라졌다. 그것은 프로이센에서 1740-1750년대에 단계적으로, 스웨덴에서 1772년에, 오스트리아와 폴란드에서 1776년에, 프랑스에서 1780년에 폐지되었다. 여기에는 무엇보다도 체사레 베카리아가 펴낸 『범죄와 형벌(*Dei delitti e delle pene*)』(1764)이 기여를 했다. 그러나 고문의 폐지에는 증거의 법칙에서의 변화가 더 큰 작용을 했던 듯하다. 판사들은 증거에 대해서 더 큰 재량권을 발휘하기 시작했다. 이는 부분적으로 그들에게 사형 말고도 다른 형벌로 선택의 여지가 생겼기 때문이다. 남유럽에서 갤리선 형은 주요한 형벌이었다. 프로이센과 오스트리아에서는 사형을 대신하여 강제노역의 종신형이 종종 내려졌다. 잉글랜드는 유형(流刑)을 새로운 종류의 형벌로 제도화했다.

18세기가 시작할 때쯤 육체적 잔학 행위가 여전히 형벌의 핵심이었다. 죄인의 육체는 그의 범죄를 보상해야 하고 공개적으로 고통스런 형벌을 가하는 것은 사람들을 겁주기 위한 것이었다. 사형은 형벌의 절정이었고, 처형조차도 잔혹함의 차이가 있었다. 육체적 고통은 형벌에 없어서는 안 될 부분이어서, 사형에 미치지 못하는 형벌에도 관행적으로 가해졌다. 교수형이 집행될 때는 많은 군중이 모였고, 군중은 처형의식과 사형수에 대해서 병적인 관심을 보였다. 대중적인 구경거리와 잔혹함은 전통적인 형벌의 기본적인 측면이었다. 배심원제의 도입과 고문의 폐지에서 진보적인 면모를 보였던 잉글랜드도 다른 나라에 못지않게 많은 사형을 집행했다. 젠트리가 지배하는 의회는 18세기에 많은 재산 침해 범죄에 사형을 부과하여, 1800년에 이르면 그런 범죄가 거의 200종이나 되었다.

18세기 후반기에 들어 형벌의 목표와 방법에서 변화가 나타났다. 죄인의 육체를 응징하기보다는 그를 갱생시켜야 하며, 형벌은 범죄에 적합해야 한다는 주장이 제기되었고, 일부 사이에서는 사형제 자체를 거부하는 분위기가 생겨났다. 사형은 프랑스에서 1760년대에 절정에 달했던 듯 보이며, 재산 침해죄에 적용하는 사례는 명백하게 늘어났다. 그러나 사법적 고문의 감소와 함께 신체형 및 사형의 중요도가 낮아지는 반면에 새로운 형태의 형벌이 나타났다. 핵심적인 변화는 감옥의 대두였다. 감옥은 오래 전부터 존재했으나, 애초에 그것은 피의자의 신병을 확보하거나 사형수를 수용하기 위한 것이었다. 감옥은 종종 치명적인 장소였지만, 형벌의 과정과는 별 관련이 없었다. 개혁가들이 감옥을 야만적인 형

벌에 대한 대안으로서, 기결수를 훈육과 노동을 통해서 갱생하도록 도와
주는 것으로 보기 시작했다. 새로운 형태의 감옥의 본보기가 1779년에
잉글랜드의 글로스터와 같은 일부 북부 유럽의 도시들과 필라델피아의
'월너트 스트리트' 감옥에서 생겨났다. 이것들은 '교도소'의 초기 형태로
서 곧 수형(受刑)의 중요한 형태로 자리잡았다. 예컨대 19세기 초에 이
르면 프랑스는 갤리선형, 유형, 사형을 대체하는 지방 교도소의 체계를
급속하게 발전시켰다. 교도소에서 기결수는 독실에 격리되어, 음식의 박
탈과 독방 감금과 같은 제재를 통해서 훈육을 받고, 노동을 하고, 예배를
봐야 했다. 징역형의 비공개적이고 냉혹한 장치가 18세기 말에 신체형의
'상연'을 대체하기 시작했다.

3-2. 범죄

18세기에 범죄의 네 가지 기본적인 형태는 살인, 폭행, 강간을 포함하
는 폭력 범죄, 절도, 가택 침입, 강도, 사기, 밀렵과 같은 재산 침해범죄,
위폐, 밀수, 종교 모독과 같은 이른바 반국가사범, 그리고 부랑 및 구걸
행위였다. 대체적으로 18세기에 폭력 범죄가 상대적으로 감소하고 재산
침해범죄가 증가했다. 17세기의 범죄자들은 대개 가난한 농민이나 노동
자였으나, 18세기에는 조직범죄가 많아지고 절도는 더 전문적으로 행해
졌다. 이는 결국 부랑 행위와 범죄가 서로 연결되어 있다는 동시대인들
의 견해를 뒷받침하는 것인가? 단정적으로 말하기는 어렵다.

18세기 프랑스의 범죄의 단면에 관한 최근 연구는 조금 다른 양태를
보여준다. 하나는 1748년에 갤리선형을 받은 약 4,000명의 프랑스인들
에 대한 일종의 인구 조사이고, 다른 하나는 파리의 형사사건에 관한 연
구이다. 전자의 처벌을 받은 사람들 가운데 (여성은 노역에서 제외되었
다) 절도범(47퍼센트), 부랑자, 소금이나 담배의 밀매자(25퍼센트), 탈영
병을 포함한 군범죄자(13퍼센트) 등이 주종을 이루었다. 폭력범죄는 피

의자 가운데 단 8퍼센트에 불과했다. 후자에서는 재산에 대한 범죄의 비중이 매우 높아 사건의 93퍼센트에 달했다. 다른 한편, 이 연구는 18세기의 범죄가 전문적으로 행해졌다는 가설을 지지하지 않는다. 즉 도시 범죄는 수도에 최근에 도착한 젊은이들의 소행이었다. 이 연구는 절도 행위 자체가 늘어났다기보다는 그것에 대한 지배층 내지는 당국의 시각이 변했음을 시사한다. 사실 절도의 액수는 매우 미미했고 훔친 것도 사소한 것들이었다. 사소한 절도로도 쉽게 사형을 당할 수 있었다. 소유권의 유지에 대한 지배계급의 강박관념을 엿볼 수 있는 대목이다.

18세기 잉글랜드의 범죄에 관한 통계적 연구는 초보적이지만 무척 시사적이다. 이에 따르면, 도시 지역은 1660-1800년 동안에 기소 건수가 전체적으로 증가했던 반면에 농촌 지역은 1770년경까지는 줄다가 그 이후에는 증가하기 시작했다. 폭력 범죄는 1730년경에 절정에 달했다가 그 이후에는 감소했던 반면에 재산에 대한 범죄는 도시 지역에서 증가했다. 이러한 변화는 왜 생겼을까? 우선 1770년 이후의 농촌 범죄의 증가는 밀 가격의 상승과 일치했다는 점에서 농촌의 범죄와 곡물 가격의 변동과의 상관관계가 있는 듯하다. 요컨대 농촌 범죄는 주로 생계 문제에 대한 노동빈민의 반응이었다. 다른 한편, 수도에 가까운 지역에서 범죄의 변화 추이는 농촌 지역의 그것과 달랐다. 여기서는 변동이 전쟁과 동원 해제의 주기라는 다른 변수와 일치하는 듯하며, 이는 결국 도시에서 범죄는 궁극적으로 실업 문제와 연관되어 있음을 시사한다.

당시의 범죄 가운데 매우 흥미로운 것이 있는데, 그것은 농촌 범죄의 주요한 범주의 하나인 수렵법(game laws)의 위반이다. 사실 수렵법만큼 잉글랜드의 계급구조의 현실과 작동방식을 더 잘 드러내주는 것은 없다. 수렵법의 목표는 지주 젠트리에게 불치의 사냥을 영지 밖에서도 독점시키기 위한 것이었다. 법은 대규모 토지재산을 가진 자만이 사냥의 자격을 가진다고 규정했는데, 전 인구의 0.5퍼센트에 불과했다. 처벌은 농업 노동자에게는 엄청난 액수의 벌금이나 징역형이었고, 야간 사냥의 경우 사형으로 이어질 수도 있었다. 사냥도구의 소지와 불치의 불법적인 거래 역시 법 위반이었다.

법의 적용방식이 특히 원망의 대상이 되었다. 사냥꾼은 관리인을 고용하여 남의 가택에 들어가 사냥도구를 적발할 수 있었다. 치안판사는 혐의자를 배심원 없이 재판했다. 수렵법의 수혜자가 동시에 그 집행자였다는 말이다. 젠트리는 이 법을 엄격하게 집행하여, 1760-1790년 사이에 매 10년마다 투옥자의 수가 3배로 늘어났다. 그러나 밀렵은 가혹한 처벌에도 근절되지 않았다. 젠트리는 밀렵이 일반 범죄와 연관되어 있다는 논변을 폈으나, 실제로 두 종류의 범죄 사이에는 관련성이 거의 없었다. 밀렵은 공동체의 유대에 입각했기 때문에 가능했는데, 공동체가 일반 범죄를 눈감아준 적은 거의 없었다. 그렇다면 왜 젠트리는 수렵법에 집착했을까? 수렵법의 숨은 목적은 농촌 사회에서 계급 구별을 정의하고 유지하기 위한 것이었다. 수렵의 배타적 권리는 젠트리의 권력과 위신의 상징이었다. 하지만 그것은 또한 계급갈등의 장이기도 했다. 밀렵은 가장 광범위한 형태의 불법 행위였으며, 젠트리가 받았던 사회적 경의가 허구적인 것이었음을 보여준다.

유사한 현상이 다른 곳에서도 다른 형태로 나타났다. 프랑스에서 귀족은 대부분의 지역에서 사냥권을 독점했으며, 1789년의 진정서에서 이에 대한 불만이 제1의 요구사항이었다. 독일 국가들에서는 상황이 더 나빴다. 농민은 종종 영주의 사냥 모임에 몰이꾼으로 동원되기도 했다. 18세기 유럽의 거의 모든 곳에서 사냥은 지주계급의 전유물이었고 수렵권은 실질적일 뿐만 아니라 상징적으로도 매우 중요한 특권이었다. 같은 이유로 밀렵은 처벌에도 불구하고 보통사람들 사이에서 억제할 수 없는 충동으로 작용했다. 부랑 행각과 함께 밀렵은 이 시기의 특징적인 범죄였다. 이렇듯 범죄에 대한 관념은 계급이나 집단에 따라서 다를 수 있었으며,

밀매나 밀수 행위에 대해서도 국가와 농민 사이에는 커다란 의견의 차이가 존재했다.

4. 대조의 세기

18세기는 대조의 시기였다. 궁정, 성, 우아한 도시 저택에서는 음악회가 열렸던 반면에, 농민은 자신의 것이 아닌 주로 귀족, 국왕, 교회, 일부 부르주아의 땅을 일구고 날품팔이는 도처에서 온갖 잡일에 땀을 흘렸건만 대부분이 생존에 허덕였다. 이 대조는 또한 농노제가 여전히 존재했고 도시와 부르주아지가 거의 부재했던 중동부 유럽과 그렇지 않은 서부 유럽, 귀족이 여전히 막강했던 대부분의 유럽과 귀족과 부유한 평민의 구별이 사실상 사라졌던 북부 이탈리아, 네덜란드, 스위스의 '도시대'의 유럽의 그것이기도 했다.

이러한 대조는 18세기에만 특유한 것은 아니었으며 적어도 수백 년의 무게를 가지는 역사적 형성물이다. 그러나 18세기에 이르면 그것은 새로운 변화와 접목되었다. 18세기에는 귀족들이 여전히 정치 권력을 장악하고 있었지만, 18세기 후반에 비록 일부 지역에서이기는 하지만 역동적인 사회경제적 변화가 일어났고, 이것은 1760-1770년대부터 정치적 결과를 야기하기 시작했다. 귀족과 평민의 대조라는 전통적인 신분사회의 틀이 서서히 유산자층과 무산자층이라는 새로운 계급적 구분선으로 대체되기 시작했다. 계급적 질서는 아직 미미했지만 미래의 방향을 타고 있었다. 그리고 이러한 유럽 일부 지역의 근대적 발전은 중동부 유럽과의 대조를 더욱 뚜렷하게 했다.

제 **10** 장
산업혁명을 향하여

18세기 후반기의 어느 때쯤인가 유럽은 물질적인 생산의 측면에서 다른 문명세계들, 특히 중국을 능가하기 시작했다. 이 변화를 가져온 궁극적인 요인이 무엇인가에 대해서는 연구자에 따라 커다란 견해의 차이가 있을 수 있지만, 그것이 산업혁명에 의한 것이라는 점에 대해서는 이견이 거의 없다. 유럽은 공장과 기계로 대표되는 새로운 생산조직을 만들어냄으로써 이제 전통 경제에서 근대 경제로 진입했고 19세기에 전 세계적인 차원에서 패권을 발휘할 수 있는 물질적 기반을 갖추게 되었다.

산업혁명은 이렇듯 무엇보다도 장기적으로 생산조직상의 혁명적 변화를 뜻하는 것이기는 하지만, 그것이 일어나려면 특정의 역사적 조건과 함께 광범위한 사회경제적 변화가 마련되어 있거나 최소한 함께 이룩되어야 했다. 강력한 국가와 시장의 존재는 새로운 생산체제의 등장을 위한 기본적인 역사적 조건이며, 산업혁명은 그에 앞서 농업혁명을 필요로 했고 아울러 상업혁명만이 아니라 일상생활의 재조직을 요구하거나 수반했다. 최근에 제기되고 있는 '소비혁명'이나 '근면혁명(Industrious Revolution)'이라는 새로운 명제는 18세기의 경제적 변화가 얼마나 심원한 것인가를 잘 보여준다.

그러나 18세기 유럽 경제의 역동성만을 강조한다면, 그것은 전체의 실상을 크게 왜곡하는 일이 된다. 18세기에는 오직 한 나라만이, 그것도 1760년 이후에 몇몇 예외적인 지역과 산업 부문이 산업화되었을 뿐이다. 대륙의 일부 지역에서 산업화가 시작되는 것은 새로운 세기에 들어서의 일이며, 중동부 및 동부 유럽의 대부분의 나라들은 1880년 이후에야 산업화를 개시했다. 따라서 전체적으로 볼 때, 18세기 유럽 경제에서 농업의 비중은 압도적이며 자급자족의 농가 및 동업조합 작업장의 '도덕경제'가 지배적이었다. 왜 그리고 어떻게 해서 다른 대부분의 지역이 전통경제의 틀을 벗어나지 못한 가운데 일부 지역에서만 변화의 추동력이 생긴 것일까? 이 물음에 답하는 것이 이 장의 목표이다.

1. 경제의 토대 : 인구와 물가

인구는 경제의 토대이다. 그것의 규모는 경제를 떠받치는 기반이자 그 한계를 설정하는 일종의 포락선(包絡線)이다. 인구의 동향은 경제의 장기적인 변동을 반영하는 동시에 규정한다. 그러기에 인구의 크기와 추세를 안다는 것은 18세기 유럽경제의 전반적인 흐름을 이해하는 데에 필수적이다. 그리고 인구와 경제를 매개하는 것이 바로 물가이다. 물가는 근대적인 통계가 없었던 18세기와 더 나아가 근대 초의 시기에 장기적인 경제적 주기변동을 재구성하는 기초자료가 되고 있을 뿐만 아니라, 인구의 증대나 경제의 성장이 사회의 구성원들에게 차별적인 결과를 유발하게 하는 운반체의 역할을 했다.

1-1. 인구의 회복과 증가

18세기의 유럽인들 역시 인구의 중요성을 잘 알고 있었다. 중상주의자이든, 관방학자이든, 또는 중농주의자나 영국의 정치경제학자이든 모두 인구란 곧 국력이며, 인구의 크기가 곧 그 나라의 복지의 지표라고 믿었다. 그렇기 때문에 모든 나라의 정부가 인구 증대정책을 추구했다. 흥미롭게도 '인구혁명'을 경험하게 될 18세기에 많은 유럽인들은 이 문제에 관해서 기본적으로 비관론자였다. 몽테스키외는 대표적인 비관론자였고, 흄은 그를 반박하여 '인구 논쟁'을 촉발했다. 토머스 맬서스의 『인구론(*An Essay on the Principle of Population*)』(1798)은 이 논쟁의 일환으로 나온 것이며, 그는 식량생산은 산술급수적으로 늘고 인구는 기하급수적으로 늘기 때문에 "그것을 먹여 살릴 수 있는 수준 이상으로 증가할 것"이라고 확신했다.

당대인들의 판단착오 내지 오해를 어렵지 않게 이해할 수 있다. 당시에는 초보적인 통계인 '정치적 산술(political arithmetic)'이라는 것이 있기는 했지만 근대적인 통계자료는 없었기 때문에 인구의 동향을 제대로 알기가 어려웠고, 특히 18세기의 인구 증가는 유럽인들로서는 이전에 경험하지 못했던 전혀 새로운 현상이었다.

18세기의 인구 통계, 특히 국가 수준의 전체적인 수치는 기껏해야 추정치에 불과하다. 흥미롭게도 역사인구학이 독립적인 학문 분야로 인정받고 연구 성과가 축적되면서 그 추정치가 계속 늘어나고 있다. 오늘날 1700년 당시 유럽의 인구는 1억-1억2,000만 명으로 추산되나, 1억2,000만 명에 가깝다는 것이 대체적인 합의이다. 1740년까지 인구는 앞 세기에 그랬던 것처럼 매우 천천히 증가했으며, 1750년에 이르면 유럽의 인구는 1억2,000만-1억4,000만 명이 되었다. 비교적 믿을 만한 통계를 보이는 서유럽의 경우 18세기 전반기의 연평균 증가율은 0.3퍼센트이며, 이 증가율은 전통 사회에서 일반적인 수치라고 할 수 있다. 바꿔 말하면 이 기간의 증가란 기실 이전 수준의 단순한 회복을 뜻하는 것으로서 유럽은 1740년경에 와서야 '30년전쟁' 직전의 인구 수준으로 복귀했다. 이는 적어도 이 시기까지는 유럽이 인구 변동의 전통적인 양태에서 벗어나지 못했음을 말해주며, 그렇다면 예상되는 것은 유럽의 인구 증가가 물질적 능력이 허용하는 한계에 봉착하여 다시 인구가 감소하는 추세로 돌아설 것이라는 점이었다. 하지만 그런 일은 발생하지 않았다. 전통적인 기준에서 본다면 인구가 포화 상태에 도달했던 바로 그 시점에서 새로운 인구 성장이 나타났던 것이다. 오히려 인구 증가의 속도가 더 빨라져 연평균 증가율이 0.5퍼센트가 되었고, 1800년에 유럽의 인구는 1억 8,000만-1억9,000만 명에 이르렀다. 이 결과 세계 인구에서 유럽이 차지하는 비중이 약간 올라 1700년의 17-18퍼센트에서 1800년에는 20퍼센트 내외가 되었고, 1800년에 인구 밀도는 1제곱킬로미터당 18.7명에 이르러 세계적으로 가장 조밀한 지역의 하나가 되었다. 그러나 18세기에 아시아가 더 빠른 인구 증가를 경험했음을 유의할 필요가 있다. 이는 18세기가 19세기와는 달리 유럽의 우위를 명확히 할 만큼의 물질적 기반을 아직 확실하게 갖추지 못했음을 시사한다.

인구 증가는 유럽 내에서 지역에 따라 상당한 편차를 보이며, 이는 꽤 중요한 경제적, 정치적 함의를 가지고 있다. 서유럽의 인구 증가가 가장 빠르고 컸다. 프랑스의 인구는 1700년에 2,100만 명에서 혁명 직전에 2,800만 명을 넘어섰으며, 잉글랜드는 1700-1800년에 500만 명에서 860만 명이 되었다. 서유럽의 다른 지역도 동일한 수준의 증가율을 보였던 반면에 동쪽으로 갈수록 증가율이 낮아졌다. 유럽의 출생률은 1740년대 이후부터 특히 증가했으며 사망률은 더 빨리 떨어졌는데, 이런 변화는 잉글랜드, 네덜란드, 플랑드르, 북부 프랑스, 북부 이탈리아와 같이 농업 생산성이 향상된 인구 밀집지대에서 가장 먼저 일어났다. 이는 농업 생산고의 증대가 인구 증가의 가장 중요한 요인임을 시사한다. 지역적 편차의 결과는 유럽에서 인구와 자원의 비중이 서쪽으로 쏠리게 되었음을 뜻한다.

인구 증가의 요인은 무엇이었을까? 역사인구학은 이 문제에 대해서는 더 큰 자신감을 보인다. 인구학자들은 교구대장에 주로 입각하여 개별

가구나 가족, 더 나아가 촌락을 재구성하고 그것을 통해서 인구 변화의 작동원리, 즉 출산율, 사망률, 결혼의 양태 등의 추세를 추적한다. 이에 따르면, 전체적으로 볼 때 18세기의 인구 증가는 출산율의 증가보다는 사망률의 감소에 힘입은 바가 크지만, 사망률이 본격적으로 감소하는 것은 1750년 이후의 일이었으므로 18세기 전반기의 증가는 오히려 출산율의 일시적인 증가로 말미암은 것이었다.

사망률의 감소와 출산율의 증가는 작동방식에서 큰 차이를 보였다. 먼저 사망률의 감소는 크게 두 가지 요인으로 구성되는데 하나는 전통적으로 인구를 끌어내리는 데에 큰 역할을 했던 전염병, 기근, 전쟁이라는 '위기 사망률'의 감소이고, 다른 하나는 일반 사망률, 특히 유아 사망률의 감소이다. 전염병과 유행병, 그리고 만성적인 영양실조는 주기적으로 엄습하여 여전히 인구 증가를 억제하고 있었지만 18세기에 들어 발생주기와 치사율이 줄어들면서 기대수명이 점차 상승했다. 그러나 그 개선의 폭은 근대적인 기준에서 보면 매우 제한적이었다. 18세기 후반기에 프랑스 남녀의 기대수명은 여전히 겨우 29세였고, 상대적으로 장수국가였던 스웨덴은 같은 시기에 남성은 33.7세, 여성은 36.6세였다. 전염병의 피해가 감소한 데에 의학의 역할은 아직 시기상조였던 반면에, 위생에 대한 관심이 늘고 강제 격리와 같은 검역체계가 국가의 역할 증대에 발맞추어 더 잘 기능하고 기후조건이 양호해진 것이 상당한 작용을 했다. 전쟁의 규모와 빈도, 곧 파괴력이 줄어든 것도 한몫을 했다. 강력한 왕조국가의 통제 아래에서 군대는 전문화되고 군기와 보급이 개선되면서 민간인들의 피해가 줄어들었다.

질병과 죽음은 경제적 여건과 밀접한 연관이 있다. 17세기를 연구하는 프랑스 역사가들은 일시적으로 높은 곡물 가격과 높은 사망률이 관련성이 있음을 알아냈다. 이 연관성은 18세기의 동유럽에서 여전히 강력했으나 서부 및 중부 유럽에서는 점차 약해졌다. 예컨대 1740년대 초에 대부분의 유럽이 흉작을 경험했으나, 오직 아일랜드와 노르웨이만이 사망률의 위기를 겪었다. 1817년에 또다른 흉작이 들었지만, 이번에는 그 누구도 17세기적인 방식으로 고생하지 않았다. 18세기에도 규칙적인 기근은 여전했지만, 더 이상 사망률의 위기는 나타나지 않았다. 이는 유럽인들의 영양 상태가 전반적으로 개선되어 질병에 대한 저항력이 커졌기 때문이다. 인구의 증가는 분명히 농업 생산량의 증대를 앞질렀지만, 약간 줄어든 1인당 식량 소비량의 개선된 분배가 그것을 충분히 보상했을 것이다. 그 결과 흉작과 높은 사망률이 겹쳐지는 식량 위기의 빈도가 줄어들었다.

결혼 및 사회적 재생산 역시 경제적 요인에 의해서 결정된다고 해도 과언이 아니다. 그것은 식량 생산과 소비자 수의 균형을 맞추기 위한 것이다. 출산은 오늘날보다 통제하기가 훨씬 더 어렵고 사망이란 거의 인간의 통제력 밖에 있었기 때문에 사회는 조절장치로서 결혼에 의존할 수밖에 없었다. 근대적인 의미는 아니라고 하더라도 의도적인 산아 제한이 이제 막, 그것도 일부 지역에서 나타나고 있었다. 하지만 산아 제한이 성공했다는 것은 단지 결과론일 뿐이다. 아이에 대한 사회의 요구가 줄어들면 여자들의 결혼 적령기가 늦춰지고, 결혼은 일종의 특권이 된다. 언제나 과잉 인구에 대한 두려움 속에서 살았던 이 농업 사회에 대해서 역사가들은 '유럽적 결혼 양태'라는 것을 재구성했다. 이것은 첫째 인구에서 실질적인 부분(성인의 20-60퍼센트)이 결혼관계에서 배제되고, 둘째 여성에게는 상대적으로 만혼(24-29세)이 부과되는 것을 말한다. 하지만 흥미롭게도 슬라브 지역과 발칸 반도에서는 이러한 양상이 나타나지 않았다. 1740년대 이후 이러한 결혼 양태에 변화가 나타나면서 19세기에는 그것이 폐기될 발판이 마련되었다. 먼저 농촌 수공업의 확대와 같은 새로운 형태의 경제적 기회가 결혼연령을 앞당기고 부부관계에 들어간 인구의 비율을 증가시켰다. 이런 현상은 잉글랜드에서 두드러지게 나타나 여성의 결혼연령은 20대 초반으로 떨어졌고 출산 자녀의 수는 늘어 났다. 대륙에서는 동일한 결과가 결혼 양태의 변화와는 직접적인 관련이 없이 나타났다. 여기서 방아쇠를 당긴 것은 1730년대의 일련의 풍작인 듯하다. 식량 공급의 증가는 25년 후에 결혼 적령기 인구를 크게 늘렸던 것이다.

구체제 시기의 유럽은 의생태학적으로 일종의 평등 상태에 있었다. 부자는 빈민보다 더 잘 살고 특히 단백질을 더 많이 먹고 더 키가 크고 더 넓은 집에 살았지만 더 오래 살지는 못했으며, 잉글랜드의 귀족층에 대한 분석이 보여주듯이 오히려 전체 인구와 비교할 때 약간 단명하기조차 했다. 사회신분이 장수의 수단으로서는 아직 별 의미가 없었다. 18세기에 들어 이런 상황이 변화하기 시작했다. 세기 후반에 들어 영국의 귀족층은 더 오래 살기 시작했고 이는 불평등의 또다른 현상이 되었다. 19세기 초반의 생활조건에 관한 당대의 연구는 이 새로운 사회적 불평등의 존재를 명확하게 드러냈다.

이전에는 도시에서 사느냐, 아니면 농촌에서 사느냐 하는 지리적 차이가 사람들의 수명을 규정하는 가장 중요한 요인이었다. 도시는 인구가 조밀하여 천연두와 같이 면역성이 없는 사람들의 공급을 끊임없이 요구하는 전염병을 유지시켜주었던 반면에, 촌락은 그렇지 않았다. 그렇기 때문에 주요한 전염병이 도시에서는 만성적이었던 반면에, 농촌에서는 일시적으로 유행하곤 했다. 그 결과 촌락민이 도시민보다 더 오래 살았다. 그러나 18세기 말에 이르면 사회경제적 지위 역시 주요한 요인이 되었다. 도농 간의 차이가 19세기를 통해서 중요성이 줄어들었던 반면에 사회경제적 편차는 더욱 중요해졌다.

인구 증가의 결과는 삶의 모든 영역에 영향을 미쳤다. 우선 곡물 가격이 특히 1770년대부터 더 빠르게 지속적으로 올랐다. 그 결과 다른 용도로 쓰였던 토지에 곡물 재배가 도입되었고 곡물 재배지가 증가했다. 인구 과밀지대에서는 토지 기근이 나타나고 부랑자가 늘어났다. 경제가 약간만 타격을 받아도 신참자들은 쉽게 주변부로 밀려났고, 이는 곧 최하층민이 급증했음을 말한다. 이 다양한 주변부의 규모는 1800년에 전 인구의 절반에 미치는 것으로 추정된다. 도시는 오랜 기간의 정체에서 벗어나 다시 확대되기 시작했다. 늘어난 인구는 상업과 제조업에 새로운 기회를 제공했으며, 군대 역시 만성적인 병력 부족에서 벗어나 1790년대에 이르면 더 공격적인 면모를 보이게 되었다. 이 모든 것에서 인구 증가가 유일한 요인은 아니지만 아마도 가장 중요한 요인이었을 것이다.

1-2. 가격의 움직임

인구 증가의 결과를 사람들이 체감하는 것은 물가를 통해서였다. '아날학파'의 연구자들은 곡물 가격에 관한 계열사적 자료를 통해서 구체제의 프랑스, 더 나아가 유럽이 자본주의 경제에서와 마찬가지로 경제생활에서 일정한 리듬과 주기적인 움직임을 보여주었음을 확인했다. 그들은 크게 세 가지의 주기가 있음을 발견했다. 하나는 10년 주기의 단기적 경향으로서 대략 10년에 1번꼴로 기후적 요인에 따라 갑작스럽게 농업 생산량이 감소하여 곡물 가격이 급등하곤 했다는 것이다. 그러한 변동은 지역, 시기별로 커다란 차이를 보여 이른바 '기근의 지리학'이 존재했다. 다른 하나는 30년 주기의 중기적 경향이다. 30년을 단위로 하여 곡물 가격의 상승 시기를 A국면, 하강 시기를 B국면이라고 한다면 일반적으로 한 세기는 A-B-A, 또는 B-A-B의 운동을 경험한다. 즉 세기 초가 A국면임을 확인하게 되면 세기 중엽은 B국면을, 세기 말은 A국면을 보여준다. 마지막으로 100년이 넘는 세기적인 장기적 경향이다. 16세기는 전반적인 곡물 가격 상승의 시기이고, 17세기에서 18세기 초는 장기적인 하락의 시기이며, 18세기 중엽 이후는 곡물 가격이 급등했다는 것이다. 18세기만을 놓고 본다면, 1690년대 초와 1700년대 말에 흉작이 오고 전쟁 및 유행병과 겹쳐져 1720년경까지 물가가 오르다가 이후 1740년의 대흉작에도 불구하고 20-30년간 곡물 가격이 낮아졌고 1750년경부터는 거의 모든 물가가 오르더니 1770년 이후에는 1810년대 말까지 가속화되었다.

가격의 움직임은 인구와 밀접하게 연관되어 있었다. 인구가 정체되어 있거나 제한적인 수준으로 올랐던 17세기 말에서 1750년까지 물가의 전반적인 지표 역시 유사한 방식으로 움직였다. 상대적인 물가안정은 정태적인 인구의 제한적인 수요를 반영했다. 그리고는 세기 중엽부터 인구가 빠르게 증가했고, 물가 역시 그러했다. 하지만 물가는 일단 오르기 시작하면 인구의 증가 수준을 곧 능가했다. 이는 양자가 밀접하게 연관되어 있지만 인구가 물가에 영향을 미치는 유일한 요인이 아님을 말해준다.

귀금속의 공급 증가가 물가 상승에 일정한 작용을 했지만, 상승의 요인이라기보다는 그것을 지탱해준 지지대의 역할을 했다. 1690년대부터 멕시코의 은 생산량이 다시 증가하고 1760년대까지 브라질에서 대금맥이 채굴되었지만, 같은 시기에 물가는 안정되어 있었다. 결국 18세기 후반에 물가가 가파르게 상승하게 되었을 때, 크게 늘어난 금의 양은 상승의 추세를 지탱해주었다. 18세기에 영국을 비롯한 여러 나라에서 금본위제가 도입되고 전반적으로 화폐의 가치가 안정되는 경향을 보였음에도 불구하고 물가 상승이 지속되었던 것은 아메리카로부터 귀금속이 대량으로 유입되었기 때문이 아니라 유럽의 인구가 증가하여 수요가 늘었기 때문이다.

가격의 상승이 인구의 증가보다 더 빨랐던 것은 해에 따라서 곡물 가격을 크게 요동치게 했던 작황의 상태와 관련된 듯하다. 1693-1694년, 1708-1709년, 1740-1741년의 대흉작은 곡물의 평균가격을 몇 년간 높은 수준에서 유지시켰다. 따라서 1690년대, 1700년대의 평균수준은 그 앞 시기나 뒤 시기보다 높았으며, 1740년대는 세기 후반의 전반적인 상승의 시발점이 되었다. 1720년대와 1730년대와 같이 비정상적으로 긴

풍년의 연속이 없다면 곡물 가격의 평균수준은 일단 상승한 뒤로는 다시 그 이전 수준으로 떨어지지 않았다. 따라서 인구가 꾸준히 증가하고 풍년과 흉년이 짧은 간격으로 되풀이되었던 18세기 후반에 물가 수준은 계속해서 오르기 마련이었다. 곡물의 가격이 대부분의 다른 농산품의 수준을 규정했고, 결국 공산품이나 다른 소비재의 가격도 곡물 가격만큼 변덕스럽지는 않았지만 상승의 추세를 탔다.

모두가 화폐를 사용했던 것은 아니어서 물가의 움직임에 직접 영향을 받은 것은 아니었다. 그러나 18세기를 거치면서 보수를 현물보다는 화폐로 받는 노동계약의 비율이 늘어났고, 농민의 절반이 넘는 소농 내지 빈농은 곡물의 생산자라기보다는 오히려 구매자였다. 더욱이 설사 자연경제의 세계에 머물 수 있는 행운을 가진 사람이라고 해도 물가의 영향에서 완전히 벗어날 수는 없었다. 국가, 지주, 교회는 물가 상승의 시기에 세금, 지대, 십일조, 기타 영주적 부과조를 화폐보다는 현물로 받는 것이 더 유리하다는 것을 경험을 통해서 알고 있었다. 물론 대부분의 유럽에서 그런 역전 현상은 단지 부분적으로만 발생했다. 하지만 인구 증가 및 물가 상승이 지역에 따라서 유사한 사회경제적 결과를 야기하지 않았음은 물가의 움직임조차 사회적 연관성을 가진다는 점을 말해준다.

노동도 상품이라면, 그것은 물가의 일반적인 추세를 따르지 않았던 유일한 상품이었다. 17세기 후반만 하더라도 실질임금은 꽤 높은 수준이었다. 하지만 인구의 추세를 따라 노동의 공급이 늘면서 임금의 상승이 물가의 증가를 쫓아가지 못하고 임노동자들의 생활수준이 하락했다. 특히 1750년 이후 전반적인 악화가 나타났다. 임금의 상승은 물가의 그것을 따라가지 못해 빈곤화가 심화되었으며 19세기의 만성적인 빈곤의 구조적인 조건이 되었다. 인구 양태와 경제적 성취가 괴리를 보이기 시작했고 이후 그것은 더욱 커졌다.

2. 농업과 농업혁명

애덤 스미스는 1776년에 농업의 중요성을 다음과 같이 강조했다. "농업에 사용되는 자본은 제조업에 사용되는 같은 자본의 어떤 것보다도 활동시키는 생산적 노동량이 클 뿐만 아니라, 그것이 사용하는 생산적 노동량의 비율로 봐서도 그 나라의 토지와 노동의 해마다의 생산물에, 즉 그 주민의 참된 부와 수입에 훨씬 큰 가치를 덧붙이는 것이다." 근대 경제학의 아버지가 산업화의 진전을 감지하지 못했다는 사실이 꽤 놀랍기도 하지만, 18세기로 보자면 그가 옳았다. 산업(공업)이 아니라 농업이 경제를 이끌었다. 그것의 성과는 제조업과 상업의 성패를 결정했고, 정치, 사회, 문화의 모든 측면에 영향을 미쳤다. 1700년부터 한 세기 동안 제조업보다 농업에서 더 큰 변화가 나타났으며 그로 인해서 18세기는 종종 '농업혁명'의 세기로 간주된다. 그러나 이 혁명은 산업혁명과 마찬가지로 유럽의 일정 지역에 집중되었다. 유럽의 다른 대부분의 지역에서 1800년의 농경기술과 농업제도는 1700년, 심지어 1500년과 비교해도 거의 달라지지 않았다. 어떻게 농업혁명이 일부 지역에서는 일어났고 다른 곳에서는 그렇지 못했는가 하는 점을 살펴보는 것이 이 절의 목표이다.

18세기 경제에서 농업의 비중은 가히 압도적이었다. 1700년에 가장 선진한 네덜란드나 잉글랜드에서 전 노동력의 5분의 4가, 나머지 지역에서는 그 이상이 농업에 종사했다. 농업은 또한 토지의 경제적 이용을 거의 독점했다. 자본 역시 대부분이 농업으로 갔다. 이처럼 18세기의 유럽에서도 농업은 경제요소(노동, 토지, 자본)의 대부분을 흡수했다. 이는 그것이 식량이라는 가장 가치 있는 생산물을 산출했기 때문이다.

그러나 1700년에 평균적인 유럽 농가는 자급자족분의 20-30퍼센트를 넘는 식량을 생산할 수 있었을 뿐이다. 이것은 사회를 겨우 부양할 수준이었다. 지주, 교회, 군주들은 잉여의 대부분을 지대, 십일조, 세금의 형태로 수취해갔다. 전국적인 수확량은 평균 25퍼센트 수준에서 매년 등락을 거듭했다. 지방적인 수준에서는 그 등락폭이 더 컸으며, 이는 사회가 매우 불안정한 상태에 있었음을 뜻한다. 흉년이 들면 먼저 타격을 받는 것은 제조업과 상업이었다. 19세기 중엽까지도 심지어 북서 유럽의 경제에서 흉작은 언제나 산업의 위기를 야기했다.

산업이나 교역이 성장하기 위해서는 이러한 병목 현상에서 농업이 빠져나와야 했다. 그리고 이것이 바로 농업이 경제발전의 관건이었던 이유이다. 초기 산업과 상업은 약간의 토지와 소량의 자본 투자, 그러나 대규모의 노동을 필요로 했다. 이 노동은 그것이 농업에서 풀려날 때에만 산업으로 이동할 수 있었고, 18세기에 그것을 제공할 수 있는 유일한 방도는 수입을 하든지 아니면 국내에서 생산을 하든지 해서 식량의 대규모 잉여를 확보하는 것이었다. 그런데 전통 경제에서 수송비는 비쌌고 가장 풍요로운 곡창지대조차도 잉여란 소량에 불과했다. 이는 식량 잉여가 국내에서 생산되어야 함을 뜻했다. 산업혁명이 있으려면 먼저 농업혁명이 필요했던 것이다.

이것이 18세기 경제적 변화의 핵심이다. 농업혁명에 의한 생산성의 증가는 40-60년의 기간 동안에 평균적인 잉여의 크기를 25퍼센트에서 50퍼센트 이상으로 끌어올렸고, 그럼으로써 인류 역사상 처음으로 기근의 위험의 한계라는 것을 넘어섰다. 저지대 지역은 이미 1600년 이전에 농경의 혁명화를 개시했으며, 다른 초기 출발자인 잉글랜드는 1690-1700년에 그 뒤를 따랐다. 프랑스에서 1750년대 이후에, 스위스에서 1780년대 이후에, 덴마크와 독일 서부 지역에서는 1790년대 이후에 전통적인 농경방식이 포기되고 수확량이 눈에 띄게 늘어났다. 그 결과는 파종량 대비 수확량을 측정하는 수확률을 통해서 살펴볼 수 있다. 〈표 1〉이 보여주듯이 수확률은 유럽의 대부분의 지역에서 비참할 정도로 안정되어 있었다. 오직 저지대 지역과 잉글랜드에서만 수확률이 1600년 이

〈표 1〉 유럽의 수확률(밀, 호밀, 보리의 파종량에 대한 수확량의 비율), 1500-1820

시기	북서 유럽 잉글랜드, 저지대 지역	지중해 지역 프랑스, 에스 파냐, 이탈리아	중부 및 북부 독일, 스위스, 스칸디나비아	동부 러시아, 폴란드, 체코, 헝가리
1500-1549	7.4	6.7	4.0	3.9
1550-1599	7.3	×	4.4	4.3
1600-1649	6.7	×	4.5	4.0
1650-1699	9.3	6.2	4.1	3.8
1700-1749	×	6.3	4.1	3.5
1750-1799	10.1	7.0	5.1	4.7
1800-1820	11.1	6.2	5.4	×

전에 이미 높았고 1650년 이후 두드러지게 상승했을 뿐이다. 심지어 비옥하고 온화한 프랑스와 지중해 연안지역도 1500년경에 수확률이 7을 넘지 못했다. 1800년에 이르러서도 북부 및 중부 프랑스의 농업혁명이 지중해 연안지역의 수확률 감소에 의해서 상쇄되어 그 평균은 별로 나아지지 못했다. 중부 유럽의 척박한 토지에서 수확률은 대부분의 시기에 4를 맴돌았고 1750년 이후에 서서히 5를 넘어섰을 뿐이다. 동부 유럽은 처녀지의 비옥함에도 불구하고 수확률은 오히려 1550년의 4.3에서 1750에는 3.5로 떨어졌다. 이는 '재판농노제'로 말미암은 것이었다. 18세기 후반에 들어 동유럽의 수확률이 겨우 상승곡선을 그리기 시작했다. 이렇듯 농업혁명은 불가피한 것도, 보편적인 것도 아니었다. 오스트리아, 이탈리아, 스웨덴, 독일 동부 지역에서 농업혁명은 1820년 이전에, 러시아와 에스파냐에서는 1860년 이전에 시작조차 되지 않았다. 이는 농업혁명이 인구의 압력이나 새로운 농경 지식의 전파, 또는 선진농업에 대한 학습 효과의 문제가 아님을 말해준다. 그것을 위해서는 사회적 틀 자체가 변해야 했다.

농업혁명의 기술적인 내용은 의외로 간단하다. 유럽은 기후 여건상 밀, 호밀, 보리와 같은 밭작물이 주요 곡물이었다. 이 곡물들이 태양 에너지를 식량으로 바꾸는 가장 효과적인 방편이었는데, 문제는 그것들을 키우자면 지력의 소모를 감당해야 했다는 점이다. 이에 대해서 땅에 비료를 주거나 윤작을 하거나 아예 땅을 놀리는 세 가지 해결책이 있었다. 모두가 다 값비싼 것이었다. 화학비료가 1850년 이후에 출현하기까지 유기노폐물이 비료의 유일한 원천이었고, 그 가운데 가장 값싼 것이 퇴비였다. 가축의 주된 가치는 무엇보다도 '걸어다니는 퇴비 손수레'로서의 역할에 있었다. 하지만 이것에는 비용이 들었다. 그것은 목초지를 필요로 했고 그만큼 작물 재배를 위한 토지를 앗아갔다. 퇴비가 부족하면 농민들은 윤작을 해야 했다. 가장 일반적인 방식은 삼포제와 이포제였다. 이는 경지의 3분의 1에서 2분의 1이 방목지로의 역할 이외에 아무것도 생산하지 못했음을 의미한다. 시비, 윤작, 휴한지는 지력은 회복시켜주었지만, 곡물 재배지의 축소라는 대가를 치러야 했다.

농업혁명은 유럽에서 역사상 처음으로 이 악순환을 벗어나게 했다. '신농업'은 이포제 및 삼포제를, 지력을 더 빨리 회복하고 휴경지의 비율을 낮추는 새로운 윤작법으로 대체했다. 새 윤작법은 네 가지 주요한 혁신을 수반했다. 첫째, 그것은 지력 회복에 콩과 식물과 같은 새 작물을 도입했다. 둘째, 그것은 순무나 토끼풀과 같이 지력 회복에 도움이 되는 사료작물을 도입했다. 이 작물들로 '전환농업'이 도입되어 가축은 더 많은 퇴비를 생산할 수 있게 되었다. 셋째, 깊이에 따라 여러 토층으로부터 다양한 화학성분을 상이하게 소모하는 새 윤작법을 고안하여 토지의 경작연한을 늘려주었다. 넷째, 이상의 혁신으로 말미암아 휴경지는 축소되거나 완전히 없어졌고 모든 경지가 휴지기 없이 농산물을 생산할 수 있게 되었다. 요컨대 새 윤작법은 지력 소모와 휴경지의 균형 상태로부터 벗어나게 해주었다. 감자, 옥수수와 같은 비전통적인 작물 및 아마, 홉 등의 환금작물의 보급, 선발육종법의 도입, 농기구의 개선 등 부차적인 혁신이 있었지만 새 윤작법이야말로 핵심적인 변화였다.

우리가 던져야 할 물음은 그런 혁신이 어떻게 해서 도입되었느냐가 아니라 왜 이전에는 도입되지 않았느냐 하는 점이다. 왜냐하면 기본 기술은 이미 고대 로마의 농학 교재에 나와 있는 것으로 오래 전부터 알고 있었고, 또 농업혁명 훨씬 이전에 물가의 변화에 민감하게 반응하여 수익의 증대를 꾀하려는 농민들이 있었기 때문이다. 요컨대 혁신을 가로막은 장애물은 사람들의 마음속에 있지 않았다. 수요 부족의 문제도 아니었다. 유럽 대부분의 지역이 18세기에 급속한 인구 증가를 경험했는데 일부 지역만이 농업 혁신을 이룩했다. 인구 증가와 도시화 자체는 농업 발전을 위한 필요조건도, 충분조건도 아니었던 것이다.

새 기술은 농업 생산성을 끌어올리는 방법을 제시했고, 수요의 증가는 그 유인을 제공했다. 그러나 사람들이 그것에 반응하려면 결정적인 그 무엇이 필요했다. 그것은 농민들의 관행의 변화를 막지 않거나 나아가 그 변화를 자극하는 사회적 장치의 대두였다. 농업혁명의 핵심을 이루는 새 윤작법은 토지, 노동, 자본이 새로운 방식으로 사용되는 것을 필요로 했고, 생산된 곡물과 목축의 잉여가 농가가 더 이상 자체 생산할 수 없는 물품들과 자유롭고 유연하게 교환되는 것을 필요로 했다. 바꿔 말하면 유럽 각국에서 토지, 노동, 자본, 식량, 제조업 등의 시장을 지배하는 사회적 규칙이 농업혁명이 일어날 수 있느냐를 결정했던 것이다.

농민이 새 윤작법과 작물을 도입하기 위해서는 토지의 활용방식이 달라져야 했다. 그러나 오랫동안 토지가 어떻게 이용되어야 하는지, 말하자면 농민의 수확물을 누가 얼마만큼 공유하는가를 규제했던 것은 국가, 교회, 지주, 공동체였다. 군주, 성직자, 봉건지주들은 세금, 십일조, 지대를 종종 일정 작물에 대한 분익 형태로 징수했다. 이들은 관행의 변화가 자신들에게 이득이 되지 않는 한 그것에 반대했고, 불안정한 토지 보유는 농민이 토질 개선을 위해서 투자하는 것을 꺼리게 했다. 더욱이 전통적으로 대부분의 경지는 공유지로 이용되었다. 농민이 새 작물과 윤작을 실험하려면 공동 방목지와 개방경지에 울타리가 쳐져야 했다(인클로저). 그러나 귀족의 특권이 종종 이것을 막았다. 지주가 법적 특권을 거의 누리지 못하거나(저지대 지역이나 잉글랜드처럼) 민중 반란이나 국가에 의해서 그것을 상실한 곳(18세기 말에 혁명 프랑스와 독일 서부의 일부 지역처럼)에서만 토지는 농업혁명이 필요로 하는 새 방식으로 이용될 수 있었다.

촌락 공동체 역시 토지 이용의 변화를 막았다. 촌락은 종종 경작의 강제, 넓은 공동 방목지, 추수가 끝난 개인 경작지에 대한 공동 방목권, 집단적인 공동 작업의 관행 등의 복잡한 규칙을 발전시켰다. 공동 규제가 강한 곳에서는 공동 목초지와 개방지에 대해서 법적 권리를 가지고 있는 대농조차도 소농들의 반대에 부딪혀 인클로저의 시도를 포기해야 했다. 강한 공동체 역시 외부인에 대한 토지 매각을 막을 수 있었다. 따라서 새 농법이 공동체적 제도가 상대적으로 약했던 플랑드르와 잉글랜드에 처음 도입되었던 것은 우연이 아니다. 프랑스, 스위스, 덴마크, 독일 서부 일부 지역에서는 18세기 후반에 와서야 공동체의 권한이 약화되어 농민들이 새로운 실험을 할 수 있었다. 심지어 잉글랜드에서 지주들은 빈농들(cottagers)의 저항에 직면하여 국가 권력을 동원하지 않을 수 없었다. 1760-1815년 사이에 3,600개의 개별적인 의회 법령이 700만 에이커가 넘는 토지의 인클로저를 가능하게 했는데, 이는 잉글랜드 전체 경작지의 4분의 1에 해당한다.

새 농업기술은 또한 노동의 이용에서 변화를 요구했다. 새 작물과 윤작법은 더 많은 농업 노동력을 필요로 했는데, 이는 가족노동만으로 충당하기 어려웠으므로 그 공백을 농업 노동자로 메워야 했다. 하지만 농업 노동자란 특정 역사적 조건의 산물이다. 농업 노동자는 인신적으로 자유로우면서도 생계를 유지할 정도의 토지를 소(보)유하지 못해 자신의 노동을 남에게 팔 수밖에 없었고, 그렇기 때문에 이들의 생산성은 예컨대 부역노동에 비해서 훨씬 더 높게 마련이었다. 저지대 지역과 잉글랜드는 이미 중세 말부터 인신해방이 이루어진데다가 공동체의 결속이 약해서 농민의 해체가 일찍 진행되었다. 특히 잉글랜드에서는 16세기부터 지주들의 요청에 의해서 의회가 공유지의 인클로저를 허용하여 두 세기에 걸쳐 소토지 보유농의 절반을 토지로부터 쫓아내 농업 노동자층을 부풀렸다.

새 농법은 기계를 수반하지는 않았지만 일정한 투자를 필요로 했다. 방목지와 개방경지의 인클로저는 담장, 산울타리, 도랑을, 새 작물은 종자 값을, 토질 개선은 여분의 비료, 모래, 석회, 이회토를, 수확량의 증대는 더 많은 축력을 필요로 했다. 네덜란드와 잉글랜드의 농업은 18세기 유럽에 있었던 빈약한 자본이나마 효과적으로 동원할 수 있었는데, 이는 신용시장이 발달했기 때문에 가능했다. 네덜란드에서 이자율은 1750년에 유럽 최저인 3퍼센트에 불과했고 잉글랜드에서는 5퍼센트였다. 이에 비해서 유럽의 다른 나라에서는 농업을 위한 신용이 더 천천히 발달했다. 대부분의 나라에서 이자율은 10퍼센트에 이르렀다. 네덜란드와 잉글랜드 이외의 지역에서 새로운 농업기술의 도입이 늦어졌던 부분적인 이유는 필요한 자본을 축적하거나 빌리기가 어려웠던 데에 있었다.

18세기에 유럽은 미증유의 새 돌파구를 열었다. 단지 저지대 지역과 같은 예외적인 지역만이 아니라 서부 및 중부 유럽 역시 이제껏 경제성장을 억눌러왔던 생산성의 덫을 분쇄했다. 마침내 농민들은 지력 소모와 휴경지의 악순환에서 탈출했다. 그들은 귀족, 성직자, 군주들에게 수취를 당하면서도 생활필수품이 아닌 물품들을 살 수 있는 여력을 가지게 되었다. 이것은 다시 수공업 장인, 상점주, 행상인, 도매상인들에게 일감을 주었다. 18세기에 농업혁명은 인력과 자원을, 아사를 면하기 위한 혹독한 싸움에서 해방시켰으며, 산업 및 상업 부문으로의 이전을 가능하게 했다.

이것이 어디에서나 일어난 것은 아니었다. 농업 생산성의 덫에서 벗어나기 위해서는 단지 기술적 지식이나 소비자의 수요만이 필요한 것이 아니었다. 토지, 노동, 자본이 다르게 이용되어야 했으며, 농민들은 잉여를 팔아 이익을 남기고 더 이상 자가생산할 수 없는 물품을 쉽게 구할 수 있어야 했다. 오늘날 우리는 이런 것들을 당연시한다. 하지만 그것은 결코 주어진 것은 아니었으며 역사적으로 형성되어야 했다. 구래의 사회 장치가 붕괴되거나 돌파되어야 했는데, 종종 특권집단은 그것을 악착같이 수호했다. 저지대 지역과 잉글랜드는 행운을 가지고 있었는데, 중세 이래 그 지역에서 지주는 경제적 능력은 컸지만 법적 권한은 거의 가지지 못했고 촌락 공동체의 조직력은 느슨했으며 도시 특권의 집행력은 미약했다. 네덜란드, 플랑드르, 잉글랜드 사회의 좁은 틈새에서 식량 생산의 새로운 방식이 나타나면서 16-17세기에 활력 있게 성장했다. 그러나 다른 대부분의 유럽에서 1700년에 지주, 도시, 공동체는 여전히 매우 강력했다. 농촌 경제에 갇혀 있던 거대한 생산력의 일부나마 해방시키는 데에 장애가 되는 사회적 장치를 붕괴시키기 위해서 18세기의 거의 전 세기가 걸렸다. 심지어 프랑스 혁명 이후에도 영주제의 폐지조차 많은 관행들을 건들이지 못했다. 전통적인 제도적 특권이 민중혁명, 군사적 패배, 길고도 격렬한 사회적 충돌을 통해서 완전히 붕괴되어서야 농민들은 경제 전체의 성장을 봉쇄했던 오랜 생산성의 덫에서 벗어날 수 있었다. 이 과정은 16세기에 네덜란드에서 시작되었고 대륙의 동부와 남부 깊숙한 곳에서는 19세기까지 계속되었다. 그러나 대부분의 유럽에서 결정적인 단계는 18세기에 취해졌다.

3. 공업과 산업혁명

산업은 18세기에 서서히 변화했다. 전통적인 수공업 작업장은 지방 고객을 위해서 온갖 종류의 물품을 만들었고, 공장제 수공업(매뉴팩처)은 여전히 건재했으며, 흔히 '선대제(putting-out system)'나 '원산업(proto-industry)'으로 알려진 가내수공업은 먼 시장을 위해서 수출품을 대량으로 생산했다. 제조업은 18세기를 통해서 팽창과 수축을 경험하고 또 재배치되었지만, 그 변화는 폭발적이 아니라 점진적이었다. 최초의 기계화된 공장이 1760년 이후에 유럽의 일부 지역에서 나타났지만, 손기술과 동업조합은 19세기에 들어서도 대부분의 지역에서 지배적이었다. 하지만 장기적인 관점에서 18세기는 참으로 혁명적인 변화를 준비했다. 왜 유럽의 다른 지역이 중세 이래의 분산적인 수공업 전통을 유지했던 반면에 일부 지역은 18세기 후반에 집중적이고 기계화된 공업을 발전시킬 수 있었는가 하는 문제를 살펴보는 것이 이 절의 목표이다.

산업에는 농업에서와는 달리 일단 장애물이 제거되면 생산성을 끌어올릴 수 있는 기왕에 알고 있는 기술의 집합체란 존재하지 않았다. 새 기술은 1760-1770년대까지 등장하지 않았다. 그때서야 영국의 기업가들은 새로운 기계장치와 새로운 방식의 에너지 이용법을 결합시키기 시작했고, 그럼으로써 기왕의 모든 산업적 관행에 위협적인 대안을 내놓았다. 그러나 이러한 발명이 적용되기 위해서는 그것을 생산현장에서 실험해야 했고, 이는 1780-1790년까지는 일어나지 않았다. 18세기 대부분의 시기에 산업에서 성공을 위한 유일한 길이란 없었다. 가장 효율적인 산업조차도 원가의 이점은 매우 작았고, 그것도 고가의 수송비가 쉽게 상쇄했다. 산업은 지역에 따라서 편차가 매우 컸고 사실상 경쟁은 없었기 때문에 매우 비효율적인 수많은 산업들이 살아남았다.

앞서 보았듯이 18세기의 유럽 경제는 압도적으로 농업적 성격을 가졌다. 그러나 가장 순수한 농업 경제조차도 산업을 필요로 한다. 조선, 광산, 무기 제작 등을 위한 매뉴팩처를 제외하고 18세기 유럽은 그러한 필요를 크게 세 가지 방식으로 충족했다. 첫째, 대부분의 가정이 농사와 다른 일을 하면서 틈틈이 필요한 것들을 스스로 만들었으며, 특히 여성의 역할은 광범위하고 중요했다. 전문적인 지식이나 도구 없이 많은 일들을 느리고 엉성하게 해냈지만, 그 시간에 별도의 돈벌이가 있지 않는 한 이는 가장 값싼 선택이었다. 둘째 전문적으로 특정 물품을 만들어 지방 고객에게 팔았던 수공업 장인의 노동이다. 유럽 대부분의 지역에서 이들은 원칙적으로 여전히 도시에 머물렀고 모든 산업노동에 대한 독점권을 주장했다. 그러나 18세기는 수공업의 '농촌화' 내지 '지역화'가 이루어진 시기였다. 일부 지역에서 이 과정은 훨씬 더 이전에 시작되어 1500년 이전에 이미 일부 장인들이 농촌에 들어갔다. 18세기에 오면 그것은 큰 흐름을 이루었다. 마지막으로 과거에는 '선대제'나 '객주제(factor system)'로, 요즈음에는 '원산업'이라고 부르는 것이 있었다. 역사가들은 이것을 주로 지방 고객에게 파는 것이 아니라 먼 시장에 수출했다는 점을 근거로 들어 전통적인 수공업과 구분한다. 원산업은 넓은 고객적 기반으로 말미암아 지역적으로 밀집하게 되었고, 그리하여 노동력의 큰 부분이 단일 업종에 고용되는 특징적인 '산업 경관'을 만들었다. 종종 이런 수출 지향적인 원산업은 농촌에 자리잡았다. 저지대 지역, 남부 독일, 남부 잉글랜드의 일부 지역에서 원산업은 이미 중세 말부터 나타나기 시작했다. 그러나 18세기는 그 절정기였고, 유럽 도처에 원산업적인 산업 경관이 생겨났다.

이 세 가지 형태의 산업의 경계는 매우 유동적이었다. 사람들은 무엇이 제조품에 가장 값싸고 손쉬운 접근을 제공하느냐에 따라서 쉽게 경계를 넘어 다녔다. 18세기 산업 조직은 기본적으로 절충적이고 복합적이었다. 이 다양한 산업 형태는 모두 손기술에 입각하여 생산력 면에서 큰 차이를 보이지는 않았지만 분업과 노동계서제의 정도, 집중과 자본의 규모, 심지어 자본과 노동의 관계에서 상당히 큰 편차를 보였다. 이 가운데 과연 어떤 것이 기계와 공장으로 대표되는 '근대 산업'을 준비했는가? 이것은 19세기의 경제사가들에게 자본의 시초축적의 문제에 못지않게 흥미롭고 중요한 문제였다. 그들은 손기술을 기계로 대체하여 생산력을 크게 높인 산업혁명의 혁신성을 자명하게 받아들이는 한편, '근대 산업'의 선구자를 찾는 가운데 자연스럽게 전통 산업에서 공장제적 산업조직을 가진 것에 주목했다. 이리하여 그들이 찾아낸 것이 다수의 수공업 노동자를 한 지붕 아래에 모아 노동 분업을 실시하여 노동 생산성을 향상시켰다는 '매뉴팩처(공장제 수공업)'였다.

유럽 근대 경제사에서 매뉴팩처가 중요한 위치를 차지하게 된 데에는 마르크스의 권위가 크게 작용했다. 그는 『자본론(*Das Kapital*)』 제1권 12-15장에서 상대적 잉여가치를 증대시키는 생산조직인 협업과 분업에 주목하면서 단순협업-매뉴팩처-기계제 대공업으로 이어지는 일종의 단계설을 제시했다. 그는 매뉴팩처가 노동자를 자본가에 종속시키는 가운데 여전히 수공업적 숙련에 토대를 두고 있기 때문에 자본이 노동을 형식적으로 포섭할 뿐이고 실질적으로 포섭하지는 못한다고 하여 그 자본주의적 성격과 한계를 함께 지적했다. 중요한 것은 그에게 매뉴팩처란 분석적 개념이고 그 단계라는 것도 하나의 경향성이나 논리적 발전을 뜻했다는 점이다. 하지만 일부 경제사가들은 그것을 '근대 산업' 등장의 과정으로, 심지어는 유일한 길로 공식화했다. 바꿔 말하면 그들은 실제 근대 공장이 그런 식으로 출현했다고 믿었다.

매뉴팩처를 산업자본주의 등장의 실제적인 경로로 보는 견해는 엄청나게 많은 반대 증거에 직면하여 역사적 설득력을 상실했다. 일부 부문, 예컨대 광산업, 제련업, 조선업, 캘리코 날염, 핀 제조업 등에서 매뉴팩처가 있었음은 사실이다. 하지만 그것은 극히 일부에 불과했다. 전통적인 동업조합 이외에도 수공업 장인들에 의한 소상품 생산, 심지어는 일종의 생산협동조합 같은 것도 적지 않았다. 사실 오늘날과 같은 대량생산의 시기에도 숙련 노동에 입각한 '유연 전문화'의 영역이 있다는 점을 고려한다면 18세기의 산업 세계에는 지역적인 차이와 함께 엄청난 다양성이 존재했다. 더욱이 농촌의 값싼 유휴노동력을 가내수공업의 형태로 이용했던 선대제의 비중은 그야말로 압도적이었다. 특히 18세기는 이러한 농촌 수공업의 전성기였다.

그러나 선대제는 그 용어의 의미가 그러하듯이 상업 자본의 우위를 보여줄 뿐 그것이 '근대 산업'과 어떻게 연결되는지에 대해서는 아무런 설명방식을 제공하지 못한다. 왜냐하면 선대제는 생산 과정에서 매뉴팩처, 심지어 전통적인 동업조합체계와 얼마든지 결합했고 그 자체로는 근대적인 산업체제에 대한 전망을 가지고 있지 못했기 때문이다. 1970년대 초에 등장한 '원산업화론(proto-industrialization)'은 이러한 공백을 메우기 위한 것이었다. 그것은 선대제와 동일한 현실적 근거를 가지면서도 그러한 전망을 제공하겠다는 야심을 명확히 가졌다. 프랭클린 멘델스는 위에서 언급한 18세기 산업의 두 번째 형태와 세 번째 형태를 준별하고 선대제가 근대 공장의 등장 이전에 산업을 조작하는 유일한 방식은 아니지만 더 우월하고 주도적인 조직 양태라고 주장했다. 그는 18세기 플랑드르의 아마포 생산에 관한 연구를 통해서 '원산업'의 성장이 공장 산업화에 필요한 인구 성장, 산업 노동의 잠재층, 자본의 축적과 기업가 정신, 외국 시장, 제도적 변화 등을 만들어냈다는 논거를 제시했다. 그러므로 그를 비롯한 원산업론자들은 원산업화를 '산업화의 첫 번째 단계'니, '산업화에 앞선 산업화'라고 불렀던 것이다.

원산업화의 이론은 이후 근대 공장이 등장하기 이전의 산업에 대한 일련의 탁월한 연구들을 자극했다. 그러나 그 연구들의 결과는 원래의 가정을 거의 완전하게 기각시켰다. 연구자들은 빠른 인구 성장이 실제로 산업화에 유리했다는 주장에 의문을 던진다. 또한 1760년 이후의 초기 공장은 이전의 원산업 노동자들을 거의 고용하지 않았다. 이들은 종종 공장 안에서 일하기를 보란 듯이 거부했고 기계를 파괴하기도 했다. 초기 공장 노동자들은 더 쉽게 규율을 강제할 수 있는 구빈법 대상자, 막노동자, 여성, 아동들에게서 언제나 충원되었다. 초기 공장을 위한 재원의 출처와 기업가의 출신도 다양했다. 일부는 원산업적이었지만, 더 많은 것이 농업적, 산업적, 심지어 정치적이었다. 외국 시장은 쉽게 획득했다가 상실했다. 마지막으로 원산업은 전통적인 제도를 붕괴시키지 않았다. 멘델스가 플랑드르에서 보았던 규제받지 않는 시장거래란 기실 매우 예외적인 현상으로서 오직 잉글랜드와 다른 일부의 제도적 고립지역에서만 필적할 만한 것이 있었다. 18세기 유럽의 나머지 지역에서 원산업은 동업조합, 상인 조직, 특권도시, 촌락 공동체, 봉건지주 등과 같은 전통적인 제도의 규제를 받았다. 원산업화에 대한 일련의 연구는 산업의 발전이 원산업화의 존재 여부보다는 제도적 편차의 영향을 더 크게 받았다는 점을 보여준다.

원산업화 이론과는 다른 차원에서 어떻게 공장제 이전의 산업에서의 변화가 공장제로의 길을 준비했는가에 관한 두 번째 이론이 있는데, 이것이 바로 1990년대 초에 얀 드 브리스가 제안한 '근면혁명론(industrious revolution)'이다. 그는 18세기 산업에 여러 상이한 변화의 틀이 있었음을 강조한다. 즉 수공업으로부터 원산업으로의 변화가 아니라 자가소비를 위한 자가 생산으로부터 시장지향적인 수공업 및 원산업으로의 변화가 그것이다. 18세기에 유럽인들은 그들의 시간을 다르게, 곧 '더 근면하게' 사용하기 시작했다. 그들은 여가와 '자가 생산'을 위한 시간을 줄이고 '시장 생산'을 위한 시간을 늘리기 시작했다. 그리고 이러한 변화는 더 큰 소비 수요를 창출했다. 그에 의하면 이 두 가지는 공장 산업화를 위해서 불가결한 것이었다.

'근면혁명'에 대해서 아직 어떤 결론을 내리기는 어렵지만 유언목록과 회계장부에 입각한 소비 양태의 연구는 최소한 부분적이나마 그것을 지지해준다. 18세기 유럽의 일부 지역에서 점점 더 많은 사람들이 자가 생산을 줄이고 더 많은 물품을 구입하기 시작했다. 시간할당에 관한 판단은 더 어려운데, 남아 있는 극히 일부의 자료는 더 많은 시간을 일하고 휴일을 줄이고 임금노동을 늘리고 생계노동을 줄였음을 시사한다. 그러나 산업 노동의 시장지향적인 것으로의 이행은 어디에서나 동일한 정도로 일어나지 않았다. 새로운 소비 양태는 잉글랜드와 저지대 지역에서는 강력했지만, 중부 유럽에서는 늦게 그리고 약하게 나타났다. 대륙의 동부와 남부의 많은 지역에서 그것은 19세기, 심지어는 20세기까지도 오지 않았다.

'원산업화'와 '근면혁명'은 최소한 근대적인 공장의 등장 이전에 유럽의 산업분야에서 부분적이나마 체계적인 변화가 일어났음을 확인시켜준다. 전체적으로 볼 때 18세기에 원산업은 확대된 반면에 전통적인 수공업은 정체하거나 후퇴했고, 자가소비를 위한 제조행위는 그 둘에 자리를 내주었다. 이 변화가 공장의 대두를 예시하는 것인지는 여전히 결말이 나지 않은 문제이다. 그것은 모든 경제행위를 둘러싸고 있는 사회적 틀에서의 더 심원한 변화를 보여주는 징후일 가능성이 크다. 이는 이러한 변화가 유럽의 여러 지역에서 매우 다양한 정도로, 매우 다양한 귀결을 동반한 채 일어났다는 사실이 입증해준다. 대륙의 많은 지역에서 18세기 말까지의 산업현장의 모습은 17세기 말이나, 심지어 16세기 말 당시와 매우 유사했다. 동업조합과 특권도시는 가장 선진하거나(잉글랜드와 저지대 지역), 가장 후진적인(엘베 강 너머의 동쪽지역) 지역을 제외하고는 여전히 강력했다. 강력한 지주들(주로 귀족이나 교회였는데)은 농촌 수공업이 자신들의 농업적 이해관계와 충돌할듯하면 그것을 금지하거나(잉글랜드의 레스터셔, 스웨덴, 프로이센에서처럼), 영주 수입의 다른 원천으로서 그것을 성공적으로 흡수했다(프랑스의 랑그도크, 슐레지엔, 러시아에서처럼). 촌락 공동체는 원산업이 공동의 이해관계를 해칠 경우는 그것을 배제하거나(취리히의 고지대에서와 같이) 그것을 성공적으로 공동체의 규제에 종속시켰다(네덜란드의 트벤테 지방이나 독일의 뷔르템베르크에서처럼). 이처럼 도시에서 오랫동안 수공업을 통제해왔던 특권적 집단들은 계속해서 그렇게 했으며, 농업 경제를 자신의 이익에 맞게 규제해왔던 지주나 공동체는 새 농촌 수공업과 원산업에도 통제권을 확대했다. 고비용산업은 제도적 특권 및 지리적 장벽에 의해서 경쟁으로부터 보호를 받았다. 예컨대 뷔르템베르크의 소모사 원산업은 매우 강력한 공동체적 규제로 말미암아 고비용에 저품질이면서 기술적으로도 낙후되어 있었는데, 지리적 위치와 관세장벽이 경쟁자가 접근하는 것을 막아 1790년대까지 살아남을 수 있었다.

이러한 상황은 이른바 산업혁명으로 불리는 산업상의 질적 변화가 불가피하거나 어쩔 수 없는 것이 아니라는 것을 말해준다. 이런 점에서 우리는 목적론을 경계해야 한다. 물론 그런 변화는 실제로 일어났으며, 우리는 그것을 설명해야 한다. 목적론에 빠지지 않으면서 변화의 요인과 내용을 살펴보자. 먼저 지적할 것은 산업혁명이 일어나려면 어떤 전제조건이 필요했다는 점이다. 여기에서 특히 중요한 것이 국가의 역할과 시장의 존재이다. 강력하고 안정적인 정부는 경제 발전을 위해서 불가결한 조건이다. 이를 위해서 국가는 효과적인 전쟁도구나 국내 폭력의 독점자로 그쳐서는 안 된다. 그것은 계급관계의 적극적인 조정자인 동시에 공공성을 담보해야 한다. 실제 18세기에 오면 일부 국가는 상비군, 조세체제, 전문적 관료제, 공공재정 등을 발전시켜, 근대 초 군주들의 오랜 관행으로부터 벗어날 수 있었다. 아울러 중세 이래 형성된 무수한 제도적, 법적 특권의 틈새로부터 점차 시장이 발달하여 토지, 노동, 자본을 더 효율적으로 배분하고 생산자와 소비자가 봉건적 잔재의 장애물을 넘어 더 쉽게 만나도록 해주었다. 강력한 국가와 역동적인 시장은 경제행위를 예측할 수 있는 사회적 틀을 마련하여 경제적 실험이 가능하고 수익을 가져다줄 수 있는 환경을 창출했다.

산업혁명의 원인에 관한 엄청난 양의 논쟁도 여전히 영국이 유럽의 다른 나라들이 가지고 있지 못한 명백하고 확인할 수 있는 요인이 무엇인지 밝혀내지 못하고 있다. 농업혁명과 선진적인 금융체제가 자본의 값싼 원천을 제공했음은 사실이다. 그러나 네덜란드도 그러했다. 농업 생산성의 성장이 노동력을 해방시키고 동업조합은 그 노동력이 산업에 종사하는 것을 막지 못했다. 그러나 1760년에 이르면 플랑드르, 스위스, 프랑스의 일부 지역도 그러했다. 농업혁명으로부터 이득을 본 여유 있는 농민들이 산업의 소비시장을 제공했다. 그러나 저지대 지역과 다른 비옥한 농경지대 역시 그러했다. 상업혁명은 통합된 곡물시장을 만들고 생산자들에게 원가를 낮추어 소비자에게 도달할 수 있게 해주었다. 그러나 대내외적인 교역의 번영은 잉글랜드만의 일이 아니었다.

아마도 현재의 지식 상태에서 가장 그럴듯한 결론은 위의 요소들을 유럽의 다른 지역이나 나라가 부분적으로 가지고 있었지만, 잉글랜드가 그 모든 것을 결합시킬 수 있었다는 점일 것이다. 이제 잉글랜드에서 물품을 생산하는 더 좋은 방법을 고안한 사람들은 기득권 집단의 반대에 부딪히지 않고 필요한 자본, 노동, 토지를 가능한 가장 싼 값으로 필요한 양만큼 얻어낼 수 있었다. 그리고 그들은 생산품을, 투자된 자본과 실험의 위험을 충분히 감당할 수 있을 만한 가격과 양으로 팔 수 있었다. 이 점에서 새 발명은 언제나 프랑스인이 고안하지만 결국 그것을 실용화한 것은 영국인이라고 한 당대인의 지적은 새겨둘 만하다. 기술사가들이 '거시혁신'이라고 부르는 것은 서유럽의 많은 지역에서 속출했지만, 그것을 산업현장에서 써먹으려면 하급 기술자들에 의해서 수많은 시행착오를 거친 '미세조정'이 있어야 했는데, 바로 잉글랜드의 제반 조건이 그것을 가능하게 했던 것이다.

잉글랜드에서 1660-1760년에 210개의 발명이 산업특허를 얻었는데, 특히 1700년 이후 급증했고 다비의 코크스 용광로(1710), 케이의 '나르는 북'(1733), 폴의 소모기 등이 현장에 적용되었다. 그리고 1760년대에 이르면 10년간에 발행된 특허권의 수가 처음으로 200개를 넘어섰고, 그 수는 1760-1790년에 폭발적으로 늘어 1,000여 개에 이르렀으며, 그 가운데 아크라이트의 수력 방적기, 하그리브스의 제니 방적기, 크롬프턴의 뮬 방적기, 와트의 증기기관, 카트라이트의 역직기, 코트의 철의 교련 과정의 6개는 불가결한 '미시혁신'과 함께 산업을 돌이킬 수 없을 정도로 변모시켰다. 1770년대부터 잉글랜드의 면 생산량은 급속히 늘어났고, 1780년대 이후 철의 생산이 그 뒤를 따랐다. 생산성이 엄청나게 증가했고, 원가와 가격이 급속히 하락했으며, 판매와 생산고가 빠르게 늘어났다.

그 결과 18세기 유럽 산업의 미묘한 균형에 균열이 나타나기 시작했다. 이제까지 플랑드르의 아마포 제조에서의 약간 우수한 기술은 베스트팔렌의 약간 값이 싼 아마포 원료가, 슐레지엔 농노 직조공의 약간 낮은 임금이, 또는 다른 지역에서는 시장에의 근접성이 균형을 맞추어주었다. 그러나 단기간 내에 산업 간의 경쟁이 자원의 혜택, 인위적으로 값싼 노동력, 높은 수송비, 또는 보호입법으로 쉽게 상쇄할 수 있는 사소한 원가 차이의 문제가 더 이상 아닌 것이 되었다. 새 기계와 공장들은 면직물, 철물류를 생산했는데, 기존의 원산업의 가격에 비해서 턱없이 싼 값으로, 그것도 이익을 남기면서 팔 수 있었다. 기계는 종종 제품의 질도 크게 개선했다. 기계와 공장은 그렇게도 많은 18세기 산업지역이 살아남을 수 있었던 사소한 원가의 이점을 일거에 일소시켰다. 전 유럽에 걸쳐 원산업은 경쟁의 추위를 타기 시작했고, 18세기 유럽의 안정적이고 특권적인 산업체제는 붕괴하기 시작했다.

기존의 산업으로 보자면, 명백한 해결책은 기계와 공장을 도입하는 것이었다. 하지만 많은 지역이 제도적 장애로 말미암아 그것에 유연하게 대응하기가 어려웠다. 일부는 주로 임금을 깎아내리는 방식으로, 다른 일부는 기계화가 어려운 부문에서 독자적인 영역을 유지하는 방식으로, 또다른 일부는 정부를 설득하여 보호장벽이나 새로운 특권을 도입하여 살아남으려고 했다. 이러한 시도들은 나폴레옹의 대륙 봉쇄와 결합하여 일부 유럽의 원산업을 영국과의 경쟁으로부터 보호해주었지만, 1815년 이후 상황은 그런 여유를 더 이상 허용하지 않았다.

그러나 영국에서조차 산업조직의 변화가 즉각적으로 일어난 것은 아니었다. 모든 주요한 발명은 천재 발명가에 의한 탁월한 발견이라기보다는 이미 생산에 이용되고 있던 기술을 독창적으로 적용한 결과일뿐더러, 그것이 산업현장에 적용되는 데에도 상당한 시일이 걸렸다. 더욱이 기계의 등장이 불가피하게 공장 생산을 이끈 것도 아니었다. 초기의 제니 방적기나 뮬 방적기는 작아서 작업장이나 심지어 집 안에도 설치할 수 있었다. 제조업은 도구나 기계를 사용하는 소규모 작업장에 여전히 크게 의존했다. 이렇듯 가내수공업, 장인의 작업장, 공장 생산이 같은 지역에서만이 아니라 동일 산업 내에 종종 공존했다. 일부 지역에서 아마도 값싼 농촌 노동력의 부족으로 방적의 기계화가 이루어지면서 직조는 수직기 직조공의 급속한 증가를 통해서 겨우 보조를 맞출 수 있었다. 기계화는 처음에는 심지어 원산업이 가장 잘 제공할 수 있는 상품에 대한 수요를 늘리기조차 했다. 수직기 직조공은 19세기 중엽까지 살아남았다.

공장의 발전은 적어도 처음에는 기술적 요구와 큰 관련이 없었다. 제조업자들은 일출과 일몰, 계절적 변화의 시간 흐름에 익숙해 있는 노동자들에게 공장 노동의 규율을 부과하여 그들을 더 쉽게 감독하기 위해서 한 지붕 아래로 집중시켰다. 그들의 목표는 노동자들을 철저하게 훈련시켜서 "실수를 범할 수 없는 기계로 만드는 것"이었다. 그들은 노동자들이 지각하면 임금에 벌금을 매겼다. 노동자들은 "선술집, 맥주집, 커피집에 있고, 아침이나 저녁을 먹고, 놀고, 자고, 담배 피우고, 말다툼하거나 업무와 무관한 일을 하고, 아무 까닭 없이 늑장을 부린다"는 이유로 임금을 삭감당했다.

18세기 중엽 이후 공장제 생산은 북부 잉글랜드의 경관을 바꾸기 시작했다. 공장으로부터 작은 마을이 큰 촌락이 되고 그것이 다시 도시가

되었다. 잉글랜드 제조업의 중심이 남부 및 남동부에서 북부 및 북서부
로 이동했다. 요크셔는 1700년에 잉글랜드 모의 20퍼센트를 생산했는데
다음 세기 초에는 60퍼센트에 이르렀다. 소모사의 생산도 남동 잉글랜드
를 떠나 그곳에 집중했다. 그리하여 북부 잉글랜드의 산업중심지는 제조
업혁명의 발원지가 되었다.

4. 교역과 상업혁명

대외교역, 특히 식민지와 노예무역이 18세기의 경제적 변화에서 가지
는 의미는 이 책의 다른 부분이 언급하고 있기 때문에 여기서는 주로
유럽 내부의 상업적 변화에 주목하겠다. 다만 근래 구미 학계의 주류적
해석이 식민지와 노예무역의 중요성을 체계적으로 부정하고 있어 이에
대해서 간략하게나마 언급하지 않을 수 없다. 영국의 해양제국은 17세기
에 소규모로 출발하여 18세기에 본격적인 식민제국 체제로 성장했다. 18
세기 중엽에 이르면 유럽, 아프리카, 신대륙이 '삼각무역'에 의해서 하나
로 묶였다. 일련의 교역연계망을 통해서 이국적인 산물들이 유럽으로 들
어왔고, 유럽의 제조품이 전 세계로 퍼졌으며, 상인들은 부를 축적했다.
이 무역은 가시적이고 또 많은 기록을 남겨 유럽 경제가 새로운 단계로
도입해가는 주요한 징표로 보였다. 상업을 국부의 원천으로 보는 중상주
의는 18세기에 여전히 정통경제이론으로서의 위치를 확보하고 있어서
당시대인들의 대부분이 그렇게 생각했거니와, 얼마 전까지 후대의 역사
가들도 그것에 공감했다.

그러나 대서양의 노예무역이나 '삼각무역'이 영국의 경제 성장에 결정
적인 역할을 했다는 에릭 윌리엄스의 논지가 1960년대 이후 일련의 논
박의 대상이 되면서 새로운 정통적 견해가 형성되기 시작했다. 이 견해
는 원거리 교역, 식민주의, 노예무역이 산업혁명을 위한 자본을 축적하

고 수출시장을 제공하고 원료를 공급하는 데에 큰 역할을 했음을 부정한
다. 그것들은 성장의 '엔진'이라기보다는 기껏해야 '하녀'일 가능성이 더
크다는 것이다. 모든 수치는 영국의 공급능력이 외국의 수요보다 더 빨
리 성장했음을 시사한다. 말하자면 수출의 증대를 야기한 것이 영국 산
업의 성공이지, 산업의 성장을 만든 것이 해외교역의 성공은 아니라는
것이다. 이 견해는 아메리카의 노예 대농장의 값싼 원면이 없었다면 산
업혁명이 아마포나 양모가 기계화될 때까지 늦추어졌을 것이라고 전통
해석의 일부 논지는 받아들이지만 영국처럼 유연하고 효율적인 경제구
조를 가진 나라라면 어떻게든 산업화되었을 것이라고 지적한다. 하지만
윌리엄스가 신대륙의 노예제가 자본주의를 만들었다고 주장하지 않았음
에 유의할 필요가 있다. 그가 보여주려고 했던 것은 노예 대농장과의 교
역이 없었더라면 영국의 자본주의가 산업주의로 탈바꿈하여 결국 세계
적인 차원에서 패권을 장악하기가 쉽지 않았을 것이라는 점이다. 이는
1793-1815년의 혁명전쟁 시기를 살펴보면 쉽게 확인할 수 있다. '대륙체
제'에서 배제된 영국이 만약 '대서양체제'를 가지고 있지 않았더라면 이
전의 산업 생산량의 급증 추세를 계속해서 유지하기 어려웠을 것이기
때문이다. 더욱이 산업자본주의는 노예제를 더욱 강화했다. 산업주의의
도래는 이국적 산물에 대한 수요를 크게 늘려 노예 대농장의 확대에 이
바지했다. 18세기 말-19세기 초 신대륙의 노예체제는 중상주의 시기의
그것을 훨씬 더 능가했으며, 비록 노예 폐지론자들의 강력한 저항에 직
면했지만 전성기를 구가할 참이었다.

　새로운 정통 해석 가운데 특히 흥미로운 것은 식민지의 소유가 경제적
으로 언제나 이득이 되지는 않았다고 주장한다는 점이다. 이 역사가들은
식민지를 방위하고 그것에 행정제도를 유지하고 무역 규제조치를 취하
는 '비용'을 계산하고는 지출이 언제나 식민지로부터의 경제적 이득보다
더 컸다고 지적한다. 이 경제적 계산이라는 것이 과연 신뢰할 만한 것이

냐 하는 문제는 차치하고서라도 그들은 식민주의가 경제 전체의 희생 위에서 해군의 이해관계, 노예 대농장의 소유주, 보조금을 받은 소수의 제조업자들에게 봉사했다고 결론을 내린다. 18세기는 말할 것도 없고 어느 때나 경제 성장의 혜택을 직접적으로 받는 집단이 소수임을 염두에 둔다면 그런 결론이 설득력이 있는 것인지 매우 의심스럽다. 영국의 '남해 거품 사건'(1720)이나 같은 해 프랑스의 '미시시피 거품 사건'은 당시 금융제도의 불안정성을 보여주는 동시에 식민지 경영 및 그것과 관련한 수익성의 기대가 결코 허구가 아님을 말해준다고 하겠다.

이제 18세기 유럽 내에서 나타난 '상업혁명'의 내용을 살펴보자. 새로운 정통 해석의 연장선상에서 근래 역사가들은 바다 건너의 매력적인 원거리 교역이 아니라 지방이나 지역 수준의 상행위와 평범한 거래에서 일어난 변화에 주목한다. 시장의 존재와 그것을 매개로 하여 이뤄지는 거래 행위는 특정 개인이나 지역의 전문화나 특화를 가능하게 하며 참여자들에게 가격을 낮추게끔 경쟁적인 압력을 가한다. 하지만 역사적으로 교역과 거래 행위는 값비싼 것이었으며, 그런 곳에서 시장은 형성되기 어려웠다. 18세기의 상업혁명의 핵심은 그것이 교역의 원가를 낮추게 하여 그 이전에는 결코 가능할 수 없었던 대규모 교환이 일어나기 시작했다는 점이다.

교역의 가장 큰 비용은 수송비였다. 1700년에 육로 및 수로 수송은 유럽 대부분의 지역에서 매우 비쌌다. 수로 수송은 육로 수송에 비해서 기본적으로 값이 훨씬 더 쌌다. 예컨대 영국에서 석탄은 도로로 운반될 경우는 8킬로미터마다, 수로로 옮겨질 경우는 40킬로미터마다 값이 두 배로 올랐다. 18세기에 길은 좁고 구불구불하고 전반적으로 빈약하기 짝이 없었다. 수로도 그렇게 좋은 상태는 아니었다. 많은 강들이 항행하기 어려웠고, 운하 건설은 대규모의 투자를 필요로 하는데다 네덜란드에서나 일반적이었다. 오직 긴 해안선을 가진 나라들만이 거의 모든 지역을 해안 수송으로 접근할 수 있었다.

수송 시간과 파손을 줄이는 도로의 개선이 상업혁명의 주요한 구성요소의 하나였다. 가장 큰 문제는 도로를 어느 누구도 유지하거나 개선할 유인을 찾기가 어려웠다는 점이다. 18세기에 이 문제는 프랑스에서는 국가가, 잉글랜드에서는 시장이 해결했던 셈이지만, 기타 나라들에서는 두드러진 개선의 기미가 보이지 않았다. 프랑스의 도로행정은 1700-1770년에 예산을 크게 늘려 4만 킬로미터의 도로망을 건설하고 파리-리옹(약 400킬로미터)의 여행 시간을 열흘에서 닷새로 단축시켰다. 잉글랜드는 이 문제를 '유료 도로법(Turnpike Act)'으로 해결했다. 그것은 통행료 납부의 권한을 반대급부로 '유료 도로 투자단'의 형성을 가능하게 했다. 1750년에 이르면 유료도로의 망이 런던을 중심으로 방사선 모양으로 펼쳐졌고, 1740-1780년 사이에 런던과 버밍엄(약 180킬로미터)의 여행시간을 이틀에서 9시간으로 줄였다. 수운의 개량과 운하 건설도 동일한 양상을 보였다. 잉글랜드에서는 개인이, 프랑스에서는 국가가 그것을 수행했고, 나머지 나라에서는 부분적인 시도가 있었을 뿐이다. 운하의 건설과 개량은 17세기에 저지대 지역에서 시작되었다. 잉글랜드는 가항하천으로 오직 새번 강 하나뿐이었으나 1760년에 이르면 가항수로의 길이는 2,300킬로미터에 달했다. 이때부터 진정한 의미의 '운하 열풍'이 불어 1800년까지 3,200킬로미터의 운하가 생겨났다. 프랑스에서는 주로 왕권의 지원 아래 17세기 초부터 1730년대 사이에 운하망이 늘어 1789년 당시 1,000킬로미터에 달했다.

그러나 수송비가 교역의 유일한 비용은 아니었다. 도로나 가항하천 또는 운하가 있는 곳에서조차 농업과 산업 부문에서와 마찬가지로 특권집단이 종종 그것들에 대해서 제도적 권리를 확보하고 있었다. 프랑스에서 절대왕권은 도로와 운하를 건설하던 바로 그 시기에 내국관세를 설정하여 유럽 최대 시장의 형성을 막았다. 그것은 거래세의 징세권을 일단의

총괄징세 청부업자들에게 팔아넘겨 국내 무역장벽의 유지를 원하는 효
과적인 로비 집단을 만들었다. 18세기에 프랑스의 대영주들은 통행세를
부과하는 구래의 봉건적 권리를 부활시켰다. 신성 로마 제국 등의 중부
유럽에서 영토적 분할은 문제를 더욱 악화시켰다. 군주와 봉건귀족만이
아니라 특권도시들이 무수한 통행료를 부과했다. 독일의 상당수 도시들
은 주변 농촌에서 사고파는 모든 물품에 독점권을 행사했다. 저지대 지
역과 잉글랜드에서 16-17세기에 '물품독점권'을 상실한 도시의 제도적
취약성은 상업적 이점의 요인 가운데 하나였다.

18세기 상업혁명의 마지막 구성요소는 상인과 무역업자의 활동의 변
모이다. 중세 이래 유럽 대부분의 도시 상인들은 동업조합을 조직했다.
16-17세기에 원거리 식민지교역과 같은 새로운 형태의 상업의 대두는
'상인조합'이라는 새로운 조직을 탄생시켰다. 이 가운데 소수는 근대 주
식회사를 예시했으나 대부분은 새로운 외양을 한 동업조합이었다. 특정
한 도시나 원산업 지역, 또는 해외 무역로의 상인들은 로비 집단을 형성
하여 국가의 독점을 확보하고는 외부 경쟁자를 배제하며 내부경쟁을 억
제하고 고객에게 독점적 가격을 부과하는 등 동업조합과 유사한 행동을
했다. 18세기 유럽에서 선진경제와 후진경제의 주요한 차이는 특권적인
상인조합이 원산업 지역, 지역 간의 곡물 거래, 지방 소매업을 장악하고
있느냐의 여부에 달려 있었다. 잉글랜드와 저지대 지역에서 도시상인 동
업조합은 이미 1600년 이전에 이 부분에 대한 통제권을 상실했다. 반면
에 나머지 유럽에서 특권적인 교역회사는 대부분의 원산업 지역에 대해
서 독점권을 행사했다. 18세기의 상당 기간이 지난 뒤에 군주들이 상인
들의 특권을 더 이상 인정하지 않으면서 상업비용이 떨어지기 시작했다.

5. 소비와 소비혁명

18세기 상업혁명의 마지막 요소는 앞서 언급한 '근면혁명론'과 관련이 있다. 그것에 따르면, 농업 및 산업의 생산성 향상이 상업비용의 감소와 결합하여 값싸고 다양한 소비재를 빈민들이 구매하는 것이 가능해졌다. 인구의 더 많은 부분, 특히 도시민들이 소비재를 구입하여 물질주의의 태도를 형성하기 시작했다. '소비혁명'이 어떻게 해서 나타나게 되었는 가에 대해서 일정한 경제적 설명이 가능하다. 유언장에 들어 있는 자산 목록은 그 자체가 소비습관의 발달을 보여주는 중요한 사료인데, 그것에 는 현금이 별로 없었고 물려준 재산의 큰 부분이 물품의 형태로 축장되 어 있었다. 저축은행이 부재한 상태에서 18세기 유럽 경제가 생산한 부 는 상당 정도로까지 구체적인 소유물의 형태를 띨 수밖에 없었을 것이 다. 또한 그것은 비상시를 대비하는 보험이 될 수 있었다. 하지만 소유욕 내지 획득욕은 단지 경제적 동기에서만 비롯한 것은 아니었다. 한 가설 에 의하면, 낭만적 사랑이라는 주제를 가진 근대 소설의 발전과 감각적 경험을 추구하는 특유하게 근대적인 쾌락주의의 대두는 '소비혁명'의 정 서적 배경을 이룬다. 중세 이래 도덕적으로 경계해야 할 탐욕 가운데 하 나인 '물욕'을 표현하기 위해서 17세기부터 중립적인 '이해관계(interest)' 라는 새로운 용어가 사용되기 시작했다는 것은 '소비혁명'이 '근대성'의 창출이라는 더 광범위한 현상의 한 부분임을 말해준다.

17세기 중엽 이전에는 상류층만이 의상이나 가재도구를 제대로 갖춰 놓고 살았다. 1650년 이후에는 자산목록이 보여주듯이 하층민들도 그러 한 물품을 부분적이나마 가지기 시작했고 거기에 여러 품목들이 추가되 었다. 그들은 이제 짚보다는 매트리스 위에서, 더 자주 마룻바닥보다는 침대에서, 세기말에 이르면 부모는 비록 다른 방은 아닐지라도 다른 침 대에서 아이들과 떨어져서 잠을 잤다. 그들은 벽을 장식하는 몇 개 되지 않는 종교 소품 외에 종종 음식이나 꽃의 그림을 그리고 거울을 걸었다. 그들은 모와 면으로 만들어진 여벌의 옷과 외출복을 가지게 되었고, 부르주아 소비자들은 유행에 따라서 의상을 바꿨다. 그리고 이런 것들을 보관하기 위하여 하층민들은 옷장과 화장대를 샀다. 그들은 더 자주 집에 벽지를 발랐고, 괘종시계와 회중시계를 가지게 되었으며, 침실용 변기와 면도칼을 구입했다. 참으로 이 시기는 다가올 소매업자 시대의 여명기였다.

하층민들 역시 차와 커피를 마시기 시작했고, 훨씬 많은 양의 지방산 맥주를, 일부는 포도주와 브랜디를 마셨다. 음식은 더 다양화되었는데, 감자가 가끔 주식으로 사용되기 시작하면서 점차 곡물을 대신했다. 그들은 설탕, 초콜릿, 기타 이국풍의 산물을 열광적으로 섭취했다. 그들은 나무접시보다는 도자기 그릇에 먹기 시작했고, 나무 컵보다는 유리잔으로 더 자주 마셨다. 그들은 몸을 씻으려고 비누를 구입했으며, 불편할 정도로 좁고 낮은 집에서 양초와 등잔으로 불을 밝혔다. 그들은 아이들을 위해서 장난감을, 자신들을 위해서 책과 신문을 샀다. 그들은 더 많은 면류, 스타킹, 모자를 착용했고, 우산을 들고 다니기 시작했다. 그들은 아이들이 글을 깨치고 셈을 익히는 일에 더 큰 관심을 가지게 되었다.

그러나 이런 변화가 18세기에 서유럽과 기타 일부 지역에 국한된 것임을 유의해야 한다. '소비혁명'은 혁명적이라기보다는 점진적이었으며 유럽 전체에 보편적인 것도 아니었다. 이것 역시 사회정치적, 제도적 요인들의 영향을 크게 받았다. '사치 금지법'은 18세기에 많은 군주들이 막 진행 중인 소비혁명을 중단시키기 위해서 제정한 것이었다. 그들은 점증하는 전쟁의 재원 마련을 위해서 조세원이 될 수 있는 것을, 신민들이 '쓸모없는 사치품'에 낭비하지 않도록 막으려고 노력했다. 귀족과 도시의 과두지배층은 사회적 하위자들이 사회적 구분의 전통적인 상징을 침해하는 것을 막으려고 했다. 귀족들은 신참자들에게서 족보 편찬, 엄격한 족내혼, 또는 법적 장애물을 통해서 특권적 신분을 지키려고 했다. 이러한 시도가 성공을 거둔 곳에서 그들은 소비나 소득에 따른 새로운 사회적 규범이 등장하는 것을 막고 소비혁명의 주요한 통로를 봉쇄했다. 심지어 유럽의 많은 지역에서 특권적인 집단들은 생계의 최저선 이상의 모든 소비를 철저하게 막았다.

소비혁명의 시작이 언제인지 정확하게 알기는 어렵다. 런던에서 1730년대에 이르면 서비스업에 종사하는 사람들의 수와 비율이 급증하여 이미 '서비스 혁명'이 완료된 상태였다. 네덜란드의 도시들에서는 그 시점을 1670년대까지 끌어올릴 수 있다. 파리와 베르사유에서 그 시작이 루이 14세 치세기에 일어났음직도 하지만 그것이 광범위한 기반을 가지게 된 것은 18세기 후반기의 일이었다. 일부 다른 곳에서도 소비재에 대한 수요의 증가는 18세기 후반기에 나타났다. 이렇게 볼 때 북서 유럽의 소비혁명은 '산업혁명'에 선행했다. 이는 그 수요가 전통적인 장비와 도구에 의한 생산으로 충족될 수 있었기 때문이다.

이렇듯 사망 당시의 자산목록은 18세기가 지날수록 노동자들을 포함하여 하인이나 장인층과 같은 하층민들이 다양한 소비품을 더 많이 가지게 되었음을 보여준다. 이들은 살림도구, 의류, 기타의 물품에 대한 수요와 소유의 증가가 보여주듯이 근대적 대량소비와 소비주의를 향한 일보를 제한적이나마 내딛었던 듯이 보인다. 하지만 18세기는 앞서 살펴보았듯이 식량만이 아니라 다른 생필품의 가격이 대부분의 시기에, 대부분의 지역에서 임금보다 더 빠른 속도로 상승했다. 명목임금보다 물가가 더 빠르게 올랐다는 것은 실질임금이 하락했다는 뜻이다. 이는 대부분의 연구자들이 합의하고 있는 사항인데, 분명히 하층민의 구매력은 위축되었을 것이다. 이렇듯 상호 양립하기 어려운 두 가지 경향이 18세기에 공존했는데, 그렇다면 이 역설을 어떻게 설명할 것인가?

부분적인 설명은 소비재와 다른 품목 사이의 교환비율에 있다. 16세기의 피렌체, 17세기부터 잉글랜드와 네덜란드, 18세기에 파리, 빈, 기타 다른 도시처럼 소비재 생산이 활발했던 곳에서 소비재의 가격은 다른 재화 및 용역의 그것에 비해서 상대적으로 하락했다. 가격만을 놓고 볼 때, 소비혁명은 생산성의 두드러진 성장을 함축한다. 따라서 신제품을 사거나 특히 중고품의 소비재를 구입하기는 더욱 쉬어졌을 것이다. 그러나 상대적인 가격의 경향만으로 그 모순을 설명하기에는 충분하지 않다.

두 가지 다른 설명이 어떻게 이 외관상의 모순적인 증거들을 화해시킬 수 있는지를 시사한다. 하나는 '근면혁명론'이다. 시간이 지남에 따라 사람들은 벌이가 줄고 식량과 다른 몇 가지 물품을 구입하는 데에 더 많은 것을 지불했지만, 더 오래, 더 많이 일하고 여성과 아동의 노동을 통해서 그 차이를 벌충하고도 남음이 있었다는 것이다. 이는 19세기 전반기 산업 근대화의 초기 단계의 일반적인 특징이었던, 여성과 아동의 임노동과 주당 50-70시간의 장시간 노동 그리고 거의 1년 전 기간의 노동 등이 구체제의 작업장과 가내에서 그것에 앞서 이미 시작되었음을 말한다. 이것은 분명히 산업화의 과정에서 공장의 기율과 노동의 종속적인 위치로 말미암은 것은 아니었다. 그렇다면 17세기 하반기에 영국 직물업에서의 임금 하락이 여성과 아동을 임노동자로 내몰았듯이 노동자들은 여가를 희생할 수밖에 없었을까? 아니면 물질주의와 소비주의에 의한 거의 자발적이고 의지적인 전환이었을까? 이 질문에 답하기는 아직 시기상조이다. 그러기에 더 많은 사람들이 더 많은 시간을 일했기 때문에 소비재와 용역의 측면에서 더 많은 것을 소유할 수 있게 되었다고 말하는 것은 아직 추론에 불과하다.

어떻게 실질임금이 감소했음에도 불구하고 구매력이 증가할 수 있었는가에 대한 두 번째 가설은 그것이 시장과 화폐 교환의 대두, 그리고 현물보다는 화폐로 지불받는 임금의 비율 증가로 말미암았다는 설명방식이다. 세기 초에 상대적으로 적은 노동자들이 화폐로 임금을 받았으며, 그 때문에 대부분 화폐로 임금을 받은 숙련 노동자들이 그렇지 못한 미숙련 노동자에 비해서 훨씬 더 많은 임금을 받았던 셈이다. 세기가 지나면서 현금임금의 비율이 높아졌고, 더 많은 노동자들이 먹고 자고 그리고 거기에 덧붙여진 약간의 보수가 아니라 현찰임금을 위해서 일하게 되었다. 이전에 현물로 지급 받던 낮은 보수의 일자리가 이제 현금으로 지급 받아 역사가들이 임금 수준에 관한 정보를 얻기 위해서 참조하는 사료에 나타나기 시작했다. 그 결과 더욱 더 많은 낮은 임금의 일자리들이 통계에 잡힘으로써 노동자들의 실질임금의 하락추세를 만들어내는 동시에 현물에서 현찰로 보수가 바뀐 낮은 임금의 더 많은 소비자들이 시장에 참여하게 되었다는 것이다. 아울러 인구 증가와 도시의 수와 규모의 확대는 화폐경제의 확대와 노동시장의 통합을 촉진했다. 도시로의 이주는 특히 현금노동의 추세를 강화했다. 그러나 농촌에 머물렀던 사람들 역시 세기가 지남에 따라 더 자주 현물보다는 현금으로 임금을 받았다. 1700년에 도시는 현찰노동의 세계였고, 농촌은 대부분 현물노동의 세계였다. 1800년에 이르면 서유럽 및 중유럽에서 현찰노동이 일반화되었다.

'근면혁명론'과 '현찰노동설'은 모두 가설에 불과하다. 두 이론은 모두 과거 역사가들이 생활수준을 측정하던 방식에서 오류를 발견함으로써 수수께끼를 풀었다고 주장한다. '근면혁명론'이 볼 때 측정 오류는 각 세대가 얼마나 많은 시간을 노동에 할당했는지를 고려하지 못한 데에 있다. 그것에 의하면, 사람들이 여가시간을 노동시간으로 바꿨기 때문에 소비재의 구매가 가능했다. 현찰노동설이 볼 때 측정 오류는 조사 대상인 일자리들의 구성이 복잡하게 바뀌었음을 보지 못한 데에 있다. 즉 소수의 높은 보수의 일자리로 이루어진 노동시장이 다양한 수준의 임금을 주는 많은 직종의 노동시장으로 바뀜에 따라 임금이 하락했다는 잘못된 느낌을 주지만 그럼에도 불구하고 구매력은 증가했다는 것이다. 더 많은 사람들이 소비재를 위한 판매시장에 진입했기 때문에 소비가 증가했다. 이것이 뜻하는 바는 태도에서의 근본적인 변화는 없었고, 그 대신에 자가생산과 자가소비에서 시장을 통한 생산과 소비로의 전환, 따라서 물질적 소유가 각 가정이 스스로를 위해서 만들던 소수의 물품으로 구성되는 세계로부터 시장을 통해서 획득할 수 있는 보다 많은 범위의 물품을 가진 세계로의 이행이 있었다는 것이다.

6. 18세기 경제적 변화의 의미

소비혁명의 원인을 정확하게 설명하기는 어렵지만 18세기에 그것이 유럽의 일정지역에서 일어났음을 부정하기는 어렵다. 그리고 그것은 근대 경제 성장의 기원에 관한 다른 관점을 제공한다. 서유럽 및 중유럽의 많은 도시들에서 나타난 소비혁명의 도래가 뜻하는 바는 유럽이 근대 경제로 전환하게 되는 계기가 자본집약적인 방식으로 더 많은 제품을 더 싼 값으로 대량생산하는 산업혁명이라는 '공급'의 측면에서만이 아니라 도시 소비자들이 더 많고 다양한 종류의 재화와 용역을 요구하는 '수요'의 측면에서도 마련되었다는 점이다. 즉 증기기관과 기계 그리고 공장이 출현하기 이전에 이미 장인이나 기타 노동자들이 일했던 가내나 소규모 작업장에서 산업주의의 토대가 마련되었으며, 근대 경제 성장이 생산의 규모, 기술의 사용 또는 투자 등에서의 혁신 못지않게 단순히 재화와 용역을 생산하고 소비하는 사람들의 수가 늘어남으로써 가능하게 되었다는 것이다.

그러나 소비주의의 발견이 가지는 의의는 여기서 그치지 않는다. 그것은 '산업혁명'이 단순히 경제적인 변화에 그치는 것이 아님을 시사한다. 그것은 자본주의가 생산에 대한 투자만이 아니라 탐욕스런 이윤의 추구를 함축하며, 아울러 어떻게 자본주의가 노동계급을 장악해 들어갔는가,

아니 관점을 달리 해보면 노동자들이 자본주의의 가치체계를 비록 일부나마 수용하게 되었는가를 간접적으로 설명해준다. 이것은 특히 노동자들에게 고통스럽고 경우에 따라서는 파국적인 경험을 강요했던 반면에, 자본주의의 대두가 돌이킬 수 없는 것임을 각인시켜주었다. 이렇듯 소비혁명은 18세기 유럽에서 화폐경제의 성장 및 확대로 대표되는 시장경제의 확고한 존재를 확인시켜주는 동시에 그것이 소비주의나 물질주의와 같은 심원한 문화적 변화의 산물임을 말해준다. 실제로 18세기 유럽의 경제적 변화는 '근대성'을 이룩해가는 더 깊은 거대한 변화의 견인차이자 아울러 그것의 두드러진 표현이었던 것이다.

제**11**장

18세기의 문화와 계몽사상

  18세기는 지성사나 문화사에서 흔히 '이성의 세기', 또는 '계몽의 시대'로 불린다. 이전 세기와 비교하면 지나친 평가가 아니다. 참으로 18세기에 유럽인들은 과학혁명의 성과에서 출발하여 전통적인 교리와 기존 질서에 이성의 기준을 본격적으로 적용했다. 계몽사상가들 자신은 혁명적이지 않았으나, 계몽사상의 함의는 가히 혁명적이었다. 이들은 인간이 기본적으로 자기완성의 능력을 가지고 있으므로 무지와 편견을 극복하기만 한다면 저승이 아니라 이승에서 '만인의 행복'을 이룩할 수 있다고 믿었다. 그러나 계몽사상으로 18세기의 다양한 문화적 흐름을 모두 포괄할 수는 없다. 계몽사상의 영향은 세기의 후반기에 가서야 뚜렷이 나타나며, 세기의 전반기에는 기독교와 교회의 영향이 여전했다. 아울러 계몽사상은 18세기에 유럽 문화의 토대가 더 두터워진데 힘입어 확산될 수 있었다. 계몽사상은 나라와 사회계급에 따라서 그 성격과 영향에서 커다란 차이를 보였지만, 특히 프랑스에서는 군주제에 대한 존경심을 무너뜨리는데에 일정한 역할을 함으로써 간접적으로 프랑스 혁명의 발발에 이바지했다.

1. 종교

흔히 유럽에서 18세기 초가 지나면, 종교와 교회의 영향이 후퇴하는 것으로 간주된다. 그러니까 개신교와 가톨릭의 종교개혁을 통해서 17세기 말이 되면 일반 민중까지도 기독교의 가르침을 내면화하여 기독교가 명실상부하게 모든 이들의 일상적 삶을 장악했다가 대략 1715년을 경계로 신교와 구교를 불문하고, 심지어 그리스 정교까지 포함하여 '바로크적 경건성'이 약화되고 세속화가 진전되는 현상이 나타났다는 것이다. 그동안 이런 현상의 근거 내지 징후로서 많은 역사가들이 지적했던 것들 중 하나는 이미 17세기 중반 베스트팔렌 조약 이후부터 관용의 정신이 등장하고 종교전쟁이 사실상 종식되었다는 점이고, 다른 하나는 1680-1715년에 특히 모두 신교도인 뉴턴, 로크, 피에르 벨, 라이프니츠 등의 영향 이래 식자층 사이에서 더 합리적이고 이성적이며, 덜 교조적인 종교관, 심지어 '자유사상'과 무신앙이 확산되었다는, 폴 아자르가 말하는 '유럽 의식의 위기'이다.

1-1. 종교적 긴장의 지속

이런 경향이 있었음을 부정하기는 어렵지만, 과연 그것이 일반적인 추세였는가에 대해서는 다소간 유보적이다. 그런 경향이 1715년에 본격적으로 출현했다고 보는 것은 시기상조라고 판단되며, 적어도 1750년까지는 18세기를 '진정한 기독교의 세기'라고 부를 수 있다. 종교전쟁은 신성로마 제국의 영역 내에서는 사실상 종식되었지만, 다른 곳에서는 계속되었다. 오스만 제국에 대한 전쟁은 18세기 말까지도 상당 정도 이교도에 대한 기독교, 특히 가톨릭의 성전(聖戰)으로 간주되었다. 유럽 내부에서는 1756년의 '외교혁명'으로 영국, 프로이센, 네덜란드가 프랑스, 오스트리아, 에스파냐에 맞서는 형국이어서 동맹관계가 종파적 양상을 보였다.

심지어 프랑스에서는 1780년대까지도 신교 국가인 영국과 전쟁을 벌일 때면 위그노들이 한바탕 박해에 시달리곤 했다. 사실상 신성 로마 제국에서도 사정은 간단하지 않았다. 영방군주들 가운데 무려 51명이 17-18세기에 신교에서 가톨릭으로 다시 개종했다. 가톨릭교가 절대군주제의 자연스런 버팀목으로 보였기 때문이다. 특히 한때 루터를 보호하여 종교개혁의 후원자 구실을 했던 작센 가문의 후예인 강건공 아우구스투스(1697-1706)가 1697년에 폴란드 왕이 되기 위해서 가톨릭으로 개종하면서 종교적 균형이 한쪽으로 기울었다. 20개가 넘는 가톨릭 주교국가들 가운데 하나인 잘츠부르크의 대주교는 1731년에 모든 신교도들을 추방하여 악명을 드높였다. 헝가리인들의 대부분은 강제를 수반한 개종을 통해서, 폴란드는 주로 선교를 통해서 가톨릭으로 복귀했다. 18세기 중엽을 지나면서까지도 신교도들은 관용을 외면하는 가톨릭교가 여전히 전투적이고 지배력을 확대시키고 있다고 두려워할 만한 근거를 가지고 있었다.

1-2. '바로크적 경건성'의 건재

최소한 1750년까지도 기독교와 교회의 영향은 유럽인들의 삶에서 여전히 압도적이었고, 어떤 점에서는 이전보다 더 커졌다. 모든 국가에는 종파에 관계없이 특권을 가진 국교회가 있었고, 소수 종파의 신도들은 시민적, 종교적 권리를 제약받고 아예 박탈당하기도 했다. 모든 국가에서 교육의 전 과정은 거의 전적으로 성직자들이 담당했고, 이들은 언제나 국교회에 속했다. 군주들은 국교회와 특권층의 지원을 받아 통치 일반이나 문화 형성에서와 마찬가지로 종교의 영역에서도 큰 역할을 했다.

아마도 가톨릭 종교개혁이 18세기 중엽에 뒤늦게 절정에 달했다는 가장 유력한 증거는 전체인구 대비 재속성직자의 비율이 바로 이 시점에서 프랑스, 에스파냐, 이탈리아에서 가장 높은 비율에 이르렀다는 점이다.

그리고 수도성직자 역시 전체적으로 1750년경까지 그 수가 증가했다. 가장 두드러진 증가는 여러 부류의 프란체스코 교단을 통해서 이뤄졌는데, 그 가운데 카푸친 회는 수사가 1650년에 2만2,000명에서 1754년에 거의 3만3,000명에 달했다. 헝가리는 수도원의 수가 1700-1773년에 거의 두 배에 달했고, 폴란드에서는 3분의 2가 증가했다. 1760년대에 합스부르크 가(家)의 전 영토에는 모두 2,500개의 수도원이 있었고, 프랑스에는 그 수가 8,000이 넘었다. 대체로 모든 나라에서 수도성직자가 재속성직자보다 많았다. 예수회는 교단 가운데 가장 강력했고, 도서 검열관, 대학 교수, 국왕 고해신부를 거의 독점하고 선교활동을 지배했다. 하지만 부유함에서는 베네딕트, 시토, 아우구스티누스, 프레몽트레 수도회 등에 미치지 못했다.

모든 가톨릭 국가에서 1770년대까지 모든 계층의 속인(俗人) 남녀는 여전히 성직자들의 감독하에 수도단이나 신도회에 가입했다. 이 조직들은 다양한 특징을 가졌는데, 일반적으로 다음의 목적 가운데 하나 이상을 추구했다. 기도, 종교의례, 행렬과 순례, 교회의 유지, 종교교육, 빈민 구호, 노약자의 보호, 장례 등. 17세기 중엽에 나타난 근대적 형태의 '예수성심(Sacred Heart of Jesus)'에 대한 헌신은 1694-1769년에 프랑스와 이탈리아에서 1,088개의 신도회의 설립을 자극했다. 성찬에 대한 새로운 형태의 봉헌은, 특히 성자 알퐁소 데 리구오리에 힘입어 엄청난 추종자를 모았다. 기적과 성유물의 장소에 대한 순례는 더욱 유행했고, 순례 대상지도 크게 늘었다. 거의 모든 것이 성모 마리아 숭배의 이러저러한 측면과 연관되었다. 오스트리아의 주요 성소인 마리아첼을 17세기에는 매년 12-15만 명이, 1725년에는 18만8,000명이, 1753년의 성년(聖年)에는 37만3,000명이 찾았다.

많은 지표들은 가톨릭 교회가 1715년이 지난 훨씬 후에도 많은 나라들에서 여전히 일반 평민만이 아니라 엘리트에게도 지적 장악력을 최소한 유지해갔음을 시사한다. 프랑스 프로방스 지방의 유언장에 관한 한 연구에 의하면, 세기의 전반기에는 대부분의 유언장들이 다음과 같은 정교하고 화려한 '바로크적' 장례절차를 요구했다. 성모 마리아, 성령, 여러 성인들에 대한 초사(招辭), 장례행렬의 여정, 상여를 따르는 빈민들에 베푸는 보시를 포함한 대접, 교단, 신도회, 자선단체에의 유증, 장례를 집전할 사목과 수녀의 명단, 그리고 가장 중요한 것으로 망자를 위해서 미사를 올리는 데에 필요한 지출의 규정 등. 특히 유언장의 높은 비율이, 일부 지역에서는 대부분이 유언 작성자의 영혼을 위해서 미사의 봉헌을 규정했고, 경제 수준에 따라서 최대 5만 대를 요구하기도 했다.

도서의 출판에서도 유사한 경향이 나타났다. 프랑스에서 신간 가운데 신학 및 종교 서적의 비율은 세기를 통해서 전체적으로 감소했음은 명백하지만, 출간된 종의 수는 오히려 두드러진 증가를 보였다. 프랑스가 가톨릭 국가들 가운데 '유럽 의식의 위기'에 가장 크게 노출되었음은 사실이지만, 서부 지방의 귀족의 장서에서 종교서적의 비율은 세기 중엽까지 증가했다. 놀랍게도 후반기인 1778-1779년에 정부가 통제를 완화하면서 사망한 저자들의 재판본이 쏟아져 나왔는데, 200만 부가 넘는 서적 중에서 종교서적은 63.1퍼센트에 달했다. 사정이 이러했으므로 프랑스에 대해서 18세기에 가톨릭 종교개혁의 경건성이 성무일과서, 시편, 기도서, 성자전 등의 높은 비율을 통해서 절정에 이르렀다는 주장이 결코 지나치다고 볼 수 없다. 또한 얀센파가 공식적인 금지에도 불구하고 광범위한 신도층을 끌어들여 유지했음은 종교적 열정이 여전히 강력했음을 말해준다.

1-3. 신교의 종교 부흥 : 경건주의와 감리교

개신교의 두 본거지인 성공회 영국과 루터파 독일에서도 국교회의 주변에서 새 복음운동이 일어났다. 양 지역에서 성공회와 특히 루터파 교회는 17세기 중엽이 되면 초기의 종교적 열정이 쇠퇴하고 군주들의 활기 없는 조력자로 떨어져 신도들의 영성에 대한 열망을 만족시킬 수 없었다. 이런 공백을 메운 것이 독일의 경건주의(Pietism)와 영국의 감리교(Methodism)이다. 경건주의는 17세기 말부터 약 1세기 동안 영향을 미쳤는데, 극심하게 분열되어 있던 독일에서 뜻하지 않게 민족주의 감정의 운반자가 되었다. 감리교는 존 웨슬리의 복음운동으로 시작되어 그가 사망한 뒤에야 별도의 종파로 성장했다. 그는 경건주의의 영향을 받았으며, 이는 가톨릭에 비해서 정도는 약했지만 개신교에도 정치적 경계를 넘어서서 국제적 유대망이 있었음을 보여준다.

영국의 청교도들과 프랑스의 얀센파와 마찬가지로 더 금욕적인 종교를 원하는 경건주의가 1670년대부터 독일 북부의 국가들에서 나타났다. '경건파'는 추상적인 신학적 논쟁과 루터파 교회의 계서제에 실망하여 개인의 양심과 우위에 대한 종교개혁 당시의 믿음을 재확인하고자 했다. 이들은 신에 대한 더 열렬한 개인적 헌신('경건성')과 활발한 자선활동('선업')을 옹호하고 실천했으며, 속인이 종교생활에서 더 적극적인 역할을 맡아줄 것을 요청했다. 이들은 정통 루터파의 정교하고 형식적인 예배에 맞서 성경 읽기와 소집단 토론을 강조했고, 독일 언어와 문화에 대한 관심을 환기시키는 데에 기여했다. 대체적으로 대부분의 경건파는 기존 권력의 지원을 받아들였고, 실제로 프리드리히 빌헬름 1세는 열렬한 칼뱅파였지만 경건파 인사들을 높이 평가하여 이들을 통해서 국교회만이 아니라 교육과 행정에 활력을 불어넣으려고 했다. 이런 흐름의 대표적인 인물이 아우구스트 프랑케였다. 그는 1694년에 세운 할레 대학을 발판으로 하여 대규모 교육 및 선교 활동을 벌여 경건주의의 영향력을 확대시켰다. 경건파 가운데 일부는 신비주의적 경향을 보였다. 이 경향을 대표하는 인물이 논란이 많은 대지주 친첸도르프 백작이다. 그는 프랑케의 영향을 받았으나, 경건함의 중요성을 거의 극단으로 밀고나가 기독교를 교리보다는 신앙과 사랑을 실천하는 '가슴의 종교'로 이해했다. 그는 영지를 후스파의 후예인 '모라비아 형제단'에게 맡기고 급진적인 공동체 실험을 벌였다. 그는 작센에서 추방되기도 했고, 서인도제도나 미국 식민지에 선교사를 보내고, 자신도 직접 가기도 하여 신교 최초의 '세계교회주의자'로 간주되기도 한다. 그러나 18세기의 마지막 사분기에 이르면 경건주의의 영향은 약화되었다. 이는 계몽사상의 확산과 함께 루터파가 국교로서 독일 북부의 국가들에서 대학을 장악했음을 반영한다.

18세기에 영국에서도 성공회에 대한 불만이 작지 않았던 듯하다. 1770년에 대부분이 하층인 약 7만 명 정도의 가톨릭교도가 있었고, 신교의 비국교도는 50만 명에 달했다. 이들 가운데 많은 침례교도들, 조합교회파, 퀘이커교도들이 전통적으로 노동자이기는 했지만, 웨슬리 이전에는 그 어떤 종파도 민중에 관심을 보이지 않았다. 웨슬리는 옥스퍼드 대학에서 신학을 전공한 국교도인데, 사명감을 가지고 국교회가 주목하지 않은 평민들을 대상으로 복음운동을 펼쳤다. 사실 그는 성공회와 공식적으로 단절하지도, 새 종파를 세운다고 자처하지도 않았다. 하지만 그는 일생 동안 4만 회 이상을 탄광 노동자, 직조공, 장인층 등에게 직접 설교하고 종교저작을 저술한 결과 약 10만 명의 추종자를 끌어들였다. 그는 구원의 보편성을 믿어 만인이 신 앞에 평등하다고 가르쳤고, 종교적 열정을 공동체적 관행과 결합시키려고 했다. 웨슬리 자신은 정치, 사회적으로 매우 보수적이었지만, 감리교의 정신적 평등주의는 지배층의 비위를 거슬렀다. 세기말에 이르면 영국 성공회도 감리교의 자극을 받아 하층민들에게 전도를 시작했다. 일부 복음전도사들은 노동조건의 개선에 호의를 보였으나 정치적으로는 대부분 보수적이었다. 한 해석에 따르면, 감리교는 영국의 일반 민중의 마음속에 진정으로 '조용한 혁명'을 일으켰다. 감리교는 정치나 경제에 관한 급진적인 교리에 호소하지 않고서도 사실상 정신적 평등과 우애를 촉진했고, 그 결과 영국이 1790년대의 혁명기에 사회, 정치적 격변에 처하는 것을 막는 데에 크게 이바지했다. 감리교 복음주의는 영국 사회의 동력인 동시에 안정화의 힘이었다. 이제 감리교를 통해서 사회의 저변인 하층민도 검약, 노동, 음주와 도박의 절제, 자기수양 등의 덕목을 배우는 동시에 기독교의 가르침을 내면화했다. 기독교는 18세기 후반에도 여전히 활력을 가지고 있었다.

1-4. 회의주의와 세속화

그러나 18세기 중엽부터 유럽 일부 지역, 특히 경제가 팽창하고 문자 해독률이 상대적으로 높은 지역에서 종교의 중요성은 모든 사회층에서 눈에 띄게 줄어들었다. 가톨릭 국가에서 바로크적 경건성, 수도원제, 성직자의 수, 교조주의, 종교적 불관용, 교회 권위에 대한 통치자 및 일반의 존경, 특히 교황에 대한 가톨릭교도들의 존숭감 등 모든 것이 감소되거나 약화되었으며, 이는 세기 전반기에 거의 모든 추세가 역전되었음을 말해준다. 1780년대에 이르면 최소한 사회의 상층에서는 교조적 종교는 신교와 구교 양측 모두에서, 심지어 유대인에게조차도 금욕이나 교리적 엄격성과는 무관한 관용적이고 보편적인 박애로 바뀐 듯이 보였다.

이러한 추세 변화는 왜 생겼을까? 이는 말할 것도 없이 계몽사상과 그 확산의 직접적인 결과이다. 계몽사상가들 가운데 기독교를 정면으로 공격한 사람들은 소수에 그쳤지만, 이들의 비판적이고 합리적인 태도는 종교적 회의주의와 관용을 부추겼다. 게다가 교권주의를 핵심으로 하는 종교 문제는 계몽사상의 가장 두드러진 공격 대상이었다. 볼테르가 외친 '파렴치를 분쇄하라!(Ecrasez l'infâme)'는 구호는 '편협과 미신을 타파하라'는 의미로서 교회의 가르침에 대항하는 열정적인 전투를 주문하는 것이었다. 칸트 역시 그 유명한 '계몽이란 무엇인가?'라는 물음에 대한 답변에서 '특히 종교적인 일에 초점을 맞추어' 논의를 전개했다. 이들은 교회의 지적 권위를 부정했고, 성직자가 독점권을 가진다고 주장하는 문제에 대해서 속인의 권리를 지지했다. 그 결과 계몽사상은 무엇보다도 세속화의 움직임으로 간주되었다.

그러나 교회의 후퇴가 전적으로 계몽사상의 탓만은 아니다. 그것은 계몽사상을 포함하는 더 큰 역사적 흐름의 희생자였다. 먼저 교회가 전통적으로 수행했던 많은 영역에 국가가 직접 개입하기 시작했다. 18세기 후반기 교회사의 최대 사건인 '예수회의 몰락'이 가톨릭 국가 가운데 가장 몽매하다는 포르투갈에서 시작되었음은 시사적이다. 종교적인 이유가 아니라 정치적인 이유로 결국 1759년에 예수회가 포르투갈에서 추방되었고 다른 국가들에서도 유사한 조치가 뒤따랐다. 이런 일련의 사태의 상징적 의미는 심대하다. 예수회는 가톨릭 종교개혁을 일으켜 '바로크적 경건성'을 이룩한 핵심적인 존재였을 뿐만 아니라, 예수회의 해산은 각국에서 대학과 중등교육의 재조직을 불가피하게 했다. 더욱이 세기 중엽이 되면 문화 영역 일반에서 '과시적 공공성'의 후퇴와 함께 바로크 양식의 전반적인 퇴조가 나타났고, 이것은 넓은 의미의 얀센주의적 경향을 가지는 '가톨릭 계몽사상'으로 표출되었다. 로도비코 무라토리는 이를 대표한다. 마녀 사냥의 종식과 종교의 민중적 요소를 길들이려는 지배층의 노력 역시 같은 차원에 속한다.

종교적 회의주의의 확산과 세속화를 '비기독교화'로 볼 수 있을까? 프랑스 혁명기에 갑자기 분출한 듯이 보이는 교회에 대한 광범위한 적대적 태도의 역사적 뿌리를 세기 중엽까지 끌어올릴 수 있다는 의미라면, 이는 명백히 비기독교화이다. 그러나 관용과 세속화, 심지어 이신론(理神論)이나 무신론의 표출조차도 종교의 후퇴로 간주되어서는 안 된다. 그것은 제도로서의 교회 및 교권주의의 영향과 중요성을 기본적으로 약화시키거나 이 약화를 반영하는 계기임은 분명하지만, 종교의 후퇴기는커녕 오히려 기독교가 그만큼 하층민의 마음속까지 장악하여 실질적으로 내면화되었기 때문에 가능했던 것이다. 이 점에서 그것은 차라리 종교로서의 기독교의 완성이라고 볼 수 있다. 즉 세속화란 종교가 공적인 영역에서 퇴출되는 것일 뿐, 오히려 사적 영역에서는 인간의 유적 본질의 일부로서 승인받는 것이며, 관용이란 소수파에 대한 법적 차별을 철폐하는 것일 뿐, 시민 사회에서 활발한 종교활동이 보장됨을 뜻한다. 이렇듯 세속화란 기독교 국가의 완성을 말하며, 이제 18세기 후반에 이르러 유럽의 일각에서 근대 국가가 본격적으로 등장할 수 있는 중요한 역사적 조건의 하나가 성숙했음을 뜻한다.

2. 문화

문화인류학에서는 흔히 전통사회와 관련하여 문화의 '대전통'과 '소전통'을 구분한다. 전자는 성직자나 지배계급이 가진 문자문화나 예술을 말하며, 대체로 고급문화, 공식문화, 엘리트 문화, 지배문화와 일치한다. 후자는 민중문화를 말하며 비공식적이고 구전적 형식을 취한다. 일반적으로 대전통은 학교나 종교기관을 통해서 유지, 발전되는 반면에, 소전통은 민중의 일상생활 자체에 깃들며 일견 문맹의 세계이다. 지배층은 대전통과 소전통 모두에 가담하나, 지배문화의 규정력이 미약한 편이어서 소전통은 강한 활력과 독자성을 가진다.

이런 구분은 구체제 유럽에도 여전히 기본적으로 타당하다. 대전통은 기본적으로 라틴어 지식을 공유했던 유럽 차원의 세계로서 살롱, 아카데미, 대학이 주요한 장치이다. 반면에 소전통은 기본적으로 지방 차원의 종교적 삶에 둥지를 틀었다. 민중문화는 그 나름의 읽을거리를 가지고 있기는 하나, 노래와 이야기의 형태를 띤 구비전통이 문화 전승의 주된 양식이었다. 하지만 18세기 유럽은 이전과는 다른 면모를 보였다. 먼저 민중문화에 대한 지배층의 공세가 본격화하면서 지배문화의 규정력이 강화되며, 지배층이 소전통으로부터 스스로 빠져나오는 새로운 경향을 보였다. 더욱 중요한 것은 이 둘 사이에서 제3의 문화와 문화적 공간이 새롭게 본격적으로 생겨났다는 점이다. 라틴어에 대한 지식을 사실상 가지지 못한 교양층의 규모가 특히 세기 중엽을 고비로 크게 늘어났다. 이 새로운 공중은 지배 엘리트와 민중 사이에서 중간적 위치를 차지하며, 많은 수의 여성이 그 일부를 이루었다. 이들은 새 정기간행물과 소설의 독자층으로서 계몽사상의 소비층을 형성했다. 교양 엘리트 층은 살롱과 아카데미를, 중간층은 커피점과 자유석공회 지부를, 민중은 선술집을 모임 장소로 삼았다.

2-1. 문화적 저변의 확대

18세기에 문화의 대전통의 담당자는 매우 부유한 특권층의 세련된 교양층과 일군의 학자, 지식인 및 예술가의 두 집단으로 이루어졌다. 특권계급은 지배문화의 주된 고객이자 일부는 그 생산자였다. 프랑스에서는 궁정귀족과 고등법원의 판사를 포함하여 귀족의 약 10퍼센트가 대전통을 향유했다. 18세기의 고급문화는 국경이나 언어의 경계를 넘어 일종의 국제적 문명이었다. 문화 엘리트 층은 라틴어에 대한 소양을 가졌고, 프랑스어를 공용어로 사용했다. 이들은 고전문화와 예술에 침윤되었고, 일부는 '대여행(grand tour)'을 통해서 로마를 방문하곤 했다. 이들은 계몽사상의 일부 저작을 포함하여 신학, 법, 과학, 의학, 철학 등 일반 공중이 별 관심을 두지 않는 분야의 출판을 사실상 후원했다. 18세기 프랑스에서 출판 허가를 받은 신간의 수는 1750년에 약 300종에서 1780년대에 1,600여 종으로 늘었는데, 라틴어 고전과 수사학에 관한 책은 일정한 독자층을 계속 확보했고, 역사, 예술, 과학에 관한 도서의 수는 꾸준히 증가한 반면에 신학서의 비율은 전체의 35퍼센트에서 약 10퍼센트로 떨어졌다. 시는 라틴어와 함께 고급문화의 징표였다. 고전의 표현을 따르는 정형화된 작품들이 주류를 이루었으나, 세기말이 되면 독일의 실러나 영국의 워즈워스가 신고전주의를 넘어 개인의 내면과 열정을 표현하는 근대시를 발표하여 낭만주의를 준비했다. 고급문화의 가장 두드러진 현장은 살롱이었다. 살롱은 고급문화의 주요 생산자인 작가, 학자, 지식인, 예술가들과 주된 후원자이자 소비자이며 평가자인 부유한 유한 특권층이 만나는 자리였다. 살롱은 프랑스의 파리가 중심지였으나, 영국, 독일, 이탈리아, 이베리아 반도, 스칸디나비아, 폴란드에도 산재했다. 살롱의 존재이유는 '훌륭한 대화'를 나누는 데에 있었고, 조프랭 부인의 살롱이 가장 유명했다. 하지만 살롱을 진정한 공론장으로 보기는 어렵다. 진지한 문학적 대화를 이끈 런던의 몬터규 부인의 살롱과 같은 예외가 없는 것은 아니지만, 대부분은 대화의 내용보다는 형식을 중시하고 정치나 시사에 관한 토론을 금기시했다. 살롱에서 여성이 여주인으로서 주요한 구실을 했지만, 이를 여성 해방의 한 지표로 볼 수는 없으며, 살롱이 세기 중반 이후부터 계몽사상의 확산에 기여한 것은 사실이지만 계몽사상의 형성에 기여했다는 것은 지나친 견해이다.

음악과 회화 역시 대전통의 일부였다. 세기 초에 예술가들은 궁정, 교회, 귀족의 후원을 받아 특권적인 후원자들을 위해서 활동했으나 점차 그 제약을 넘어섰다. 유명한 음악가로서 스카를라티 부자는 모두 궁정 음악가였고, 바흐는 독일의 여러 궁정을 거쳐 라이프치히의 교회 지휘자였고, 헨델은 영국 조지 2세(1727-1760)의 후원을 받았고, 하이든은 1761-1790년에 전설적인 부자인 에스테르하지 가문의 악단 지휘자로 일했다. 이에 비하면 모차르트는 불운했다. 그는 유럽 궁정을 순회하기도 하고 고향인 잘츠부르크에서 종종 마음에 들지 않은 대주교에게 봉사하곤 했는데, 후한 대접을 받지 못했고 그마저도 후원자와 다투고는 사직했다. 이런 개인적인 불행으로 그는 후원체제에서 벗어나 공개 연주회를 조직했다. 사실 공개 연주회는 서유럽에서 이미 18세기 초에 생겨났고, 이후 유럽의 수도들에는 점차 연주회장이 세워졌다. 헨델은 생애 말년에 연주회를 통해서 큰돈을 벌었으나, 모차르트는 가난하게 죽어 빈의 공동묘지에 묘지석도 없이 묻혔다. 모차르트는 선배들의 바로크풍의 규칙적인 선율에서 벗어나 다채롭고 자유로운 작곡의 세계를 만들었다. 특히 오페라 「마적(Die Zauberflöte)」(1791)은 이성의 세기에서조차 근대 문화의 토대에 종교가 놓여 있음을 보여주었다. 동시에 이 마지막 작품은 인류의 덕성과 사랑의 능력에 대한 계몽사상의 믿음을 음악으로 승화시켰다.

회화 역시 유사한 경향을 보였다. 문화의 세속화는 장식예술의 새 양식인 로코코(Rococo)의 발전에서도 드러났다. 로코코 양식은 프랑스에서 시작되어 '루이 15세 양식'으로도 불렸지만, 독일과 이탈리아에서도 크게 유행했다. 그것은 자갈과 조가비(각기 rocailles와 coquilles)를 연상시키는 구불구불한 곡선을 선보여, 이로부터 그 이름이 나왔다. 로코코는 규모의 미소성(微小性)을 강조하여 바로크의 형태를 우아한 장식적 양식으로 축소시켰다. 로코코는 직물과 색상을 결합시켜 약동적이고 심지어는 성애적인 주제를 연출했다. 장식의 요소로서 새나 꽃과 같은 자연적 주제가 종교적 대상을 대체했다. 회화에서는 그리스 신화와 종교적 주제가 여전히 인기였지만, 새로운 주제들이 추가되었다. 프랑스 화가 장 앙투안 바토는 한가한 시간을 보내는 귀족과 같이 세속적이고 가벼운 주제를 사실적으로 그렸다. 그는 후원체제로부터 떨어져 나와 미술상을 통해서 그림을 팔았다. 회화 시장이 확대됨에 따라 자연과 일상의 풍경이 또한 인기를 끌었다. 중간 사회층으로의 예술시장의 확대와 예술적 취향의 세속화가 가장 두드려졌던 곳은 영국이며, 윌리엄 호가스는 런던의 일생생활을 애정을 가지고 풍자적으로 그렸다. 프랑스에서는 '예술원'('회화 및 조각 아카데미')이 주관하는 미술전(Salon)이 1737년에 일반에게 공개되기 시작하여 예술의 소비층 확산에 기여했다. 예술비평이 소책자처럼 유통되어 토론과 논쟁을 불러왔고, 계몽사상가들은 검열에 맞서 표현과 창작의 자유를 요구했다. 흄은 당국이 부과하는 예술의 형식적 기준을 거부하고 미학적 평가를 강조했다. 드니 디드로와 고트홀트 레싱은 왕과 왕비, 제후들, 성자와 죄인만이 아니라 보통 사람들의 삶을 그려낼 것을 주문했다.

출판업의 팽창과 독서 공중의 성장은 18세기의 가장 중요한 문화적 사실이다. 북서 유럽에서 부르주아지와 중간층의 영향력 증대는 문화적 삶을 변모시키기 시작했다. 독자층이 크게 늘어 저자층과 출판업의 팽창, 그리고 새로운 형태의 매체와 소통의 등장에 이바지했다. 귀족과 부유한 부르주아지의 경계는 약화되었고, 문화는 궁정과 성의 갇힌 세계로부터 공적 영역으로 향했다. 문맹률의 감소는 잠재적인 독자층을 늘렸다. 세기 말에 이르면 영국, 프랑스, 네덜란드, 독일의 남성 가운데 절반에서 3분의 2가 책을 읽을 수 있었다. 여성은 이보다 낮아 3분의 1에서 절반에 불과했지만, 새 독자층으로 등장했다. 유럽에서 남부와 동부로 갈수록 문맹률이 높아졌고, 여성이 초보적인 교육 이상을 받을 수 있는 기회는 여전히 제한적이었다. 프랑스 왕비인 마리-앙투아네트조차 자주 문법과 철자를 잘못 사용했다. 독서열은 도서관과 서적상들이 조직한 독서 클럽과 순회도서관의 수를 크게 늘렸다. 주요 대도시에서 도서관은 책을 시간 단위로 빌려주었고, 세기 말에 순회도서관은 유럽에서 1,000여 개에 달하여 특히 여성 독자들이 책을 접할 수 있게 되었다. 개인 서재도 더 일반화되었다. 대체로 글을 아는 이가 마치 이야기꾼이 재담을 풀어가듯이 주위에 읽어주는 집단 행위였던 독서가 이제 사적이고 개인적인 행위로 바뀌었다.

출판과 독서의 팽창을 선도했던 것은 네덜란드와 영국이다. 영국은 특히 신문과 잡지의 발전을 이끌었다. 정기간행물의 수는 1700년에 25개에서, 1760년에 103개, 1780년에 158개에 이르렀다. 이전에 잡지가 특정 분야에 국한되거나 특정 정치적, 종교적 견해를 대변했으나, 18세기에 들어 종합지가 등장했다. 특히 1709년에는『수다쟁이(*Tatler*)』가, 1711년에는『목격자(*Spectator*)』가 창간되어 세련된 문체로 독자들에게 교훈과 즐거움을 동시에 맛보게 하여 외국에도 새 언론의 모범이 되었다. 독서층의 성장으로 집필만으로 생활이 가능한 작가층이 형성되었으며, 새뮤얼 존슨이 대표적인 인물이었다. 18세기의 또다른 혁신은 소설의 등장이다. 근대 소설은 1740년대에 영국에서 탄생했다. 그것은 있음직한 허구를 통해서 특히 여성 내면의 정서를 그려내어 이를 공론의 영역으로 끌어냈다. 대표적인 소설가로는 새뮤얼 리처드슨과 헨리 필딩을 꼽을 수 있다. 이들의 영향으로 여성 작가가 등장했고, 괴테와 루소와 같은 뛰어난 지성을 통해서 소설은 고급문화의 일부가 되었다.

18세기를 통해서 가장 많이 읽은 것은 여전히 종교서적, 책력, 민담 등이었다. 그러나 과학과 자연사에 대한 관심이 증가했다. 소설과 시사물도 인기를 끌어 신학 및 민간신앙에 관한 출판을 잠식해 들어갔다. 계몽사상은 역사학을 근대 학문으로 만드는 데에 기여했다. 모든 인간의 경험이, 비유럽의 문화까지 포함하여 역사적 탐구의 대상이 되었다. 계몽사상의 주요 저작들 가운데 일부는 '문필공화국' 밖으로 사실상 알려지지 않은 반면에 일부는 당대의 베스트셀러가 되었다. 몽테스키외의『법의 정신(*L'Esprit des lois*)』은 1748년에 출판되어 처음 18개월간 22판을 거듭하며 대략 3만5,000부가 팔렸다. 조르주 뷔퐁의 30권짜리『자연의 체계』는 엄청난 분량에도 불구하고 큰 성공을 거두었다. 볼테르의 단편소설『캉디드(*Candide*)』는 출판년도인 1759년에만 8판을 찍었다. 레날의『두 인도의 철학적, 정치적 역사(*Histoire philosophique et politique des deux Indes*)』는 70판을, 루소의『신엘로이즈(*La Nouvelle Héloïse*)』는 1761-1800년에 72판을 찍어 최고 기록을 세웠다.

2-2. 문화의 거소

18세기 유럽에 국가나 교회가 운영하는 중등교육의 공식체제는 없었지만, 중등학교들은 문화의 재생산에서 매우 중요한 위치를 차지했다. 이것은 나라에 따라서 이름은 달랐지만(잉글랜드에서 public school이나 grammar school, 프랑스와 에스파냐에서 collège, 독일과 오스트리아에서 Gymnasium 등), 그리스어와 라틴어를 강조한다는 점에서는 유사했다. 졸업생들은 고전교육을 받아 문화의 대전통의 저변을 이루었다.

프랑스에는 350여 개의 중등학교가 있었는데, 국왕, 시 자치체, 종교교단 등이 세웠다. 예수회는 1768년에 추방될 때까지 100개 정도의 중등학교를 운영했는데, 이 학교들은 대부분 규모가 컸고 명문이었다. 등록생은 연 평균 5만 명 정도에 달해, 8-18세의 소년의 2퍼센트로 추산된다. 중등교육은 도시화와 밀접한 연관을 가져, 인구 5,000명이 넘는 도시에는 대부분 중등학교가 설치되어 있었다. 전체의 4분의 3이 학생수가 200명 미만이어서 철학을 가르치는 마지막 2년과정이 없는 경우가 많았다. 학생들의 대부분은 수업료와 기숙비를 냈으나, 전체적으로 약 3,000명 정도가 여러 가지 형태의 장학금을 받았다. 가난한 학생이 장학금을 받기 위해서는 성직자나 명사의 보증이 필요했다. 하층민의 학업 포기율은 매우 높았고, 가난한 학생들이 택하는 진로는 성직이기 십상이었다. 전체적으로 중등교육은 사회적 유동성을 촉진하기보다는 기존의 신분제를 강화하는 경향이 컸다. 중등교육은 거의 전적으로 라틴어와 그리스어의 숙달에 집중하여, 수학, 과학, 역사, 근대어는 무시되었고 마지막 2년과정의 철학은 아리스토텔레스에 국한되었다. 직업을 위한 교육이 아니라 기본적으로 인문교육이었다. 하지만 18세기에 변화의 조짐이 나타났다. 먼저 학생들의 나이 차는 컸지만, 7년간의 교육기간에 따라 '학년'의 개념이 나타났다. 아울러 이전에는 학생들의 입학 및 졸업이 연중 수시로 이루어졌지만, 새 학년이 10월에 시작하는 관행이 자리를 잡기 시작했다. 또한 위의 중등교육 기관이 없는 곳이나 고전교육을 필요로 하지 않는 상인들 사이에서 실질적인 교과를 가르치는 사립의 '실업학교'가 나타나 그 공백을 메웠다. 수녀원과 함께 이런 사립학교들이 상층의 소녀들에게 중등교육을 제공했다.

유럽의 대학사에서 18세기는 16-17세기나 19세기와 비교하여 두드러진 정체의 시대였다. 영국, 에스파냐, 프랑스, 저지대 국가들, 독일에서 대학생 수는 크게 줄었다. 이런 면모가 가장 두드러진 곳은 영국(옥스퍼드와 케임브리지)과 에스파냐(카스티야의 19개 대학)였지만, 독일 지역의 34개 대학을 비롯하여 나머지 지역의 대학들도 유사한 경향을 보였다. 예외가 있었다면, 포르투갈의 코임브라 대학 정도였다. 당시 대학은 다양한 정도의 국가의 통제를 받는 복잡한 법인체적 조직으로서 대개 신학, 법학, 의학, 철학 또는 문학 등 4개의 학부로 이루어졌다. 16세기 이래 법학부가 가장 인기가 있었다. 법학은 18세기에도 여전히 가장 부유하고 야심 있는 학생들이 선호했고, 신학도는 귀족의 장남이 아닌 자제나 상대적으로 낮은 사회층에서 충원되었다. 1780년대 프랑스 24개 대학의 전체 학생 가운데 의학부에 600여 명이, 법학부에 3,500명이, 철학부에 약 5,000명이, 신학부에 4,000명이 등록했다. 하지만 철학부나 신학부에는 중등학교의 최종 과정이나 신학교의 학생들이 이중 등록을 했기 때문에 위의 수치는 과장된 것이다. 일부 예외를 제외하고 18세기 유럽의 대학들은 지적으로도 침체되어 있었다. 철학이나 신학은 시대에 뒤쳐졌고, 역사학이나 자연과학은 외면되었다. 그렇기 때문에 오스트리아, 에스파냐, 포르투갈에서는 정부가 나서서 계몽사상의 영향을 받아 대학개혁을 추진했고, 프랑스 정부는 새로운 전문직업학교들을 아예 대학 밖에 세웠다. 시대적 변화에 적응한 예외적인 대학으로는 각기 1694년과 1734년에 설립된 프로이센의 할레 대학과 하노버의 괴팅겐 대학을 들 수 있다. 할레 대학은 학부교육을 통해서 학생들의 지적 자극을 일으켜 근대 대학의 원류를 이루었고, 철학과 신학을 중세 스콜라주의로부터 해방시켜 독일 관념론 철학의 토대를 놓았다. 1740년대에 할레 대학은 학생 수가 1,500명에 이르는 독일 최대 대학이 되었다. 괴팅겐 대학은 도서관과 실험실 시설이 뛰어났고, 역사 및 법학 이외에도 고전학과 문헌비판학에서 근대 학문을 개척한 당대 최고의 대학이었다.

당시 대학의 사정이 이러했기 때문에 지적 혁신은 주로 대학의 캠퍼스 밖에서 일어났다. 당대 최고의 학문기관으로는 17세기에 세워진 영국의 '왕립학회'와 프랑스의 '과학학술원', 그리고 프리드리히 대왕이 재조직한 프로이센의 '학술원'을 꼽을 수 있으며, 기타 스웨덴, 덴마크, 러시아, 에스파냐, 여러 독일 및 이탈리아 국가들의 유사한 학술원들과 필라델피아의 '미국 철학협회'를 포함시킬 수 있다. 이 기관들은 전체적으로 새로운 과학지식의 발견을 국경을 넘어 알리고 과학의 국제적인 학문적 규준을 세워 '문필공화국'의 중핵을 이루었다. 이 가운데서도 프랑스의 '과학학술원'이 으뜸이었다. 기라성 같은 화학자, 수학자, 천문학자들로 구성되었고, 18세기 후반기에는 당대 최고의 화학자인 라부아지에가 이 기관을 대표했다. '과학학술원'은 정부의 재정 지원을 받는 일종의 국가기구여서, 구체제 말기가 되면 독점적 위치로 인해서 오히려 과학의 발전을 저해한다는 비판을 받았다.

프랑스의 지적 우위를 보여주는 또다른 지표는 31개나 되는 지방 도시에 있었던 아카데미들이다. 아카데미는 파리의 '문학학술원'을 본받아 지방에서 '문학 아카데미'로서 세기 초에 생겨났다. 아카데미들은 세기 전반기에만 해도 기본적으로 정통 교리에 충실했다. 일부의 아카데미는 세기 말까지도 끝내 이런 보수주의를 벗어나지 못했다. 그러나 대부분은 1750년대에 이르면 철학적, 과학적, 실제적 문제로 관심을 돌렸다. 아카데미들은 도서관과 실험실을 갖춘 진지한 연구의 중심이 되었고, 사회문제에도 개입했다. 일부는 계몽사상의 저작들을 항상 지지한 것은 아니지만 최소한 친숙하게 했다. 아카데미들은 상금을 걸고 꽤 비판적인 논문을 당선작으로 뽑기도 했다. 1770년대가 되면 사형, 사치, 교육, 공공부조, 곡물 교역, 농업혁신 등의 문제들이 논구의 대상이 되었다. 아카데미들은 애초에 품위 있는 사교와 학식의 전파의 장이었는데, 이제 공민적 봉사의 이념에 고취되어 군주제에 충실하기는 하지만 조언자가 되고자 했다.

이렇듯 기능과 이념의 변화는 아카데미 회원들의 제한적이나마 사회적 확대를 반영한다. 창립 회원들은 대부분 귀족이었고, 평민은 준회원이거나 통신회원이기 십상이었다. 점차 부르주아지의 비율이 증가했다. 예컨대 구체제 말에 보르도 아카데미에는 귀족 56명(32명의 고등법원 판사를 포함하여), 성직자 38명, 부르주아 68명(의사 30명을 포함하여)의 회원이 있었다. 전체적으로 지방 아카데미의 총 회원은 6,402명이었는데, 이 가운데 귀족은 43퍼센트를 차지했다. 하지만 정규회원과 명예회원에서 차지하는 비율은 높아 각기 49퍼센트와 85퍼센트에 달한 반면에, 통신회원에서는 평민이 71퍼센트를 차지하여 신분적 질서를 여실히 반영했다. 아카데미는 파리의 살롱에서와 같이 높은 신분의 인사들을 능력과 재능을 갖춘 평민들과 섞이게 했다. 하지만 살롱에 비하면 아카데미는 진지하고 지속적이었다. 회원들은 당시 '문화계급'의 근간을 이루었다. 아카데미를 그렇게 위신 있는 기관으로 만든 것이 바로 이 엘리트들의 혼유였다. 아카데미는 신분제 사회의 불문율의 한계 내에서 진지한 지적 탐색을 가능하게 할 정도로 평등주의적이었다. 그것은 신분사회의 문화 엘리트 내에서 사회적 통합을 증진했다.

그러나 살롱이나 아카데미는 소수의 엘리트에 국한되어 있었기 때문에 더 광범위한 교양층의 교제와 지적 활동에 대한 요구를 수용할 수 없었다. 이를 메운 것이 독서 클럽과 자유석공회 지부였다. 전자에 대해서는 아직 종합적인 연구가 없는 형편이므로 자유석공회만을 살펴보자.

자유석공회는 인간의 존엄성을 기렸던 형제단의 일종으로서 이전의 신도회를 대신했다. 지부들은 박애의 이상을 받들고 비밀과 의례에 관한 취향을 만족시키면서 사교의 틀을 제공했다. 영국에서 아마도 16세기에 시작된 자유석공회 운동은 18세기에 프랑스와 독일 등 다른 지역으로 급속히 퍼져나갔다. 그것은 사회적으로도 확대되어 대귀족들이 가입하는 등 위신이 높아졌다. 예컨대 프리드리히 2세(1740-1786)와 프랑스의 오를레앙 공작은 각기 자국 지부 연맹체의 우두머리가 되었다. 프랑스에서 혁명 직전 지부 연맹체들 가운데 가장 규모가 큰 '대동방종단(大東方宗團, Grand Orient)'에만 629개의 지부와 약 3만 명의 회원이 가입했다. 일부 지부는 귀족과 부르주아가 함께 하기도 했지만, 통상은 따로 모였으므로 지부는 사회적으로 훨씬 더 동질적이었다. 군 장교만으로 이루어진 지부도 적지 않았다. 자유석공회의 영향력을 과장하는 견해가 있으나 이는 사실적 근거가 약하다. 프랑스 혁명의 발발과 관련하여 '자유석공회의 음모'를 들기도 하지만 이는 가상의 현실에 불과하다. 자유석공회는 사회적 경계를 가로지르기는 했지만 노동자층은 철저하게, 그리고 여성도 거의 외면했다. 이념적으로 그것은 진보적이고 꽤 급진적인 이상주의를 띠고 있어서 자유사상가들을 끌어들이기는 했지만, 기본적으로 반종교적이지는 않아서 성직자들도 가입했다. 그것은 사실상 군주제와 교회에 대한 존경을 유지하는 등 구체제의 사회계서제에 집착했다. 하지만 특히 부르주아들이 주도했던 지부들은 자유토론의 취향을 계발하고 관용, 우애, 자유, 평등에 관한 성찰을 키워 계몽사상의 전파에 기여했다.

2-3. 민중문화

유럽인들의 절대다수는 교육과 재산을 가지지 못해서 대전통에는 참여할 수 없었지만 민중문화를 향유하여 다양한 형태의 문화활동을 벌였다. 민중문화는 지역, 도시냐 농촌이냐, 평지냐 산지냐, 생활수준, 직종,

사회적 위계에 따라서 다양한 면모를 보였으나 축제, 민담, 민요, 어릿광대극, 값싼 소책자, 선술집, 기타 각종 유흥거리 등을 공통으로 유지했다. 엘리트 층은 고전적 전통과 '민속문화'에 함께 참여해왔으나, 18세기에 들어 이런 이중성은 약화되었다. 성직자, 도덕주의자, 관리들은 온갖 종류의 민중문화를 퇴행적이고 천박하다고 공격했던 반면에, 일단의 지식인들은 18세기 말부터 민중문화의 존재를 확인하고 민요, 민담, 민중극, 민간신앙, 축제, 민중음악 등을 녹취하고 이에 관한 여행기를 작성했다. 사실 민중문화의 기원은 그리 오래된 것이 아니었고, 편찬 과정에서 구전전통의 변형이 나타났으며, 상층계급과 민중의 상호작용 또한 분명하게 존재했다.

민중문화는 기본적으로 공개적이며 집단적이었다. 일상생활의 흐름을 이끌었던 많은 축제들은 종교 행사인 동시에 신성모독적인 여흥이었다. 이 가운데 가장 규모가 크고 정교한 형식을 유지했던 것이 사육제(carnival)이다. 그것은 사순절의 금욕과 자기절제의 반명제(反命題)로서 대규모로 먹고, 마시고, 입고, 춤추고, 다투고, 놀고, 젊은 남녀가 어울리는, 그야말로 '전도된 세계'를 연출했다. 다른 축제들도 규모만 작을 뿐, 유사한 방종을 보였다. 다른 종류의 여흥거리로는 여성은 밤모임(veillée), 남성은 선술집이 대표적이었다. 또한 장터의 풍물거리 역시 여전히 많은 사람들을 불러모았다. 18세기의 새로운 특징은 '여가의 상업화'이다. 순회 서커스단, 권투 시합, 경마, 투우 등이 인기를 끌었고, 닭싸움이나 우리 안에 개를 풀어 소나 곰을 골리는 '피를 보는 스포츠'도 유행했다. 이런 모든 것들은 성직자를 중심으로 하는 도덕가들의 집중적인 포화를 받았는데, 민중문화를 귀족을 포함하는 상류층 역시 향유했을 뿐만 아니라 마찬가지로 잔인한 귀족들의 여우 내지 토끼 사냥이 별다른 비판을 받지 않았음을 고려한다면 민중문화에 대한 공세는 계급적 성격을 보이는 것이었다. 사실상 이런 비판은 세기말에 노동계급 의식이 등장하는 데에 중요한 구실을 했다.

민중문화는 또한 구비전통의 세계였다. 이것은 형태는 다양했지만 기본적으로 세 장르를 가졌다. 첫째, 우리의 판소리와 유사한 이야기식의 노래가 있었다. 짧은 것은 발라드로, 긴 것은 서사시로 불렸다. 둘째, 부분적으로 형식화되고 부분적으로 즉흥적인 온갖 종류의 재담, 풍자, 익살이 있었다. 마지막으로 기적극(奇蹟劇)이나 성사극(聖史劇)과 같이 즉흥적인 형태의 드라마가 있었다. 흥미롭게도 구비 세계의 주인공은 성자, 순교자, 국왕, 전사와 같은 영웅이거나 폭군, 세리, 악덕 법률가, 유대인, 마녀, 투르크인과 같은 악당이 대부분이었고, 민중 자신은 바보나 멍청이로 간혹 출현했다. 이는 민중의 삶의 자세를 일부나마 보여준다. 민중은 불운만이 아니라 다른 이의 시기심도 무서워했다. 이들의 삶은 너무나 어려웠기 때문에 지나친 행운 역시 불운만큼이나 운명의 위험스런 시련일 수 있었다.

민중문화에는 책이 거의 등장하지 않지만, 인쇄술의 영향이 없지 않았다. 17-19세기에 보부상들이 유럽 각지를 돌아다니며 팔았던 소책자가 그것이다. 질이 떨어지는 종이에 조잡하게 인쇄된 대개 24쪽의 책자로서, 프랑스에서는 겉표지가 청색이어서 '청색문고(Bibliothèque bleue)'로, 영어로는 '챕북(chapbook)'으로, 독일에서는 '가제본 책자(Flugschriften)'로 불렸다. 사후 재산목록에 들어 있지 않아 얼마나 퍼져 있었는지는 확인할 길이 없다. 민간요법, 약초, 사랑의 비법, 요리, 정원 가꾸기, 예언, 점성술, 기적, 흥미로운 뉴스거리, 삶의 지혜, 성자전, 교리문답, 책력 등이 단골 주제였다. 이 싸구려 책자는 민중문화의 믿을 만한 대변자인가, 아니면 오히려 출판업자가 보는 민중문화의 반영물인가? 확실한 결론이 나지 않았지만, 민중의 심성에 접근할 수 있는 드문 자료임은 분명하다. 여기에 계몽사상의 영향은 흔적을 남기고 있는가? 같은 주제가 끊임없이 반복되는 기본적으로 전통주의의 세계 속에서 18세기 말에 초자연적인 읽을거리가 줄고 유용한 정보의 비중이 커졌음을 확인할 수 있다. 더욱이 소책자가 사투리보다는 주로 표준어로 쓰였다는 것은 문명화 과정의 한 단면을 엿보게 해준다.

3. 계몽사상

계몽사상의 세기가 끝나갈 1784년, 독일 철학자 칸트는 '계몽이란 무엇인가'에 대한 그 유명한 답변에서 계몽의 표어를 다음과 같이 정리했다. "과감히 알려고 하라! 너 자신의 지성을 사용할 용기를 가져라." 과연 계몽사상가들, 곧 자칭 '철학자들'은 이성을 인간과 사회에 적용하여 이 세계에 빛과 진보를 가져다줄 수 있다고 믿었다. 이 점에서 계몽사상이란 일종의 정신적 태도를 말한다. 이를 위해서 중요한 것이 무엇보다도 교육이었는데, 그들에게 교육이란 제도교육에 그치는 것이 아니라 개인의 능력을 계발하고 비판적 사고를 함양하는 것이었다. 계몽사상은 프랑스 파리에서 시작되어 독일, 네덜란드, 영국, 이탈리아, 기타 유럽의 많은 지역과 심지어 북아메리카에까지 퍼졌다. '철학자들'에 힘입어 프랑스어가 18세기 유럽의 국제어의 하나가 되었다. 철학자 흄과 경제적 자유주의의 아버지 애덤 스미스는 '스코틀랜드 계몽사상'을 대표했다. 계몽사상은 크게 세 시기로 나눌 수 있다. 첫 번째는 18세기 전반기에 해당하며 과학혁명의 영향을 직접적으로 반영했다. 두 번째는 몽테스키외의 『법의 정신』(1748)의 출간에서 시작하여 1778년에 볼테르와 루소의 사망으로 끝나는 '계몽사상의 절정기(High Enlightenment)'이다. 세 번째는 '후기 계몽사상'의 시기이다. 이 마지막 시기는 계몽사상의 확산기로서 경제적 자유주의가 나타났고, '계몽절대주의'의 실험이 행해졌으며, 주요 저작들의 보급판이 확산되었고, 여론이 본격적으로 출현했다. 이는 프랑스 군주제의 권위를 약화시켜 간접적으로 프랑스 혁명에 기여했다.

3-1. 계몽사상의 기본 전제

계몽사상의 성격을 가장 잘 드러내는 것으로 사전류를 꼽을 수 있다. 이 가운데 디드로와 달랑베르가 편집을 맡은 『백과전서(*l'Encyclopédie*)』(1751-1772)는 계몽사상의 기본 전제를 잘 보여준다. 피에르 벨이나 볼테르 등도 사전을 펴냈는데, 이는 '철학자들'이 포괄적인 지식을 얻는 데에 큰 중요성을 부여했음을 말해준다. 더욱이 그들은 지식이란 알파벳 순서로 정리된 정보의 총체라는 관념을 가지고 있었다. 그러니까 한 시대의 지식의 지도를 그려내는 것이 가능하며, 이는 계몽을 위한 주요한 발판이 되는 것이다. '철학자들'은 지식을 항상 행동과 밀접하게 연관시켜 파악했다. 하지만 그들은 실천을 개인의 행동, 다수의 개인들의 동시적인 행동으로 간주했고, 이성으로 얻은 지식의 즉각적인 적용이라고 생각했다. '앎(知)'이란 자동적으로 '함(行)'으로 이어진다는 소박한 실증주의를 가지고 있었기 때문에 그들에게는 이론과 실천의 변증법적 관계에 대한 역동적인 이해가 결여될 수밖에 없었다. 이렇기에 '철학자들'은 인류를 해방하고 사회악을 제거하는 데는 지식의 자유로운 소통과 교육만으로 충분하다는 다소간 낙관적이고 피상적인 관념을 가졌다.

따라서 '철학자들'에게 지식은 인식의 대상이나 주체로부터 독립되어 있는 중립적이고 자율적인 것이었다. 이는 개인의 의식을 지식과 행동의 절대적인 근원으로 간주한 자연스런 결과였다. 그들은 도덕의 근거와 관련하여 신, 공동체, 전체 등 개인을 넘어서는 모든 초개인적 권위를 거부하고 개인의 양심과 이성적 판단을 유일한 기준으로 삼았다. 이제 개인은 합리적 판단에 입각하여 공동선에 부합하는 규칙을 파악할 수 있으며, 모든 개인의 최대 만족을 위한 노력은 공동선의 기초가 된다. 이러한 개인주의는 인간의 합리성과 자연적 평등성을 전제하기 때문에 구체제의 현실과 견주어보면 적어도 잠재적으로는 비판적이고 심지어 혁명적이었다. 하지만 '철학자들'은 계몽을 통한 진보의 가능성을 신뢰했기 때문에 기존 질서에 대한 부정적 인식을 즉각적인 체제비판으로 이끌지 않아 실제로는 온건했다. 그들은 당시의 사회가 부패했다고 보면서도 그 원인이 구체제의 구조적 모순에 있다기보다는 개인의 무지, 편견, 공포에 있다고 보아 지식의 보급을 통해서 이를 얼마든지 개혁할 수 있다고 생각했다. 그들은 자유를 파괴하는 전제주의와 교권주의를 신랄하게 공격했으면서도 정작 개혁의 구체적인 방략에 직면해서는 교육자나 입법자, 심지어 계몽군주에 의탁하기 십상이었다. 사적 이익과 공동선이 대립할 수 있음을 감지한 루소가 '일반 의지론'을 통해서 고대 그리스 이래 최초로 민주정치의 가능성을 탐색했지만, 그조차도 그것이 현실국가에서 실현될 수 있다고는 믿지 않았다. 결국 계몽사상으로부터 그 논리적 귀결을 이끌어내는 일은 후대의 몫이 되었다.

3-2. 과학혁명의 영향

'철학자들'은 앞 세기의 과학혁명의 성취를 바탕으로 삼았다. 뉴턴은 과학혁명을 집대성하여 일반법칙이 우주를 지배하고, 인간이 이성을 통해서 일반법칙을 발견하고 실험으로 확인할 수 있음을 입증했다. 그는 인간이 종교적 가르침이 아니라 '관찰, 분석, 실험'을 통해서 지식을 발견한다는 점을 몸소 보여주었다. 데카르트의 합리주의는 너무도 추상적이어서 '철학자들'이 받아들이기에는 어려웠지만, 그의 '방법적 회의'는 지성이 기성 권위로부터 해방되어 아무런 편견 없이 자유롭게 구사될 수 있는 본보기를 제공했다. 사실 '철학자들'이 대부분 '본유(本有) 관념'의 존재를 믿는 대륙의 합리주의보다는 지식과 행위의 근원이 감관(感官) 활동에 있다고 믿는 영국의 경험론에 기울었지만, 그들의 이성의 능력에 대한 확신은 합리주의에 크게 빚졌다.

과학혁명과 계몽사상을 연결해주는 역할을 한 것이 로크, 피에르 벨, 라이프니츠, 뷔퐁 등이다. 로크는 철학이 천문학만큼이나 엄격한 과학적 방법과 비판적 탐구의 영역임을 주장하고, 이 과학적 방법을 사회와 인간의 탐구에 적용할 수 있다고 믿었다. 그는 더 많은 자연법칙의 발견이 사회를 이해하는 세속적 법칙의 토대가 될 것임을 예언하고, 인류가 이를 통해서 사회적 조건을 개선할 수 있다고 확신했다. 그는 『인간오성론 (*An Essay Concerning Human Understanding*)』(1690)에서 인간은 백지 상태로 태어난다고 가정했다. 그는 모든 지식의 원천은 감관에 있다고 보아 인간의 천성적인 능력을 부정하고 인류가 원죄를 지었다는 생각을 거부했다. 피에르 벨은 박해받은 위그노의 후손답게 완전한 종교적 관용의 열렬한 주창자였다. 그는 『역사비판사전(*Dictionnaire historique et critique*)』(1697)에서 성경 및 다른 기독교 서적에서 발견되는 모순, 믿기 어려운 것, 노골적으로 불가능한 것 등을 광범위하게 모아, 역사, 연대기, 기적, 성유물 등에 관한 교회의 가르침의 많은 부분을 받아들이기 어렵게 했다. 라이프니츠는 수학 분야에서 뉴턴에 맞먹는 독일의 박식가로서 무엇보다도 신교도만이 아니라 가톨릭 학자들과 광범위하게 접촉하여 문필공화국에서 관용적이고 보편적인 태도가 발전하고 있음을 몸소 보여주었다. 뷔퐁은 수많은 관찰과 실험을 통해서 성경이 말하는 창조설이 근거 없음을 밝히고, '지구의 자연사'가 단 7일이 아니라 수백, 수천 세기의 세월을 가지며, "가장 완벽한 피조물과 무정형의 미생물" 사이에 진화론적 관계가 있다고 주장했다.

3-3. 문필공화국의 세계

'철학자들'의 개혁에 대한 요구는 경우에 따라서 우회적이기도, 과감하기도 했다. 그러나 그들은 결코 반란을 선동하지 않았다. 민중을 신뢰하지 않았기도 했지만, 무엇보다도 계몽을 통한 진보를 믿었기 때문이다. 따라서 그들이 현실의 변화를 위해서 휘두를 수 있는 유일한 무기는 붓, 곧 문필 작업이었다. 그들은 편지, 미간행 원고, 책, 소책자, 기타 문건으로, 그리고 소설, 시, 극본, 문학 및 예술비평, 정치철학 등을 써서 생각을 주고받았다. 이들은 비공식적인 국제 공동체라고 할 수 있는 '문필공화국'의 동료의식과 연결망을 자랑했다. 18세기 중엽에 이르러 볼테르는 직업적인 저술가야말로 최고의 사회적 위상을 가진다고 떠벌릴 수 있었다. 그와 몽테스키외와 디드로는 위신 높은 '프랑스 한림원'의 회원 자격을 받아들였는데, 이는 그들이 공격했던 군주제에 대해서 가졌던 이중 감정을 보여준다. 더욱이 몽테스키외, 볼테르, 돌바크 등의 소수는 명성 및 위신과 함께 돈도 벌었다.

'철학자들'은 계몽사상의 기본 이념을 공유했지만 기질에 따른 개인적인 차이를 포함하여 여러 가지 차이를 보였다. 이는 기본적으로 신분 내지 계급, 세대, 국가 등의 차이에서 비롯되었다. 이에 따라서 그들은 종교, 정치, 개혁안 등에서 매우 다양한 면모를 보였다. 우리는 프랑스의 계몽사상가들을 이념적 지향의 차이에 따라서 다음과 같이 분류할 수 있다.

먼저 몽테스키외를 들 수 있다. 그는 제1세대에 속하며, 그만큼 전통적인 요소를 많이 간직했다. 그는 이신론자, 심지어는 범신론자로 간주되기도 하지만, 기독교적 세계관을 완전히 탈각했다고 보기 어렵다. 흔히 그는 권력의 분립을 통해서 자유를 옹호하고 전제주의를 예방하려고 했다고 하여 자유주의의 개척자로 지목되지만, 그의 자유주의는 전통적인 입헌주의의 수준을 넘어서는 것이 아니었다. 입헌주의만이 군주가 제공하는 질서의 보증과 자유의 보장을 결합시킬 수 있다. 그는 프랑스에서 오래 전부터 국왕절대주의가 침식해온 귀족 및 시 자치체('중간집단')의 특권이 군주의 전제주의를 방지할 수 있다고 믿었다. 결국 그는 귀족군주정을 지지한 것이며, 사실상 당시 특권층의 이해관계를 대변한 것이다.

다음으로 프랑수아 케네를 위시한 중농주의자들을 꼽을 수 있다. 이들은 2, 3세대에 속하여 이미 근대적인 세계관을 갖추고 사적 소유권의 신성성을 외쳤지만, 군주제를 개혁의 주체로 상정하여 '법적 전제주의'의 주창자가 되었다. 과학적 원리에 입각한 합리적 행정이 이들의 구호였다. 이들은 곡물의 자유로운 유통, 관세장벽의 철폐, 통화개혁, 농업 생산을 위한 합리적인 계획 등의 개혁안을 제시했고, 일부는 관료로 등용되어 실제 정책에 반영하기도 했다. 당시 프랑스의 현실에서 이들은 대지주층의 이해관계를 대변한 셈이었다. 볼테르는 2세대를 대표하는 '철학자'이다. 그는 '파렴치를 분쇄하라!'는 구호 아래 가톨릭 교회의 교권주의와 불관용에 대해서 그 누구보다도 맹공을 가했다. 그러나 그는 세계관과 현실관에서는 매우 온건한 편이었다. 그는 몽테스키외와 마찬가지로 영국의 상업제국, 상대적인 종교적 관용, 언론의 자유를 찬양했지만, 그와는 달리 귀족을 편협하고 이기적인 존재로 보았다. 그는 프랑스에 대해서 '기본법'을 존중하는 입헌군주제를 권했지만, 중동부 유럽에 대해서는 계몽절대주의를 지지했다. 그는 광신주의와 미신에 대한 격렬한 고발로 혹시 무신론자가 아닐까 하는 의심을 사기도 했지만, 사실 신의 존재를 받아들이는 이신론자였다. 이러한 볼테르의 이중성은 계몽사상의 그것을 반영한 것이었다.

디드로, 달랑베르, 돌바크, 엘베시우스, 콩디야크 등의 '백과전서파'는 여러 가지 점에서 계몽사상의 중도이자 주류를 형성했다. 이들은 대부분 로크의 경험주의를 이어받았고, 기술 발전에 관한 자못 유물론적인 역사관을 가졌다. 검열로 말미암아 종교와 관련하여 이들의 외면적인 견해와 진짜 견해를 구별해내기가 쉽지 않지만, 대부분 무신론자라고 할 수 있다. 다만 현실을 인정하여 민중에 대해서는 종교의 필요성을 인정했는데, 이 역시 '철학자들'의 또다른 이중성의 표현이다. 이들은 암암리에 기존의 군주제를 비판했지만, 과연 이들이 칸트의 '과감히 알려고 하라!'는 차원을 넘어 군주제 자체를 부정했는지는 명확하지 않다.

루소는 위의 집단들과 비교하면 여러 가지 점에서 이단적이다. 그는

'철학자들' 가운데 최하층 출신이고 누구보다도 당시 사회에 비판적이었지만, 무신론자가 아니라 시민종교를 받아들인 유심론자라고 할 수 있다. 그는 공동체, 감성, 평등의 문제에서 다른 '철학자들'과 큰 차이를 보였다. 그는 자유를 보존하기 위해서 평등을 제한할 수 있다고 보았으나 불평등을 야기한 역사발전에 비판적인 태도를 표명했다. 그는 불평등의 심화를 막기 위하여 소유권을 제한할 수 있다고 주장하여 당시 장인층과 같은 소규모 생산자층의 이해관계를 대변했다. 그는 주권이 국왕이나 과두제가 아니라 인민에게 있다고 보아 고대 이래 일급의 사상가로는 최초로 민주주의를 옹호했고, 군주제를 넘어설 수 있는 새로운 인식의 지평을 개척했다. 마지막으로 장 멜리에, 가브리엘 마블리, 아베 모렐리 등의 '급진파'가 있다. 이들은 사유재산제를 부정하고 평등을 위해서 자유를 제한할 수 있다고 보고 일종의 공상주의를 주창했다. 이들은 유물론자로서 기성 종교를 거부하고 신랄하게 비난했지만, 도덕의 중요성을 강조한 유심론자의 면모를 부분적으로 유지했다. 19세기의 사회주의와는 달리 역사적 분석을 결여했고, 도덕적 규제에 바탕을 둔 복고적인 유토피아를 제시했던 셈이다. 이들에게 데카르트의 합리주의가 큰 영향을 미쳤으며, 로크의 경험주의의 영향은 약했다. 이들은 도처의 토지 없는 농민들의 비참한 상태에 주목했고, 실제로 멜리에는 직조공의 아들로서 영주의 착취에 항의했고, 결국 최초의 본격적인 무신론 서적으로 평가받는, 볼테르가 『유언(*Testament*)』이라고 부른 『비망록(*Mémoire*)』을 남기고는 자진했다.

문필공화국의 다양성과 풍요로움을 인정하더라도 몽테스키외, 볼테르, 디드로, 루소는 담론을 주도했던 사상의 거인들이었다. 이들의 면모를 살펴보자.

몽테스키외는 귀족 출신으로 법학을 공부하고 보르도 고등법원의 법원장이 되었다. 『페르시아인의 편지(*Lettres persanes*)』(1721)는 그의 출세작인데, 여행기의 형식을 빌려 검열을 피하면서 자연법에 입각한 정의의 보편적인 기준을 제시하여 당대의 프랑스에 대한 비판을 전개했다. 그는 노예제 자체를 거부한 것은 아니지만 그것을 처음으로 비판적으로 검토했다. 『법의 정신』(1748)은 계몽사상의 방법론을 전형적으로 보여준다. 그는 과학적 탐구의 핵심인 관찰, 실험, 분석의 원리를 국가의 사회적, 정치적 토대에 적용했다. 그는 기후, 종교, 전통 사이의 관계, 그리고 한 국민의 정치적 삶의 역사적 변천 과정을 서술했다. 그는 주장하기를, 법이란 시간에 따라 발전하기 때문에 비판적 탐구와 역사적 연구의 대상이 된다. 역사가는 이제 교회의 영향에서 벗어나 '도덕적이든 물리적이든 일반적인 원인들'을 탐구할 수 있다.

볼테르는 파리에서 야심찬 공증인의 아들로 태어나서 명문 중등학교를 졸업했다. 그의 문체는 젊은 시절부터 '검처럼 빠르고 날카로워' 그에게 조롱당한 귀족으로부터 얻어맞기도 했고 바스티유에 수감되기도 했다. 그는 『캉디드』(1759)에서 광신주의와 미신을 고발하고, 『철학사전 (*Dictionnaire philosophique portatif*)』(1764)에서 수도사들이 하는 짓이란 "노래 부르고, 먹고, 똥 싸는 일이다"라고 단죄하고, 칼라스를 정력적으로 옹호했지만, 종교의 유용성을 믿었다. 그는 대중을 무지하고 신뢰할 수 없는 존재로 보아 언제나 낙관적이지는 않았지만, 인류의 잠재력에서 희망과 진보의 확신을 얻었다. 그는 다음과 같이 예언했다. "내가 본 모든 것이 결정적으로 도래할 혁명의 씨를 뿌린다. ……계몽은 그렇게도 점차 광범위하게 퍼지기에 적절한 때가 되면 큰 화염으로 번져나올 것이며, 큰 소동이 일 것이다. 젊은이는 행운이구나. 그들은 엄청난 일들을 볼 것이다."

디드로는 장인의 아들로서 볼테르와 같은 명문 중등학교 출신이다. 그는 당시 모든 문필 분야를 섭렵했지만, 무엇보다도 25년에 걸쳐 『백과전서』를 책임 편집했다. 『백과전서』는 계몽사상의 협동작업적 성격을 잘 보여준다. 디드로는 1747년에 달랑베르와 공동편집자가 되어 1758년부터는 홀로 편집을 책임졌다. 그는 1748년에 국왕으로부터 출판 허가를 받았다. 1750년에 10권의 출간계획을 알리는 취지문을 배포하여 4,000명의 예약 신청을 받아, 이것만으로 출판비용을 충당할 수 있었다. 1757년에 루이 15세의 암살 시도로 출판이 중단되기는 했지만 결국 본문 17권(1751-1765)과 도판 11권(1762-1772)으로 완간되었다. 디드로가 손을 뗀 후에 본문 5권(1776-1777)과 도판 2권(1780)의 증보판이 나왔고, 이후 7회에 걸쳐 재판을 찍었다. 『백과전서』는 '과학, 예술, 직종에 관한 분류사전'이라는 부제 아래 7만2,000개의 항목과 2,500개의 도판으로 구성되었고, 몽테스키외, 볼테르, 디드로, 루소 등 신원이 확인된 기고자만 140명에 이른다. 『백과전서』는 정보를 제공할 뿐만 아니라 여론을 지도하고자 했다. 판매부수의 약 10분의 1은 국경을 넘어 유럽 전체와 심지어 북아프리카와 남아프리카에까지 전해졌다. 그것은 그 자체로 통치자와 교회에 뒤지지 않는 독자적인 문화적 권력이 되었다.

루소는 제네바 시계 제조공의 아들로서 독학을 하고 작곡가가 될 꿈을 안고 파리로 갔다. 그는 살롱에서 한 살 연하의 디드로를 만나 친구가 되었지만, 이후 볼테르, 흄 등과 툭하면 싸움을 벌이곤 했던 고독자였다. 『예술과 과학론(*Discours sur les sciences et les arts*)』(1750)은 '학문과 예술의 발달은 도덕의 순화에 기여했는가?'라는 디종 아카데미 현상논문의 당선작인데, 그는 학문과 예술이 기여하기는커녕 온갖 모순과 부패를 초래한다고 결론지었다. 그는 절대군주제만이 아니라 상업주의(경우에 따라선 자본주의), 더 나아가 문명 자체도 신랄하게 비판했다. 그는 1758년에 백과전서파와 결정적으로 결별하고, 이후 나이가 들수록 예민한 개인이 자연을 경외하듯이 감성에 더 큰 역할을 부여하여 낭만주의를 예시했다. 그는 1762년에 『에밀(*Émile*)』과 『사회계약론(*Du Contrat social*)』을 동시에 출간했다. 전자가 기존의 법과 사회를 전제로 하여 어떻게 인간을 교육으로 개조할 수 있는지를 검토하는 인간개혁론이라면, 후자는 인간을 있는 그대로 받아들이고 어떻게 국가를 개선할 수 있는지를 탐구하는 정치개혁론이었다. 『에밀』은 『신엘로이즈』(1761) 못지않은 인기를 누렸지만, 『사회계약론』은 프랑스 혁명 이전에는 거의 알려지지 않았다.

3-4. 국가에 따른 다양성

계몽사상의 주요한 사상적 범주들은 기본적으로 보편성을 가진다. 이는 인간관계의 무차별성과 함께 계몽운동의 국제성을 말해준다. 실제로 계몽사상의 주요 문헌들은 즉각 유럽 전역에서 번역되고 독자들에게 읽혔다. 그럼에도 불구하고 '철학자들'의 규모나 상황은 나라마다 크게 달랐다. 경제발전을 반영하는 교양 독자층의 규모, 통치자와 정부의 태도가 주요한 변수였다. 여건의 차이로 계몽사상의 강조점도 나라마다 달랐다. 계몽사상을 정신적 태도가 아니라 사회문화 현상으로 본다면, 통일성보다는 다양성이 돋보였다.

계몽사상의 전파는 여러 장애에 부딪혔다. 먼저 책이나 심지어 소책자도 비쌌다. 검열은 불규칙하고 나라마다 달랐지만 출판을 방해했다. 루이 15세는 1757년에 꽤 가혹한 검열법을 공포했고, 사전허가제를 통해서 인쇄업자, 서적상, 행상인, 해적판 출판업자를 통제했다. 가장 관용적이라는 네덜란드조차 디드로의 『철학적 수상록(*Pensées philosophyques*)』을 금지시킨 적이 있었다. 계몽사상이 기본적으로 반교권주의의 성향을 띠었기 때문에 국교회의 반응과 영향력이 또다른 주요한 변수의 하나였다. 에스파냐에서 종교재판소는 18세기의 대부분의 시기에 어렵지 않게 지적 삶을 지배하고 이단을 억압할 수 있었다. 이탈리아에서 가톨릭 교회의 장악력은 상대적으로 약해서 예컨대 갈릴레오의 저작들은 금서였지만 그의 동상이 피렌체에 세워지는 것은 막지 못했다. 신교 국가들에서 정부에 대한 교회의 영향력은 가톨릭 국가에서보다 약했고, 러시아에서 정교회는 국가에 긴밀히 종속되어 있어서 반교권주의는 현실적 적합성이 거의 없었다. 반면에 일부 신교와 구교의 성직자들은 계몽사상의 적극적인 공헌자였다. 다른 성직자들은 『백과전서』를 구독신청하거나 아카데미의 회원이었다. 가톨릭 교회의 더 민주적인 운영을 요구했던 '리셰르주의(richérisme)'는 계몽사상에 대응하는 흐름으로 볼 수 있다.

계몽사상의 존재나 성격의 관점에서 보면, 유럽은 영국, 네덜란드, 프랑스, 이탈리아 등의 '선진' 지역들과 동유럽 및 이베리아 반도로 거칠게 양분할 수 있으며, 독일은 중간 지대를 이룬다. 선진지역의 특징은 각종 문화활동을 떠받치는 광범위한 교양사회의 존재이다. 계몽사상의 고객들은 정부로부터 독립적이고, 여론은 자율적인 세력으로 존재했다. 잉글랜드에서 계몽사상은 지적 비판 운동이라기보다는 하나의 생활방식이었다. 그것은 정부에 도전하거나 개혁을 이룩하는 데에 큰 관심이 없었다. 계몽사상에의 공헌이 훨씬 더 큰 스코틀랜드에서 그것은 무엇보다도 세련된 사회성을 함양해주고, 1707년에 잉글랜드와 통합된 이후에 국민적 정체성의 새로운 감각을 제공했다. 그렇기 때문에 스코틀랜드의 계몽사상은 특히 프랑스의 그것과 비교해서 실제적인 경향을 보였다. 프랑스에서 검열제는 비효율적이지만 '철학자들'을 괴롭혀 반정부 편으로 돌아서게 했고, '철학자들'은 많은 개혁안을 실제적으로 검증할 기회를 가지지 못했다. 루이 16세가 즉위하면서 반전이 일어났다. 튀르고가 재무총감 자리에 오르고, '과학학술원'은 메스메르 이론의 신뢰성에 대한 보고서의 작성을 의뢰받았다. 계몽사상이 기성 권력기구의 일부가 된 듯이 보였다.

동유럽이나 에스파냐에 계몽사상이 존재했다고 보기는 어렵다. 러시아에서 그것은 거의 전적으로 예카테리나 2세의 자식이라고 해도 과언은 아니다. 여제의 장려로 사설 인쇄소가 처음 생겼고, 영국 정기간행물의 자극을 받아 문학잡지를 만들어 스스로 기고한 것도 그녀였다. 여제는 디드로를 초청하고 그가 죽은 뒤에는 그의 장서를 후하게 구입했다. 오스트리아는 덜 후진적이었지만, 가톨릭 교회의 통제를 더 강하게 받았다. 요제프 2세 시대에 들어 부분적인 세속화 정책이 추진되면서 상황이 일부 변했다. 프로이센의 프리드리히 2세는 '철학자'로 자처했지만 실제 정책에서는 철저하게 가문의 전통을 고수했다. 에스파냐에서는 카를로스 3세의 일부 측근이 계몽사상을 국가개혁을 위해서 환영했다. 계몽사상이 사회 현실과 거의 아무런 연관이 없었기 때문에 특이한 예외들이 무성했다. 루소의『사회계약론』은 프랑스만이 아니라 네덜란드와 스위스에서도 금서였는데, 그 독일어 번역본이 러시아에서는 자유롭게 유통되었다. 라메트리는 기계론적 유물론을 제시한 '인간기계론'으로 네덜란드에서조차도 추방을 당했는데, 프리드리히 2세는 그를 초빙했다.

3-5. 후기 계몽사상

후기 계몽사상은 전성기 계몽사상의 확산이자 새로운 방향 모색이었다. 프랑스와 영국에서 경제적 자유주의의 교리가 나타났다. 독일에서 철학자들은 합리성과 자연법에 대한 관심에서 멀어졌다. 인간 자유의 지표는 이제 이성의 행사가 아니라 감성의 표현이 되었다. 많은 작가들이 민족문화를 발견하기 시작했다. 그리고 볼테르나 루소가 사라진 프랑스에서 철학자라고 자칭한 새로운 세대의 작가들이 군주제를 직접적으로 공격하고 여론에 영향을 미쳤다. 국가의 통제로부터 경제적 자유의 요청, 민족문화의 뿌리의 추구 및 감성적 수용을 통한 민족주의적 성향을 띤 관념론의 대두, 여론의 발전, 특히 프랑스에서 군주제를 공격하는 출판물의 생산 등은 모두 기존 질서를 무너뜨리는 데에 이바지했다.

경제적 자유

'철학자들'은 자연법과 사회를 발견하려고 노력한 결과 경제의 작동을 설명할 수 있는 일련의 법칙을 확립하기에 이르렀다. 중상주의로부터 고전적인 경제적 자유주의로의 이행이 나타났다. 중농주의자들은 귀금속이 아니라 토지가 부의 원천이라고 믿었다. 그들은 농업과 농산물의 교역에 대한 국가의 간섭을 종식시키고자 했다. 케네는 '경제표'를 통해서 애초의 높은 가격이 생산을 자극하여 종국에는 가격이 인하된다는 것을 보여주었다. 영국의 지주들은 중농주의자들의 토지가치론과 사유재산권의 신성성의 주장을 환영했다. 그러나 튀르고가 루이 16세의 재무총감이 되어 1774년에 곡물의 유통에 대한 통제를 풀었을 때, 흉작으로 파국적인 식량 기근이 발생했다. 실험은 실패했고 통제가 재도입되었다.

글래스고 대학의 도덕철학 교수였던 애덤 스미스는 "그냥 내버려둔다면" 영국 경제는 시장을 북돋워 자연스럽게 번영할 수 있다는 '자유방임주의'의 낙관론에 근거하여 동업조합의 제약, 독점권, 관세장벽, 보호주의 등을 공격했다. 각자는 "자신의 이해관계를 자신의 방식대로 자유롭게 추구할 수 있어야 한다." 그 결과 방해받지 않은 경제의 '보이지 않는 손'은 시간이 지나면서 공급과 수요의 힘이 균형을 취하도록 하여 시장가격을 결정할 것이다. 사실 스코틀랜드 계몽사상가들은 상업과 제조업이 점차 큰 영향을 미치는 새로 등장하는 산업 사회에서 어떻게 하면 공민적 덕성과 공공도덕을 함양할 것인가 하는 문제를 고민했다. '시장의 덕성'은 사람들의 활력을 좀먹는 '가증스런 독점의 정신'을 극복하여 사회적 행복과 공민적 덕성을 제고할 것이었다.

독일 관념론

독일 관념론의 기본 교의는 우리가 세계를 인식하고 이해하는 것은 감관의 직접적인 적용을 통해서가 아니라 관념의 매개를 통해서 이루어진다는 것이다. 이 학파의 가장 탁월한 주창자는 칸트이다. 그는 프로이센에서 장인의 아들로 태어났다. 그는 『순수이성비판』(1781)에서 자연에 대한 이성적 탐구가 지식으로 이끈다고 확언했다. 이성은 "증인으로 하여금 자신이 정식화한 질문에 답변하게 만드는" 판사와 같은 것이다. 그러나 그에게 이성만이 세계에 대한 우리 지식의 토대가 아니었다. 그는 각자는 자신의 특유한 경험과 분리될 수 없는 관념을 통해서 세계를 이해한다. 이렇듯 관념론은 합리적 객관성과 보편주의에 대한 믿음을 침식하여, 19세기 초에 낭만주의에 주관성과 상대주의의 문을 열어주었다.

18세기에 작가들은 민족문화의 뿌리를 찾기 시작했다. 덴마크, 스웨덴, 폴란드, 러시아에서는 모국어로 쓰인 '민족' 문헌들을 발견했다. 국민극장이 1737년에 최초로 프라하에서 문을 열었고, 레싱은 자랑스럽게 독일어로 글을 썼다. 시인 제임스 맥퍼슨은 3세기의 전설적인 게일족 음유시인 오시안의 작품을 발굴하여 발표했다. 1760년대 초에 이 게일족의 호메로스를 둘러싸고 격렬한 논쟁이 벌어졌다. 맥퍼슨의 조작에도 불구하고 이 논쟁은 낭만주의의 대두에 기여했다. 작곡가들은 민중문화, 딱히 종교적이라고 볼 수 없는 민속음악으로부터 주제를 빌려오기 시작했다. 그리고 민족문화의 감성적 추구와 열정적인 동일시는 민족주의의 발전에도 기여했다.

여론

여론이란 언제나 있던 것은 아니며, 유럽에서는 18세기에 서유럽에서 형성되기 시작했다. 1770년대에 들어 프랑스에서 많은 사람들이 현안의 정치 문제를 토론했다. 프랑스에서 1768년에 벌어진 고등법원의 개혁 문제를 둘러싸고 여론과 공중의 존재가 명확해졌다. 결국 루이 16세는 즉위한 후에 여론으로 말미암아 고등법원을 원상회복시켰다. 군주제와 궁정의 반대자들은 이제 여론에 호소했고, 여론은 정치적 이념들이 논의되는 광장이 되었다. 절대주의의 한계와 주권에 관한 계몽사상의 담론이 여론을 주도했다. 후기 계몽사상기에 많은 저작들이 당대의 정치적 문제를 다루었다. 이는 칼라 사건의 시기에 여론에 호소한 볼테르의 전철을 따른 것이었다. 프랑스 군주제의 재정적 위기가 1780년대에 악화되면서 여론은 개혁의 문제를 더욱 화급한 전국적 문제로 만드는 데에 기여했다.

금서와 권위의 침식

볼테르가 '삼류문인'이라고 경멸적으로 부른 문필공화국의 주변부 인사들이 군주제와 왕실에 대한 존경심을 무너뜨렸다. 선배들의 공론장이 살롱이었다면, 3세대 '철학자들'은 싸구려 카페를 드나들고, 집세가 싼 높은 층에 살고, 자주 주소를 바꿔 채권자들을 따돌리고, 국왕의 검열이 출세를 방해한다고 떠들어댔다. 일부는 금서를 팔아 어려운 생활을 도왔다. 다른 일부는 계몽되지 않은 제도에 맞서 '철학자들'의 대의를 같이한다고 주장하면서 호색 문학류를 쓰거나 왕실을 포함하여 저명인사들을 비방했다. 이런 출판물들은 이전에도 있었으나 1770-1780년대만큼 많이 출간되어 읽힌 적은 없었다.

금서는 스위스나 지금의 벨기에에서 인쇄되어 프랑스 서적상들이 동업조합과 국가의 통제를 우회하여 밀수했다. 1783년에 군주제는 금서의 밀수와 국내의 불법 지하출판을 막기 위해서 전에 없이 강력한 조치를 취했다. 지하출판은 금서와 해적판을 찍어 기존의 도서 유통망을 교란시켰고, 더욱이 검열관은 비방문들이 근왕주의에 악영향을 끼칠 것을 염려했다. 선배들과 이 후배들은 어떤 관련이 있을까? 후배들의 일부는 「수도원의 비너스, 곧 잠옷을 입은 수녀」, 「정체가 드러난 기독교」, 「매춘부 마르고」 등을 썼다. 이들의 인신 공격과 명예 훼손은 계몽사상의 이상에 대한 헌신보다는 돈의 필요와 야심에서 비롯되었지만, 군주제, 특권계급, 교회의 권위에 대한 존경심을 무너뜨렸다는 점에서는 선배를 계승했다. 실제로 계몽사상의 일부 주제들은 후배들의 저작에 집중적으로 등장했다. 좌절한 저자들은 인쇄소 및 서적상 동업조합의 특권이 자신들을 삼류문인의 처지에서 벗어나지 못하게 한다고 비난했다. 검열제를 전제주의와 동일시하는 그들의 논법은 이기적이기는 하지만 효과적이었다. 그들은 국가검열의 관료체제를 비난하고, 오직 그것의 폐지만이 사상의 자유로운 교환을 가능하게 한다고 주장했다. 일련의 정치적 사건들과 추문은 지하출판에 원기를 불어넣었고, 군주제, 교회, 귀족에 대한 일반의 증오심을 자극했다.

3-6. 계몽사상의 유산

계몽사상의 역사적 위치와 관련하여 이제까지 가장 많이 제기된 물음은 프랑스 혁명과의 관련성에 대한 것이다. 계몽사상과 혁명을 원인과 결과라는 관계로 직접 연결 짓는 사고방식을 '음모론'이라고 하는데, 이는 이미 혁명 당시부터 제기되어 오늘날까지도 끈질긴 생명력을 이어왔다. 그러나 혁명을 군주제와 교회, 더 나아가 구체제 사회 전체를 전복하려는 자유석공회의 지부들이나 계몽사상가들의 음모의 결과로 보는 것은 사실상 프랑스 혁명은 차치하고서라도 계몽사상의 다양성과 복잡성을 외면하는, 심지어는 역사 자체에 대한 이해를 거부하는 완고한 태도가 아닐 수 없다.

반면에 '철학자들'이 의도적이든 무의식적이든 지적 활동을 통해서 기존 질서를 무너뜨리고 혁명을 촉발시켰는가 하는 것은 프랑스 혁명의 이해를 위해서라도 던져져야 할 물음이다. 프랑스 혁명은 진정 '볼테르와 루소의 잘못인가?' 이런 물음이 목적론을 전제한다고 비판하고 계몽사상을 프랑스 혁명이라는 귀결점을 염두에 두지 않고 그 자체로 연구해야 한다는 새로운 연구 경향이 20세기 마지막 사분기에 등장하기 이전에, 계몽사상 연구의 주류였음은 분명하다. 흔히 그것은 프랑스 혁명의 지적 기원 내지 문화적 기원이라는 각도에서 접근했으며, 위에서 보았듯이 그 핵심적인 결론을 요약하면 다음과 같다. '철학자'로 자칭한 일군의 계몽사상가들이 있었고 그들 사이에 '문필공화국'이라는 소통체제가 있기는 했지만, 그것은 유사한 정신태도를 갖춘 느슨한 형태의 움직임이었지, 당파나 조직은 아니었다. 그들은 성향이나 기질 면에서 꽤 큰 다양성을 보였지만 대개는 기본적으로 개혁적이었다. 대부분 어쨌든 군주제에 기대를 걸었고 민주주의자는 소수에 불과했다. 기존 교회를 신랄하게 비난했지만 종교 자체를 거부한 이는 드물었다. 설사 기존 질서에 근본적인 물음을 제기했다고 하더라도 계몽과 교육을 통한 진보의 전망에 만족했지, 민중의 개입을 촉구했던 이는 사실상 전무했다.

그러나 계몽사상은 잠재적으로는 혁명적이었다. '철학자들'은 인간의 자기완성 능력을 믿었다. 그들은 신분제를 비판하고 적어도 만인이 법 앞에서 평등하다고 보았다. 인간은 자연권을 가진 주체로서 정당한 정치권력의 유일한 근거이다. '철학자들'은 대체로 사회계약론과 주권론에 입각하여 절대군주제를 넘어서 이제껏 통치의 대상이 이제 나라의 주인이 될 수 있음을 천명했다. 우리는 계몽사상과 프랑스 혁명이라는 차원을 달리하는 거대한 두 역사적 흐름이 18세기 유럽의 사회경제적 발전이라는 더 큰 흐름에 함께 닻을 내리고 있다는 것을 망각해서는 안 된다. 이리하여 계몽사상은 그 물질적 진보의 바탕 위에서 유럽 사상 최초로 이승에서 인간이 집단적인 노력을 통해서 유토피아를 이룩할 수 있는 참으로 근대적인 정치관을 최초로 본격적으로 제시했다. 이를 흔히 '계몽사상의 기획'이라고 부른다.

'계몽사상의 기획'에 처음부터 혁명이 들어 있었던 것은 아니다. 사실상 계몽사상과 혁명은 별개의 역사적 실체이다. 프랑스 혁명은 계몽사상의 여파를 일부 받았지만 그것을 포함하는 다차원의 대사건이며, 계몽사상의 다양성은 혁명이라는 큰 흐름으로도 포괄되지 않는다. 그러나 프랑스 혁명은 볼테르와 루소를 팡테옹으로 모시지 않았던가? 양자가 각별한 친화성을 가진 듯이 보이는 것은 어떤 뚜렷한 인과관계를 가져서가 아니라 사실상 각기 차원과 규모를 달리하면서도 동일한 역사적 흐름에 몸담고 있었기 때문일 것이다. 그렇기 때문에 계몽사상과 프랑스 혁명은 근대성의 형성에서 각기 독자적인 위치를 점하고 있다.

최근 계몽사상의 기획에 대한 비판이 쏟아지고 있다. 지난 200년간의 특히 유럽사의 흐름에 입각하여 계몽사상이 이성을 부르짖었지만 합목적적 이성을 세우기보다는 '도구적' 이성을 정당화하는 데에 그쳤고, 서구의 보편주의라는 이름 아래에 문화적 다양성을 없애려고 했으며, 순진하게도 역사에서 무한한 진보가 가능하다고 믿었다는 것이다. 실제로 계몽사상은 보편주의의 이름 아래 서구의 백인 남성의 지배를 정당화한 측면이 없지 않다. 부르주아지의 계급 이익을 호도했다고 하기도 하고, 남녀 불평등, 더 나아가 식민주의와 인종주의의 현실을 애써 외면했다고도 한다. 그러나 인간이 존엄성을 가지며 자기 운명의 주인이라는 믿음은 여전히 유효하며, 이는 아마도 계몽사상의 가장 중요한 유산일 것이다.

제**12**장

정치와 국제체제, 1715-1789

18세기는 흔히 루이 14세의 사망으로부터 나폴레옹의 몰락에 이르는 '긴 18세기'를 말하기도 하도, 프랑스 혁명에 이르는 '짧은 18세기'를 가리키기도 한다. 이 장에서는 '짧은 18세기'에 유럽의 정치가 국내외적으로 어떠한 변모를 보였는지를 추적한다. 이 시기에 가장 두드러진 사실의 하나는 국가 권력의 성장과 확대이다. 통합된 영토, 명확한 국경선, 대내외 주권, 합법적 무력의 독점을 갖춘 근대 권력국가는 이제 기지의 사실이 되었으며, 18세기를 지나면서 사법과 평화의 유지라는 전통적인 영역을 넘어 군대, 재정, 일반 행정을 통해서 삶의 더 넓고 깊은 영역으로 침투해 들어갔다. 지배자들은 신성하고 종교를 통한 외면적 정당성에 기대면서도 국가와 신민의 가상적인 일체성을 내세워 새로운 세속적 정당성을 갖추려고 했고, 전문적인 관료제를 키워 행동반경을 넓혀갔다. 이 과정에서 일부 지역에 국한되기는 하지만 동질적인 신민이 형성되어 새로운 정치적 주체로 부상할 수 있는 역량을 마련했다. 그리고 이런 국가 권력의 성장은 국제정치에도 반영되어 18세기 유럽은 그야말로 열강들의 각축장이 되었고, 이 약탈적인 세력 균형의 정글 속에서 폴란드는 아예 지도에서 사라졌는가 하면 영국은 식민지 쟁탈전의 최후의 승자로 부상했다.

1. 정치와 국가

18세기는 정치의 근대적 개념과 국가 이념의 형성에서 중요한 단계를 차지한다. 18세기 초만 해도 유럽의 통치자들 대부분은 국가를 가산(家産)으로 여겼던 세습군주들이었다. 그러나 18세기가 끝날 때쯤이면 도처에서 군주제의 신성성만이 아니라 군주제 자체가 위기에 처한 듯이 보였다. 미국과 프랑스에서는 공화국이 들어섰고, 폴란드는 1791년 5월에 유럽 대륙 최초의 성문헌법을 채택했으며, 영국에서는 정치적 급진주의가 부활했고, 네덜란드와 벨기에는 소요 내지 반란에 휩싸였다. 그러나 프랑스 혁명의 열기가 가라앉은 19세기 초가 되면, 프랑스와 폴란드를 제외한 유럽 통치자들의 면모나 정치 지도는 한 세기 전과 크게 달라지지 않았다. 군주제로 대표되는 유럽의 구체제가 거의 그대로 살아남은 것이다. 하지만 이것은 유럽의 많은 군주들이 새로운 정치에 양보한 대가를 치른 결과였다. 18세기만 해도 국가는 특정 가문의 세습재산인 동시에 추상적이고 비인격적인 법인격이라는 이중성을 강하게 가졌다. 18세기가 끝나가면서 전자의 성격은 급속히 약화되었고, 국가는 이제 통치자로부터 독립적인 자율적인 실체로 인식되었다. 통치자와 신민의 관계를 보는 시각도 근본적으로 달라졌다. 신민은 이제 가부장적이고 온정적인 통치의 대상이 아니라, 많은 경우에 새로운 주권자는 아니더라도 최소한 통치계약의 한 당사자로 간주되었다. 정치의 의미와 내용이 변화했고, 국가는 훨씬 더 강력해졌다. 진정한 의미의 근대 국가가 탄생한 것이었다.

1-1. 18세기 초의 정치 지도

1500년 당시 유럽의 정치적 단위는 대략 500개 정도였는데, 18세기에 들어오면 그 수는 줄었지만 여전히 300개를 훨씬 넘어섰다. 북서 및 서유럽은 오늘날의 지도와 크게 다르지 않았다. 프랑스, 에스파냐, 영국은

18세기 초에 이르면 지방의 특수주의를 무너뜨리고 영토를 통합하는 데에 상대적으로 앞서 있었다. 하지만 당시의 지도에 '독일'과 '이탈리아'는 아직 없었다. 그 대신에 합스부르크 가문 출신의 황제를 우두머리로 하는 신성 로마 제국의 경계 내에 무려 300개에 달하는 다양한 크기와 성격의 독일 국가들이 존재했다. 황제의 권한과 권위는 1648년 이후로 꾸준히 줄어들었지만, 독일 국가들의 느슨한 연방은 많은 소단위들에게 보호막 구실을 했다. 51개의 제국도시, 무수한 제국기사령, 33개의 교회령이 소국가군을 이루었다. 제법 큰 나라로는 군주가 선제후였던 작센, 바이에른, 그리고 브란덴부르크('프로이센')가 있었다. 이탈리아 반도 역시 10여 개가 넘는 단위로 나뉘었다. 북부와 동부의 유럽은 국가 형성 과정이 늦어 단순한 모습을 보였다. 스웨덴과 폴란드는 과거의 영광을 잃고 2류 내지 3류 국가로 전락하기 직전이었고, 덴마크는 강소국으로 발돋움할 채비를 갖추는 중이었다. 반면에 합스부르크 군주제와 러시아는 광대한 규모의 다양한 영토와 민족들을 묶어 열강의 반열에 올라섰다. 합스부르크 가(家)는 오스트리아를 발판으로 결혼, 정복, 외교를 통해서 보헤미아 및 헝가리 왕국을 차지했고, 러시아는 슬라브족 외에 타타르족, 코사크족, 다른 유목민족들을 통합하며 남쪽과 동쪽으로 진출했다. 그리고 이 두 제국의 너머로 남동부 유럽에 오스만 제국이 15세기 후반부터 자리잡았다. 오스만 제국은 17세기 말에 이르러 공세에서 수세에 몰려 있었지만, 여전히 강력한 존재였다.

아리스토텔레스가 만든 고전적인 분류에 따르면, 통치자의 수에 따라서 군주정, 귀족정, 민주정으로 나눌 수 있다. 그러나 유럽에는 중세 이래로 민주정이 존재했던 적이 없기 때문에 몽테스키외는 『법의 정신』에서 그것을 변형시켜 군주정, 공화정, 전제정의 구분법을 제시했고, 교양층의 지지를 받았다. 이 분류법을 염두에 두면서 18세기 초 유럽의 정체(政體)에 대한 개괄적인 분포를 제시해보자.

422

당시 군주제에는 세 종류가 있었다. 하나는 절대군주제이다. 여기에는 프랑스를 본보기로 하여 오스트리아, 프로이센, 에스파냐, 포르투갈, 사부아, 덴마크 등이 포함된다. 이 국가들에는 공통적으로 신의 축성을 받은 주권자를 자처하는 세습군주들이 존재했다. 이들은 이론적으로 신법이나 자연법, 또는 '기본법'(프랑스)을 존중해야 했고, 사실상 교회, 지방의 신분제의회, 사법조직, 시 자치체를 포함하는 일련의 법인체들의 제약을 받았다. 또한 지배계급의 이익을 고려해야 했다. 이 국가들은 귀족이 면세특권을 가지고 있어서 국왕의 권위에 도전할 만한 전국적인 차원의 대표체를 가지지 못했고, 절대군주들은 신분, 지방, 직종에 따라서 법의 적용이 차별적인 '분리통치'의 관행 속에서 국가와 사회의 통합을 상징했다.

다른 하나는 입헌군주제이다. 전국적인 대표체가 존재하는 경우, 군주의 권위는 종종 약화되었고, 따라서 그는 가급적이면 의회를 소집하지 않고 통치하려고 했다. 문제는 군주가 독자적인 재정 기반을 가지고 있느냐이다. 포르투갈의 예가 이 점을 잘 보여준다. 브라강사 가문의 국왕들은 브라질 금광의 발견 덕분에 1698년 이래 한 세기 넘게 의회(Cortes)를 소집하지 않을 수 있었다. 그러나 스튜어트 가의 영국 왕들에게는 이런 행운이 없었다. 결국 '명예혁명(1688-1689)'을 통해서 주권이 '의회 내의 국왕(king in parliament)'에게 있다는 혼합정체의 원리가 정식화되었다. 18세기 초에 하노버 왕조가 들어선 후에 국왕과 의회의 공동통치는 주목할 만한 정치적 안정을 가져다주었을 뿐만 아니라 그 어떤 절대주의 국가보다도 더 효율적으로 재원을 조달하게 해주었다.

영국과 유사한 예가 스웨덴이다. 스웨덴은 15세기 말 이래로 신분제의회(Riksdag)가 예외적으로 귀족, 성직자, 도시 대표 외에 농민의 대표를 받아들여 전국적인 대의체(代議體)의 강력한 전통을 형성해왔다. 카를 12세는 의회를 소집하지 않고 절대주의의 면모를 세우려고 했으나, 그만 전사하고 말았다. 반세기가 넘는 '자유의 시기'가 도래하여 왕권은 약화되었고 4부로 구성된 의회에는 경쟁적인 두 개의 분파가 각축을 벌였다. 1772년에 구스타브 3세(1771-1792)가 쿠데타를 일으켜 강력한 왕권을 재건했으나 의회는 살아남았고, 이후 스웨덴은 혼합정체를 유지했다.

마지막으로 선거군주정이 있다. 애초 교황령 국가는 11세기 말 이래로 이것의 두드러진 본보기였고, 이를 통해서 오랫동안 추상적이고 비인격적인 국가관의 구현체 역할을 해왔다. 그러나 18세기에 대표적인 예는 폴란드-리투아니아 공화국과 신성 로마 제국이었다. 이 둘이 모두 1800년을 전후하여 지도에서 사라졌기 때문에 흔히 근대 초의 시기에 절대군주제의 상대적 진보성을 입증하는 반대증거로서 제시된다. 폴란드의 경우에 국왕 선거제가 만장일치제여서 종종 무정부 상태를 빚기도 했지만, 그것은 허약함의 원인이라기보다는 차라리 그 징후로 보는 것이 온당하다. 반면에 신성 로마 제국의 황제 선거제는 정상적으로 작동했다. 6명의 영방군주들(바이에른, 보헤미아, 작센, 팔츠, 프로이센, 하노버)과 3명의 대주교(마인츠, 쾰른, 트리어)로 이루어진 선제후들은 1740년에 남성 후계자가 없었던 경우를 제외하고는 언제나 합스부르크의 후보자를 선택했다.

18세기의 유럽인들은 절대군주제도 포함한 군주제가 이러저러한 제약을 받는 것으로 보았다. 전제정이란 이런 제약이 없는 군주제로서 이를테면 군주정의 타락한 형태였다. 당대인들은 오스만 제국을 전제정의 대표적인 예로, 러시아를 이에 준하는 것으로 보았다. 그들은 그 근거로 오스만 제국이 '형제살해법'이라는 끔찍한 관행을 가지고 있으며 술탄이 신민들의 재산을 보호하지 않고, 러시아는 왕위 계승의 기본법이 없으며, 두 제국 공히 술탄이나 차르가 공포의 친위대를 거느린다는 점을 지적했다. 하지만 이런 전제정과 유럽 군주제의 차이는 종류가 아니라 정도의 차이로 보인다.

마지막으로 군주제의 유럽에 이질적이지만 마찬가지로 유서 깊은 역사를 가진 공화정이 있었다. 주로 과거 중 프랑크의 영역에 분포했는데, 이는 공화정이 도시가 발달한 지역과 관련이 깊었음을 말해준다. 북이탈리아의 루카, 제노바, 베네치아 등, 스위스의 제네바, 그리고 네덜란드가 이에 속했다. 당시의 공화정은 민주주의와는 거리가 멀어 거의 대부분이 폐쇄적인 과두제의 통치구조를 가졌다. 더욱이 대표적인 공화국이라고 할 수 있는 베네치아와 네덜란드가 전성기를 지나 쇠퇴기에 접어들었기 때문에, 공화정을 대안적인 정치질서로 받아들이는 이는 거의 없었다. 사정이 이러했으므로 민주주의를 실현 가능한 정체로 생각하는 사람은 더더욱 없었다. 18세기 후반에 루소가 '통치의 대상이 나라의 주인이 되는' 새로운 인식의 지평을 열었지만, 민주정을 영토국가에 세울 수 있다고 생각했던 사람은 사실상 전무했다.

1-2. 국가 형성과 18세기의 정치

이미 이 시기에 오면 유럽의 모든 국가는 크기나 통치 형태에 관계없이 주권, 곧 영역 안에서 사는 모든 주민에 대해서 최고의 권력을 주장했다. 과연 이 주권이 홉스가 지적했듯이 절대적이고 분할할 수 없는 것인지, 아니면 몽테스키외가 요청했듯이 자유의 보전을 위해서 권한에 따라 권력을 나누는 것이 가능한지에 대해서 논란이 있었지만, 그런 주권의 존재는 이제 어느 누구도 부정할 수 없는 현실이 되었다. 당시에 주권을 효율적으로 행사한다는 것은 크게 보아 다음의 네 가지 권력에 대해서 통치자가 독점적 지위를 확보하는 데에 성공했는가의 여부에 달려 있었다. ① 강제력 : 군사력의 최종적인 합법적 처분권 ② 입법권 : 공공정책의 수립 및 국가와 사회를 지배하는 법의 제정권 ③ 과세권 : 조세의 부과, 징수, 사용 ④ 행정권 : 특히 관료제를 통한 공적인 삶의 통제 등.

위의 네 가지 권력에 대한 국가의 독점적 주장은 18세기 초에 이미 확립되었다. 그리고 일부의 예외를 제외하고 주권자는 언제나 다양한 지위를 가진 군주(예컨대 황제, 교황, 국왕, 공작, 주교, 도시 등)였다. 18세기에 특징적인 것은 군대의 규모가 확대되면서 인적, 물적 자원에 대한 요구가 커지고, 이에 따라서 주권자의 입법 활동이 늘고 이러한 일련의 행동을 뒷받침하기 위해서 조세행정을 위시로 하여 자못 근대적이라고 할 수 있는 관료제가 등장했다는 점이다.

그러나 국가의 행동영역이 크게 확대되었다고 해서 당장에 새로운 정치가 나타난 것은 아니었다. 대부분의 나라에서 정치란 군주를 비롯한 특권층의 '놀이'에 불과했고, 입헌군주국이나 공화국의 경우에도 별반 다르지 않았다. 어디서나 정치계급은 소수였다. 하지만 18세기 중엽부터 새로운 현상이 모습을 드러냈다. 유럽의 일부 지역에서 '공중'과 '여론'이 등장했고, 당장에 정치적 참여까지는 아니라고 해도 대안적 정치에 관한 윤곽을 그려내기 시작했던 것이다.

전쟁과 국가 지출의 증대

이제 먼저 18세기에 국가 재정의 규모가 어느 정도 증가했는지를 살펴보자. 이에 대한 믿을 만한 수치로 영국의 사례를 들 수 있다. 프랑스 국왕 정부의 회계 자료는 대부분이 18세기에 발생한 두 번의 화재로 소실되었던 반면에, 영국의 자료는 남아 있을 뿐만 아니라 '명예혁명' 이후로는 신뢰할 만한 수준이다. 전반적인 추세를 살피기 위해서 1690년대부터 나폴레옹 전쟁이 끝나는 1815년까지의 '긴 18세기'를 대상으로 한다.

연대기는 단순하다. 평화기와 전쟁이 꽤 규칙적으로 교체되었다. 윌리엄 3세(1689-1702)의 아일랜드 원정과 해상전투, 1697-1702년의 짧은 평화기, '에스파냐 왕위 계승전쟁'이 터져 말버러 공작의 원정(1702-1713), 평화기를 거쳐 1739년에 '젱킨스의 귀전쟁(War of Jenkins' Ear)'과 이어서 '오스트리아 왕위 계승전쟁'(1740-1748), 7년전쟁(1756-1763)

과 미국 독립전쟁(1776-1783), 그 사이와 1792년까지의 평화기, 이어 아미앵 조약(1801-1802)의 막간기를 제외하고 프랑스 혁명전쟁과 나폴레옹 전쟁이 1815년까지. 우리는 이 여섯 차례의 전쟁을 묶어 중세 말의 '백년전쟁'에 빗대어 '제2차 백년전쟁'이라고 부른다. 이 시기는 '영국은행'이 설립되어(1694) 공채 발행과 부채 상환이 정규화되었지만, 산업화의 영향이 국가 재정에 아직 나타나지 않아 전(前) 산업시대의 국가 재정 규모의 중대를 편리하게 검증할 수 있다. 이 시기 정부의 지출은 크게 세 부문으로 나눌 수 있다. 하나는 군사비 지출이고, 다른 하나는 왕실 비용까지 포함하는 나머지 행정지출이고, 마지막으로 공채의 원금과 이자의 상환이다.

우선 눈에 띄는 것은 영국 재정규모의 놀라운 상승 추세이다. 1700-1815년에 재정지출은 무려 경상가격으로 35배, 실질가격으로 15배가 증가했다. 이것은 유럽 역사상 한 세기의 증가율 치고는 최고 기록이다. 추측컨대 국민총소득에서 차지하는 비율 역시 크게 늘었을 것이다. 당대인 그레고리 킹의 추산에 따르면, 대략 국가 지출이 국민총소득에서 차지하는 비율은 1688년에 8퍼센트에서 1811년에는 27퍼센트에까지 올랐다. 아마도 산업화 이전 시대에 국가가 수취할 수 있었던 최고치일 것이다.

그러나 재정지출의 상승 추세는 꾸준하지 않았다. 급상승기는 여섯 번 나타났다. 놀랄 일이 아닌 것이 그것은 전쟁의 개시와 일치하며 그 상승은 주로 군사비의 급증에 기인했다. 더욱이 전적으로 전쟁비용을 충당하기 위해서 발행한 공채의 원금과 이자의 상환은 전쟁 말기에 증가하여 평시의 초기까지 계속되었다. 그 양상은 일정한 규칙성을 보였다. 전쟁이 개시되면 군비가 급증하고, 전쟁이 끝날 때가 되면 공채 상환액이 재정지출의 가장 큰 비중을 차지한다. 이것은 전쟁의 부담을 분산시키는 효과를 가진다. 그리고 새로운 전쟁이 터지면, 전비는 앞선 전쟁의 두 배로 늘어나며, 전체적으로 총 재정지출은 꾸준한 상승세를 보인다. 하지만 평시에도 군비(주로 해군 유지비)와 부채상환은 상당한 수준에서 유지되기 때문에, 전쟁이 났다고 해서 재정지출 총액의 최대 증가치는 1710-1711년과 1793-1794년에 50퍼센트를 약간 넘는 수준이었다. 이 시기에 전쟁비용(군비와 공채를 합친 것)은 종종 전체 지출의 90퍼센트를 상회했으며(예컨대 1710, 1745, 1780, 1795-1810년 등), 평시에도 80 퍼센트를 넘어서곤 했다. 이는 영국이 상비군을 두지 않았던 결과인데, 이제 유럽에서 '영속적인 전쟁국가'가 등장했음을 말해준다. 영국은 상업국가였음에도 불구하고 이렇게 효율적인 국고체계를 통해서 프랑스와의 '제2차 백년전쟁'을 최종적으로 승리로 이끌 수 있었다. '재정이 전쟁의 관건'임을 고려한다면 사실상 영국은 역동적인 상업국가였기 때문에 승리할 수 있었고, 실제로 단 한 차례를 제외하고는 언제나 영국이 먼저 선전포고를 했다.

중요한 것은 이런 추세가 영국에만 국한되지 않았다는 점이다. 평시의 네 시점(1726, 1751, 1775, 1788)을 잡아 국고 수입과 지출을 분석한 한 연구에 따르면, 프랑스는 1726-1788년에 수입은 261퍼센트가 증가한 반면에 지출은 347퍼센트가 증가했다. 지출 가운데 군비가 차지하는 비율은 25-41퍼센트이고, 공채 상환이 차지하는 비율은 28-41퍼센트로서 사실상의 전쟁비용은 전체 지출의 66-69퍼센트를 차지했다. 이는 평시의 군비가 전체 지출의 3분의 1 정도였다가 전쟁이 발발하면 그 비중이 70-80퍼센트로 높아졌을 것이라는 추정을 가능하게 해준다. 1726-1788년에 육군 군비는 188퍼센트가, 해군 군비는 648퍼센트가, 공채 비용은 428퍼센트가 증가했는데, 이는 왜 혁명 직전의 프랑스 군주제가 파산 직전에 몰렸는지를 말해준다. 사실 프랑스는 전체 국부에서는 영국에 비해서 훨씬 컸으나, 가장 부유한 특권층이 면세의 특권을 누렸고, 영국만큼 효율적인 신용체계를 갖추지 못했으며, 특히 육군과 해군을 함께 유지해야 했기 때문에 결국 영국과의 세기에 걸친 장기전에서 패배했다.

흥미로운 예는 프로이센이다. '프로이센이 군대를 만든 것이 아니라 군대가 프로이센을 만들었다'고 할 정도로 프로이센은 군국주의 국가로 이름이 높았다. 그렇다면 재정 면에서 다른 나라와 차이가 있었던 것일까? 프로이센은 18세기 중엽까지도 돈을 빌리지 않고 건전재정을 유지할 수 있었는데, '징병구제(Kanton System)'라는 징집제도를 1733년에 도입한 것도 이에 일정하게 기여했다. 1688년에 군비는 재정수입의 2분의 1-7분의 5 수준이었다. 전쟁이 벌어지기 직전인 1740년에 프로이센의 지출은 육군에 73퍼센트, 일반 행정 및 궁정에 14퍼센트, 예비비에 13퍼센트였다. 1752년에 전쟁이 없었는데, 수입의 90퍼센트를 군비로 사용했다. 하지만 1770년대에 오면 프로이센 역시 부채를 짊어졌다. 1770년대 중반에 군대는 재정수입의 60퍼센트를, 일반 행정은 14퍼센트를 사용했고, 나머지는 부채 상환용이었다. 7년전쟁이 끝난 뒤인 1786년에 군비는 재정지출의 32퍼센트를, 일반 행정 및 궁정은 9퍼센트를, 부채 비용은 56퍼센트를 차지하여 같은 해의 영국과 유사한 재정구조를 보였다. 따라서 프로이센이 18세기의 유럽에서 군국주의 국가로 이름이 알려진 것은 국가 활동의 성격이 아니라(이것은 모든 나라가 동일했다), 인적, 물적 자원이 상대적으로 빈약한 나라가 다른 열강들과 어깨를 나란히 하기 위해서 그 대부분을 군비에 투입할 수밖에 없었던 긴박함 때문이었다. 1761년에 프로이센 군은 인구의 4.4퍼센트(프랑스는 1.2퍼센트)를 차지했고, 1인당 과세액은 17세기 말에 프랑스의 2배, 영국의 10배에 달했다. 이는 결국 프로이센의 군국주의가 철저하게 외세에 대처하기 위한 것임을 말해준다.

다른 나라들도 정도는 약하지만 유사한 양상을 보였다. 오스트리아는 육군이 군대의 주축이었고 역시 군비 지출이 차지하는 비중은 압도적이었지만 영국과 비교하여 그 정도가 약했다. 이는 오스트리아가 징집할당제에 따른 동원형 국가였기 때문인데, 바로 이로 인해서 평화시에는 오히려 군비 지출의 변동폭이 영국보다 더 컸다. 러시아의 국가 발전 역시 외세의 위협에 대처하기 위한 것이었다. 1724년에 표트르 대제의 군사비 역시 국가 재정의 75퍼센트를 차지했다. 다른 많은 독일 영방국가들의 군사비가 예산에서 차지하는 비율 역시 유사했다. 이 나라들과 재정구조가 다를 것으로 보이는 네덜란드 역시 크게 다르지 않았다. 1800-1805년에 네덜란드는 군비와 부채 상환은 전제 지출의 80퍼센트를 차지했고, 이 또한 같은 시기의 영국과 비슷한 수준이었다.

이렇듯 나라마다 특징의 차이는 있었지만 전체적인 양상은 명확했다. 나라는 살아남으려면 징집이든 직업군이든 육군과 해군을 일으키고 유지하기 위해서 해당 영토의 주민들에 대한 수취능력을 증대시켜야 했다. 그렇지 못한 나라는 전장에서 패배하여 흡수당했다. 18세기의 폴란드, 19세기의 작센과 바이에른이 그러했다. 그 어떤 유럽 국가도 전쟁을 피할 수 없었다. 18세기에 평화국가란 있을 수 없었다.

행정국가의 등장

유럽의 군대는 이미 1700년에 수적으로 최고치에 달했고 18세기를 통해서 이 수준을 유지했다. 1710년에 유럽에는 최소한 100만 명의 군인이 있었으며, 당시 최대 군사강국인 프랑스는 적어도 30만 명의 군대를 거느렸다. 아울러 신형 머스킷총이 도입되었고, 전투의 규모와 강도도 커졌다. 이제 국가 이외에 이런 규모의 군대를 꾸릴 수 있는 능력을 갖춘 존재는 없었다. 이 시기의 군대는 아직 국민군도 아니고 개병제도에 입각한 징집군도 아니었지만, 국가는 군대를 직접 무장시키고 관리하는 책임을 졌다. 국가는 장교단을 직접 관리하고, 하사관들을 먹여 살리고, 모병관들에게 임명장을 주어 병사들을 충원하게 했다. 어디서나 새로운 제도들이 생겨났으며, 이전의 행정체제는 새 임무를 수행하기 위하여 대폭 개편되었다. 전쟁이 끝나도 군대는 해산하지 않아 막사가 세워지고, 평시에 이들을 수용하기 위해서 수비대 주둔 도시가 만들어졌다. 해양국가들은 새 항구를 건설하고 전함을 만들기 위해서 대규모 조선소를 유지했다.

18세기 전반기에 유럽의 군주들이 행정개혁을 시도할 때에 준거가 되었던 것으로는 두 가지가 있다. 대체로 남서 유럽에서는 루이 14세의 군주제가 본보기가 되었고, 북동 유럽에서는 스웨덴의 카를 11세가 창출한 군사행정체제가 원형이 되었다. 사실 이는 서유럽 절대주의와 동유럽 절대주의가 처해 있던 상황, 곧 자본주의의 발전 정도와 국제체제의 규정력을 반영했다.

프랑스의 행정적인 모범과 관행이 에스파냐에 이식된 데는 프랑스 부르봉 왕가의 필립이 에스파냐 왕위를 계승하여 펠리페 5세가 된 것이 큰 작용을 했다. 그러나 그의 선왕인 카를로스 2세의 측근들이 부르봉 후보자를 선호했던 이유의 하나는 프랑스의 행정기술이 에스파냐를 수면 상태에서 깨어나게 할 수 있으리라고 믿었기 때문이다. 새 부르봉 출신의 국왕이 중앙행정을 합리화하고 특권계급을 정부의 실질적인 영향력 있는 자리로부터 배제한 것은 루이 14세의 군주제를 모방한 것이었다. 그 결과 봉사귀족이라는 새 엘리트 층이 성장하여 행정을 장악했다. 국무비서직이 5개의 부서로 나뉜 것도 부분적으로 프랑스의 사례를 따른 것이며, 중앙에 행정적 일관성과 명령체계를 부여했다. 프랑스의 영향을 가장 명확하게 보여주는 것이 지사제(知事制)의 도입이다. 국왕이 임명하고 그에게 책임을 지는 '지사'는 17세기 프랑스에서 형성된 새 군주제 행정에서 핵심적인 존재였다. 이 지사제가 에스파냐에 도입되는 데는 18세기의 전반기에 해당하는 오랜 과정을 거쳐야 했다. 에스파냐 왕위 계승전쟁과 또 1718년에 지사제의 도입 시도는 지방정부의 강경한 저항에 부딪혔다. 몇 개 주에만 지사를 남긴 채, 사실상 시행이 유보되었다. 지사제가 완전히 정착된 것은 페르난도 6세(1746-1759)의 치세 초기였다. 프랑스에서 지사는 국내 통치의 4대 영역, 곧 조세, 군대, 사법,

일반 행정을 책임졌는데, 새 왕은 지방의 저항 때문에 지사의 권한을 군사와 조세 부문으로 한정했다. 지사가 4대 영역을 모두 관할하게 되는 것은 1802년의 일이었다. 지사는 중앙과 지방의 더 확고한 연계를 제공했고, 18세기에 경제 회복의 주요한 수단이 되었다.

이렇듯 제도적 이식이란 언제나 본보기와 그것을 도입하는 지방적 상황이 결합되게 마련이다. 이러한 적응의 과정은 프랑스의 다른 이웃인 사부아-피에몬테 공국에서도 잘 드러났다. 토리노에 궁정을 둔 사부아는 프랑스와 오스트리아의 중간에 있다는 전략적 위치를 외교적으로 잘 활용하여 1713년에 시칠리아를 획득하고 왕국이 되었다. 1720년에 시칠리아는 사르데냐와 교환되었고, 사부아는 사르데냐 왕국이 되었다. 사르데냐의 성장은 비토리오 아메데오 2세(1682-1730)가 오랜 치세를 통해서 단행한 일련의 개혁으로 가능했다. 다시 한번 인접 국가인 프랑스가 본보기가 되었다. 그는 1690년부터 지사제를 도입했고, 1717년에 중앙 정부를 재조직했으며, 콜베르를 연상시키는 중상주의 정책을 추진했다. 하지만 에스파냐와 비교한다면, 본보기의 영향보다는 토착적 기반의 비중이 더 컸다. 지사제는 사실 피에몬테 공작령에 17세기 초부터 있었던 사법관의 일종인 referendarii라는 기존의 제도가 발전시킨 것이며, 사르데냐의 지사는 프랑스의 그것과는 달리 매직 관리로서 지사직은 일종의 소유권처럼 사고 팔 수 있는 것이었다.

유럽의 북동부에서는 프랑스와는 매우 다른 모범이 더 직접적인 영향을 미쳤다. 1680-1690년대에 스웨덴 국왕 카를 11세는 넓게 퍼진 발트해 제국을 보호할 필요와 스웨덴의 상대적 빈곤과 후진성을 조화시키기 위해서 대대적인 개혁을 단행했다. 그 결과 행정이 합리화되고 재정의 틀이 잡혀 처음으로 예산이 작성되었고, 특히 군대가 더 건전한 기반을 갖추게 되었다. 병사와 장교들에게는 왕령지의 특별 농장이 할당되었고, 이들은 평시에는 농민처럼 살다가 전시가 되면 연대로 편제되었다. '할

당체제(Indelningsverket)'는 군대 유지비를 크게 줄였다. 바로 이 체제를 토대로 스웨덴은 1700년에 '대북방전쟁'에 임했다.

스웨덴의 행정개혁, 특히 군제개혁은 본보기가 되었다. 이는 그것이 재원이 빈약한 유럽의 후진적인 지역에서 일급의 군대를 유지하는 방안을 제공하는 것으로 보였기 때문이다. 국가의 재정 수입 가운데 조세의 비중이 작아 병사 징집과 물자 징발의 몫이 그만큼 중요했던 것이다. 18세기 전반기에 러시아와 프로이센이 스웨덴의 사례를 배웠다. 두 나라 모두 18세기 초에 스웨덴과 운명을 건 일전을 벌였고 특히 러시아의 표트르 대제는 처음에는 참패했다. 그의 개혁은 무엇보다도 참패에 대한 대응으로 나온 것이며 결국 그는 승리를 거두었다. 유심히 지켜보던 프로이센은 러시아가 변형시킨 개혁안을 차용했고, 이것은 부분적으로 오스트리아에도 영향을 미쳤다.

표트르는 1700년 나르바 전투에서 패배하자 무서운 속도로 근대화 정책을 추진했다. 가장 먼저 손 댄 것은 군대였다. 그는 군사력의 확충을 꾀했는데, 무엇보다도 스웨덴의 제도에서 착상을 얻어 이전의 농민 징집병과 지원병의 혼합 대신에 새 충원체제를 도입했다. 1705년의 규정에 따르면, 농민의 매 20호당 15-20세의 자격이 있는 병사 1명을, 매 80호당 기병 1명을 제공해야 했다. 강제징집은 전시에는 빈번했고, 19세기 후반까지 러시아 육군과 해군 충원의 근간을 이루었다. 복무 기간은 종신이어서 징집은 해당 농민에게는 사형이나 진배없었다. 이외에도 인구의 절대다수를 차지하는 농노들에게는 강제부역과 인두세의 부담이 추가되었다. 그리고 이러한 전쟁 노력은 사회를 새롭게 조직해야 할 필요성으로 표트르의 치세 후반기에 광범위한 정부개혁을 요구했다. 그 결과 외국의 본보기를 러시아의 상황에 접목시킨 행정체제가 나타났다. 중앙정부가 근대화되고 그 규모가 커졌으며, 이를 뒷받침하기 위해서 1718년 이후에 일련의 전문직업학교들이 설립되었다. 이제 러시아는 발트 해의 주도적인 국가가 되었고, 새로운 수도인 상트페테르부르크의 건설은 그 상징이었다. 러시아는 강력한 군대와 처음으로 규모 있는 해군을, 그리고 꽤 근대화된 중앙행정을 보유하게 되었다. 하지만 이 성취를 과장해서는 안 된다. 재원과 전문인력의 부족은 만성적이었고, 지방행정의 개편은 성공적이지 못했다. 귀족은 군대의 장교직은 충분히 제공했으나 행정직은 꺼렸다. 게다가 개혁은 지속적이지 못했다. 표트르가 사망한 이후 1725-1762년에 6명의 지배자가 교체되는 등 왕조적 불안정으로 개혁의 성과가 무너졌다. 러시아가 다시 전진을 계속하는 것은 1760년대의 일이었다.

표트르의 개혁은 프로이센에서 찬탄의 대상이 되었다. 브란덴부르크-프로이센은 서쪽의 라인란트로부터 동쪽의 니에멘 강에 이르는 북유럽의 절반에 걸쳐 광범위하게 산재되어 있던 영토들의 집합체로서 호엔촐레른 가문을 통해서 결합되었다. 프로이센은 대북방전쟁 말기에 반스웨덴 동맹 측에 가담해 영토를 넓혔다. 사실 이렇게 흩어져 있어 방어하기가 어려운 영토는 당시의 그야말로 약육강식의 국제환경에서 국가 권력의 기반으로는 가망성이 없었다. 토지는 척박하고 농업은 서유럽에 비해서 낙후되고 상업은 침체되고 도시는 수도 적고 규모도 작았다. 무엇보다도 가장 결정적인 자원인 인구가 적었다. 1780년대에 프리드리히 2세가 꽤 넓은 영토를 획득한 뒤인데도 프로이센의 인구는 600만 명을 넘지 못했다. 이런 절망적인 토대 위에서 프로이센이 18세기에 대두한 것은 가히 기적이었다.

기초는 프리드리히 빌헬름 1세(1713-1740)가 놓았다. 그가 행한 개혁의 핵심은 세 가지였다. 하나는 산재한 영토에 단일하고 통합적인 중앙행정을 창설하는 일이었다. 분산되어 있는 각 영토의 단위는 별개의 행정을 이루었고, 1713년 당시 전 영토를 포괄하는 행정장치로는 '전쟁총국(Generalkriegskommissariat)'과 '재무총국(Generalfinanzdirektorium)'이

고작이었다. 양자 모두 전쟁과 군대가 가지는 중요성을 반영했다. 이 둘은 1723년에 통합되어 '총집정부(Generaldirektorium)'의 토대가 되었다. '총집정부'는 전 영토를 포괄하고, 지방행정과 전문행정을 통합하여 근대 행정을 향한 진전을 이룩했다. 그것은 4개의 부서로 나뉘었는데, 각 부서는 프로이센 전 영토에 대한 일정 업무와 함께 각기 별도의 지방을 관할했다. 둘째는 행정개혁의 토대 위에서 일급의 군대를 유지하기 위한 인적, 물적 자원을 동원하는 일이었다. 이를 가능하게 한 것이 '징병구제'였다. 호구 수에 입각하여 연대 규모를 충원하는 징병관구를 두고, 이것은 다시 대대 수만큼의 '징병구'로 나누었다. 18-40세의 모든 장정이 소집 대상이었지만, 징집의 부담은 주로 농민들에게 떨어졌다. 스웨덴과 러시아의 제도가 그렇듯이, 이것은 자원이 빈약한 나라가 강력한 군대를 유지하는 것을 가능하게 했다. 군대의 상시편제의 규모는 1713년에 4만 명에서 1740년에 8만 명으로, 그리고 프리드리히 2세의 치세에서는 다시 2배로 늘어났다. 징병구제는 성공적이었고, 1770년대 초에 오스트리아는 이를 도입하려고 시도했다. 그러나 징병구제는 영주의 토지에 노동력을 제공해야 하는 농민들에게 추가 부담을 안긴 것이었다. 마지막은 장교 및 관리 확보를 위한 군주제와 귀족 간의 유대 강화이다. 중산층을 가지지 못한 프로이센으로서는 귀족의 도움이 절실했고, 군주제는 반대급부로 이들의 기득권을 보장했다. '융커'는 분할상속제로 일반적으로 다른 나라의 귀족에 비하면 덜 부유하여 장교 및 관리 경력을 적극적으로 받아들였다. 19세기 초에 이르면, 프로이센 중심지에서 융커의 약 4분의 3이 현역 내지 퇴역 장교였다.

　새로운 현상은 용어의 변화를 초래했다. 프랑스에서 루이 15세의 초기에 '행정(administration)'이라는 용어가 사용되기 시작했고, 영어에서는 1731년에 근대적인 의미로 처음 사용되었다. 같은 시기에 프랑스에서 gouvernement은 '통치'보다는 행정적인 임무를 수행하는 책임을 진 일단의 사람들을 지칭하는 '정부'로 사용되기에 이르렀다. 심지어 행정부서(bureau)에서 일하는 사람들을 통칭하는 bureaucrate라는 단어가 프랑스에서 이미 18세기 삼사분기에 사용된 용례도 있다. 어디에서나 관리의 수가 늘어났고, 행정행위의 흐름도 빨라졌다. 특히 정확한 통계적, 지리적 정보를 구하려는 체계적인 노력이 나타났다. 예컨대 영국에서는 로이 장군의 노력으로 '육지측량부(Ordnance Survey)'가 발족했고, 오스트리아에서도 '육지측량부(Josephinische Landesaufnahme)'가 1764-1787년에 합스부르크 영토의 중심부에 대한 정밀한 지도를 제작했다.

이것이 관료제의 등장을 말하는 것일까? 베버가 말하는 관료제의 특성, 곧 공식화된 일 처리방식, 명확하게 설정된 임무, 명확한 계서제, 고유한 자의식 등을 갖춘 관료집단의 존재, 공개경쟁을 통한 충원, 적절한 사전교육이나 훈련, 정기적인 봉급과 은퇴 후의 연금 등에 비춰보면, 아직 관료제의 확립을 말하기는 이르다. 하지만 18세기 후반기에 의미 있는 발전이 있었다. 관료에서 성직자의 수가 줄고 특히 서유럽에서는 세속교육을 받은 중산층 출신의 비중이 늘어났다. 중앙행정에서 정규적인 규칙과 관행이 나타났고, 근대적인 의미의 봉급이 주어지기 시작했다. 18세기에 행정체제는 일부나마 관료제적 속성을 가지게 되었다.

'고위 정치'와 정치계급

이렇듯 18세기를 거치면서 전쟁, 외교, 재정, 통상 등을 위시로 하는 긴박한 과제에 대처하는 과정에서 자못 근대적인 행정국가가 출현했다. 그러나 우리가 눈높이를 높여 국가의 관행과 정치를 들여다보면, 전통적인 면모가 여전함을 확인하게 된다. 분석의 편의를 위해서 우리는 국가의 행위를 세 차원으로 나눠볼 수 있다. 그것은 가장 좁게 보면 왕조와 권력 엘리트의 영역(미시적 차원)이며, 가장 넓게 보면 지배계급 내지 정치계급과 만나는 사회의 영역(거시적 차원)이다. 그리고 이 양자를 매개

하는 것이 전쟁이라는 현장과 이것을 꾸리는 국가의 종복들(중간적 차
원)이다. 위에서 언급한 행정국가의 등장은 중간적 차원에서 일어난 일
이며, 반면에 최상층인 미시적 차원과 저변을 이루는 거시적 차원에서
집단운명을 규정하는 정치의 관행은 기본적으로 구체제를 이루었다.

먼저 군주의 권위는 여전히 기본적으로 개인적인 속성을 벗어나지 못
했다. 앞 시기와 마찬가지로 군주의 개인적 자질은 그대로 통치 행태와
정치 과정에 이전되었다. 프로이센이 대두된 한 요인은 두 명의 탁월한
왕이 1713-1786년에 재위했기 때문이다. 더욱이 군주와 권력 엘리트를
포함하는 신민의 관계도 여전히 본성상 개인적이었다. 국왕은 직접 혹은
대리인을 통해서 통치했다. 국왕에게 직접 또는 각료나 측근을 통해서
간접적으로 접근하려는 싸움이 이 시기 '고위 정치'의 핵심이었다. 따라
서 국왕의 거처이자 정부의 거소이고 왕권의 영광을 기리는 문화적 장치
로서 궁정은 정치 과정의 핵심적인 운반체였다. 프로이센처럼 궁정이 발
달하지 않은 경우는 군과 관료제의 고위직이 대안적인 장치였다. 도처에
군주에게 영향력을 행사하여 자신이나 부하를 요직에 앉히고 한몫을 챙
기기 위해서 파당이 만들어졌고, 음모가 횡행했다. '고위정치'의 가담자
들 중 압도적인 수가 귀족이었다. 왕세자나 다른 왕족, 또는 국왕의 신임
을 받는 각료, 그리고 군주의 정부(情婦)가 파벌 싸움의 전략적 거점이었
다. 궁정인들은 서로 경쟁하고 비방했는데, 이는 절대군주의 '분할 통치'
정책과 궁정정치의 '영합적(零合的) 성격' 탓도 있지만 아직 근대적인 의
미의 내각제가 등장하지 않았음을 말해준다.

중요하게도 군주를 중심으로 하는 궁정사회는 복잡한 경쟁과 음모의
놀이 속에서도 국가 권력의 소지자라는 공통의 이해관계에 입각한 특정
의 집단의식을 가졌다. 이 집단적 이기주의가 그들로 하여금 국가 권력의
성장과 국가제도의 발전을 이끌었다. 그들은 '공동선'을 제공했지만, 이
는 무엇보다도 지배집단의 권력을 정당화하기 위한 것이었다. 18세기에

도 국가에 대한 봉사란 여전히 왕조에 대한 봉사였다. 대부분의 경우에 국가 건설이라는 기획의 성공적인 추진자는 왕조였다. 왕조는 '국가 이성'의 연속성을 보장했고, 왕조적 이해관계는 여전히 압도적이어서 18세기에 '왕위 계승전쟁'이 빈발했던 것이다. 그렇기 때문에 18세기에도 왕조의 위기는 종종 국가의 위기를 초래했고, 공화국이나 교회령과 같이 왕조가 없는 국가는 결국 치열한 각축에서 왕조국가에 경쟁이 되지 못했다.

　스스로의 이익을 위해서 국가 권력의 신장을 다소간 일관되게 추진했던 이들이 바로 왕조의 으뜸 종복으로서 권력 엘리트를 형성했다. 이들이 재산이나 위신의 계서제의 상층부에 있을 수도 있으나 그렇지 않은 경우도 적지 않았다. 사실 이들의 부나 위신의 근거 자체가 군주와 국가에 있었다. 예컨대 프랑스에서 대개 법학 교육을 받은 부르주아 출신의 '국무참사(conseiller d'Etat)'와 같은 국왕 자문관들은 성직자나 귀족과는 달리 국가나 왕조의 전통적인 경쟁자가 아니며 국가 권력의 성장에 깊은 이해관계를 가졌다. 법학에 대한 전문적인 지식이 권력에 접근할 수 있는 통로가 되곤 했으나, 전문화만이 권력 엘리트가 통합성과 연속성을 보장하기 위한 유일한 전략은 아니었다. 가족의 유대감과 인척관계 그리고 이에 입각한 보호-피보호의 관계망 역시 중요했다. 그렇다고 '고위정치'가 단지 파벌 싸움만을 벌인 것은 아니었다. 19세기와 같은 이데올로기 정치의 일관성은 없었지만, 분명 정책의 차이는 있었고 특히 대외정책이 갈등의 주요 요인이었다. 이를테면 1756년의 외교혁명에서 혁명이 터질 때까지 프랑스 궁정에서 어느 파당에 속하는지는 평판 나쁜 오스트리아와의 동맹에 대한 태도를 보면 쉽게 알 수 있었다. 또한 스웨덴에서는 '자유의 시기'에 '삼각모파(三角帽派, Hats)'와 '취침모파(就寝帽派, Caps)'가 프랑스나 러시아와의 화친 문제를 놓고 대립했다. 종교 역시 여전히 갈등요인이었다. 베르사유, 빈, 마드리드, 리스본의 궁정은 예수회 추방 문제로 여러 차례 동요하곤 했다.

고위 정치에서 갈등은 특히 군주의 뜻을 거슬렀을 때는 최악의 경우 사형이라는 참극으로 이어지기도 했다. 예컨대 포르투갈에서 재상 마르케스 데 폼발은 국왕 주제 1세(1750-1777)에 대한 암살시도를 빌미로 타보라(Távora) 가문을 몰살했고, 러시아 여제 안나(1730-1740)는 돌고루코프 공을 같은 운명으로 몰아갔다. 입헌군주국이라고 크게 다르지 않았다. 스웨덴에서도 당쟁의 격화로 1756년에 처형이 줄을 이었다. 군주의 뜻에 맞서는 것은 반역행위였고 '충성스러운 야당'이라는 관념은 아직 부재했다. 이에 대한 전통적인 해결책은 국왕의 자문관을 공격하거나, 아니면 다른 왕실 구성원의 측근이 되는 것이었다. 하지만 18세기 후반기가 되면 일부 국가에서 변화의 조짐이 보이기 시작했다. 프랑스에서 고위층에게 정치적 술책을 부리는 것은 중범죄는 아니어서 국왕의 비위를 상하게 해도 유배형에 처해졌으며, 영국에서는 의회 내에서 '야당'이 출현하기 시작했다.

한편 국가 권력의 확대는 18세기 국가구조 자체에 의해서 제약을 받았다. 이는 합스부르크 군주제에서 가장 명백하게 드러났다. 합스부르크의 영토는 중부 유럽에 불규칙하게 퍼져 있던 오스트리아, 보헤미아, 헝가리 왕국만이 아니라 멀리 남부 네덜란드와 북부 이탈리아 등으로 구성되었고, 18세기 중엽까지 영토의 각 단위는 개별적으로 통치되어, 예컨대 오스트리아와 보헤미아는 별개의 행정을 가졌다. 이것들을 통합하려는 중앙집권적 개혁이 추진되었으나 18세기에는 큰 저항에 부딪혀 결국 실패했다. 합스부르크 군주제는 민족적, 언어적, 종교적 다양성에서 예외적이기는 했지만 그렇다고 유례가 없는 것은 아니었다. 사실 18세기의 국가들은 정도의 차이가 있을 뿐 모두 혼합적 성격에서 탈피하지 못했다. 통합에 가장 앞섰다는 '통합왕국' 영국에서도 스코틀랜드는 별개의 정부를, 아일랜드는 별도의 의회를 가졌고, 덴마크는 아예 지리적인 토대 위에서 두 개의 행정으로 나뉘어 있었고, 프랑스는 사법, 언어, 조세,

교회, 행정 등의 면에서 그야말로 다양한 기원을 가진 구획들이 복잡하게 중첩된 데다가 고립영토들이 국경선 안팎으로 산재해 있었다.

이것은 더 광범위한 경향의 한 징후에 불과했다. 어디서나 중앙집권화를 행한 노력이 진행되었지만, 지방 분리주의와 별도의 법전, 그리고 일부에서는 중앙정부의 틈입과 요구로부터 지방 공동체를 보호하는 신분제의회 등의 장벽은 쉽게 무너지지 않았다. 정치적, 경제적, 사회적 삶이 압도적으로 지방적 수준을 넘어서지 못했다. 대주교, 주교, 도시, 동업조합, 대학, 촌락, 기타 강력한 개인들과 온갖 종류의 법인체들은 특권과 생활방식을 유지하고 옹호했다. 18세기의 국가들은 어쩔 수 없이 행정력을 확대시켜나갔지만, 국민통합의 과정과 중앙정부의 구조는 어디서나 불완전하고 제한적이었다.

18세기 국가기구의 한계는 지방행정 분야에서 가장 뚜렷하게 나타났다. 중앙정부의 침투력은 사회의 저변에 이르면 거의 언제나 무력했다. 중앙에서 보자면, 대안이 전혀 없었던 것이 아니다. 모든 지배자들은 군대를, 그리고 종파와 관계없이 교회를 활용하고자 했다. 특히 교회의 교구조직은 국가기구보다 오랜 연원을 가지고 있어서 지방에 더 깊숙이 뿌리내렸다. 문맹률이 높고 근대적인 대중매체가 거의 없던 당시에 설교나 강론은 통치자가 간접으로나마 지방민과 소통할 수 있는 드문 기회였다. 그러나 어디서나 중앙정부는 지방 통치에서 일부의 도시를 제외하고는 언제나 귀족에 의존했다. 이들은 명실상부한 지배계급이었다. 거의 모든 국가에서 귀족은 지방정부의 대부분의 자리를 차지했고, 전통적으로 사법행정을 위시로 하여 중앙권력의 대리인으로서 공적 권위를 행사했다. 18세기 후반까지도 귀족의 사회적 지도력은 그대로 유지되었고, 그들은 중앙의 의지를 먼 지방에 운반해주는 전도체였다. 그 결과 귀족의 지지나 최소한 묵인을 받지 못하는 정책은 성공하기 어려웠다. 도처에서 귀족의 권위는 설사 그가 소지주에 불과하다고 하더라도 국가의 그것에 비해서 더 즉각적이고 직접적이었다. 국가는 종종 멀리 있었고 지방민과는 거의 무관했다. 따라서 18세기의 정부는 언제나 궁극적으로 지방 수준에서 강제보다는 협력에 입각했다. 중앙정부의 규모와 권위는 어디서나 커졌지만, 그것은 지방 지배층과 기존의 담당자들에게 맞서기보다는 그들의 협력을 받아 행사될 때 가장 효과적이었다.

1-3. 계몽절대주의

프랑스 혁명 이전의 한 세대 동안 부분적으로 계몽사상의 영향을 받아 여러 부문에서 개혁을 위한 노력이 광범위하게 나타났다. 실제로 볼테르나 디드로와 같은 계몽사상가는 계몽된 군주가 신민들의 복지를 위해서 개혁을 추진하기를 원했고, 프로이센의 프리드리히 2세나 오스트리아의 요제프 2세, 또는 러시아의 예카테리나 2세 등은 계몽사상의 교리를 진지하게 받아들여 군사적 효율성의 추구와 민복(民福)의 증진을 양립시키려고 했다. 이런 풍조가 만연했기 때문에 흔히 1750-1780년대를 '계몽절대주의'의 시기라고 부른다. 사실 계몽절대주의는 후진적인 상황을 반영한다. 프랑스의 루이 15세를 계몽군주라고 부르는 이가 없지 않으나, 대부분은 포르투갈, 에스파냐, 나폴리, 덴마크, 스웨덴, 오스트리아, 프로이센, 러시아 등 '동유럽형' 국가들의 군주들이었다.

개혁은 다방면에 걸쳤다. 사법개혁은 베카리아의 자극을 받았다. 레오폴트 2세(1790-1792), 스웨덴의 구스타브 3세, 프리드리히 2세는 고문을 금지시켰다. 이는 계몽사상이 당시의 통치자들에게 영향을 미친 명백한 본보기이다. 요제프 2세 역시 고문과 사형을 금지했지만, 범죄를 예방할 것이라고 믿은 다른 많은 가혹한 형벌로 대체했다. 교육개혁도 추진되었다. 그것은 일차적으로 전문적인 군사교육과 관료 양성을 위한 것이어서, 18세기 전반기에 이미 러시아의 표트르 대제와 프로이센의 프리드리히 빌헬름 1세는 사관학교를, 후반기에 프랑스의 루이 15세는 '군사학교'

를, 오스트리아의 마리아 테레지아(1740-1780)는 관리 양성소를 세웠다. 하지만 이것에는 교육을 강령의 핵심으로 여기는 계몽사상도 한몫을 했다. 특히 가톨릭 국가에서는 모든 수준의 교육에서 중심적인 역할을 해온 예수회가 1773년에 폐지됨에 따라 불가피한 조처였다. 더욱이 통치자들은 신교와 구교에 관계없이 부국강병을 위해서라도 문자해독율의 향상에 관심을 가졌다. 포르투갈의 코임브라 대학의 야심찬 개편이 보여주듯이, 일부 대학의 교과 내용이 근대화되었으며 새롭고 더 실용적인 과목도 도입되었다. 심지어 초등 의무교육이라는 관념이 처음 등장했고, 실제 초중등교육의 수용능력이 크게 향상되었으며 일부에서는 이것이 처음으로 소녀들에게까지 확대되었다. 유럽에서 의무교육의 꿈이 현실화된 것은 19세기 후반기의 일이지만, 그 한 세기 전에 이렇게 토대가 놓였다. 주목할 점은 이제 정부가 전통적인 교회의 영역을 넘어 교육만이 아니라 빈곤, 공중위생, 건강 문제에까지 관심을 가지게 되었다는 것이다. 이런 것들은 의지만이 아니라 이를 뒷받침할 만한 인적, 물적, 제도적 자원이 있어야 해결이 가능하기 때문에 당시의 유럽 국가들의 능력은 턱없이 부족했지만, 이미 새로이 등장할 근대 국가의 개혁 방향을 예시해주었다.

종교적 관용의 정신이 확산되면서 일정한 결실을 맺었다. 18세기는 종교적 측면에서 상대적으로 평화의 시기였지만, 종파 간의 충돌은 여전했다. 1750년경에 이르면 적어도 서유럽은 관용의 시대에 접어든 듯했다. 예수회의 추방이 교회에 대한 볼테르의 비판보다는 통치자들의 권력의지에 더 자극을 많이 받았지만, 도처에서 반유대주의와 교황의 권위 그리고 종파 간의 갈등이 완화되는 경향을 보였다. 프랑스의 루이 16세는 1787년에 신교도들에게 시민적 권리의 대부분을 주었고, 영국에서는 '고든 폭동'(1780)에도 불구하고 1792년에 가톨릭 교회가 16세기 이래로 최초로 합법적으로 런던에서 문을 열었다. 종교적 관용의 요구는 독일 계몽사상의 중요한 부분이었고, 오스트리아의 요제프 2세는 '관용령'(1781)을 내려 유대인을 포함하여 종교적 소수파에게 일정한 관용을 허용했다. 토스카나의 레오폴트 1세는 종교재판을 제약했고, 예카테리나 여제는 정교 내의 이단에 대한 박해를 포기했다.

이런 개혁들은 당시의 여건으로는 괄목할 만하고 또 상당한 성공을 거둔 것도 사실이지만, 계몽사상이나 계몽절대주의의 등장만으로 남김 없이 설명할 수는 없다. 치열한 국제적인 각축에서 살아남아야 한다는 긴박성이 개혁의 기본 동기이자 한계였다. 이 기반 위에서 계몽사상은 특정 조치의 직접적인 원천이라기보다는 개혁의 착상을 제공한 일반적인 지적 맥락을 이루었고, 계몽절대주의는 국가 경영의 부차적인 차원을 가지되 급진적이고 혁신적인 조치들의 주된 동력이었다. 또한 어떤 개혁은 특정한 지적 조류의 영향을 더 크게 받았다. 예컨대 가톨릭 유럽의 종교적 개혁조치들은 '개혁 가톨릭주의', 특히 무라토리의 영향을 직접적으로 받았고, '관방학'은 독일과 북유럽에 광범위하게 영향을 미쳤다. 관방학은 국부와 신민의 번영을 강조했는데, 많은 점에서 콜베르의 중상주의와 유사했지만 국가의 간섭에 더 큰 역할을 부여했다. 여기에는 프랑스의 중농주의 이외에 영국 농업혁명의 본보기, 그리고 인구의 크기를 국가의 힘의 중요한 원천으로 보는 당시의 인구이론도 영향을 미쳤다.

이렇듯 계몽군주들은 계몽사상의 합리성을 국가 운용에 적용했다. 그러나 더 효율적인 행정이 곧 신민들의 더 많은 자유를 뜻하는 것은 아니었다. 계몽군주들 가운데 대권을 포기한 이는 아무도 없었고, 나중에 황제 레오폴트 2세(1790-1792)가 된 토스카나 대공을 제외하고는 계몽사상의 교리를 진지하게 실천하려고 하지 않았다. 계몽군주들은 신민의 삶을 개선하기보다는 권력을 강화하기 위해서 계몽사상을 활용했던 것이며, 사실상 절대군주와 다를 바 없었다. 그렇다면 프리드리히 대왕이 말했다는 '왕은 제1의 공복'이라는 경구는 단지 수사에 불과했을까? 그렇지는 않다. 이것은 계몽사상이 야기한 정치철학의 근본적인 전환을 부분적으로나마 반영했다. 그것은 신으로부터 받고 왕조의 소유물로 간주되는 왕권이 군주제의 의무와 책임이라는 새로운 관념으로 바뀌었음을, 기독교 온정주의에 입각하여 백성에 대한 통치자의 책임을 강조하는 전통적인 관념이 사회계약을 군주 권위의 원천으로 보는 새로운 교리를 수반하고 심지어는 그것으로 대체되었음을 말해준다. 그렇기 때문에 진지한 레오폴트 대공은 의회를 통해서 자신의 권한을 제한하는 헌법을 제정하여 토스카나에 실시하려고 했던 것이다. 이렇듯 계몽절대주의는 유럽의 군주제가 변화하는 통치관에 대응하는 과정의 산물이었다. 그것은 국가 스스로가 개혁의 주체가 되는 '위로부터의 개혁'이었다.

계몽절대주의의 성격과 한계는 농노제와 관련한 개혁에서도 잘 드러난다. 예카테리나 2세와 프리드리히 2세는 경제적으로 비효율적이고 자연권에 대한 모욕이라는 점을 들어 농노제를 혁파하려고 했다. 그러나 양자는 러시아의 '국가 농민'과 프로이센의 '직영지 농민'의 조건을 개선하기는 했지만, 귀족의 반대에 직면하여 개혁을 포기할 수밖에 없었다. 요제프 2세도 1780년부터 농노제를 폐지하려고 했으나, 결국 실패했다. 지주 지배층이 농노제 폐지라는 대의를 받아들인 곳에서만 진정한 진보가 이루어질 수 있었다. 덴마크는 귀족의 주도 아래 온건한 형태의 농노제를 18세기 말엽에 성공적으로 폐지했다. 이처럼 개혁은 농민 대다수의 삶에는 거의 영향을 미치지 못했다. 오히려 그것은 군주와 지배층인 귀족에게는 이로웠지만, 일반 민중에게는 아무런 변화를 주지 못했다. '계몽'개혁의 근저에는 국가이성만이 어른거렸다. 이제 농민들은 더 무거운 과세와 더 장기간의 군복무 의무를 짊어졌다. 러시아의 농민들은 법적으로는 오히려 영주들에게 더 강하게 종속되었다. 그래서 루소는 절대주의와 계몽사상은 결코 양립할 수 없다고 천명했던 것이다.

1-4. 대의제 정치

18세기 초만 해도 절대군주제는 전성기를 맞고 있었고, 대부분의 나라에서 전국적인 규모의 대의체는 거의 잊혀졌다. 그러나 영국의 성공은 그것에 관한 성찰을 불렀다. 혼합정체가 가져다준 자유에 관심을 보인 이들도 있었지만, 무엇보다도 상업적인 번영과 특히 프랑스와의 식민지 쟁탈전에서의 승리가 주목을 받았다. 입헌군주제는 추구해야 할 하나의 정치적 대안으로 확립된 것은 19세기에 들어서이지만, 이미 18세기 후반부터 거부하기 어려운 정치적 준거의 하나가 되었다.

흥미롭게도 폴란드는 영국의 의회와 가장 유사한 대의체를 보유했음에도 영국과는 정반대의 운명을 겪었다. 양자는 모두 양원 구조였고, 내전이나 군사적 패배로 군주의 권한이 약해진 덕을 보았고, 과세 동의권을 가졌다. 사실 폴란드는 인구의 10분의 1에 달하는 귀족(szlachta)이 나머지 사회층을 완벽하게 지배하는 특유의 '귀족공화국'이었고, 대의체의 하원(Sejm)을 통해서 정치적 의사를 표현했다. 지방귀족들은 50여 개의 지방의회를 장악하고 대표를 뽑아 하원을 구성했으며, 대귀족들은 하원에 영향력을 행사하며 교회, 군, 관의 고위직과 함께 상원을 구성했다. 하원은 1652년부터 '자유 거부권(liberum veto)'이라는 독특한 관행을 가져, 한 지방의회의 대표단이 의사일정을 정지시키고 결의사항을 무효화시킬 수 있었다. 이것은 귀족에게는 국왕 절대주의에 대한 방어막이었으나, 중앙권력의 약화와 무정부 상태를 초래했다. 하원은 비상시에 다수결로 의결할 수 있었으나, 1652-1764년에 소집된 55차례의 하원 가운데 48번이나 '자유 거부권'으로 해산해야 했다. 설상가상으로 폴란드의 국왕은 수만 명의 귀족들이 모여 직접 선출했다. 이론적으로 이것은 귀족들의 직접민주주의라고 할 수 있으나, 실제로는 외국 열강과 극소수 대귀족들이 막후협상을 통해서 결정했다. 선출된 국왕은 실질적인 권력을 가지지 못해서, 러시아, 프로이센, 오스트리아와 이웃해 있으면서도 국왕이 거느린 상비군은 고작 2만 명에 불과했다.

스웨덴도 크게 다르지 않았다. 스웨덴은 '대북방전쟁'에서 패배하면서 절대주의가 후퇴하고 귀족들이 득세하는 '자유의 시기'로 접어들었다. 이 시기에 귀족들은 정치를 사실상 장악했고, 두 파로 갈려 외세의 개입을 불렀다. 그러나 중요한 점에서 폴란드와 달랐다. 신분제의회는 4부로 이루어져서 도시와 농민이 귀족 및 성직자와 함께 대표를 보냈고, 농민은 대부분이 독립적인 가족농으로서 농노가 아니었다. 전체적으로 스웨덴의 의회는 프랑스 혁명기인 1792년에 성인 남성의 보통선거권이 도입되기 전까지는 유럽에서 가장 폭넓은 인구층을 대변했다. 이러한 정치, 사회적 역학관계로 귀족은 독점적 권한을 행사하지 못했다. 1772년에 구스타브 3세가 쿠데타를 통해서 왕권을 장악하여 평민의 권리를 신장시켰으나 1792년에 귀족들에 의해서 암살당한 뒤로 혼합정체가 유지되었다.

잉글랜드의 대의제 역시 지주지배계급의 사회적 우위성을 반영했다. 그러나 앞에서 보았듯이 그 성격은 근본적으로 달랐다. 1688년의 '명예혁명' 이후 의회는 혼합정체의 핵심적인 요소로서 국왕과 주권을 공유했고, 지주지배계급은 의회를 장악했다. 사실 18세기에 동유럽의 국가들이 철저하게 귀족에 의한 계급국가였듯이 잉글랜드 역시 마찬가지로 철저한 계급국가였다. 그러나 잉글랜드에서 작위귀족은 극소수였고 이들과 젠트리를 포함하는 지배계급은 기본적으로 토지 소유를 바탕으로 의회와 지방을 함께 장악하며 폭넓은 합의구조를 이룩했다. 농노제는 사라진 지 오래이고 시민사회가 등장하는 가운데, 상당히 역동적인 대의정치가 출현했다.

영국은 입헌군주제의 나라였지만, 국왕은 단순한 허수아비는 아니었다. 대신은 여전히 의회가 아니라 그에게 책임을 졌다. 그러나 의회는 입법권, 과세동의권, 예산권을 가졌다. 18세기의 주요한 정치적 논쟁은 바로 왕권과 의회 사이의 미묘한 권력균형에서 비롯했다. 이 시기 영국의 정치적 안정의 요체는 이 미묘한 균형에 관해 정치계급 내에서 모종의 합의가 이뤄졌다는 점이며, 로버트 월폴이 그 기본 틀을 마련했다. 그는 1721-1742년의 장기간 내각을 이끌면서 국왕과 하원의 지지를 동시에 유지했고, 피트 부자(父子)가 각기 1750년대와 1780-1790년대에 유사한 역할을 했다. 이런 합의구조 위에서 국왕은 관직, 연금, 서훈 등에 대한 후원권 등을 통해서 영향력을 행사했고, 의회는 사실상 휘그 과두파가 장악했다. 세기 중엽에 토리의 잔존자들인 '재야파(Country)'와 내각을 지지하는 '궁정파(Court)'가 형성되었지만, 정당이나 정강이 있었던 것이 아니라 개인적인 야심, 이해관계, 연줄에 입각한 느슨한 연계망이 있었을 뿐이다.

이제 간단하게나마 대륙의 친영파가 칭송했던 영국 대의제의 실상을 들여다보자. 18세기 내내 하원은 모두 558석의 의석을 가졌는데, 잉글랜드에서 489명이 선출되었다. 선거구는 도시(borough), 대학, 주(county)가 각기 203, 2, 40개로 총 245개이고, 의원 수는 각기 405, 4, 80명이었다. 이 시기에는 정당 조직도, 일반 투표도 없었다. 대부분의 경우, 투표권은 행사할 때에 당연히 금품이 따라오는 집단적 특권 내지 일종의 소유권으로 간주되었다. 선거구, 특히 도시 선거구는 그간의 인구 변화를 반영하지 못해서 18세기에 잉글랜드의 북부는 매우 과소대표된 반면에 남부와 서부는 과잉 대표되었다. 도시 선거구는 선거권의 실질적인 크기에 따라 크게 네 가지 형태로 구분할 수 있다. ① '시민세'를 납부하는 모든 가장이 투표하는 선거구 ② 각종 길드의 구성원만이 투표하는 선거구 ③ 시의회의 구성원만이 투표하는 선거구 ④ 투표권이 소수의 특정 토지나 주거에 주어지는 선거구(burgage borough). 선거인 수가 매우 적은 선거구는 세기 말에 이르면 '부패 선거구'로, 1인이 지배하는 것은 '호주머니 선거구(pocket borough)'로 불렸다. 약 200명의 의원이 '호주머니 선거구' 출신이었다. 405명의 도시 선거구 출신 가운데 500명이 넘는 투표권자가 뽑은 의원은 단 112명에 불과했다. 주요 선거구는 많은 경우 예컨대 요크셔처럼 1만5,000명에 달하는 투표권자를 가져 자못 선거전을 방불케 했으나 여기서도 유력 가문이 큰 영향력을 행사하기 일쑤였다. 1716년 이후로 총선은 7년마다 치러지면서 의석의 대부분은 경선 없이 채워졌다. 정치 신인은 유력한 후원자가 장악한 부패 선거구를 통해서 입문했다. 뜨거운 선거전의 경우 거의 언제나 지방적 문제가 결정적이었으나, 세기 말이 되면 의원은 지역구의 대변자가 아니라 국민의 대표자라는 원리가 확고해졌다.

1-5. 정치와 민중

18세기의 구체제 유럽에서 민중은 물론이고 부르주아지나 중산층조차도 전국적인 차원은 고사하고 지방이나 도시 수준에서도 대부분이 정치에서 배제되었다. 프랑스 혁명이 벌어지기 이전인 1780년대에 이미 네덜란드, 영국, 폴란드, 벨기에, 코르시카 등지에서 '애국파'나 '급진파'가 나타나 심지어 민중층까지도 개혁이나 혁명의 흐름에 참여했지만, 이는 예외적인 현상일 뿐이며 과두제의 정치계급에 속하지 않은 일반 민중이 정상적인 정치 과정에 참여하는 것은 간접적인 방식이 고작이었다. 그러나 이들은 이를 통해서 정치의 영역을 비약적으로 확대시킬 '민주혁명의 시대'를 예비했다.

18세기 경제 성장의 중요한 결과의 하나는 일부 지역에서 인구의 10퍼센트를 넘어서는 '공중(public)'이 등장했다는 것이다. 이들은 당장의 끼니걱정에서 해방되어 일정 수준의 교육을 받았으며 정치 의식을 가졌다. 북서 유럽에서 남성의 문맹은 거의 사라졌고, 러시아를 제외하고 급속히 줄어들었다. 이에 따라 신문, 책, 잡지 등의 정치뉴스 매체의 규모가 팽창했다. 영국에서 연간 신문의 발행부수는 1713년에 250만 부에서 1775년에 1,260만 부로 급증했다. 네덜란드, 프랑스, 신성 로마 제국에서도 비슷한 추세를 보였다. 신문이나 잡지는 결코 싸지 않아 일반 장인이 쉽게 구독하기 어려웠지만, 실제 독자층은 발행부수를 훨씬 상회했다. 도처에서 사람들은 독서실, 커피점, 선술집, 학회, 자유석공회 지부, 클럽 등에 모여 신문을 읽고 토론했다. 또한 활자 매체만이 아니라 노래, 낙서, 광고지, 춤, 온갖 종류의 소문과 기념물 등이 대안적인 형태의 읽을거리를 제공했다.

그러나 정치 소식을 접하는 것과 정치 참여는 별개이다. 정치 과정에 직접 참여하기 어려운 이들이 행한 전통적인 방식으로 진정이나 청원이 있었다. 이것이 가능하려면 조직, 모임, 토론이 있어야 했기 때문에 간접적이나마 정치 참여의 한 형태로 볼 수 있다. 더 세련된 형태의 행동으로는 이익집단이나 압력단체의 결성을 꼽을 수 있는데, 이는 시민사회가 일정 수준에서 성립했음을 전제하기 때문에 사실 유럽의 일부 지역에만 해당된다. 1786년 영국에서 설립된 '노예무역 폐지협회'는 대표적인 사례이다.

민중이 정치적 목소리를 내는 가장 일반적인 방식은 폭동이나 소요를 통한 폭력 행사이며, 무엇보다도 식량 폭동이 대표적이다. 이는 지배층에게 범죄요, 질서에 대한 위협이었지만, 민중에게는 생존권의 정당한 행사였다. 사실 일상의 빵은 구체제의 모든 정부에게 공공질서의 유지를 위해서 핵심적인 사안이었다. 그러나 생존권의 존중은 도시만이 아니라 지주층의 이익과 충돌하게 마련이어서 당국은 항상 이러한 움직임을 예의주시했다. 18세기의 식량 폭동은 두 가지 형태를 띠었다. 하나는 식량의 반출을 봉쇄하는 것이고, 다른 하나는 가격 폭동, 곧 '민중적 공정가격제'의 설정이었다. 흔히 농민, 농업 노동자, 광부, 직조공, 도시 노동자들이 굶주림과 절망에 못 이겨 폭동을 일으켰다고 지적되지만, 사실 이들은 '도덕경제'에 대한 감각, 곧 정당한 권리의 행사라는 관념을 가졌다. 대표적인 것으로는 1766년에 대흉작으로 말미암아 남부 잉글랜드와 미

들랜드에서 동시다발적으로 일어났던 100여 차례의 폭동과 1775년에 중
북부 프랑스를 휩쓸었던 '밀가루 전쟁'을 꼽을 수 있다. 이들은 약탈하거
나 훔치기보다는 종종 강제로 곡물에 공정가격을 매기는 등, 전체적으로
주목할 만한 자제력을 보였다. 그러나 당국은 군대를 동원하여 질서가
회복되자, 이를 범죄로 간주했다. 양국에서 수많은 사람들이 기소되어
10여 명이 교수형에 처해졌다.

2. 국제질서와 전쟁

흔히 아우크스부르크 동맹전쟁이 시작되는 1689년부터 나폴레옹이
최종적으로 패배하는 1815년까지의 시기를 영국과 프랑스의 '제2차 백
년전쟁'이라고 한다. 이 기간 내내 전쟁이 있었던 것도, 양국이 언제나
맞섰던 것도, 전쟁의 유일한 당사자도 아니었지만, 사실 전쟁 수행이 국
가의 존재이유일 정도로 가장 중요한 활동이고 양국이 최강대국으로서
결정적인 국면에서 언제나 맞닥뜨렸음을 고려한다면 지나친 표현은 아
니다. '제2차 백년전쟁'은 각기 사반세기에 이르는 프랑스 패권기로 시작
하여 끝나는데, 그러니까 '짧은 18세기'는 그 막간에 해당한다. 유럽의
국제질서와 군사체제, 그리고 이 토대 위에서 벌어진 전쟁들은 두 차례
의 프랑스 패권기에 성격과 양상에서 큰 변화를 겪었던 반면에, '짧은
18세기'에는 약탈적 세력 균형이라는 구조적 면모를 보였다.

2-1. 국제체제

국제질서란 약육강식의 국가 간의 관계에도 일정한 질서가 있음을 전
제하며, 이를 연구의 대상으로 삼는 국제관계학은 심지어 그것에 규범,
절차, 공통의 이해와 가정 등이 있다고 하여 국제체제를 설정하기도 한
다. 18세기 유럽 국제체제의 가장 중요한 특징은 이를테면 같은 시기에

동아시아가 가졌던 제국질서와는 달리 주권국가를 기본 단위로 하여 복수의 정치체가 경합하는 '국가 간 체제'가 국제질서의 근간을 이루었다는 점이다. 유럽이 만든 근대 국제질서에서는 강대국은 물론이고 약소국도 살아남을 수 있었는데, 이는 열강에 의한 세력 균형과 함께 '유럽의 협조체제(Concert of Europe)'가 작동했기 때문이다. 유럽에 '국가 간 체제'가 본격적으로 등장한 것은 17세기 중엽의 일이지만, 18세기에는 세력 균형의 원리가 아직 '유럽의 협조'로까지는 나아가지 못해서 여전히 약탈적 성격을 띠었다. 세 차례에 걸친 폴란드의 분할은 이를 잘 보여준다. 결국 유럽은 나폴레옹 전쟁의 경험에서 교훈을 얻어 국제체제가 장기적으로 모든 국가들을 만족시킬 수 있을 정도로 형평성을 가져야 개별 국가의 이익도 보장받을 수 있다는 높은 수준의 국제정치관에 이를 수 있었다.

18세기에 유럽의 국제체제는 프랑스의 패권에 대한 유럽적 차원의 동맹에서 영국-프랑스 공조의 막간을 거쳐 최종적으로 약탈적인 세력 균형체제로 귀결되었다. 이런 변화 속에서도 전쟁의 목적은 불변했다. 전쟁은 다른 국가나 체제를 파괴하거나 종교나 이데올로기의 문제를 결정하기보다는 영토의 획득 내지 유지라는 다소 제한적인 목표를 가졌다. 외교정책의 요인으로서 종교의 중요성이 감소한 반면에 부의 획득이라는 측면은 더욱 커졌다. 예외 없는 규칙이 없다고 한 주변인 동남부 유럽에서 벌어진 러시아 및 오스트리아와 오스만 제국과의 여러 전쟁에서 종교적 열정이, 다른 주변에서 벌어진 미국 독립전쟁에서는 이데올로기가 일정한 구실을 했지만, 전체적으로는 영토 획득과 영국-프랑스 패권 다툼이라는 국제질서의 논리가 지배했다. 걸린 판돈의 성격이 이러했기 때문에 전쟁에 대한 대중의 지지와 동원은 미미한 편이었다.

18세기 초기의 양상은 17세기의 유산이었다. 프랑스 루이 14세의 패권에 대항하는 싸움은 위트레흐트 조약(1713)으로 귀결되었고, 프랑스의 패권을 종식시켰다. 이후 사반세기는 몇 차례 소규모 전쟁을 수반하기는 했지만 기본적으로 평화기라고 할 수 있는데, 이는 17-18세기를 통틀어 최장기간이다. 평화가 가능했던 것은 무엇보다도 에스파냐 왕위 계승전쟁으로 지쳤기 때문이다. 또한 영국과 프랑스의 공조도 큰 몫을 했다. 심지어 두 나라는 '4국 동맹전쟁'(1718-1720)에서 같은 편에서 함께 싸우기도 했다. 이후 프랑스 혁명에 이르는 반세기는 일련의 전쟁기였다. 영국과 프랑스의 대결이 주조를 이루었지만, 동맹의 양상은 달라졌다. 오스트리아 왕위 계승전쟁(1740-1748)에서 프랑스와 프로이센이 오스트리아 및 영국에 맞서 싸웠는데, 7년전쟁(1756-1763)에서는 영국과 프로이센이 프랑스 및 오스트리아와 대결했다. 프랑스와 오스트리아가 3세기에 달하는 오랜 적대관계를 청산한 것인데, 이런 전환이 자못 놀랍기 때문에 흔히 이를 가리켜 1756년의 '외교혁명'이라고 부른다. 이는 사실 프로이센의 대두를 반영한 것이며, 나머지 소열강들은 이해관계에 따라서 이합집산을 벌였다.

  18세기 후반기에는 약탈적 세력 균형의 원리가 작동했다. 어느 한 나라가 이익을 얻으면 다른 나라는 '보상'을 요구했고, 다른 나라의 정책 탓에 한 나라가 손실을 입으면 '배상'을 요구했다. 협상의 당사자는 좁게 정의된 동맹관계의 구성원으로 한정되었다. 국가 이성의 논리가 지배하여 영토 확장이 노골적으로 추구되었지만, 적어도 5대 강대국(영국, 프랑스, 오스트리아, 프로이센, 러시아) 사이에는 동등한 자격을 가진 국가군이 존재한다는 인식이 생겨났다. 하지만 이런 강대국 위주의 세력 균형원리는 특히 소국에게는 난폭했다. 전쟁은 이해관계의 충돌에서 자국의 이익을 추구하는 가장 효과적인 방법으로 간주되어 빈발했다. 강대국들은 노골적인 점령과 보상 그리고 배상을 통해서 노획물을 챙기는 과정에서 중간에 있는 소국들을 희생시키곤 했다. 이탈리아의 제후령들은 열강들의 거래대상이 되어 자주 주인이 바뀌었고, 극단적으로 예로 폴란드는 러시아, 프로이센, 오스트리아 사이에서 아예 지도에서 사라졌다.

18세기에 러시아와 프로이센은 강대국으로 발돋움했다. 1730년대까지 서유럽과 동유럽은 국제적 경쟁의 별개의 장이었다. 폴란드 왕위 계승전쟁(1733-1738)으로 러시아는 유럽적 차원에서 국제관계의 한 요소가 되었다. 세기 중엽이 되면 러시아는 동유럽의 패권국가로 부상했고, 동유럽의 갈등이 서유럽의 그것과 서로 겹쳐지게 되었다. 아울러 프로이센이 열악한 조건을 극복하고 5대 열강으로 부상하는 데에 성공했다. 반면에 네덜란드는 3류 국가로, 스웨덴 역시 급속하게 몰락했다.

흔히 오스만 제국은 유럽의 국제질서에서 국외자로 간주되는데, 이런 태도는 국가와 국제체제의 성격을 이해하는 데에 방해가 될 뿐이다. 사실 오스만 제국은 15세기 중엽 이래로 유럽 국제질서의 일원이었고, 17세기 후반기까지도 유럽 최강대국이었다. 유럽이 상비군제도를 배운 것도 오스만 제국으로부터였고, 오스트리아의 국가 형성에는 그 충격이 고스란히 전해졌다. 18세기에는 오스만 제국이 후퇴하나 여전히 강대국의 하나로서 복잡한 외교적 흥정과 거래에서 당사자의 하나였다. 다른 한편, 18세기가 되면서 식민지가 새로이 열강의 주된 고려 대상의 하나가 되었다. 영국이 우세한 제해권(制海權)을 발판으로 결국 식민지 쟁탈전에서 최종적으로 승리했는데, 미국 독립전쟁(1775-1783) 이후로 영국의 전략적 이해관계와 거점이 북아메리카의 13개 식민지로부터 인도로 옮겨갔다.

2-2. 군사체제와 전쟁

어느 시기에나 군대의 동원과 운용에 관한 일정한 질서가 존재하는데, 이를 군사체제라고 한다. 국제질서가 국제적 경쟁의 터전이라면, 군사체제는 그 경쟁을 특정의 전쟁으로 구체화하는 전략과 전술의 운반체이다. 18세기의 군사체제는 기본적으로 17세기 중엽에 형성되어 프랑스 혁명

까지 지속했다. 이전의 군대는 지방 귀족들이 거느리는 비정규군과 용병
이 혼합되어 있어서 명령체계가 불명확했다. 이제 장교는 군주로부터 임
명장을 받고 국가가 돈을 대어 병력을 키우고 유지했다. 장교가 연대장
이나 중대장으로서 자신의 연대나 중대의 사실상의 소유자로 간주되어
구체제의 면모를 여실히 드러냈으나, 국가는 군대를 엄격하게 규제하고
장교들에게 높은 수준의 복종과 계서제를 요구했다. 이제 군대는 국민군
은 아니었으나 정규군('국가 임명군[state commission army]')으로서의 성
격을 갖추게 되었다.

구체제 군대의 규모는 이전에 비해 엄청나게 커졌다. 최대의 육군을
세운 프랑스는 이미 17세기 말에 전시에는 서류상으로 42만 명을, 평시
에도 최초의 진정한 의미의 상비군을 이뤄 15만 명을 거느렸다. 프랑스
는 18세기 내내 이 수준을 유지했다. 자원입대가 충원의 가장 큰 부분을
차지했고, 지원병이 속임수로 또는 강제로 입대하는 경우가 흔했다. 병
력 수요가 급증하면, 제한된 성격의 징병제도 일부 활용되었다. 동유럽
의 나라들은 징집제를 근간으로 했지만, 외국인 용병에도 상당 정도 의
존했다.

구체제의 군대는 통솔과 군기 면에서는 이전에 비해 큰 진전을 보였지
만, 당시의 병참과 수송의 조건에서는 조금도 벗어날 수 없었다. 보급과
병참은 군대의 기동력을 제약했고, 야영은 늦은 봄부터 가을까지만 가능
했으며, 운송수단이 빈약하여 동원하는 데에도 많은 시간이 걸렸다. 더욱
이 병사들이 대개 사회 주변부 출신이어서 확고한 충성심을 기대하기
어려웠다. 장교들 자신이 이들을 '인간 쓰레기'로 취급하기 십상이었고,
따라서 탈영이 주요한 문제였다. 병사들의 자발성을 기대하기 어려운 여
건에서 야전의 전술은 밀집대형의 기계적인 운용에 맞춰졌다. 보병은 통
상 3-5열의 긴 대형을 이뤄 적군을 향해 일제사격을 가했고, 기병 역시
대형을 이뤄 열을 지어 적진을 향해 엄습했다. 군대는 전투대형의 배치에

시간이 많이 걸려서 신속한 작전을 벌이기가 어려웠다. 18세기에 포병의 중요성이 점차 커졌고, 특히 후반기에 가면 포대가 기동성을 띠면서 전에 없는 전술적 가치를 가지게 되었다. 사정이 이러했으므로 전투가 벌어지면 엄청난 물량이 투입되지만 승패가 금방 나는 경우는 드물었다.

따라서 두 군대가 정면으로 충돌하는 전투보다는 요새의 건설과 방어 그리고 공격을 벌이는 진지전이 주로 벌어졌고, 부대를 이동시킬 때도 전투를 수행하기보다는 적보다 유리한 위치를 차지하기 위한 기동전을 벌이는 것이 고작이었다. 전쟁이 요새의 탈취에 맞춰졌고 공성(攻城)에 야영 기간의 대부분이 소요되었다. 또한 요새의 존재는 전투의 효과를 더욱 제약했다. 요새 축성은 영토의 장악과 통제에 관건이었기 때문에 진지전이 더욱 중요했다.

해전 역시 육지전과 유사한 제약을 받았으나 결과에서는 크게 달랐다. 대포는 해전에서 더 중요했다. 18세기에 현측 함포와 세 돛대를 갖춘 범선의 제작기술은 절정에 달했는데, 전함은 무려 포 100문을 장착했다. 18세기 내내 해전은 정석에 따라서 진행되었다. 전함들이 서로 일렬로 서서 50-100미터의 거리에서 일제사격을 가했다. 전함이 격침되는 데는 함포사격보다는 그로 인한 화재가 더 큰 작용을 하기 십상이었다. 군함들이 일렬로 서서 가하는 함포사격, 막 등장하는 근대 국가의 권력의지를 이보다도 더 잘 보여주는 것은 없을 것이다.

그러나 해전은 육지전과는 달리 승패가 신속하고 명확했다. 또한 해전에서는 전투의 승패가 전쟁의 향방을 결정했다. 그리고 이것이 영국이 프랑스와의 오랜 식민지 쟁탈전에서 최종적인 승리를 거둘 수 있었던 요인의 하나이다. 지정학적 조건으로 프랑스는 육군과 해군을 겸비해야 했던 반면에, 영국은 해군에만 주력할 수 있었고 이를 뒷받침하는 상선과 선원의 능력이 구비되어 있었다.

육지전에서는 전투가 전쟁의 운명을 결정하지 않았고, 심지어 전투 전체가 전쟁의 결과와 무관한 경우도 적지 않았다. 그렇기 때문에 18세기의 전투는 하나의 사건이라기보다는 과정이었다. 작전의 수행 속도는 매우 느렸고, 대승을 거두면 외교적 성과를 기대하느라 작전의 속도를 늦추기 일쑤였다. 아울러 18세기의 전쟁은 여러 전선에서 동시에 벌어지는 경향이 강했다. 이는 공격력은 분산시키지만, 그만큼 수비하기에는 용이했기 때문이다. 특히 오스트리아 왕위 계승전쟁에서 이런 면모가 잘 드러났다. 아울러 병참의 어려움은 전쟁을 통해서 전쟁을 먹여 살리는 경향을 조장했다. 점령지에 대한 전쟁세는 프랑스 혁명기까지 관행으로 이어졌다. 따라서 전쟁은 소모전이었다. 승리를 위해서는 전투력과 인적, 물적 자원, 외교력의 세 요소가 중요한 작용을 했다. 협상은 전쟁의 시작과 함께 시작되어 오랜 기간 전투와 공존했다. 이런 유의 전쟁은 군주가 백성에게 설명 책임을 지지 않았기 때문에 가능했다. 즉 18세기 구체제의 정치가 이런 전쟁을 빚어냈던 것이다.

2-3. 18세기의 전쟁

전쟁의 규모나 강도는 대개 참전국이나 전사자의 수에 비례한다. 이 점에서 18세기의 주요한 전쟁은 오스트리아 왕위 계승전쟁과 7년전쟁이다. 두 전쟁 모두에 5대 강대국이 편을 갈라 참전했으며, 전사자의 수에서도 다른 전쟁들을 압도했다. 두 전쟁 역시 약탈적 세력 균형의 현실을 적나라하게 보여주었다. 그리고 7년전쟁은 유럽과 식민지, 육지전과 해전을 동시에 벌인 유럽으로 보자면 최초의 세계전쟁이라고 할 수 있다.

오스트리아 왕위 계승전쟁

1740년, 오스트리아의 카를 6세(1711-1740)가 아들이 없이 사망하자 왕위 계승의 위기로 전쟁이 발발했다. 그는 맏딸인 마리아 테레지아에게 영토를 그대로 물려주기를 원해 죽기 전에 열강에 양보와 예방 조치를 취했으나, 그가 죽자마자 주변국들은 오스트리아의 약세를 예상하고 침입했다. 하지만 스물세 살의 여제는 예상을 뒤엎고 단호하고 수완 있게 대응했다.

프로이센의 프리드리히 2세가 슐레지엔을 침입하면서 전투가 시작되어 곧 확전되었다. 바이에른의 카를 선제후가 보헤미아에 침입했고, 프랑스가 바이에른 편에서, 그리고 작센과 피에몬테가 반오스트리아 편에서 참전했다. 여제는 응수하여 영국과 헝가리의 지원을 확보했다. 여제는 잘 버텼지만 군사력을 집중하기 위해서 어쩔 수 없이 1742년 6월에 프로이센에게 슐레지엔을 양도하는 브로츠와프 조약을 체결했다. 오스트리아는 곧 보헤미아에 이어 영국의 참전에 힘입어 바이에른을 회복했고, 이에 이번에는 프랑스가 직접 1744년 4월에 참전하여 전선이 저지대 지역과 알자스 및 로렌 지역으로 확대되었다. 독일 지역에서는 오스트리아의 선전에 놀라 프로이센이 다시 참전했고, 영국군이 국내 사정으로 철수한 가운데 상호 승패를 교환하면서 오스트리아가 1745년에 바이에른과 퓌센 조약을, 프로이센과 드레스덴 조약을 맺어, 양국은 전쟁에서 물러섰다. 하지만 전쟁은 저지대 지역, 이탈리아, 북아메리카, 인도 등지에서 오스트리아, 프랑스, 에스파냐, 영국 간에 계속되었다.

결국 1748년의 아헨 조약으로 전쟁은 막을 내렸다. 오스트리아는 건재하고 프로이센이 강대국의 반열에 오르고, 영국은 식민지를 확대했으나, 프랑스는 승전에도 불구하고 저지대 지역을 되돌려주어 별무소득이었다. 오스트리아 왕위 계승전쟁은 세력 균형에 입각한 국제질서의 약탈적 성격과 전투의 승패가 전쟁의 향배를 결정하지 못한다는 점을 잘 드러내준다. 당사국들은 영토 획득의 야욕 때문에 외교적 약속을 헌신짝처럼 버렸고, 단기이익에 급급하여 진영을 마구 바꿨다. 결국 지루한 외교전이 전쟁을 마무리 지었다. 하지만 전쟁은 열강들의 분쟁거리를 해결하지 못하면서 결국 더 큰 전쟁을 부를 불씨를 남겼다.

7년전쟁

7년전쟁은 기본적으로 두 경쟁관계의 충돌이다. 하나는 대륙에서 프로이센과 오스트리아의 숙적관계이고, 다른 하나는 영국과 프랑스의 식민지 경쟁이다. 그리고 제3의 요소로서 강대국 러시아의 중서부 유럽 진출을 꼽을 수 있다. 1750년대에 들어 긴장이 고조되자 놀랍게도 외교혁명을 통해서 동맹관계가 재편성되었다. 영국과 프로이센의 접근이 나타나자, 프랑스와 오스트리아가 1756년에 동맹을 결성했고, 러시아와 스웨덴이 이에 가담했다. 세력 균형원리의 역동성 내지 가변성이 명쾌하게 드러나는 장면이다. 이 결과 뜻하지 않게 7년전쟁은 신교 국가 영국과 프로이센이 가톨릭 국가 프랑스, 오스트리아, 에스파냐(1760년에 참전)와 맞서는 종교적 성격을 가지게 되었다.

프로이센에 엄청난 군사적 압박이 가해졌다. 영국의 지원은 보조금의 차원을 넘어서기 어려웠기 때문에, 프로이센은 홀로 덩치가 훨씬 큰 세 열강을 상대해야 했다. 전투도 주로 독일 지역에서 벌어졌다. 프리드리히 대왕의 결단과 탁월함이 빛을 발했고, 프로이센 군의 끈기가 나라를 구했다. 프로이센 군은 종종 패배하기도 했으나, ‘사선대형(斜線隊形, Oblique Order)’이라는 새로운 전술을 구사하여 두 배나 되는 오스트리아 군을 격파하는 혁혁한 전과를 올리기도 했다(1757년 12월의 로이텐 전투). 아울러 전투에 동원되는 야포의 수가 크게 늘어 7년전쟁은 ‘야포혁명’의 현장이 되었다.

그러나 수적으로 너무나 중과부적이었기 때문에 1761년에 프로이센은 거의 붕괴 직전에 이르렀다. 그런데 기적이 일어났다. 러시아의 여제 엘리자베타가 1762년 1월에 사망하고 프로이센에 우호적인 표트르 3세(1762)가 즉위한 것이다. 그는 5월에 프로이센과 강화조약을 맺었고 심지어 군대를 제공했다. 그는 부인 예카테리나의 쿠데타로 제거되었으나, 러시아는 더 이상 참전하지 않았고 프로이센은 살아남았다. 결국 1763년

2월에 오스트리아는 프로이센과 후베르투스부르크 조약을 체결해 전전 (戰前) 상태를 그대로 유지하기로 합의하여 슐레지엔의 프로이센 영유를 최종적으로 승인했다.

　7년전쟁의 결과는 심대했다. 프로이센은 압도적인 적대세력과 맞서 건재를 과시했고, 오히려 위상이 강화되어 전후에는 군사개혁의 모범이 되었다. 프로이센의 성공은 역설적으로 러시아의 부상을 도왔다. 프로이센과 오스트리아의 경쟁의 심화로 러시아는 오스만 제국, 폴란드, 일부 독일 지역에서 사실상의 패권을 행사하게 되었다. 그리고 영국은 프랑스와의 식민지 쟁탈전에서 최종적인 승리를 거두었다. 두 나라는 북아메리카와 인도에서 전투를 벌였다. 1763년 2월의 파리 조약을 통해서 프랑스는 캐나다, 노바스코샤, 오하이오 계곡에 대한 모든 요구를 영국에, 루이지애나를 에스파냐에 넘겼다. 프랑스는 사실상 서인도제도를 제외한 모든 식민지를 상실했다. 영국이 인도를, 러시아가 시베리아를 차지하게 됨으로써 이제 아시아가 유럽 국가체제의 한 요인이 되었다.

　18세기에 정치는 소수의 독점물이었고, 대부분의 나라에서 루이 14세가 말했다는 근거가 불분명한 '짐이 곧 국가'라는 언명은 여전히 현실적 근거를 가졌다. 공화국이 있었지만 쇄락했고, 반면에 군주제는 도처에서 활기에 차 있었다. 더욱이 약탈적 세력 균형에 입각한 유럽의 국제질서는 군주제, 그것도 절대군주제의 우월성을 입증하는 듯했다. 그러나 국왕주권에 맞서 새로운 주체가 형성되고 있었다. 이는 상당 정도 군주제의 성과에 입각했다. 오랫동안 같은 왕조의 지배를 받는 가운데 점차 영토적 정체성이 생겨났다. 유럽의 팽창에 힘입어 부르주아지라는 새로운 사회층이 등장했고, 18세기에 여론과 그 주체인 '공중'이 형성되면서 이제껏 통치의 대상에 불과했던 '백성'이자 '신민'이 '국민'이나 '인민'이라는 가상의 새 주권자로 전환할 수 있는 토대가 놓였다. 아울러 18세기 내내 어디에서나 국가의 힘이 커져갔다. 국가는 질서와 전쟁이라는 전통적인 영역을 넘어 경제, 교육, 구빈 등 교회가 장악했던 영역으로까지 더 넓고 깊게 침투해 들어갔다. 국가의 침투력이 커질수록 국가는 추상화되어 군주의 인격성으로부터 더욱 독립적이 되었다. 정치는 궁정으로부터 독립하여 독자적인 근거를 갖춰나갔다. 18세기는 근대 국가 및 정치의 준비기였다.

제 **13**장

근대 세계를 향하여 : 프랑스 혁명과 나폴레옹

프랑스 혁명의 발발로부터 나폴레옹의 몰락에 이르는 사반세기는 그야말로 격동의 시기였다. 국왕이 대낮에 공개적으로 처형되었는가 하면, 유럽 역사상 처음으로 민중이 대규모로 정치무대에 개입했다. 혁명 프랑스와 구체제 유럽 사이에 여러 차례의 전쟁이 벌어졌고, 나폴레옹은 유럽 역사상 드물게도 한때 대륙적 차원에서 패권을 행사했다. 결국 혁명전쟁은 구체제의 승리로 귀결되었다. 그러나 혁명의 성과는 이미 돌이킬 수 없는 것이 되었다. 혁명기의 경험은 군주가 없는 정치 공동체의 가능성을 만인의 인식지평 안으로 끌어들였다. 혁명은 또한 신분제를 철폐하고 만인의 법적 평등을 구현했다. 더욱이 프랑스 혁명은 국가의 역량을 미증유로 강화하여 유럽 각국의 지배층에게 혁명의 기획의 일부라도 채용하지 않는다면 뒤처지거나 낙후될 것이라는 전에 없는 정신 상태를 조성했다. 도처에서 지배층은 돌연 수구세력으로 전락했다. 이제 유럽은 변화가 '정상 상태'가 되는 근대 사회로 돌입했다.

1. 프랑스 혁명

1-1. 혁명이란?

혁명(革命)이란 한자에서는 '이전의 왕통을 뒤집고 다른 왕통이 대신하여 통치자가 되는 일'을 말한다. 주권자는 천명에 의해서 나라를 다스리는데, 천명을 거역하여 악정을 행할 때는 '천명이 바뀌어'(이것이 바로 '혁명'의 본래 뜻임) 새로운 통치자가 나타나게 마련이라는 것이다. 우리나라나 중국의 역사는 이런 종류의 혁명이 자주 일어났음을 보여준다. 이것은 요즈음의 혁명과는 사뭇 다른 뜻을 가지고 있어, 우리는 특유하게 '역성혁명(易姓革命)'이라고 부른다.

의미심장하게도 근대적인 의미의 혁명의 발상지인 유럽에서 역성혁명은 일어난 적이 거의 없다. 예컨대 프랑스의 경우 987년에 카페 왕조가 들어선 이래 프랑스 혁명기까지 장장 800년에 걸쳐 왕조의 이름이 두 차례나 바뀌었지만, 역성혁명에 의한 것이 아니라 방계(傍系)가문이 왕위를 계승한 결과였을 뿐이다. 이는 유럽에서 왕권의 정통성과 지배세력인 귀족의 힘이 그만큼 견고했기 때문이다. 그렇다면 이런 전통을 가진 유럽에서 영국 찰스 1세가 1649년에, 프랑스 루이 16세가 1793년에 처형되는 것을 당대인들이 얼마나 엄청난 충격으로 받아들였는지 우리는 충분히 짐작할 수 있으며, 따라서 이런 일이 어떻게 벌어지게 되었는가를 따지는 일은 당연히 흥미로울 수밖에 없다.

'비합법적인 수단으로 국가체제 또는 정치체제를 변혁하는 일'이라는 의미의 혁명은 라틴어의 revolutio에 어원을 가진 revolution의 번역어이다. 이것은 원래 회귀, 순환을 가리켰다. 이를테면 코페르니쿠스의 유명한 『천체의 운행에 관하여』(1543)라는 책 제목에 나오는 '운행'은 끊임없이 반복되는 천체 운동을 뜻했다. 영국 혁명의 와중에 1660년의 왕정복고를 당시에 일부는 'revolution'이라고 불렀는데, 이때만 해도 여전히 정상적인 상태로의 복귀라는 의미로 쓰였다.

혁명이 돌이킬 수 없는 중요한 정치적인 변화라는 의미를 가지게 된 것은 18세기 중엽의 계몽사상기에 와서이다. 그것은 진보의 개념과 결합했고, 이제 혁명을 통해서 더 나은 사회를 만들 수 있다는 믿음이 가능해졌다. 그리고 이를 구현했던 것이 미국 혁명과 프랑스 혁명이다. 흔히 프랑스의 혁명사가들이 미국은 혁명 후에도 노예제를 유지한 반면에, 프랑스는 1794년 초에 노예제를 전면적으로 폐지했음을 근거로 하여 프랑스 혁명의 보편성을 강조한다. 그러나 노예제의 폐지가 영국과의 식민지 분쟁 및 노예 반란에 의한 불가피한 선택이었고 또 나폴레옹이 권력을 장악하면서 노예제를 회복시켰음을 고려한다면, 두 혁명의 차이가 그리 큰 것은 아니다. '정치'라는 것이 인간이 집단적인 노력을 통해서 스스로의 운명을 변화시킬 수 있음을 뜻한다면, 실로 두 혁명을 통해서 정치가 탄생했던 것이다.

그러나 미국의 대다수 건국의 아버지들은 급진화하는 프랑스 혁명의 과격함에 놀라 점차 미국 혁명의 역사적 의미를 스스로 축소시켜나갔고, 실제로 미국 연방헌법의 제정 과정이 보여주듯이 보수적인 해석이 우세를 점하면서 오히려 두 혁명의 차이를 강조하는 것이 일반적인 추세로 자리잡았다. 이는 미국 혁명가들조차 프랑스 혁명이 가지는 획기적인 보편성을 무의식적으로나마 승인해왔음을 말해주며, 결과적으로 근대적인 혁명관을 창출했다는 영예를 프랑스 혁명이 독차지하게 되었다.

1-2. 혁명의 연대기와 전개 과정

프랑스 혁명은 언제 시작되었고, 언제 끝났을까? 일반적으로 1789년 5월 5일의 삼부회 소집으로 시작하여 보나파르트 장군이 권력을 장악하는 1799년 무월의 쿠데타(11월 9일)로 끝나는 것으로 간주된다. '혁명의 10년'이라는 표현이 바로 그것이다. 그러나 시대구분이란 편의적인 것이므로 경우에 따라서는 나폴레옹이 몰락하는 1815년까지 '혁명의 사반세기'를, 심지어 프랑스에 안정적인 공화국이 들어서는 1870년대 말까지 '혁명의 세기'를 말하기도 한다. 다른 한편, 혁명의 시점과 관련하여 '전(前) 혁명'(pré-révolution)이라는 시기 매김이 있다. 사실 프랑스 혁명은 군주제에 대한 귀족 내지 특권층의 저항이 도화선이 되었다. 1787년 2월 22일의 제1차 명사회의 소집으로부터 삼부회의 소집에까지 이르는 2년여에 걸친 '귀족의 반란기'는 엄격한 의미의 혁명기에는 포함되지 않지만, 혁명의 전사(前史)로 치부하기에는 혁명의 발단에 결정적인 구실을 한 사실을 인정하여 흔히 '전 혁명'이라고 불린다.

'혁명의 10년'은 1794년 열월 9일(7월 27일)의 '열월의 반동'으로 양분할 수 있다. 바로 이날 산악파의 화신인 로베스피에르가 몰락했다. 앞 시기가 입헌군주제에서 온건공화정 그리고 민중공화정으로 이어지는 혁명의 상승기라면, 뒤 시기는 보수공화정에서 제정으로 연결되는 혁명의 안정기나 후퇴기이다. 프랑스 혁명이라는 거대한 흐름의 분기점이 특정 정파의 운명으로 규정되고 있음이 흥미롭다. 이는 정치체제의 변화보다 사회, 정치세력들의 역학관계가 혁명의 향배에 더 결정적이었음을 말해준다.

체제의 변화라는 측면에서 혁명은 1792년 9월 21일 국민공회의 개원으로 양분할 수 있다. 이날 국민공회는 군주제의 폐지를 결정하고, 다음 날 공화국의 원년을 선포했다. 앞 시기에 군주제는 몰락하기 전까지 3년이 조금 넘는 짧은 기간에 실로 엄청난 변화를 경험했다. 삼부회가 소집될 때까지만 해도 프랑스 군주제는 절대주의에 입각했고 루이 16세는 절대군주였다. 그러나 불과 한 달이 조금 지난 6월 17일에 이르면 삼부회의 제3신분 대표들은 스스로 '국민의회'라고 자처했고, 3일 후에는 '테니스코트의 서약'을 통해서 헌법의 제정을 자임했다. 주권이 국민에게 있을뿐더러 입헌군주제를 설정하겠다는 명백한 의사 표현이다. 이러한

'법률혁명'을 분쇄하려는 군주제의 시도가 7월 14일의 바스티유의 함락으로 무산되었고, 국민의회는 '8월 4일 밤의 선언'을 통해서 봉건제의 전면적 폐지를 약속하여 농민의 지지를 확보했고, 8월 26일에는 헌법의 원칙을 밝힌 '인권선언'을 채택했다. 급기야 파리의 민중이 10월 5-6일의 궐기를 통해서 왕실을 베르사유에서 파리로 데려와 혁명을 공고히 했다.

이후 제헌의회는 비교적 안정된 분위기 속에서 프랑스의 재건을 추진했다. 귀족제, 봉인장, 소금세, 내부 관세, 입시세, 동업조합 등의 폐지, 지방행정과 사법제도의 재조직, 전국에 83개 도의 설치, 가톨릭 교회를 전면적으로 재조직하는 교회 재산의 국유화와 '성직자 시민헌장'의 채택, 새로운 토지세의 도입, 노동 결사 및 파업의 금지, 최초의 지방선거 실시 등. 특권과 신분제에 입각한 구체제의 프랑스가 사라지고 만인이 자유와 법적 평등을 향유하는 근대 사회와 국가가 등장했다.

제헌의회는 드디어 '1791년의 헌법'을 채택했고, 곧 국왕은 이를 받아들였다. 입헌군주제의 실험이 시작되었다. 1791년 10월 1일, 입법의회가 개원했다. 그러나 조짐은 상서롭지 못했다. 국왕은 6월 20일에 외국으로 탈주하려다가 발각되어 권위에 커다란 손상을 입은 상태였다. 의회가 국왕의 유괴설을 조작하여 공화정을 주장하는 무리들을 학살함으로써 당장의 소요는 잠재웠지만, 근왕주의는 이미 크게 후퇴하고 말았다. 더욱이 1791-1792년 겨울에 경제적 상황이 어려워져 농민과 도시 민중을 자극했다. 이런 상황에서 전쟁 문제가 현안으로 떠올랐다. 결국 입법의회는 1792년 4월 20일에 오스트리아에 선전포고했으나, 프랑스는 패배하여 수세로 몰렸다(제1차 대불동맹의 결성). 국왕은 완강한 태도를 보였고, 반혁명 세력이 준동하기 시작했다.

프랑스가 대내외의 위협에 직면하자 민중의 혁명적 열정이 터져나왔다. 의회가 7월에 "조국이 위기에 처해 있다"고 선언할 즈음, 국왕의 폐위를 요구하는 시위가 줄을 이었다. 급기야 1792년 8월 10일 파리의 민중은 왕궁을 장악했고, 입법의회는 왕권의 정지와 보통선거에 의한 새로운 의회의 소집을 결의했다. '8·10 사건'은 민주적이고 민중적인 공화정의 탄생을 예고했다는 점에서 흔히 '제2의 프랑스 혁명'이라고 불린다.

1792년 9월에 국민공회가 소집되었고 프랑스에 역사상 처음으로 공화정이 들어섰다. 다음해 1월 21일에 국왕이 처형된 것은 사태의 흐름을 볼 때 자연스런 귀결이었다. 이 공화정은 보나파르트 장군이 집권한 뒤에도 유지되다가 '헌법상으로는' 1804년에 제정으로 바뀌었다. 이후 프랑스에는 체제가 자주 바뀌면서 공화정만도 여러 차례 들어섰다. 따라서 이런 후대의 공화정과 구분하기 위해서 혁명기의 공화정을 '제1공화정'이라고 한다.

제1공화정은 12년이라는 짧은 역사 속에서 적어도 세 차례나 헌정상의 변화를 경험했다. 혁명의 흐름이 숨가쁘게 전개된 결과이지만, 그만큼 첫 번째 공화정의 운명은 기구했다. 국민공회가 만든 헌법 역시 그러했다. 의회는 개원한 지 9개월이 지나서야 헌법안을 통과시켜 '8·10 사건' 1주년이 되는 날에 국민의 비준을 받았다. 하지만 2개월 후에 의회는 "평화가 도래할 때까지 프랑스 정부는 혁명적임"을 결의했다. '1793년(혁명력 2년)의 헌법'의 실시를 스스로 무기한 연기한 것이었다. 이 헌법은 결국 사문서가 되고 말았다.

혁명정부는 방데 반란이나 '연방주의자들의 반란'과 같은 내전과 구체제 유럽의 대외적인 위협에 대한 자기방어의 산물이었다. 지롱드파(Girondins)와의 권력 투쟁에서 승리한 산악파는 대내외적인 난관을 극복하기 위해서 민중의 광범위한 지지와 동원이 불가피하며 그 대가로 '상퀼로트'를 비롯한 민중에게 일정한 양보를 해야 한다고 판단했다. 그 결과 사회민주주의적인 조치들이 취해졌다. 하지만 다른 한편으로 혁명정부가 확립되고 강화되면서 공포정치가 합법화되고 조직화되었다. 이른바 '자유의 전제'가 나타났다. 동원과 집중의 결과 프랑스는 승리를 거둘 수 있게 되었지만 공포정치는 혁명으로부터 많은 사람들을 떨어져나가게 했다.

로베스피에르의 몰락과 함께 혁명정부가 무너진 뒤에 '1793년의 헌법'을 시행할 수 있는 기회가 마침내 도래했다. 그러나 권력을 잡은 '열월파'에게 이 헌법은 너무나 민중적이고 민주적이었다. 그래서 그들은 자신들의 구미에 맞는 헌법을 새로 만들었다. 이것이 '1795년(혁명력 3년)의 헌법'이다. '열월파'는 단원제가 권력의 집중을 야기했다고 판단하여 양원제(원로원과 500인의회)를 도입했고, 권력분립의 원리를 도입하여 행정권을 강화했으며, 그것을 5인의 총재단에게 맡겼다. 이리하여 1795년 11월에 총재정부가 출범했다.

총재정부기는 두 시기로 나눠볼 수 있다. 제1차 총재정부는 출범부터 집권파가 선거에서 승리를 거둔 왕당파를 쿠데타로 무산시켰던 1797년 9월 4-5일(혁명력 5년 숙월 18-19일)까지의 시기이며, 제2차 총재정부는 보나파르트 장군의 무월의 쿠데타에 의해서 종언을 고했다. 4년간의 이 기간은 대체적으로 만성적인 정치적 불안기였다. 신체제는 제한선거제를 다시 도입하여 유산자층의 이익을 대변했고 따라서 민중과 왕당파 모두를 정치에서 배제하려고 했다. 그 결과 통치와 지지의 사회적 기반이 그만큼 좁아졌다. 따라서 총재정부는 처음부터 이중의 반대에 휩싸였다. 좌우의 위협에 직면하여 총재정부는 갈팡질팡했고 여러 차례 정치적 위기를 스스로 친위 쿠데타를 감행하여 돌파하곤 했다. 이 과정에서 군대가 정치무대에 개입하기 시작했고 자신의 힘을 의식하게 되었다. 야심에 찬 보나파르트 장군은 중앙 정계의 동향을 예의주시하다가 총재단의 또다른 쿠데타 계획을 감지하고는 그것을 가로채서 권력을 움켜쥐기에 이르렀다. 10년간의 혁명 끝에 분열과 혼란에 지친 프랑스는 쉽게 무월의 쿠데타와 나폴레옹을 받아들였다. 혁명이 종식되었던 것이다.

그러나 제1공화정의 역사는 5년이나 더 지속되었다. 보나파르트 장군이 황제 나폴레옹이 되기 위해서 개인 권력의 강화를 위한 시간이 필요했던 것이다. 나폴레옹은 집권하자마자 '혁명력 8년의 헌법'(1799년 12월 13일)을 통해서 총재정부를 없애고 그것을 통령정부로 바꾸고 스스로 제1통령이 되었다. 그리고 1802년 8월에 '혁명력 10년의 헌법'을 통해서 종신통령이 되었고, 드디어 1804년 12월에 황제가 되기에 이르렀다. 이 헌법들은 1795년의 헌법의 기본 정신을 그대로 계승하여, 입법권은 3-4개의 의회로 쪼개졌고 행정권은 더욱 독립적이고 강력해졌다. 혁명을 계승한 독특한 권위주의 체제가 나타났던 것이다.

1-3. 혁명의 원인

이제 혁명의 원인을 검토해보자. 모든 사건에는 반드시 원인이 있게 마련이지만 프랑스 혁명과 같은 대사건의 원인은 아무래도 복잡할 수밖에 없다. 혁명의 원인을 두 수준으로 구분할 수 있다. 표현은 다르지만 내용은 대동소이하다. 장기적/단기적, 간접적/직접적, 구조적/상황적 요인, 전제조건/격발(방아쇠 당기기) 등의 구분이 그것이다. 이러한 구분을 염두에 두고 혁명의 원인을 살펴보자.

위에서 지적했듯이 혁명은 삼부회의 소집으로부터 시작되었다. 삼부회란 신분제의회를 말하는데, 이것은 프랑스에 14세기 초에 처음 생겨났다가 절대왕권이 확립되면서 1614년에 열린 것을 마지막으로 2세기 가까이 소집된 적이 없었다. 그렇다면 루이 16세는 사실상 폐지되었던 삼부회를 왜 다시 열어야 했을까? 소집할 수밖에 없었다는 것이 더 정확한 표현이겠지만, 그것은 당시 프랑스 군주제가 거의 파산지경에 이르렀기 때문이다.

프랑스 정부는 막대한 부채를 짊어졌고, 1년 국고 수입의 절반을 공채 이자로 지불하고 있었다. 이렇게 된 근본적인 요인은 18세기 내내 전개된 영국과 프랑스의 '제2의 백년전쟁'이었다. 특히 두 나라는 1757년 이후 끊임없이 싸웠다. 유럽에서 국가의 군사적 기능은 18세기에 폭발적으로 증대했다. 1700년경 서유럽의 국가들은 평화시에는 국민총생산의 5퍼센트, 전시에는 10퍼센트 정도를 수취했지만, 1760년대에 전쟁비용은 15-25퍼센트, 1810년에는 25-35퍼센트에 이르렀다. 군대의 규모는 전 인구의 5퍼센트에 달했다. 1810년의 수치는 20세기의 두 차례의 세계대전 시기의 그것과 같은 수준이었으므로, 당시 영국이나 프랑스의 인적, 물적 동원능력은 가히 폭발적이었다.

유럽의 그 어느 나라도 정상적인 조세 수입으로 전비를 즉각 충당할 수 없었다. 따라서 전쟁이 벌어지면 정부는 우선 미래의 수입을 담보로 하여 공채를 발행했고, 차후에 채권자들에게 원금과 이자를 갚아나갔다. 정부는 당연히 채권자들의 눈치를 보지 않을 수 없게 되었다. 이들이 귀족이나 부르주아와 같은 유산자층이었음은 말할 나위도 없다. 영국과 프랑스는 특히 18세기 후반에 거의 항상적으로 전쟁을 벌였고 정부의 부채는 엄청난 규모로 늘었다. 프랑스만이 아니라 전쟁의 승자였던 영국도 그러했다. 1인당 국민소득은 프랑스보다 조금 많았지만 인구가 프랑스의 거의 3분의 1에 불과했던 영국이 받은 재정적 부담은 프랑스와 비교하여 오히려 더 컸다고 볼 수 있다. 그로 인해서 영국은 7년전쟁 이후에는 아메리카 식민지에 대한 종전의 방임정책을 포기하고 과세와 중상주의적 통제를 실시하여 결국 미국 혁명을 불러왔던 것이다.

그러나 영국은 식민지 쟁탈전의 최종 승자로서 변통의 여지가 상대적으로 컸다. 영국은 카리브 해의 부유한 식민지를 계속 유지했을 뿐만 아니라 미국 독립전쟁에서의 패배 이후에는 아시아에 더 착취적으로 개입했다. 특히 인도의 벵골 정복이 가져다준 횡재는 영국 정부가 1757-1765년에 미국 식민지를 경솔하게 다루는 데에 영향을 미쳤을 정도였다. 따라서 역설적이게도 미국 독립전쟁의 승전국인 프랑스의 군주제와 지배층이 전쟁이 야기한 재정 문제와 정치적 논쟁의 주된 희생자가 되었다. 더욱이 프랑스는 영국에 비해서 재원을 조달하는 방식이 비효율적이었다. 국부의 규모 자체는 더 컸지만 그것을 전비로 전환시키는 방식, 곧 금융체제에 문제가 있었던 것이다. 그래서 프랑스는 금융시장에서 영국보다 언제나 2배에 달하는 이자를 물고도, 채권의 매각에 더 오랜 기간을 기다려야 했다. 사실 영국과 프랑스의 승패는 바로 여기에서 갈렸다고 할 수 있다. 프랑스는 덩치만 컸지 순발력에서 뒤졌던 것이다.

공채의 지불능력을 궁극적으로 결정했던 것은 국가의 조세 수취능력이다. 이 점에서도 프랑스는 영국에 비해서 비효율적이었다. 우선 부유한 계층, 즉 교회와 귀족 그리고 상당수의 부르주아들이 정도의 차이는 있지만 기본적으로 면세의 특권을 누렸다. 따라서 과세의 부담은 주로 농민층이 짊어졌다. 이는 프랑스 군주제가 농민층을 주된 재정적 기반으로 삼은 결과였다. 이 점에서 프랑스의 절대주의는 특이한 이중성을 보였다. 한편으로 그것은 귀족과 성직자를 특권계급으로 하는 신분사회의 보증자였다. 성직자들이 독자적인 재생산 능력이 없음을 고려한다면 귀족이 사실상의 제1신분이었다. 절대주의 국가는 귀족의 사회적 우위를 보장하는 동시에 그것에 입각했다. 하지만 경제적 잉여의 수취라는 측면에서 그것은 특권층과 경쟁관계에 있었다. 군주제는 세원의 보호를 위해서라도 농민층의 사회경제적 지위를 일정하게 유지시켜줄 필요가 있었다. 그 결과 프랑스의 농민층은 영국과는 달리 내부적 편차에도 불구하고 굳건한 사회세력으로 존립할 수 있었다. 그리고 이는 혁명의 향배에 결정적인 중요성을 발휘할 것이었다.

부채로 말미암아 궁지에 몰린 군주제는 새로운 재원을 발견해야 했다. 농민층의 담세능력이 한계에 도달한 상태에서 유일한 방안은 면세의 혜택을 누리는 특권층에게 세금을 부과하는 것이었다. 그러나 이들은 쉽게 양보하려고 하지 않았다. 국왕은 세제개혁안을 파리 고등법원에 등록시키고 명사회(Assemblée des notables)의 동의를 얻어내려고 했지만 특권층은 완강했다. 군주제의 개혁 명분을 거부하기 어려웠던 그들은 과세동의권은 궁극적으로 신분제의회에 있다는 답변으로 개혁을 피해가고자 했다. 이리하여 마침내 삼부회가 소집되기에 이르렀던 것이다.

귀족을 비롯한 특권계급이 개혁을 받아들였다면 혁명은 일어나지 않았을 것이다. 그러나 전체적으로 특권층은 그러한 개방적인 태도를 보이지 못했다. 왜냐하면 조세의 평등을 골자로 하는 세제개혁안은 특권에 입각한 구체제의 근간을 흔들 것이었기 때문이다. 18세기는 전반적으로 경제적 팽창의 시기였고, 많은 귀족들은 그 수혜자였다. 하지만 그들은 더 역동적인 부르주아들에게 상대적으로 뒤쳐졌고, 일부는 시대의 흐름에 적응했지만 대부분은 과거에 집착했다. 그렇다고 군주제의 개혁의지가 확고했던 것도 아니다. 정부는 어쩔 수 없이 개혁안을 내놓기는 했지만 절대주의가 딛고 서 있는 사회적 기반을 끝내 포기할 수 없었다. 실제로 국왕과 측근들은 결정적인 고비에서 결국 개혁을 포기하고 귀족과 뜻을 같이했다. 그렇기 때문에 삼부회는 개회하자마자 교착 상태에 빠졌다.

그렇다고 '귀족의 반란'이 곧 혁명을 야기했던 것은 아니다. 혁명은 흔히 부르주아지라고 불리는 꽤 부유한 사회층이 정치무대에 개입하면서 시작되었다. 대략 1788년 가을부터 1789년 봄에 이르면서 대립의 양상이 군주제 대 귀족에서 군주제+귀족 대 부르주아지로 급속히 바뀌었다. 그리고 도시와 농촌의 민중이 주연은 아닐지라도 상당히 중요하고 개성 있는 조연으로 부르주아지 편에 가담했다. 도시의 부르주아들이— 물론 부르주아지의 성격이나 구성은 시대에 따라 변했지만— 중세 말 이래로 왕권에 도전한 적은 여러 번 있었지만 민중세력과 결합했던 것은 이때가 처음이다. 이는 매우 중요한 사실로서, 프랑스 혁명이 그렇게도 거대한 움직임으로 나타날 수 있었던 것도 바로 이 동맹이 있었기 때문이다.

혁명 직전 부르주아지는 다양한 부류로 구성되었다. 관료, 은행가, 징세 청부업자, 금융업자, 도매상인, 기업가, 법률가, 교수, 금리생활자 등에다가 맨 하층에 작은 가게나 작업장을 소유한 상점주나 장인까지 아우르는 매우 복합적인 사회적 범주였다. 그들은 모두 평민의 신분이었고, 정도의 차이는 있지만 일정 수준 이상의 사회경제적 능력을 가졌다. 이들 중에서 마르크스가 말하는 자본가층은 소수에 불과했다. 그도 그럴 것이 당시 프랑스는 아직 산업혁명을 경험하지 않았다. 이들의 본령은 넓은 의미의 상업 활동이었고, 자유 전문직업인이나 다양한 생산업자들이 이에 가담했다.

구체제의 부르주아지는 결코 혁명적이지 않았다. 이들은 구체제의 현실에 몸을 담고 있었기 때문에 신분적 질서를 수용했다. 이들은 귀족들의 부당한 대우에 분개하면서도 작위를 얻으려고 애쓰는 이중적 존재였다. 이들은 장사를 통해서 재산을 모으면서도 여러 종류의 부동산에 열심히 투자했던 과도적 존재였다. 귀족은 이들의 모방 대상이자, 도달해야 할 종착역이었다. 양자 사이에 생활방식의 차이가 있어 예컨대 귀족들이 호방하게 돈을 쓰고 좀스런 부르주아들을 경멸했지만, 이는 기본적으로 세계관의 차이보다는 재산상의 차이를 반영하는 것이었다. 분명 근래에 강조되듯이 부르주아지와 귀족이 근본적으로 상이한 세계에 살았던 것은 아니다.

그러나 18세기의 경제적 번영이 상황을 바꾸었다. 부르주아들의 수가 크게 늘어 전 인구의 15퍼센트에 달했고, 재산 수준도 상당히 높아졌다. 특히 1750년대 이후 부르주아지의 집단의식 속에서 중요한 변화가 나타났다. 부르주아지의 상층부에서 귀족 작위를 얻으려는 후보자들이 크게 늘어나 신분 상승의 병목 현상이 생기면서 기존의 신분질서에 대한 문제 제기가 나타나기 시작했다. 부르주아지가 독자성을 의식하기 시작했고, 그들 사이에 서서히 계급의식이 나타났다.

흔히 계몽사상을 부르주아 사상 발전의 한 단계나 그 원천으로 파악하기도 하는데, 이는 다소 지나친 파악방식이다. 계몽사상의 생산자 및 소비자라는 양 측면에서 볼 때, 그것은 결코 부르주아지의 전유물이 아니었다. 계몽사상과 혁명의 관계와 관련하여 여기서는 두 가지 점만 지적하겠다.

첫째, 혁명 이전 귀족과 부르주아지가 문화적으로 동질적이었다는 이른바 '엘리트론'이 제기되어 새로운 정통 해석의 자리를 차지했지만, 이는 계몽사상을 부르주아지의 계급의식의 발로로 보는 견해만큼이나 거칠고 평면적이다. 왜냐하면 엘리트 문화가 가진 외관상의 합의에도 불구하고 귀족과 평민 엘리트 사이에 미묘하지만 무시할 수 없는 감성의 차이가 이미 뚜렷하게 나타나고 있었기 때문이다. 둘째, 계몽사상은 매우 다양하지만, 기본적으로 '시민사회'라는 "새로운 인간적 교류 형태"로 표현되는 자본주의의 대두를 배경으로 하여 탄생했다. '지금' 그리고 '여기에서' 유토피아를 건설할 수 있다는 낙관론, 인간의 이성적 능력을 통해서 진보를 이룩할 수 있다는 합리주의 등, '근대성'의 토대를 이루는 세속적 진보관은 서유럽에서 물질적 풍요의 가능성을 보여준 18세기 중엽의 사회경제적 현실을 반영하는 것이었다. 사실상 여러 종류의 교류망을 통한 부르주아들과 계몽사상의 만남은 근대 이데올로기의 태동을 알리는 전주곡이었다.

물론 그렇다고 해서 부르주아들이 계급의식을 당장에 강령 수준으로 명료하게 구조화한 것은 아니었다. 계몽사상 자체가 결코 혁명적이지 않았을 뿐만 아니라, '전 혁명'이 벌어질 때까지도 부르주아들은 절대주의와의 싸움에서 귀족들의 주도권을 받아들였다. 그렇다면 과연 언제 그리고 어떻게 양자 사이에 간극이 벌어져서 부르주아들이 귀족을 추월하게 되었을까? 이는 바로 혁명의 직접적인 원인에 관한 문제이다. 이제 이 문제를 검토하자.

18세기는 전체적으로 경제적 호황기였지만, 1780년대에 들어서면서 경제적 위기가 나타났다. 흉작에서 비롯된 위기는 곧 다른 산업 부문에도 영향을 미쳐 전반적인 경제적 침체를 야기했고, 기존의 빈부 격차를 드러나게 하여 사회적 갈등을 증폭시켰다. 이리하여 구체제 말기의 경제적 위기는 구조적 모순에 불을 댕겼고 재정 위기가 야기한 정치적 위기와 결합하여 혁명의 도화선이 되었다. 재정 위기는 구체제 위기의 한 징후였지만, 사실 해결책은 있었고 또 사람들은 그것을 알고 있었다. 하지만 특권계급은 면세특권을 포기하려고 하지 않았고, 이는 '전 혁명'으로 폭발했다.

그러나 '전 혁명'은 곧 절대왕권에 대한 특권계급의 복수라는 차원을 넘어섰다. 귀족들이 개시한 움직임은 그들의 의도와는 관계없이 그들을 추월해버렸던 것이다. 특권계급은 '전 혁명'을 통해서 국왕으로부터 삼부회의 소집이라는 전리품을 얻어냈다. 그들은 그것을 통해서 권력에의 복귀를 노렸다. 그들의 요구는 절대주의를 거부한다는 점에서 입헌주의의 외양을 보였지만 기본적으로 퇴행적이고 복고적이었다. 바로 이 긴박한 순간에 부르주아들은 놀라운 순발력을 발휘했다. 이제까지 군주제에 대한 저항에서 특권계급을 묵묵히 따랐던 부르주아들은 즉각 '애국파'를 결성하여 재빠르게 '제3신분 대표수의 배가 운동'을 벌이고 일련의 선전활동을 조직했다. 1788년 말, 국왕은 배가를 허락했지만 삼부회에서의 표결방식에 관한 또다른 핵심사항에 대해서는 명확한 결정을 내리지 않았다. 이제 싸움의 주된 상대자는 특권계급과 부르주아지로 바뀌었고, 에마뉘엘 조제프 시에예스는 『제3신분이란 무엇인가(*Qu'est-ce que le tiers état?*)』를 비롯한 일련의 소책자를 통해서 '애국파'에게 행동강령을 제공했다. 1789년 5월 5일, 삼부회가 소집되었을 때 표결방식을 놓고 파행이 거듭되었고 급기야 평민 대표들은 별도의 회합을 구성했다. 혁명이 시작되었던 것이다.

1-4. 혁명의 동력

혁명이 발발했을 때, '애국파'는 프랑스에 입헌군주제를 설정하려고 했을 뿐, 군주제를 몰아내고 공화정을 실시하려고 했던 것은 결코 아니었다. 더욱이 혁명이 4만 명에 가까운 사람들을 단두대에서 처형하는 공포정치에 이르리라고는 상상조차 하지 못했다. 어떻게 '국민-국왕-법'의 삼위일체를 축성했던 혁명이 그토록 엄청난 격변을 야기했을까? 사실 프랑스 혁명은 이러한 거대한 변화를 통해서 '대혁명'이라는 칭호를 얻게 되었으며, 혁명을 개시했던 이들의 역사적 전망을 뛰어넘어 다가올 미래를 예시했다.

혁명 초기에 특권계급이 부르주아들의 요구를 들어주기만 했다면 혁명은 '법률혁명'의 단계에서 끝났을 것이다. 사실 이들은 사회, 경제적으로나 문화적으로 그렇게 다른 존재가 아니었고, 또 부르주아들의 요구가 결코 기존 질서의 전복을 요구하는 것은 아니었으므로 타협의 가능성은 낮지 않았다. 그 요구조건이란 작게는 과세의 평등이요, 크게는 신분사회의 종식이자 시민적 평등의 설정이었다. 문제는 특권층이 이 요구를 들어주기에는 구체제의 세계에 너무 집착하고 있었다는 점이다. 그들은 개혁 자체를 외면하여, 평민 대표들을 궁지에 몰아넣었다. 국왕 역시 이제까지의 개혁주의를 포기하고 특권층에 가담해버렸다. 이후 귀족들은 망명길에 올라 국외에서 혁명 프랑스에 대한 전쟁을 꾀하거나 국내에서 내전과 반란을 부추겨 혁명의 급진화에 이바지했다.

궁지에 몰린 부르주아들로서는 정치무대 밖에 머물러 있던 민중에게 호소할 수밖에 없었다. 이들이 민중을 좋아했던 것은 결코 아니었다. 오히려 그들은 민중을 경멸했고 또 무서워했다. 그래서 역사상 부르주아지와 민중층이 동맹을 맺은 적은 거의 없었다. 그런데 그런 드문 일이 1789-1794년의 프랑스에서 실제로 벌어졌다. 부르주아들에게 다른 대안이 없었기 때문이다. 국왕이 동원한 군대 앞에서 그들은 무력했고, 파리의 민중이 그들을 구하지 않았더라면 혁명은 좌절되었을 것이다. 부르주아들이 계급의식을 뛰어넘어 폭넓은 민중정치를 구현하는 순간이었다.

그래서 마르크스는 그런 '혁명 부르주아지'를 보고 '보편계급'이라고 불렀던 것이다.

특권층의 완강한 저항에 부딪친 프랑스의 부르주아들에게 다행이었던 것은 민중층이 독자적인 조직력과 동원력을 가지고 있었다는 점이다. 따라서 프랑스 농민들은 '농민혁명'을, 도시의 민중은 '민중혁명'을 이끌 수 있었다. 혁명무대에 이렇게 광범위한 사회층이 가담했다는 사실이 프랑스 혁명을 이해하는 데에 무척 긴요하다. 다양한 사회세력의 열망과 갈등이 집중적으로 폭발함으로써 '대혁명'은 다른 혁명들을 능가하는 현란함과 다채로움을 뽐낼 수 있었던 것이다.

그러나 부르주아들에게 민중과의 결합이 꼭 행복했던 것만은 아니었다. 왜냐하면 그것은 곧 그들의 요구를 적어도 부분적으로나마 들어주어야 했고, 그러자니 자연히 자신들의 이해관계를 일정 정도 희생시켜야 했기 때문이다. 따라서 이 문제를 놓고 혁명 부르주아 진영 내에서 갈등이 생겨났고, 곧 분파 사이에 경쟁이 벌어졌다. 푀양파(Feuillants)와 자코뱅파(Jacobins)의 대립이 그것이고, 후자가 승리한 뒤에 자코뱅파는 다시 지롱드파와 산악파(Montagnards)로 갈라섰다. 따라서 이 대립은 기본적으로 사회경제적이라기보다는 정치적인 차원의 것이었다. 이 점에서 지롱드파에 비해서 산악파가 훨씬 더 일관성이 있었다. 민중과의 연대를 받아들였다면, 그들에 대한 양보가 불가피하다고 후자는 판단했다. 그리하여 산악파와 민중, 특히 상퀼로트(sans-culottes)와의 결합을 통해서 자유주의 혁명의 단계를 뛰어넘는 사회민주주의의 전망이 열렸다. '공포정치'는 바로 그 전망을 현실화하기 위한 민중혁명의 도구였다.

그러나 우리가 시야를 프랑스의 국내 상황에만 국한한다면 혁명의 동력이 왜 그렇게도 격렬했는지를 잘 이해하기 어렵다. 혁명을 급진화시키는 데에 큰 역할을 한 것이 열강에 의한 프랑스 침입이었다. 열강은 국왕 및 특권층 인사들의 처형에 놀랐지만, 영토와 식민지 획득에 대한 속셈도 있었다. 특히 영국과 프랑스의 경쟁의식이 주요한 지렛대였다. 사실 프랑스 혁명은 영국과의 경쟁에서 뒤쳐진 것을 만회하기 위한 몸부림이요, 도약이라고 할 수 있으며, 많은 혁명가들이 이 점을 명확하게 의식했다. 그렇기 때문에 그들에게 영국은 도처에 있었다. 그것은 방데 반란에도, 연방주의자들의 반란에도, 그리고 물론 대불동맹에도 있었다. 실제로 영국의 피트 내각은 엄청난 재원을 동원하여 반혁명과 대불전쟁을 지원했고, 에드먼드 버크는 『프랑스 혁명에 관한 성찰(*Reflections on the Revolution in France*)』을 통해서 이를 문명을 지키는 싸움이라고 정당화했다. 그의 혁명 비판 뒤에는 영국의 패권이라는 국가 이익이 자리하고 있었다.

외국군이 프랑스로 침입하자 일련의 저항의 물결이 터져나왔고, 이는 혁명을 휩쓸었다. '조국이 위험에 처해 있다'는 구호는 국민적 단결과 민중의 동원을 이끌어내어 혁명을 고양시켰다. 귀족이 주축을 이루는 구체제 군대의 잔해를 넘어 애국주의로 무장한 강력한 국민군이 탄생했다. 혁명정부는 절대주의도 이룩하지 못하고 감히 꿈꾸지도 못했던 국민적 통합을 미증유의 수준으로 이룩했다. 이 과정에서 민주주의라는 새로운 정치적 관행이 생겨났고, 민중의 발언권이 자유롭게 표출되었다. 통치의 대상이 곧 나라의 주인이 되는 새로운 역사적 실험이 비록 단기간이나마 혁명의 수도인 파리 한복판에서 벌어졌다. 그 결과 정치적, 군사적 힘이 엄청난 규모로 폭발했다.

그러나 당장에 혁명의 조직화는 혁명 자체를 얼어붙게 했다. 국민군의 조직화는 민중 운동의 활력을 약화시켰다. 전쟁에서의 승리는 부르주아들에게 긴장의 이완을 위한 기회, 곧 민중과의 일시적 유대의 종식을 가능하게 했다. '열월파'는 혁명정부, 공포정치, 민중혁명을 혁명의 정상적인 과정에서 일탈한 것으로 폄하하고, 그 책임을 로베스피에르파에게 전가했다. 하지만 그것은 혁명의 고유한 일부였다. 구체제 유럽과의 전쟁이 계속되는 한 그것은 불가결한 것이었다. 그렇다면 민중과의 유대가 포기된 상황에서 전쟁을 계속 수행하려면 결국 군대에 의존할 수밖에 없는 것이 아니겠는가? 혁명이 국민군을 만들어냈다면, 이제 그 군대가 혁명을 먹여 살리게 되었다. 이것이 바로 나폴레옹 등장의 비결이다. 그 것은 혁명에 대한 배반이 아니라 변화된 상황에서 혁명의 과업을 계승하 는 것이었다.

1-5. 혁명의 결과와 의의

프랑스 혁명은 10년이라는 짧은 기간에 프랑스, 더 나아가 유럽과 세 계를 크게 변화시켰다. 우선 그것은 거의 모든 프랑스인들의 운명을 바 꾸었다. 공포정치, 망명, 내전, 전쟁은 그들에게 지울 수 없는 흔적을 남 겼고, 많은 이들에게 혁명은 방관을 허용하지 않는 '뜨거운 현실'로서 열 망이나 혐오의 대상이 되었다. 아울러 혁명은 프랑스를 근본적으로 새로 운 국가와 사회로 변화시킨 사회혁명이었다. 혁명 중에 약 15퍼센트에 달하는 토지의 주인이 바뀌었으며, 부르주아지와 부유한 농민층이 주된 수혜자였다. 혁명으로 근대 국가가 탄생하고, 만인이 법 앞에서 평등한 새로운 근대 사회가 등장했다. 인민주권에 입각한 '정치'에 대한 새 전망 이 전통적인 통치를 대체했다.

혁명의 의의는 흔히 혁명의 3대 이념이라는 '자유, 평등, 우애'를 통해 서 잘 드러난다. 세 이념은 혁명기의 여러 '인권선언'과 헌법을 통해서 구현되었다. 이 안에서 자유와 평등은 상당한 편차를 보이지만, 혁명은 어떻게 하면 자유를 상실하지 않고 평등을 실현할 것인가 하는 새로운 기획의 실험장이 되었다. 혁명의 무대에는 기왕의 정치계급만이 아니라 부르주아들, 더 나아가 도시민중과 농민층이 대거 가담했다. 그 결과 보 편적 자유의 근거가 되는 자연권에 소유권이 포함되면서도 권리의 평등 을 넘어서는 풍요로운 평등관이 생성되었다. 유대인에게까지 시민권이 허용되었고 모든 식민지에서 흑인 노예제가 폐지되었을 뿐만 아니라 향유의 평등이 시도되었다. 평등 없는 자유란 소수의 특권에 불과하기 때문이다. 프랑스 혁명은 진정 인간 해방의 결정적인 계기를 이룬다.

그러나 프랑스 혁명이 세계사에 긍정적인 영향만을 미친 것은 아니다. 그것은 '부국강병'이라는 '판도라의 상자'를 열었다. 사실 혁명은 숭고한 이념이라기보다는 대두하는 유럽의 최강대국에서 벌어졌기 때문에 엄청난 파급력을 가졌다. 프랑스는 영국과의 격렬한 경쟁 속에서 불가피하게 국민국가로 변신했는데, 구체제의 모순으로 혁명이라는 대가를 치렀다. 양국은 근대 국민국가를 이룩하는 방식에서는 차이를 보였지만, 공히 구성원 모두에게 자유를 주어 이들의 충성심을 효과적으로 동원할 수 있는 새로운 정치 공동체를 만들어냈다. 이제 이 두 나라에 맞서려면 좋든 싫든 일련의 개혁을 통해서 새 국가로 변신해야 했다. 프랑스는 '밑으로부터의 혁명'이라는 길을 걸었지만, 유럽의 다른 나라의 지배층은 '위로부터의 혁명'을 통해서 그것에 도달할 수밖에 없었다. 프랑스 혁명 이후에 이제 모든 국민들은 주권국가를 기본 단위로 하는 '국가 간 체제'의 현실에 직면하게 되었고, 억지로라도 국민국가를 빚어내야 했다.

프랑스 혁명의 세계사적 의의는 이중적이고 복합적이다. 혁명은 모든 인간의 기본권을 소리 높여 외쳤지만, 그것은 오직 국민국가를 통해서만, 즉 특정국가의 시민인 경우에만 보호받을 수 있게 되었다. 실제로 1789년의 '인권선언'은 '인간의 권리'와 '시민의 권리'를 구분했다. 프랑스 혁명은 분명 '인권의 혁명'이지만, 식민지인들에게 그것은 동시에 제국의 거푸집을 지녔다. 프랑스와 유럽은 전 주민에게 자유를 주어 역동적인 정치 공동체를 이룩하는 한편, 국내에 있던 예속과 억압을 해외로 수출한 셈이었다. '아이티 혁명'(1791-1804)이 보여주듯이, 이제 전 세계 식민지의 피압박민은 프랑스 혁명의 이념을 배우면서도 그것을 담고 있는 그릇을 뒤집어엎어야 하는 이중의 과제를 짊어졌다. 여기에서 근대 세계의 구축은 프랑스 혁명의 계승이자 극복이었다.

2. 나폴레옹과 유럽

나폴레옹 보나파르트는 1769년에 코르시카에서 태어났다. 그는 툴롱 전투에서 두각을 나타내는 1793년 전까지는 미미한 존재였고, 그의 삶은 개인사에 불과했다. 그러나 그는 1793년부터 1799년에 걸쳐 유능한 군인에서 거국적인 인물로 부상했다. 이 시기 그의 개인사는 혁명과 특히 총재정부기의 대외정책과 긴밀하게 연결되었다. 1799-1815년의 황제 즉위, 폐위, 그리고 '백일천하'로 이어지는 나폴레옹의 운명은 프랑스, 더 나아가 유럽, 심지어는 세계의 역사와 분리되지 않는다. 그렇기 때문에 헤겔은 그에게서 '이성의 간지(奸智)'라는 역사의 작용을 보았다. 그는 워털루 전투에서 패배한 뒤에 세인트-헬레나 섬에 유폐되어 1821년에 사망했다. 이 시기에 그의 삶은 다시 개인사로 전락했지만, '나폴레옹의 신화'가 탄생했다. '전장의 신'이 '왕들의 왕'이 되었다가 이제 '불멸의 인간'이 되었다.

2-1. 나폴레옹 체제의 연대기

나폴레옹이 집권했던 15년은 크게 세 시기로 나뉜다. 첫 시기는 황제가 될 때까지의 5년간이다. 이 시기에 그의 과업은 혁명을 종식시키는 일이었지만, 실상은 혁명의 성과를 공고히 했다. 다음은 5년간의 패권기이다. 그는 일련의 전승(戰勝)을 통해서 일시적이지만 유럽 전체를 호령했다. 샤를마뉴의 제국 이래 유럽에 최대 강역(疆域)을 가진 대제국이 등장했다. 마지막 5년은 주도권의 상실과 몰락기이다. 불길한 조짐이 서서히 나타나더니, 러시아 원정의 실패로 그는 돌이킬 수 없는 몰락을 맞았다.

무월의 쿠데타로 권력을 장악한 보나파르트 장군은 '혁명력 8년의 헌법'을 제정하여 10년 임기의 제1통령으로서 실권을 장악했다. 이 헌법은 1802년과 1804년에 일부 수정되기는 했지만 이후 15년간 효력을 발했다. 권력분립의 원칙은 포기되었고, 행정권이 강력해졌다. 입법권은 각기 법안의 기초, 토론, 의결을 책임지는 '국가참사원(Conseil d'Etat)', '호민원(Tribunat)', '입법원(Corps législatif)', 그리고 헌법을 책임지는 '원로원(Sénat)'으로 세분화되어 약화되었다. 보통선거제는 인민투표에만 적용되고, 선거는 사실상의 제한선거제가 적용되어 명사층의 지배를 보증했다. 통령정부의 체제는 민주적 외관을 갖추었지만, 독재적 성향은 뚜렷했다.

보나파르트는 먼저 반대파를 제거하거나 고립시켜 권력의 기반을 확고히 했다. 왕당파는 두 차례나 그를 살해하려고 했고, 자유주의자들이 호민원에서 야당을 이루었으며, 군의 일부는 자코뱅파였다. 그는 푸쉐의 도움을 받아 경찰을 재조직하여 강화하고, 여론과 심지어는 선거 결과를 조작했다. 반대파의 근거인 호민원에 대해서는 처음에는 의원의 수를 줄이더니 1807년에는 아예 입법원에 흡수시켰다. 체제를 받아들인 자들에게는 구체제의 인사를 포함하여 전력에 관계없이 명예와 성공의 문을 열어준 반면에, 거부한 자들에게는 냉혹한 탄압을 가했다. 왕족인 앙갱 공은 외국에서 잡혀 소환되어 즉결 처형되었다. 권력의 강화는 종신통령제를 통해서 제정의 확립으로 귀결되었다. 1804년 12월 2일, 나폴레옹 1세는 교황 비오 7세(1800-1823)가 참석한 가운데 황제로 축성을 받았다.

통령정부기에 보나파르트는 프랑스의 화해와 결속을 추진했다. 그는 먼저 오스트리아 및 영국과 조약을 맺어 오랜 전쟁을 일시적이지만 종식시켜 평화를 가져왔다(제2차 대불동맹의 종식). 분열의 기억을 치유하기 위해서 망명귀족의 귀환을 장려하고, 방데 반란군과 산악파를 사면하는 등 유화적인 조치를 취했다. 그리고 교황 측과 협상을 벌여 '종교협약'을 이루었다. 프랑스 교회가 재건되었고 종교적인 평화가 복귀했다. 제1통령의 인기는 당시 절정이었다.

아울러 제1통령은 재건을 위한 일련의 개혁을 단행했다. 그는 중앙집권화를 추진하여 지방행정관과 법관을 선출직에서 임명직으로 바꾸었다. 특히 도지사는 중앙권력의 의지를 구현하여 구체제의 지사를 연상시켰다. 1804년 3월에 빛을 본 '민법전'('나폴레옹 법전')은 가부장제라는 구체제의 유산과 시민적 평등과 유산의 균등 분할과 같은 혁명의 원리를 결합시키는 한편, 소유권을 보장하고 영업의 자유 원칙을 도입하고 파업을 금지했다는 점에서 부르주아지의 이익을 반영했다. 그는 조세 행정체계를 정비하고, 토지대장의 작성을 명했다. 프랑스 은행의 설립을 허가하고, 새로운 화폐인 프랑 화를 도입했다. 기타 레지옹도뇌르 훈장(Ordre de la Légion d'honneur)을 창설하고, 우리의 고등학교에 해당하는 리세(lycée)를 설치했다.

아미앵의 평화는 취약하여 1805년에 전쟁이 재개되어 1815년까지 끊이지 않았다. 나폴레옹의 영국 침입은 넬슨 제독이 프랑스-에스파냐 연합함대를 트라팔가르 전투에서 괴멸시킴으로써 좌절되었다. 대륙에 갇힌 그는 영국의 연합국인 오스트리아와 러시아로 군대를 돌려 아우스터리츠 근처에서 대승을 거두었다(제3차 대불동맹). 프랑스의 팽창은 1806년에도 계속되었다. 프랑스는 남부 이탈리아를 차지하고 프로이센에 두 차례의 대승을 거두었고, 다음해에는 러시아 군을 크게 무찔렀다(제4차 대불동맹). 틸지트 조약(1807년 6월 25일)으로 러시아가 동맹국이 되었고, 프로이센이 전쟁의 부담을 짊어졌다. 나폴레옹은 나폴리, 네덜란드, 베스트팔렌에 왕국을 조직하여 형제들을 왕위에 앉혔고, 독일을 재조직하여 라인 연방과 바르샤바 대공령을 세웠다. 당시 제1제정은 절정에 있었고, 프랑스 군은 무적이었다.

제국의 버팀목은 군대였다. 1805-1814년에 150만 명에 가까운 프랑스 젊은이들이 징집에 응했다. 군대의 규모는 1806년에 58만 명, 1812년에 67.5만 명으로 커졌으며 황제는 속국과 동맹국에 분견대의 파견을 요구했고, 제국군은 국제화되어갔다. 작전의 수행은 대개 나폴레옹 자신이 직접 관장했다. 그것은 신속성, 기동성, 공격성에 입각했다. 잡다한 적군에 침투하여 이들을 분리시켜 최종적으로 괴멸시키는 것, 이것이 황제의 한결같은 원칙이었다. 이런 전략은 일렬로 줄지어 싸우는 데에 익숙했던 당대인들을 놀라게 하고 당황하게 했지만, 1806년이 되면 적국들도 제국군에 대항하는 법을 깨치게 되었다.

제국은 광범위하고 복잡한 전체를 구성했다. 함부르크, 암스테르담, 토리노, 피렌체, 로마 등이 130개의 도를 포괄하는 프랑스 제국의 도청 소재지가 되었다. 프랑스는 5-6개 언어를 사용하는 4,200만 명을 헤아렸다. 아울러 제국은 베스트팔렌, 작센, 바이에른, 이탈리아, 나폴리, 에스파냐의 왕국과 바르샤바, 헤센, 바덴의 대공령 등을 속국으로 거느렸다. 황제는 이처럼 8,000만 명에 가까운 유럽인들을 지배했고, 이에 더해서 오스트리아와 프로이센의 다소 충실한 지원을 기대할 수 있었다.

체제의 공화주의적 기원은 잊혀져가고, 반면에 권위주의적 경향은 강화되었다. 군대 외에 경찰, 지방행정의 도지사, 교회가 체제의 주요 통치 수단이었다. 프랑스 사회는 제정하에서 안정을 찾아나갔다. 구(舊)질서와 신(新)원칙 간의 종합이 윤곽을 드러냈다. 구 귀족과 혁명가 출신의 제국귀족이 새 명사층을 구성했고, 궁정생활이 다시 등장했다. 아울러 국가가 임명하고 상당한 수입을 보장해주는 공무원이라는 새 집단이 등장했다. 농촌에서 봉건부과조의 폐지, 국유재산의 매각 보장, 더 공정해진 과세, 곡물과 포도주의 가격 상승 등으로 많은 농민들이 황제에게 이끌렸다. 경제활동은 처음에는 계획경제풍의 황제 덕분에 상당한 번영을 누렸으나 대륙 봉쇄로 분야에 따라 큰 타격을 입었다.

적국 가운데 영국만이 패배를 몰랐으므로, 황제는 대륙 봉쇄라는 경제적 무기를 구상했고 이는 정복의 확대를 부추겼다. 프랑스 군은 포르투 갈과 교황령에 침입했고, 에스파냐에서 프랑스에 대항하는 게릴라전이 대대적으로 벌어졌다. 1808년 여름에 프랑스 군은 패배했고 에스파냐의 늪에 빠졌다. 1809년에 제국의 허약함의 최초의 징후가 나타났다. 황제 는 오스트리아를 격파하여 제5차 대불동맹을 무너뜨리고 가혹한 평화조 약을 강요하여 오스트리아 황녀 마리-루이즈와 결혼했지만, 전투는 점 차 힘의 균형을 보여주었다. 적군은 국민감정으로 강화되었고 나폴레옹 의 전략에 잘 적응하여 프랑스의 승리를 어렵게 했다.

러시아가 대륙 봉쇄에서 떨어져나오려고 하자 황제는 침공을 결정했 다. 1812년 여름 12개 언어를 말하는 65만 명의 '대군대(Grande Armée)' 가 러시아 원정길에 올랐다. 나폴레옹은 모스크바에 입성했으나, 정면대 결을 피하고 초토화 전략으로 맞선 러시아 군은 건재했다. 동장군의 위 세에 후퇴를 거듭한 대군대가 폴란드로 돌아왔을 때는, 이미 전력의 60 퍼센트가 사망, 탈영, 포로 등으로 잃은 뒤였다. 그야말로 재난이었다. 1813년 초에 제6차 대불동맹이 결성되었고, 프랑스 군에 대해서 뚜렷한 수적 우위를 보였다. 황제는 빈약한 병력으로 제국의 붕괴를 지연시키기 는 했으나 결국 무너졌고, 동맹군은 1814년 봄에 파리에 입성했다. '백일 천하'는 '제1차 왕정복고'의 실책이 만들어준 단막극으로 제1제정으로 보자면 하나의 사족이었다. 1815년 6월 워털루 전투의 패배는 제국의 운 명을 결정했고, 유폐지에서 갑자기 늙어버린 나폴레옹은 1821년에 사망 했다. 쉰을 갓 넘긴 나이였다.

2-2. 나폴레옹과 프랑스 혁명

나폴레옹은 말년에 자신의 삶을 하나의 소설로 비유했다. 실제로 프랑 스 주변부의 미미한 출신이 전 유럽을 호령하는 황제가 되었으니, 얼마 나 극적인가! 그로 인해서 그는 이 세계의 관성과 무기력을 뛰어넘는 영웅적 의지와 활력의 상징으로 간주되곤 했다. 하지만 그의 개인사는 그 것을 떠받치는 역사적 흐름을 도외시하고는 제대로 이해할 수 없으며, 프랑스 혁명의 불가분의 일부를 이룬다. 자유와 평등의 혁명적 이상, 인민주권의 이념, 합리적 행정과 법의 지배라는 새로운 현실, 봉건적 속박으로부터 유럽의 해방이라는 구호, 혁명전쟁과 정복의 논리, 이 모든 것이 그의 권력의 토대였으며, 그의 선택을 제약했다. 그의 역사적 위상은 그의 개인적 운명이 프랑스인들의 바람과 욕구를 반영할 때만이 살아날 수 있었다.

프랑스 혁명과 나폴레옹의 관계는 두 차원에서 접근할 수 있다. 하나는 나폴레옹 체제를 1789-1799년의 프랑스 혁명의 완성으로 보는 시각이다. 나폴레옹은 세속적이고 행정적이며 중앙집권적인 근대 국가의 전형을 제시했다. 관료제와 상비군, 엄격한 행정 규율, 강력한 경찰과 정보능력, 법적 평등 등에 입각한 이 새 국가의 효율성은 너무도 매력적이어서 복고한 부르봉 왕가조차 허물려고 하지 않았고, 유럽의 다른 나라들은 개혁을 서두르지 않을 수 없었다. 나폴레옹 국가의 중앙집권화 경향과 구체제 군주정의 계몽전제주의를 동질적이고 연속적인 것으로 파악하는 일부의 견해가 있지만, 이는 기본적으로 시대착오적이다. 후자가 신분사회의 토대 위에서 국가구조를 합리화하려는 것이라면, 나폴레옹이 추구했던 것은 새로운 기회의 평등을 현실화할 수 있는 새로운 근대 국가였고, 이 점에서 그는 프랑스 혁명의 계승자이다.

그러나 나폴레옹은 혁명의 터전 위에서 자유를 억압하고 인민주권과 대의제를 형해화하고 개인적인 독재를 구축했다. 그렇다면 그는 혁명의 이상을 왜곡시켰던 것이 아닌가? 이 문제를 규명하기 위해서는 역사의 표면 아래에 놓여 있는 사회현실에 다가가야 한다. 통령정부와 제1제정은 '명사층'의 지지에 입각했다. 이들은 상공업의 엘리트 층과 함께 지주, 전문직업인과 관료 등을 아우르는 혁명 부르주아들로부터 충원되었다.

이들이 나폴레옹을 지지했던 것은 그가 혁명의 사회적 성과를 보존했기 때문이다. 그 자신이 능력을 통한 출세의 상징이었을 뿐만 아니라, 부르주아들의 물질적 이익, 특히 국유재산의 매각을 승인했다. 그는 시민적 평등을 구현한 법전을 만들고 새로운 엘리트의 이해관계에 걸맞은 교육체계를 수립했다. 그는 제국귀족제를 창설했지만, 이는 구체제로의 복귀가 아니라 토지 소유, 개인적 재능, 국가에의 봉사에 입각한 새로운 탁월함의 원리에 입각한 것이었다. 혁명 부르주아들이 나폴레옹의 독재를 받아들인 것은 그가 그들의 사회적 상승을 보장했기 때문이다.

그러나 나폴레옹은 특정 사회세력의 단순한 도구는 아니었다. 그의 많은 면에서 혁명 및 국민의 이해관계를 공유했지만, 종종 야심으로 혁명의 대의를 저버리기도 했다. 이탈의 시점에 대해서는 연구자들 사이에서 논의가 분분하다. 그 시점으로 제정을 세운 1804년을, 제국귀족제를 창설한 1808년을, 합스부르크 가의 황녀와 결혼한 1810년을, 또는 초월적 권력에의 과대망상에 사로잡혀 러시아 침공을 개시한 1812년을 잡기도 한다. 흥미롭게도 나폴레옹이 권력과 야망을 충족시키기 위해서 세운 모든 것은 몰락과 함께 허망하게 사라져버렸다. 그가 행한 과업 가운데 살아남은 것은 한결같이 혁명의 성과를 보존한 것이었다. 특히 그가 1800-1804년에 이룩한 거의 모든 것이 온전하게 후세대로 전해졌다. 이 점에서 1804년은 나폴레옹의 체제만이 아니라 혁명의 역사와 관련해서도 전환점이었다.

2-3. 혁명과 제국

프랑스 혁명으로 유럽의 국제체제와 군사체제, 그리고 전쟁의 실제 양상이 근본적으로 바뀌었다. 그러나 가장 중요한 것은 나폴레옹 전쟁을 거치면서 약탈적인 세력 균형의 국제정치가 더 안정적이고 상대적으로 공정한 '유럽의 협조체제'로 이행했다는 점이다. 그 결과 적어도 유럽 내에서는 차후 40년간 열강 사이에 전쟁이, 그리고 한 세기간 대규모 전쟁이 벌어지지 않았다. 19세기에 이는 분명 유럽에만 국한시킨다면 진보라고 할 수 있다.

혁명적 변화와 국제적 연속성, 1789-1802

프랑스 혁명은 국가가 인적, 물적 자원을 동원하고 전쟁을 수행하는 방식을 근본적으로 변화시켰다. 그것은 사회를 재조직하고, 언어를 재정의했으며, 정치의 개념 자체를 바꾸었다. 애국주의가 생겨나면서 그 어느 때보다도 더 효율적이고 광범위한 동원이 가능해졌다. 그 결과 국민개병제라는 새로운 동원방식이 나타났다. 프랑스에서 1794년 여름이 되면 100만 명이 징집되었는데, 이는 루이 14세 시대의 군사력의 2.5배에 달하는 수치였다. 그리고 이를 뒷받침하기 위해서 대규모의 징발체제가 갖춰졌다. 군대의 성격이 변해 '징집인민군(popular conscript army)', 곧 국민군이 탄생했다. 장교 가운데 귀족 출신의 비율이 1788년에는 85퍼센트에서, 1794년 여름에는 2-3퍼센트로 떨어졌다. 장교와 병사 사이에 일체감이 생겨났고, 심지어 일시적이기는 하지만 병사들이 장교를 선출하기도 했다. 전술에도 변화가 나타났다. 병사들의 헌신과 애국심은 새롭고 더 공격적인 전술의 구사를 가능하게 했다. 전통적인 횡대 대형에 더 유연하고 공격적인 종대 대형이 덧붙여져 '혼합대형'의 전술이 생겨났다. 탈영이 감소하고 병참이 개선되어 속도전을 벌일 수 있게 되었다. 공성이 여전히 중요하기는 했지만, 이제 전투가 군사적 충돌의 가장 중요한 형태가 되었다.

프랑스에서 혁명이 일어났다고 해서 유럽이 당장에 새 체제를 공격했던 것은 아니다. 오히려 혁명전쟁은 프랑스 내부의 사정으로 시작되었다. 1792년 4월 20일 입법의회는 합스부르크의 프란츠 2세에게 선전포고했고, 프로이센이 오스트리아의 편으로 참전했다. 당시만 해도 거의 사반세기에 걸치는 유럽적 차원의 대전에 돌입하는 것이라고는 예감하지 못했다.

국민군이 구체제의 전문적인 직업군을 결국 압도하지만, 1794년이 되기까지는 승패가 명확하게 갈리지 않았다. 오히려 개전 초기는 장교단이 무너진 프랑스 군이 열세였다. 발미 전투(1792년 9월 20일) 후로는 전세가 역전되어 프랑스 군이 공세를 취하나, 겨울부터 다음해 봄까지 영국이 가담한 대불동맹 측이 네덜란드와 라인 지역을 되찾고 재차 주도권을 장악했다. 이에 맞서 프랑스는 1793년 여름에 국민 총동원령을 내려 18-25세의 장정들을 대량 징집하여 강력한 군사력을 갖췄다. 이에 힘입어 프랑스 군은 1794-1795년에 프로이센, 에스파냐, 기타 독일의 소국가들에게 일련의 승리를 거두고 사부아, 네덜란드, 라인 지역을 다시 장악했다.

혁명전쟁을 통해서 프랑스는 패권적 위치를 되찾았다. 루이 14세 시대와는 차이가 있어 이제 3개의 패권국가가 등장했다. 프랑스가 중심에 있었다면, 영국과 러시아가 주변에서 패권적 지위를 유지했다. 아울러 나폴레옹이 등장하기 전까지 세력 균형에 입각한 유럽의 국제질서는 여전했다. 프랑스는 1794년부터 혁명의 수출과 함께, 영토의 정복에도 눈독을 들였고, 영국이나 러시아 역시 식민지 팽창이나 폴란드 분할에 매진했다. 특히 폴란드 분할은 약탈적 세력 균형의 참담한 현실을 보여준다. 1772년의 제1차 분할에 이어 1793년과 1795년에 제2차 및 최종적인 분할이 러시아, 프로이센, 오스트리아 사이에 벌어졌는데, 가장 큰 몫을 차지한 것은 러시아였다. 1792-1795년에 프랑스의 혁명전쟁이 아니라 폴란드의 운명에 대륙의 관심이 쏠렸음은 구체제의 관성의 힘과 함께 '국가 이성'의 잔혹한 논리가 작용한 결과였다. 프로이센이 1795년 4월에 서둘러서 프랑스와 바젤 조약을 맺은 것은 프랑스의 승전 탓도 있었지만 러시아와 오스트리아의 접근을 차단하려는 숨은 의도 탓이었다.

나폴레옹의 군사혁신, 1802-1812

보나파르트 장군은 1801-1802년에 오스트리아 및 영국과 조약을 맺어 대불동맹을 종식시키고, 이전의 정복지를 인정받았다. 사실 프랑스는 영국이나 러시아의 권역을 위협하지 않는 한 패권을 유지할 수 있었다. 그러나 그는 정복을 계속하여 세력 균형을 뒤흔들었고, 결국 1803년에 전쟁이 재개되었다. 사실 그는 세력 균형의 논리를 넘어서고 있었지만, 다른 열강은 편협한 이기주의로 말미암아 효율적인 동맹체제를 구축할 수 없었다. 영국과 러시아는 독자적으로 프랑스에 맞설 힘이 있었지만, 프로이센과 오스트리아는 그렇지 못했다. 이는 분명 루이 14세가 누릴 수 없는 호사였다. 하지만 나폴레옹의 승리는 자체 내에 파괴의 씨앗을 품고 있었다. 그는 기존 질서의 국외자로서 최종적인 승리를 통해서만이 위치를 확보할 수 있었다. 결국 그는 에스파냐, 끝내는 러시아의 유혹을 물리치지 못했다.

나폴레옹의 승리는 그가 새로운 전쟁관, 곧 '사건으로서의 전쟁'에 걸맞은 전투능력을 전개할 수 있었기 때문에 가능했다. 이는 혁명이 만들어낸 국민군의 잠재적인 역량을 효율적으로 활용한 결과였다. 대규모 징집을 가능하게 한 1798년의 주르당 법과 병사들의 애국주의는 황제의 전술적 혁신이 갖는 이점을 극대화시켜 혁혁한 승전을 가능하게 했다. 특히 1805-1807년의 일련의 전투는 탁월하여 클라우제비츠의 『전쟁론 (*Vom Kriege*)』(1832)을 낳고, 이후 거의 2세기 동안 전쟁술의 교과서 구실을 했다. 그는 먼저 적국을 고립시키고 전력을 한곳에 집중시켜 대불동맹국의 지원군이 도착하기 전에 신속하게 일거에 승리를 낚아챘다. 오스트리아는 1805년 가을에 전투를 개시하고 불과 10주일 만에 항복했고, 꼭 1년 뒤에 프로이센은 가히 파국을 맞이하고 국왕 프리드리히 빌헬름 3세(1797-1840)는 러시아로 도망쳤다. 1807년 초 러시아 군은 선공을 벌였지만 오히려 패퇴하고 초여름에 본격적인 전투가 벌어지자 불과 2주

일이 채 되기도 전에 평화를 간청했다.

'유럽의 협조'의 형성

러시아 원정의 실패는 나폴레옹의 운명을 결정지었다. 1813년에 새 대불동맹이 결성되어 10월에 3일에 걸친 라이프치히 전투에서 결정적 승리를 거두었다. 1813-1815년의 대불동맹 측의 승리는 나폴레옹으로부터 중요한 교훈을 배웠기에 가능했다. 먼저 열강 역시 일련의 군제개혁을 통해서 국민군의 장점을 채택했다. 아울러 그들은 또한 '사건으로서의 전쟁'이 가진 전술적 가치를 깨달았고 이에 적응했다. 특히 열강은 전통적인 세력 균형 체제의 문제점을 나폴레옹을 반면교사로 하여 깨우쳤다. 그들은 개별 국가 이익의 의미를 고찰하여, 결국 국제체제가 장기적으로 모든 유럽 국가들을 만족시킬 수 있을 정도로 형평성을 가져야만 개별 국가의 이익도 충족될 수 있다는 인식에 도달했다. 이는 체제 내에서 자신의 즉각적인 이익만이 아니라 다른 국가들의 합당한 이익도 보장해줌을 뜻한다. 유럽은 베스트팔렌 조약을 통해서 근대 국제질서의 초석을 놓은 뒤에도 2세기에 가까운 엄청난 소모전의 희생을 거치고서야 스스로 '국제법의 원리'라고 부르는 높은 수준의 국제정치관에 이르렀다.

그 결과 나폴레옹의 동맹국이었던 바이에른과 작센은 필시 오스트리아, 러시아, 프로이센의 노획물이 되었을 터인데, 그런 비참한 운명에 떨어지지 않고 살아남았다. 물론 프로이센은 작센의 인구 5분의 2를 흡수하여 새로운 국제체제가 패권국가의 이해관계도 아울러 고려하고 있다는 것을 입증했다. 따라서 '유럽의 연주회'에서 단원은 모두 위상을 가지지만 평등하지 않아 지휘자가 있는가 하면, 수석 연주자도 있었다. 새 국제체제에서 영국과 러시아가 지휘자였고, 프로이센, 오스트리아, 그리고 프랑스가 수석 연주자에 해당했다.

3. 근대 세계의 탄생

혁명의 사반세기는 유럽만이 아니라 전 세계를 근본적으로 변화시켰다. 혁명군과 제국군이 진격한 라인 지역, 이탈리아, 에스파냐, 기타 독일과 동유럽, 심지어 이집트가 받은 충격은 직접적이었다. 나폴레옹 국가는 군사적 야심과 재정적 필요를 폭발적으로 결합시키는 좋은 본보기를 제공했다. 그것은 점령지로부터 막대한 배상과 보조금을 거둬들여 거대한 규모의 군대와 관료제를 부양했다. 이 과정에서 구질서가 동요했고, 지배층은 토지와 특권의 유지를 위해서라도 변신해야 했다. 나폴레옹은 제국에 효율적이고 통일적인 행정을 부과했다. 많은 지역에 나폴레옹 법전과 관료제가 도입되었다. 새 국가의 침투력은 획기적으로 커져서, 제국은 유럽의 국가 형성사에서 주요한 단계를 이룬다.

더욱이 혁명과 나폴레옹 국가의 영향은 프랑스의 정복을 훨씬 더 넘어섰다. 프랑스 식민지 생도맹그에서의 노예 반란은 아이티 혁명(1791-1804)으로 도약하여 최초의 자주적인 흑인국가인 아이티를 탄생시켰다. 위대한 '검은 자코뱅' 투생 루베르튀르의 군대는 거의 10만 명에 가까운 영국군을 붙잡아둠으로써 유럽에서 혁명의 진전을 도왔다. 혁명정부가 승인한 노예 해방을 1800년에 나폴레옹이 뒤엎으려고 했을 때, 흑인 노예군은 제국군을 물리쳐 나폴레옹의 식민제국의 꿈을 무산시켰다. 프랑스 혁명의 충격은 마치 나비효과처럼 먼 거리를 움직였다. 나폴레옹 군대의 에스파냐 점령은 라틴아메리카의 반란을 촉발했다. 노예무역의 교란과 멕시코 및 페루에서의 은 생산 중단은 서아프리카와 아시아, 특히 중국에서 변화의 파장을 일으켰다. 남아프리카에서 유럽 열강 사이의 충돌과 유럽 정주 공동체 내에서의 이데올로기 갈등은 주변 아프리카 왕국에 연쇄효과를 일으켰다.

영국은 아일랜드가 1798년에 프랑스의 지원을 받아 반란을 일으키자 진압하고 지배체제를 강화시켰다. 아울러 나폴레옹의 대륙 봉쇄는 1812년에 '영미 전쟁'을 불러왔고, 영국은 캐나다를 재편했다. 아시아에서 영국은 인도에 대한 침투력을 높여갔고, 나폴레옹과 동맹관계에 있던 네덜란드 바타비아공화국의 동인도를 침입했다. 그리고 이러한 일련의 유럽 열강의 군사적 활력과 공세는 아시아의 제국들이 품고 있던 내적 모순과 갈등을 심화시켰다. 오스만 제국은 이집트를 빼앗겼고, 러시아의 군사적 압력에 시달려 개혁과 위기로 내몰렸다. 무굴 제국의 인도와 중앙 아시아는 영국과 러시아에 의해서 분할되었다. 심지어 먼 태평양에까지 혁명은 간접적으로, 그러나 마찬가지로 강력하게 영향을 미쳤다. 이를테면 대륙 봉쇄는 영국의 포경업자와 부랑자들이 고래 기름을 찾아 남태평양까지 진출하게 했다. 오스트레일리아가 영국의 형사(刑事) 식민지 및 선교 거점이 되었던 것은 영국 내외의 혁명적 충돌이 가져온 여파의 결과물이었다.

혁명의 충격은 심원하고 근본적이었다. 어디서나 빈곤, 갈등, 충돌은 기존 지배자의 통치권에 근본적인 이의를 제기했다. 급진파가 주장하는 인민주권의 공격적인 교리가 권력의 공백을 메웠다. 인민이 권리를 가지고 정치에서 창조적이고 심지어 혁명적 구실을 한다는 이념은 전 지구적으로 전파되었다. 그것은 압제에의 저항을 결집시키는 문화적 전도체 구실을 했다. 카리브 해의 반란 노예, 인도의 하위 카스트 활동가, 제노바의 반란 장인들 모두 인민을 운위했다. 물론 급진주의만이 목소리를 높였던 것은 아니다. 혁명의 충격 속에서 에드먼드 버크의 보수주의가 탄생했고, 반근대적 우익의 반동이 나타났다. 소공동체의 이상과 전통주의가 특히 소규모 생산자층에게 호소력을 가져 초기 사회주의의 보수적 형태가 틀을 갖추게 되었다. 유럽 외부에서는 외국인을 배척하는 경제적 보호주의가 광범위한 사회층의 지지를 받았다.

그러나 혁명기의 격동 속에서 혁명 이데올로기의 해방적인 계기 못지

않게, 아니 그 이상으로 활력을 얻은 것은 역설적으로 바로 국가였다. 국가는 혁명의 본고장에서조차 장악력을 회복했고 곧 고도로 증대시켰다. 이는 단지 인민이 보호를 요구하고 반동적인 수구세력이 구질서를 재부과했기 때문이 아니었다. 이는 상당 정도 혁명가들이 국가에 새로운 이데올로기를 부과했기 때문이다. 인간의 기본권, 계몽과 박애의 보편적 규준은 새 국가의 정당성을 강화시켰다. 근대 국가는 이제 혁명가들이 제시한 인간 해방의 약속을 실현할 수 있는 유일한 가능태(可能態)로 보였다. 나폴레옹은 유럽을 재조직하는 데에서 왕조나 전통보다도 민족이나 인종을 강조했다. 그는 제국을 세우면서도 왕권신수설에 의존하지 않고 혁명의 원리를 체현한다고 주장했다. 국가 이성이 근대화에의 호소와 결합했던 것이다.

혁명과 제국의 외양을 한 새로운 국가는 모방자와 함께 반대자를 낳았다. 혁명전쟁과 나폴레옹의 정복은 18세기의 맹아적인 애국주의를 근대 국민국가를 위한 묘판으로 변형시켰다. '혁명적 제국주의'가 민족적 정체성을 일깨우고 강화시켰던 것이다. 주세페 마치니는 프랑스 신문을 통해서 이탈리아와 자유를 배웠다. 그는 처음에는 혁명의 보편적 자유에 관심을 가졌다가 곧 단테와 지오토의 고국인 이탈리아 조국의 영광을 운위했다. 마찬가지로 러시아도 나폴레옹의 침공에 맞서 대항하는 가운데 차르 및 정교회의 나라라는 정체성을 가지게 되었으며, 1812년 전쟁에 참전한 농민들은 애국자가 되었다. 괴테는 1793년부터 신성 로마 제국이 아니라 독일 국민에 주목했다. 심지어 이미 국민적 정체성이 강했던 영국이나 미국도 나폴레옹 전쟁의 여파 속에서 폭넓은 대중적 성격을 갖추었다. 트라팔가르와 워털루의 승리, 그리고 영국 해군에 의한 수도 워싱턴의 방화사건은 양국에서 민족감정을 크게 강화했다.

민족주의의 대두는 이에 그치지 않았다. 유럽에서 폴란드나 아일랜드와 같이 국권을 상실한 인민의 지도자들은 장차 새 국가 건설의 토대가

될 민족의 예언자로 자처하기 시작했다. 이런 현상은 유럽에만 국한된 것은 아니다. 북아프리카, 인도, 실론 등지에서 혁명전쟁과 제국주의는 이제껏 유동적인 애국적 정체성을 강화하고 종종 토착적인 종교와 결합시켰다. 이런 새로운 민족성의 원리는 오직 새 국가의 설립을 통해서만이 충족되는 것이어서 반제국주의의 속성을 가지면서도 결국 유럽이 주도하게 되는 근대 국가체제를 강화시키기 마련이었다. 이렇게 하여 인간 해방의 계기가 국민국가를 통해서 작동하게 되는 근대 세계가 명확한 윤곽을 드러내기 시작했다.

연표 : 1453-1815

1453	백년전쟁 종결 오스만투르크의 콘스탄티노플 점령, 비잔틴 제국 멸망
1454	로디 화약
1455	장미전쟁 시작, 1485년에 종결
1479	아라곤 왕국과 카스티야 왕국의 합병
1480	몽골타타르의 러시아 지배 종식
1487	모스크바 대공국 성립
1492	콜럼버스의 서인도제도 발견 피렌체의 지배자 대(大)로렌조 사망 에스파냐 페르디난트와 이사벨라가 그라나다 무슬림 세력을 축출하고 영역 내 모든 유대인의 개종 또는 추방을 선포함
1494	샤를 8세의 이탈리아 침공 기롤라모 사보나롤라에 의해서 피렌체에 신정공화국이 수립됨 토르데시야스 조약으로 에스파냐와 포르투갈이 '새롭게 발견한' 땅을 분할함
1495	보름스 제국의회에서 신성로마제국의 황제 막시밀리안 1세가 '제국개혁'을 제안함
1497	바스코 다 가마가 희망봉을 지나는 인도 항해를 시작함
1498	사보나롤라 처형. 피렌체는 세속공화국이 됨
1500	페드로 알바레스 카브랄이 브라질을 발견하고 포르투갈의 영토임을 선언함
1509	율리우스 2세가 성 베드로 대성당 건축에 기부금을 내는 자들에게 대사를 제공하는 *Liquet omnibus* 교서를 내림
1511	에라스무스의 『우신예찬』 초판 출간
1512	로마에서 제5차 라테라노 공의회 개최
1516	그리스어 신약성서와 라틴어 번역을 합본한 에라스무스의 『신약성서(*Novum Instrumentum*)』 출간, 토마스 모어의 『유토피아』 초판 출간
1517	마르틴 루터가 면벌부에 대한 95개조 반박문을 작성함
1519	막시밀리안 1세 사망. 카를 5세가 신성 로마 제국의 황제로 선출됨 에르난 코르테스가 멕시코에 상륙해서 에스파냐의 이름으로 정복을 시작함 페르디난트 마젤란이 세계일주 항해를 시작함
1520	카스티야의 코무네로스(Comuneros) 반란 술레이만 1세가 오스만 제국의 술탄으로 즉위함
1522	루터의 독일어판 『신약성서』 초판 출간
1523	구스타프 1세 바사가 스웨덴에서 덴마크 세력을 몰아내고 독립왕국 건국

1525   파비아 전투에서 카를 5세가 프랑수아 1세를 생포함
        독일의 '농민전쟁' 발발.
1526   모하치 전투. 오토만 제국이 헝가리와 발칸반도 대부분을 점령함
        스파이어 제국의회가 독일의 종교적 분할에 대한 일시적인 관용정책을 승인함
1531   루터파 제후들과 도시들이 주도한 슈말칼덴 동맹 수립
1532   마키아벨리의『군주론』(死後) 출간
        라블레의『팡타그뤼엘』초판 출간
1533   피사로가 잉카 제국군에 승리하고 쿠스코를 점령함
1534   수장령(Act of Supremacy)으로 헨리 8세가 잉글랜드 교회의 수장이 됨
1535   재세례파의 뮌스터시 점령과 '지상신국' 선언
1540   예수회 설립 교서
        잉글랜드의 토머스 크롬웰 몰락
1543   코페르니쿠스의『천구의 회전에 관하여』초판 출간
1545   트렌토 공의회 개회
1550   바야돌리드에서 라스 카사스와 후안 기네스 드 세뿔베다 간에 에스파냐의
        신세계 정복의 윤리적 문제에 대한 논쟁이 벌어짐
1551   트렌토 공의회 제2차 회기 시작
1553   에드워드 6세 사망. 메리 1세가 잉글랜드 여왕으로 즉위하고 가톨릭을 재확
        립함
1555   아우크스부르크 화의
1556   카를 5세가 에스파냐를 아들 펠리페 2세에게 물려주고 제국과 오스트리아를
        페르디난트 1세에게 물려줌
1559   카토-캉브레지 강화조약으로 이탈리아 전쟁 종식
1560   스코틀랜드 의회의 개혁교회 확립
1562   바시 대학살로 프랑스 종교전쟁 발발
1566   성상 파괴로 네덜란드 지역의 종교분쟁 고조
1569   루블린 연합에 의한 리투아니아와 폴란드 합병
1571   레판토 해전에서 신성동맹이 오토만 제국에 승리함
1572   나바르의 앙리와 마르그리트 드 발루아의 결혼과 생 바르텔르미 학살
        네덜란드 반란
1579   네덜란드 북부 7개주가 위트레흐트 연합을 형성
1580   포르투갈 왕관이 에스파냐에 넘어감
1587   엘리자베스 1세 정부가 메리 스튜어트를 반란음모 죄목으로 처형함
1588   에스파냐 아르마다 함대의 잉글랜드 상륙 실패
1589   앙리 3세 암살. 나바르의 앙리가 앙리 4세로 즉위
1590   식스토 5세가 라틴어 성서의『불가타역 성서(*Vulgate Latin Bible*)』를 출간함
1594   앙리 4세의 파리 입성.
1596   요하네스 케플러의『우주구조의 신비』출간

1598   낭트 칙령
        펠리페 2세 사망. 펠리페 3세 즉위
        카를 9세가 스웨덴 왕으로 즉위
1600   잉글랜드 동인도회사 창립
        로마에서 브루노가 이단으로 화형 당함
1602   네덜란드 동인도회사 설립
1603   엘리자베스 1세 사망. 스코틀랜드의 제임스 6세 영국 왕 제임스 1세로 즉위
1609   케플러의『신천문학』출간
1610   앙리 4세 암살. 루이 13세 즉위, 모후 마리 드 메디치의 섭정
1611   구스타브 아돌프가 스웨덴 왕으로 즉위
1613   미하일 로마노프가 차르로 선출됨
1614   프랑스 삼부회 소집
1618   프라하 투척 사건. 보헤미아 반란 시작
        네덜란드의 도르트 종교회의
1619   마티아스 1세 사망. 페르디난트가 신성로마제국 황제로 선출됨
1620   메사추세츠에 플리머스 건설
        프랜시스 베이컨의『신기관』출간
1621   펠리페 4세가 에스파냐 왕으로 즉위
1625   찰스 1세 잉글랜드와 스코틀랜드 왕으로 즉위
1628   잉글랜드의 권리청원
        하비의『심장과 피의 운동에 관하여』출간
1629   황제 페르디난트 2세의 가톨릭 복권칙령
1630   스웨덴 왕 구스타브 아돌프의 독일 침공
        레겐스부르크의 선제후 회의. 황제군 총사령관 발렌슈타인 해임
        프랑스-네덜란드 동맹
1631   북이탈리아에서의 프랑스-에스파냐 전쟁 종식
1632   뤼첸 전투에서 구스타브 아돌프 사망
        네덜란드의 마스트리히트 획득
1635   프랑스가 에스파냐에 선전포고
        프랑스 아카데미 프랑세즈 설립
1637   페르디난트 3세의 황제 즉위
        데카르트의『방법서설』출간
        코르네유의『르 시드』초연
1638   갈릴레오의『신과학』출간
1640   카탈루냐와 포르투갈의 반란
        잉글랜드의 단기의회와 장기의회
1641   잉글랜드의 대간언(Grand remonstrance)
        아일랜드 반란

1642	영국 내전
1643	로크루아 전투에서 프랑스 에스파냐에 승리
	루이 13세 사망. 루이 14세 즉위, 모후 안 도트리슈의 섭정
	스웨덴의 덴마크 공격
1644	베스트팔렌 평화회의
1645	알렉세이 미하일로비치 러시아 차르로 즉위
1648	프랑스 프롱드 난
	폴란드 지주들에 맞선 우크라이나 농민 반란
1649	찰스 1세 처형. 공화국 선포
	러시아의 '법전' 선포로 농노제 강화
1650	네덜란드의 빌렘 2세 반란 실패
1651	잉글랜드 항해조례
	홉스의 『리바이어던』 출간
1653	브란덴부르크 선제후와 신분제 의회의 합의
	러시아의 니콘의 교회개혁
1654	러시아–폴란드 전쟁 발발
	스웨덴 크리스티나 여왕 퇴위
1656	페르디난트 3세 사망
1657	덴마크의 스웨덴 공격
1658	레오폴트 1세가 신성로마제국의 황제로 선출됨
	올리버 크롬웰 사망
1659	피레네 조약
1660	찰스 2세 즉위. 잉글랜드 왕정복고
	스웨덴, 브란덴부르크, 폴란드의 올리바 조약
	런던 왕립협회 설립
1661	마자랭 사망. 루이 14세 친정 시작
	덴마크의 세습군주제 선포
1665	카를로스 2세가 에스파냐 왕으로 즉위
1667	루이 14세의 에스파냐령 네덜란드 공격(귀속권전쟁)
1668	네덜란드, 잉글랜드, 스웨덴의 삼국동맹
	엑스–라–샤펠 평화조약
1670	도버의 프랑스–잉글랜드 비밀조약
1672	프랑스–네덜란드 전쟁
	찰스 2세의 관용선언
1673	잉글랜드의 심사령
1675	프로이센이 페르벨린 전투에서 스웨덴에 승리
1678	네이메헌 평화조약
1681	프랑스의 스트라스부르 합병

	합스부르크 가(家)에 대한 헝가리 귀족 반란
1683	오스만 제국이 칼렌베르크 전투에서 오스트리아에 패함
1685	낭트 칙령 폐지
	찰스 2세 사망. 제임스 2세 즉위
1688	명예혁명. 윌리엄과 메리가 영국의 통치자로 즉위
1689	아우크스부르크 동맹 전쟁 발발
	표트르 1세가 러시아 차르로 즉위
1690	존 로크의 『인간오성론』과 『통치론』 출간
1694	영란은행 설립
1697	라이스바이크 조약
1700	대북방전쟁 발발
	에스파냐의 카를로스 2세 사망
1701	에스파냐 왕위 계승전쟁 발발
1702	잉글랜드에서 최초의 전국 일간지 창간
1703	표트르 대제의 상트페테르부르크 건설
1704	블렌하임 전투
1707	잉글랜드와 스코틀랜드의 병합
1709	표트르 대제, 폴타바 전투에서 스웨덴의 카를 12세에게 승리함
1713	위트레흐트 조약
	교황은 교서 『우니게니투스』를 발표하여 얀센주의 비난함
1714	라슈타트 조약으로 에스파냐왕위계승전쟁이 종식됨
	앤 여왕 사망. 하노버 선제후 게오르그가 조지 1세로 즉위함
1715	루이 14세 사망
1718	카를 12세 사망. 스웨덴의 '자유의 시대' 시작
	파사로비츠 조약으로 오스트리아와 투르크의 전쟁 종식
1721	니스타트 조약으로 대북방전쟁 종식
	몽테스키외의 『페르시아인의 편지』 출간
1726	스위프트의 『걸리버 여행기』 출간
1730	얀센주의를 비난하는 교황 교서 「우니게니투스」가 프랑스 법에 반영됨
1732	호가스의 그림 「탕아의 편력」
1733	폴란드 왕위 계승전쟁 발발
1736-9	러시아, 오스트리아, 투르크의 전쟁
1738	존 웨슬리와 감리교회의 출현
1739	카리브 해에서 영국-에스파냐 전쟁 발발
1740	프리드리히 2세의 슐레지엔 침공. 오스트리아 왕위 계승전쟁 발발
	리처드슨의 『파멜라』 출간
1741	헨델의 「메시아」
1746	프랑스의 마드라스 점령. 인도에서 프랑스-영국 전쟁 발발

1748	몽테스키외의『법의 정신』출간

1748 몽테스키외의『법의 정신』출간
    아헨 조약으로 오스트리아 왕위 계승전쟁 종식
    폼페이 발굴 개시
1749 뷔퐁의『자연사』출간
1751 디드로와 달랑베르가 편집한『백과전서』제1권 출간
1754 북아메리카에서 프랑스-영국 적대관계 시작
1755 리스본 대지진
1756 '외교 혁명'-프랑스와 오스트리아의 동맹
    7년 전쟁 발발.
1757 로스바흐 전투에서 프로이센 군의 대승
1758 데이비드 흄의『인간 오성에 관한 탐구』출간
1759 볼테르의『캉디드』출간
1762 루소의『사회계약론』출간
1763 파리 조약으로 7년 전쟁 종식
1764 베카리아의『범죄와 형벌』출간
1765 와트의 증기기관 개량
1768 영국 왕립 학술원 설립
1770 레날의『두 인도의 철학적, 정치적 역사』출간
1772 스웨덴 구스타브 3세의 정변으로 '자유의 시대' 종언; 제1차 폴란드 분할
1773 괴테의『젊은 베르테르의 슬픔』출간
1774 루이 15세 사망. 루이 16세 즉위
1776 미국 독립선언
1778 바이에른 왕위계승전쟁
1780 런던의 고든 폭동
1782 영국 해군이 서인도제도에서 프랑스에 승리함
1783 미합중국 독립 승인
1785 자크 루이 다비드의 그림「호라티우스 형제의 맹세」
1786 모차르트의 오페라「피가로의 결혼」
1787 명사회 소집. '전(前) 혁명' 개시; 오스만 제국의 대(對)러시아 선전포고
1788 루이 16세가 삼부회 소집에 동의함
1789 삼부회 개회(5월); 바스티유 함락(7월14일);「인간과 시민의 권리선언」채택
    (8월26일)
1790 버크의『프랑스 혁명에 관한 성찰』출간
1791 생도맹그 노예반란 시작; 모차르트의 오페라「마적」
1792 발미 전투에서 프랑스 군이 승리함(9월20일)
    국민공회의 군주제 폐지 결정(9월21일)
1793 루이 16세 처형(1월21일); 국민총동원령(8월); 공포정치 개시(9월)
    제2차 폴란드 분할

1794	열월 9일의 반동. 로베스피에르, 생쥐스트, 쿠통 등 처형(7월)
	프로이센 일반법전(*Allgemeines Landrecht*) 제정
1795	제3차 폴란드 분할로 폴란드 소멸
1796	보나파르트의 이탈리아 원정
1797	캄포 포르미오 조약. 프랑스-오스트리아 전쟁 종식
1798	제2차 대불동맹 전쟁
1799	브뤼메르 18일 정변. 보나파르트 집권(11월)
1801	보나파르트와 교황의 종교협약(Concordat)
	연합법(Act of Union)으로 영국이 아일랜드 병합
1802	아미앵 조약
1803	프랑스가 미국에 루이지애나를 매각함
1804	보나파르트가 프랑스 제국의 황제 나폴레옹 1세로 즉위함
1805	제3차 대불동맹 형성과 와해
1806	신성 로마 제국 멸망. 프란츠 2세가 퇴위하고 오스트리아 황제 프란츠 1세가 됨(8월)
	예나 전투와 아우어스테트 전투에서 프로이센의 패배(10월)
1807	틸지트 조약. 프랑스와 러시아의 동맹
	영국의 노예무역 폐지
1810	나폴레옹이 프란츠 1세의 딸 마리 루이즈와 혼인함
1811	영국의 '러다이트' 기계 파괴 운동
1812	나폴레옹의 러시아 침공(6월)
1813	라이프치히 전투에서 나폴레옹 패배. 독일 상실(10월)
1814	퐁텐블로 조약으로 나폴레옹 몰락, 엘바 섬 유배. 루이 18세 즉위(4월)
1815	워털루 전투. 나폴레옹이 세인트헬레나 섬에 유배됨(6월)
	빈 회의에서 유럽 재구성 완료(6월)
	러시아, 오스트리아, 프로이센의 '신성동맹'(9월)

1500년 당시 유럽

신성 로마 제국의 경계선
신성 로마 제국
오스만 제국
폴란드—리투아니아
아라곤—카스티야 왕국
0
500 마일
0
500 킬로미터
스 웨 덴
핀란드
에스토니아
리보니아
노르웨이
모스크바 공국
스코틀랜드
북 해
발트 해
프로이센
아일랜드
잉 글 랜 드
웨일스
슐레스비히
홀스타인
기사단령
홀란드
플랑드르
브란덴부르크
폴란드—리투아니아
대 서 양
작센
슐레지엔
갈리치아
노르망디
브르타뉴
룩셈부르크
팔츠
보헤미아
모라비아
프 랑 스
부르군트
바이에른
아키텐
나바르
티롤
오스트리아
헝가리
몰도바
트란실바니아
왈라키아
사부아
베네치아 공화국
밀라노
포르투갈
에 스 파 냐
아라곤
제노바
보스니아
세르비아
헤르체고비나
몬테네그로
흑 해
카스티야
코르시카
교황령
아드리아 해
그라나다
나폴리
오 스 만
아나톨리아
사르데냐
제 국
시칠리아
에게 해
지 중 해
로도스
키프로스
크레타

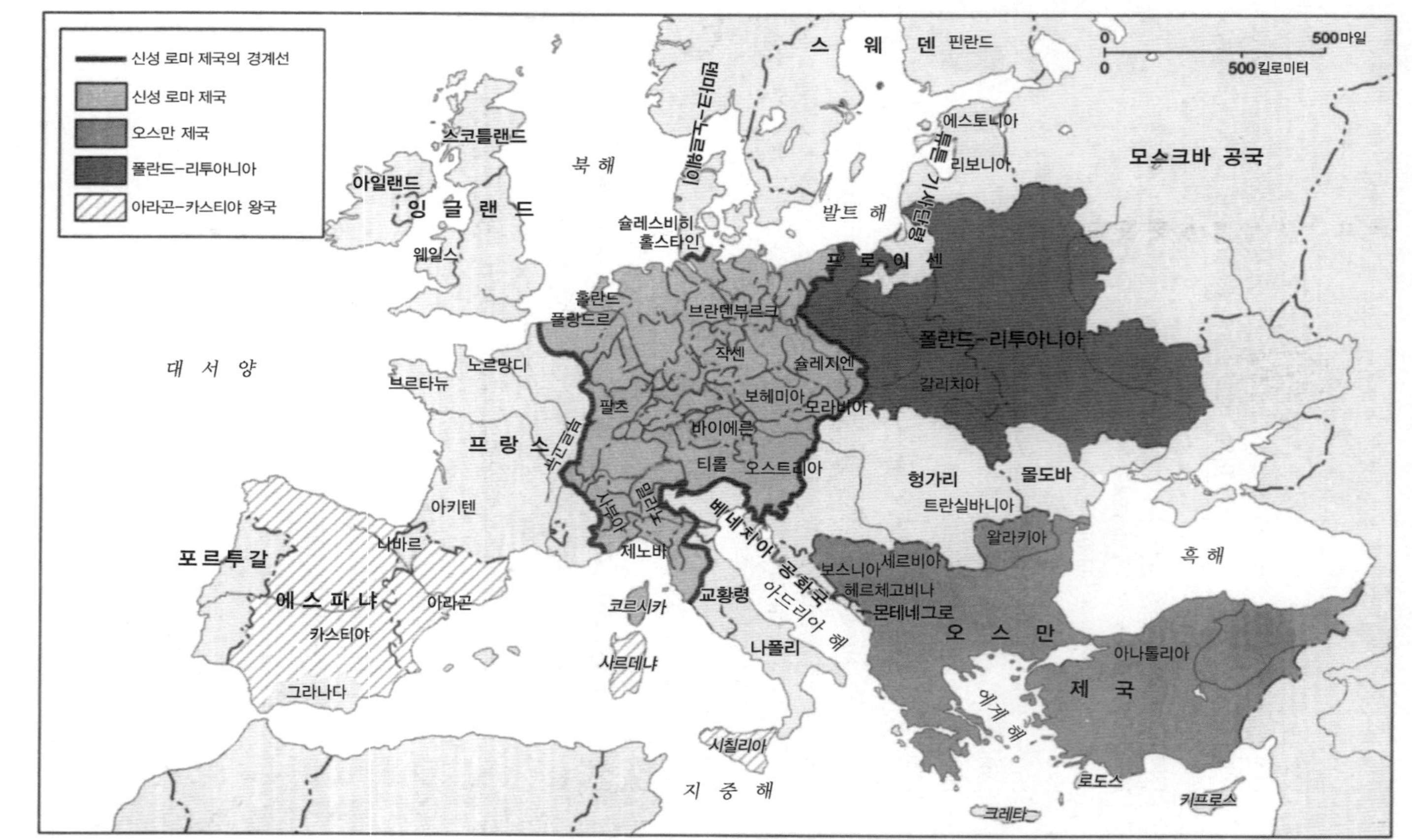

1555년 아우크스부르크 화약 이후 유럽의 종교적 상황

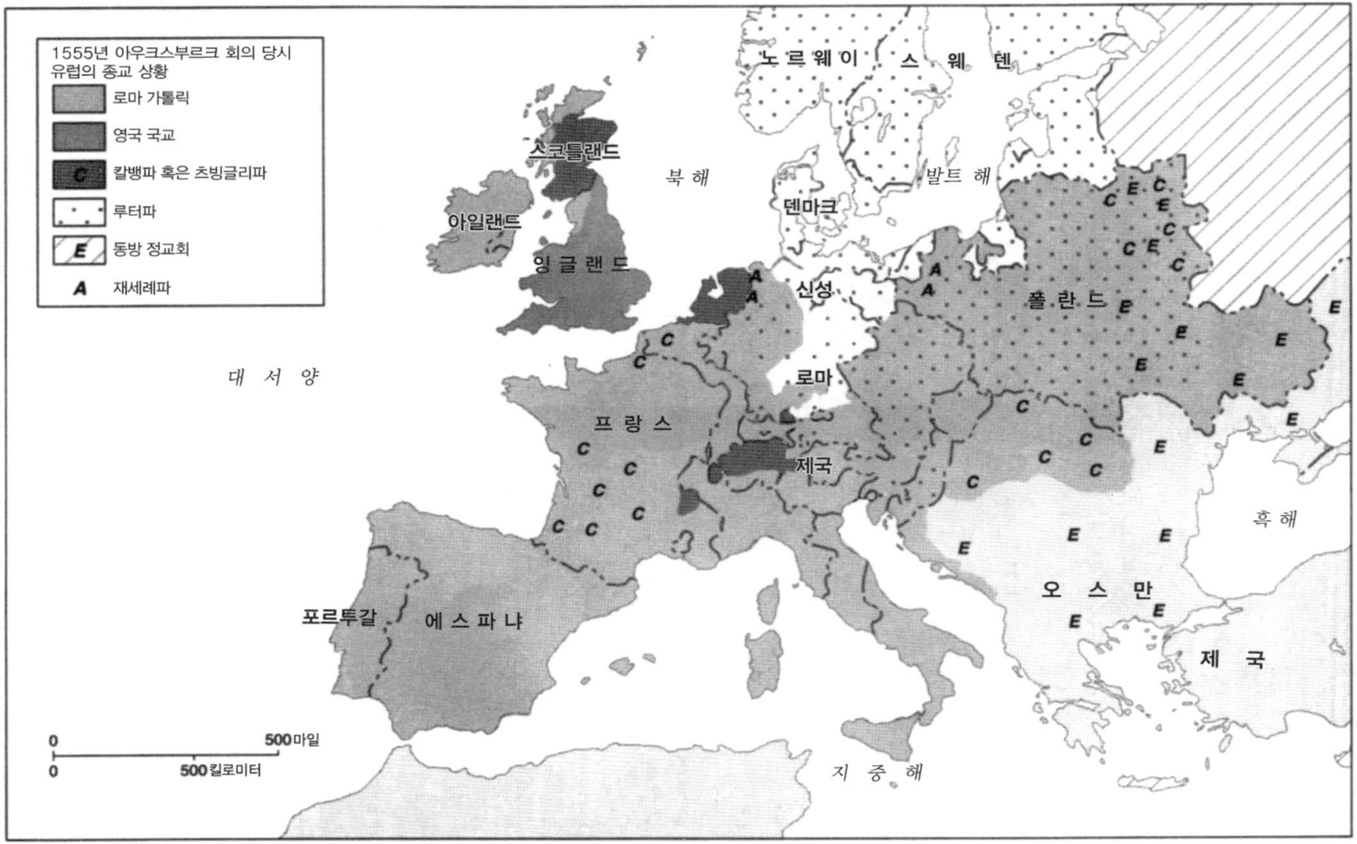

1559년 이탈리아

베네치아 공화국
교황령 국가
신성 로마 제국의 경계
스위스
신성
로마 제국
사부아
공국
밀라노
공국
몬페라 후작령
만토바
공국
파르마
공국
제노바 공화국
모데나
공국
살루초
후작령
오스만 제국
루카
공국
피렌체
공국
베 네 치 아 공 화 국
코르시카
(제노바령)
교황령
나폴리 왕국
사르데냐
왕국
시칠리아 왕국
아프리카
50
100마일
0
0
50
100
150킬로미터

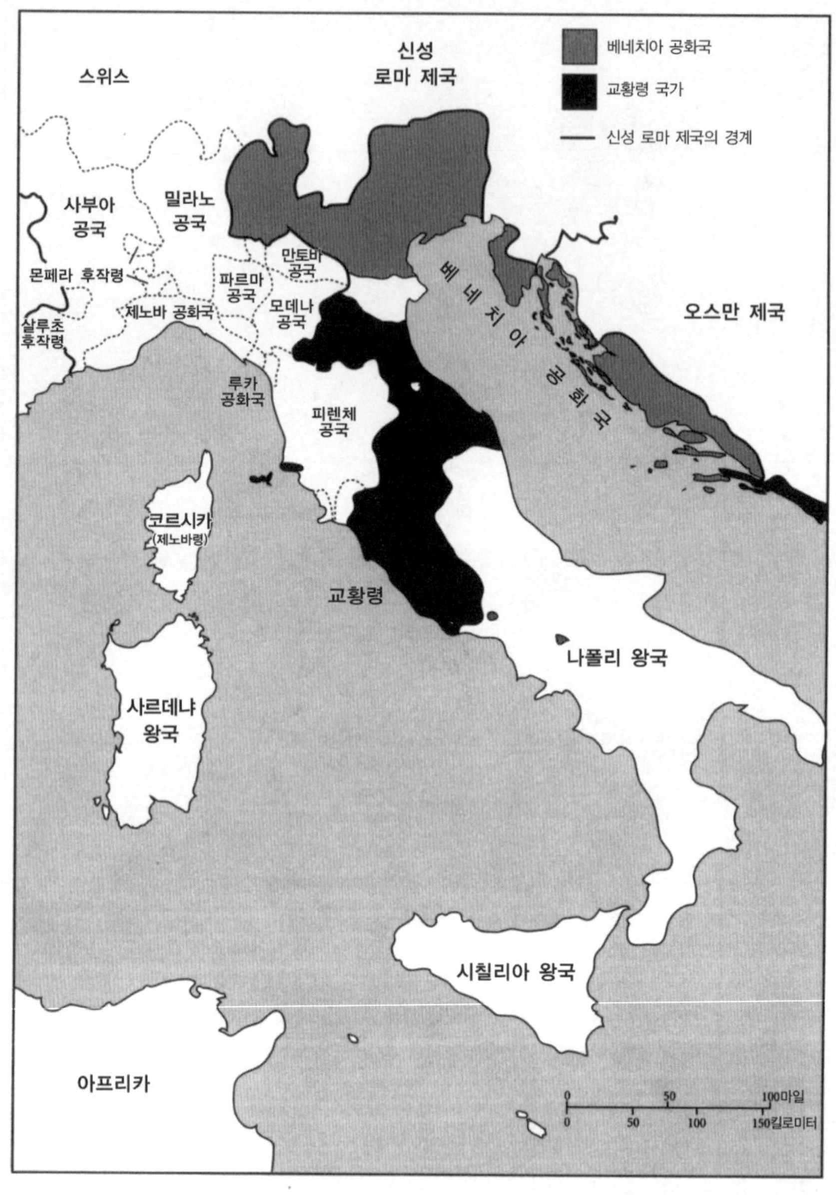

1648년 베스트팔렌 조약 이후의 유럽

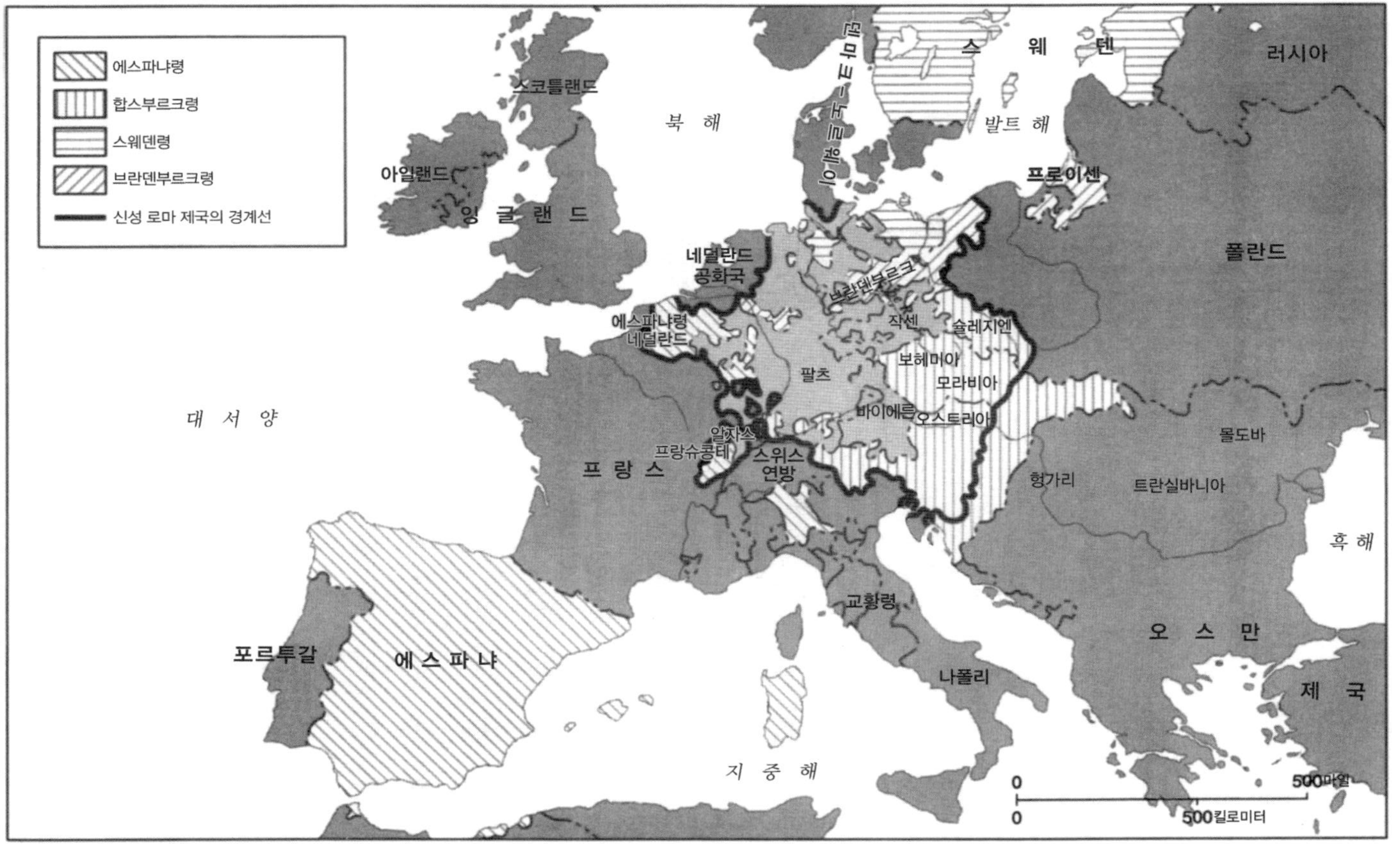

1721년의 유럽*

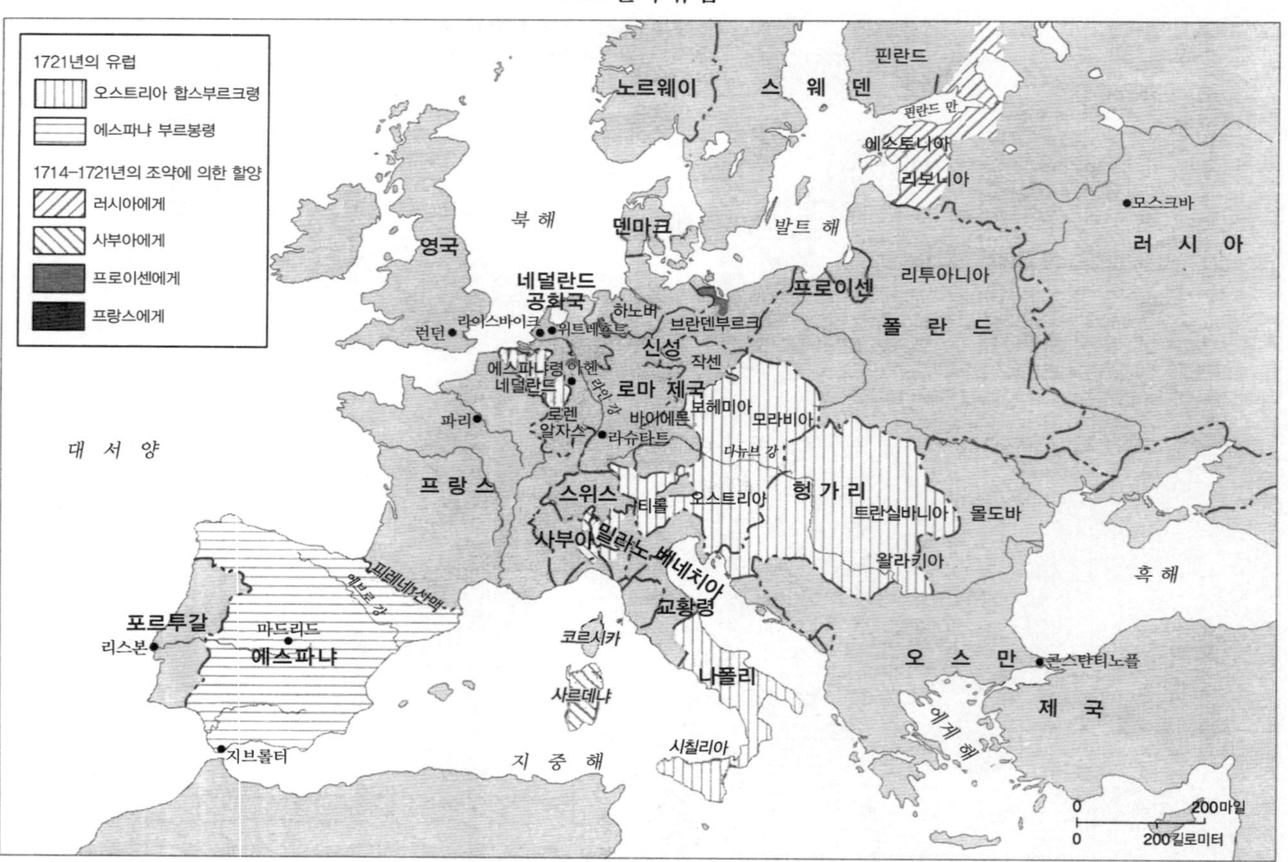

* 위트레흐트 조약(1713), 라슈타트 조약(1714), 니스타트 조약(1721)에 의해서 영토 재조정을 거친 후의 유럽

폴란드의 분할

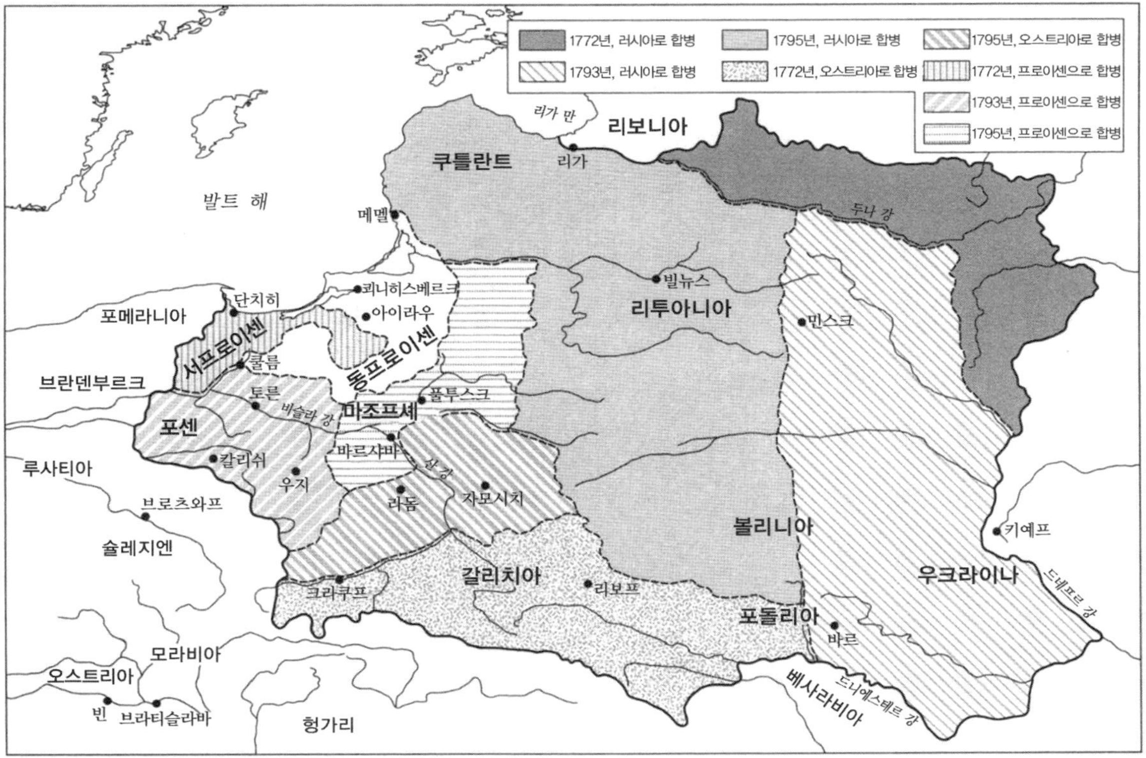

1772년, 러시아로 합병
1795년, 러시아로 합병
1795년, 오스트리아로 합병
1793년, 러시아로 합병
1772년, 오스트리아로 합병
1772년, 프로이센으로 합병
1793년, 프로이센으로 합병
1795년, 프로이센으로 합병
리가 만
리보니아
리가
쿠를란트
발트 해
메멜
두나 강
빌뉴스
리투아니아
민스크
쾨니히스베르크
단치히
아이라우
포메라니아
서프로이센
동프로이센
쿨름
브란덴부르크
토룬
풀투스크
비슬라 강
마조프셰
포센
바르샤바
칼리쉬
산 강
루사티아
우지
라돔
자모시치
브로츠와프
슐레지엔
볼리니아
키예프
갈리치아
리보프
크라쿠프
우크라이나
드네프르 강
포돌리아
바르
모라비아
오스트리아
베사라비아
드니에스테르 강
빈
브라티슬라바
헝가리

1789년의 유럽

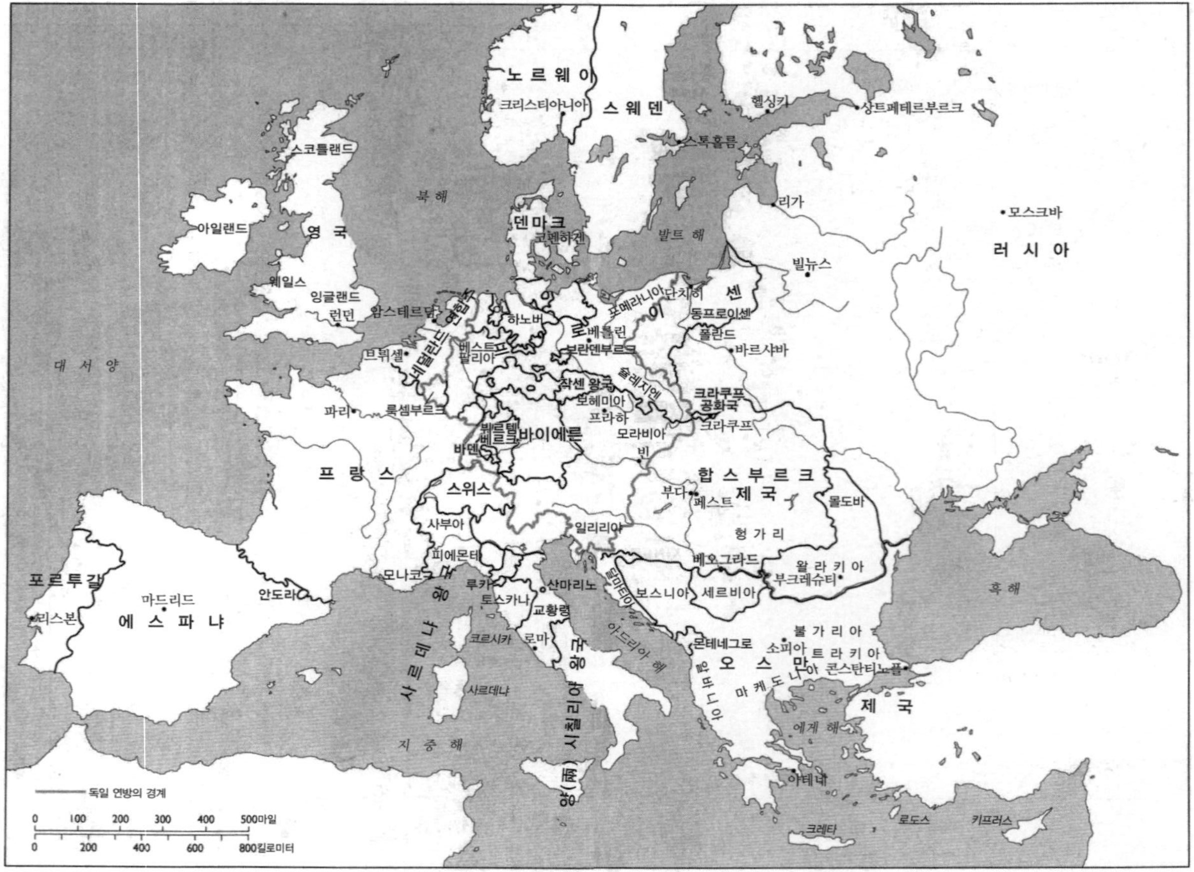

노르웨이
크리스티아니아
스웨덴
스톡홀름
헬싱키
상트페테르부르크
리가
모스크바
러시아
빌뉴스
스코틀랜드
북해
아일랜드
영국
웨일스
잉글랜드
런던
덴마크
코펜하겐
발트 해
암스테르담
하노버
포메라니아
단치히
프로이센
동프로이센
베를린
브란덴부르크
폴란드
바르샤바
베스트팔리아
브뤼셀
네덜란드
대서양
작센 왕국
슐레지엔
크라쿠프 공화국
크라쿠프
보헤미아
프라하
모라비아
파리
룩셈부르크
뷔르템베르크
바이에른
바덴
빈
프랑스
합스부르크 제국
부다
페스트
몰도바
스위스
사부아
일리리아
헝가리
피에몬테
베오그라드
왈라키아
부크레슈티
포르투갈
마드리드
안도라
모나코
루카
산마리노
달마티아
보스니아
세르비아
흑해
리스본
에스파냐
토스카나
교황령
몬테네그로
불가리아
소피아
트라키아
코르시카
로마
오스만 제국
콘스탄티노플
사르데냐 왕국
사르데냐
아드리아 해
알바니아
마케도니아
양(兩) 시칠리아 왕국
지중해
에게 해
아테네
독일 연방의 경계
0 100 200 300 400 500마일
0 200 400 600 800킬로미터
크레타
로도스
키프러스

1815년의 유럽

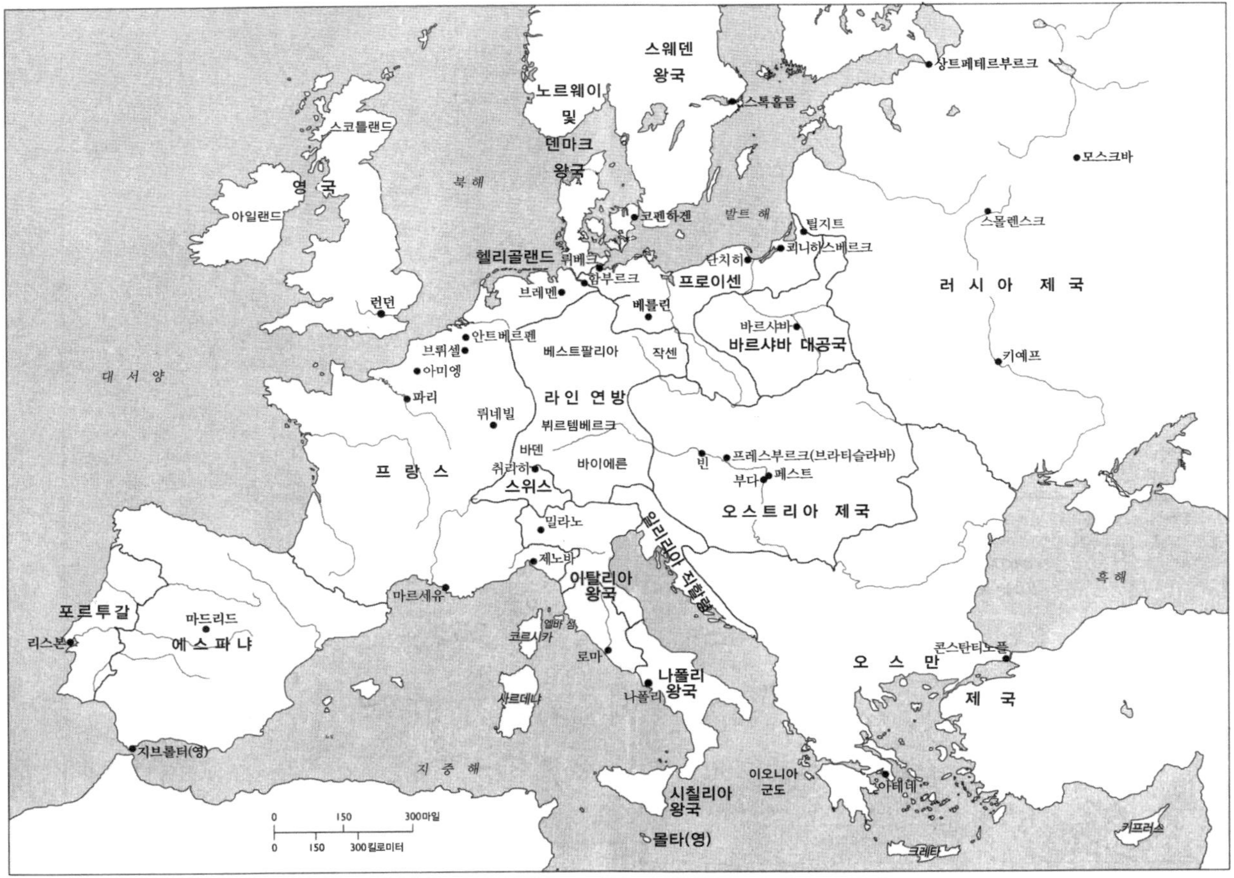

스웨덴 왕국
노르웨이 및 덴마크 왕국
상트페테르부르크
스톡홀름
모스크바
스코틀랜드
영 국
북 해
아일랜드
코펜하겐
발트 해
틸지트
스몰렌스크
헬리골랜드
뤼베크
단치히
쾨니히스베르크
함부르크
프로이센
러 시 아 제 국
런던
브레멘
베를린
바르샤바
안트베르펜
베스트팔리아
작센
바르샤바 대공국
브뤼셀
키예프
대 서 양
아미앵
파리
라 인 연 방
뤼네빌
뷔르템베르크
바덴
빈
프레스부르크(브라티슬라바)
프 랑 스
취리히
바이에른
부다
페스트
스위스
오스트리아 제국
밀라노
일리리아 직할령
제노바
이탈리아 왕국
흑 해
마르세유
포르투갈
마드리드
엘바 섬
코르시카
리스본
에 스 파 냐
콘스탄티노플
로마
오 스 만 제 국
나폴리 왕국
나폴리
사르데냐
지브롤터(영)
지 중 해
이오니아 군도
시칠리아 왕국
아테네
0 150 300마일
0 150 300킬로미터
키프로스
몰타(영)
크레타

참고 문헌

1) 개설

김응종, 『서양의 역사에는 초야권이 없다』 (푸른역사, 2005)

김응종, 『서양사 개념어 사전』 (살림, 2008)

김장수, 『서양근대사 : 르네상스로부터 1848년까지의 시기를 중심으로』 (선학사, 2004)

김장수, 『서양의 제 혁명』 (푸른사상, 2006)

민석홍, 『서양근대사연구』 (일조각, 1993)

민석홍, 『서양사개론』 (삼영사, 2003)

박무성, 『서양근대사총론』 (법문사, 1988)

배영수 편, 『서양사강의』 (한울아카데미, 2007)

이민호, 『근대독일사연구』 (서울대학교출판부, 1992)

이세희, 『풀어쓴 서양근대사 강의』 (삼영사, 2005)

서양사학자 13인, 『서양문화사 깊이읽기』, (푸른역사, 2008)

주경철, 『문화로 읽는 세계사』 (사계절, 2005)

주경철, 『문학으로 역사 읽기, 역사로 문학 읽기』 (사계절, 2009)

최갑수 외 공저, 『굿모닝 밀레니엄』 (민음사, 1999)

갈레아노, E. H., 『수탈된 대지, 라틴 아메리카 5백년사』 (박광순 역, 범우사, 1988)

기어리, P. J., 『민족의 신화, 그 위험한 유산』 (이종경 역, 지식의풍경, 2004)

노라, P. 외, 『기억의 장소』, 5권 (김인중, 유희수 외 역, 나남, 2010)

들류슈, F., 『새 유럽의 역사』 (윤승준 역, 까치, 2000)

라인보우, P. & 레디커, M. B., 『히드라』, (정남영, 손지태 역, 갈무리, 2008)

마이, M., 『상식과 교양으로 읽는 유럽의 역사』 (장혜경 역, 웅진, 2008)

마이네케, F., 『국가권력의 이념사』 (이광주 역, 민음사, 1990)

몬타나리, M., 『유럽의 음식문화』 (주경철 역, 새물결, 2001)

무어, B., 『독재와 민주주의의 사회적 기원』 (진덕규 역, 까치, 1990)

바전, J., 『새벽에서 황혼까지 : 1500-2000 서양문화사 500년』 (이희재 역, 민음사, 2006)

보머, F., 『유럽 근현대 지성사』 (조호연 역, 현대지성사, 1999)

브로노프스키, J., 『서양의 지적 전통』 (차하순 역, 학연사, 개역판, 1988)

브린튼, C. C., 『서양사상의 역사』 (최명관, 박은구 역, 을유문화사, 1984)

부어스틴, D. J., 『탐구자들』 (강정인 외 역, 세종서적, 2000)
세이빈, G. H., 『정치사상사 1, 2』 (성유보, 차남희 역, 한길사, 1997)
슬리허 반 바트, B. H., 『서유럽 농업사 : 500-1850년』 (이기영 역, 까치, 1999)
아리에스, P., 『죽음의 역사』 (이종민 역, 동문선, 1998)
아리에스, P., 『아동의 탄생』 (문지영 역, 새물결, 2003)
아리에스, P., 뒤비, G. 편, 『사생활의 역사 3 : 르네상스로부터 계몽주의까지』 (이영림 역,
    새물결, 2002)
아자르, P., 『유럽 의식의 위기 1, 2』 (조한경 역, 민음사, 1990)
앤더슨, M., 『서구가족사의 세 가지 접근방법 : 1500-1914』 (김선미 외 역, 한울, 1994)
에커치, R., 『밤의 문화사』 (조한욱 역, 돌베개, 2008)
엘리엇, J. H., 『스페인 제국사 1496-1716』 (김원중 역, 까치, 2000)
엘리엇, J. H., 『히스패닉 세계 : 스페인과 라틴 아메리카의 역사와 문화』 (김원중 외 역, 새물
    결, 2003)
케네디, P., 『강대국의 흥망』 (이일수 외 공역, 한국경제신문사, 1990)
킨들버거, C. P., 『경제 강대국 흥망사 1500-1990』 (주경철 역, 까치, 2004)
파머, R. R., 콜튼, J. G., 『서양근대사 1, 2, 3』 (강준창 외 역, 삼지원, 1985)
퍼거슨, W. K., 『서양근세사 : 중세에서 근대로의 이행』 (이연규 외 역, 집문당, 1989)
페르난데스-아메스토, F., 『밀레니엄』 (허종렬 역, 한국경제신문사, 1997)
포지, G., 『근대국가의 발전』 (박상섭 역, 민음사, 1995)
푹스, E., 『풍속의 역사』, 4권 (이기웅, 박종만 공역, 까치, 2001)
하먼, C., 『민중의 세계사』 (천경록 역, 책갈피, 2004)
헤이에즈, C. J. H. & 문, P. T., 『근대정치사회사』 (한용희 역, 민중서관, 1960)
화이트, H. V., 『메타 역사 : 19세기 유럽의 역사적 상상력』 (천형균 역, 지식을만드는지식,
    2010)
홉스봄, E. J., 『1780년 이후의 민족과 민족주의』 (강명세 역, 창작과비평사, 1998)
휘트로, G. J., 『시간의 문화사』 (이종인 역, 영림카디널, 1998)

2) 르네상스
김경한, 『르네상스 휴머니즘의 자유의지론』 (태학사, 2006)
김영한, 『르네상스의 유토피아사상』 (탐구당, 1983)
김영한, 『르네상스 휴머니즘과 유토피아니즘』 (탐구당, 1989)
고종희, 『르네상스의 초상화 또는 인간의 빛과 그늘』 (한길아트, 2004)
박봉목, 『르네상스 휴머니즘의 현대적 의의』 (영남대학교출판부, 1990)
박홍규, 『인간시대 르네상스』 (필맥, 2009)
신준형, 『파노프스키와 뒤러 : 르네상스 미술과 유럽중심주의』 (시공아트, 2004)
이을호, 『르네상스시대와 초기자본주의시대의 철학』 (중원문화, 2008)
임영방, 『이탈리아 르네상스의 인문주의와 미술』 (문학과지성사, 2003)

조승연, 『르네상스 미술이야기 : 미술이 태어난 날』 (세미콜론, 2007)

주남철, 『이태리 르네상스 건축사』 (고려대출판부, 1987)

진원숙, 『시민적 휴머니즘과 인간·역사·과학』 (Yas Media, 2005)

차하순, 『르네상스의 사회와 사상』 (탐구당, 1991)

구레비치, A., 『개인주의의 등장』 (이현주 역, 새물결, 2002)

나우어트, C., 『휴머니즘과 르네상스 유럽문화』 (진원숙 역, 혜안, 2003)

뒬멘, R. V., 『개인의 발견』 (최윤영 역, 현실문화연구, 2005)

래브, T. K., 『르네상스의 마지막 날들』 (강유원, 정지인 공역, 르네상스, 2008)

래브, T. K., 『르네상스 시대의 삶』 (김일수 역, 안티쿠스, 2008)

레츠, R. M., 『르네상스의 미술』 (김창규 역, 예경산업사, 1991)

르그랑, G., 『르네상스』 (정숙현 역, 생각의나무, 2006)

메를로, C., 『르네상스의 세 거장』 (노성두 역, 사계절, 2003)

바자리, G., 『르네상스의 미술가 평전』 (이근배 역, 한명, 2000)

부르크하르트, J., 『이탈리아 르네상스의 문화』 (이기숙 역, 한길사, 2003)

불록, A., 『서양의 휴머니즘 전통』 (홍동선 역, 범양사, 1989)

소니에, V. L., 『르네상스의 프랑스 문학』 (강인옥 역, 탐구당, 1992)

스키너, Q., 『근대 정치사상의 토대 1』 (박동천 역, 한길사, 2004)

에스텝, W. R., 『르네상스와 종교개혁』 (라은성 역, 그리심, 2003)

웰치, E., 『르네상스 시대의 쇼핑 : 1400-1600년 이탈리아의 소비자 문화』 (한은경 역, 에코
리브르, 2010)

윌컥스, D. J., 『신과 자아를 찾아서 : 르네상스 및 종교개혁의 사상』 (차하순 역, 이화여자대
학교출판부, 1985)

자딘, L., 『상품의 역사』 (이선근 역, 영림카디널, 2003)

존슨, P., 『르네상스』 (한은경 역, 을유문화사, 2003)

카시러, E., 『르네상스 철학에서의 개체와 우주』 (박지형 역, 민음사, 1996)

크리스텔러, P. O., 『르네상스의 사상과 그 원천』 (진원숙 역, 계명대출판부, 1995)

킹, R., 『미켈란젤로와 교황의 천장: 르네상스 천재들의 치열한 각축전과 그들의 삶』 (신영화
역, 다다북스, 2007)

퍼거슨, W. K., 『르네상스』 (김성근, 이민호 역, 탐구신서, 1990)

퍼거슨, W. K., 『르네상스사론』 (진원숙 역, 집문당, 1991)

페이터, W., 『르네상스』 (이시영 역, 학고재, 2001)

포르, P., 『르네상스』 (주경철 역, 한길사, 1999)

후트, A. C., 호프만, T. R., 『(어떻게 이해할까?)르네상스 = Renaissance』 (노성두 역, 미술문
화, 2008)

히버트, C., 『메디치가 이야기』 (한은경 역, 생각의나무, 2001)

3) 종교개혁

강남수, 『프랑스 종교 개혁사』(그리심, 2000)

김광채, 『도해 종교개혁사』(아침동산, 2009)

김기련, 『종교개혁사』(목원대학교출판부, 2004)

김성룡, 『17-18세기 영국의 국민통합과 프로테스탄티즘』(한국학술정보, 2007)

김성화 편, 『종교개혁사 : Martin Luther와 John Calvin을 中心으로』(교문출판사, 1986)

김승진, 『근원적 종교개혁 : 16세기 성서적 아나뱁티스트들의 역사와 신앙과 삶』(침례신학
대학교출판부, 2011)

김홍기, 『종교개혁사 : 마르틴 루터에서 존 웨슬리까지』(지와사랑, 2004)

남홍진, 『종교개혁과 프로테스탄트』(태훈출판사, 2007)

박건택, 『종교개혁사상선집』(솔로몬, 2003)

박우수, 『종교개혁과 르네상스 영문학』(형설출판사, 1994)

박양식, 『종교개혁 시대의 천년왕국운동』(한국학술정보, 2011)

손두환, 『종교개혁사』(씨토스, 1999)

손두환, 『급진종교개혁 연구』(칼빈서적, 1997)

양금희, 『종교개혁과 교육사상』(한국장로교출판사, 1999)

오덕교, 『종교개혁사』(합동신학대학원출판부, 2005)

오성근, 『마녀사냥의 역사』(미크로, 2000)

오연수, 『종교개혁사』(한글, 2000)

오형국, 『칼뱅의 신학과 인문주의』(한국학술정보, 2006)

이동섭, 『영국의 종교개혁』(수서원, 1990)

이상덕, 『종교개혁 이야기』(살림, 2006)

임희완, 『청교도 : 삶·운동·사상』(아가페문화사, 1999)

정승훈, 『종교개혁과 칼빈의 영성』(대한기독교서회, 2000)

정정숙, 『종교개혁자들의 교육사상』(총신대학교출판부, 1983)

홍지훈, 『마르틴 루터와 아나뱁티즘』(한들출판사, 2000)

홍지훈, 편집부 공저, 『성령주의와 아나뱁티스트 종교 개혁자들』(두란노아카데미, 2011)

홍치모, 『종교개혁사』(성광문화사, 1977)

홍치모, 『북구 르네상스와 종교개혁』(성광문화사, 1984)

홍치모 편저, 『근세 영국의 종교와 정치』(성광문화사, 1980)

홍치모, 『급진종교개혁사론』(느티나무, 1993)

홍치모, 『종교개혁의 세계』(아가페문화사, 2003)

황봉환, 『스코틀랜드 종교개혁과 존 낙스의 신학』(예영커뮤니케이션, 2001)

갓프리, R., 라이켄, P., 스몰맨, S. 공저, 『종교개혁과 개혁신앙』(박웅규 역, 크리스챤출판
사, 2008)

곤잘레스, J. L., 『종교개혁사』(서영일 역, 은성, 1995)

니콜스, S.,『세상을 바꾼 종교개혁 이야기』(이용중 역, 부흥과개혁사, 2009)

던, R. S.,『근대 유럽의 종교전쟁시대 1559-1689』(임희완 역, 예문출판사, 1986)

러셀, J. B.,『마녀의 문화사』(김은주 역, 르네상스, 2004)

렌위크, A. M.,『스코틀랜드 종교개혁사』(홍치모 역, 생명의말씀사, 1980)

르박, B. P.,『유럽의 마녀사냥』(김동순 역, 소나무, 2003)

린제이, T. M.,『종교개혁사』(이형기, 차종순 공역, 한국장로교출판사, 2003)

릴레, H.,『마르틴 루터』(차일룡 역, 탐구신서, 1981)

맥그래스, A. E.,『종교개혁 사상입문』(박종숙 역, 성광문화사, 2002)

맥그래스, A. E.,『종교개혁시대의 여성』(박규태 역, 좋은씨앗, 2005)

맥그래스, A. E.,『종교개혁사상』(최재건 역, 기독교문서선교회, 2006)

모스, G. L.,『종교개혁』(이민호 역, 탐구당, 1989)

뮐렌, K. H.,『종교개혁과 반종교개혁』(정병식 외 역, 대한기독교서회, 2003)

발만, J.,『종교개혁 이후의 독일 교회사』(오영옥 역, 대한기독교서회, 2006)

버렐, S. A.,『서양근대사에서 종교의 역할』(임희완 역, 민음사, 1992)

베인턴, R.,『종교개혁사』(홍치모 외 역, 크리스챤다이제스트, 2001)

숄, H.,『종교개혁과 정치』(황정욱 역, 기독교문사, 1993)

스크리버, R. W.,『독일 종교개혁』(임도건 역, 은성, 1996)

스피츠, L. W.,『종교개혁사』(정현철 역, 기독교문서선교회, 1983)

스피츠, L. W. 편,『종교개혁의 정신』(정현철 역, 풍만, 1990)

에이비스, P. D. L.,『종교개혁자들의 교회관』(이기문 역, 컨콜디아사, 1987)

오리외, J.,『카트린 드 메디치』(이재형 역, 들녘, 2005)

오즈맹, S. E.,『프로테스탄티즘 혁명의 태동』(박은구 역, 혜안, 2004)

진즈부르그, C.,『치즈와 구더기』(김정하 외 역, 문학과지성사, 2001)

채드윅, O.,『종교개혁사』(서요한 역, 크리스챤다이제스트, 1999)

콜린슨, P.,『종교개혁』(이종인 역, 을유문화사, 2005)

크리스텡, O.,『종교개혁』(채계병 역, 시공사, 1998)

토란스, T. E.,『종교개혁자들의 종말론』(백철현 역, 기민사, 1987)

톰린, G.,『마르틴 루터』(이은재 역, 예경, 2006)

파울슈티히, W.,『근대초기 매체의 역사』(황대현 역, 지식의 풍경, 2007)

페브르, L.,『16세기의 무신앙 문제』(김응종 역, 문학과지성사, 1996)

4) 유럽의 팽창, 상업혁명과 자본주의의 등장

김명섭,『대서양문명사』(한길사, 2001)

김성준,『산업혁명과 해운산업』(혜안, 2006)

김원중,『대항해 시대의 마지막 승자는 누구인가?』(민음인, 2010)

김종현,『영국 산업혁명의 재조명』(서울대학교출판부, 2006)

나종일,『세계사를 보는 시각과 방법』(창작과비평사, 1997)

백승욱, 『자본주의 역사 강의』 (그린비, 2006)

이성형, 『콜럼버스가 서쪽으로 간 까닭은?』 (까치, 2003)

정만득, 『미국의 청교도 사회 : 정착 초기의 역사』 (비봉출판사, 2001)

주경철, 『대항해시대』 (서울대학교출판부, 2008)

주경철, 『문명과 바다』 (산처럼, 2009)

최영수, 『라틴아메리카 식민사』 (대한교과서, 1995)

한국서양사학회 편, 『근대 세계체제론의 역사적 이해』 (까치, 1996)

그라탈루, C., 『대륙의 발명』 (이대희 역, 에코리브르, 2010)

그래프턴, A., 『신대륙과 케케묵은 텍스트들』 (서성철 역, 일빛, 2000)

그린필드, A. B., 『퍼펙트 레드』 (이강룡, 바세, 2007)

다이아몬드, J., 『총·균·쇠』 (김진준 역, 문학사상사, 2005)

돕, M., 『봉건제로부터 자본주의로의 이행논쟁』 (김대환 역, 동녘, 1984)

돕, M., 『자본주의 발전연구』 (이선근 역, 동녘, 1986)

레디커, M., 『악마와 검푸른 바다 사이에서 : 상선 선원, 해적, 영-미의 해양세계, 1700-1750』
    (박연 역, 까치, 2001)

마르크스, K., 『자본론』 제1권 하 (김수행 역, 비봉, 2002)

마르크스, R. B., 『다시 쓰는 근대세계사 이야기』 (윤영호 역, 코나투스, 2007)

매쿼리, K., 『잉카 최후의 날』 (최유나 역, 옥당, 2010)

미뇰로, W. D., 『라틴아메리카, 만들어진 대륙』 (김은중 역, 그린비, 2010)

밀턴, G., 『향료전쟁』 (손원재 역, 생각의나무, 2002)

바렐라, C. & 마자라, R., 『크리스토퍼 콜럼버스』 (신윤경 역, 21세기북스, 2010)

베버, M., 『프로테스탄티즘의 윤리와 자본주의 정신』 (박성수 역, 문예출판사, 2010)

베일린, B., 『대서양의 역사: 개념과 범주』 (백인호 역, 뿌리와이파리, 2010)

브레너, R. L. 외, 『농업계급구조와 경제발전』 (이연규 역, 집문당, 1991)

브로델, F., 『물질문명과 자본주의』, 6권 (주경철 역, 까치)

스미스, P. H., 『라틴아메리카, 미국, 세계』 (이성형, 홍욱헌 공역, 까치, 2010)

애쉬튼, T. H., 필핀, C. H. E., 『농업계급구조와 경제발전』 (이연규 역, 집문당, 1991)

월러스틴, I., 『역사적 자본주의』 (나종일 역, 창작과비평사, 1993)

월러스틴, I., 『근대세계체제 1 : 자본주의적 농업과 16세기 유럽 세계경제의 기원』 (나종일
    외 역, 까치, 1999)

츠바이크, S., 『마젤란』 (이내금 역, 자작나무, 1996)

치폴라, C. M., 『대포, 범선, 제국―1400-1700년 유럽은 어떻게 세계의 바다를 지배하게
    되었는가』 (최파일 역, 미지북스, 2010)

카이, B., 『위대한 항해자 마젤란 1, 2』 (박계수 역, 한길사, 2003)

컨스텀, A., 『해적의 역사』 (이종인 역, 가람기획, 2002)

쿨란스키, M., 『세계를 바꾼 어느 물고기의 역사』 (박광순 역, 미래M&B, 1998)

크로스비, A. W., 『생태제국주의』 (안효상 외 역, 지식의풍경, 2000)

크로스비, A. W., 『콜럼버스가 바꾼 세계』 (김기윤 역, 지식의숲, 2006)

테일러, A., 『메르카토르의 세계』 (손일 역, 푸른길, 2007)

패커드, L. B., 『상업혁명』 (최문형 역, 탐구신서, 1985)

페르난데스-아메스토, F., 『아메리카의 역사』 (김미옥 역, 을유문화사, 2007)

프랑크, A. G., 『리오리엔트』 (이희재 역, 이산, 2003)

高橋幸八郎 외, 『자본주의 이행논쟁』 (김대환 역, 동녘, 1984)

山岡亮一, 福富正實 共著, 『자본주의 이행논쟁의 새로운 전개』 (김석민 역, 아침, 1987)

5) '17세기위기론'과 절대주의

김경근, 『프랑스 근대사연구』 (한울, 1998)

김상태, 『절대주의시대연구』 (삼성기획, 1996)

박상섭, 『근대국가와 전쟁, 1500-1900』 (나남, 2004)

박상섭, 『국가 주권』 (소화, 2008)

원윤수 편, 『언어와 근대정신―16, 17세기 프랑스의 경우』 (서울대학교출판부, 2000)

이영림, 『루이 14세는 없다』 (푸른역사, 2009)

임승휘, 『절대왕정의 탄생』 (살림, 2004)

조경래, 『절대주의시대』 (일신사, 1981)

조경래, 『영국절대왕정사연구』 (상명대학교출판부, 1992)

최갑수 외, 『프랑스 구체제의 권력구조와 사회』 (한성대출판부, 2009)

매팅리, G., 『아르마다』 (박상이 역, 가지않는 길, 1997)

생시몽, L. R., 『루이 14세와 베르사유 궁정』 (이영림 역, 나남, 2009)

쎄, H., 『17세기 프랑스 정치사상』 (나정원 역, 민음사, 1997)

앤더슨, P., 『절대주의 국가의 계보』 (김현일 역, 까치, 1997)

엘리아스, N., 『문명화과정』 2권, (박미애 역, 한길사, 1999)

엘리아스, N., 『궁정사회』 (박여성 역, 한길사, 2003)

월러스틴, I., 『근대세계체제 2 : 중상주의와 유럽 세계경제의 공고화 1600-1750년』 (유재건
    외 역, 까치, 1999)

6) 과학혁명

고인석, 『과학의 지형도』 (이화여자대학교출판부, 2007)

김영식 편, 『근대사회와 과학』 (창작과 비평사, 1989)

김영식, 『과학혁명 : 전통적 관점과 새로운 관점』 (아르케, 2001)

송상용, 『서양과학의 흐름』 (강원대출판부, 1992)

홍성욱 편역, 『과학고전선집 : 코페르니쿠스에서 뉴턴까지』 (서울대학교출판부, 2006)

516

그래프턴, A., 『신대륙과 케케묵은 텍스트들』 (서성철 역, 일빛, 2000)

길리스피, C., 『객관성의 칼날: 과학 사상의 역사에 관한 에세이』 (새물결, 2005)

버터필드, H., 『근대과학의 기원』 (차하순 역, 탐구당, 1980)

매클렐란 3세, J. E., 도른, H. 공저, 『과학과 기술로 본 세계사 강의』 (전대호 역, 모티브북, 2006)

쿤, T., 『과학혁명의 구조』 (김명자 역, 까치, 1999)

후이카스, R., 『종교개혁과 과학혁명』 (이훈영 역, 솔로몬, 1992)

7) 계몽사상

강정인 외 공저, 『서양 근대 정치사상사』 (책세상, 2007)

김수용, 『독일 계몽주의』 (연세대학교출판부, 2010)

박승억, 『계몽의 시대와 연금술사 칼리오스트로 백작』 (프로네시스, 2006)

박흥순, 『프랑스 근대 사상과 소설』 (청동거울, 2000)

이동렬, 『빛의 세기 이성의 문학—프랑스 계몽사상과 문학』 (문학과지성사, 2008)

이상오, 『계몽주의 교육—이론과 실제』 (학지사, 2005)

이을호, 『계몽주의시대의 서양철학』 (중원문화, 2008)

조한욱, 『서양 지성과의 만남 1: 고대 그리스에서 독일의 낭만주의까지』 (꿈이있는세상, 2007)

주명철, 『바스티유의 금서』 (문학과 지성사, 1990)

주명철, 『서양 금서의 문화사: 프랑스 계몽주의 시대를 중심으로』 (길, 2006)

차하순, 『형평의 연구』 (일조각, 1983)

한국정신문화연구원, 『근대 계몽사상의 비교론』 (한국정신문화연구원, 1984)

한상범, 『금서, 세상을 바꾼 책』 (이끌리오, 2004)

홍사중, 『근대 시민사회 사상사』 (한길사, 1997)

황태연, 『계몽의 기획: 근대정치사상 연구』 (동국대학교출판부, 2004)

골드만, L., 『계몽주의의 철학』 (문학과사회연구소 역, 청아사, 1983)

단턴, R., 『고양이 대학살』 (조한욱 역, 문학과지성사, 1996)

단턴, R., 『책과 혁명: 프랑스 혁명 이전의 금서 베스트셀러』 (주명철 역, 길, 2003)

로슈, D., 『지방의 계몽주의: 계몽 시대의 아카데미 사회와 문화, 1680-1789』 (주명철 역, 동문선, 2002)

버크, P., 『지식: 그 탄생과 유통에 대한 모든 지식』 (박광식 역, 현실문화연구, 2006)

옹프레, M., 『계몽주의 시대의 급진철학자들』 (남수인 역, 인간사랑, 2010)

카시러, E., 『계몽주의 철학』 (박완규 역, 민음사, 1995)

코젤렉, R., 『지나간 미래』 (한철 역, 문학동네, 1996)

톰슨, D. 편, 『서양근대정치사상』 (김종술 역, 서광사, 1990)

푸코, M., 『감시와 처벌』 (오생근 역, 나남출판, 2003)

하이덴-린쉬, V., 『유럽의 살롱들』(김종대 외 역, 민음사, 1999)

8) 영국혁명과 미국혁명

강정인 외 공저, 『유럽 민주화의 이념과 역사 : 영국, 프랑스, 독일』(후마니타스, 2010)

강준만, 『미국사 산책 1 : 신대륙 이주와 독립전쟁』(인물과사상사, 2010)

김형곤, 『조지 워싱턴』(살림, 2009)

나종일, 『영국근대사연구』(서울대출판부, 1988)

나종일, 「영국 혁명에 대한 한 시각」, 『서양사론』 33호 (1989)

박현숙, 『미국 혁명과 공화국의 여성들』(이담북스, 2009)

설혜심, 『지도를 만드는 사람 : 근대 초 영국의 국토 · 역사 · 정체성』(길, 2007)

오만규, 『청교도혁명과 종교자유』(한국신학연구소, 1999)

이승영, 『17세기 영국의 수평파운동』(민연, 2001)

임희완, 『청교도혁명의 종교적 급진사상』(집문당, 1985)

임희완, 『영국 혁명의 수평파운동』(민음사, 1988)

임희완, 『영국 혁명과 종교적 급진사상』(민음사, 1993)

최웅 외, 『미국의 역사』(소나무, 1997)

한국미국사학회 엮음, 『사료로 읽는 미국사』(궁리, 2006)

홍사중, 『영국 혁명사상사』(전예원, 1982)

홍치모, 『스코틀랜드 종교개혁과 영국혁명 : 1560-1660』(총신대출판부, 1991)

라파엘, R., 『미국의 탄생 ─ 미국 역사교과서가 왜곡한 건국의 진실들』(남경태 역, 그린비, 2005)

모리스, R. B., 『미국혁명사』(이보형 역, 을유문화사, 1960)

베일린, B., 『미국 혁명의 이데올로기적 기원』(배영수 역, 새물결, 1999)

브링클리, A., 『있는 그대로의 미국사』 제1권 (황혜성 외 역, 휴머니스트, 2005)

스톤, L., 『영국 혁명의 제원인, 1529-1642』(홍한유 역, 법문사, 1982)

스톤, L., 『영국 혁명의 해부』(김양혁 역, 형설출판사, 1987)

에밀머, G. E., 『청교도혁명에서 명예혁명까지』(임의완 역, 삼문, 1986)

제임슨, J. F., 『미국독립 혁명사 : 사회적 성격』(홍영백 역, 탐구당, 1980)

제퍼슨, T., 『토머스 제퍼슨 독립선언문 ; 마이클 하트 서문』(차태서 역, 프레시안 북, 2010)

진, H., 『살아 있는 미국 역사』(김영진 역, 추수밭, 2008)

파커, D. 외, 『혁명의 탄생 : 근대 유럽을 만든 좌우익 혁명들』(박윤덕 역, 교양인, 2009)

포칵, J. G. A., 『마키아벨리언 모멘트 1, 2』(곽차섭 역, 나남, 2011)

힐, C., 『영국 혁명 1640』(홍치모 외 역, 새누리, 1998)

9) 프랑스 혁명과 나폴레옹

글사랑 편집부 편, 『나폴레옹과 격동의 유럽-산업혁명과 프랑스 혁명』(글사랑, 1990)

김성원, 『혁명기의 여성들: 프랑스 혁명기의 십자매』 (한울림, 1985)

노명식, 『프랑스 혁명에서 파리코뮌까지 1789-1871』 (까치, 1997)

민석홍 엮음, 『프랑스 혁명사론』 (까치, 1988)

민석홍, 「프랑스 혁명: 부르조아 혁명인가, 민중 혁명인가」, 「프랑스 혁명을 어떻게 이해할
것인가」, 『서양사론』 33호 (1989)

민석홍 외 공저, 『프랑스 혁명과 한국』 (일월서각, 1991)

백인호, 『창과 십자가: 프랑스 혁명과 종교』 (소나무, 2004)

백인호, 『프랑스 혁명과 종교: 센에와즈도를 중심으로』 (한국문화사, 2007)

서정복, 『프랑스 근대사 연구: 계몽주의에서 프랑스 혁명까지』 (삼영사, 1985)

서정복, 『프랑스 혁명과 베르트랑 바레르』 (삼지원, 1999)

서정복, 『프랑스 혁명』 (살림, 2007)

서정복, 『프랑스 혁명과 나폴레옹 시대의 교육개혁사』 (충남대학교출판부, 2007)

서정복, 『나폴레옹』 (살림, 2009)

안삼환, 임정택 공편, 『프랑스 혁명과 독일문학』 (열음사, 1990)

윤선자, 『축제의 정치사』 (한길사, 2008)

이기석, 『프랑스 혁명비사: 자유의 절규』 (집문당, 1980)

이세희, 『프랑스 혁명사 연구』 (부산대학교출판부, 2004)

이종민, 『프랑스 대혁명 이후의 문예와 정치』 (다사랑, 2004)

정동준, 『18세기의 교육사상: 프랑스 대혁명기의 공교육 계획』 (국학자료원, 2003)

주섭일, 『프랑스 혁명과 한말변혁운동』 (일월서각, 1987)

한용희, 『혁명의 이론과 역사』 (대왕사, 1985)

홍태영, 『국민국가의 정치학: 프랑스 민주주의의 정치철학과 역사』 (후마니타스, 2008)

갈로, M., 『나폴레옹』, 5권 (임헌 역, 문학동네, 1998)

그린로우, R. W. 엮음, 『근대 프랑스 경제연구: 프랑스 혁명의 경제적 기원』 (박성규 역,
종로서적, 1982)

로버츠, A., 『나폴레옹의 마지막 도박: 1815년 6월 18일 아침, 워털루』 (조행복 역, 플래닛,
2009)

로베스피에르, M., 『로베스피에르: 덕치와 공포정치; 슬라보예 지젝 서문』 (배기현 역, 프레
시안북, 2009)

로젠베르크, A., 『프랑스 대혁명 이후의 유럽정치사』 (박호성 역, 역사비평사, 1995)

루드비히, E., & 카알라일, T., 『프랑스 혁명과 나폴레옹』 (신상초 역편, 양서각, 1966)

르페브르, G., 『프랑스 혁명』 (민석홍 역, 을유문고, 1976)

르페브르, G., 『1789년의 대공포』 (최갑수 역, 까치, 2002)

리터, J., 『헤겔과 프랑스 혁명』 (김재현 역, 한울, 1983)

마띠에, A., 『프랑스 혁명사』 2권, (김종철 역, 창작과비평사, 2000)

마생, J., 『로베스피에르, 혁명의 탄생』 (양희영 역, 교양인, 2005)

마크햄, F., 『나폴레옹』(이종길 역, 길산, 2001)

모르네, D., 『프랑스 혁명의 지적 기원』(곽광수 외 공역, 일월서각, 1995)

바너드, H. C., 『프랑스 혁명과 교육개혁』(서정복 역, 삼지원, 1993)

바양, R. & 마네비, R., 『라마르세이에즈』(김종명 역, 한마당, 1989)

버크, E., 『프랑스 혁명에 관한 성찰』(이태숙 역, 한길사, 2008)

보르도노브, G., 『나폴레옹 평전』(나은주 역, 열대림, 2008)

보벨, M., 『왕정의 몰락과 프랑스 혁명 : 1787-1792』(최갑수 외 공역, 일월서각, 1992)

벤데, P., 『혁명의 역사』(권세훈 역, 시아출판사, 2004)

불롸조, M., 『로베스삐에르』(정성진 역, 탐구당, 1988)

블리슈, F. 외, 『프랑스 혁명』(고봉만 역, 한길사, 1999)

샤르티에, R., 『프랑스 혁명의 문화적 기원』(백인호 역, 일월서각, 1998)

소불, A., 『프랑스 혁명』(전풍자 역, 종로서적, 1981)

소불, A., 『프랑스 대혁명사』(최갑수 역, 두레, 1984)

소불, A., 『프랑스 혁명』(주명철 역, 탐구당, 1989)

소불, A., 『상퀼로트』(이세희 역, 일월서각, 1990)

솔레, R., 『나폴레옹의 학자들』(이상빈 역, 아테네, 2003)

스카치폴, T., 『국가와 사회혁명』(한창수 외 공역, 까치, 1981)

스틸, M., 『혁명 만세』(박유안 역, 바람구두, 2008)

시프리오, P., 『프랑스 혁명과 마리앙투아네트』(용경식 역, 고려원, 1995)

아렌트, H., 『혁명이란 무엇인가』(이종호 역, 율성사, 2001)

아렌트, H., 『혁명론』(홍원표 역, 한길사, 2004)

월러스틴, I., 『근대세계체제 3 : 자본주의 세계경제의 거대한 팽창의 두 번째 시대 1730-
  1840년대』(김인중 외 역, 까치, 1999)

윌슨, E., 『인물로 본 혁명의 역사 : 프랑스 혁명에서 러시아혁명까지』(김정민, 정승진 공역,
  서광사, 1990)

토크빌, A., 『앙시앵 레짐과 프랑스 혁명』(이용재 역, 박영률출판사, 2006)

톰슨, J. M., 『로베스피에르 : 프랑스 혁명의 순교자』(김재희 역, 신구문화사, 1974)

틸리, C., 『유럽혁명 1492-1992 : 지배와 정복의 역사』(윤승준 역, 새물결, 2000)

포스터, R. & 그린, J. P., 『근세서구혁명의 분석』(홍치모 역, 청사신서)

퓌레, F., & 리세, D., 『프랑스 혁명사』(김응종 역, 일월서각, 1990)

퓌레, F., 『프랑스 혁명의 해부』(정경희 역, 법문사, 1987)

프레몽-반즈, G., 『나폴레옹 전쟁』(박근형 역, 플래닛미디어, 2009)

피셔, H. A. L., 『나폴레옹』(김영한 역, 탐구신서, 1981)

헌트, L., 『프랑스 혁명의 가족 로망스』(조한욱 역, 새물결, 1999)

홉스봄, E. J., 『혁명의 시대』(박현채 외 공역, 한길사, 1998)

河野健二, 『근대혁명사론 : 프랑스 혁명과 명치유신의 비교연구』(김현일 역, 풀빛, 1983)

10) 유럽 중심주의와 그 비판

강정인, 『서구중심주의를 넘어서』 (아카넷, 2004)

강철구 외 엮음, 『서양사학과 유럽중심주의』 (용의 숲, 2011)

김상률 엮음, 『에드워드 사이드 다시읽기 : 오리엔탈리즘을 넘어 화해와 공존으로』 (책세상, 2006)

박경일 편저, 『동양과 서양의 만남 : 오리엔탈리즘, 모더니즘, 포스트모더니즘』 (경희대학교 출판부, 2004)

박노자, 『하얀 가면의 제국 : 오리엔탈리즘, 서구 중심의 역사를 넘어』 (한겨레신문사, 2003)

성일권, 『오리엔탈리즘의 새로운 신화들』 (고즈윈, 2006)

이민호, 「세계사를 어떻게 읽을 것인가」, 『역사비평』 59호 (2002년 여름), 175-1203쪽.

이옥순, 『우리 안의 오리엔탈리즘』 (푸른역사, 2003)

정진농, 『오리엔탈리즘의 역사』 (살림, 2003)

주재홍, 『우리 안의 만들어진 동양』 (아카넷, 2009)

최갑수, 「20세기 한국 역사학계의 반성―서양사 : 유럽중심주의의 극복과 대안적 역사상의 모색」, 『역사비평』 52호 (2000년 가을), 95-110쪽.

최갑수 외 공저, 『유라시아 천년을 가다』 (사계절, 2002)

한국서양사학회 편, 『유럽중심주의 세계사를 넘어』 (푸른역사, 2009)

갈레아노, E. H., 『갈레아노, 거울 너머의 역사』 (조구호 역, 책으로보는세상, 2010)

뒤로젤, J.-B., 『유럽의 탄생』 (이규현 역, 지식의풍경, 2003)

맥켄지, J., 『오리엔탈리즘 예술과 역사』 (박홍규 외 역, 문화디자인, 2006)

밀러, N. & 하트, S. M., 『라틴아메리카의 근대를 말하다』 (서울대 라틴아메리카연구소 역, 그린비, 2008)

사미르, A., 『유럽중심주의』 (김용규 역, 세종, 2000)

사이드, E. W., 『도전받는 오리엔탈리즘』 (성일권 역, 김영사, 2001)

사이드, E. W., 『오리엔탈리즘』 (박홍규 역, 교보문고, 2007)

샤오메이 천, 『옥시덴탈리즘』 (정진배 외 역, 강, 2001)

슈말레, W., 『유럽의 재발견』 (박용희 역, 을유문화사, 2006)

애쉬크로프트, B. 외, 『다시 에드워드 사이드를 위하여』 (윤영실 역, 앨피, 2005)

케네디, V., 『오리엔탈리즘과 에드워드 사이드』 (김상률 역, 갈무리, 2011)

크로슬리, P. K., 『글로벌 히스토리란 무엇인가 : 세계사에서 지구사로, 역사학의 최전선』 (강선주 역, 휴머니스트, 2010)

폰타나, J., 『거울에 비친 유럽』 (김원중 역, 새물결, 2000)

진즈부르그Ginzburg, Carlo　79, 196, 202

찰스 1세 Charles I　186, 193, 462
찰스 2세 Charles II　187, 246
츠빙글리 Zwingli, Ulrich　130-131, 133
친첸도르프 Zinzendorf, Count von　385

카르티에 Cartier, Jacques　245
카를 3세 Karl III　281
카를 5세 Karl V　73, 101, 105, 136, 141,
　144-145, 148, 155-158, 163, 178, 261
카를 6세 Karl VI　452
카를 10세 구스타브 Karl X Gustav　271,
　292
카를 11세 Karl XI　293, 432
카를 12세 Karl XII　293
카를로스 1세 Carlos I　94, 155
카를로스 2세 Carlos II　275, 285, 431
카를로스 3세 Carlos III　413
카브랄 Cabral, Pedro Alvares　242
카스틸리오네 Castiglione, Baldassare　179
카트라이트 Cartwright, Edmund　366
카트린 드 메디치 Catherine de Médicis
　146-147
칸트 Kant, Immanuel　215, 387, 402, 407,
　414
칼라스 Calas, Jean　409, 416
칼뱅 Calvin, Jean　132-134, 145, 190
캐서린 Catherine of Aragon　141
캑스턴 Caxton, William　78
케네 Quesnay, François　406, 414
케이 Kay, John　365
케플러 Kepler, Johannes　212-214, 216
코르테스 Cortes, Hernan　238
코트 Cort, Henry　366
코페르니쿠스 Copernicus, Nicolaus　210-
　213, 462
콘스탄티누스 Constantinus　97

콜럼버스 Columbus, Christopher　238-239
콜레트 Colet, John　105
콜베르 Colbert, Jean-Baptiste　74, 177, 219,
　246, 432, 443
콩데 Louis de Bourbon, Prince of Condé
　275
콩디야크 Condillac, Étienne Bonnot de　407
쿠사누스 Kusanus　210
쿡 Cook, James　257
(리처드)크롬웰 Cromwell, Richard　187
(올리버)크롬웰 Cromwell, Oliver　186
(토머스)크롬웰 Cromwell, Thomas　169
크롬프턴 Crompton, Samuel　366
크리솔로라스 Chrysoloras, Manuel　98
크리스티안 3세 Christian III　139
크리스티안 4세 Christian IV　266
클라우제비츠 Clausewitz, Carl von　489
클라이브 Clive, Robert　251, 258
클레멘스 7세 Clemens VII　141
클로비스 Clovis　138
키케로 Cicero, Marcus Tullius　96, 98, 104,
　106
킹 King, Gregory　426

타스만 Tasman, Abel Janszoon　256
테첼 Tetzel, John　122
토머스 아 켐피스 Thomas à Kempis　120
튀렌 Turenne, Henri de la Tour d'Auvergne,
　Vicomte de　275
튀르고 Turgot, Anne Robert Jacques　316,
　330, 412, 414
티모페예비치 Timofeyevich, Yermak　295
티치아노 Tiziano, Vecellio　101, 103

파치노 Fichino, Marsilio　210
페드루 2세 Peter II　287
페르난도 2세 Fernando II　153-154
페르난도 6세 Fernando VI　431